2027

KB253806

하수혜 편저

공립유치원교사 임용시험 대비

하수혜 거름이

누리과정

② 의사소통

박문각

하수혜 거름이
누리과정
2 의사소통

거름이   오름이   해냄이

희 망

성실하게 뚜벅뚜벅 자신의 길을 가는 사람들에게만
보이는 그 별의 이름은 희망입니다.

지금도 어디선가 자신의 자리에서
묵묵히 책장을 넘기고 있을 선생님들이

자신들의 별을 찾아
그 빛을 나누어 주는 시간이 오기를 간절히 바랍니다.

아무리 어려워도 희망을 다 써버린 때는 없습니다.

우리가 견뎌내야 하는 시간들에
혹 어둠이 오더라도
맘도 몸도 다치지 않고
어울려 다독여 가며
세상의 밤을 밝히고
서로의 마음을 따뜻하게 어루만져 줄 수 있는 우리이기를.

- by 하수혜

차 례

하수혜 거름이
누리과정
❷ 의사소통

SESSION
01

언어의
본질

I 언어의 이해

UNIT 01 언어의 개념

- 의사소통이란 두 사람 또는 그 이상의 사람들 사이에서 정보가 전달되는 과정을 의미하는 것으로, 의도적·비의도적으로 자신의 감정이나 생리적인 상태, 바람, 의견 또는 인식을 다른 사람들에게 전달하는 행위를 포함한다.
- 가장 기본적이고 편리한 의사소통 방법은 말을 통한 것이지만, 우리는 실제로 말 이외에도 여러 가지 다른 수단을 사용하여 의사소통을 한다. 즉, 의사소통 과정에는 말이나 언어 외에도 준언어적·비언어적·초언어적 요소 등이 포함된다.

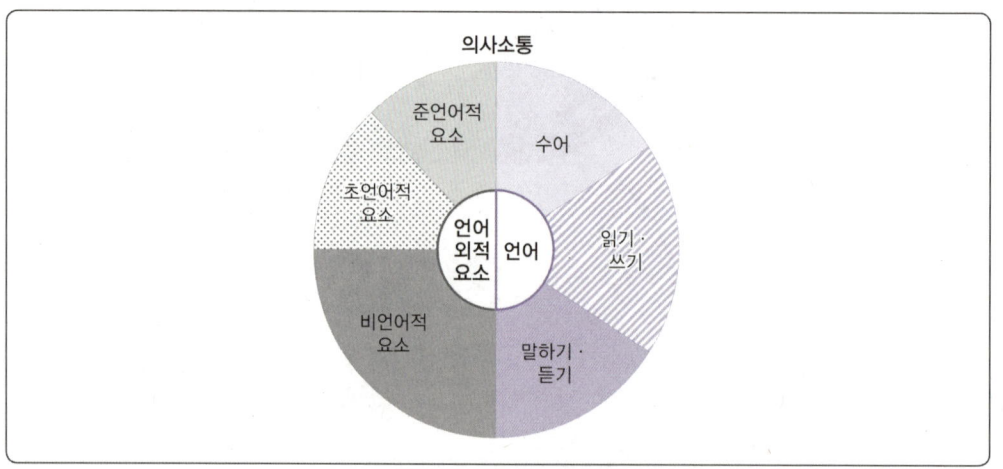

✿ **말, 언어, 의사소통의 관계**

출처: Owens, R(2001), 「Language Development」

준언어적 요소 (paralinguistic code)	준언어적 요소는 태도나 정서를 나타내기 위해 말에 첨가되는 것으로서 억양, 강세, 속도, 일시적인 침묵 등을 말한다. 어순을 바꾸지 않아도 문장 끝을 올리면 평서문이 의문문이 되는 것처럼, 준언어적 요소는 문장의 의미와 형태를 바꿀 수 있다. • **억양** 의문문인지 평서문인지를 표시한다. • **강세** 강조하기 위해 사용되며, 청자의 이해를 도와준다. • **속도** 화자가 흥분한 정도나 대화 내용에 익숙한 정도, 그리고 상대방이 이해하고 있는 지각의 정도에 따라 달라진다. • **일시적인 침묵** 메시지를 강조하거나 대신한다. 예를 들어 아이가 "사탕 먹어도 돼요?"라고 질문했을 때 엄마가 잠시 대답을 보류한다면 사탕을 먹으면 안 된다는 의미이다.

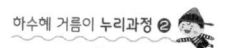

비언어적 요소 (paralanguage code)	비언어적 요소는 몸짓, 자세, 표정, 시선, 머리 또는 몸의 동작, 물리적 거리나 근접성 등이다. • 윙크나 찌푸린 표정 등의 비언어적 요소는 말이나 언어에 의존하지 않고서도 메시지의 전달이 가능하다. • 비언어적 요소는 개인차가 크고 문화에 따라서도 그 의미가 다를 수 있다. 　🈂️ 우리나라에서는 머리를 위아래로 끄덕이는 것이 '그렇다'는 의미이지만, 그리스나 튀르키예, 인도에서는 '아니다'라는 의미이다. • 이와 같이 비언어적 요소가 주관적이라 할지라도, 백마디 설명보다 손으로 지시하는 것이 의미를 전달하는 데 있어 더 효과적일 수 있다.
초언어적 요소 (metalinguistic code)	초언어적 요소는 언어에 대해 이야기하고, 분석하고, 생각하고, 판단하고, 언어를 내용과 분리하여 하나의 실체로 보는 능력이다. • 유아는 언어의 형식보다 내용에 초점을 두고 의사소통을 하는 경향이 있으므로 '다리'와 '알' 중에서 '발과 소리가 비슷한 단어를 고르라고 할 경우 '다리'를 선택하지만, 초언어적 능력이 있는 영유아는 '알'이라고 답할 수 있다. 읽기나 쓰기 학습에는 이러한 초언어적 요소가 필요하다.

UNIT 02 언어의 특성

추상성 (상징성)	「언어는 상징성을 가지고 있다」 • 언어는 어떤 사물이나 개념을 표상하기 위해 기호체계를 사용하며, 각 기호는 실제 사물이 지닌 특징이나 속성과 무관한 기호로 표상된다는 것을 의미한다. 　－ 언어가 문자와 소리로 표현될 때 그 사물이 가진 시각적 특성 등과는 거의 유사성이 없는 추상성을 가진다. 　　🈂️ 딸기라는 사물은 '딸기'라는 기호체계로 표상되지만, 이는 실제 딸기의 개념이나 속성(빨갛다, 달콤새콤한 맛)과 전혀 무관하다. 그러나 '딸기'라는 기호체계는 실제 딸기를 떠올리게 하는 상징성을 지니고 있다. 　　🈂️ 낱말 '개미'는 실제 개미의 모습과 아무런 관련 없이 만들어져 있다. • 언어는 실제 사물이 가진 시각적 특징과 구체적인 연관을 갖지 않는 상징체계로, 대상들 사이의 공통된 속성을 뽑아서 말소리와 의미를 연결한 것이다. 　🈂️ '꽃'이라는 말소리가 가지는 의미는 수많은 종류의 꽃들로부터 공통 속성만을 뽑아내는 추상화의 과정을 통해 형성된 것이다.
임의성	「언어는 임의적인 특성을 지닌다」 • '임의적'이라는 것은 사물이나 개념을 지칭하는 언어가 일정한 규칙에 따르지 않는다는 의미이며, 언어의 임의성은 사회 구성원의 합의와 시대의 흐름에 따라 변화한다. 　－ 언어란 동일한 사회 구성원들끼리 효율적인 의사소통을 위해 임의로 합의한 상징이므로, 표현하고자 하는 '내용(의미)'과 그것을 표현하는 '형식(말소리)' 사이에는 필연적인 관계가 없다. 따라서 같은 사물, 상황, 개념 등을 지칭하더라도 국가, 민족, 지역 등에 따라 다른 언어로 표현되는 특징을 가진다.

	─ 즉, 다른 언어를 사용하는 사회에서는 그 임의적 약속이 통하지 않으며, 같은 사물을 지칭하는 용어라 하더라도 같은 언어 문화권의 사회 구성원이 아니면 언어만으로는 그 의미를 파악할 수 없다는 것이다. 　　예 손위 남자 형제를 한국에서는 '형'이라고 하지만 영어권에서는 'brother'라고 한다. • 같은 언어 문화권 내에서의 지역 방언도 언어의 임의성에 해당한다. 　─ 이때 표준어를 제시하여 의사소통을 위한 임의적 합의를 돕는다. 　　예 손위 남자 형제를 한국 내에서도 전라도 지역에서는 '성', 경상북도 지역에서는 '히야'라고 부르기도 한다.
체계성	「언어는 고유한 체계와 구조를 지니고 있다」 • 언어는 각 언어권에 따라 다양한 음소, 형태소 등의 구조적 특성을 가지고 있으며, 각 언어권에 따라 발달되어 온 문법적 체계를 갖추고 있다. • 세상의 모든 단어들은 나름대로 구조적인 체계를 이루고 있으며, 언어의 또 다른 단위인 형태소, 문장들도 그 나름의 체계를 이루고 있다. 말하는 이가 규칙에 따라 언어를 사용할 수 있는 데는 이러한 언어의 체계성이 중요한 역할을 한다. 　예 한국어는 '주어─목적어─술어'의 어순을 사용하는 반면에 영어는 '주어─술어─목적어'의 어순을 사용하는 고유한 문법적 체계를 가지고 있다.
사회성	「언어는 사회적 특성을 지니고 있다」 • 언어는 개인이 혼자 고립되어 사용하는 것이 아니라 타인과의 상호작용과 의사소통에 주된 목적을 가지고 있다. • 언어는 관습적이며 그 언어를 사용하는 사람들 사이의 약속이므로 사회 구성원들과의 원활한 의사소통을 위해 개인이 함부로 이를 바꿀 수 없다. 　─ 언어가 임의적인 약속(의미와 말소리의 관계가 임의적)이라 하더라도, 그 약속이 언어 공동체 안에서 지켜질 때만 언어로서의 의사소통 기능을 제대로 수행할 수 있다. 따라서 일단 사회 속에서 약속으로 굳어지면 개인이 마음대로 바꿀 수 없다. • 언어는 사회 구성원들 간의 합의와 규칙에 따라 공유되는 특성을 가지며, 사회의 변화에 따라 생성·변화·소멸되는 특성이 있다. 　예 윗사람에 대한 높임말이 강조되던 문화에서는 웃어른의 밥을 '진지'라고 불렀으나 현재 '진지'라는 말은 일상생활에서 거의 사용되지 않고 소멸되어 가고 있다. 반면에 일상생활의 변화로 혼자 밥을 먹는 상황이 증가하면서 '혼밥'이라는 신조어가 생기고 있다. 이와 같이 언어는 사회의 변화에 따라 새롭게 생성되거나 점차 사용의 빈도가 줄면서 소멸되는 등의 사회성을 가진다. • 공통된 언어를 사용하는 사람들은 같은 사회의 일원으로서 문화적·정신적 유대감을 갖게 되며, 이러한 유대감과 상호작용을 통해 사회는 정상적으로 기능할 수 있게 된다.
생산성 (창조성)	• 각 언어마다 기본적인 자음과 모음, 철자가 제한적이지만, 다양한 조합을 통해 새로운 단어, 문장 등을 창출하는 생산성을 가진다. 　─ 언어의 창조성은 언어의 체계성이 밑바탕 되는 것으로, 체계적인 언어 기호를 일정한 규칙에 따라 사용함으로써 이러한 창조성이 나타나게 된다. 　　예 'ㅇ'과 'ㅏ, ㅑ, ㅓ, ㅕ, ㅗ, ㅛ, ㅜ, ㅠ, ㅡ, ㅣ' 등의 모음이 결합하여 '아, 야, 어, 여, 오, 요, 우, 유, 으, 이'와 같은 다양한 조합이 생기고, 다시 각 음절이 조합되어 '아이', '오이', '우유' 등과 같은 단어가 만들어진다. 그리고 다시 단어가 모여 새로운 구와 절을 만들어 낼 수 있다. • 인간은 언어를 능동적으로 사용하기 때문에 ✛ 언어적 창조행위는 무수히 이루어진다. 　─ 사람들은 배웠거나 들어본 적이 있는 문장을 기억하고 있다가 반복해서 사용(예 속담, 명언을 외워서 사용)하는 것이 아니라, 이를 바탕으로 한 번도 들어본 적 없는 새로운 문장을 말하고 이해한다.

✛ 언어적 창조
기존의 제한된 어휘를 사용하여 끊임없이 새로운 의미를 지닌 단어를 만들고 새로운 문장을 창조해 내는 것이다.

가변성 (역사성)	• 언어는 고정불변하는 것이 아니라 시대 및 사회현상에 따라 끊임없이 생성·변화·소멸된다. • 신조어 탄생, 새로운 어휘의 생성, 맞춤법 변화, 소멸되는 어휘 등을 사례로 들 수 있다. − 새로운 대상이 만들어지면 이를 나타내기 위한 개념이 필요하게 되고, 그 개념을 표현하기 위한 말도 생성된다(예 인터넷, 인간복제, 컴맹). − 시대 흐름에 따라 어떤 대상·개념이 사라지면 그것을 나타내던 말도 소멸되거나(예 시장을 뜻하던 저자) 의미가 변하게 된다. − 맞춤법 역시 바뀐다(예 했읍니다 ➡ 했습니다). − 같은 대상을 나타내던 말들 중 잘 쓰지 않는 어휘는 사라지게 된다. [예 순우리말 '즈믄' ➡ 한자어 '천(千)']

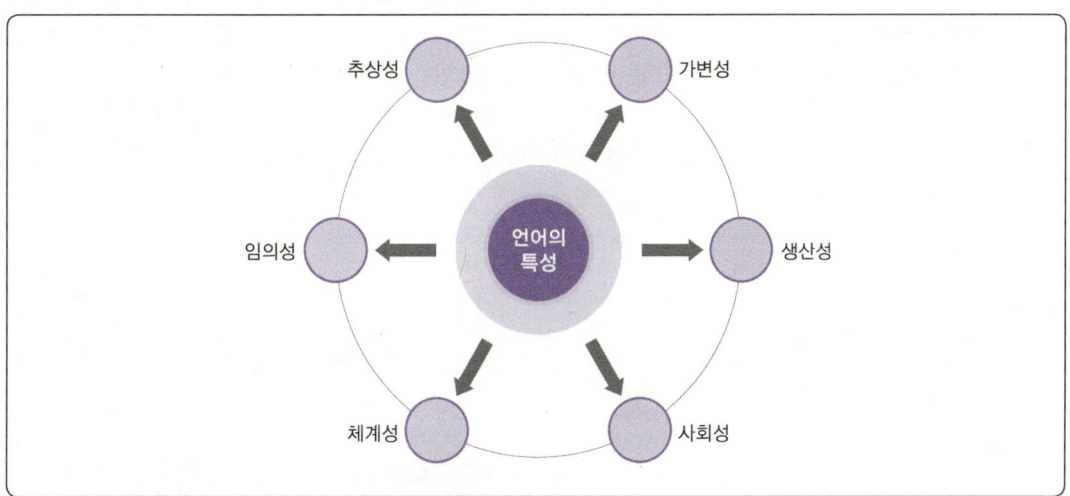

✿ 언어의 특성

UNIT 03 언어의 구성요소

KEYWORD# 구문론, 언어의 의미론적 특징(동음이의어)

- 언어학자들의 의견을 종합해 보았을 때, 언어의 구성요소는 형식, 내용, 사용 차원에 각각 근거하여 형식 차원은 음운론·형태론·구문론, 내용 차원은 의미론, 사용 차원은 화용론으로 구분할 수 있다.
  - 레빈(Levin, 1983)은 언어의 구성요인으로 음운론, 구문론, 의미론, 화용론의 네 가지를 제시하고 있다.
  - 오그래디 등(O'grady, Archibald 등, 2005)은 문법체계를 연구하는 것이 언어가 무엇인가를 이해 하는 핵심이라 보았으며, 문법체계는 음성학적 요소, 음운론적 요소, 형태론적 요소, 구문론적 요소, 의미론적 요소로 구성된다고 하였다.
  - 블룸과 라헤이(Bloom & Lahey, 1978)는 언어의 구성요인을 크게 형태, 내용, 사용의 세 가지 측면 으로 보고, 이 중 언어의 형태적인 측면을 음운, 형태소, 구문의 체계로 제시하였다.
- 출생 이후 영아가 언어발달 과정을 거치면서 자신의 생각과 느낌을 표현하기 위해서는 언어의 구성 요소인 형식, 내용, 사용 차원의 요소들을 활용할 수 있어야 한다.

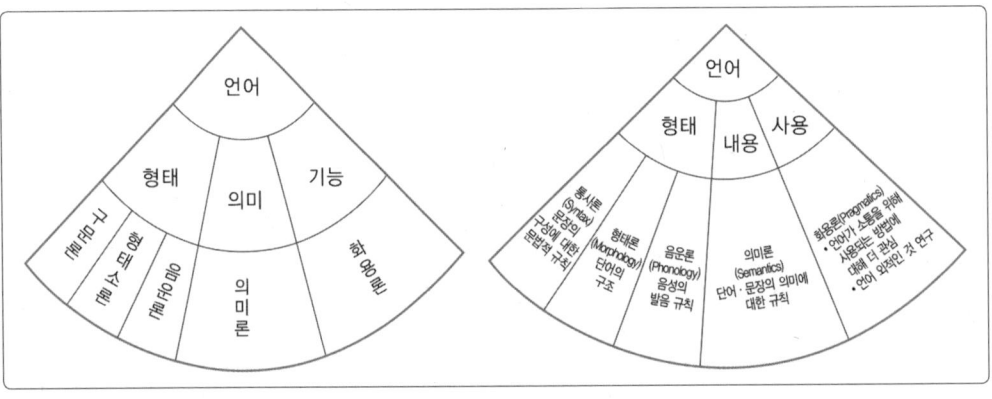

✿ 언어의 구성요소

구분		내용
형식	음운론	• 음성의 발음 규칙 예 '먹는' ➡ '멍는' 등의 음운론적 규칙을 이해한다. • 말소리 이해 예 '곰'과 '감'이 다름을 이해한다.
	형태론	• 단어의 구조에 대한 규칙 예 "사과를 먹었다."라고 할 때 과거 시제의 의미로 '었'이 사용됨을 이해한다. 예 "내가 (기린을) 그렸어."라고 할 때 행위의 주체인 나를 인식하고 '내가'라는 말로 표현한다.
	구문론	• 문장의 구조에 대한 문법 규칙 예 "아빠가 인형을 사 줬어."라고 할 때 '아빠가'는 행위의 주체(주어), '인형을'은 행위의 대상(목적어), '사 줬어'는 행위(서술어)가 됨을 이해하고 표현한다. 예 "초콜릿을 안 먹었어."에서 행위 부정의 의미로 '안'을 붙이면 됨을 인식하고 사용한다.

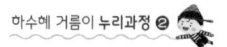

MEMO

내용	의미론	• 단어·문장의 의미에 대한 규칙 예 "빠빠이"라고 하면 '안녕', '잘가'라는 의미임을 이해한다.
사용	화용론	• 언어의 사회적 의미와 상황에 맞는 사용 이해 예 상대에 따른 존대법 사용 및 때와 장소에 따른 언어사용에 대해 이해한다.

❶ 형태(형식)

(1) 음운론(phonology)

음성의 발음 규칙(음운론적 규칙)과 말소리 이해
- 음운론은 언어에서 말소리의 체계를 연구하는 분야로서, 음운론의 단위(음소, 음절, 단어)와 음운론적 기술(말소리 사이의 발음 관계, 강약, 어조, 억양, 앞뒤 소리와의 조정 관계 등)을 포함한다.
- 소리를 구별해서 듣고 적절히 반응하기 위해서는 음운론의 단위에 따라 소리를 구별하고 의미를 이해해야 한다.

음운론의 단위	• **음소**는 언어의 의미를 변별하는 음성의 최소 단위(예 ㄱ, ㄴ, ㄷ, ㅏ, ㅑ, ㅓ 등)로서 단독으로 의미를 갖지 않으나 다른 음소와의 결합을 통해 의미를 구분하게 한다. 　－ 말소리의 이해 : '밤'과 '감'의 첫소리 /ㅂ/과 /ㄱ/소리의 차이와 의미를 이해하는 것 　　예 'ㄱ', 'ㅗ', 'ㅁ'은 각각 자음, 모음의 음소이지만 별도의 의미를 갖고 있지 않다. 그러나 각 음소들이 결합되어 '곰'이 될 때 '곰'이라는 의미를 갖게 된다. 그리고 결합된 음소 중 'ㅗ'가 'ㅏ'로 변하면 '감'이라는 의미로 바뀌게 된다. • **음절**은 언어 산출의 기본 단위로서 자음과 모음이 결합하여 만드는 발음의 최소 단위이다. 　－ 우리말에서 음절은 하나의 모음(예 아, 야, 우), 자음 + 모음(예 자, 소, 마, 바), 모음+자음(예 엄, 악, 잎), 자음 + 모음 + 자음(예 강, 곰, 밥)으로 연결되어 나타난다. 　－ 말소리의 산출 : '리'자로 끝나는 말은? ➡ '개나리'라고 답하는 것 • **단어**는 발화에서 하나의 토막으로 발음되는 것으로, 음운론적 단어이며 문법적 단어와는 차이가 있다. 　예 사람이 밥을 먹는다 [사라미 바블 멍는다]
음운론적 기술	• **자음동화** 　－ 자음동화란 음절 끝에 있는 자음이 뒤에 오는 자음과 이어져 발음될 때, 어느 한쪽이 다른 쪽을 닮아 그와 같거나 비슷한 소리로 바뀌거나 양쪽이 서로 닮아서 두 소리가 모두 바뀌는 현상을 말한다. 　　예 '먹는' ➡ '멍는', '잡는' ➡ '잠는' • **음운규칙 제약조건** 　－ 음절 수가 제약조건인 경우로, 관형사형을 만드는 '적(的)'의 'ㅈ' 앞에 오는 말이 1음절인 경우에 경음화가 일어나고, 2음절 이상인 경우에는 원칙적으로 경음화가 일어나지 않는다. 그러나 이러한 제약조건은 관형사형을 만드는 경우에 해당하는 것으로, 관형사형을 만드는 경우가 아닌 '표적'은 '표쩍'으로 발음되지 않고 '표적'으로 발음된다. 　　예 '심적' ➡ '심쩍', '사적' ➡ '사쩍', '지적' ➡ '지쩍', '이기적' ➡ '이기적', '개인적' ➡ '개인적'

(2) 형태론

형태론 (morphology)	**단어의 구조에 대한 규칙** • 형태론은 의미를 가진 최소 단위인 형태소의 구성, 기능, 분포와 관련된 분야를 다루는 영역이다. ① 형태소는 의미의 최소 단위로, 자립성 유무에 따라 자립형태소, 의존형태소로 구분하고 실질적 의미 여부에 따라 실질형태소, 형식형태소로 구분한다. '강물'이라는 단어는 '강'과 '물'이라는 두 개의 자립 형태소가 결합되어 강물이라는 의미를 나타낸다. 그리고 '맑고'는 '맑−'(의존, 실질형태소)과 '−고'(의존, 형식형태소)가 결합되어 하나의 의미를 나타내고 있다.

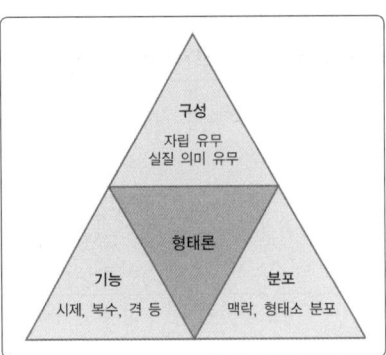

✿ 형태론의 영역

② 형태소의 기능에 관한 것으로 형태소가 대상, 동작, 상태 등의 의미를 나타내는 기능과, 실질형태소와 결합하여 말과 말 사이의 관계를 표시하는 문법적 기능을 다룬다.
- ⓐ 형식형태소인 조사, 어미 등은 실질형태소와 결합하여 시제(−였, −ㄴ, −ㄹ), 복수(−들), 격(−이/가, −을/를, −에게) 등의 기능을 한다.

③ 형태소의 분포에 관한 것으로 특정 형태의 형태소가 특정 환경에서만 분포되는 것을 포함한다.

▣ 상보적 분포의 예와 내용

상보적 분포(예)		내용
들−, 듣−[든−]	'들−'	'들었다', '들어라', '들으니'에서처럼 모음 앞
	'듣−[든]'	'듣는다', '듣는', '듣노라'에서처럼 'ㄴ'과 같은 비음 앞
	'듣−'	'듣고', '듣지'에서처럼 비음 이외의 자음 앞
−을, −를	'−을'	자음으로 끝나는 체언(명사, 대명사, 수사) 다음에서는 '을'
	'−를'	모음으로 끝나는 체언(명사, 대명사, 수사) 다음에서는 '를'

(3) 구문론

구문론 (통사론, syntax)	**문장의 구조에 대한 문법 규칙** • 구문론은 언어의 문법체계와 그 숙달, 문장 구성 및 변형 규칙, 어순 배열을 다룬다. • 문장의 구조와 구문의 요소를 분석하여 각 문장성분에 있는 언어적 규칙을 연구하는 분야로, 규칙에 따라 단어를 적절한 순서로 배열하여 구, 절, 문장을 만드는 것을 다룬다. − 즉, 단어가 결합하여 형성되는 구, 절, 문장의 구조나 기능을 연구하는 문법으로서 구성요소 간의 의미적 관계가 어떤 형태로 나타날 수 있는지가 중심 문제가 된다. ⓐ 영어권은 '주어−동사−목적어', 우리말은 '주어−목적어−동사'의 순서에 따라 단어를 배열하여 문장을 구성한다. • 구문론에 대한 지식이 있다는 것은 주어 + 목적어 + 동사(우리말) 등과 같은 기본 문장을 사용할 수 있을 뿐만 아니라 수동태, 부정문(ⓐ '나는 너를 안 좋아해')에 대해 이해한다는 것을 의미한다.

− 따라서 구문론을 안다는 것은 자신이 표현하고자 하는 바를 언어규칙에 따라 적절하게 배열 및 구성하여 표현할 수 있다는 것을 의미한다.
− 즉, 구문론에 대한 지식이 있으면 기본적인 문장을 말하거나 적을 수 있으며, 수동태와 부정문으로 변형할 수 있고, 새로운 문장을 무수히 창조할 뿐만 아니라 문법이 틀린 문장을 알아차릴 수도 있다.
• 일어문기에서 이어문기로 넘어가는 시기의 영아들은 두 개의 단어를 조합하여 자신의 의사를 표현하게 되며, 이는 구문체계에 대한 이해가 시작되었음을 말해 준다.
  예 "엄마 양말"이라고 했을 때 '엄마가 양말을 신겨주었다', '엄마, 양말 여기 있어요', '엄마의 양말이야' 등 상황에 따라 다양하게 해석될 수 있으며, 이것은 영아의 말 속에 우리말의 구문론에 대한 이해가 포함되어 있음을 나타낸다.

■ 구문론의 구분 및 예시

구분		예시
문장 구성	[영어권] 주어−동사−목적어	I like you.
	[한국어] 주어−목적어−동사	나는 너를 좋아해.
문장 변형	능동태−수동태	내가 이 작품을 만들었어. 이 작품은 ○○ 작가에 의해 만들어졌어.
	긍정문−부정문	나는 파란색을 좋아해. 나는 파란색을 싫어해. (좋아하지 않아.)

② 내용

	단어·문장의 의미에 대한 규칙

의미론
(semantics)
	• 의미론은 단어 및 문장의 의미나 내용에 관한 것으로 언어표현에 담긴 의미를 연구하는 언어학의 분야이다.
	• 언어표현에 담긴 의미는 언어를 사용하는 맥락, 시대, 사람 등에 영향을 받는다.
	 − 같은 단어라도 상황에 따라 다양한 의미로 표현된다. '강아지'라는 단어를 습득한 영아는 집에서 키우는 특정 종류(예 푸들)의 개를 '강아지'로 부르기도 하고, 네 발 달린 귀여운 동물을 '강아지'라고 부를 수도 있다. 그리고 어린 손주를 귀엽게 여기는 조부모들은 손주를 '강아지'라고 부르기도 한다. 이러한 점에서 의미론의 발달은 음운론이나 구문론의 발달에 비해 어려움이 있다.
	  예 '바다'라는 단어가 다양한 의미로 이해 및 사용될 수 있다.
	   지난 토요일에 바다에 놀러갔어. / 그 사람 마음은 바다 같아. / 졸업식날 눈물이 바다를 이뤘어.
	 − 구문론적으로는 정확하지만 의미론적으로는 옳지 않은 문장이 있다. 즉, 문법적으로는 적절하나 의미가 부적절한 경우가 있을 수 있는데, 이 또한 시대, 지역, 신념에 따라 의미론적으로 적합하게 이해될 수도 있다.
	  예 "우리 아빠가 임신했어요."라는 문장은 문법은 맞지만 의미론적 규칙에는 맞지 않다. '아빠'라는 의미와 '임신'이라는 의미는 같이 사용할 수 없기 때문이다.

		단어의 의미관계
	의미 체계의 숙달	① 다의어: 어떤 단어가 여러 가지 상황에서 다양한 의미로 사용된다. 　－ 중심적 의미: 한 단어의 의미 중 가장 기본적이고 핵심적인 의미 　－ 주변적 의미: 문맥이나 상황에 따라 그 범위가 확장되어 갖게 되는 다른 의미 　　㉠ '먹다' ➡ (삼킨다): 중심의미 　　　술을 먹는다 ➡ (마신다): 주변의미 　　　욕을 먹는다 ➡ (듣는다): 주변의미 　　　마음을 먹는다 ➡ (품는다): 주변의미 ② 동음이의어: 소리는 같으나 의미가 다른 단어 ③ 유의어: 소리는 서로 다르지만 그 뜻이 비슷한 단어 ④ 동의어: 두 개 이상의 단어가 동일한 의미를 지니되 그중 한 단어가 나타낼 수 있는 모든 문맥에 대치되어 쓰일 수 있는 것 ⑤ 중의적 표현: 하나의 표현이 두 가지 이상의 의미로 해석되는 표현 ⑥ 반의어: 의미가 서로 반대로 짝을 이루는 단어 ⑦ 상하 관계 　－ 상의어(상위어): 사물을 분류할 때, 하의어를 포함하는 단어 　－ 하의어(하위어): 상의어에 포함되는 단어들
	의미 이해	㉠ 헤어질 때 '안녕'이라는 단어와 연결하는 것 ㉠ '개'라는 언어기호가 멍멍 짖는 동물 '개'를 뜻함을 아는 것
	의미 있는 말을 산출	㉠ 트럭이 지나갈 때 '트럭'이라고 말하는 것

3 사용

화용론 (pragmatics)	언어의 사회적 의미(상황)에 맞는 언어사용 이해 • 화용론은 언어가 실생활에서 사용되는 양상을 연구하는 것으로, 사회문화적 맥락에 적합한 의사소통을 위해 언어를 적절하게 사용하는 규칙을 다루는 분야이다. 　－ 사회적 맥락은 말하는 이와 듣는 이의 관계, 시간과 장소의 특성 등을 포함하는 것으로 화용론은 사회적 맥락에 따라 언어사용 및 언어의 의미가 달라지는 것을 다룬다. • 언어의 화용론적 요소는 의사소통적 맥락 내에서 언어를 사용할 때 적용되는 사회언어학적 규칙과 관련된다. 　－ 의사소통 능력은 언어를 산출하는 문법적 규칙에 대한 지식뿐만 아니라 특정한 상황에 맞는 말을 하기 위한 적절한 화용적 규칙 관련 지식도 포함한다(Hymes, 1972). 즉, 의사소통 능력이란 상황에 따라 다른 언어 패턴과 어휘가 사용되어 대화 참여자가 대화를 조절하고 제안하며 반응하는 대화자 두 사람 간의 협력적 노력[청자와 관련된 맥락 안에서 청자의 특징(성, 연령, 민족, 스타일, 성격, 사회적 지위, 교육 정도 등)을 적절하게 배려하는 것]이라고 할 수 있다.

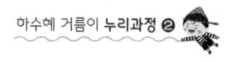

MEMO

📖 화용론의 구분 및 예시

구분	예시
말하는 이와 듣는 이의 관계에 따른 언어사용	원장님! 원감선생님께서 찾으십니다. (×) ➡ 원장님! 원감선생님이 찾습니다. (○)
시간·장소의 특성에 따른 언어사용	(장례식장 상주에게) 안녕하십니까? (×) ➡ ~ 해서 얼마나 상심이 크십니까? (○)
맥락에 따른 의미 변화	학교가 붕괴되었어요. (붕괴: 시설 vs 문화) 잘했다. (칭찬 vs 비아냥)

- 위의 예시에서와 같이 말하는 맥락에 따라 존대법, 의례적 언어 또는 의미가 적절하게 사용될 때 원활한 의사소통을 할 수 있게 된다.
  - 따라서 영유아의 언어발달을 지원하기 위해 교사는 의사소통이 이루어지는 맥락에 기초하여, 듣고 이해하고 반응하는 것을 지원하는 언어 환경을 제공해야 한다.
    - 📖 상대에 따른 존대법 또는 때와 장소에 따른 언어사용에 대한 이해

> 🔔 의사소통을 효과적으로 수행하기 위해 고려해야 할 사회적 규칙(Ervin-Tripp, 1977)
> ① 대안적 규칙: 상대방과 상황에 따라 "밥 줘.", "뭐 좀 먹을 것이 없니?", "배고프지 않니?" 등의 말을 골라 사용하는 것이다.
> ② 제약성의 규칙: 강압적인 어투로 말을 할 수도 있고, 제안적인 어투로 말을 할 수도 있다.
> ③ 의례적인 규칙: 초상집, 잔칫집, 그리고 생일이나 축하할 만한 일이 생겼을 때 상황에 따라 하는 말이 따로 있음을 알고, 이에 맞게 의례적인 말들을 골라 사용해야 한다.

화행의 분류 (언어 행위)	발화 행위	화자가 언어적으로 의미를 알아들을 수 있는 발화를 하는 것
	발화 수반행위	발화 행위를 통하여 어떤 의사소통의 목적을 달성하고자 하는 발화를 하는 것 • 직접화행: 의도하는 바를 직접적으로 나타내는 문장 • 간접화행: 의도하는 바를 간접적으로 드러내는 문장
	발화 효과행위	발화의 결과로 청자를 설득하고, 놀라게 또는 기쁘게 하는 등의 효과

언어학의 차원 및 분류

언어학	형태	• 음운론: 언어의 소리체계 • 형태론: 단어의 내적 조직체계 • 구문론: 언어의 문법체계
	내용	의미론: 언어의 의미체계
	사용	화용론: 언어의 사회적 상호작용체계

참고

언어의 구성요소에 따른 오류

- 언어는 여러 가지 구성요인들로 구조화되어 있는 매우 복잡한 의사소통 체제이다. 따라서 언어의 본질을 이해하려면 언어의 구성요소들을 밝혀보는 것도 하나의 방법이다.
- 언어는 그 비중이 결코 동일한 것은 아니지만, 크게 형태(form), 내용(content), 사용(use)이라는 세 가지 측면에서 그 구성요인들을 생각해 볼 수 있다(Bloom & Lahey, 1978).
  ① 언어의 형태적 측면의 요인은 의미를 가진 소리와 상징들을 연결하는 음운(phonology), 형태소(morphology), 구문(syntax)의 체계들이다. 전통적으로 언어학은 주로 이런 언어의 형태적인 측면을 많이 연구해 왔다.
  ② 언어의 내용적인 측면은 주로 의미론과 관련한 요인이다.
  ③ 언어의 사용적인 측면은 화용론과 관련한 요인이다.
- 이 다섯 가지 요인들(음운, 형태소, 구문, 의미, 화용)이 언어에서 발견할 수 있는 기본적인 구성요인들이며, 이것들은 규칙 지배적으로 작용한다.

출처: 「유아언어교육의 이론적 탐구」(이차숙)

형태적 측면	예 니소닥페챠콕하테르 ➡ 음성학적인 규칙과 형태소 규칙이 적용되지 않아 의미가 통하지 않는다. 예 먹었다 는 밥을 그 ➡ 음성학적 · 형태소적인 규칙은 적용되었지만 구문 규칙이 적용되지 않아 의미가 통하지 않는 말이다. '그는 밥을 먹었다'라고 주어, 목적어, 동사 순으로 다시 정리해주면 의미가 쉽게 이해된다. 단어들을 순서에 맞게 배열하더라도 의미규칙이 적용되지 않았다면 말이 되지 않는다.
내용적 측면	예 코는 잠을 주었다. ➡ 주어, 목적어, 동사 순으로 구문 규칙을 적용하여 단어들을 배열했지만 의미가 통하지 않는다. 그리고 의미가 통하는 문장들을 서로 어떻게 연결하여 주제를 드러내는지도 의미규칙과 관련하여 생각해보아야 할 문제이다. 예 소가 잠을 잔다. 의사가 휴식을 취하라고 그에게 권했다. 바람이 불어 참 시원하다. ➡ 문장 하나하나는 이해되나, 아이디어들이 서로 의미 있게 연결되지 않는다.
사용적 측면	예 초상을 치르고 있는 친구에게 여행의 중요성을 설명하고 여행을 제안하는 경우이다. ➡ 상황에 맞지 않는 말로 화용론적인 규칙을 적용해야 한다.

UNIT 04 언어의 단위

KEYWORD# 우리말 소리의 기본 단위 – 음절

1 음소와 음절

음소	• 말의 뜻을 구별하여 주는 음성 또는 말소리의 최소 단위를 말한다. • 더 이상 작게 나눌 수 없는 음운론상의 최소 단위로, 말을 하거나 듣는 사람에게 단어의 의미를 구별 짓는 최소의 소리 단위이다. 　◉ '공'과 '곰'에서 'ㄱ'과 'ㅗ'의 음소는 공통적이지만 'ㅇ'과 'ㅁ'의 음소가 다르기 때문에 다른 의미를 지닌 단어라는 것을 구별하게 한다. • 우리말의 경우 음소는 자음과 모음으로 구성되어 있으며, 각 음소는 단어와 문장을 창조하는 기본 단위가 된다. <table><tr><td>자음</td><td>ㄱ, ㄴ, ㄷ, ㄹ, ㅁ, ㅂ, ㅅ, ㅇ, ㅈ, ㅊ, ㅋ, ㅌ, ㅍ, ㅎ(14자) ㄲ, ㄸ, ㅃ, ㅆ, ㅉ(5자)</td></tr><tr><td>모음</td><td>ㅏ, ㅑ, ㅓ, ㅕ, ㅗ, ㅛ, ㅜ, ㅠ, ㅡ, ㅣ(10자) ㅐ, ㅒ, ㅔ, ㅖ, ㅚ, ㅙ, ㅘ, ㅟ, ㅝ, ㅞ, ㅢ(11자)</td></tr></table>
음절	• 음절은 한 번에 낼 수 있는 소리마디로 자음과 모음으로 구성된 발음의 최소 단위를 말한다. 　– 음절은 의미의 최소 단위인 형태소와 달리 1음절 단독으로 '산', '강' 등과 같이 의미(뜻)가 있는 경우도 있고 '우', '아' 등과 같이 뜻이 없는 경우도 있다. • 우리말은 자음과 모음이 결합하여 음절을 만들고 음절이 하나의 글자를 이루는 음절문자로서 음절과 글자가 일대일로 대응되는 특징을 가지고 있다. 　– 우리말에서 음절은 자음과 모음이 결합하는 다양한 방식에 따라 세 가지로 구성된다. 　　① 하나의 모음이 한 음절을 이루는 경우(단독 모음): '아', '야', '어', '여' 등 　　② 자음과 모음으로 음절을 이루는 경우(자음 + 모음): '가', '나', '다' 등 　　③ 모음과 받침이 되는 자음이 결합하는 경우(◉ '옥', '욱' 등)와 자음 + 모음 + 자음이 결합하는 경우(◉ '홍', '탁', '백' 등) 　▶ 음절은 음소가 하나 이상 모여 이루어지며, 자음과 모음이 결합하여 소리를 낼 수 있는 한 단위를 의미한다.

2 형태소

개념	• '뜻을 가진' 가장 작은 말의 단위, 즉 의미의 최소 단위이다. • 형태소 단독으로 하나의 단어로 기능할 수도 있고, 2개 이상의 형태소가 결합하여 새 단어를 구성할 수도 있다. 　◉ 하나의 형태소 – '어머니' 　　다른 형태소('새', '큰')와 결합 – '새어머니', '큰어머니'

		형태소 단독으로 자립하여 쓰일 수 있느냐의 문제로 자립성 유무에 따라 자립형태소와 의존형태소로 구분할 수 있다.
자립성 유무에 따른 분류	자립형태소	• 형태소가 독립적으로 사용될 수 있는 것으로, 단독으로 문장에 나타날 수 있거나 홀로 문장이 되기도 하는 형태소를 의미한다. • 혼자서 독립해도 단어가 될 수 있는 형태소이다. 예 별, 책, 가방, 산, 바다, 어머니
	의존형태소	• 혼자 사용할 수 없는 형태소로 항상 자립형태소나 의존형태소와 함께 사용되어야 한다. – '산이 푸르다'라는 문장에서 '산'은 자립형태소, '이'는 주격 조사로 의존형태소, '푸르'는 'blue'의 의미가 있으나 단독으로 쓰일 수 없어 의존형태소, '다'는 다른 형태소와 함께 쓰이면서 평서형 종결어미를 나타내는 의존형태소로서 기능을 한다. 예 맨–, 풋–, 군–, 새–, 큰–, 하–, –는, –을, –ㄴ, –다
의미와 기능에 따른 분류		실질적인 의미를 가지고 있느냐에 따라 실질형태소(어휘형태소)와 형식형태소(문법형태소)로 나뉘어진다.
	실질형태소 (어휘형태소)	• 실질형태소는 대상, 동작, 상태 등의 의미를 지닌 형태소로 이는 자립형태소인 경우가 많다. 그러나 '자립형태소 = 실질형태소'의 관계가 반드시 성립되는 것은 아니다. – 실질적 의미를 가지고 있는 가장 작은 말의 단위이다. – 어휘적 의미를 가지는 형태소이다. – 어떤 대상, 동작, 상태를 가리키는 형태소이다. – 명사, 동사, 형용사, 부사에 해당한다. 예 하늘/이/ 푸르/다 ➡ '하늘, 푸르–'는 실질형태소이고, 그중 '하늘'은 자립형태소이기도 하다. '푸르–'는 'blue' 상태를 나타내는 실질형태소이기도 하지만, 평서형 종결어미와 사용되어야 하는 의존형태소이기도 하다.
	형식형태소 (문법형태소)	• 형식형태소는 말의 문법적 관계를 나타내는 형태소로, 이는 의존형태소로 쓰이는 경우가 많다. 그러나 '형식형태소 = 의존형태소'의 관계가 반드시 성립되는 것은 아니다. – 실질형태소에 붙어 주로 말과 말 사이의 관계나 기능을 표시하는 형태소이다. – 조사, 어미, 접사에 해당한다. 예 하늘/이/ 푸르/다 ➡ '–이, –다'는 형식형태소이고, '–이, 푸르–, –다'는 의존형태소이다.
		• <하늘>은 실질형태소이면서 자립형태소이기도 하다. • <푸르>는 실질형태소이면서 의존형태소이기도 하다. • <–이, –다>는 문법형태소이면서 의존형태소이기도 하다.

형태소 구분

구분	명칭	의미	예시
자립성 유무	자립형태소	독립적으로 쓰일 수 있음	하늘, 강, 물, 매우
	의존형태소	자신 이외에 다른 자립·의존형태소와 함께 써야 함	−은, 맑−, −고, −이, 파랗−, −다
실질적 의미 여부	실질형태소(어휘형태소)	대상, 동작, 상태 등의 의미를 지님	하늘, 맑−, 강, 물, 매우, 파랗−
	형식형태소(문법형태소)	• 실질형태소에 붙어서 문법적 관계, 기능을 나타냄 • 주로 조사, 어미, 접사 등이 해당함	−은, −고, −이, −다

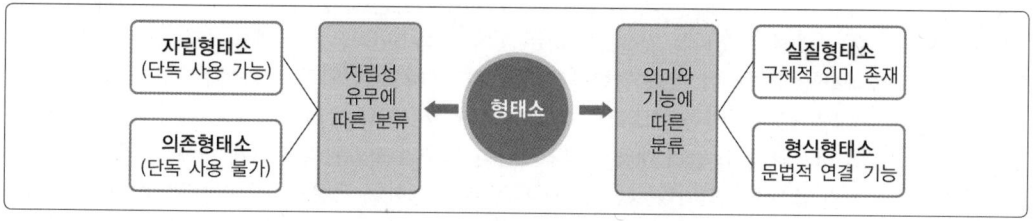

✽ 형태소의 종류

3 단어와 문장

단어	• 단어는 '문법'상의 뜻과 기능을 가진 언어의 최소 단위를 말한다. • 실질형태소 단독으로 단어가 될 수 있으며(예 강, 동생, 책), 실질형태소와 다른 형태소가 결합되어 단어가 될 수도 있다(예 강 + 물 = 강물, 남 + 동생 = 남동생, 책 + 가방 = 책가방).
문장	• 문장은 단어가 일정한 문법적 규칙에 따라 연결되고 조직된 것으로, 대체로 주어와 술어를 갖추고 있는 말의 집합을 말한다. 　− 그러나 때로 '치워라'와 같이 주어가 삭제되는 명령문처럼 예외적인 경우도 있다. 　− 또한 문장에는 주어와 술어의 관계가 한 번 제시되는 단문과 두 번 이상 제시되는 복문이 있다. • 사고나 감정을 언어나 글로 표현할 때 완결된 내용을 나타내는 최소 단위이다.
문단	• 글에서 하나로 묶을 수 있는 짤막한 단위이다. • 하나의 요지를 설명하기 위해 전개한 문장들의 모임이다. • 여러 개의 문단이 모여 한편의 글이 구성된다.

MEMO

UNIT 05 음운인식

KEYWORD# 음운인식의 유형, 음소, 음소탈락, 음절인식

1 음운인식 능력

**음운인식의
개념**
	• 음운인식은 구어에서 사용되는 단어 속에 들어있는 여러 가지 소리의 단위와 유형들을 지각하고 아는 것이다(Ball & Blachman, 1991).
	• 음운인식은 말소리의 여러 단위를 지각하고 인식하는 것으로, 글을 읽은 유아가 단어나 문장을 사용할 때 말소리를 지각하고, 단어가 음절, 음소와 같은 더 작은 소리로 분절될 수 있으며, 분절된 소리의 단위가 결합하여 단어로 재합성될 수 있음을 아는 능력이다.
	  − 음운인식은 음절인식과 음소인식으로 나누어지는데, 음절인식은 개별 단어가 음절 단위로 나뉠 수 있다는 것을 인지하는 것이고, 음소인식은 단어에서 가장 작은 소리 단위인 음소를 인지하며 이를 결합하고, 분절하고, 빼고, 삽입하고, 대체할 줄 아는 것이다.
	  − 음운인식은 글자를 말소리로 옮기기 위한 필수적인 능력이다. 음운인식 능력이 발달하면 자소와 음소 간의 대응관계와 자음과 모음의 결합원리를 쉽게 이해하므로 이는 초기 읽기 단계에서 단어를 성공적으로 읽는 데 중요하다. 음운인식 능력이 발달하면 친숙하지 않은 단어도 이를 보고 각 낱자를 확인한 후 추측해서 읽을 수 있게 된다.

음운인식의 발달 순서	단어인식 → 음절인식 → 음소인식 • 우리나라 유아의 음운인식은 단어, 음절, 그리고 음소수준으로 발달하는 것으로 나타났다. 단어 ➡ 음절 ➡ 초성+중성 ➡ 중성+종성 ➡ 음소 나비　　나비, 나방　　산, 상　　곰, 솜　　침대, 청소 **✿ 음운인식의 발달 순서** ① 단어인식: 단어가 의미를 가진다는 것을 알고, 개별 단어들을 구분하는 능력이다. ② 음절인식: 개별 단어가 음절 단위로 나뉠 수 있다는 것을 인지하는 능력이다. ③ 음소인식: 단어에서 가장 작은 소리 단위인 음소를 인지하여 이를 분절하고 혼합·조작하는 능력이다.

**음운인식
발달의 특성**
	• 유아들은 글자를 읽을 때 자음, 모음 등의 작은 단위인 음소를 인식하기보다는 음절을 먼저 인식하여 글자를 읽는 발달적 특성을 나타낸다. 또한 유아들의 '지각발달'적인 특성에 있어서도 어떤 하나의 형상을 인식하면서 부분보다는 전체적으로 모양을 먼저 인식하고 그다음 부분을 인식해 나간다.
	• 한글은 음소문자이나 음절단위로 모아쓰기를 하여 글자 간의 경계가 분명하다. 음절에 바로 대응되는 '글자' 단위의 재인이 용이하여 각 음절과 그에 해당되는 글자가 정확히 일대일로 대응된다.
	  − 이와 같이 자소·음소의 대응관계가 매우 정확하기 때문에 일단 이를 파악하기만 하면 이 규칙을 새로운 낱말 읽기에 적용하기가 쉽다. 이러한 이유로 대부분의 유아들은 음운인식 중 먼저 음절을 인식하고 점차적으로 음소인식을 하게 된다.
	  − 음절인식은 음절과 글자가 일대일로 대응한다는 것, 글자모양이 같으면 발음도 같다는 것 등 말과 글의 관계에 대한 인식발달에 결정적인 역할을 한다.

	(🔔) 발달 연령에 따른 음운인식 • 3세 : 말소리를 탐지하기 시작하여 전반적인 음운에 대한 민감성이 발달한다. • 4세 : 음절인식이 시작되어 음절 수와 글자 수의 대응(한 음절이 하나의 글자와 대응된다는 것)이 가능하다. 동일한 글자는 항상 같은 소리를 낸다는 글자와 발음의 항상성 관계를 지각하게 된다. 음절의 하위 단위인 초성자음, 중성모음과 종성자음에 대한 인식을 가지게 된다. • 5세 : 음절인식 능력과 더불어 점차 음소에 관한 인식이 나타나기 시작하나, 초등학교에 입학할 무렵에도 반 정도의 유아들만 음소인식이 가능한 것으로 드러났다.
지도법	• 음절인식과 아는 글자들을 중심으로 하는 해독이 가능해지기 시작하면 음운인식을 위한 지도를 해야 한다. ① 자·모 체계에 대한 지식을 가질 수 있도록 지도해야 한다. 　- 한글은 14개의 기본 자음과 10개의 기본 모음을 조합하여 만들 수 있는 글자가 무려 11,172개에 달할 만큼 많지만, 14개의 자음과 10개의 모음을 조합하여 어떻게 소리내는지 알기만 하면 한글 해독이 거의 완성 단계에 이르게 할 수 있다. 　- 한글차트와 같은 자·모판을 이용하여 낱자들을 구분할 수 있게 하고, 각 낱자의 음가를 체계적으로 가르치면 효과가 있다. ② 자소가 지닌 낱자의 음가를 직접적이고 명시적인 방법으로 가르칠 수 있다. 　- 한글은 크게 '받침이 있는 글자'와 '받침이 없는 글자'라는 두 가지 형태의 글자가 있고, 모음자의 유형에 따라 가로 글자, 세로 글자, 섞임 글자 등으로 더 세분화할 수 있다.

❷ 음운조작 유형(음운조작 과제 유형)

음운 조합 **(합성/결합)**	음절이나 음소를 조합하여 낱말을 만드는 것이다.	
	음절 조합 **(음절 합성)**	한 글자씩 따로따로 떨어져 있는 소리를 합치는 것으로 각각 들려주는 소리를 듣고 합쳐서 어떤 낱말이 되는지 아는 능력이다. 📕 무 + 지 + 개 ➡ '무지개'
	음소 조합	따로따로 떨어져 있는 음소를 합칠 수 있는 능력이다. 📕 /ㄱ/ + /ㅗ/ + /ㅇ/ ➡ '공'
음운 분절	낱말을 음절이나 음소 단위로 분절하는(따로따로 나누는) 것이다.	
	음절 분절	낱말에서 음절을 한 글자씩 따로따로 나눌 수 있는 능력이다. 📕 무지개 ➡ 무+지+개
	음소 분절	1음절 단어에서 음소를 한 음소씩 따로따로 나눌 수 있는 능력이다. 📕 공 ➡ /ㄱ/ + /ㅗ/ + /ㅇ/
음운 분리	**음절 분리**	• 낱말에서 음절을 나누어 특정 음절을 분리할 수 있는 능력이다. 　- 낱말에서 첫소리, 가운뎃소리, 끝소리를 찾을 수 있는 능력이다. 　- 2~3음절의 단어를 들려주고 교사의 지시에 따라 첫 음절, 가운데 음절, 끝 음절을 분리한다. 　　📕 '고추'에서 첫 소리가 무엇이지? ➡ '고'

	음소 분리	• 1음절 단어 내 특정 음소를 분리할 수 있는 능력이다. − 자음−모음으로 이루어진 1음절 단어와 자음−모음−자음으로 이루어진 1음절 단어의 첫 음소, 가운데 음소, 끝 음소를 분리한다. 예 '강'에서 첫 소리가 무엇이지? ➡ /그/
음운 탈락	\multicolumn{2}{l}{낱말에서 특정 음절이나 음소를 빼는 것이다.}
	음절 탈락	• 낱말에서 특정 음절을 탈락시키고 남는 소리를 구분할 수 있는 능력이다. − 2~3음절의 단어를 들려주고 교사의 지시에 따라 첫 음절, 가운데 음절, 끝 음절을 탈락시킨다. 예 '비누'라고 따라 말해보자. 이번에는 '비'를 빼고 말해보자. ➡ '누'
	음소 탈락	• 1음절 단어 내 특정 음소를 탈락시킬 수 있는 능력이다. − 자음−모음으로 이루어진 1음절 단어와 자음−모음−자음으로 이루어진 1음절 단어의 첫 음소와 끝 음소를 탈락시킨다. 예 '귤'에서 /ㄹ/ 소리를 빼면 무슨 소리만 남을까? ➡ '규'
음운 대치	\multicolumn{2}{l}{낱말의 특정 음절이나 음소를 다른 음절이나 음소로 바꾸는 것이다.}
	음절 대치	• 들려주는 낱말 내 특정 음절을 다른 음절로 바꾸어 다른 낱말을 만들 수 있는 능력이다. − 2~3음절의 단어를 들려주고 교사의 지시에 따라 첫 음절, 가운데 음절, 끝 음절을 대치한다. 예 '무지개'라고 따라 말해보자. 이번에는 '지'를 '니'로 바꾸어 말해보자. ➡ '무니개'
	음소 대치	• 1음절 단어 내 특정 음소를 다른 음소로 대치할 수 있는 능력이다. − 자음−모음으로 이루어진 1음절 단어와 자음−모음−자음으로 이루어진 1음절 단어의 첫 음소, 가운데 음소, 끝 음소를 다른 음소로 대치한다. 예 '별'에서 /ㄹ/를 /ㅇ/으로 바꿔 말해보면 무슨 소리가 될까? ➡ '병'

음운 변별, 음운 수세기, 첨가

음운인식 검사의 예시 문항으로 아래의 세 가지가 추가로 제시되기도 한다.

음운 변별	음절 변별	• 특정한 음절을 구별(변별)하는 것으로, 낱말에서 첫소리 또는 끝소리가 다른 낱말을 찾을 수 있는 능력이다. − 3개의 2음절 단어를 듣고, 첫음절 혹은 끝음절이 다른 단어를 변별하도록 한다.
	음소 변별	특정한 음소를 구별(변별)하는 것으로, 낱말에서 첫소리 또는 끝소리가 다른 음절을 찾을 수 있는 능력이다.
음운 수세기	음절 수세기	낱말을 구성하는 음절의 수를 세는 것으로, 낱말을 들려주고 몇 개의 음절로 이루어져 있는지를 셀 수 있는 능력이다.
	음소 수세기	1음절을 구성하는 음소의 수를 셀 수 있는 능력이다.
첨가(삽입)	\multicolumn{2}{l}{(단어를 들려주고) 모든 음절에 특정 받침을 넣으면 무엇이 되는지 물었을 때 답할 수 있는 능력이다.}

UNIT 06 언어의 유형(언어활동의 형태)

KEYWORD 수용언어, 표현언어, 음성언어, 문자언어, 말하기

- 언어활동은 듣기, 말하기, 읽기, 쓰기의 네 가지 형태로 구성된다(Bromley, 1988).
  - 듣기와 말하기는 음성언어이며, 읽기와 쓰기는 시각적 방법에 의존하는 문자언어이다.
  - 이들은 다시 외부에서 입력되는 음성적·시각적 기호를 해석하는 수용언어와 전달하고자 하는 의미를 음성적·시각적 기호로 산출 및 표현하는 표현언어로 구분된다. 음성언어 중 듣기는 수용언어, 말하기는 표현언어, 문자언어 중 읽기는 수용언어, 쓰기는 표현언어에 해당한다.
- 듣기, 말하기, 읽기, 쓰기의 언어활동 형태는 수용-표현, 음성-문자언어영역의 구분에 따라 분류할 수 있다.
  ① 시청각적 감각에 의한 구분
    - 인간의 시청각적 감각에 따라 언어는 음성언어와 문자언어로 구분된다.
    - 음성언어는 의사소통을 위해 사용하는 청각적인 기호체계로 듣기와 말하기가 해당되고, 문자언어는 의사소통을 위해 사용하는 시각적인 기호체계로 읽기와 쓰기가 해당된다.
    - 음성언어는 구어로서 대화자에 의해 동기가 유발되고, 특정한 시간과 공간에서 필요한 질문과 설명을 통해 서로의 욕구를 충족시킬 수 있는 역동성을 갖지만, 특별한 매체를 사용하지 않고는 순간적인 의사소통의 수단이 된다.
    - 반면, 문자언어는 대화자가 현장에 없는 비특정인에게 사용되지만 영구적으로 남고 돌이켜 볼 수 있는 내용의 언어이다.
  ② 기능상 분류
    - 언어는 기능적으로 크게 수용 기능과 표현 기능으로 구분할 수 있다.
    - 듣기와 읽기는 외부에서 받아들인 음성적·시각적 기호를 수용하여 이해하는 수용언어에 해당되고, 말하기와 쓰기는 의미를 전달하기 위한 표현 기능의 표현언어에 해당된다.

기준에 따른 언어 유형의 구분	시청각적 감각에 의한 구분	음성언어	청각	말하기, 듣기
		문자언어	시각	읽기, 쓰기
	기능상 분류	수용언어 (이해언어)	상대방 입장 수용	듣기, 읽기
		표현언어	나의 입장 표현	말하기, 쓰기

의사소통 방식

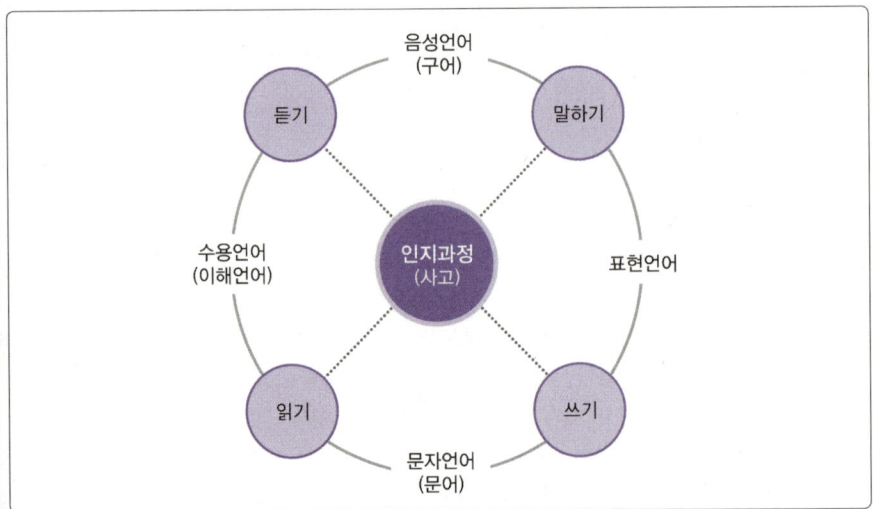

✿ **언어의 네 가지 형태 간의 관계**

- 언어의 네 가지 형태(언어활동 형태) 간의 관계에서 살펴보는 바와 같이, 언어유형 (듣기, 말하기, 읽기, 쓰기)은 인지과정을 통해 의미의 이해 및 해석, 그리고 의도에 부합 하는 의사표현으로 나타나게 된다.
  - 즉, 말하기, 듣기, 읽기, 쓰기는 서로 연관이 되어 있으며 상호발달에 영향을 미친다.
- 그리고 인지과정은 언어의 기초가 된다는 점에서 사고과정 없이는 효과적으로 듣고, 말하고, 쓰고, 읽을 수 없다고 할 수 있다.

II 언어의 기능

- 언어는 이를 사용하는 상황과 목적에 따라 다양한 기능을 한다. 따라서 말하는 이가 표현하고자 하는 의도가 정확히 무엇인지 이해하는 것은 쉽지 않다.
  - 예를 들어 '가슴이 답답하다'라고 하는 것이 실제로 숨을 쉬기가 힘든 물리적 상황이라는 것인지, 뭔가 마음에 걸리는 것이 있어서 심리적 부담으로 답답한 정서적 상태라는 것인지, 마음이 답답하니 어디론가 떠나고 싶다는 마음을 표현하는 것인지 등과 같이 맥락에 대한 정보나 이해 없이는 그 의미를 이해하기 힘들다.
  - 이처럼 언어는 말하는 이의 의도, 맥락 등에 따라 다양한 기능으로 사용될 수 있다.

UNIT 07 언어의 기능 – 야콥슨(or 제이콥슨, Jakobson, 1968)

언어 행위를 구성하는 요소	• 언어 행위를 구성하는 요소를 다음과 같이 제시하였다. ① 화자(발신자, addresser) : 말하는 사람 ② 청자(수신자, addressee) : 말을 듣는 사람 ③ 전언(message) : 쓰여진 말 ④ 관련 상황(문맥, context) : 무엇에 대하여 말하게 되었는가 ⑤ 접촉(말이 쓰여진 분위기, contact) : 어떤 환경에서 말하게 되었는가 ⑥ 약호체계(사용된 언어, code) : 어떤 말을 사용하였는가 ▶ Jakobson은 언어 행위의 6가지 요소에 언어기능을 귀속시켜 세분화하였다.
참조적 기능	대상들은 이름을 가지고 있으며, 사태나 활동 등에도 이름이 붙여진다. 이와 같이 말은 대상이나 사태 등을 상징적으로 지칭하는 데 쓰인다. • 정보적 기능, 정보 제공의 기능, 지시적 기능을 지닌다. • 언어 행위의 요소 중 '관련 상황'에 초점이 맞춰진 기능이다. 　– 말하는 사람이 듣는 사람에게 관련 상황에 대하여 내용을 알려주는 기능을 한다. 　– 우리가 쓰고 있는 언어는 모두 사물을 대상화하여 그것에 의미를 부여하는 이름이다. 　– 모든 학문적 활동들이 이 기능을 통해 성립된다. 　　예 지구는 태양의 주위를 돈다.
표현적 기능	사람은 자신의 생각이나 감정을 표현하고자 하는 욕구와 이를 표현하여 욕구를 충족시켜야 할 필요를 가지고 있다. 언어는 이러한 욕구와 필요를 표현하는 데 사용된다. • 정서적 기능을 지닌다. • 언어 행위의 요소 중 '말하는 사람'에 초점이 맞춰진 기능이다.

MEMO ....

	− 쓰인 말은 말하는 사람의 감정, 심리적 태도를 반영해 주는 기능을 한다. − 욕설, 감탄, 희로애락 등의 감정 표시에 사용되는 언어이다. − 말하는 사람의 감정을 효과적으로 드러낼 때 정상적인 발음 이외의 특이한 발음이 나타나기도 한다. − 일반적인 상황에서 사용하는 표현과 시 낭송에서의 표현적 차이를 말한다. 　예 "먼~ 옛날", "커~다란 바위" 　예 '잘 한다'와 '잘~ 한다'의 상이한 표현적 가치
동기화 기능	사람은 말로써 어떤 결심을 하게 한다든지 태도를 변경하게 할 수 있다. 언어는 타인으로 하여금 어떤 마음가짐이나 행동을 하도록 자극하기도 하고 격려하기도 한다. 그러므로 언어는 타인의 동기화 과정에 영향을 미친다. 비단 타인에 대해서만 그러한 것이 아니라 자기 자신의 어떤 태도나 행동의 동기화에 있어서도 큰 역할을 한다. • 욕구적 기능, 능동적 기능 • 언어 행위의 요소 중 '말을 듣는 사람'에게 초점이 맞춰진 기능이다. 　− 듣는 사람에게 무엇인가를 행동하도록 요구한다. 　예 주차 금지, 관계자 외 출입 금지, 각종 공지문 등
친교적 기능	언어가 의사소통의 수단임은 자명한 일이나, 언어는 단순히 사람의 생각을 전달하거나 인습적인 인사말을 나누는 것을 넘어서 감정을 표현하고 공감함으로써 서로 친할 수 있는 관계와 분위기를 형성하는 데 기여한다. 그러므로 언어는 대인 간의 친분을 형성하는 데 영향을 미친다. • 상황적 기능(phasic function)을 지닌다. • 말하는 이와 듣는 이가 언제든지 필요로 한다면 의사소통을 할 수 있다는 전제를 둔 언어 행위이다. 　− 언어 행위의 요소 중 '접촉'에 초점이 맞춰진 기능이다. 　− 예의상이나 형식적으로 사용되는 표현, 이웃 사람들과 주고받는 인사말, 여행 중 처음 만난 사람과 나누는 여행지에 대한 이야기 등과 같이 전달의 의미에 가치를 두기보다는 서로 간의 이야기를 주고받는 사실에 가치를 두게 된다(말의 내용보다는 어떤 말이든 하면서 주고받는 기능이 중요하다). 　예 아저씨, 안녕하세요! / 그래, 거름이 학교 다녀오는구나!
상위 언어적 기능	사람은 언어로써 사물과 대상을 지칭하고 그 상징적 의미를 이해하는데 그치지 않으며, 언어 자체를 분석하고 자신과 타인의 언어과정을 설명하는 일에 언어를 사용한다. • 메타 언어적 기능이다. • 언어 행위의 요소 중 '약호(code)' 자체에 초점이 맞춰진 기능이다. 　− 말을 통하여 새로운 말을 배우는 것이다. 　− 새로운 어휘 습득, 외국어 학습, 특정 지식을 체계화할 수 있는 기능이다.
미학적 기능	언어 자체의 필요에 대응하기 위해서도 언어가 사용된다. 말하자면, 언어의 예술성과 창조성을 고양하기 위한 목적에도 언어가 기여한다는 것이다. • 시적(詩的) 기능을 지닌다. • 언어 행위의 요소 중 '전언(message)' 자체에 초점이 맞춰진 기능이다. 　− 말(전언)은 말하는 사람의 의식적·무의식적 노력에 의해서 되도록이면 듣기 좋은 짜임새를 가지려 한다(말에는 그 말 자체에 보다 듣기 좋은 표현을 가지려는 본능적인 모습이 감추어져 있다). 　− 문학에서 지배적으로 수행되는 기능이다.

MEMO

SESSION
01

UNIT 08 언어의 기능 – 할리데이(Halliday, 1975)

KEYWORD # 할리데이 – 통제적 기능

> Halliday는 Jakobson의 언어 기능을 좀 더 보충하여 자신의 어린 아들을 대상으로 연구·관찰한 결과를 바탕으로 언어의 소통적 기능을 범주화해 일곱 가지로 제시하고 있다. 각 범주별 문자언어의 예를 첨가하여 음성언어와 문자언어의 균형을 이룰 수 있도록 하였다.

도구적 기능	• 도구적 기능은 자신의 욕구를 충족하기 위한 수단으로 사용하는 언어를 말한다. 　– 이는 자신의 권리와 욕구, 소망 등을 언어로 표현하는 것을 통해 충족시킨다는 점에서 도구적 기능이라 할 수 있다. ①　구어: (욕구 충족을 위한) 대화 ②　문자언어: 광고, 계산서, 메모 　예　~하고 싶어요. ~주세요. ~원해요.
통제적 기능 (규제적 기능, 조정적 기능)	• 언어를 통해 자신과 타인의 감정, 행동, 태도를 조정하고 통제하는 기능을 말하는 것으로, 자신과 타인을 향해 사용된다. 언어가 사고를 자극하고 행동을 조정하는 기능을 한다고 본다. 　– 자기통제적 언어 기능: "이거 다 하고, 간식을 먹을 거야."와 같이 자신의 행동을 통제하는 데 사용될 수 있다. 　– 타인통제적 언어 기능: "그렇게 있지 말고, 부르면 그때 여기서 기다리세요." 등과 같이 타인의 행동범위를 조절하고 행동을 통제하는 데 사용될 수 있다. ①　구어: 지시, 몸짓, 질문 ②　문자언어: 교통 표지판, 방향 지시판, 놀이 규칙판, 지시문, 판결문 　예　~ 해주세요. 　예　"○○야! ~해라!"하면 해당 유아는 지시에 따르기 　예　차례를 정해서 한 사람씩 보도록 하자. 　예　친구들이 무너뜨리지 못하도록 '돌아가시오'라는 표지판을 만들어 세워 놓는다.
상호작용적 기능	• 상호작용적 기능은 사회적 관계를 형성하고 유지하기 위한 수단으로 사용되는 언어기능을 말한다. 대인관계를 위한 상호작용, 의례적 인사, 문자언어에 의한 개인적인 편지, 현대의 문자메시지, 메신저 대화도 이에 포함된다. 　– 사회적 관계는 공적인 관계와 사적(개인적)인 관계를 포함하는 것으로 상호작용적 기능은 사회적 관계를 위한 의례적인 인사말인 "건강하게 잘 지내고 계시지요?", 개인적 관계를 위한 "나랑 같이 자전거 타러 갈래?", 개인적 감정을 나타내는 "네가 함께 가줘서 고마워." 등의 언어표현으로 사용된다. 　– 영유아들도 "민주야 안녕?", "나랑 같이 이거 하자." 등과 같이 또래들과 간단한 언어적 상호작용을 한다.

MEMO

지도방법

교사는 유아의 사회적 관계 형성을 위해 또래 간 언어적 상호작용을 지원할 필요가 있다.

> ① 구어 : 대화 나누기, 토의·토론하기
> ② 문자언어 : 편지, 쪽지, 문자 메시지
>   예 나랑 같이 ~ 할래?
>   예 너하고 나하고 / 너랑 나랑
>   예 나하고 놀자, 나랑 같이 앉지 않을래?

개인적 기능

개인적인 기능은 언어를 통해 각 개인의 생각, 감정, 느낌, 의견 등을 표현하는 것을 말하는 것으로, 각 개인에게는 자신에 대한 정체성을 느끼게 하고 타인에게는 한 개인의 특성을 인식하게 한다.

예 "나는 혼자 있는 것보다 친구들과 어울려 노는 것이 좋아.", "나는 야구를 좋아해."와 같이 감정과 선호도에 대해 표현하는 것은 개인의 정체성을 인식하고 이해하게 한다.

지도방법

교사는 정체성을 인식해 가는 영유아기에 자신의 이름, 성별 등과 같은 외적 특성 외에 자신의 내적 특성을 인식하고 표현하도록 상호작용함으로써 영유아의 언어발달 및 정체성 인식을 지원할 수 있다.

> ① 구어 : 토의·토론하기
> ② 문자언어 : 일기, 자서전, 감상문, 신문의 사설, 편집후기
>   예 나는 말이야~ / 나는요~
>   예 저는 ~~~~해요. 저는 ○○○○요.
>   예 저는 자동차 장난감이 좋아요.

상상적 기능

- 언어의 상상적 기능은 언어를 통해 가상의 상황을 설정하고 상상이나 창의성을 표현하기 위한 수단으로 사용하는 언어를 말한다. 언어는 개인이 상상의 세계에 몰입하도록 도와주며 창의적인 활동을 하도록 한다.
  - 가장 대표적인 예는 상상의 세계, 가상적인 상황을 문학적 언어로 표현한 문학작품이 있으며, 유아교육 현장에서는 역할놀이 등에서 상상적 기능의 언어가 주로 사용된다(예 "나는 물고기니까 이렇게 헤엄치고 간다.").
  - 언어의 상상적 기능은 언어의 아름다움을 느끼게 하며, 언어를 통한 인간의 유희를 극대화시킬 수 있는 기능이다.

지도방법

교사의 상상적 기능 활용에 대한 지원은 유아의 언어뿐만 아니라 감성을 발달시키는 데 도움이 된다.

> ① 구어 : 동화 이야기 나누기, 극놀이 속 이야기 나누기, 역할놀이 속 이야기 나누기
> ② 문자언어 : 시, 문학작품, 동화 이야기, 연극대본, 수수께끼
>   예 ~인 것처럼 해보자. / ~인 척 해보자.
>   예 네가 선생님 해, 나는 학생 할게.

발견적 기능	발견적 기능은 주변의 환경을 탐색하고 이해하며, 나아가 이를 학습하기 위한 수단으로 사용하는 언어의 기능이다. 즉, 학습을 위해 실제를 탐색하는 언어 기능이다.
	⑩ "왜 씻어야 해요?", "왜 밥 먹어야 해요?" 등과 같은 일상 속 질문뿐만 아니라 "왜 나뭇잎은 색깔이 변해요?"와 같은 질문을 통해서 일상에 대해 의문을 제기하고 해결점을 얻으며 주변에 대한 탐색과 이해를 높여가게 된다.
	지도방법▶
	교사는 유아의 일상 및 주변에 대한 의문을 해결하는 과정에 민감하게 반응함으로써 이를 지원하는 역할을 할 수 있다.
	
	① 구어 : 호기심에 의한 질문, 대답
	② 문자언어 : 조사하기, 보고서 쓰기, 질문지, 학습저널, 요청하거나 묻는 편지
	   ⑩ ~는 왜 그렇지요? 왜 그런지 말해 주세요.
	   ⑩ 이 그림은 무슨 뜻이에요?
	   ⑩ 우리는 어떻게 태어났어요?

정보적 기능
(표상적 기능)
	정보적 기능은 언어를 통해 정보, 아이디어 등을 전달하고 표현하는 등의 정보교환을 하는 것을 포함한다. 즉, 경험이나 사실, 정보를 전달하고 이를 설명하기 위한 수단으로 언어를 사용하는 기능이다.
	⑩ "나는 ○○동에 살아요.", "파랑새반은 5살 친구들 반이에요." 등과 같이 간단한 정보를 주고받는 것에서 나아가 문자를 통해 지식 등이 전달되는 것이 여기에 포함된다.
	지도방법▶
	교사는 유아가 궁금해하는 질문사항을 해결하는 과정에서 "강아지가 물건을 계속 물어뜯는 이유는 수의사 선생님에게 물어보면 좋을 거 같아.", "갯벌에는 어떤 생물이 사는지 같이 책을 찾아볼까?" 등과 같은 제안을 통해 언어의 정보적 기능을 자연스럽게 활용할 수 있도록 지원할 수 있다.
	
	① 구어 : 토론, 보고서 발표
	② 문자언어 : 날씨판, 일과표, 전화번호부, 도표, 신문, 지도
	   ⑩ 내가 알려줄 것이 있는데~
	   ⑩ 오늘은 무슨 요일이죠?
	   ⑩ 도서관이 어디에 있나요? ○○빵집 옆에 있어요.

UNIT 09   언어의 기능 – 리치(Leech, 1974)

정보적 기능	언어가 사실과 가치에 근거하여 새로운 정보를 제공하기 위해 사용됨을 의미한다. ⑩ 차가 크다. ⑩ 버스 안에 승객이 꽉 차 있다.

표현적 기능	• 언어가 느낌과 태도 등을 표현하는 데 사용됨을 의미한다.
	• 자신의 느낌이나 어떤 토픽에 대한 자신의 견해를 표현하는 것이다.
	   ⑩ 나는 아주 행복하다.
	   ⑩ 이번 휴가는 아주 즐겁게 보냈다.

MEMO

지시적 기능	• 다른 사람의 행동이나 태도에 영향을 주는 기능이다. 　－ 이때 문장은 두 가지 기능을 표현할 수 있다. 　　예 "목이 말라." ➡ 누군가에게 물을 달라고 요청하는 표현이면서, 말하는 사람이나 표현하는 　　　사람의 상태나 느낌을 표현하는 것이다.
심미적 기능	• 감성적 의미로서 개념화할 수 있다. • 시적 기능과 연결지어 생각할 수 있으며, 미학적 개념이나 예술적 표현력을 나타 　낸다.
교감적 기능 (언어교환의 기능)	대화 목적으로 일상적 대화를 하는 경우이다. 예 안녕하세요, 아이들은 잘 지내나요?

UNIT 10   언어의 기능 – 스타브(Stabb, 1992)

• Stabb(1992)는 교실에서 사용하는 영유아의 어휘, 발음 등의 언어 특성에 대하여 교사가 관심을 기울이는 것에 비해, 영유아가 말하고자 하는 의미 등에 대해서는 관심을 기울이지 않는다고 보았다.
　－ 언어의 기능에 대한 낮은 이해로 인해 영유아가 언어기능을 적절히 사용하지 못한다면 이는 의사소통에 어려움을 야기하게 될 것이라고 보아 교실 내에서 발생하는 음성언어의 기능을 아래와 같이 분류하였다.

사회적 욕구의 주장	• 사회적 욕구의 주장은 자신의 개인적 권리와 욕구를 주장하는 것, 상대방에 대한 긍정적·부정적 표현을 하는 것, 상대의 의견을 요청하는 것, 대화를 이어가기 위해 우발적으로 표현하는 것을 포함한다. 타인을 비난하거나 위협하지 않으면서 자신의 권리와 욕구를 적절한 방법으로 주장하는 기술은 영유아기뿐만 아니라 이후 시기에도 필수적인 의사소통의 기술이다. 　－ 따라서 교사는 유아의 부정적·긍정적 표현 이면에 깔린 사회적 욕구를 이해하고 이를 적절한 의사소통 방식으로 표현할 수 있도록 지원해야 한다.	
	개인적 권리, 욕구 주장	예 주스 먹고 싶어. 예 내가 나이가 제일 많으니까 가장 먼저 해야 돼.
	• 부정적 표현 　－ 비판, 논쟁, 협박, 부정적 의견	예 너 너무 말을 많이 하고 있어. 예 병철이는 바보 같아.
	긍정적 표현	예 예, 저도 그렇게 생각해요. 예 정말 맛있는데요?
	의견 요청	예 너 이거 하고 싶어? 이거 재밌어?
	우발적 표현	예 그랬구나... 그래서?

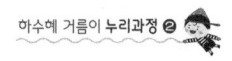

통제 기능	• 통제는 어떤 일이 일어나도록 요청, 요구, 명령, 협박 등을 하는 것을 의미하며, 타인뿐만 아니라 자신을 조절하는 기능을 포함한다. 통제는 욕구 주장하기에서 나아가 타인의 행동을 조절하고자 하는 의미를 포함하는 점에서 사회적 욕구 주장과 차이가 있다.
	  − 따라서 통제 기능을 부적절하게 사용하는 경우에는 일방적·통제적·지시적인 의사소통 유형의 가능성이 높아진다.
	  − 특히 유아는 발달 특성상 자기중심적이고 친사회적 의사소통 기술이 미흡하여 일방적인 요구, 명령, 협박과 같은 부정적인 통제 기능의 언어를 쓸 가능성이 있다.
	  − 따라서 교사는 일상 및 놀이 상황에서 발생하는 영유아의 부정적인 통제 기능의 의사표현 방식을 긍정적인 요청과 요구로 전환할 수 있도록 지원하는 것이 필요하다.

자신과 타인의 행동을 통제	예 (자신에게) 이거 먼저 먹어야지. 예 (타인에게) 달걀 하나 줘.
지시 요청	예 이거 어디에 놓을까요?
타인의 주목 요청	예 이것 좀 보세요. 여기 보세요.

정보 기능	• 교실에서 정보와 관련하여 일어나는 의사소통으로는 사물에 이름 붙이기, 특정 사건 회상하기, 관찰과 비교 등을 통해 정보 제공하기와 정보 요청하기 등이 포함된다.
	  − 교실에서 유아들과 교사는 다양한 정보를 요청하고 반응하면서 정보를 활발히 주고받는다. 반면에 유아 간에는 정보적 기능을 활발하게 사용하지 않는다.
	  − 따라서 교사는 유아의 놀이와 일상생활 상황에서 유아들 간에 정보적 기능을 사용하도록 지원하는 역할(예 "만드는 방법을 A가 B에게 말해줄래?")을 할 필요가 있다.

• 과거나 현재의 사건 언급 − 명명하기, 세부사항 알리기, 특정 사건과 순서 등	예 저건 자동차야. 예 나는 빨간 물감이 있어. 예 성태는 노란색 전에 빨간색을 칠했어.
비교	예 기차는 버스보다 길거든.
특정 사건과 세부사항에 따라 일반화	예 오빠가 오늘 아파서 학교에 안 갔어.
정보 요청	예 이거 무슨 색깔이지?

예측 및 추론	• 예측 및 추론은 탐구, 탐색, 발견 등에서 발생하는 논리적 사고과정과 관련된 언어 기능을 말한다.
	  − 이는 주로 교실에서 과학, 요리 등의 활동과정에서 일어나는 언어기능으로 "화분에 물을 주지 않으면 어떻게 될까?", "딱딱했던 감자를 삶으니까 왜 부드러워졌을까?" 등의 유형으로 사용될 수 있다. 그러나 어떤 사건에 대한 예측 및 추론은 사전경험과 근거가 풍부하지 않은 유아들에게 어려운 것일 수 있다.
	  − 따라서 교사는 책을 읽거나 놀이하는 상황에서 "그다음에는 주인공이 어떻게 될까?", "긴 치마를 입고 자전거를 타면 어떻게 될까?" 등과 같은 질문을 통해 예측 및 추론 경험을 하도록 언어적 지원을 해줄 필요가 있다.

인과관계 추측, 진술	예 짐이 너무 무거워서 다리가 무너졌어.
사건에 대해 추측	예 내일 비가 올 것 같아.
결론에 따라 사건 추측, 진술	예 너는 키가 너무 커서 구부려야 할 거야. 예 집을 나가지 않는 게 좋아. 배가 고파질 거야.

MEMO

투사	• 투사는 자신을 타인의 경험에 주입하는 것으로 자신이 타인이라면 어떻게 느낄지, 어떻게 할지 등을 표현할 목적으로 주로 사용되며, 교실의 역할놀이, 이야기 나누기 등의 장면에서 자주 나타난다. – 또한 영유아의 갈등 상황에서 교사가 상대의 입장을 이해하도록 "○○가 이랬다면 너는 마음이 어땠을 것 같니?" 등과 같은 표현을 통해 사용되기도 한다. 그러나 자기 중심적 사고의 발달 특성을 지닌 영유아가 다른 이의 감정을 이해하고 자신을 조절한다는 것은 어려운 일이다. – 따라서 교사는 이러한 투사적 언어표현을 통해 공감과 타인이해를 지원함으로써 영유아의 언어적 발달뿐만 아니라 사회적 관계를 지원할 수 있다.

자신을 타인의 감정에 투사	**예** 세진이가 엄청나게 화가 났을 거야.
자신을 타인의 경험에 투사	**예** 나라면 동물원에서 사자와 살고 싶지 않을 텐데.

참고

교실 내에서의 +언어사용역 – 음성언어와 문자언어의 형태[Ruddell & Ruddell(1994)]

교실 내에서의 언어사용역	음성언어의 형태	문자언어의 형태
비형식적 개인적 교호	• 인사(상호작용적, 개인적) • 감정 교환(도구적, 상호작용적, 개인적) • 타인의 행동 통제(도구적, 조정적)	• 친구에게 쪽지 보내기 • 사적 편지나 쪽지 보내기 • 알림이나 지시사항
형식적 정보 교환	• 학급 토의(정보적, 발견적) • 강의(정보적) • 알림(정보적)	• 이야기, 서사문, 기사 편집 • 강의 교재
문예적 교환	드라마, 연극(상상적, 정보적, 발견적)	시, 서사문, 드라마

+ 언어사용역
언어사용이 일어나는 사회적 장면을 말한다.

III 언어와 사고

UNIT 11 인지 – 언어 관련성

피아제 (Piaget)	• Piaget는 사고가 기초가 되어야 언어로 표현될 수 있기 때문에 언어발달이 인지발달을 앞지를 수 없다는 입장으로, 인지우선론 또는 인지결정론의 입장을 취한다. 언어가 사고발달의 근원이라기보다는 사고발달을 반영하는 것으로 본 것이다. – Piaget에 따르면 유아는 사물이나 사물 간의 관계를 먼저 인식하고 나서 이후에 언어로 그 지식을 표현한다고 하였다. 즉, 이미 알고 있는 지식이나 정보가 언어로 표현된다는 관점이기 때문에 언어발달보다는 다양한 경험과 상호작용을 통한 인지발달이 선행되어야 한다는 입장이다. – Piaget 역시 언어가 사고력을 증대시키고 사고의 범위를 확장시켜 준다는 점은 인정하고 있으나, 언어가 사고발달에 필요 불가결한 것이라고 보지 않으며 인지가 발달할수록 언어도 발달한다고 본다.
브루너 (Bruner)	• Bruner는 언어가 사고를 지배한다는 Whorf의 생각에 동의하지 않는다. Bruner는 언어가 인간이 직접적 경험을 기술·분석하고, 추상화하며, 더 깊은 의미를 찾아내는 수단이라고 간주한다. 즉, 언어는 정신적 표상 방법이며 사고의 도구로서 사고과정을 촉진한다고 보았다. – 언어는 인지발달에 핵심적 역할을 하며, 언어라는 수단을 통해 인간의 직접적인 경험을 기술·분석 또는 추상화하며 인지변화를 가져온다고 본 것이다. 언어는 경험을 표상할 뿐만 아니라 변형시키기도 한다. 아동이 일단 언어를 인지적 도구로 내면화하는 데 성공하기만 하면 아동은 이전보다 훨씬 더 융통성 있고 강력하게 경험을 표상하며, 경험의 규칙성을 체계적으로 변형시킬 수 있게 된다(Bruner, 1964).

비고츠키와
루리아
(Vygotsky &
Luria)
	• Vygotsky는 사회적 구성주의의 대표학자로 언어와 사고의 발달은 함께 병행하여 이루어지며 언어가 사고를 결정한다고 보는 입장으로, 언어를 사고발달에 필수 불가결한 것으로 파악하고 있다. 그렇다고 Vygotsky가 사고발달의 근원을 언어에서 찾으려 했던 것은 아니며, 아동발달에서 언어와 사고가 각기 다른 뿌리를 가지고 있어 서로 다른 실체라고 보았다.
	  − 처음에는 비개념적 언어와 비언어적 사고로 서로 분리되어 독립된 근원을 가지고 있으나, 발달 과정에서 주변환경과의 상호작용을 통해 서로 교호하여, 말이 생각으로, 생각이 말로 끊임없이 이동한다고 주장하고 있다.
	  − 약 2세가 되면 둘은 통합되어 사고는 언어화되고 말은 합리적으로 된다. 즉, 사고와 언어의 통합적 발전을 통해 사고는 언어화되어 표현되고, 사용하는 언어에는 논리가 생긴다고 보았다.
	  − Vygotsky는 언어 형식에는 내적 언어와 외적 언어(사회적 언어)가 있는데, 내적 언어는 자신에게 소리내지 않고 하는 말이며, 외적 언어는 타인에게 소리내어 하는 말이라고 보았다. 또한 유아 언어 발달은 외적 언어에서 출발하여 자아중심적인 것으로, 그리고 다시 내적 언어로 진행된다고 보고 있다. 주변 환경과의 상호작용을 통해 외적 언어가 점차 자기중심적 언어로 발전되어 이것이 점차 내면화된다고 본 것이다.

왓슨 (Watson)	• Watson은 언어와 사고를 같은 것이라고 보는 입장으로(언어와 사고를 동일시함), 사고는 소리만 없을 뿐인 자기 스스로의 말이라고 주장하였다. − Watson은 인간의 정신활동을 인정하지 않았기 때문에 사고를 행동으로서의 언어와 같은 것으로 파악하려고 하였으나 널리 받아들여지지는 않았다.

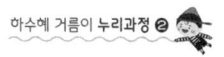
촘스키 (Chomsky)	• Chomsky는 언어발달이 유전적 결정체에 의해 타고나는 것이라고 보는 입장이며, 언어 발달과 인지발달은 각각 별개라고 주장한다. – 생득주의 관점의 Chomsky는 문법적 이해의 기초를 언어습득장치(LAD)에 의한 것 이라고 했던 것에 반해, 구성주의 관점의 Piaget는 문법적 이해의 기초를 감각운동기 지적 능력의 행동적 스키마(schema)에 의한 것이라고 하였다.
워프 (Whorf)	• Whorf는 언어에 의해 사고가 결정된다는 언어결정론을 주장하면서 언어가 인간의 사 고를 통제한다고 보았다. 이는 개념 혹은 사고가 발달하기 전에 언어습득이 먼저 이루어 지고, 이렇게 습득된 언어에 의해 사고가 뒤따라 발달한다고 보는 관점이다. – "우리는 언어적인 습관에 따라 보고, 들으며, 경험하고, 선택하며, 이해한다." – 언어는 사용하는 사람의 생각하는 방법을 제약하므로 서로 다른 언어 구조를 사용 하는 사람들의 사고작용에 결정적인 영향을 끼친다고 보았다. – 각 종족마다 사용하는 언어구조, 문법, 어휘의 수의 차이는 사고의 차이를 만든다고 하였다.

피아제와 비고츠키의 언어와 사고에 관한 견해

Piaget	Vygotsky
• 언어는 사고를 반영하므로 인지발달에 따라 언어발달이 나타난다. • 자기중심적 언어에서 인지가 발달하면서 사회적 언어로 나아간다. • 사고 ➡ 언어	• 언어는 사고를 촉진해 언어와 사고의 발달은 병행하여 이루어진다. • 사회적 언어를 점점 자기중심적 언어로 내면화하여 사용하게 된다. • 언어 ➡ 사고

UNIT 12 언어와 개념화 과정

개요	• 인간은 감각기관을 통해 받아들인 여러 정보들을 개념화하는 능력이 있으며, 이로 인한 결과들을 어휘라는 그릇에 담아낸다. • 개념화: 지각된 개인적 경험이 상징적 표상으로 변형되는 과정이다.	
사적 개념과 공적 개념	사적 개념	주로 개인이 경험하고 생각하고 느끼는 것을 통해 형성되며, 개인적 인상, 느낌, 이미지, 가치 등이 포함된다. 예 엄마 ➡ 나에게 음식을 먹여주고, 옷도 입혀주고, 잘 보살펴 주는 여자
	공적 개념	사적 개념이 점차 추상화되어 공적 개념으로 변화된다. 사적 개념에서 개인적 측면이 제거되고 남은 것으로, 보통 사전에서 풀이하고 있는 어휘의 의미이다. 예 엄마 ➡ 나를 낳아준 여자
개념형성 방법	귀납적 절차	여러 속성들을 모아서 전체를 대표하는 이름을 붙이는 것을 말한다. 예 움직이고 입으로 먹고 새끼가 있는 것은 동물이다.
	연역적 절차	개념을 먼저 배우고 그 개념의 속성들을 후에 수집하기 시작하는 것이다. 예 동물은 움직이고, 입으로 먹고, 새끼가 있다.
	유비적 절차	이미 알고 있는 개념을 통해 새로운 개념을 배우는 것을 말한다. 예 자동차 운전사의 개념으로 비행기 조종사의 개념을 배우는 것 예 '접시를 깨뜨리다'의 개념에서 '약속을 깨뜨리다'의 개념을 파악하는 것
새로운 개념의 형성	분석과 통합의 과정을 통하여 새로운 개념이 형성되고 정교화된다. • 분석의 과정 – 처음 배운 '멍멍이'라는 낱말을 비슷하게 생긴 고양이나 염소와 같은 것들에게까지 적용하다가, 경험이 확장되고 인지발달이 일어나면서 차이를 파악하여 멍멍이와 고양이, 염소가 같지 않다는 것을 분명히 알게 된다. – 분석력에 의해 각 개체의 특성을 찾아내어 고양이, 염소라고 부르게 되는 것이다. • 통합의 과정 – 사물들 간에서 찾을 수 있는 공통점들이 보이기 시작하여 개, 고양이, 염소를 '동물'이라는 하나의 범주나 부류로 묶어 이해하게 된다.	

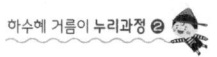

명제적 사고			• 의미를 생성하는 작업의 첫 번째 역할은 두 개 이상의 개념을 하나의 구조로 묶어서 명제라는 이름의 더 큰 지적인 조직체를 만들어내는 것이다. • 명제: 개념들을 관련지어 구체적인 의미를 생성하는 것을 말한다.
	명제의 구성	1단계	• 개념의 확인 단계이다. • 지각과 개념화의 과정을 거쳐 찾아낸 의미로서 사물이나 사건에서 개념 회상과 재인 과정을 통해 상징적으로 개념화하는 것이다. ⑩ 호떡을 경험하여 알고 있는 유아가 다른 호떡을 보고 '호떡'이라고 부르는 것, 김이 나는 것을 보고 '뜨겁다'라고 생각하는 것
		2단계	• 개념을 연결짓는 단계이다. • 각각의 개념이 하나의 사건을 통해 연결되어 새로운 지식이 형성된다. ⑩ 김이 나는 호떡을 보고 '호떡'과 '뜨겁다'라는 개념을 떠올리고, 두 개념이 연결되어 '호떡은 뜨겁다'라는 새로운 지식이 형성되는 것
	명제 간의 의미 구성		• 명제와 명제 간의 관계를 설정해서 논리적 추리나 결론을 얻어냄으로써 새로운 의미를 구성하는 것이다. － 두 명제 간에는 인과관계나 병렬관계 등을 표현할 수 있는 장치가 충분히 발달되어 있다. ⑩ 넘어졌다. 다리를 다쳤다. ➡ 넘어졌기 때문에(원인) 다리를 다쳤다(결과). ⑩ 다리를 다쳤다. 넘어졌다. ➡ 다리를 다쳤기 때문에(원인) 넘어졌다(결과).

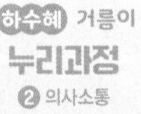

하수혜 거름이
누리과정
❷ 의사소통

언어발달
이론

I 언어발달 이론(언어습득 이론)

출생 이후 인간이 언어를 습득하면서 양적·질적으로 어떤 과정을 통해 언어발달을 이루는지에 대한 다양한 이론들이 있다. 언어습득과 발달에 대한 대표적인 접근으로 ① 행동주의는 언어습득과 발달을 후천적인 경험과 강화된 환경에 의해 발생하는 결과로 보며, ② 생득주의는 인간이 가지고 있는 선천적인 언어습득 능력에 의해 언어를 발달시키게 되는 것으로 본다. 그리고 ③ 구성주의는 선천적인 능력과 환경과의 상호작용의 결과로 언어를 습득·발달시키게 된다고 주장한다.

UNIT 13 행동주의 이론

기본 관점	• 철학적 사조: 로크(Locke)의 경험주의 – 경험주의는 인간의 마음을 백지 상태에 비유하고 지식 습득에 있어서 후천적 경험과 교육의 중요성을 강조하였다. • 대표 학자: 스키너, 반두라 – 1960년대를 주도하던 행동주의 학자들은 행동주의에서 주장한 학습이론을 언어습득에도 적용하였다. – 행동주의 이론에서 인간의 언어발달은 후천적인 경험에 의해 이루어진다고 본다. – 여기에서 경험이란 자극과 반응이 연합되는 일련의 학습 경험을 말하는 것으로, 이는 인간 발달뿐만 아니라 언어습득의 근원이 된다. – 또한 주위 언어사용에 대한 모방과 이에 따른 강화를 연합시키는 학습 경험이 언어습득과 발달의 근원이 된다고 하면서, 강화와 모방을 언어학습의 주요 기제로 보았다. 따라서 주변 사람들의 언어사용의 양과 질, 의사소통에 대한 태도가 유아의 언어발달에 영향을 준다고 주장하였다(환경의 영향 강조). • 유아 언어발달의 가장 중요한 요인: 유아의 발화에 대한 다른 사람들의 반응(보상, 교정, 무시, 벌)

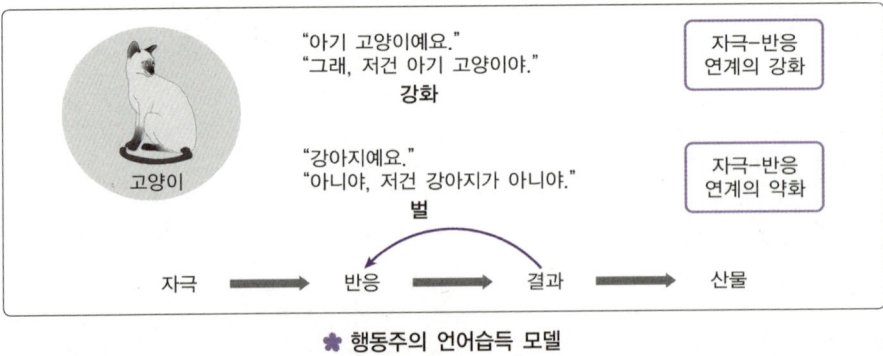

✿ 행동주의 언어습득 모델

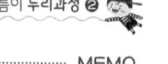

MEMO

교육 방법	• **체계적 · 직접적인 방법** : 정확한 발음, 소리의 체계에 대한 언어모델을 반복적으로 보여주고, 언어행동 모방 및 반복 연습하는 경험을 강조한다. • **언어를 행동(언어행동)으로 간주** : 언어도 '자극-반응-강화' 과정으로 설명한다. • **언어교육은 습관화의 과정** : 모방, 반복, 연습, 암기, 강화를 강조한다.
시사점	• 행동주의 이론은 영유아의 언어발달에 있어서의 주요 언어 환경 제공자로서 부모, 교사 등 성인의 역할이 중요함을 제시하였고, 초기 언어발달 시기에 이들의 참여와 책임을 강조하였다는 점에서 시사점을 가진다. • 언어지체 · 언어장애 아동을 위한 언어 치료 프로그램의 기초를 마련하고 근거를 제공하였다는 점에서 의의가 있다.
비판점	① 행동주의는 언어학습에서 유아의 능동적인 역할을 인정하지 않으며, 언어의 창조적인 면을 설명하는데 제한점을 가진다. 　- 영유아는 성인이 사용하지 않는 말을 창의적으로 만들어 사용하기도 하며, 성인이 사용하지 않는 방식으로 언어를 사용하기도 한다. 즉, 성인을 관찰하거나 성인의 강화 등에 의해서만 언어를 학습하는 것이 아니라, 유아는 한 번도 접하지 않은 많은 수의 새로운 문장을 스스로 이해하고 산출할 수 있다는 것이다(예 솜사탕을 사탕구름, 생선튀김을 바다얌냠이라고 하는 경우). ② 모방이론은 언어습득 과정을 설명하는 데 제한점을 가진다. 즉, 행동주의 이론은 사회 · 언어적 환경이 유아의 어휘를 확장시키고 문법적 규칙을 터득하게 하는 중요한 요인임을 분명히 하였으나, 모델링과 강화만으로는 복잡한 언어습득 과정을 충분히 설명할 수 없다는 한계가 있다는 것이다. 　- 영유아기 유아들의 언어발달 과정에서 과잉 규칙화 현상이 나타나는데, 이는 불규칙 동사인 go의 과거형을 goed(went)로 표현하거나 run의 과거형을 runed(ran)로 표현하는 현상을 말한다. 유아들은 이러한 문법적 오류를 보이는 모델을 관찰할 기회가 거의 없고, 이러한 오류가 있는 표현을 하도록 강화되지도 않는다. 이는 유아가 언어발달 과정에서 일반적인 언어규칙을 스스로 추출하여 그 규칙을 익히는 과정에서 이를 과도하게 적용하여 나타나는 현상이다. 따라서 이러한 유아의 과잉 규칙화 현상은 유아의 언어습득에 모방 이상의 능동적인 규칙 추출 및 적용 행동 과정이 있음을 알게 한다. ③ 언어학습 과정에서 부모의 일관되고 체계적인 강화를 설명하는 데 제한점을 가진다. 　- 행동주의 언어학습 과정에서 강화자로서 부모의 역할과 책임을 강조하였으나, 부모가 자녀의 언어 발성 및 문법적 규칙 등과 관련한 언어행동에 대해 일관된 지도를 한다는 증거가 부족하며, 문법적으로 맞는 문장과 그렇지 않은 문장에 대해 다른 강화를 제공한다는 설명의 근거가 부족하다(Bukatko & Daehaler, 1992). 　- 또한 다른 연구에서도 부모는 유아의 문법적 형태에 대한 정확성이나 오류에 대한 관심보다는 이야기 내용의 진실성에 관심이 있으며(Brown & Hanlon, 1970), 주제를 확대해서 유아의 표현을 확장시킨다(Penner, 1987)고 설명하여, 행동주의가 제기한 언어학습에서의 부모의 역할(강화 중심 모델)이 가진 제한점을 보여준다.

1 언어학습 - 스키너(Skinner, 1957)의 강화이론

개념	<ul><li>Skinner는 조작적 조건화의 원리에 근거하여 언어습득 과정을 설명하면서, 언어는 발생한 행동(자극)에 대한 반응이 강화(정적강화, 부적강화)에 의해 연합하여 학습된다고 보았다.<ul><li>따라서 자극에 대한 반응이 보상으로 제공되어 강화될 때 자극과 반응의 연합이 강하게 일어나고, 자극에 대한 반응이 벌로 제공되면 자극과 반응의 연합이 약화되어 언어학습이 일어나지 않는다고 본다.</li></ul></li></ul>

🔔 강화의 원리
- 직접적인 강화를 통한 학습이 이루어진다고 본다.
  - 강화 : 이미 발생한 행동의 빈도를 증가시키기 위해 제공하는 것을 말한다.
  - 정적강화 : 원하는 자극을 제시함으로써 행동의 빈도를 증가시키는 것이다.
    예 아침에 운동을 한 시간 하면 주말에 게임 시간을 제공함
  - 부적강화 : 원하지 않는 자극을 제거함으로써 행동의 빈도를 증가시키는 것이다.
    예 운동을 하고 오면 쓴 한약을 먹이지 않음

개념	<ul><li>행동주의는 언어학습의 기본 기제로서 자극-반응-강화(벌/소거)의 과정을 설명한다.<ul><li>영아의 발성과 발화는 부모의 강화·벌과 연합하여 언어 산출에 영향을 줌으로써 영유아의 발달에 기여한다.</li><li>또한 영유아는 어떤 발성을 하였다가 부모나 성인으로부터 무반응을 받게 되면 점차 소리를 내지 않게 되는데, 이를 소거(extinction)라고 한다. 이는 옹알이 시기에 영아가 생물학적으로 발성 가능한 음소들 가운데 점차 모국어 환경에 맞게 음소 발성을 축소 시켜가는 현상을 예로 들 수 있다.</li></ul></li><li>Skinner는 영유아가 언어를 학습하는 방법을 여섯 가지 반응(욕구발화 반응, 접촉 반응, 반향적 반응, 언어 내적 반응, 자동화 반응, 문장적 반응)으로 설명하였다(Owens, 2001; Sundberg, 2007).</li></ul>
욕구발화 반응	<ul><li>욕구발화 반응은 요구(demand), 명령(command)에서 나온 개념으로 요구, 요청, 명령 등의 상황에서 표현되는 언어반응이다.<ul><li>유아가 무엇인가를 요청, 요구하는 상황에서 발성을 산출하고, 이 발성을 듣고 양육자가 요구를 충족시켜 주면서 요구에 적절한 발성을 산출하여 반응한다. 이러한 욕구발화 과정을 통해 아이는 그와 관련한 언어를 습득하게 된다는 것이다.</li><li>예 영아가 "므, 므"(불완전한 요구발성 산출)라고 하는 발성을 듣고, 엄마가 "목이 마르구나."(요구 해석)라고 유아의 요구를 해석하여 '므'에 대한 적절한 발성으로서 '물'을 반복적으로 들려주고, 유아는 이러한 학습과정을 통해 물이 먹고 싶을 때마다 '므', '무' 등과 같은 발성을 할 가능성이 높아지게 된다. 이러한 경험을 통해 목이 마를 때 '물'이라는 단어를 발성할 수 있게 된다.</li></ul></li></ul>

MEMO

반향적 반응	• 유아가 주변에서 듣는 언어를 마치 반향하듯이 모방해서 말하는 것이다. • 우연한 기회에 부모나 성인의 음성을 모방했을 때 칭찬과 보상을 받으면 그것이 강화의 역할을 한다고 본다. • 유아가 성인의 말을 흉내 내면서 내는 발성, 즉 유아의 반향적 반응에 양육자가 적절한 강화를 주는 과정을 통해서 유아는 성인이 사용하는 언어와 유사한 언어들을 학습 및 사용하게 된다고 본다. 例 엄마가 아기 욕조에 물을 받고 "물 따뜻해. 물에 들어가서 목욕할까?"라고 말하는 것을 듣고 영아가 "므, 무"라고 말을 하고, 엄마가 그 발성에 대해 칭찬해주는 과정을 통해서 영아의 '물'이라는 발성이 정확하게 습득되어지는 것을 말한다.
접촉 반응	• 물리적 접촉의 상황에서 언어를 배우게 되는 절차를 의미한다. • 영아가 어떤 사물, 대상과 직접 접촉하면서 발성을 하게 될 때, 양육자가 영아의 발성에 대한 강화를 주게 되고, 이러한 과정의 반복을 통해 영아는 접촉된 대상에 대한 언어를 학습하게 된다는 것이다. 例 공을 만져 보다가(직접 접촉) "그", "고"처럼 공과 비슷한 발음을 할 때 "그래, 그건 공이야. 오름이가 공을 만지고 있구나."와 같은 상호작용을 통해 영아에게 접촉된 대상에 대한 발성 연습환경을 제공한다. 이러한 과정을 반복하면서 '공'이라는 단어를 익히게 된다는 것이다.
언어 내적 반응 (내적 언어화 반응)	• 언어 내적 반응은 대화에 참여하는 사람들 간에 어떤 언어적 반응을 직접 요구하지 않으나 특정 언어 자극이 다른 언어 반응을 연상시켜서 표현하게 되는 것을 말한다. – 예를 들어 '실'이라는 단어를 들으면 '바늘'이라는 말이 산출되는 것과 같이 한 언어 자극이 다른 언어 반응을 연상적으로 산출시키는 경우이다. 例 엄마의 "목욕하자"라는 말을 들으면 영아가 "물"이라는 말을 산출하는 것은, '목욕'이라는 언어 자극에 '물'이라는 단어가 연상되어 표현된 것이다. • 또한 언어 내적 반응은 특정 언어와 관련된 경험이나 그와 관련된 언어들이 연상되어 나타나기도 하여, 때로 유아들이 같은 자리에서 이야기를 나누고 있지만 각자의 이야기를 나누는 듯한 모습으로 보일 때도 있다. 例 한 유아가 "오늘 우리 아빠 차 타고 왔다."라고 말을 하자, 다른 유아가 "차는 ○○○, △△△(차 브랜드)가 멋있어. 빨리 달려."라고 말을 하는 경우처럼 대화상대자의 의도와 관계없이 '차'에 대한 자신의 경험이 연상되어 표현하는 경우이다.
자동적 반응 (자동화 반응)	• 유아가 자신이 사용한 언어에 자극이 되어 자동적으로 문법 규칙을 학습하는 방법을 말한다. 유아는 자신의 의도에 따라 동일한 형식의 문장을 자유롭게 생산할 수 있다. 例 '인형'이라고 말을 하는 유아는 "인형(이) 예쁘다.", "그건 인형 거야.", "나는 눈 큰 인형을 좋아해." 등과 같이 문법 규칙을 적용하고 확장하면서 언어를 학습하게 된다. 例 "나는 눈 큰 인형을 좋아해."라는 말에 양육자가 "나는 갈색 머리 인형을 좋아해."라고 하면 "나는 긴 머리 인형을 좋아해."라고 하면서 자동적으로 문법 규칙을 적용하여 새로운 문장을 계속적으로 재구성해 가게 된다. 例 내 구두 예쁘다 ➡ 아빠 구두 예쁘다 / 엄마 구두 예쁘다 ('내' 자리에 '내' 대신 '아빠', '엄마'를 대치시키는 것)
문장적 반응	• 글로 쓰인 단어를 보고 그것을 소리내어 읽는 반응을 의미한다. • 자극은 시각적인 반면 반응은 청각적인 것으로, 자극과 반응의 감각 양식이 서로 다르다.

언어학습 사례	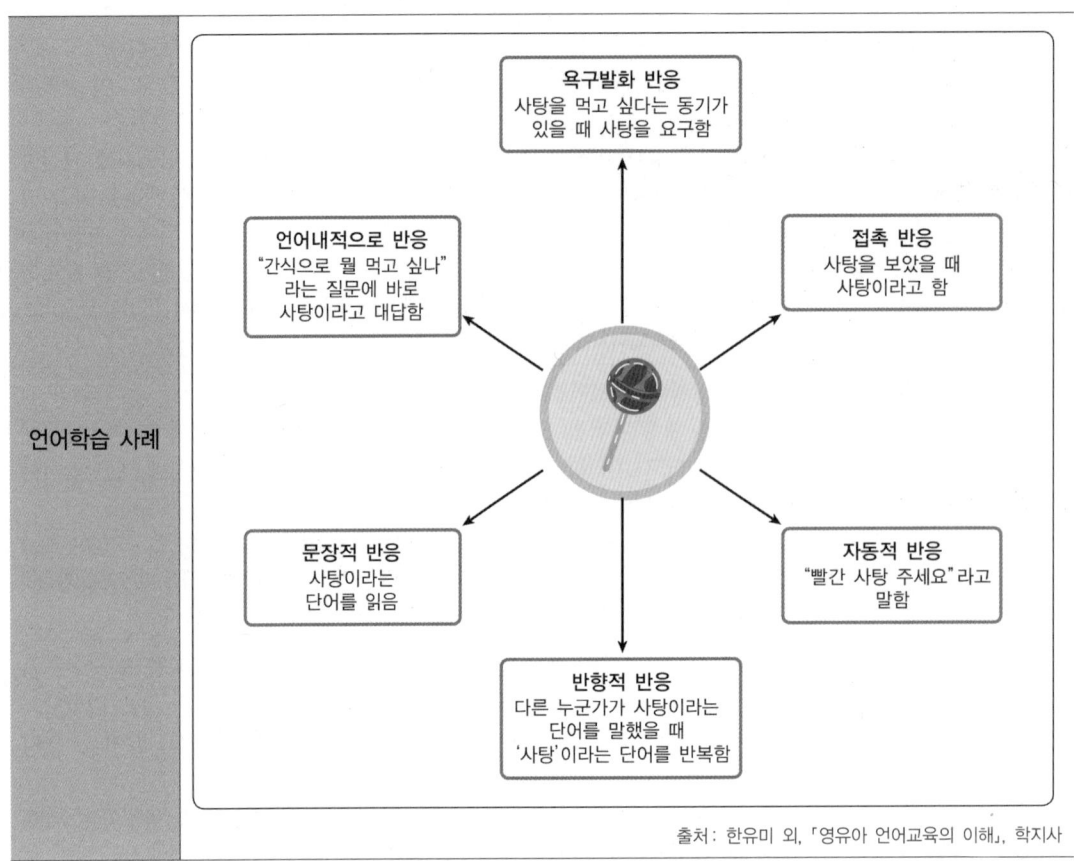

출처 : 한유미 외, 「영유아 언어교육의 이해」, 학지사

2 언어학습 − 반두라(Bandura)의 모방이론

모방과
관찰학습
	• 사회학습이론의 대표적인 학자인 반두라는 영유아의 언어발달이 관찰에 의한 모방으로 이루어진다고 본다. 사회학습이론은 학습이 직접적인 자극과 강화에 의해 이루어지기도 하지만, 타인의 행동을 관찰하고 모방함으로써 이루어진다고 보는 입장이다.
	  − 모방에 의한 관찰학습은 '주의집중−기억−운동재생−동기유발'의 인지과정을 통해 성공적인 학습이 일어난다고 본다.
	  − '직접적인 강화'가 아닌 '대리강화'인 경우에도 학습이 일어날 수 있다고 하였다.
	  ⑩ 선생님에게 무엇인가를 받기 위해 친구가 '~주세요.'라고 공손하게 말하는 것을 들은 영유아는 비슷한 상황이 오면 자신도 친구와 똑같이 한다는 것이다.
	• 반두라의 사회학습이론은 영유아의 관찰학습에 중요한 영향을 미치는 모델로서 부모의 역할을 강조하였다. 부모는 일상생활 속에서 상호작용 발생의 빈도와 강도가 높으며, 영유아와 부모의 정서적 유대감은 영유아로 하여금 모방의 동기를 유발한다는 점에서 모델링의 주요대상이 된다고 볼 수 있다.

관찰학습의 구성 요소	학습과정				
		주의집중	**기억**	**운동재생**	**동기화**
		• 모델의 행동에 주의를 집중하는 단계 • (양육자가 사과를 주면서) "사과 먹자."	• 관찰 또는 경험한 내용을 기억하는 단계 • (양육자가 사과를 먹으며) "아삭아삭, 새콤해."	• 기억한 내용을 행동으로 실행하는 단계 • (아이가 사과를 먹으며) "아삭~"	• 직간접적 강화를 통해 동기를 유발하는 단계 • (양육자가 아이를 보며) "아삭아삭, 새콤하지?" (아이가 따라하며) "아삭~"

❋ **반두라의 관찰학습을 통한 언어학습 예**

주의집중	모델의 행동에 집중하는 단계
기억(파지)	모델의 행동에 주의를 기울이고 사실적·분석적 표상을 형성하여 관찰된 내용을 기억하는 단계
운동재생	기억한 내용을 실제 행동으로 옮기는 단계
동기화 (동기유발)	관찰을 통해 학습된 행동이 계속해서 강화를 받음으로써 지속되는 단계

UNIT 14 성숙주의 이론

KEYWORD# 게젤 – 준비도

게젤 (Gesell)	• 게젤과 그의 동료들은 인간의 발달에는 유전적 요인이 가장 결정적이고, 예정된 순서에 따라 특정 단계에서 그다음 단계로 진행된다고 주장한다.
	• 다음 단계의 발달을 보일 때는 반드시 다음 단계로의 이행에 필요한 학습이 실제적으로 일어날 수 있다는 전조가 보이는데, 이것이 준비도이다.
	  – 읽기를 학습하는 데 가장 중요한 요인은 성숙으로, 읽기 준비가 되기 전에는 읽기 지도를 해서는 안 된다고 하였는데, 그 준비가 되었는지를 측정하는 것이 '읽기 준비도 검사(reading readiness)'이다.
	• 이 이론은 언어학자들이 아동 자체보다는 언어 발달에 필요한 환경이나 언어 발달의 유형에 더 많은 관심을 보이던 1960년대에 오히려 널리 받아들여진 이론이다.
	  – 이 이론의 기본적인 가설을 받아들여 유아들을 위한 언어 발달 프로그램을 계획하려면 유아의 예정된 언어 발달단계를 밝혀낼 수 있어야 하며, 유아가 다음 단계로 발달해 나갈 수 있도록 적절한 '준비도 활동'을 제공해야 한다.

모펫과 워시번 (Morphett & Washburne, 1931)	• 아동의 발달이 충분히 무르익을 때까지 읽기 지도를 연기하는 것을 지지하였고, 읽기 학습의 적정 연령을 6.5세라고 밝혔다. – 이전에는 읽기에 필요한 인지적·사회적·신체적 준비를 시키는 것이 더 옳다고 믿었으나, 성숙주의 이론에서는 만약 그 연령이 지나도 준비가 되지 않았다면 성숙할 때까지 기다리는 것이 옳다고 믿었다.

UNIT 15 생득주의 이론

KEYWORD# 생득주의 관점, 언어습득 시기 − 결정적 시기, 표층구조, 변형생성문법 이론, 교사 역할

기본 관점	• 대표적 학자: 촘스키(Chomsky), 렌네버그(Lennenberg), 맥닐(McNeil) • 행동주의 이론에 대한 제한점이 제기되면서 1960년대 후반에는 언어의 형태와 형태 표현에 있어서 기초적인 정신과정을 설명하는 생득주의 이론이 대두하게 되었다. • 생득주의 이론의 기본적 가설은 언어습득이 생득적이라는 것이다. 모든 인간은 노출된 언어권의 언어를 습득할 수 있는 정신적 능력을 아주 어려서부터 갖고 있다고 믿는다. • 생득주의 이론은 언어습득 능력이 인간에게만 나타나는 독특한 특성으로서 인간 고유의 선천적인 능력이라고 보았다. − 즉, 인간의 언어습득 능력과 그 발달과정은 이미 선천적으로 결정되어 있어 후천적 환경조성이나 노력으로 획기적인 변화가 나타나지 않으며 개인차가 없다고 보았다. • 언어습득 능력과 발달과정은 정해진 내적 시간표에 따라 인간발달의 어떤 특정 시기에만 발현되는 것이라고 설명하였다. 따라서 영유아의 언어발달은 스스로 성장하고자 하는 내적인 힘에 의해 결정되므로 교육은 개인의 선천적 능력이 잘 작동될 수 있도록 지원하는 역할을 하여야 한다고 보았다. − 언어습득의 결정적 시기(생후 12개월~만 12세 또는 13세)가 지나면 선천적인 언어 습득능력이 소멸되어 모든 종류의 언어습득이 어려워진다고 보았다. − 결정적 시기 이후의 언어습득은 반복·연습의 후천적 노력에 의존하게 된다. 따라서 외국어 습득은 거의 무의식적으로 자연스럽게, 자동적으로 이루어지는 모국어와 달리 의식적 반복·연습의 노력에도 불구하고 어려움을 겪는다.
공헌점	• 행동주의 이론에 대한 한계를 극복하는 데 기여하였다. − 생득주의 이론은 유아의 외적 행동뿐만 아니라 내적 언어 수행과정을 고려함으로써 행동주의의 한계에서 벗어나 언어습득에 대한 설명을 생물학적 영역으로까지 확대하였다. • 생득주의 이론은 영유아가 언어학습에 있어 외부 환경에 의해 지배되는 수동적인 학습자가 아니라, 심리적으로 능동적이고 언어적으로 창조적인 존재로 인식하게 하는 데 기여하였다. − 모든 문화권에서의 언어발달의 보편성에 주목하여 언어발달의 선천적 능력을 강조하였다. • 언어는 외부에서 주어지는 것이 아니라 내적 수행기제로 인해 발달하게 되는 보편적 능력이라는 점과 구문적 구조의 획득에 대한 설명을 제공함으로써 1960년대 후반과 1970년대 전반에 이루어진 언어, 교육학, 심리학 등의 발달에 영향을 주었다(김은심·조정숙, 2015). • 문법발달에 대한 설명과 보편적인 언어발달 단계를 개념화하고, 언어발달을 돕기 위한 준비도 활동을 제공하는 데 기여하였다(서소정 외, 2017; Machado, 1999).

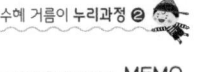

비판점	① 언어습득장치(LAD)의 존재와 작동근거에 대한 구체성이 결여되어 있다. ㅡ 선천적으로 타고난 언어습득기제인 LAD가 어떠한 과정과 경험에 의해서 언어의 보편적 특성을 특정 언어로 산출되게 하는가에 대한 실증적 자료가 없어 객관성, 구체성이 결여되었다는 비판을 받는다. ② 언어습득에 있어 환경의 영향을 간과하고 있다. ㅡ 생득주의는 언어습득을 타고난 선천적 능력으로 보면서 환경적·사회적 요인을 간과하고 있다. ㅡ 인간사회에서 격리되어 언어적 자극 없이 성장한 유아가 언어발달에 심각한 지체를 보였다는 연구는 언어발달에 있어 환경적·상호작용적 요인의 중요성을 제시한다. ③ 초기 언어습득 단계 설명에 한계가 있다. ㅡ 생득주의는 새로운 문장을 이해하고 산출하는 창조적 측면을 강조하였으나, 이어문 출현 이전 유아의 발화를 들여다보면 모방이나 강화에 의해 언어가 습득되는 부분이 많다. ㅡ 또한 성인과의 상호작용을 통해 반복적인 재생과정을 거치면서 발화가 창조적으로 나타난다는 점에서 언어습득에 대한 설명에 제한점이 있다. ㅡ 언어 사용에서의 개인차가 발생하고 언어습득이 13세까지만 제한적으로 이루어지는 것이 아니라 평생 지속되어야 한다는 점에서 언어발달에 대한 설명의 한계점을 가지고 있다.

❶ 언어습득기제 이론 - 촘스키(Chomsky)

(1) 생득적 언어습득 능력

기본 관점	• 언어발달에 있어 생득주의 이론을 주장한 Chomsky는 인간은 선천적으로 언어습득에 필요한 언어습득장치(Language Acquisition Device : LAD)를 가지고 태어난다고 하였다. 즉, 인간은 언어습득장치를 통해 어떤 언어 환경에서 태어나더라도 자신의 모국어를 획득하게 된다는 것이다. ㅡ 언어습득장치에는 인간이 언어를 습득하는 데 필요한 기본 원칙인 '보편문법(Universal Grammer : UG)'이 내재되어 있다. 따라서 영유아가 일상생활 속에서 접하게 되는 언어적 자료들은 언어습득장치에 내재된 '보편문법'에 의해 자동적으로 의미가 이해되고 문법적으로 구조화되어 언어로 산출되게 한다. ㅡ 이러한 언어습득장치의 기능으로 인해 영유아는 누구나 언어적 환경에 노출되기만 하면 특별한 개인차나 제약 없이 모국어를 습득하고 활용할 수 있는 능력을 갖추게 된다는 것이다. • 촘스키는 영유아가 생득적으로 타고난 언어습득장치와 변형생성문법을 통해 불충분한 자극과 경험 속에서도 다양한 문장을 이해하고 산출해 낼 수 있다고 본다.

	• 촘스키는 모든 개인이 언어습득장치를 가지고 있으며, 이 장치는 모든 언어에 공통적으로 있는 언어규칙(문법)의 체계를 다룬다는 것을 이론화했다. 즉, 유아들은 문법규칙을 내면화함으로써 언어가 어떻게 만들어지는지 알고 무한정의 문장을 만들어낼 수도 있다고 하였다. 유아들은 언어의 새로운 패턴을 배우고 언어의 새로운 요소에 대한 규칙을 무의식적으로 생성하기도 한다. 유아가 더 복잡한 언어를 만들어낼수록 그 문법체계는 더욱 복잡해진다. – 유아가 태어나 좋아하는 가족들과 생활하면서 그들이 가진 언어습득장치는 자연스럽게 활성화되고, 이 장치의 활성화는 또 자연스럽게 그들의 모국어를 배우는 것을 가능하게 한다. 다른 사람들의 말을 흉내내거나 다른 사람들이 아동에게 주는 강화 때문에 유아가 언어를 습득하는 것은 아니라는 것이 그의 기본적인 생각이다. – 그는 유아가 2세나 3세가 되면 이미 다른 사람들이 알아들을 수 있는 말을 할 수 있고, 한 번도 들어보지 못한 문장들을 만들어 낼 수 있다고 주장한다. 그것은 모든 유아가 언어학습자가 되는 데 필요한 아주 특별한 정신적 능력이나 기술들을 생득적으로 갖고 태어나기 때문이라고 보았다.
교사 역할	• 모든 유아는 언어학습자가 되는 데 필요한 아주 특별한 정신적 능력이나 기술들을 생득적으로 갖고 태어났으며, 영유아의 언어발달은 스스로 성장하고자 하는 그 내적인 힘에 의해 결정된다. • 따라서 교사는 유아들이 선천적으로 타고난 언어습득장치가 자연스럽게 작동하고 활성화될 수 있도록 지원하는 역할과 외부의 언어 환경을 통해 언어적 자극을 제공해 주는 촉매자로서의 역할을 해야 한다고 보았다.
언어습득장치 (LAD)	• 촘스키에 따르면, 언어습득이란 영유아가 어떤 환경에 노출되었을 때 생득적인 내재적 능력이 발동되어 주위의 언어자료를 스스로 분석하고 그 언어의 기본적 원리를 구성해 가는 능동적 과정이다. 이처럼 문법의 이해를 가능하게 하는 생득적인 언어생성기제를 촘스키는 언어습득기제 또는 언어습득장치(Language Acquisition Device : LAD)라고 명명하였다. **언어습득장치가 존재한다고 보는 이유** ① 심층구조를 다양한 표면구조로 변형시킨다. – 모든 언어는 문장의 의미와 관계있는 '심층구조'와 문법을 말하는 '표면구조'의 두 가지 수준으로 구성된다. 언어마다 '표면구조'는 다르지만 '심층구조'에는 보편적 특성이 있다. 즉, 모든 언어는 주어와 술어로 구성되며, 부정문이나 의문문 등이 존재한다. – 영유아는 '심층구조'를 먼저 습득하고 이것을 다시 '표면구조'로 바꾸는데, 이 과정에서 문법의 변형이 필요하다. 예를 들어 "나는 사과를 좋아해."라는 기본적인 의미(심층구조)에 부정문을 만드는 규칙을 적용한다면 "나는 사과를 싫어해.", "나는 사과를 좋아하지 않아.", "나는 사과를 한 번도 좋아한 적이 없어." 등과 같이 다양한 형태(표면구조)로 말할 수 있다. 이와 같이 변형문법을 적용할 수 있는 능력은 언어습득장치가 있기 때문에 가능하다. ② 불완전한 언어자료를 투입받아도 모국어의 문법을 습득할 수 있다. – 인간은 양적·질적인 면에서 불완전한 언어자료를 투입받음에도 문법적으로 완전한 문장을 구사한다. ⓔ "내가 즐겨 먹는 케이크를 만든 사람이 사용하는 재료를 파는 가게의 주인이 사는 동네에서…"와 같이 유한한 수의 단어를 사용하여 무한한 문장을 만들 수 있는 것이다.

▶ 이와 같이 한 번도 들어본 적이 없는 문장을 들어도 이해하거나 무한한 수의 새로운 문장을 창조할 수 있는 것은 언어습득장치가 있기 때문에 가능하다.

③ 지능에 관계없이 모국어를 습득할 수 있다.
 − 언어란 상당히 복잡한 것이지만 지적 능력이 매우 떨어지는 인간도 간단한 언어 규칙을 사용해서 의사소통을 할 수 있다.
 − 만약 언어습득이 학습의 결과라면 언어발달은 지능과 상관관계가 높아야 하지만, 지능이 높은 사람이나 낮은 사람이나 관계없이 거의 비슷한 언어능력을 갖고 있으며, 5~6세가 되면 모두 자기 나라의 언어(모국어)를 구사할 수 있다.
 − 또한 수학이나 과학 등 다른 영역의 발달보다 언어발달에서는 개인차가 적은 것으로 확인된다.

④ 인위적인 훈련 없이도 언어를 쉽게 습득한다.
 − 언어습득장치는 일생에서 일정한 시기, 즉 사춘기 이전에만 작용하므로, 영유아는 체계적인 훈련을 받지 않고 단순히 언어를 접하는 것만으로도 이를 쉽게 습득할 수 있다. 외국어를 학습하는 성인에 비해 영유아는 힘들이지 않고 짧은 시간에 모국어를 습득한다.

보편문법

• 촘스키는 모든 언어가 공유하는 동질적인 원리가 있다고 가정하면서 이러한 동질적 원리 체계를 '보편문법'이라고 하였다. 즉, 모든 세상의 언어에는 공통적 문법구조인 '보편문법'이 존재한다는 것이다.
• 인간은 '보편문법'이라는 언어습득장치를 선천적으로 가지고 태어나므로, 자기 주변의 언어경험을 활용해 그 보편문법에 문장 변형규칙을 적용하여 특정문법을 도출한다고 보았다.
  예 유아에게 주어나 목적어의 개념을 직접적으로 가르쳐주지 않아도 생물학적으로 타고난 보편문법을 통해 문장을 이해하고 구사할 수 있다.

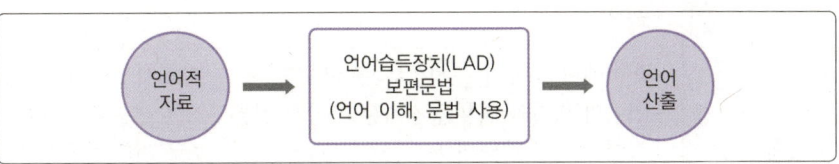

✿ **Chomsky의 언어습득장치**

• Chomsky는 언어습득장치의 '보편문법'을 근거로 자극 빈곤성과 불충분 자극의 개념을 제시하였다. 영유아는 내재된 언어습득장치에 내재된 '보편문법'에 의해 자극 빈곤성과 불충분 자극에도 불구하고 모국어를 자연스럽게 학습하게 된다는 것이다(Chomsky, 2000).
 − 자극 빈곤성 : 영유아가 언어를 획득하는 과정에서 필요한 모든 언어적 자극을 충분히 제공받지 않는 것이다.
 − 불충분 자극 : 일상생활에서 제공되는 언어적 자극이 문법적으로 완전하지 않고, 오류를 포함하는 경우가 있는 것을 말한다.

언어습득장치의 자극 빈곤성과 불충분 자극

구분	언어 사용(예)	언어습득장치의 근거
자극 빈곤성	"딸기(를) 좋아해." "자동차(를) 갖고 싶어." "엄마는 딸기(를) 좋아해."	문법적 규칙을 통해 주어·목적어 등이 변형되어 새로운 언어표현을 구사하게 됨
불충분 자극	"삼촌이가 줬어요." "사과가 맛있다요." – 주격조사 '이', '가'를 동시에 사용함 – 종결어미 '다' 뒤에 '요'를 붙여서 사용함	문법적 오류 사용에 대해 성인이 직접 수정하기도 하지만, 수정하지 않고 귀엽게 여기면서 정적강화(따라하기) 등을 하기도 함

(2) 언어의 문장의 구조

심층구조	• 언어에서 문장의 '의미'와 관계있는 구조이다. • Chomsky : '심층구조는 타고난 것'으로 이는 우리에게 언어를 배울 수 있는 특별한 능력을 부여한다. • 우리가 새로운 문장을 생성하기 위해 다양한 조작을 행하는 기본구조를 말한다. 　– 심층구조의 기본 형태는 서술문이고, 이를 근간으로 해서 다른 형태의 모든 문장들을 생성하기 위한 조작을 할 수 있다. • 다른 사람이 우리에게 말을 할 때, 우리는 문법적 구조인 '표면구조'는 별로 의식하지 않고 그 사람이 한 말의 의미인 '심층구조'를 받아들인다. • 자신이 들은 이야기를 제3자에게 설명할 때, 처음 들은 것과 똑같이 반복할 수는 없지만 내용을 그대로 전달할 수 있는 것은 심층구조가 그대로 우리의 머릿속에 남아있기 때문이다.
표층구조 (표면구조)	• 언어에서 문장의 구성성분 구조('문법'적 구조)로서 표현된 언어 그 자체이다. • 언어의 의미와 내용을 전하는 추상적 기본구조인 심층구조는 여러 변형규칙들이 적용되어 다양한 형태의 문장들로 표현된 표층구조로 전환된다(심층구조는 변하지 않으나 표층구조는 다양한 형태로 변할 수 있다). • 유아는 모국어의 심층구조를 먼저 습득하고 이것을 다시 표층구조로 바꾼다. 즉, 심층구조를 기초로 표층구조가 발달한다.

(3) 변형생성문법 이론

특징	• Chomsky는 변형생성문법 이론을 개발하여 언어의 기본구조와 문법을 연구하는 데 기여하였다. • 변형생성문법은 언어를 생성하는 메커니즘으로 '생성(generator)'과 '변환(transformation)'을 다루고 있는데, '생성'은 일련의 규칙을 적용하여 문장을 생성하는 메커니즘이고, '변환'은 생성된 문장을 변환하여 다른 형태로 재구성하는 메커니즘이다. • 변형생성문법에 따르면 모든 문장은 의미를 관장하는 '심층구조(deep structure)'와 문장의 구성 성분으로 표현된 언어 자체인 '표층구조(surface structure)'의 두 수준으로 구성된다고 본다.

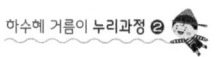
– 예를 들어 우리가 마음에 어떤 전달할 의미를 '생성'하였다고 생각해 보자. 그때 생성된 의미가 '심층구조'에 해당한다. 그런데 '심층구조' 속에 생성된 의미는 밖으로 표출되어야 의사소통이 될 수 있다. 따라서 생성된 심층구조는 다양한 '표층구조'로 '전환'되어야 하며, 이를 통해 의사전달이 나타날 수 있을 것이다. 이와 같이 내재된 의미를 다양한 문장으로 전환하여 표현하는 규칙을 '변형규칙'이라고 한다.

변형문법	• 모든 언어는 심층구조와 표층구조를 가지며, 이 두 가지 구조를 이용하여 문형을 변형시키는 변형문법을 통해 언어를 자유롭게 구사할 수 있게 된다. • 영유아는 심층구조를 먼저 습득하고 이것을 다시 표층구조로 바꾸는데, 이 과정에서 문법의 변형이 필요하다. – 변형문법을 적용할 수 있는 능력은 인간이 생득적으로 갖고 태어난 언어습득장치에 기인하며, 언어습득장치와 변형문법을 통해 충분한 학습과 경험 없이도 무한한 문장을 이해하고 산출해 낼 수 있다. • 문장의 '의미', 즉 우리가 말하고 싶은 내용인 심층구조는 우리가 실제 보고 듣는 문장인 다양한 형태의 표층구조로 변형될 수 있으며, 이처럼 기본 의미를 문장으로 전환시키는 규칙들을 변형규칙이라 부르고 그 전체 체계를 변형문법이라고 한다. • 심층구조 ➡ 변형규칙 ➡ 표층구조 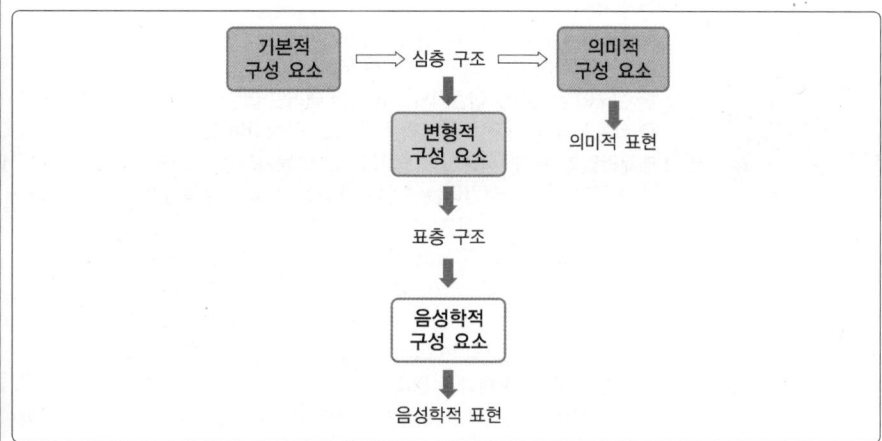 ✿ 언어의 구조나 표현을 결정하는 규칙 · 조직을 나타내는 변형문법 출처: 김은심 · 조정숙, 「영유아 언어교육의 이론과 실제」 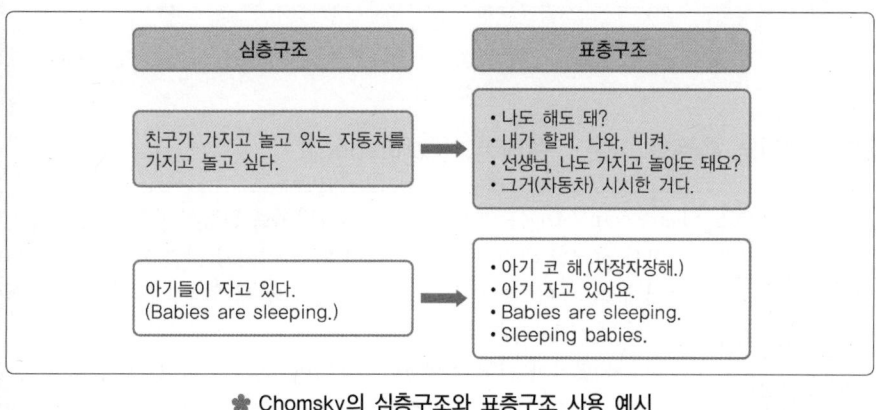 ✿ Chomsky의 심층구조와 표층구조 사용 예시

- 보편문법에는 모든 언어에 공통적으로 존재하는 보편문법인 '원리'와 각 언어에 따라 다르게 나타나는 '매개변인'이라는 것이 설정되어 있다.
- 매개변인에 의해 모든 보편문법 원리가 확정지어진 개별 언어의 문법을 개별문법이라고 한다. 변형생성문법에서는 언어습득이란 보편문법에서 개별문법에 이르는 과정이라고 본다. 그리고 12세경에 개별문법이 확정된 뒤에는 더 이상의 언어습득은 일어나지 않고, 다만 새로운 단어들만 더 배워간다고 본다.
  - 세계에는 2천 5백 개에서 6천여 개의 언어들이 있는데, 이 각각의 언어들, 즉 영어와 한국어와 같은 구체적인 언어들을 개별 언어(individual language)라고 한다.
  - 모든 사람들은 태어날 때는 공통된 언어적 특징을 가지고 태어나지만, 어머니의 말을 배우게 되면서 다른 언어를 가지게 된다.
  - 어머니가 어떤 말을 사용하는가에 따라 그 아이의 말이 결정된다는 것이다.
  - 보편문법(universal grammar) : 선천적인 지식으로서의 언어적 특성
  - 개별문법(individual grammar) : 아이가 말을 배우면서 가지게 된 언어적 특성

개별문법

> (🔔) **보편문법의 구성요소**
>
> 보편문법은 항구적인 원리들(principles)과 함께 제한된 범위의 변이와 관련된 매개 변수들 (parameters)로 구성되는데, 각 유형의 개별문법은 여러 매개 변수들이 달리 적용되어 실현되는 것으로 본다.
> - **보편문법의 원리(항구적 원리)** 모든 언어에 공통적으로 적용되는 것으로 언어적 환경의 변화에 반응하지 않는 불변의 문법이다.
>   ➡ 한국에서 태어난 어린이와 미국에서 태어난 어린이 모두 보편문법 원리를 가지고 태어난다.
>   📵 타동사의 동사구는 동사와 목적어로 구성되어 있다.
> - **매개변인의 원리** "타동사의 동사구 안에 동사와 목적어의 어순은 언어에 따라 다르다."
>   ➡ 한국에 태어난 어린이는 주위에서 듣는 한국어 경험에 따라 '매개변인'에 의해 '목적어＋동사'의 어순을 확정 짓고, 미국에서 태어난 어린이는 주위에서 듣는 영어경험에 따라 '매개변인'에 의해 '동사＋목적어'의 어순을 확정 짓는다.
>   - 매개변인은 특정한 언어 유형으로 나누어지는 기준이 되는 속성이다.
>   - 이는 어떤 언어적 속성과, 선택적인 값으로 구성된다.
>   - 이는 언어적 환경의 변화에 따라 바뀌는 일정한 범위의 변이 부분이며, 이로 인해 언어에 따른 차이가 존재하게 된다.
>   ❯ 보편문법의 항구적 원리는 모든 언어에 공통적이지만 언어에 따른 매개변인의 값은 다르므로 다른 언어를 습득하게 된다.
> - 각 개별 문법의 언어 유형은 보편적인 원리와 여러 매개 변수들에서 선택한 값들의 집합으로 구성된다.

② 두뇌기능 측두화 이론 - 렌네버그(Lenneberg)

언어능력 생득설과 언어습득의 결정적 시기

- Lenneberg(1967)는 언어발달은 생물학적으로 결정된 생득적인 능력이라고 보면서, 이는 유아를 둘러싼 환경적 자극과 관련 없이 내재된 시간표에 따라 예측이 가능한 시간적 순서에 따라 이루어진다고 하였다. 따라서 세계의 모든 아동들의 언어발달이 비슷한 시기와 순서로 이루어진다고 주장했다.
- 그는 두뇌발달과 관련한 생물학적 설명을 근거로 하여 언어습득에 결정적 시기가 있다 ('언어를 배우는 데에는 결정적 시기가 있다')고 보았으며, 언어발달의 결정적 시기는 6~7세 이전이라고 생각해 유아기 언어자극의 중요성을 주장하였다.

측두화 이론

• Lenneberg는 언어습득의 과정을 두뇌기능의 측두화로 설명하였다.
 – 인간의 두뇌는 출생 직후 좌우로 분화되지 않은 상태이다가 성장하면서 2~12세경에 걸쳐 뇌 기능의 분화가 일어난다. 분화가 끝나는 12세경에 이르면 두뇌는 좌·우반구의 특수 기능이 고정되고, 이러한 특수화가 일어나는 현상을 측두화(편재화 / 편측화, lateralization)라고 한다.
 – 측두화 현상이 나타나면 언어 사용 능력은 좌반구가 주로 그 역할을 담당하게 된다. 측두화 현상이 자리 잡는 사춘기 이전에 좌반구가 손상되면 우반구가 좌반구의 역할을 어느 정도 대체하여 기능할 수 있으나, 사춘기 이후에 좌반구가 손상되면 언어기능에 큰 손실을 입을 수 있다.
 – 또한, 2세 이전에 좌반구가 손상을 입게 되는 경우 아직 측두화 현상이 일어나지 않아 우반구가 언어기능을 담당하게 된다. 즉, 측두화 현상이 일어나기 이전에는 우뇌가 언어기능을 담당할 수 있지만, 측두화 현상이 끝나는 사춘기 이후에는 두뇌기능의 분화가 끝난다고 할 수 있다.

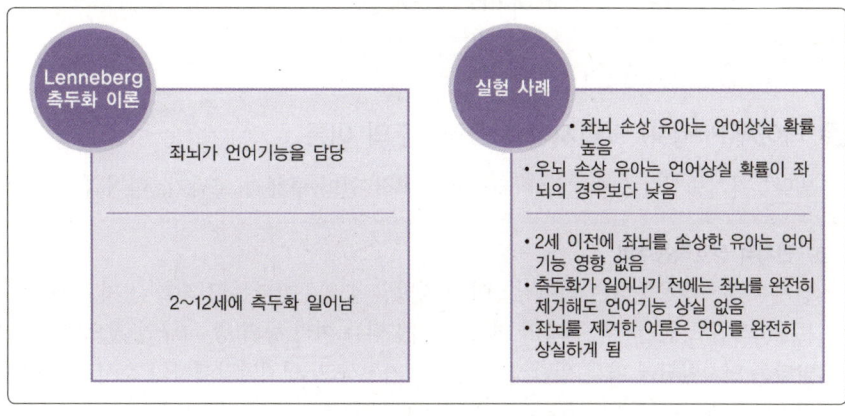

❋ Lenneberg의 측두화 이론과 실험 사례

Plus

뇌의 언어영역

• 인간의 뇌는 언어 이해 및 산출과 관련된 영역을 가지고 있다. 좌반구에는 언어와 관련한 주요 영역이 두 개 있으며, 이는 브로카 영역과 베르니케 영역이다.
 – 브로카 영역은 말을 산출하는 기능을 담당하는 부분으로서 말을 분명하게 발성하기 위한 조정을 실행한다.
 – 베르니케 영역은 언어의 의미를 이해하는 부분으로서 수용언어 능력과 관련되어 있다.
 – 따라서 브로카 영역이 손상되는 경우에는 언어는 이해하나 말로 표현하지 못하는 표현적 실어증(expressive aphasia)이 나타난다. 그리고 베르니케 영역이 손상될 경우 말은 유창하게 하는 것 같으나 무의미하고 이해할 수 없는 말을 사용하는 현상을 보이며, 타인의 말을 이해하지 못하는 수용적 실어증(receptive aphasia)이 나타나게 된다.

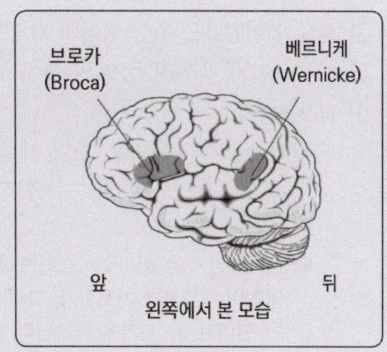

UNIT **16** 상호작용주의 이론

KEYWORD# 피아제 – 자기중심적 언어, 사회적 언어 / 비고츠키 – 혼잣말, 내적 언어

- 생득주의와 행동주의 이론은 언어습득 및 언어발달 과정을 설명하는 데 한계점을 지니고 있다. 두 이론은 유아의 언어발달이 선천적으로 미리 예정된 무엇에 의해 결정되거나 환경적 자극에 의한 결과로 이루어진다고 보는 극단적인 입장을 취하고 있기 때문이다.
- 1970년대 중반에 이르러서 상호작용주의 이론은 언어습득 및 발달의 과정에 있어 상호작용의 영향이 중요함을 주장하였다. 상호작용주의 이론은 유기체의 개인 내·외적 요인들이 언어발달에 영향을 준다고 보아 생물학적·인지적·사회적·언어학적 요인이 언어발달에 영향을 미치며, 이러한 요인들이 상호의존적으로 작용하면서 언어가 발달한다고 본다.
- 상호작용주의 이론은 언어습득에 영향을 주는 주된 요인에 대한 관점에 따라 인지적 상호작용주의와 사회적 상호작용주의로 나누어진다.

❶ 피아제(Piaget) – 인지적 상호작용주의 이론

언어 발달: 자기중심적 언어(전조작기) ➡ 사회적 언어(구체적 조작기, 형식적 조작기)

🔔 인지적 상호작용주의
- 인지적 상호작용주의는 언어발달이 인지발달에 의존한다는 견해를 가지고 있다. 즉, 언어는 선천적 특성이라기보다 인지적 성숙의 결과로 얻게 되는 여러 능력 중 하나인 것으로 보고 있다. 따라서 언어 발달은 인지발달에 따른 일반적인 변화에 기초하고, 인지발달에서의 순서가 언어발달의 순서를 결정 짓는다고 본다.
  - 이러한 점에서 인지적 상호작용주의는 언어발달을 위해 유아의 사고를 촉진하고 확장시킬 수 있는 자극과 함께 인지구조에 적합한 환경을 풍부하게 제공해 주는 것을 강조하였다.
- 인지적 상호작용주의의 대표적 학자인 Piaget는 언어발달이 인지발달과 상징적 기능의 이해에 기초한다고 보았다. 따라서 인지체계 발달이 언어적 표현에 선행하며, 언어는 인간의 인지활동 중에서 하나의 표현이라고 보았다.
- 공헌점: 언어발달을 위한 영아의 감각운동기의 중요성, 유아 언어의 자기중심적 특징, 인지–언어 간에 있어서의 인지 우위적 설명은 유아기 언어발달을 이해하는 데 도움을 주었다.
  ① 감각운동기
    - 감각운동기 영유아는 주위 사물을 만져보고, 냄새를 맡아보며, 입에 넣어보는 등의 감각적 경험과 신체활동을 통해 주위 환경을 이해하고, 이러한 감각운동적 지식이 영유아의 언어를 통해 나타나게 된다.
      🔵 감각운동기 영유아가 사용하는 초기 언어들은 주위 사물이나 일상생활에서 접할 수 있는 대상과 관련된 명칭이 대부분을 차지한다. 그리고 감각운동기에 획득되는 대상영속성 개념과 관련된 '있다', '없다'와 같은 단어가 이 시기에 나타난다(송경섭 외, 2019).

MEMO

- 감각운동기 말에 나타나는 ✚지연모방과 표상능력의 발달은 영유아의 언어발달 과정에 그대로 반영되어 나타나는 것을 볼 수 있다. 감각운동기 말의 영아는 "민수 (꼬집는 행동을 하며) 했어."와 같이 아직 언어로 "민수가 꼬집었다"는 말을 하지는 못하지만, 지연모방을 통해 현재 사건과 과거 경험에 대해 생각할 수 있다. 이러한 지연모방의 능력은 언어로 표현할 수 있게 되는 인지적 기초가 된다(이경화 외, 2003).
- ✚표상능력은 유아가 언어를 습득하는 데 중요한 ✚상징적 사고의 기초라는 점에서 중요하다. 예를 들어 유아들이 목욕탕 놀이를 하는 가운데 교실 미술영역에 비치된 백업을 활용해 샤워기처럼 만들어서 "목욕한다. 머리 감는다."라며 목욕하는 놀이를 하는 경우, 이는 샤워기라는 대상을 백업이라는 상징물을 통해 재현하는 것을 볼 수 있다. 이러한 표상능력의 발달은 사물의 명칭뿐만 아니라 상황에 대한 언어적 표현의 발달에 기초가 된다.

② 전조작기
- 전조작기 유아의 인지발달 단계의 특징으로서 자아중심성은 사물이나 상황을 자신의 입장에서 만 보고 판단하는 특성을 말한다. 유아기의 인지적 특성인 자아중심성은 '자기중심적 언어 (ego-centric speech)'로 나타나게 되며(이순형 외, 2010), 유아의 인지발달에 따라 '자기중심적 언어'는 '사회적 언어(socialized speech)'로 발달하게 된다.

(1) 자기중심적 언어

특징	• 자기중심적 언어는 다른 사람과 의사소통을 하려는 의도 없이 행하는 언어행동으로서 전조작기 단계의 유아들에게 주로 나타나는 언어발달의 특징이다. • 자기중심적 언어에는 반복, 독백, 집단적 독백의 세 가지 언어 유형이 포함된다.
반복 (repetition)	• 상대방에게 어떤 메시지나 내용을 전달하려는 목적을 갖고 하는 것이 아니라, 익힌 단어나 구절 또는 남이 한 말을 반사적으로 그대로 되풀이하여 흉내내거나 말놀이를 하는 것을 말한다. - 말하는 즐거움과 새로운 소리 학습을 위해 흥미 있는 어떤 발음이나 단어, 구절 등을 유아가 되풀이하는 것을 말한다.
독백 (monologue)	자신의 말을 들어줄 상대가 없어도 유아가 자신의 생각이나 행동을 말로 표현하는 것으로, 의사소통할 목적 없이 자신의 욕구를 충족하거나 동작을 조절하기 위한 도구로 사용된다.

집단적 독백
(collective monologue)
	• 유아가 주변 사람을 의식하면서 말을 하기는 하지만, 대화를 목적으로 하지 않는 언어 표현이다. 따라서 주위 사람이 자신의 말에 주의를 기울이거나 반응해 주기를 기대하지 않는다.
	  - 자기중심적 언어 중 가장 사회적인 형태로 타인의 존재가 발화의 요인이 된다.
	  - 병행놀이에서 나란히 앉아서 놀기는 하지만 놀이의 주제를 함께 공유하지 않고 각자 놀이하면서 혼자 말하는 형태로 잘 나타난다.

✚지연모방
관찰한 것을 그 자리에서 바로 모방하여 따라 하는 것이 아니라 일정한 시간이 지난 후에 재연하여 모방하는 것을 말한다.

✚표상(representation)
이전에 경험한 것을 머릿속에 떠올려 심상을 형상하는 것을 말한다.

✚상징적 사고
내부에 정신적으로 표상한 것을 상징이나 기호(예 언어)로 표현할 수 있는 인지적 능력을 말한다.

(2) 사회적 언어

특징	• 사회적 언어는 유아가 듣는 사람을 고려하여 사용하는 언어형태를 말하는 것으로, 5세 이후에 발달하기 시작하여 전조작기에서 구체적 조작기로 전환되는 과정에서 나타난다. • 사회적 언어의 유형에는 순응적 정보교환, 비판과 조롱, 명령·요구·위협(협박), 질문과 대답이 있다.
순응적 정보교환	• 유아가 자신이 흥미 있어 하는 사건을 전달하거나 유아 상호 간의 뜻을 모으는 과정에서 다른 사람과 자신의 생각을 나누는 형태로 나타난다. • 유아들은 자신의 의견에 대해 말하고 다른 사람의 이야기를 들으며 수용하고 반응하면서 낮은 차원의 논쟁적인 소통이 이루어지기도 한다. 　- 유아 상호 간에 흥미 있는 이야기를 주고받는 경우 　- 상대와 정보를 공유하기 위해 말을 하는 경우
비판과 조롱	상대방의 일이나 행동에 대해 비판하는 언어 유형이며 논쟁을 야기한다는 점에서 순응적 정보교환과 유사하지만, 자신의 우월성을 주장하면서 주로 반박하고 자랑하는 형태를 통해 논쟁이 나타난다.
명령·요구·위협(협박)	• 유아들이 일상생활 속에서나 놀이 도중에 자신의 생각과 의견을 다른 사람과 교환하려는 의사소통 유형으로, 부드러운 요구에서부터 감정적인 위협, 명령, 협박에 이르기까지 광범위한 형태로 나타난다. 　- 상대방에 대해 강한 요구의 형태를 띠는 대화로 나타나지만, 이때의 명령, 협박은 일상생활이나 놀이장면에서 자신의 의견 관철 등을 위해 나타나는 것으로 자신이 원하는 결과를 얻은 후에는 다시 순응적인 상태로 돌아와 즐겁게 놀이하는 특징을 가진다.
질문과 대답	• 일상생활이나 놀이장면에서 유아-교사, 유아-유아 상호 간에 이루어지는 모든 질문과 대답에 해당하는 유형으로, 이름을 묻는 아주 쉬운 질문에서부터 추상적인 질문과 대답에 이르기까지 광범위한 형태의 질문과 대답으로 나타난다. 　- 이 시기의 유아들은 자신의 인지적 도식과 불일치하는 것을 발견할 때 언제라도 질문을 할 수 있다. 따라서 상호작용자로서 교사는 유아의 질문 의도를 파악하여 인지적 균형을 찾아갈 수 있도록 지원해 주는 것이 필요하다.

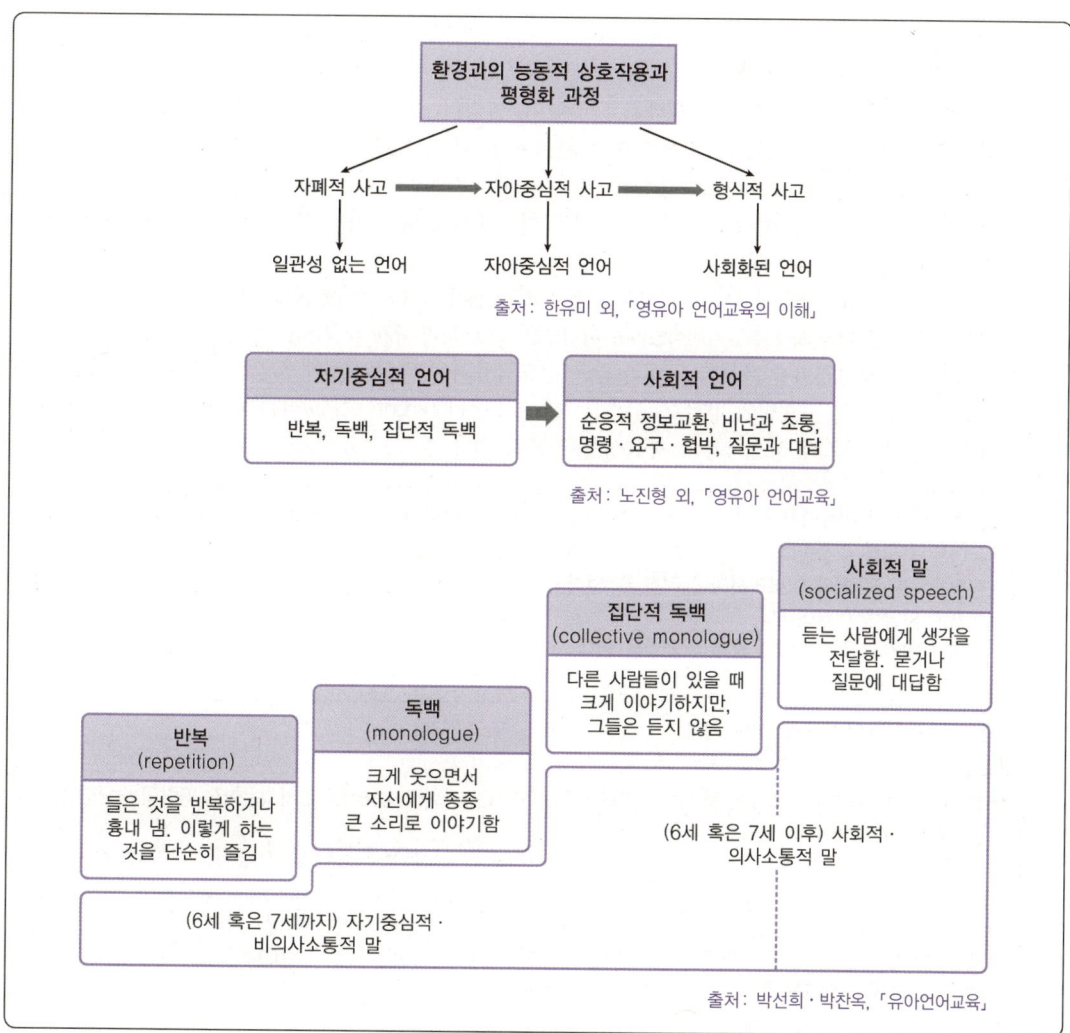

출처: 한유미 외, 「영유아 언어교육의 이해」

출처: 노진형 외, 「영유아 언어교육」

출처: 박선희·박찬옥, 「유아언어교육」

✿ 언어발달 과정

❷ 비고츠키(Vygotsky) − 사회적 상호작용주의 이론

🔔 사회적 상호작용주의
- 사회적 상호작용주의는 유기체가 환경과의 상호작용을 통해 지식을 구성해 간다는 인지적 상호작용 주의를 토대로 하고 있다.
  - 인지적 상호작용주의와 달리 인간의 능동적인 학습 능력을 지원하는 사회적 환경, 특히 성인이나 유능한 또래와의 상호작용이 인지발달에 중요한 영향을 미침을 강조한다.
  - 인지발달과 언어발달의 관계에서 인지적 상호작용주의는 인지발달이 언어발달의 기초가 되며 언어 발달의 순서를 결정짓는다고 보는 반면, 사회적 상호작용주의는 언어발달이 인지발달에 선행하며 인지발달의 원동력이 된다고 보았다.
- 사회적 상호작용주의의 대표적 학자인 Vygotsky의 언어발달 이론의 특징은 다음과 같다.
  - 인지와 언어는 서로 독립된 근원을 가지고 발달하면서 별개의 발달곡선을 나타낸다.

- 2세경이 되면 각각 독립적으로 발달해 오던 언어와 인지발달곡선이 서로 교차하게 되어, 생각한 바를 말로 표현하는 것이 가능하고 말을 논리적으로 할 수 있게 된다.
- 언어발달은 초기부터 사회적인 형태로 나타나며, 연령이 증가함에 따라 사회적 언어가 자기중심적 언어와 의사소통을 위한 사회적 언어로 분리된다. 이는 Piaget가 유아의 독백과 같은 자기중심적인 언어를 전조작기 유아의 인지적 미성숙으로 인해 나타나는 언어형태라고 보았던 반면, Vygotsky는 혼잣말(private speech)이 인지적 미성숙이 아니라 자기 행동 조절과 규제 역할을 한다고 보는 입장으로 이해될 수 있다.
  - ⓔ 영아가 처음 말을 배울 때 "물", "맘마"라고 하면서 요구사항을 사회적 언어를 통해 외적으로 표현하지만, 점차 언어가 내면화되면서 혼잣말·내적언어로 자기행동 조절, 자기 규제 및 지시를 할 수 있게 된다고 본다.
- 언어발달에서 성인이나 유능한 또래와 같은 상호작용자의 역할이 절대적으로 필요하다고 보았다. 또한 Vygotsky는 근접발달지대(Zone of Proximal Development : ZPD)라는 개념을 통해 언어발달에서 이들의 사회적 상호작용의 중요성을 강조하였다.

(🔔) 비고츠키의 이론에서 발견할 수 있는 언어학습의 기본 원리(Bodrova & Leong, 1995)

- 유아는 지식을 구성한다.
- 발달은 사회적 맥락과 분리하여 생각할 수 없다.
- 학습은 발달을 이끌어낸다.
- 언어는 인간의 정신발달에 중추적 역할을 한다.

(🔔) 상호작용주의 이론에 대한 평가

의의
- 영유아가 언어를 습득하고 발달해 가는 과정에 영향을 미치는 사회적 상호작용과 사회문화적 맥락의 중요성을 강조하였다.
- 역동적인 상호작용의 과정에서 능동적으로 지식을 구성해가는 능동적 참여자로서 영유아를 바라보았다. 따라서 언어습득과 발달의 과정에서 영유아 스스로 음성언어나 문자언어에 대한 개념을 형성하기 위해 시행착오를 거치면서 오류를 조정해가는 언어습득 과정의 중요성을 시사하였다는 점에서 의의가 있다.
- 영유아의 언어발달에 있어 성인과의 의사소통의 기능과 성인의 촉진적 행동의 역할에 대한 이해를 갖는 데 기여함으로써 언어교육 환경과 교수법의 변화에 공헌하였다.

비판점
- 인지발달은 언어발달에 선행한다는 Piaget의 이론은 언어가 인지발달에 미치는 영향력을 과소평가했다는 점에서 비판을 받는다.
- 영아기부터 부모와 자녀 간의 의사소통이 영유아의 언어발달에 기초가 된다고 하나, 실제로 어린 시기부터 부모와 자녀 간에 의사소통이 일어나지 않는 문화권도 있다는 점에서 설명의 한계점을 가지고 있다.
- 언어발달 과정에서 영유아가 어떻게 언어 구조를 획득하고 다른 단계로 전환하게 되는지, 언어의 상징과 참조를 어떻게 관련짓게 되는지 설명하지 못하는 점에서 한계점을 가지고 있다(김은심 외, 2015; Owens, 2001).

(1) 언어발달 단계

원시 언어적 단계	언어와 의식적 사고가 접합되기 이전의 시기 • 출생~2세의 영아시기에 나타나는 자연적 단계로 사고 이전의 언어와 언어 이전의 사고 단계에 해당된다. 언어발달과 인지발달의 곡선이 아직 만나지 않아 말과 사고의 조작이 원시 수준의 행동에서 진화된 것처럼 원초적 형태로 나타난다. • 정서적 반응을 나타내는 소리에 해당한다.
순수 심리적 단계 (소박한 심리 단계, 외적 언어 단계)	• 2세경 언어발달과 인지발달이 교차하면서 의사소통을 위한 외적 언어·사회적 언어가 나타나는 단계이다. • 외적 언어는 사고가 언어로 표현된 것으로서 언어는 사고의 구체화된 표현이라고 할 수 있다. 아직 인지적으로는 인과관계나 시간관계를 충분히 이해 못 하지만, 언어구조나 표현에는 익숙해지므로, '때문에', '어제(실제로는 몇 주전일 수 있음)' 등의 단어를 사용할 수 있다. • 언어의 상징적 기능을 발견하고 사물의 이름에 대해 계속적인 질문을 한다. • 적절한 문법구조를 가진 언어를 사용하지만, 문법구조가 수행하는 내적 기능은 이해하지 못한다는 점에서 순수하다.
자기중심적 언어 단계 (혼잣말 단계)	• 이 단계에서는 내적인 심리 과제를 해결하기 위해 보조수단으로 어떤 외적인 신호와 조작이 출현한다. 가령, 아동이 속셈하는 데 손가락을 사용하는 것과 같은 모습으로, 자기중심적 말하기가 특성화된다. • 아동의 주변에 다른 사람이 존재하는 것과는 관계없이 자신의 활동을 주로 독백(혼잣말)의 형태로 발화한다. - 3~6세 유아들에게서는 상호작용 대상에 대한 의식이나 특별한 의사소통의 목적 없이, 자신의 행동을 조절·규제·지시하기 위해 혼자 말하는 혼잣말 형태가 나타난다. 웹 "제일 먼저 밥 먹고, 이 닦고 나가 놀아야지?"라는 말을 하면서 자신의 생각을 말로 표현해 자신의 행동을 조절한다.
내적 언어 단계	• 내적 언어 단계는 말이 사고로 내면화되는 단계이다. 기능적으로나 구조적으로 자기중심적 언어(혼잣말)가 누적됨으로써 발달한다. - 혼잣말이 사고로 내면화되면 내적인 언어의 형태로 나타난다고 보며, 이때부터 언어구조는 사고의 기본으로 작용하게 된다. 예를 들어 머릿속으로 수를 세는 것처럼 소리 없는 언어(무성언어) 형태를 말한다. - 따라서 내적 언어는 아동의 사고가 논리적이고 상징적인 고등정신기능으로 발달하는 데 중요한 역할을 한다고 볼 수 있다.

비고츠키의 언어와 사고 발달의 단계

4단계 : 내적 언어 단계 (내적 성장 단계)	
3단계 : 자기중심적 언어 단계 (혼잣말 단계)	
2단계 : 순수 심리적 단계 (외적 언어 단계 / 소박한 심리 단계)	
1단계 : 원시 언어적 단계 (초보적 언어 단계)	

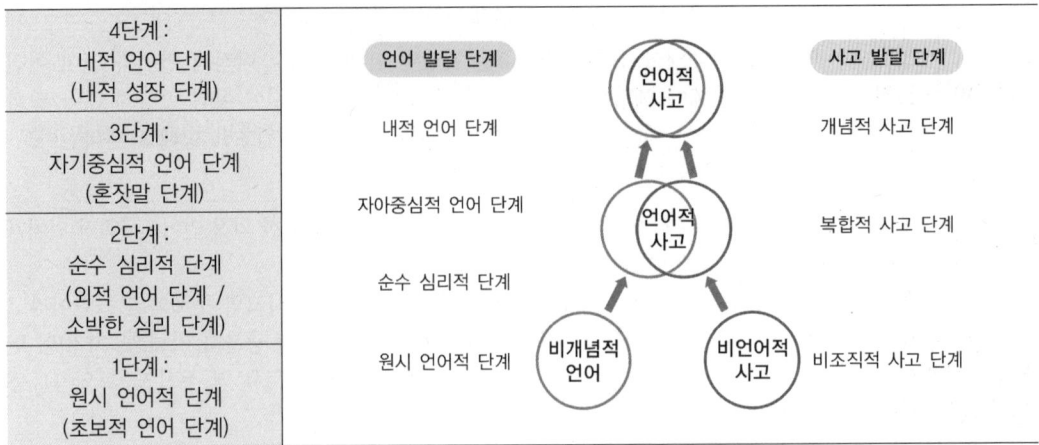

| 공헌점 |
• 유아와 부모·성인 간의 사회적 상호작용이 언어습득 과정에 중요한 역할을 한다는 것을 밝혔다.
• 근접발달지대와 비계에 관한 이론을 통해 학습에 있어서 언어의 중요성을 강조하였다.

유아 언어의 유형(Vygotsky)

외적 언어	• 남에게 소리내어 하는 말이라는 의미로, 사회적 언어라고 한다. • 2세경 언어와 인지가 만나기 시작하면서 의사소통을 위한 외적 언어, 즉 사회적인 언어가 나타난다. • 외적 언어는 사고가 단어로 변형된 것으로서 사고의 구체화이자 객관화라고 할 수 있다.
혼잣말 (자기 중심적 언어)	• 개인 간 단계에서 개인 내 단계로 내면화하는 과정에서 나타나는 과도기적 언어로 자기조절의 기능을 띤다. 즉, 혼잣말은 자기조절의 기능이 나타난 유아의 말이라고 할 수 있다. • 3~6세경 자신의 생각과 행동을 통제하기 위해 스스로에게 조용히 말하는 혼잣말 형태가 나타난다. • 자기중심적 언어는 소리내어 생각하는 형태를 말하며, 형태상으로는 외적 언어와 같지만 기능상으로는 내적 언어와 유사하다.
내적 언어	• 말이 사고로 내면화되는 단계로, 연령이 증가함에 따라 자기중심적 언어(혼잣말)가 점점 축약되고 사고와 융합되면서 자기에게 소리 없이 하는 말인 내적 언어로 발달한다. - 자기중심적 언어가 누적됨으로써 발달한다.

피아제와 비고츠키의 자기중심어 비율에 대한 관점

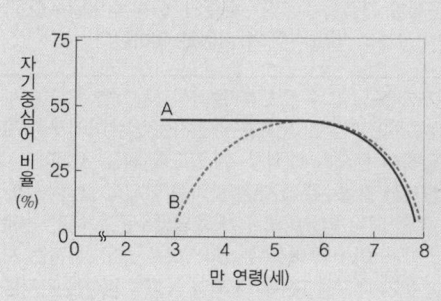

- A는 피아제의 관점으로, 인지가 발달하면서 자기중심적 사고를 벗어나기 시작하는 만 5~6세경 이후부터 자기중심어가 감소한다고 본다.
  - 탈중심화로 인하여 사회적 언어가 발달하면서 자기중심어가 감소하게 된다고 본다.
- B는 비고츠키의 관점으로, 자기중심어가 점차 내면화됨으로써 내적언어로 발달하게 되고, 그로 인해 자기중심어가 감소하게 된다고 보았다.
  - 비고츠키 관점에서는 유아의 혼잣말에 자기조절과 같은 긍정적 기능이 있다고 본다.

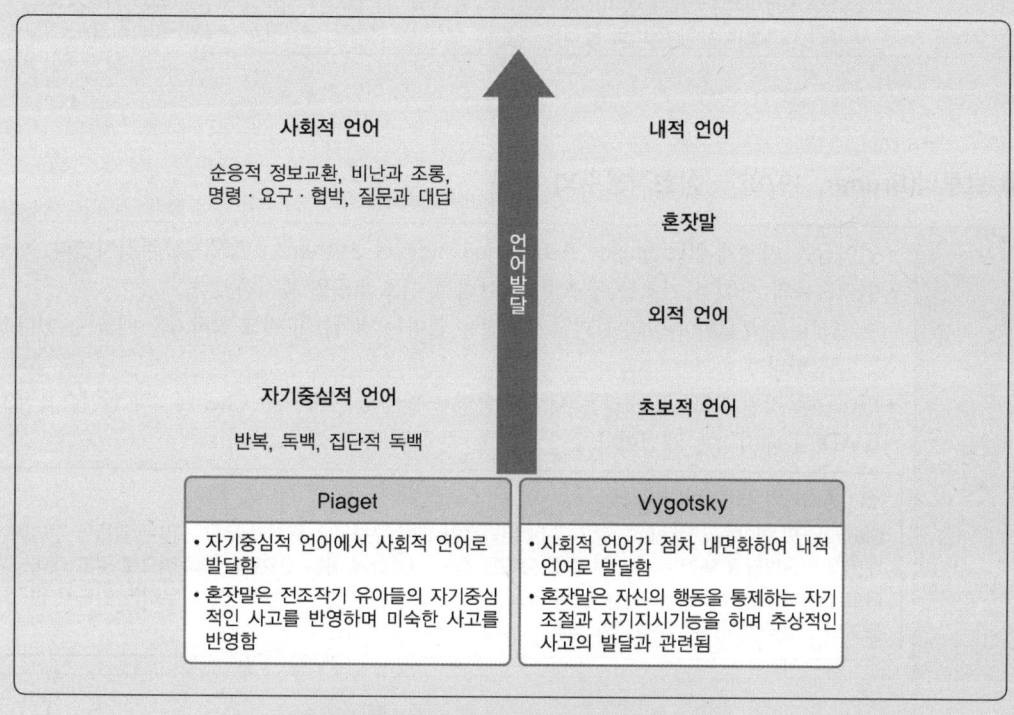

Piaget	Vygotsky
• 자기중심적 언어에서 사회적 언어로 발달함 • 혼잣말은 전조작기 유아들의 자기중심적인 사고를 반영하며 미숙한 사고를 반영함	• 사회적 언어가 점차 내면화하여 내적 언어로 발달함 • 혼잣말은 자신의 행동을 통제하는 자기조절과 자기지시기능을 하며 추상적인 사고의 발달과 관련됨

✿ Piaget와 Vygotsky의 언어발달에 대한 견해

근접발달지대와 비계설정

근접발달지대 (Zone of Proximal Development : ZPD)	근접발달지대란 현재 영유아가 스스로 문제를 해결할 수 있는 수준인 '실제적 발달수준'과 도움을 지원하면 해결할 수 있는 수준인 '잠재적 발달수준'의 차이를 의미한다.
비계설정 (scaffolding)	• 비계설정은 영유아가 잠재적 발달수준까지 도달할 수 있도록 물리적·사회적 환경을 지원하는 것을 의미한다. 즉, 실제적 발달수준에 머물러 문제를 해결하는 영유아에게 비계설정을 통해 잠재적 발달수준까지 도달하여 문제를 해결할 수 있도록 하는 것이다. • 비계설정 제공 시에는 먼저 영유아의 실제적 발달수준에 대한 파악과 잠재적 발달수준에 대한 이해가 기초되어야 한다. 그렇지 않을 때는 영유아의 잠재적 발달수준을 너무 높게 보아 근접발달지대를 넘어서면서 지나친 개입이 이루어질 수 있다. 이런 경우, 유아는 지원을 하여도 달성할 수 없는 수준에 대한 문제 해결을 요구받게 되어 긍정적 영향을 가져올 수 없다. • 잠재적 발달수준에 이르도록 지원하는 사회적·물리적 지원의 범위를 점차 축소시켜 감으로써 유아 스스로 문제를 해결할 수 있는 경험을 제공하는 전략이 필요하다.

③ 브루너(Bruner, 1978) – 상호작용주의 이론

특징	• 언어습득 지원체계(Language Acquisition Support System : LASS)를 주장하였다. • 언어습득의 사회적 기초를 강조하고, 사회적 상호작용을 중시하였다. 　- 브루너는 부모와 유아의 사회적 상호작용 없이는 영아들이 결코 말하기를 배울 수 없다고 주장한다. • 언어습득 지원체계(LASS)라는 새로운 용어를 만들었는데, 이는 Chomsky의 언어습득장치 (LAD)에 대비되는 개념이다. 　🔔 **촘스키와 브루너의 비교** 　Chomsky의 언어습득장치(LAD)란 아동이 문법적인 변형 규칙을 적용시켜 무한히 많은 말들을 만들어 내면서 언어발달을 해가는데, 이런 변형 규칙을 적용 가능하게 하는 것으로서 생득적으로 갖고 태어난 다고 하였다. 그러나 Bruner는 이런 주장을 초월하여 아동이 언어 사용하기를 배우려면 반드시 인간 들과의 상호작용이라는 문화적인 체계가 있어야 한다고 주장한다.

④ 넬슨(Nelson, 1997·1991) – 상호작용주의 이론

특징	• 영아의 말을 부모가 자연스럽게 바람직한 언어로 제시하여 상호작용해 주는 것이 영아로 하여금 미숙한 문장과 좀 더 원숙한 문장 간의 차이를 알게 하며, 좀 더 발전된 형태로 수정하여 사용하는 계기가 된다고 주장하였다. 🔘 유아가 "문 열었어, 어떤 사람이가"하고 말했다면 어머니가 "문 열어 주신 분이 외삼촌이셔. 외삼촌이 문을 열어주셨어."하고 말해 줄 것이다. "외삼촌?"하고 아이가 대답하면 다시 "그래, 외삼촌이 문을 열어주셨어."하고 말할 수 있으며, 이와 같은 상호작용과정에서 유아가 새로운 언어 형태를 습득한다는 것이다. ➤ 즉, 모방·다시 말해주기 등이 포함되는 대화적 상호작용에서 새로운 언어 형태에 대한 학습이 이루어질 수 있다고 본다.

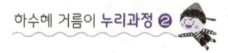
⑤ 워프(Whorf, 1897~1941) – 상호작용주의 이론

특징	• 워프는 언어적 결정주의를 주장한 대표적인 학자이다. 　– "언어는 세상을 바라보는 방식을 결정한다." • 언어적 결정주의 입장에서는 구조가 다른 언어를 사용하는 사람들이 각기 서로 다른 방식으로 세계를 바라보게 된다고 설명한다. • 인지가 언어에 완전히 의존하고 있으므로 인지발달은 언어발달이 선행되어야 가능한 것으로 본다. 따라서 어휘가 풍부하고 언어의 폭이 넓을수록 인지발달 역시 활발해진다는 것이다.
언어 결정주의	워프 가설 : "인간의 사고과정이나 경험 양식은 언어에 의존하며, 언어가 다르면 그에 대응하여 사고나 경험도 달라진다." • 단어가 인간의 사고나 행동에 영향을 미칠 수 있다고 주장한다. 　에 에스키모인이 사용하는 언어에는 내리는 눈, 땅 위에 쌓인 눈, 얼음처럼 단단하게 뭉친 눈, 찌꺼기 같은 눈, 바람에 날리는 눈 등 눈에 관한 단어가 20여 개나 있으며, 이로 인해 그들은 다른 문화의 사람들보다 여러 종류의 눈을 구별할 수 있다. • 문법이 인간의 사고나 행동에 영향을 미칠 수 있다고 주장한다. 　에 「과거-현재-미래」 시제뿐만 아니라 진행형과 완료형이 있는 영어를 사용하는 사람들은 「과거-현재-미래」의 시간 구분이 문법적으로 범주화되어 있지 않은 미국 인디언 호피족보다 시간 개념이 철저하다고 할 수 있다. <hr>'워프 가설'을 부정하는 반대론적 입장 • 단어를 아는 것이 대상에 대한 지각에 영향을 미치지 않는다. 　에 눈에 관한 어휘가 부족한 영어를 사용하는 스키선수들도 눈의 유형을 잘 구별할 수 있다. • 시간에 대한 문법이 시간 개념에 영향을 미치지 않는다. 　에 시간이 동사의 중요한 측면을 차지하는 멕시코의 사포텍인은 시간표대로 움직이지도 않고 시간에 골몰하지도 않으며, 시제가 없는 중국인은 시간에 골몰하고 시간을 소중히 여긴다. • 언어 자체가 문화를 결정짓는다고 보기 어렵다. 　에 같은 언어를 쓰는 사회 내에서도 종교나 사상은 다양하며, 다른 언어를 쓰는 사람들도 민주주의나 채식주의 등과 같이 동일한 관점을 갖는 경우가 있다.

Ⅱ 언어발달 과정

UNIT 17 언어발달 현상 – 유아의 언어 기술

개념		유아에게 필요한 언어 기술은 크게 ① 조음, ② 언어 이해 기술, ③ 언어 표현 기술과 ④ 문자 언어 사용 기술, ⑤ 언어 사용을 즐길 줄 아는 기술 등이다.
① 조음	정의	조음은 실제로 말소리들을 어떻게 조합하여 단어들을 만들어 내는지의 문제이다.
	발달 특징	• 유아의 조음 능력은 유아의 말하기 능력과 상관이 크다. 　－ 5세 이전의 유아는 정확하게 발음하지 못하는 경우가 많으나, 연령이 증가하면서 유아의 발음은 더욱 정확해지고 또렷해진다.
	지도 방법	• 교사는 유아의 말을 잘 관찰하여 발음을 제대로 하지 못하는 말소리가 무엇인지 세심하게 알아 둘 필요가 있다. • 일상적인 대화를 할 때 의도적으로 그 말을 사용하거나, 비슷하지만 다른 말소리가 들어 있는 단어들을 뽑아 두었다가 교사가 소리내어 발음하고 유아가 따라서 발음하게 해보는 것도 유아의 조음 기술 발달에 도움을 줄 수 있다.
② 언어 이해 기술	정의	언어 이해 기술은 말을 듣고 이해하는 능력이다.
	발달 특징	• 유아들은 매우 일찍부터 남들이 하는 말을 들으면서 단어, 음성, 강조, 어미의 변화 등에 민감하게 반응한다. • 유아들은 매우 일찍부터 바람 소리, 나뭇잎 떨리는 소리, 이야기의 리듬, 엄마 아빠가 집으로 돌아올 때 들리는 차 소리들을 즐긴다. 그러면서 점차 소리의 의미를 이해하고 반응하게 된다.
③ 언어 표현 기술		언어의 표현 기술은 크게 단어, 문법, 그리고 문장의 정교화 정도 등에 영향을 받는다.
	단어	• 유아가 처음 사용하는 단어는 보통 그들에게는 가장 중요한 단어(예 엄마, 맘마)들이다. • 유아들은 한번 새로운 단어를 습득하면 다음 기회에는 그 단어가 또 다른 맥락에서 다른 의미로 사용되는 것을 경험하며, 이로써 단어의 의미를 더 정확하게 알게 된다. 반대로 다른 단어가 같은 의미로 사용되는 것도 배운다. 　예 먹는 '오렌지'가 오렌지색으로 사용되는 것까지 배운다. 　예 '교회'나 '예배당'은 같은 의미인 것을 알게 된다. 　[지도방법▶] 　성인들은 사물의 이름이나 행위를 나타내는 단어들을 계속적으로 사용하여 유아의 단어를 확장시켜 나가야 한다. 　예 사물을 더 자세하게 묘사하거나 새로운 단어를 들려주면 그들의 어휘력을 증가시켜줄 수 있다.

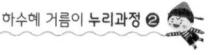

MEMO

	문법	• 유아는 기본적인 문법구조에 대해 들은 것을 일반화하면서 배운다. – 다른 사람이 하는 말을 듣고, 말의 유형을 인식하며, 자신의 말에 적용시켜 보는 것이다. – 아주 어린 유아는 짧은 문장이지만 단어들이 정확한 순서로 말해지는 것을 듣는 것이 중요하다. 이러한 훈련이 되면 차츰 더 복잡한 구조의 문장들을 사용할 수 있게 된다.
	정교화된 문장 사용하기	• 언어의 정교화는 언어를 더욱 확장시키는 행위이며, 매우 다양한 방법으로 일어난다. `지도방법` • 성인은 기술, 서술, 설명, 의사소통을 통하여 유아의 말을 더욱 정교화시켜 나가야 한다. **예** 성인이 어떤 문제를 해결하고자 할 때 문제 해결의 과정을 큰 소리로 말하면서 풀면, 유아도 그것을 보고 배우게 된다. • 의사소통은 지시를 하거나 지시를 따르는 과정을 포함한다. 질문을 하고 대답을 하는 것도 보여주어야 하며, 화제를 벗어나지 않으면서 말을 주고받는 것도 중요하다.

UNIT 18 언어발달 현상 – 유아들의 일반적인 「언어발달 6단계」(Gordon & Williams-Browne)

• 언어발달은 구어와 문어 발달이 통합적으로 이루어지므로 두 영역을 구분하여 살펴보기 전에 영아가 보편적으로 어떻게 언어를 배워가는지를 먼저 살펴볼 필요가 있다.
• 고든과 윌리엄스–브라운(Gordon & Williams–Browne, 2000)은 유아들이 일반적으로 거쳐가는 언어발달 과정을 아래의 6단계로 제시하고 있다.

① 언어에 대한 반응 (infant's response to language)	• 영아는 주변의 사물과 사건에 반응하는 역동적인 존재로 여러 가지 감각 기능과 운동 기능을 사용할 수 있고, 주변 세계에 대한 호기심이 있으며, 학습할 수 있는 힘이 내재되어 있는 매우 능동적인 개체이다. • 영아들은 태어나면서부터 말소리, 소리의 변화, 억양 등에 주의를 기울인다. 이 것은 말을 배우려는 전조이다. – 신생아들은 어머니의 목소리가 들리면 목소리가 나는 쪽으로 고개를 돌릴 뿐만 아니라 고개를 돌려 어머니의 얼굴과 눈을 응시한다. 이때 영아들에게 가능한 한 많은 말을 들려주어야 한다. 이것이 음성발달의 기초가 된다.

② 말소리 내기 (vocalization)	• 음성언어는 영아가 소리를 탐색하고 함께 놀면서 시작된다. 불편할 때 울고, 행복감을 느낄 때 쿠잉과 옹알이를 한다. 　- 영아들은 대개 생후 2~3개월에 쿠잉을, 3~4개월이 되면 옹알이를 시작한다. 6개월경에는 옹알이가 좀 더 정교해지며, 이후 옹알이는 계속 증가하여 9~12개월 사이에 절정을 이룬다. 　- 대부분의 영아는 알 수 없는 소리로 웅얼거리지만 그 소리는 다 홀소리이다. 'ㅡ, ㅣ'부터 시작하여 'ㅗ, ㅏ, ㅜ, ㅓ' 등의 말이다. 6개월쯤 되면서 닿소리를 말하게 되는데 가장 많이 듣게 되는 '엄마'나 '아빠'라는 말이 바뀐 형태이다. ⓓ '엄마'를 '음~마'라고 하든지, '아빠'를 '바'나 '아바', '으바'라고 한다. 영어권에서는 이 시기에 마치 영아가 소리내는 'da, da, da' 또는 'ma, ma, ma'와 같은 자음과 모음의 반복되는 소리를 듣고 첫 단어를 듣는 듯 착각하기도 한다. • 이러한 옹알이는 신체적 성숙의 문제와 관련이 있다. 청각에 장애가 있는 영아는 정상적인 영아와 마찬가지로 비슷한 시점에서 쿠잉과 옹알이를 시작하다가 점점 빈도가 줄어든다. • 옹알이는 언어권에 따라 그 언어의 억양과 비슷한 억양의 옹알이로 변해간다. 이것은 옹알이에 대한 사회적 상호작용의 필요성을 간접적으로 말해주는 것이다.
③ 단어 발달 (word development)	• 영아들은 점차 단순한 소리와 말소리를 구분하게 되고, 언어를 더 잘 이해하게 되면서 말을 만들어 내기 시작한다. 말소리가 합쳐져서 의미가 있는 단어로 들리는 것을 인식하게 되고 여러 가지 말소리들 속에서 단어들을 분절해 낼 줄 알게 된다. 　- 10~15개월 사이의 영아들은 말소리를 가지고 놀면서 일상생활에서 가장 친숙하고 의미 있는 사물이나 이름, 사건에 관한 첫 단어(ⓓ 엄마, 아빠, 맘마 등)를 말하게 된다. 　- 유아는 대부분 정확히 말할 수 있기 전에 단어의 의미를 먼저 이해한다. 이때 유아들은 한 단어로 문장을 표현하는 일어문을 사용한다(ⓓ 영아가 '맘마'라고 말할 때, '맘마를 줘'일 수도 있고, '맘마 다 먹었어'라는 의미일 수도 있다). 　- 이때 유아들은 몇몇 단어들을 과잉 확장하여 사용하는데, 그러다가 마침내 한 단어로 된 문장을 사용한다.
④ 문장 (sentences)	• 유아는 행위, 소유, 위치 등을 나타내는 두 단어로 문장을 만들기 시작한다. 　- 명사, 동사와 같은 내용 단어를 사용하고, 접속사나 관사 등의 기능어는 생략한다(ⓓ '장난감 좋아'). 이 문장은 형용사를 첨가하고 동사의 시제를 바꾸고 부정사를 사용하면서 점차 그 길이가 길어진다. 　- 유아는 규칙을 통해 문법을 배우는 것이 아니다. 즉, 문법체계를 알고 문장을 만드는 것이 아니라 일상생활 속에서 자연스럽게 다른 사람들이 하는 말을 듣고 이를 적용해 스스로 규칙을 터득한다. 　- 유아들은 자신이 들은 것을 흉내냄으로써 자신의 언어 구조를 더욱 세련되게 만들고 복잡화해 나간다. 이런 과정은 유아의 발달적 수준도 요인이 되지만 주변의 인적·물적 환경에 의해 변화의 폭이 달라질 수 있다. 따라서 적절한 언어환경이 없다면 언어를 배우는 데 한계가 있다.

⑤ 정교화 (elaboration)	• 유아가 사용하는 단어의 수가(유아의 어휘력이) 놀라운 속도로 폭발적으로 증가하면서 문장도 길어지고 복잡해진다. • 의사소통을 통하여 사회적 상호작용은 계속해서 일어나고, 그 결과 유아들은 기술, 서술, 설명, 대화 등 내용 면에서 매우 다양한 형태의 말을 사용하기 시작한다. • 선생님이 어떤 문제를 풀어나갈 때 자신의 생각을 소리 내면서 해결하는 것을 보고 유아들도 그것을 배운다. 다른 사람과 대화하면서 지시를 주고받는 것을 배우기도 하고, 어떻게 질문하고 대답해야 하는지도 배운다. 그리고 어떻게 화제를 벗어나지 않고 대화를 이어가는지도 배운다. • 언어의 리듬 · 패턴 · 반복을 즐기고, 자신이 표상한 그림이나 글을 교사나 또래에게 설명하기도 하며, 이야기 나누기 시간의 질문에 귀 기울이고 어떻게 대답하며 이야기에 어떻게 참여하는지도 알게 된다. • 언어능력이 발달하면서 언어 사용에 자신감을 얻게 되어 새로운 단어나 구를 반복하면서 난센스 단어와 문장을 만들어 웃기도 한다.
⑥ 문자적 표현 (graphic representation)	• 이 능력의 발달은 초등학교에 들어가서도 계속 진행되므로, 초등학교 선생님들은 유아들의 관심과 능력을 잘 알고 이들의 발달과정에 적절하게 대응해야 한다. • 유아가 5~6세경이 되면 말을 할 때 성인의 말처럼 들리기도 한다. 어휘가 많이 증가하고 문법적으로도 복잡성을 띠게 되어 문식성에도 영향을 미치게 된다. • 그림책이나 문자언어를 경험함으로써 문자언어도 언어라는 것을 알게 되고, 글이 말로, 말이 글로 바뀔 수 있음을 인식하게 된다. • 서서히 글자를 알게 되고 초기 문식성 현상이 나타나는 것이 유아 언어발달의 마지막 단계이다. 　- 글자에 관심을 갖고 편지, 안내장, 일기, 책 만들기 등을 통해 다양한 방식으로 문자적 표현을 하게 된다.

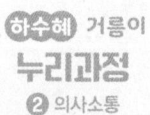

SESSION

03

음성언어
발달

음성언어와 발달단계

UNIT 19 유아의 음성언어 능력

수용언어 능력		• 말을 듣고 이해하는 능력이다. • 수용언어 능력 중 하나인 듣기는 출생 직후의 언어지각으로부터 비롯된다. • 유아는 생활 주변에서 말소리를 포함해서 여러 가지 소리를 듣게 되며, 이러한 소리의 의미를 이해하려고 할 때 말소리와 말소리가 아닌 소리를 분별할 수 있게 된다.
표현언어 능력		• 자신의 생각, 의도나 감정을 언어로 표현하는 능력이다. • 유아의 조음, 단어, 문법, 문장 구사 능력의 발달정도가 표현언어 능력에 영향을 미친다.
	조음	• 말소리의 산출에 관여하는 발음기관, 즉 성대, 목젖, 혀, 이, 입술의 움직임을 통틀어 이르는 말이다. • 유아의 조음 능력은 말하기 능력과 관련이 크고, 관련 기관의 발달에 의해 발음은 더욱 정확해진다.
	단어	• 최초의 단어는 개념에 대한 직접적인 상징이 아니라 개념의 이미지이고, 대개는 유아들에게 중요한 것이다. • 단어의 의미는 정적이라기보다 역동적인 구조로, 유아가 발달함에 따라 단어의 의미도 다양하게 구사할 수 있게 된다.
	문법	• 유아가 문법을 자신의 문장에 적용하게 되며, 과잉일반화 현상이 나타난다. 📌 한글에서 주격조사 '가(이)'와 '이가'를 구별하지 못한다. ➡ 멍멍가 가져갔어. / 엄마, 여기 이불이가 없어요.
	문장	단어가 문장이 되는 일어문에서 문장 사용이 시작되어 성인과의 상호작용을 통해 이어문, 다어문으로 더욱 복잡해지고 정교화된 문장을 사용하게 된다.
의사소통 능력		• 수용언어와 표현언어 능력의 통합적인 발달이 요구되며, 문법적 지식과 화용적 지식이 포함된다. − **문법적 지식**: 언어를 산출하는 문법적 규칙 − **화용적 지식**: 특정한 상황에 적절한 말을 하기 위한 화용적 규칙 • 상대방의 말을 주의 깊게 듣고 이해하는 기술이다. • 상대방의 연령, 성, 사회적 지위 또는 상황에 맞게 자신의 언어적 표현을 조정하는 기술이다. • 자신이 하는 말을 상대방이 이해하고 있는가의 여부를 상대방의 반응으로부터 감지하고 조정해 나가는 기술이다.

UNIT 20 음성언어 발달단계(말하기 발달)

KEYWORD 유아기 초기 문법 발달의 특징, 과잉일반화, 수평적 어휘 확장, 수직적 어휘 확장

- 말하기 발달은 개인마다 발달 속도에 차이는 있지만 비슷한 발달의 순서를 나타낸다.
- 유아의 언어발달은 「언어 이전 시기」에는 '울음', '쿠잉', '옹알이'와 함께 유아에 따라 사용빈도의 차이는 있으나 '몸짓언어'가 나타나며, 「언어 시기」에는 일어문, 이어문, 문장사용기 순으로 발달한다.

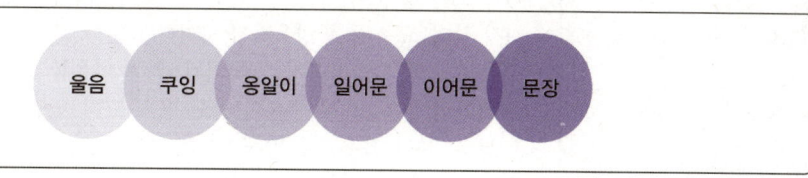

울음　쿠잉　옹알이　일어문　이어문　문장

✿ **말하기 발달의 순서**

1 전 언어기(언어 이전 시기)

울기 / 울음
(crying)
		• 울음은 영아가 출생 직후에 내는 최초의 발성으로 자신의 욕구를 표현하는 의사소통의 방법이다.
		   － 영아기의 초기의 울음은 배고픔, 신체적 고통, 공포 등과 같은 생존을 위한 생리적 반응으로 나타나다가, 점차 의사소통으로서의 기능을 하게 된다.
		   － 아기의 울음소리를 들으면 대부분 양육자는 즉각적으로 달려간다. 즉, 울음은 영아의 요구를 표현하는 도구이며, 양육자로 하여금 울음에 반응하여 울음의 원인을 해결하도록 하는 자극이 된다고 할 수 있다.
		   － 울음이 가진 의사소통 기능은 영아가 언어를 습득함에 따라 점차 감소한다.
		 • 초기 울음은 영아의 폐와 발성기관이 정상적으로 발달할 수 있도록 지원·촉진하는 역할을 하는 것으로, 숨을 내쉬면서 일어나는 반사적인 반응이라 할 수 있다. 따라서 발성과 호흡을 협응하는 신체 능력이 발달하면서 울음은 점차 조절되고, 의미 있는 울음과 습관적인 울음으로 나타나게 된다.

	미분화된 울음	• 출생 후 1개월까지 영아의 울음소리는 분화되지 않아 양육자는 울음소리로 영아의 요구를 이해하기 힘들다. 즉, 왜 우는지 이유를 구분할 수 없는 울음이다.
		   － 이 시기의 울음은 발성을 위한 신체기능 발달과 관련된 반사적인 울음이라 할 수 있다.
		   － 이 시기의 울음은 자기조절(self-regulatory)적 특성을 가지고 있어, 녹음된 다른 영아의 울음소리와 자신의 울음소리에 노출되었을 때 영아는 자신의 울음소리에 반사적으로 더 많이 우는 특징을 보인다(Florez, 2011).

울기 / 울음 (crying)		– 출생한 지 12시간 된 영아조차도 영어로 말하는 소리, 중국어로 말하는 소리, 모음을 뺀 말소리, 규칙적으로 두드리는 소리에 노출되었을 때 말소리(영어, 중국어)에만 미분화된 울음으로 반응을 보이는 것으로 보아, 이 시기의 울음은 상호작용적 동조성을 지닌 것으로 볼 수 있다. – 즉, 미분화된 울음은 양육자가 영아의 의사를 파악할 수는 없으나 외부의 자극에 반응적인 의사소통 표현임을 알 수 있다.
	분화된 울음	• 생후 1개월이 지나면 영아의 울음소리는 분화되기 시작하여 영아가 현재 배가 고픈지, 몸이 아픈지, 기저귀가 젖어 불편한지 등과 같은 신체적·정서적 상태, 요구 등을 양육자가 파악하게 한다. 즉, 점차 울음의 의미 분화가 일어나기 때문에 양육자는 아기가 우는 이유를 알 수 있다. – 영아의 울음소리를 울음의 강도, 음의 고저, 억양 등의 특징에 따라 정상, 통증, 불만 울음으로 분류할 수 있다. • 양육자는 영아의 울음소리에 따라 영아의 상태나 요구를 파악하여 민감하게 반응해야 한다. – 정상 울음소리를 내는 영아에게 양육자는 "배가 고팠어?", "기저귀가 젖어서 불편했구나.", "엄마가 안아줬으면 좋겠어?" 등과 같은 적절한 언어적 상호작용을 하면서 반응하는 것이 필요하다. – 통증 울음소리를 내는 영아에게 양육자는 먼저, 통증의 원인을 제거하기 위해 적절한 조치를 취하는 것이 필요하다. 그러나 통증의 원인을 제거하여도 계속 우는 경우가 있어, 이럴 때는 아이를 조용히 토닥거리면서 안정시켜 주는 반응이 필요하다. "왜 울어?", "엄마가 어떻게 하라고." 등과 같이 아픔의 이유를 묻거나 양육자의 힘듦, 불안 등을 표현하기보다 "아팠구나.", "놀랐구나." 등과 같이 간단하게 언어적으로 반영하면서 진정시켜 주는 것이 필요하다. – 불만 울음소리를 내는 영아에게 양육자는 대화하듯 언어적 반응을 하면서 영아의 불만사항을 읽어주고 반응해 주는 것이 필요하다. 예를 들면 "계속 누워 있어서 싫어~", "엄마가 서서 안아줬으면 좋겠구나." 등과 같다.

📖 **울음소리 유형에 따른 특징 및 내용**

구분	특징	내용
정상 울음	• 규칙적인 높낮이와 평균 음높이 • 숨을 고를 때 잠시 끊겼다가 계속된다.	배가 고프거나 기저귀가 젖어 불편한 경우
통증 울음	울음소리가 길고 소리의 톤이 높다.	아픈 경우
불만 울음	낮고 작은 소리로 칭얼거린다.	• 짜증, 불만을 나타내는 경우 • 관심을 끌고 싶은 경우

쿠잉
(cooing)
	• 쿠잉은 1~2개월경에 나타나는 발성으로 울음과 구별되는 소리를 말한다.
	  – 생후 6주경부터 아기가 식사 후나 좋아하는 대상과 있어서 편안하고 만족감을 느끼거나 기분이 좋을 때 목을 울려서 낮게 내는 발성([oooo], [aaaaa])으로 비둘기 울음소리와 같은 긴 모음 소리를 낸다.
	  – 쿠잉은 대체로 기분이 좋은 편안한 상태에서 나타난다는 점에서 해피사운드(happy sound)라고도 한다.
	• 쿠잉 단계에서부터 양육자와 영아 간에 상호작용이 일어난다.
	  – 약 3개월이 되어 영아가 쿠잉을 하면, 양육자가 그 소리를 따라서 유사한 소리를 내고, 영아는 그 소리를 받아 쿠잉으로 반응하게 된다(이영자 외, 2018). 이러한 쿠잉을 통해 영아는 양육자와 상호교환적 의사소통을 하는 것이다.

옹알이
(babbling)
	• 옹알이는 자 · 모음으로 구성된 음절을 연속적으로 발성하는 음성적 행동을 말한다.
	  – 쿠잉은 단순한 발성인 반면 옹알이는 자 · 모음이 포함된 음성이라는 점에서 차이가 있다.
	  – 옹알이는 대체로 4~6개월경에 시작하여 생후 1년 즈음 단어를 표현할 수 있는 시기가 되면 사라진다.
	  – 옹알이는 모국어 학습에서 필요한 음소를 획득하게 한다는 점에서 매우 중요하다.
	• **음소 확장**(음소 확장기, 생후 2~8개월경): 옹알이 절정기 이전 시기
	  – 옹알이 초기에 영아들은 옹알이를 하면서 다양한 발성을 연습하게 되어, 내는 소리의 음소 수가 지속적으로 증가한다. 이 시기의 영아는 모국어와 상관없이 보편적인 음소 소리를 낸다. 그러므로 이 시기의 모든 영아는 인간이 발성할 수 있는 모든 소리를 내는 음소 확장(phonemic expansion)의 현상을 보인다.
	• **음소 축소**(음소 축소기, 생후 9~10개월경 이후): 옹알이 절정기 이후 시기
	  – 옹알이를 하는 과정에서 주고받는 상호작용을 통해 모국어에서 쓰지 않는 소리는 점차 내지 않고 사용하는 소리 위주로 발성하게 되는 음소 축소(phonemic contradiction) 현상이 나타난다. 영아는 자신이 내는 소리 중에서 모국어의 음소와 유사한 것만 강화를 받게 되므로, 외국어에는 관심을 두지 않고 모국어와 유사한 음만 습득하게 되는 음소의 축소현상이 일어나게 되는 것이다.
	  – 이러한 발달의 특성으로 인해 우리나라 영아는 [l]과 [r]의 소리를 변별하지만, 우리나라 성인은 [l]과 [r]을 변별하지 못한다고 볼 수 있다.
	• 옹알이는 발성연습을 통해 언어발달을 촉진하기도 하지만 성인과의 상호작용 경험을 제공함으로써 언어발달에 큰 영향을 준다.
	  예 청각장애 부모를 둔 영아가 청각, 발성기관이 정상적으로 태어났음에도 옹알이를 하는 동안 부모의 청각장애로 인해 상호작용이 거의 일어나지 못할 때, 영아는 주위에서 소리를 내는 자극을 받지 못하고 들리는 소리를 흉내 내는 과정도 경험하지 못해 생활에 필요한 음소를 학습할 수 없다. 이럴 때는 정상적으로 출생한 영아라 하더라도 상호작용의 결여로 인해 언어발달에 장애를 초래할 수 있다.
	  예 완전한 청각장애 아동은 발성기관이 정상적이라 하더라도 외부와의 상호작용 결여로 인해 역시나 언어발달에 장애를 갖게 된다.
	  ▶ 이처럼 옹알이는 언어발달에 필요한 선천적인 능력이기는 하나, 환경과의 상호작용 또한 언어발달에 영향을 미치는 것을 알 수 있다(Owens, 2001).

옹알이
(babbling)

① **자기 소리 모방(자폐적 옹알이)**

- '자기 소리 모방(lallation)'은 자신이 우연히 만들어 낸 소리에 자극되어 같은 소리를 계속해서 반복하게 되는 것을 말한다. 생후 6~7개월 즈음부터 영아들은 옹알이 빈도가 더욱 빈번해지면서 자기 스스로 만들어내는 소리를 들으며 모방하는 자기 소리 모방 현상을 보인다.

- 이 시기의 영아들은 발음기관 중 혀와 입술 움직임의 발달이 시작되면서 여러 소리를 만들 수 있게 되며, 자기가 낸 소리를 듣고 만족을 느끼게 되면서 스스로 반복 모방을 하게 된다.

- 이 시기에는 자음과 모음의 분화가 일어나 구분된 발음을 할 수 있고, 자음에서는 순음이 가장 먼저 발달하게 되며, 일반적으로 [m, b, p, a] 등이 나타나게 된다.

- 자음과 모음의 결합을 통해 '마마', '바바'와 같은 반복적인 소리를 낼 수 있게 된다. 자기 소리 모방 단계의 영아가 옹알이를 하는 경우에 충분히 즐기고 연습할 수 있도록 개입하지 않고 지켜보며, 영아가 옹알이를 멈추었을 때 상호작용을 시도할 필요가 있다.

  ㉠ 반복 옹알이(생후 6~7개월경) : 자음 + 모음의 한 음절을 반복하는 '바바바, 마마마, 다다다, 파파파' 등의 소리를 내는 것이다.

  ㉡ 혼합 옹알이(생후 8개월경) : '바다도미' 같이 서로 다른 음절이 혼합된 것이다. 혼합 옹알이에 억양이 곁들여지면 마치 단어처럼 들린다.

② **타인 소리 모방(사회적 옹알이)**

- **반향적 모방**(반향어) : 생후 9~10개월이 되면 영아들의 옹알이가 세련되어지기 시작하며, 점차 자기 소리와 다른 사람의 소리를 식별하게 되면서 주변 사람들의 말소리를 의도적으로 모방하려는 모습을 보이는데 이를 반향적 모방이라고 부른다. 즉, 이 시기 영아들의 옹알이는 성인과 비슷한 강세와 억양을 갖는 특성을 보이는 등 메아리처럼 그대로 소리를 모방한다고 하여 반향어(echolalia)라고도 한다.

- 영아는 타인의 소리를 반향적으로 모방하면서 모국어를 습득하는데, 문장의 강세, 억양 등을 흉내 내면서 마치 모국어로 문장을 말하는 것처럼 옹알이를 한다.

  유의점

- 영아들이 사회적 옹알이를 시도할 때 성인은 아이와 상호작용하는 자세를 가지고 눈을 맞추며, 아이의 소리에 반응하여 상호작용을 해주는 것이 중요하다.

- 아이의 옹알이에 앞서 너무 큰 소리, 너무 빠른 말하기 속도, 너무 많은 말들을 하게 되면 영아는 옹알이에 대한 흥미를 잃고 소리내기에 대한 의지가 위축될 수 있다는 점에 유의해야 한다.

((🔔)) **옹알이에 대한 입장**

- 환경론(행동주의 입장)
  - 음소의 축소 현상은 옹알이가 환경의 영향을 받는 것을 보여준다.
  - 옹알이 높낮이의 다양성은 모국어의 특성이 다름을 보여주는 것이다.
- 유전론(성숙주의)
  - 옹알이는 발음을 관장하는 뇌 영역과 성대의 성숙 결과이다.
- 시사점
  - 청각장애 영아의 옹알이도 초기에는 정상아와 같은 형태를 취하는데, 이는 옹알이 능력의 생득적 특성을 의미한다. 그러나 이후 적절한 연습, 상호작용 환경을 제공하지 않으면 언어발달이 지체된다(Lenneberg, 1967).
  - 대화 시 필요한 사회적 양상(말할 차례 기다리기 등)을 학습하기 위해 반응적인 성인이 필요하다.

<table>
<tr>
<td>몸짓언어
(baby
sign)</td>
<td>

• 영아는 자신이 표현하고자 하는 바를 언어로 충분히 전달할 수 없기 때문에 의사소통을 위해 손짓, 얼굴 표정 등 몸짓을 사용한다.

　− 몸짓은 말하고자 하는 바를 신체로 표현하는 것으로 숨겨진 언어(secret language)라고도 한다(Lewis, 2002). 몸짓언어는 언어 이전 시기에만 사용되는 것이 아니라, 유아기에도 자기 생각과 느끼는 바를 언어로 충분히 표현하지 못할 때 이를 보충하는 방법으로 사용되기도 한다.

　− 영아들에게 "안녕", "빠이빠이"라는 말을 하면 손을 옴지락거리면서 "빠이빠이"를 표현하기도 하고, "고맙습니다. 해야지."라는 말에는 고개를 꾸벅거리기도 한다.

　− 이처럼 어휘력, 표현력의 부족으로 자신이 말하고자 하는 바를 언어로 표현하지 못할 때 몸짓언어를 사용하여 의사소통한다는 점에서 이를 효과적인 소통도구(Machado, 2003)로 보는 견해도 있다.

　− 몸짓은 유아로 하여금 보다 빨리 능동적인 의사소통자가 되도록 만들어 준다. 즉, 몸짓을 통해 유아는 수동적인 관찰자로 남아있지 않고, 능동적으로 의사소통을 주도하게 되는 것이다.

• 몸짓을 통한 의사소통의 유형에는 지시적 몸짓과 표상적 몸짓이 있다.

　− 지시적 몸짓: 9~13개월에 나타나며 맥락에 따라서 의미가 정해진다는 특징이 있다.

　　㉠ 다가가기: 요구하거나 요청하기 위해 손가락을 폈다 오므렸다 하면서 원하는 사물을 향해서 다가가고, 성인의 눈과 사물을 번갈아 가면서 본다.

　　㉡ 주기: 성인의 관심을 끌려고 성인에게 사물을 준다.

　　㉢ 보여주기: 성인의 관심을 끌려고 성인의 시선 안에 있는 사물을 들고 있다.

　　㉣ 지적하기: 성인이나 지시하고자 하는 것을 번갈아 보면서 환경 안에 있는 어떤 사물, 위치, 사건을 향해 검지손가락을 편다.

　− 표상적 몸짓: 의미가 맥락에 덜 의존적인 것으로서, 관습적인 손이나 몸의 움직임 또는 안면 표정 등이 해당한다. 지시적 몸짓이 단순히 어떤 지시물을 '지적하는' 것에 그치는 반면, 표상적 몸짓은 지시물이나 지시물 집단 또는 관계를 '나타낸다'는 특징이 있다. 표상적 몸짓은 사물과 생각들을 상징적으로 표현할 수 있음을 영아가 이해하기 시작했다는 것을 보여주므로, 영아가 첫 단어를 발화하기 시작할 즈음에 나타나서 사물이나 생각을 말로 표현하게 될 때 사라진다.

　　㉰ 전화기를 의미하기 위해서 귀에 주먹을 가져가는 것이나, 새를 표현하기 위해서 손을 펄럭이는 것 등이 있다.

(((🔔))) 몸짓언어(baby sign)

장점
• 양육자와 영아의 상호작용을 동반한다.
• 영아의 감성개발에 유익하다.
• 양육자와의 좋은 관계 개발에 이바지한다.
• 음성언어가 발달하면 몸짓언어는 사라진다.

유의점
몸짓언어에 대한 사회문화적 해석이 같지 않으므로, 언어를 보충하거나 언어의 의미를 강조하는 경우 이외에는 과잉 사용되지 않도록 지도하는 것이 필요하다.

</td>
</tr>
</table>

> **(🔔) 유아 지향적 언어 / 아동지향어(Child-Directed Speech : CDS)**
>
> **개념**
>
> - 성인이 영아의 언어학습을 도와주기 위하여 성인 대화에서와는 다른 형태적 특성을 가진 언어를 사용하는데 이를 '유아 지향적 언어'라고 한다.
>   - 흔히, 애기 말(baby-talk), 모성어/엄마 말투(motherese), 양육자 언어(caregiver speech)라고 칭하기도 하였으나, 이러한 표현이 양육에 대한 성 고정적인 용어라는 비판에 의해 '유아 지향적 언어'로 사용되고 있다.
>   - 유아 지향적 언어는 성인이 일방적으로 유아에게 배려하여 제공하는 언어라기보다는 영아의 행동이 성인의 유아 지향적인 언어 사용을 유발하는 쌍방향적인 의사소통 전략이라고 볼 수 있다. 언어의 쌍방향적인 특성을 고려하여 '유아 지향적 의사소통 전략'이라는 용어로 대체되는 추세이다.
>   - 성인이 유아 지향적 언어를 사용하는 것은 유아에게 말을 가르치기 위한 것뿐만 아니라 유아가 성인의 언어를 보다 쉽게 이해할 수 있도록 하기 위한 의도로 이해할 수 있다.
>
> **특성**
>
> - 유아 지향적 언어에 나타나는 특성(Foulkes, Docherty & Watt, 2005)
>   - 독백과 같이 혼잣말을 한다. 1세 이전의 영아와 대화할 때, 성인은 영아의 지속적인 관심을 끌기 위해 혼자 말을 계속 건다.
>   - 음절을 또박또박 떼어서 발음을 분명하게, 천천히 말한다.
>   - 목소리 톤이 높고 과장된 억양을 사용한다.
>   - 짧고 간단한 문장을 사용한다.
>   - 대화 내용은 현재 일어나고 있는 구체적인 주제이다. 예를 들어 영아가 보고 있는 것, 하고 있는 것에 대해 이야기한다.
>   - 영유아의 말을 반복해서 이야기한다. 약 2세 이후 문장을 배우는 유아와의 대화에서 성인은 유아가 말한 단어나 문장을 반복해서 다시 말해 주는 경향이 있다.
>
> **장점**
>
> - 유아 지향적 언어는 부모나 보호자의 말을 아동의 언어 수준에서 이해 가능하도록 조정한 결과로, 내용 어휘 비중이 높고, 평균 길이가 짧고 비교적 간단한 문장 구조를 사용하며, 속도가 느린 특징이 있다. 이는 유아들로 하여금 낱말을 알아차리게 하여 '연속된 말의 흐름에서 분절'을 가능하게 함으로써 궁극적으로 언어발달을 촉진한다. 그리고 '연속된 말 흐름에서의 분절'은 새로운 단어를 더 잘 기억하게 하고, 구문적 단위를 감지할 수 있게 도와줄 뿐만 아니라, 발화와 발화 사이를 감지할 수 있게 하는 단서를 제공한다.
> - 특히 유아 지향적인 말에서 발생하는 준언어학적 특징 중 '더 많은 쉼'의 과정은 발화 중 구문(phrase)의 경계에서 일관적으로 적용되는데, 이는 영아들이 주요한 구문적 단위들을 감지할 수 있도록 하는 단서가 되며, '과장된 음도(음의 높낮이 정도) 곡선'은 새로운 낱말을 강조하는 역할을 하여, 영아들이 새로운 낱말을 주목하는 것에 도움을 주게 된다.

거름이 Tip ✦ **아동지향어**(Child-Directed Speech : CDS)**가 언어발달 측면에서 갖는 가치 및 장점**

① **낱말 이해 및 분절** : CDS는 어린이들이 언어의 기본 단위인 낱말을 이해하고 분절하는 데 도움을 준다. 간단하고 명확한 어휘, 반복, 강조를 통해 어린이들은 낱말을 식별하고 이해할 수 있다는 것이다.

사례 "빨간 사과는 맛있어요."라는 문장에서, CDS를 통해 어른이 "빨간", "사과"라는 단어를 강조하거나 반복함으로써 어린이는 각각의 낱말을 이해하고 구성할 수 있게 된다. CDS는 어른이 어린이에게 말할 때 어린이가 이해하기 쉽도록 간단하고 명확한 어휘를 사용하거나, 반복을 통해 특정 음운이나 낱말을 강조하며 말할 수 있다. 이러한 방식으로 어린이는 문장 전체가 아니라 낱말 단위로 말을 이해하고 분석하게 된다.

② **언어적 다양성과 풍부성** : CDS는 다양한 언어적 특징과 풍부한 어휘를 제공하여 어린이들의 언어적 다양성을 풍부하게 한다. 이는 어린이들이 다양한 맥락에서 언어를 습득하고 사용하는 데 도움을 준다.

③ **사회적 상호작용 강화** : 어른과의 대화를 통해 어린이들은 언어를 사용함으로써 의사소통기술을 향상시키고 사회적 상호작용 능력을 발전시킨다.

④ **언어적 자극 및 호기심 유발** : CDS는 어린이들의 언어적 자극을 촉진하고 호기심을 유발한다. 명확한 발음, 다양한 어휘, 강조 등이 어린이들의 언어적 호기심을 자극하여 학습 의욕을 높인다.

⑤ **언어의 구조 학습** : CDS는 어린이들에게 언어의 구조를 학습하는 데 도움을 준다. 문장 구조, 문법 규칙, 어조와 억양 등을 통해 어린이들은 언어의 기본 구성요소를 이해하고 습득할 수 있다.

2 **일어문(한 단어 시기, 12~18개월)**

특징	• 10~13개월 즈음에 유아는 일반적으로 첫 단어를 표현하기 시작하며, 대체로 첫 단어는 '엄마'가 가장 많고, 그다음이 '아빠'와 '맘마'인 것으로 나타난다.
	   – 첫 단어가 나타난 이후, 어휘발달의 속도는 더디게 나타나다가 18개월 즈음에 어휘가 급증하는 일명 '명명폭발기'에 들어서게 된다. 이 시기의 영아들은 사물이 이름을 가지고 있다는 것을 알게 되며, 사물, 대상의 이름을 아는 것에 관심이 많아진다.
	 • 이 시기 유아는 문장을 표현할 수 없으며, 기억력의 제한성으로 문장을 그대로 표현할 수 없어 하나의 단어로 말하고자 하는 바를 표현한다. 따라서 하나의 단어로 한 문장을 표현한다는 의미에서 일어문(holophrase) 시기라고 한다.
	 • 하나의 단어로 의사소통하기 때문에 한 단어가 다양한 의미를 표현하고, 한 문장의 역할을 하는 맥락 의존적 의사소통의 특징을 보인다. 이 시기의 유아는 똑같은 한 개의 단어를 사용하여 다양한 의사를 전달하는데, 같은 단어라도 영아의 얼굴 표정, 몸짓이나 목소리의 고저, 말을 하는 상황적 맥락에 따라 다르게 해석된다는 것이다.
	   – 일어문은 표현된 단어를 단순히 지칭하는 것이 아니라 다양한 의미가 있다고 할 수 있다. 예를 들어 "엄마"라고 하는 단어는 "엄마, ~ 주세요.", "엄마, 여기 와 보세요.", "엄마, 나 여기 있어요." 등 다양한 의미로 사용될 수 있다.
	 ➤ 그래서 한 단어 시기 유아의 말을 해석하는 데는 신중을 기해야 하며, 이런 이유로 주양육자인 엄마나 가족만이 영아가 말하고자 하는 바를 이해하는 때도 많다.
	 • 유아가 주로 습득하는 어휘들의 품사는 명사, 동사, 형용사, 부사, 감탄사의 순서로 나타난다.
	   – 이 시기의 유아는 행위에 대한 단어를 이해하기 전에 사물에 대한 단어를 먼저 이해하는 모습을 보이므로 대부분의 언어에서는 유아의 첫 50단어 목록 중에서 명사가 차지하는 비율이 가장 높다.

MEMO

의미의 과잉확장 (과잉확대) & 과잉축소		• 한 단어 시기에 나타나는 영아들의 언어 표현방식에 있어서의 주요 특징으로는 의미의 과잉확장과 과잉축소가 있다. 　－ 한 단어 시기에 영아가 사용하는 한 단어의 의미는 성인이 사용하는 의미와 달리 과잉확대되거나 과잉축소되어 사용되기도 한다. 　－ 과잉확장과 과잉축소 현상은 유아의 어휘가 발달하고 사물과 주변 환경에 대한 지식이 증가하면 자연스럽게 사라진다.
	의미의 과잉확장 (과잉확대)	• 과잉확장은 유아가 단어의 의미를 일반적인 원래 범주보다 더 확대해서 사용하는 것으로, 하나의 단어를 성인들이 통상적으로 적용하는 대상물 이외의 물체에까지 확대 적용하는 것이다. 　－ 예를 들면 유아가 성인 남자를 보고 '아빠'라고 부르는 경우와 같다. 이것은 유아가 '성인 남자'를 정말 자신의 아빠로 여긴다기보다 성인 남자를 지칭하는 '아저씨', '삼촌' 등의 단어를 몰라서 '아빠'라는 단어로 확장하여 사용하는 것이다. 　－ 유아의 언어가 성인의 경우처럼 정교하게 세분화되지 않았거나, 유아가 습득한 단어의 의미가 성인들이 알고 있는 의미와 차이가 있는 경우에도 과잉확장이 나타난다. 　　Ⓟ '멍멍이'를 강아지 외에 고양이나 소, 양과 같이 네 발이 달리고 털이 있는 동물을 가리킬 때도 사용하는 경우이다.
	의미의 과잉축소	• 과잉축소는 유아가 어휘를 사용할 때 본래의 의미보다 좁은 의미로 축소해서 사용하는 것으로, 어휘의 의미를 관련 있는 사물이나 사건에 적용하지 못해서 비롯되는 것이다. 즉, 과잉확장과는 반대로 일반적인 의미보다 축소하여 단어를 사용하는 것을 말한다. 　－ 예를 들어 우리 집에서 키우는 몰티즈를 '강아지'라고 부르는 영아는 산책길에서 만나는 웰시코기는 강아지가 아니라고 하는 것이다. 이는 '강아지'라는 단어를 자기 집 강아지에만 축소해서 적용하는 경우이다. • 오류 현상의 이유 　－ 이 시기 유아의 발달 특성상 아직 전체－부분의 유목 포함 관계에 대해 확실한 개념을 형성하지 못하였기 때문에 생기는 현상이다. 　－ 어휘 수의 제한성으로 인해 나타나는 특징이다. 　－ 유아가 단어의 의미를 습득하기 위해 보다 능동적인 자기만의 방식으로 단어를 범주화해서 나타나는 현상이다.

3 이어문(두 단어 시기, 18~30개월)

특징		• 어휘 발달 : 출생 후 18개월경에는 약 50개의 어휘를 구사하다가 24개월에는 약 300개, 30개월경에는 약 500~800개의 어휘를 사용할 수 있다. 이때 유아가 습득하는 단어는 음식, 신체, 옷, 장난감, 놀이, 동물, 사람 등 주변 생활 속에서의 경험과 관련된 어휘로, 이는 어휘의 수평적 발달과 수직적 발달을 통해 확장된다. • **명명폭발기** 18~24개월 무렵부터 사물의 이름에 관심을 가지면서 어휘 습득이 급속도로 늘어나 24개월경에는 약 300개 단어를 말할 수 있게 되는데, 이 시기를 「명명폭발기(naming explosion period)」 또는 「어휘폭발기(word spurt period)」라고 한다. 영아는 표현할 수 있는 단어가 급증하게 되면서, 이때부터 두 단어로 된 문법적으로 불완전한 문장을 사용하기 시작한다. • 24개월경에 이르면 2개 단어를 조합하여 문장을 만들어 사용하게 되는데 이때부터 언어 발달의 속도가 가속화된다. 　－ 두 단어를 결합시키는 것은 보편적으로 50개 정도의 단어를 말할 수 있을 때 가능하다. 　－ 유아는 두 단어를 배열하여 말하기 시작할 때도 아무렇게나 단어를 나열하는 것이 아니라 대체로 성인이 사용하는 어순과 유사하게 말한다. 영아는 성인의 말을 듣고 문장 속에 규칙이 있음을 스스로 깨닫는 시행착오를 거치면서 문장의 올바른 사용방법을 터득한다. ▶ 이를 두고, 언어에는 단어를 묶어서 문장을 만들 수 있는 규칙체계, 즉 문법이 있다는 것을 유아가 터득했다고 본다.
어휘의 발달		단어의 의미는 수평적 발달과 수직적 발달 과정을 거친다(Whitehurst, 1982).
	의미(어휘)의 수평적 발달	• 의미(어휘)의 수평적 발달이란 현재 알고 있는 단어의 의미에 새로운 속성을 추가해 가면서 단어의 의미를 풍부하게 발달시키는 것을 말한다. 　－ 예를 들어 몰티즈만 '강아지'라고 부르던 유아가 가지고 있는 강아지의 개념은 '몸집이 작고 털이 희고 복슬복슬하고 귀여운'과 같을 수 있다. 그러나 유아는 강아지와 관련된 여러 번의 경험을 통해 '갈색 털을 가진', '긴 꼬리', '점박이 무늬', '몸집이 큰', '다리가 긴' 등과 같은 개념을 기존의 '강아지'에 대한 개념에 점차 더해가면서 성인과 같은 단어의 의미에 도달하게 된다.
	의미(어휘)의 수직적 발달	• 의미(어휘)의 수직적 발달이란 어떤 대상에 대한 속성을 알고 그에 관련되는 단어들을 습득함으로써 단어들이 군집화되는 것을 말하며, 대상을 상위－하위 개념으로 위계화하는 것을 의미한다. 즉, 유아가 알고 있는 어휘의 속성을 습득한 후에 그와 유사한 단어들을 계속 습득하여 유사성이 있는 단어들을 군집화함으로써 새로운 상위 범주의 개념을 획득하는 것이다. 　－ 예를 들어 '꽃'에 대한 속성을 습득한 유아가 꽃에 해당하는 '해바라기', '장미', '백합' 등을 알게 되면서 '꽃'의 범주를 이루게 된다. 그리고 이후에 '튤립'을 보게 되었을 때 '꽃'의 범주에 '튤립'을 추가하면서 '꽃'의 의미를 발달시켜가는 것이다.

주축 문법 **(pivot** **grammar)**	• 주축 문법의 관점에서 맥닐(McNeill, 1966)은, 이어문이 두 개의 단어가 아무렇게나 연결된 것이 아니라 두 단어 사이에 일종의 규칙이 있는 것으로 보았다. 　− 이어문은 주축어(pivot word)와 개방어(open word)로 이루어져 있는데, 이어문에 사용된 단어는 주축어 또는 개방어 중 한 가지 범주에 속한다는 것이다. 즉, 전보식 문장에 사용되고 있는 단어는 주축어 또는 개방어 중 한 가지 범주에 속하는데, 이러한 언어 표현 방식의 특징을 주축문법이라고 보았다. 　− 주축이 되는 단어(주축어)를 중심으로 단어(개방어)에 변화를 줌으로써 다양한 문장을 구성하는 방법으로, 주축어와 개방어를 결합하여 함께 사용한다. • 이어문에서 공통적으로 사용되는 단어를 주축어라고 하며, 주축어와 함께 사용되는 단어를 개방어라고 한다. 유아는 주축어와 개방어를 결합하여 "엄마, 물", "엄마, 쉬", "아, 추워", "아, 이뻐" 등과 같은 이어문을 표현한다. 　− 주축문법은 유아가 주축이 되는 단어를 먼저 선택하고 여기에 새로운 단어를 포함시켜 문장을 표현한다. 주축어는 앞에 오기도 하고, 뒤로 가기도 한다. 　┌───────────────────────────────── 　│ 🔔 **주축어와 개방어** 　│ • 주축어 : 두 단어를 조합할 때 축이 되는 단어 　│ • 개방어 : 주축어와 결합되는 어휘 　│ 　− 주축어는 두 단어 중에서 앞이나 뒤의 고정된 위치에 놓인다. 　│ 　− 주축어는 단독으로 사용되지 않는다. 　│ 　− 주축어는 다른 주축어와는 함께 사용되지 않는다. 　│ 　− 주축어는 모든 개방어와 조합될 수 있다. 　│ 　　 예 엄마(주축어) + 물(개방어) / 엄마(주축어) + 쉬(개방어) 　│ 　　　 아(주축어) + 추워(개방어) / 아(주축어) + 이뻐(개방어) 　│ 　　　 언니(개방어) + 이뻐(주축어) / 엄마(개방어) + 이뻐(주축어) 　│ 　　　 야옹(개방어) + 가(주축어) / 빵빵(개방어) + 가(주축어) 　└───────────────────────────────── 　− 맥닐(McNeill)은 이어문 시기에 영아가 주축어와 개방어를 구별하여 사용한다는 것은 두 단어를 조합하는 문법적 규칙을 알고 있다는 뜻이므로 첫 문법의 출현이라고 보았다. 　− 제한점 : 맥닐의 주축문법은 이어문의 표면적인 분석을 제공해 주지만 두 단어의 의미론적 관계는 설명하지 못한다는 비판을 받는다. 즉, 주축문법은 2개의 단어 조합에 대한 문법적 관계를 설명해 주지만, 문장의 의미를 알려주지 못한다는 것이다. 예를 들어 "엄마, 우유"는 "우유를 먹는다"는 의미인지, "우유를 주세요"인지 상황에 따라 전혀 다른 의미를 나타낼 수 있어 그 의미를 알기 어렵다.
전보식 문장	• 전보식 문장은 문장에서 핵심 단어만 사용하여 구성한 문장을 말하는 것으로, 조사, 전치사, 접속사, 관사 등의 문법적 관계를 나타내는 기능어를 생략하고 의미를 전달하는 데 필요한 명사, 동사, 부사, 형용사 등의 내용어(content word)를 사용하여 문장을 구성한다. 이는 유아가 지금까지 들어본 적이 없는 문장을 만들어 내는 것으로 유아가 나름대로의 어떤 문법적 규칙에 따라 전보식으로 핵심내용을 선정하는 것이다. • 전보식 문장은 유아가 두 단어를 조합해서 사용할 때 군더더기 단어들은 생략하고 핵심적인 단어만 연결하여 전보를 치는 것처럼 문장을 구성한다고 하여 붙인 이름이다. 　− 이는 이전에 실제로 사용한 ✦'전보'를 통해 핵심적인 단어만으로 의미를 전달하던 것에서 유래한 이름으로, Brown(1973)이 전보문이라고 명명하였다. 　− 유아의 어휘 수가 제한되어 있거나 성인의 문장을 모방할 기억력의 한계로 인해 전보식 문장으로 표현될 수 있다고 본다.

✦ 전보

전보는 이전에 우체국 등에서 편지나 소포를 대신해 간략하게 문서를 전달하던 통신수단을 말하는데, 글자당 요금이 부과되기 때문에 비용을 절약하기 위해 주요 핵심 내용어만을 활용하는 전보문 특유의 문장을 사용하였다.

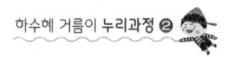
- 그리고 이는 유아들이 기능어보다는 내용어가 정보를 더 많이 담고 있어 중요하다는 것을 직관적으로 알고 있으며, 문법적 구별도 이해하고 있음을 나타낸다.

  📖 "엄마, 물"이라는 말은 "엄마, 물 주세요." / "엄마, 물 쏟았어요." / "엄마, 물 있어요." 등의 의미전달을 위해 사용될 수 있다.

- 이어문기에서 나타나는 전보식 문장의 어휘 배열에는 일정한 규칙이 있어서 주로 '주어＋서술어', '주어 ＋ 목적어', '목적어 ＋ 서술어' 형식의 문장을 구사한다. 유아는 이를 통해 우리나라 한글의 '주어 ＋ 목적어 ＋ 서술어' 어순 구조를 익히게 된다.

📋 전보식 문장의 구조

문장구조	전보식 문장	의미
주어＋서술어	아가 울어 나 쉬	아기가 울어요. 나는 쉬하고 싶어요.
주어＋목적어	나 까까 아가 책	나는 과자를 먹고 싶어요. 아가가 책을 읽어요.
목적어＋서술어	까까 먹어 꼬까 신어 무 먹어	과자를 먹고 싶어요. 신발을 신어요. 물을 먹고 싶어요.

의미론적 관계분석

- 주축문법이 이어문의 의미관계를 충분히 설명하지 못한다는 제한점으로 인해, 단어의 조합인 문장의 의미에 관심을 둔 의미론적 관계분석이 등장하게 된다.

  - 주축문법은 이어문을 주축어와 개방어로 분석한 표면적 분석이라면, 의미론적 관계분석은 이어문을 사용하는 영아들의 실제 의미에 관심을 둔 것이다. 즉, 주축문법과 같은 형식적 특성이 있는 두 단어 문장을 분석하면 반드시 의미가 있는 것들로 짝지어지고 그들 간의 의미적 관계를 발견할 수 있다는 것이다.

  - 의미론적 관계분석은 주축문법이 갖는 의미 해석에 대한 제한점을 극복하면서, 의미 해석에 대한 '행위자－목적', '소유자－소유'와 같은 다양한 접근을 가능하게 하였다. 영아가 말한 두 단어 혹은 두세 단어 말 중에서 동사를 기준으로 하여, 동사와 다른 단어의 관계를 지어보는 것을 통해 "엄마 간다"라는 '행위자－행위'의 관계로 의미를 지을 수도 있다.

  - 이는 이어문 초기에는 주축문법적 접근을, 그리고 이어문 후기에는 의미론적 관계분석을 통해 의미관계를 파악하는 것이 적절하다는 시사점을 주었다.

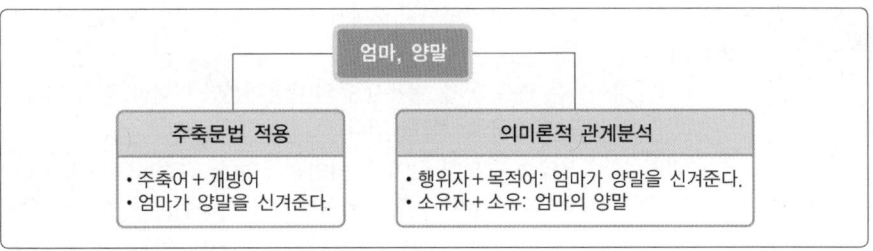

두 단어 문장의 의미적 관계성

의미적 관계	사례
행위자-행위	아빠 어부바
목적-행위	까까 줘
행위자-목적	엄마 밥
장소-행위	여기 앉아
장소-실체 / 실체-장소	저기 새, 사탕 여기
행위자-장소	아빠 일루
소유자-소유	아빠 책, 엄마 신
실체-수식 / 수식-실체	고모 예뻐, 무서운 아찌
지시하기-실체	요거 불

④ 다어문(문장시기, 30개월~5세)

- 3세경이 되면 유아가 표현하는 어휘 수는 1,000개 정도로 증가하고 4세는 약 1,600개, 5세는 약 2,100~2,200개, 6세까지 2,600~7,000개의 어휘를 습득한다. 5세 무렵이 되면, 유아는 모국어의 대부분의 소리를 발음하고 기본적인 문법 규칙을 익혀서 활용할 수 있게 되므로 모국어 습득이 거의 완성된다고 볼 수 있다. 즉, 유아가 사용하는 활용 어휘의 수 이외에는 성인의 언어 구사와 크게 차이가 없다.

유아가 습득하는 어휘 유형

특징		
	3세	• 인칭대명사(나, 너), 지시대명사(여기, 저기) • 시간(아까, 지금, 금방, 옛날), 시제(어제, 오늘, 내일), 장소·위치(위, 아래, 안) • 사물 속성(색깔, 모양 등), 사람 호칭(아저씨, 이모 등)
	4세	도형 이름(세모, 네모 등), 반대말(길다/짧다, 빠르다/느리다), 비슷한 말(엄마/어머니, 아름답다/예쁘다)
	5세	지식 및 학습 어휘

- 사용할 수 있는 어휘가 증가하면서, 2세 6개월 즈음이 되면 유아는 세 단어 이상의 문장으로 말하기 시작한다.
  - 이 시기 유아들은 명사, 동사, 형용사 등의 내용어뿐만 아니라 조사, 어미 등과 같은 기능어를 포함하여 문장을 말할 수 있게 된다.
  - 따라서 이 시기에는 단순히 일어문, 이어문에 비해 결합하여 사용하는 단어 개수의 증가만이 아니라 조사, 어미와 같은 문법형태소가 사용된다는 점에서 차이가 있다.
  - 그리고 문법형태소의 사용으로 인해, 단어의 결합이 아닌 부정문, 의문문, 피동문 등과 같은 문장으로 나타난다는 특징을 가지고 있다.

| 문법
형태소의
발달 | • 유아들은 세 단어 이상을 이용하여 문장을 만들 수 있게 되면서 문법형태소를 사용하기 시작한다.
　－ 문법형태소를 사용한다는 것은 어휘 간의 관계를 이해하고, 문법 체계를 인식하고 있음을 의미한다.
• 문법형태소는 어휘 간 관계를 나타내는 형태소로, 문장의 내용을 좀 더 정교하게 전달해 주는 역할을 하는 조사와 어미가 이에 속한다.
　－ **조사** 문법형태소는 공존격 조사(같이, 랑, 하고), 처소격 조사(에, 에게, 한테), 주격 조사(이, 가), 목적격 조사(을, 를), 도구격 조사(로, 으로)의 순서로 발달하게 된다. 공존격 조사나 처소격 조사보다 주격 조사는 늦게 습득되며 "엄마이가 줬어.", "곰이가 어딨지?" 등과 같이 주격조사를 사용하는 데 오류를 보이기도 한다. |

✿ 문법형태소 발달의 순서

| | 　－ **어미** 동사의 어미는 서술형 어미(다, 이다, 야, 라, 자), 과거형 어미(ㄴ, 았, 었), 미래형 어미(ㄹ), 수동형 어미(이, 히), 현재형(ㄴ다)의 순서로 나타난다. 간혹 유아들이 서술어미 '다' 뒤에 공손어미 '요' 등을 붙이는 것(~했다요)과 같은 어미 사용의 오류가 발생하기도 한다.
　🅔 "엄마야"의 호칭어미, "내 거야"와 같은 문장어미와, 시제어미로 "갈거야", "줄거야"와 같은 미래형, "먹었어", "입었어"와 같은 과거형이 나타난다. |

| 문법
형태소의
과잉
일반화 | • 문법형태소의 과잉일반화는 유아들이 알고 있는 문법 규칙을 예외 없이 모두 적용하는 과정에서 나타나는 것이다.
　－ 문법형태소를 점차 사용하면서 문장을 풍부하게 표현할 수 있게 되지만, 문법형태소를 처음부터 적절하게 사용하는 것은 아니며 과잉일반화와 같은 오류과정을 거치면서 발달하게 된다.
• 이제까지 배운 문법적 지식을 가지고 그 규칙이 적용되리라 생각되는 곳에 적용하는데, 이때 특정의 문법적 규칙을 적용하지 말아야 하는 경우에까지 일괄적으로 적용하는 과잉일반화를 초래하기도 한다. 이는 특정 문법 규칙이 적용되지 않는 예외 경우가 있다는 것을 미처 알지 못하기 때문에 나타나는 현상으로, 우리말의 경우에는 조사 습득 과정에서 과잉일반화가 주로 나타나게 된다.
　－ 주격 조사 '－가'와 존대어 어미 '~요'의 과잉일반화가 나타난다.
　　🅔 '엄마가', '아빠가'에 사용하는 주격 조사 '－가'를 습득한 후, 지나치게 규칙적으로 적용하여 받침이 있는 단어에도 모두 '가'를 사용하여 '삼촌이가', '선생님이가'라는 식으로 말한다.
　　🅔 존대어 어미 '~요'를 습득한 후에 "책이가 있다요"와 같이 말하는 것이다.
원인
• 유아들이 언어의 세부 규칙을 완전히 파악하지 못하였기 때문이다.
• 언어 규칙을 자발적으로 내면화하고 있다는 증거로 볼 수 있다. |

문장 발달	부정문	• 1년 7개월 즈음이 되면 영아는 부정어 'no', 'not'('안', '못', '싫어')을 사용하기 시작한다. 　- '이어문', '문장기'로 말하기의 발달이 이루어지면서 부정어는 점차 부정하려는 말의 앞에 놓이게 되고, 문장으로 들어가게 된다(例 No, daddy ➡ Daddy is not here). 그러나 '안', '못'과 같은 부정어가 문장 속에서 사용되는 과정에서 유아들은 부정형태소의 위치를 잘못 배치하는 오류를 보인다. 　　例 '밥 안 먹어'의 표현을 '안 밥 먹어', '이빨 안 썩어'를 '안 이빨 썩어'와 같이 부정을 나타내는 형태소의 위치를 잘못 사용하기도 한다. • 부정어는 부재(없다), 거부(싫어), 부정(아니야), 금지(안 돼. 하지 마), 무능(못)과 같은 의미로 주로 사용되고, 부정어 형태 중 유아들은 '안'을 가장 많이 사용하는 것으로 나타난다. 　- 유아들은 부정어의 사용에 있어 '안 이빨 썩어', '안 계란 먹어' 등과 같이 부정어 위치 오류를 보이기도 하지만, 연령이 증가함에 따라 점차 바른 배치가 나타나며 5세 이후에 성인과 같은 부정문을 사용하게 된다(이영자, 2013). 　- 연령이 증가함에 따라 '아니'를 사용하는 부정문은 감소하게 되는데, 5세 이후에는 '못 먹는다'에서와 같이 '못'을 사용하는 부정문의 유형이나 '-하지 못한다'의 형태를 사용한 부정문이 나타난다. • 언어발달 시기에 따른 부정어 출현 및 발달의 특징 　- 한 단어 시기 : 없다, 아니 　- 두 단어 시기 : '안'을 사용하기 시작한다[例 (우유) 안 먹어]. 　- 문장 시기(세 단어 이후) : '못'의 사용이 나타난다(例 초콜릿 못 먹어 / 못 해).
	의문문	• 유아는 의문문에 대해 대답할 수 있게 된 다음에 의문문을 사용할 수 있다. 예를 들어 "이거 뭐야"라는 질문에 "인형"이라고 대답을 할 수 있어야 "이게 뭐야"라는 질문을 산출할 수 있다는 것이다. • 유아의 의문문 사용은 영어 사용에 서툰 사람이 시장에서 가방처럼 생긴 무언가를 보고 질문할 때와 같다. 의문문을 만들지 못하는 여행객은 평서문으로 "This bag?"(←Is this a bag?)으로 묻지만 듣는 사람은 억양이 의문문의 억양으로 올라가는 것을 이해하고, 의문문에 맞는 대답을 해줄 수 있다. 　- 이처럼 유아가 처음 의문문을 사용할 때 평서문의 끝을 올려 의문문을 표현하다가(例 엄마 가방?) 점차 의문형 어미와 의문사를 사용하여 의문문을 만들 수 있게 된다. • 의문형 어미에는 '~지?'("이게 뭐지?"), '~까?'("이게 뭘까?"), '~야?'("이게 뭐야?") 등이 있고, 의문사에는 5W 1H가 있는데 이들은 무엇(What), 어디(Where), 누구(Who), 왜(Why), 어떻게(How), 언제(When)의 순서로 사용된다. 　- 유아가 가장 먼저 이해하고 산출하는 질문의 형태는 '무엇', '어디', '네/아니오' 대답의 형식이다. 　- 유아는 의문문 표현 초기에는 낱말에 의문사 '무엇', '어디'를 단순하게 결합하거나(例 "뭐야? 이거?", "멍멍 어디가?"), 낱말 뒤 억양을 올려 의문문을 표현한다. 　- 이후 의문사 '누구', '누구의'를 사용하다가 더 많은 의문 형용사가 사용되어 '왜', '어떻게', '언제'가 포함된 질문이 나타난다.

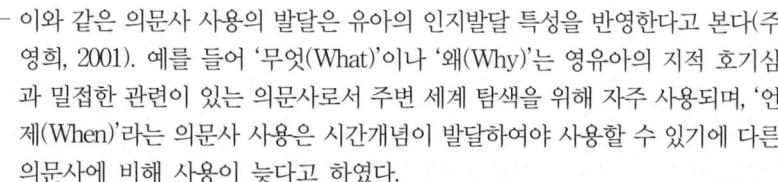

– 이와 같은 의문사 사용의 발달은 유아의 인지발달 특성을 반영한다고 본다(주영희, 2001). 예를 들어 '무엇(What)'이나 '왜(Why)'는 영유아의 지적 호기심과 밀접한 관련이 있는 의문사로서 주변 세계 탐색을 위해 자주 사용되며, '언제(When)'라는 의문사 사용은 시간개념이 발달하여야 사용할 수 있기에 다른 의문사에 비해 사용이 늦다고 하였다.

피동문과 사동문	• 피동문은 영어의 수동태에 해당하는 것으로 문장 주어에 해당하는 사람이 어떤 행동을 당하는 것을 의미하며, 사동문은 어떤 행동을 하도록 시키는 것을 말한다. • 일반적으로 유아는 피동문보다 사동문을 먼저 습득한다. 이것은 유아의 일상생활 속에서 부모나 양육자가 유아에게 사동문으로 무언가를 요구하는 경우들이 많아 피동문보다 사동문에 대한 노출이 더 많은 이유가 있을 것이다. 그리고 영어권 유아에 비해서 우리나라 유아들이 피동문을 빨리 습득하게 되는데, 그것은 문법적 복잡성에 의한 것이라 할 수 있다.

피동문의 예	사동문의 예
물고기가 잘 잡힌다.	(주어 생략) 물고기에게 밥을 먹인다.
영희가 나를 울린다.	내가 아이를 울렸다.
구멍이 뚫린 타이어다.	(주어 생략) 타이어에 구멍을 뚫었다.

복문 (복합문)

• 복문이란 한 개의 문장에 두 개 이상의 절이 있는 것을 말한다.
  – 문법형태소를 사용하게 되면서 유아는 고정된 어순에서 해방되어 어느 정도 자유롭게 자신의 의도를 문법적으로 표현할 수 있다. 그리고 자신의 의도를 자유롭게 표현해가면서 유아의 말은 성인의 말과 비슷해지는데, 그 대표적인 형태가 복문의 사용이다.
• 일반적으로 복문은 '두 개의 절이 나란히 나오는 병렬문(접속문)'과 '한 개의 절이 다른 절 안에 포함되는 내포문'으로 분류할 수 있다.
  ㉠ 접속문은 두 개의 명제를 병렬하는 대등구성 형식(◉ "우유도 먹고, 빵도 먹고") 또는 주절과 종속절을 병렬하는 연합구성 형식(◉ "우유 마시면 빵 줄 거야")을 취한다.
    – 접속문의 출현 초기에는 흔히 접속사가 빠진 접속문이 나타난다(◉ "아빠 아파 아빠 약" "아야 똥 누(고) 올게."). 또한 접속문이 나타나는 순서를 보면 대등, 대립, 시간적 순서, 원인의 접속문이 먼저 출현하고, 그 후 한정조건의 접속문이 나타나며, 마지막으로 동시성을 의미하는 접속문이 나타난다.

🗎 **접속문의 종류와 예시**

범주	예
대등	대공원에 비행기가 있고 또 엄마, 돌리는 거 돌리면 돌아가.
대립	끄며는 켜지고, 키며는 꺼져(이중 전등스위치).
시간적 순서	아빠 회사 가서 일해.
원인	많이 먹으면 배 아야 해.
한정조건	문 안 닫을게. 엄마 들어가.
동시성	미끄럼 타다가, 내가 미끄럼 타다가 혼자 쑥쑥 올라갔어.

  ㉡ 내포문은 한 명제가 다른 명제에 포함되는 형식(◉ "그것도 삼촌이 사 준거야?")을 말한다. 유아가 흔히 구성하는 내포문은 '~는(은)'을 '거(것)', 'ㄴ데' 등의 불완전 명사에 연결하는 형식(◉ "이거 명수 먹는 거 맞아.")이다.

- 우리나라 유아의 경우 접속에 의한 복문과 내포에 의한 복문의 사용은 거의 같은 시기에 시작하지만, 점차 내포에 의한 복문을 더 많이 사용하는 것으로 나타난다.
  - 접속문은 2~3세경에 발달하여 대등접속문(병렬문에 의한 복문으로, 병렬 접속사인 '그리고, 그러나, 또는'을 사용하는 접속문)을 먼저 사용하고, 이어 종속접속문(내포문에 의한 복문)을 사용한다고 한다(이인섭, 1986).

📖 **대등접속문과 종속접속문의 예시**

구분	복문 예시
대등접속문	나는 사과를 좋아하고 수박도 좋아해.
	나는 사과를 좋아하는데 딸기는 싫어해.
종속접속문	그 집은 우리 이모가 사는 집이야.
	나는 흰 털 강아지를 좋아해.

지도 방법

- 문법 규칙은 간접적인 방법을 사용하여 지도해야 하는데, 책이나 성인의 모델링을 통해 완전한 문장구조를 자주 듣고 자신의 문장과 비교해 봄으로써 점진적인 학습을 이루게 해야 한다.
- 성인은 유아와 풍부한 상호작용을 나누며 바른 문법을 구사하는 언어 모델을 보여준다.
- 이야기 나누기, 개인적 경험 이야기 나누기 등의 경험을 통해 유아 스스로 습득한 문법 구조를 활용할 기회를 갖게 함으로써 발달을 촉진할 수 있다.

참고

언어 구성요소의 획기적인 발달이 일어나는 시기(연대순으로 정리)

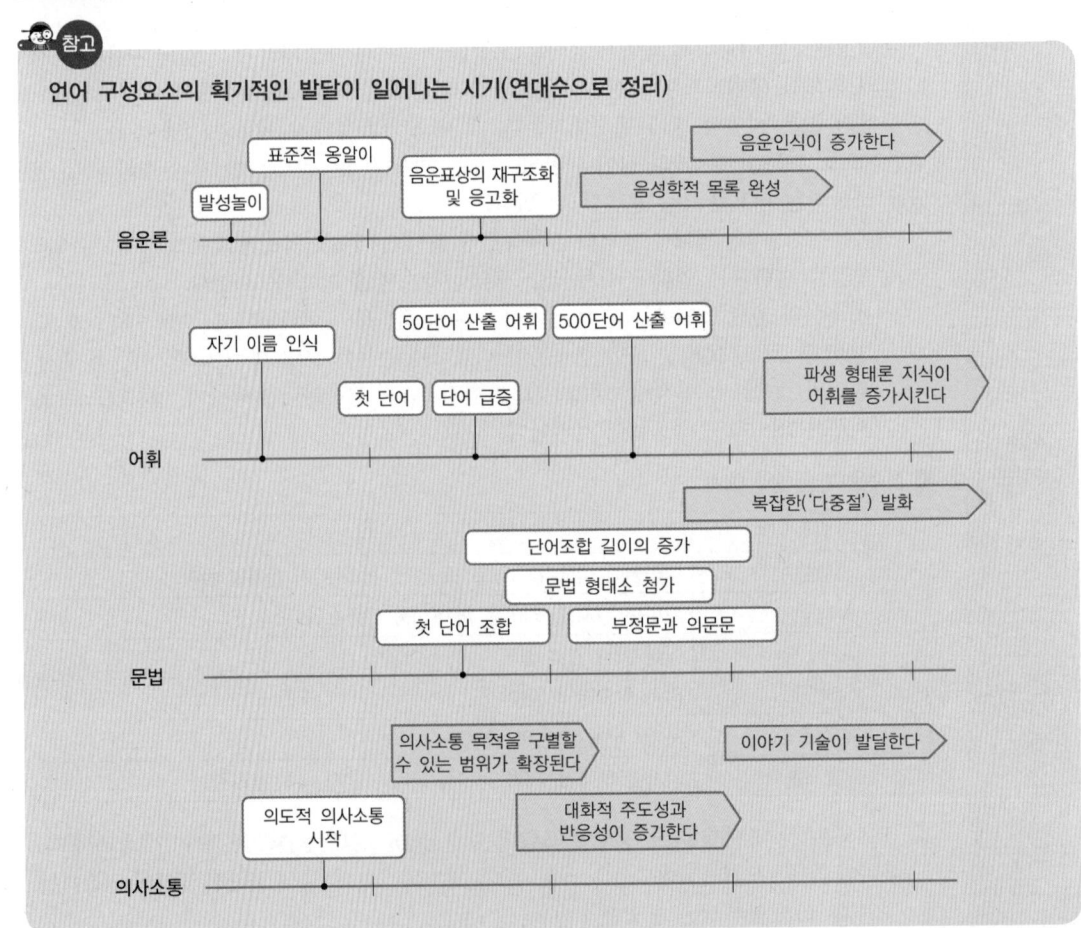

❺ 평균 발화 길이(Mean Length of Utterance : MLU)

- 영유아기 구문론 발달을 측정하는 유용한 지표 중 하나로 평균 발화 길이(Mean Length of Utterance : MLU)를 들 수 있다. 이는 유아들이 산출하는 언어의 복잡성 정도를 파악하기 위해 평균 발화 길이를 측정하는 것을 말한다.
- **평균 발화 길이**란, 한 번의 말(발화)이 몇 개의 형태소로 구성되었는지를 의미하는 것이다.
  - 계산법 : 총 형태소 수 / 총 발화 수로, 유아가 자발적으로 산출한 50~100개의 발화로 된 표본에서 전체 형태소의 수를 세어 이를 전체 발화 수로 나누어 계산한다.
    ▶ 평균 발화 길이 측정을 통해 영유아들이 산출하는 언어의 복잡성 정도를 파악할 수 있다.
  - 문법발달에 관한 연구를 살펴보면 24개월 된 영아도 문법적 단서를 활용하여 새로운 어휘의 의미를 추론할 수 있다(Hall, Lee & Belanger, 2001). 또한 어순 등 문법에 관한 판단 능력은 만 5세에서 7세 사이에 급격히 발달한다(신귀련, 2002).
- 로저 브라운(Roser Brown)은 문장 내 평균 형태소의 수를 중심으로 한 평균 발화 길이(MLU)를 기초로 언어발달을 5단계로 나누었다.
  - 연령 및 형태소가 나타나는 정도에 따라 언어발달 단계를 만들었다.

단계	연령 (상한 개월수)	MLU	MLU 범위	주요 성취수준
I	18	1.31	0.99~1.64	• 한 낱말 문장이 사용된다. • 명사와 비굴절 동사가 사용된다.
II	24	1.92	1.47~2.37	• 두 가지 요소로 된 문장이 사용된다. • 분명하지는 않지만, 진짜 절이 사용된다.
III	30	2.54	1.97~3.11	• 세 가지 요소로 된 문장이 사용된다. • 독립절이 나타난다.
IV	36	3.16	2.47~3.85	• 네 가지 요소로 된 문장이 사용된다. • 독립절이 계속해서 나타난다.
V	42	3.78	2.96~4.60	• 반복적인 요소들이 두드러진다. • 연결 장치들이 나타난다.
post-V	54	5.02	3.96~6.08	• 복합 구문 형태들이 나타난다. • 종속관계와 대등관계가 계속해서 나타난다. • 보충절이 사용된다.

출처 : Khara, L. P. & Laura, M. J.(2010)

📖 **MLU에 따른 언어발달 단계**

1단계(MLU=1.01~1.99)	명사나 동사로 구성된 전보식 문장형태
2단계(MLU=2.00~2.49)	하나 이상의 형태소를 만들어 단어 조합에 문법형태소를 첨가
3단계(MLU=2.50~2.99)	부정문이나 의문문과 같은 다양한 형태의 문장 사용
4단계(MLU=3.0이상)	복문 사용
5단계	새로운 형태의 복문

출처 : Brown(1973)

((🔔)) 자발적 언어 분석(유아 언어교육 평가 방법)

개념

자발적 언어 분석은 자연스러운 상황에서 유아의 언어표현을 수집·분석하는 것을 의미한다. 이 방법으로 유아의 언어 수준을 파악하려면 적어도 200가지 이상의 발화를 수집해야 한다. 유아가 언어를 산출하도록 유도하는 것은 유아와 성인과의 개별적 과정으로서 일정한 규칙은 없으나 대화의 형식을 취해야 한다.

자료수집 방법

• 유아의 언어 산출을 유도하기 위해서 놀잇감을 사용하거나, 유아가 흥미 있어 하는 그림책을 같이 읽거나, 또는 그에 관하여 이야기를 하는 등의 활동을 할 수 있다. 언어내용은 모두 녹음해야 하며 전후의 상황도 기록해 둔다.

• 근래에는 언어 장면을 녹화한 후 분석의 자료로 활용하기도 한다.

장점

이 방법은 검사의 인위적이고 제한적인 분위기에 따른 문제점이 배제된 효과적인 방법이다. 검사 상황에서 적절하게 반응하지 못한 유아라도 자발적 언어 상황일 때는 자유로이 언어를 산출해 내는 경우가 있을 수 있기 때문이다.

단점

• 자발적 언어 분석법은 언어 산출 상황이 제한되어 있다는 것과 시간의 사용이 비효율적이라는 단점이 있다. 여기서 말한 제한된 언어의 산출 상황이란, 예를 들어 설날이 가까운 시기에 관찰하면 설날에 대한 언어 표현이 많게 될 것이고, 여름에 조사를 실시하면 겨울에 대한 내용이 배제될 것이라는 뜻이다.

• 또한 유아가 산출하는 언어의 질과 양은 대화의 주제, 참여하고 있는 과제의 내용, 듣는 사람의 연령 및 친숙 정도에 따라 다르며, 성인의 배석 여부도 영향을 미친다.

활용

• 자발적 언어 분석은 정상적 언어 발달 연구에 적절하기 때문에 유아의 언어습득 과정에 관심을 가졌던 많은 언어학자들이 사용하였으며, 특히 Brown은 이 방법을 사용하여 문장의 평균 길이를 계산하였다.

    − 예를 들어 3세 유아의 문장 3개에서, 형태소의 수가 각각 2, 3, 4개라면 문장의 평균 길이는 (2 + 3 + 4) ÷ 3을 계산한 값 3이 되므로 이에 따라 유아의 언어 발달 단계를 구분하고 있다.

II 듣기의 발달

UNIT 21 듣기의 개념

듣기의 정의	• 듣기란 화자가 전달하는 음성언어를 청자의 목적과 가치에 따라 능동적으로 선택하고 의미 있게 재구성하는 창조적이며 능동적인 활동이다. • 이는 다른 사람이 전해주는 말소리를 마음속에서 의미로 전환시키는 과정이다. 즉, 듣기란 단순히 말소리를 받아들이는 것에 그치지 않고, 그것들에 주의를 기울여 의미를 구성하고 마침내 메시지를 이해하여 반응하는 과정적 활동이다. 　– 동기, 감정, 신체의 생리적 조건 등이 듣기에 영향을 미칠 수는 있으나, 엄밀한 의미의 듣기는 이러한 것을 초월하는 지적 과정이다. 　– 말소리를 지각하고 해독하는 것은 아주 낮은 수준의 듣기이며, 높은 수준의 듣기는 화자의 중심 생각 알기, 드러나지 않은 내용 추론하기, 그리고 앞으로의 내용 예견하기 등을 포함하는 고등 수준의 정신 작용이다. 높은 수준의 듣기는 곧 높은 수준의 사고라고 할 수 있으며, 이러한 정신 작용도 지도가 가능하다.	
	Jalongo (2003)	듣기는 음성언어를 의미 있는 메시지로 변형시키는 과정이다.
	Goss (1982)	듣기는 단순히 소리를 듣는 것만이 아니라 모든 소리 자극을 종합하여 그 의미를 능동적으로 구성하는 과정으로서, 영유아는 그들에게 제공된 정보를 이해하고, 해석하며, 평가하기 위하여 듣는 방법을 배워야만 한다.
	Lindsteen (1979)	듣기란 청자의 머릿속에서 언어가 의미로 바뀌는 과정이다.
듣기의 기능	• 듣기는 단순히 소리를 듣는 것이 아니며, 의미를 해석하는 인지적 정보처리 과정이 포함되어 있다. 그러므로 듣기는 의사소통 과정에서 매우 중요한 역할을 한다. 　– 듣기는 정보 확인, 내용 이해, 비판적 듣기, 감상이라는 4가지 기능을 하며, 이 4가지 기능은 청자가 화자의 말을 듣는 순간 거의 동시에 일어난다.	
	정보 확인	듣기는 듣는 내용에 담긴 정보에 주의를 기울이고 기억하도록 한다. 주의 집중해서 들을수록 정보를 더 잘 기억할 수 있다.
	내용 이해	듣기의 과정에는 청자가 들은 내용을 자신이 가지고 있는 생각과 정보, 경험과 지식을 바탕으로 해석하여 이해하는 과정이 포함된다.
	비판적 듣기	청자는 들은 내용을 분석하고 판단한다. 즉, 표현적인 내용 뒤에 내포되어 있는 화자의 의도와 가치, 숨은 뜻을 찾아낸다. 또한 이야기 간의 모순과 타당성, 일반화의 가능성, 편견, 시사점, 제안점 등을 탐구한다.
	감상	청자는 화자가 말하는 내용을 모두 들은 후에는 개인적으로 정의적인 판단을 하게 된다.

듣기의 특성 (배윤경, 2010)	• 듣기는 음성으로 표현되자마자 사라지는 소멸성과 순간성의 속성을 가지고 있으므로 의사 소통의 흐름을 놓치지 않기 위해서는 특별한 전략이 필요하다. 　－ 청각의 예민도, 청각적 이해력과 기억력, 청각－음성 간의 연결 능력, 청각적 순서배열 　　능력이 필요하다. • 듣기는 말하기, 읽기, 쓰기의 기능과 함께 사고의 발달을 유도한다. • 듣기는 인지적 기능과 정의적 태도를 포함한다. • 듣기는 언어 외적인 요소에 의해 영향을 받는다.
듣기지도의 필요성	• 듣기는 듣기 기술 그 자체를 가르치기는 어렵지만 듣는 태도는 가르칠 수 있기 때문에 유 아기부터 좋은 듣기 습관을 형성할 수 있도록 지도해 나가야 한다. 유아기의 듣기 습관은 평생 유지되기 때문이다. • 사람들은 듣기를 통해서 가장 많은 정보를 습득하며, 학교생활에서의 학습 정보도 듣기를 통해 가장 많이 습득하므로 유아는 그들에게 제공된 정보를 이해하고, 해석하며, 평가하기 위하여 듣는 방법을 배워야만 한다. • 듣지 못하면 의사소통이 불가능해지므로 말하기를 못하게 되고, 또 음성언어의 구조를 익 히지 못하면 읽기 학습에 장애가 일어나게 된다. 쓰기 또한 말하기와 읽기의 영향을 절대 적으로 받게 되므로, 듣기 능력은 듣기 그 자체만을 위해서가 아니라 말하기, 읽기, 쓰기 등 다른 언어사용 능력을 위해서도 지도되어야 한다. • 듣기가 말을 인지적·정서적으로 이해하고 이에 적절하게 반응하는 것을 의미한다는 점에 서 볼 때, 듣기 능력은 일상생활에서 사고와 사회성 발달을 이끄는 데 필수적인 능력임을 알 수 있다. 특히 문자언어에 익숙하지 않은 유아의 경우에 듣기는 외부(사람, 지식, 상황) 를 인식할 수 있는 중요한 통로라고 할 수 있으므로, 유아교육 현장에서는 유아의 듣기발 달을 지원하는 상호작용과 교수법에 관심을 가질 필요가 있다.
듣기지도의 교육적 시사점	• 훌륭한 듣기지도는 교사가 그것의 중요성을 인식하고 끊임없이 노력할 때 가능하다. 따라 서 교사들은 계속적으로 듣기지도의 목표를 분명히 하고 그것을 세분할 필요가 있으며, 유아들의 정보 처리과정을 이해해야 한다. • 교사들은 능숙한 청자의 듣기 기술과 특징들을 잘 관찰하고, 유아 개인의 듣기 기술들을 진단하여 습득해야 할 적절한 듣기 기술들을 선정 및 서열화함으로써, 필요한 경우 유아들 에게 그것들을 분명하게 시범보일 수 있어야 한다. • 교사들은 듣기 기술의 중요성과 기능, 그리고 유아의 듣기 기술이 능숙할 때의 이점들을 설명할 수 있는 준비가 되어 있어야 할 것이다. 　**종합** 교사들은 모든 언어적 기술들(듣기, 말하기, 읽기, 쓰기)의 발달에 관한 분명한 견해를 갖고 종합적 　　　이고 발달적인 교수를 제공할 수 있어야 한다. 또한 다양한 듣기 환경과 듣기 자극을 제공해야 하며, 　　　듣기 기술의 개인차를 고려한 교육을 실시해야 할 것이다.

UNIT 22 듣기의 과정

Taylor (1973)	들리기 (hearing)	말소리의 음파를 귀로 받아들이는 단계로, 소리가 들려오는 곳을 확인한다. 말소리와 말소리가 아닌 것을 구분할 수 있으며, 말소리에 초점을 맞추어 지속적으로 그 말소리만을 받아들이는 과정을 뜻한다.
	듣기 (listening)	• 말소리를 다른 소리와 구분하여 언어로 지각하고, 이 말소리를 의미 있는 단위로 처리하는 과정을 뜻한다. • 귀로 받아들인 말소리를 분석하고, 조직하며, 이 소리를 기억 속에 저장된 지식이나 경험과 연결짓는 과정을 포함시켜야 한다.
	이해하기 (auding)	• 듣기의 결과(말소리 분석, 조직, 지식 및 경험과 연결)를 바탕으로 종합적으로 언어의 의미를 이해하고 해석하며, 자신의 정서적 반응을 연결시키는 과정을 뜻한다. • 즉, 들리는 말에 대한 인지적·정서적 수준의 종합적 이해를 처리하는 과정이다.

		• 위의 듣기 과정을 바탕으로 듣기에 대한 개념을 정리하면 아래와 같다.
		  − 주변의 소리를 감각으로 받아들이고 인식하기
		  − 들리는 말소리들을 의미 있는 단어로 처리하여 해석하기
		  − 총체적 의미를 인지적·정서적으로 이해 및 해석하고 적절하게 반응하기

Petty & Jensen (1980)	들리기	단순히 음성, 단어, 문장을 듣는 단계로, 의미를 이해하는 수준이 아닌 '소리'에 대한 인식의 1차적인 수준을 말한다.
	이해하기	• 화자가 말한 의미를 청자가 이해하는 단계이다. • 화자가 말한 내용을 이해하기 위해 청자가 알고 있는 언어적 사전 지식들이 활용된다.
	평가하기	• 의미를 수용하거나 거부하기 위해 평가하는 단계이다. • 화자가 청자에게 말한 의도와 맥락을 파악하고 평가한다.
	반응하기	평가한 후 들은 것에 대하여 더 발전된 형태로 사고, 동작, 표정 또는 청각적 측면에서 반응한다.
Brown (1994)	청각적 자극의 수용 단계	말소리의 음파를 귀로 받아들인다.
	주의 집중 단계	청각적 자극에 주의를 기울인다.
	의미 해석 단계	받아들인 청각적 자극을 해석하고 상호작용한다.

	들리기	들려오는 소리에 대한 생물학적인 반응으로 소리의 음파를 귀로 받아들이는 것을 의미한다.
Jalongo (2010)	듣기	• 주변 환경으로부터 집중하여 들어야 할 부분을 인식해내고 선택하는 것을 포함하는 행동이다. • 즉, 여러 소리들 중 말소리를 구분하여 언어로 인지하고 의미 있는 단어로 처리하는 것을 말한다.
	이해하기	듣기 과정을 통해 얻은 정보를 분석·종합·비판하여 맥락적 의미를 도출하는 인지적인 과정이며, 청자의 정의적인 반응까지 포함할 수 있는 과정을 의미한다.
Farris (2001)	듣기는 연속적으로 이어지는 청각적 자극을 종합하여 의미로 변화시키는 높은 수준의 인지적·정의적 처리 과정이다.	
	청각적 자극을 받는 단계 (hearing)	소리의 음파를 귀로 받아들이는 과정이다.
	받아들인 청각적 자극에 주의를 기울이는 단계 (listening)	• 말소리를 다른 음향과 구분하여 언어로 인지하고, 의미 있는 단어로 처리하는 과정이다. − 귀로 받아들인 말소리를 분석·조직하고 기억 속에 저장된 지식이나 경험과 연결짓는 과정이 포함된다.
	받아들인 청각적 자극을 해석하고 상호작용하는 단계 (auding)	• 듣기 과정을 종합적으로 이해하고 해석할 뿐만 아니라 청자 자신의 정의적인 반응까지 곁들이는 과정이다. − 따라서 듣기는 연속적으로 이어지는 청각적 자극을 종합하여 의미로 변화시키는 높은 수준의 인지적·정의적 처리 과정이라 할 수 있다.

UNIT 23 듣기의 요인 - 브라운(Brown)

사전 지식	• 누가 우리에게 들려주는 말을 이해하려면 우리는 반드시 전달되는 메시지에 대한 +사전 지식을 가지고 있어야 한다. – 전달되는 메세지에 대한 사전 지식이 부족하면 들은 내용을 제대로 이해할 수 없다.
듣기 자료 (내용, 메시지)	• 메시지를 이해하려면 메시지를 담은 내용이 있어야 한다. – 메시지를 이해하려면 말소리를 듣고 내용을 이해할 뿐만 아니라, 내용의 구성이나 타당성까지 분석하고 판단할 수 있어야 한다. – 내용이 없다면 분석하고 판단해야 할 내용의 구성이나 타당성이 있을 수 없으며, 메시지도 있을 수 없다.
신경생리학적 활동 (hearing, sensation, perception)	• 듣기의 과정에서 사전 지식과 듣기 내용의 문제는 다음 단계인 신경생리학적 활동으로서의 반응과 조직의 문제로 넘어가야 한다. • 신경생리학적인 활동의 가장 처음 단계는 음파를 전해 듣는 것(hearing)과 들은 소리를 기억하는 것, 두 가지이다. 음파를 전해 듣는 것이란 변별되지 않은 소리 그 자체를 감각적으로 경험하는 것이다. – Brown에 의하면 이 과정은 크게 네 가지 요인에 의해 영향을 받는다. 즉, 청각적 예민성, 소리의 변별, 소리 분석, 들은 소리의 순서 짓기이다. ① 청각적 예민성 : 소리의 크기, 밝기, 어조 등을 구분하는 정도를 말한다. ② 소리의 변별 : 소리의 같고 다름을 아는 것을 말한다. ③ 소리 분석 : 소리를 쪼개고 결합하는 것을 말한다. ④ 소리의 순서 짓기 : 들은 소리를 적절한 순서로 기억해 내는 것을 말한다.
주의와 집중	• 청자는 의미 있는 말소리에 초점을 맞추고 집중하게 되며, 이를 통해 의미 있는 말소리가 어디에서 시작되고 멈추고 변하는지 등을 인식할 수 있게 된다. 예 거실에서 대화를 나눌 때, 여러 가지 배경 소리(잡음)를 들을 수 있지만 우리는 대개 그런 배경 소리들은 무시하고 말소리에만 초점을 맞추고 주의를 기울인다. 이 과정에서 가장 중요한 두 가지 요인은 초점과 선택이다. • 주의와 집중은 듣기 내용을 이해하는 데 필수적 요인이지만 충분조건은 아니다. 이는 아동이 외국말에 주의를 기울이고 듣지만 그 내용을 이해할 수 없는 것과 마찬가지이다.
듣기 활동 시 일어나는 의식적 · 지식적인 정신활동	• 듣기 활동을 할 때 일어나는 의식적이고 지적인 정신활동은 여러 가지이다. – 우선, 청자는 주의를 기울여서 소리를 들은 후, 들은 소리의 단서들을 이용하여 소리의 이미지를 형성해야 한다. 형성된 소리의 이미지는 다시 청자의 머릿속에서 내적 말(inner speech)로 바뀌어지는데 이것은 청자가 들은 낱말들이 만들어 내는 일종의 내적 그림들이다. – 다음으로는 청자가 가지고 있는 배경지식이나 언어적 능력, 경험들을 바탕으로 계속적으로 들려오는 말의 의미를 예측하고, 그 예측한 것과 들려오는 정보들을 비교한다. 즉, 청자는 화자가 보내는 신호들과 여러 가지 있을 수 있는 의미들을 맞추어 보고 검증한다. 그 결과, 청자는 자신이 설정한 여러 가지 가설들과 들려오는 정보들이 일치하면 전달되는 정보의 의미를 이해하고 그것의 쓰임을 알게 된다.

+사전 지식
청자가 가지고 있는 사실, 개념, 규칙, 원칙, 태도, 가치, 신념, 그리고 문법, 의미, 어휘 등에 관한 언어적 기초 지식을 말한다.

SESSION
03

− 청자가 일단 이렇게 전달되는 정보의 의미를 이해하면 그다음에는 매우 생산적인 생각과 반응을 하게 된다. 정보들을 시간, 공간, 정도, 위치 등에 따라 부분 부분으로 잘라 분류하기도 하고, 정보의 순서를 결정하기도 하며, 비교, 정의, 예측, 적용, 인과관계의 확인, 비판적 평가를 하게 된다. 이런 정신적 활동이 일어나면 마침내 청자는 이미 들은 내용 이상의 것을 생각할 수 있게 된다. 즉, 명시적으로 표현된 말 이상의 내용을 이해하거나 화자가 말하는 것에 적절히 반응할 수 있게 된다. 이렇게 될 때 우리는 듣기가 일어났다고 말할 수 있다.

듣기에 영향을 미치는 요인

❶ 소리 수용 능력
유아가 소리를 수용하는 청각적 예민도나 주의집중력에 따라 유아의 듣기 능력에 차이가 나타날 수 있다.

❷ 환경적 요소
유아를 둘러싼 물리적 환경 요소에 얼마나 소음이 많은지, 분위기가 들뜨고 산만한지의 여부가 유아의 듣기 태도에 영향을 준다.

❸ 유아의 주의를 분산시키는 상황적 요소
이야기를 나눌 때 유아의 주의를 분산시키는 상황적 요소가 발생하면, 유아는 듣기에 집중할 수 없다.
예 손에 장난감을 가지고 있다든지, 옆에 친구가 있거나 빨리 놀이에 참여하고 싶어 하거나, 생일과 같이 감정적으로 흥분되는 일이 있을 경우 유아는 주의가 분산되어 상대방의 말을 집중해 듣지를 않는다.

❹ 주제에 대한 유아의 흥미
이야기의 주제가 흥미를 끄는 내용인지 여부는 유아의 듣기 태도에 영향을 미치는 매우 중요한 요인이다.

❺ 교사의 언어형태
교사의 발음이나 말의 속도, 억양과 강약 등이 유아의 듣기 집중력에 영향을 미친다. 그러므로 교사 스스로도 자신의 언어형태를 점검해 볼 필요가 있다.

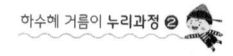

MEMO

UNIT 24 듣기활동의 유형 – 스캇(Scott, 1968), 마차도(Machado, 2003)

유아의 올바른 듣기 태도와 집중력을 키우고, 정보 확인·내용 이해·비판·감상의 듣기 기능을 골고루 향상시키기 위해서는 감상적 듣기 활동, 목적적 듣기 활동, 변별적 듣기 활동, 창의적 듣기 활동, 비판적 듣기 활동을 포함해 지도하여야 한다.

감상적 듣기 활동	**음악, 시, 이야기 듣기**
	• 즐거움을 목적으로 하는 듣기 유형으로, 다양한 노래, 연주, 자연소리 등 유아가 좋아하는 음악을 감상할 수 있다. 음악 감상에는 음악뿐만 아니라 자연의 소리도 포함하여 감상할 수 있으며, 감상적 듣기는 구연이나 영화, 연극 등을 볼 때도 이루어진다.
	• 수동적인 입장에서 있는 그대로를 받아들이는 듣기로, 이러한 활동들은 듣기활동의 시작이 된다.
	• **장점**
	  – 음악은 또 하나의 표현수단이라는 점에서 언어와 공통점이 있으므로, 음악듣기는 듣기지도를 위해 유용하다.
	  – 음악의 리듬과 소리를 감상함으로써 목소리의 음조, 억양, 부드럽기, 빠르기에 대한 감각을 키울 수 있다.
	  – 또한 노래에는 언어가 포함되어 있으므로 문장을 기억하고 암기하는 기술에도 영향을 준다.
	  – 노래를 통해 유아는 어휘, 스토리 라인, 동요 및 동시, 반복, 리듬 비트 등과 같은 언어 기능을 익힐 수 있다.
	• **감상적 듣기 활동 과정**
	  – 음악을 준비한다.
	  – 음악, 리듬 및 소리에 대해 이야기한다(행복하고 슬프거나 재미있는 감정).
	  – 좋아하는 소리에 대해 이야기한다.
	  – 음악에서 느껴지는 감정에 대해 이야기한다.
	  – 음악 리듬에 맞춰 박수를 칠 수 있다.

목적적 듣기 (의도적 듣기) 활동	**언어적 지시 따르기**
	• 유아가 지시에 따르고 반응을 얻도록 하는 과정에서 의도를 가지는 듣기 유형이다.
	  – 유아에게 교사의 지시에 따라 작업을 수행하도록 한다.
	• **장점** 집중하여 듣고 내용을 기억함으로써 지시에 따라 적절하게 대응할 수 있는 능력을 향상시킨다(문제 해결, 활동 수행, 적절한 대처를 돕는다).
	• **듣기 기술 향상을 위한 3단계**
	① 유아에게 무엇을 말하려고 하는지 말한다.
	  📩 "선생님이 너에게 부탁을 하나 할거야. 봉투를 가지고 누구에게 가져다 줄지를 말해줄거야."
	② 유아에게 직접 말한다.
	  📩 "봉투를 원장선생님에게 가져다 주고 교실로 돌아와."
	③ 유아에게 교사가 했던 말을 다시 말한다.
	  📩 "봉투를 원장선생님에게 가져다 드리고 왔구나. 고맙다."

**변별적 듣기
(식별적 듣기)
활동**
	여러 가지 소리 변별하기(발음, 내용상의 차이점 인식)
	
	• 유아가 말소리의 크기와 억양의 차이를 인식하는 듣기 유형으로, 유아가 여러 가지 다양한 소리를 변별할 수 있는 능력은 읽기 능력과 관련이 있다.
	
	• **장점**
	  - 유아가 주위 환경 속에서 소리를 구분할 수 있도록 지도함으로써 유아는 말소리를 구별하게 된다.
	  - 같은 소리, 다른 소리를 구별하고 소리 패턴을 식별하는 활동은 초기 읽기의 음소 법칙 습득과 단어 해독에 도움을 준다.
	
	• **변별적 듣기 활동 과정**
	  - 종이상자, 플라스틱 통, 유리병 등 다양한 재질의 상자에 곡식, 모래, 구슬 등 다양한 재료를 넣어 소리 상자를 만들어 들어본다.
	  - 바람 소리, 빗소리, 동물 소리 등 자연의 소리를 녹음하여 들어본다.
	  - 친구, 가족 등 주변 사람의 목소리를 녹음하여 들어본다. 이때 다양한 감정의 목소리로 녹음하여도 좋다.
	  - 같은 소리를 크게, 작게, 느리게, 빠르게 들어본다. 박수나 실로폰으로 다양한 소리 패턴을 만들어 구별해 본다.
	  - '발, 말, 알, 달'과 같이 발음이 비슷한 단어들을 구별한다.
	  - 소방차, 앰뷸런스, 전화, 자동차 소리 등 생활 주변에서 나는 소리를 들어보고, 소리가 어떻게 들리는지 말로 흉내내 본다.

**창의적 듣기
(창조적 듣기)
활동**
	동시 듣기
	
	• 듣기 경험 후에 들은 내용에 근거하여 영유아의 상상이나 감정을 표현하는 듣기 유형으로, 영유아의 생각이나 느낌을 단어와 행동을 통해 자유롭게 표현하도록 한다.
	• **장점** 유아의 창의적인 표현 능력을 향상시켜 준다.
	• **창의적 듣기 활동 과정**
	  ① 유아의 발달 정도와 흥미, 경험 등을 고려하여 동시를 선택한다. 동시의 내용이 생생하고 구체적이며, 반복어구 및 의성어·의태어의 사용으로 리듬감과 음악성이 있는 동시를 선택한다.
	  ② 동시의 내용을 좀 더 잘 이해할 수 있도록 그림 자료나 손인형, 음악, 효과음 등의 다양한 시청각 자료를 활용한다.
	  ③ 여러 번 반복하여 동시를 들려준다.
	  ④ 동시를 듣고 난 후, 유아의 감정, 느낌, 떠오르는 생각 등을 발표한다.
	  ⑤ 다양한 상상과 이미지를 그림이나 음악, 극화 활동으로 전개해 본다.

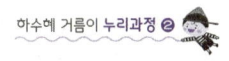

비판적 듣기
활동
	동화 듣고 비교하기
	• 비판적 듣기는 유아가 동화책의 내용을 듣고 이해한 후 평가하는 활동들로, 유아가 성인이나 또래가 들려준 내용을 이해하고 평가한 뒤 의견을 형성하는 과정에 해당하는 듣기 유형이다.
	  – 이는 사고와 성찰이 필요하므로 유아에게 상당히 어렵게 느껴질 수도 있지만, 듣기의 비판기능을 발달시키기 위해 필요하다.
	  – 유아는 이야기를 들으며 새로운 것, 이미 알고 느꼈던 것 등을 비교하며 차이점에 대해 논의할 수 있다.
	• 비판적 듣기 격려를 위한 교사의 발문
	  예 "우리가 … 한다면 어떻게 될까?", "만약 … 하면 어떻게 될까?"
	  ▶ 교사가 제기한 질문에 대해 영유아가 다른 또래들의 대답을 통해 생각해 보고, 가장 논리적인 해결책을 찾아서 자신의 의견을 표현하게 한다.
	• **장점** 유아마다 의견이 서로 다르다는 것을 알고 생각을 나눌 수 있다.
	• **비판적 듣기 활동 과정**
	① 이야기에서 발생한 문제가 무엇이고 어떻게 해결되었는지 이야기해 본다.
	② 이야기의 결말을 다시 생각하여 가능한 결과를 추측해 본다.
	③ 이야기 속에서 일어나는 일을 몇 가지 기준을 가지고 실제로 일어날 수 있는 일과 없는 일로 나누어 본다.
	④ 좋은 것 또는 싫은 것 등 유아의 개인적 취향에 대한 의견을 나눈다.
	⑤ 이야기를 듣고 느낌이 어떠했는지 유아마다의 감정을 이야기한다.

UNIT 25 듣기의 지도유형 – 우드(Wood, 1994)

반동적
듣기지도
	• 교사가 들려준 그대로 따라 말하게 하는 방법이다.
	  – 이 방법은 의미 구성적 처리 과정이 별로 필요없다.
	  – 청자의 역할은 단순히 그대로 따라하면 된다.
	  – 이는 말소리, 단어 그리고 세부 내용을 기억하는 능력을 길러줄 수 있다.

집중적 혹은
내포적
듣기지도
	• 발화의 여러 가지 요소(예 음소, 단어, 억양 등)들에 초점이 맞추어진다.
	  – 이 지도는 상향식 처리 과정을 중요하게 여기는 방법이다.
	  – 유아는 개인적 연습이나 합창에서 단서들을 듣고, 교사는 단어나 문장을 반복해 들려주어 유아들의 마음속에 새겨두게 하며, 문장이나 혹은 조금 더 긴 담화를 들려주고 특별한 요소들, 억양, 강세, 대비, 문법적 구조 등을 찾아내게 하는 방법이다.

반응적 듣기지도	• 교사가 하는 말을 듣고 유아가 즉각적이고 적절하게 대답하도록 하는 방법이다. 예 간단하게 질문하기("안녕하세요?", "어젯밤에는 무엇을 했나요?"), 간단하게 요구하기("연필과 종이를 꺼내세요."), 명료화하기("네가 한 말이 무슨 뜻이야?"), 이해 점검하기("그래서 불이 꺼졌을 때 엘리베이터에는 몇 사람이나 있었니?") 등의 방법을 사용할 수 있다.

선택적 듣기지도	• 한두 문장이 아니라 그 이상으로 말이 길어지면 유아들은 화자가 말하는 모든 정보들을 다 처리하지 않고, 특정 정보를 선택적으로 처리한다. – 이런 수행은 매우 포괄적이고 일반적인 의미를 찾기 위한 것이 아니라 중요한 의미를 찾아내기 위한 것이다. 따라서 선택적 듣기는 주의 집중적 듣기와 다르다. ⓔ 교사는 사람들의 이름, 날짜, 특정 사건이나 사실, 위치, 상황, 맥락, 주요 아이디어, 결론과 같은 것들을 물어봄으로써 지도할 수 있다.
상호작용적 듣기지도	• 유아들이 토의, 토론, 대화, 역할놀이, 그 밖의 집단놀이와 같은 상황을 통해 능동적으로 듣고 말하게 함으로써 지도할 수 있는 방법이다. – 말하기 기술과 통합하여 지도한다.

UNIT 26 듣기의 지도원리

준비된 듣기환경 조성	유아가 들을 준비가 되도록 심리적·물리적 환경을 조성한다. • 영유아의 듣기 능력은 우연히 습득되는 것이 아니므로 듣기 활동을 효과적으로 하기 위해서는 준비된 환경의 조성이 필요하다. – 소음이 없는 조용한 장소에서 영유아가 편안한 마음으로 들을 수 있는 안정되고 온화한 분위기를 조성해야 한다. – 또한 영유아의 듣기 기술을 발달시키기 위해서 영유아의 흥미나 욕구, 그리고 발달 수준 등을 고려한 녹음기, 카세트, 오디오, 각종 도서류, 손가락 인형 등의 자료를 제공한다. • 유아가 집중하여 듣기 활동에 참여하는 조건(Machado, 2003) – 배고픔, 졸음, 아픔, 걱정 없이 몸과 마음이 쾌적하고 편안한 상태일 때 – 교사의 말이 너무 빠르지 않고 알아듣기 쉬우며 분명하면서도 유아의 수준에 맞을 때 – 활동이 자신의 경험과 연관이 있을 때 – 주위 분위기가 안정적이며 산만하지 않고 명확하게 들을 수 있을 때 – 호기심을 유발하는 새롭거나 신기한 것일 때 – 주의를 끄는 것일 때 – 알고 싶은 것일 때 – 사람들과 함께 하는 것이 좋을 때 – 일이 어떻게 되어가는지 쉽게 볼 수 있을 때
모델링	교사 자신이 좋은 모델이 된다. • 교사 자신이 좋은 청자의 모습을 보여주는 것이 효과적이다. • 유아는 자신의 이야기를 듣는 교사의 모습을 보고 듣기의 태도를 형성하며, 교사가 보여주는 높은 수준의 듣기습관과 능력을 통해 유아 역시 그것을 습득하게 된다.

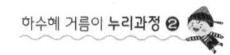

듣기 경험 제공	영유아의 이해 수준과 흥미에 적합한 다양한 듣기 경험을 제공한다. • 듣기는 영유아의 사고능력과 밀접한 관계가 있으므로 교사는 영유아의 발달 수준과 흥미에 적합한 듣기 활동을 선정한다. • 다양한 소리를 경험하게 해 주는 것은 단순히 여러 가지 소리를 들려주는 것이 아니라 "어! 이게 무슨 소리지?" 등의 말을 하며 주의를 환기시키는 '공동 주목하기'를 통해 이끄는 것이 필요하다. • 듣기 행위는 친구와의 대화에서부터 텔레비전 듣기, 교사와 이야기 나누기에서의 듣기에 이르기까지 다양하다. 유아들은 이와 같은 다양한 형태의 듣기 경험을 통해 자신의 듣기 기능을 듣는 목적(감상, 정보, 비판 등)에 맞추는 훈련을 해야 한다. - 듣는 이야기의 내용은 시, 소설, 이야기, 보고, 서술, 묘사, 설명, 설득, 광고 등 다양할수록 좋다. • 소리의 다양성이라는 측면에서 사람의 말소리, 자연의 소리, 인공물이 내는 소리 등 다양한 대상의 소리를 경험하는 것은 소리에 대한 예민한 감각을 길러주고, 소리의 변화가 주는 즐거움을 느낄 수 있게 한다.
일과 속 상황별 지도	유아교육기관에서의 모든 상황을 활용한다. • 듣기 수업이 하나의 단위활동 형태로 정해져 있는 시간 안에 이루어지는 것이 아니라, 유아와 교사가 만나는 순간부터 헤어지는 순간까지의 모든 상황 안에서 이루어져야 한다. • 듣기를 위한 수업을 계획하고 잘 듣게 하기 위한 상황을 인위적으로 만드는 것이 아니라, 일상적이고 자연스러운 하루의 일과 속에서 항상 듣기가 지도될 수 있어야 한다.

소리에 대한 감각 높이기	유아들에게 주위에서 들을 수 있는 여러 가지 소리에 대한 감각을 높여준다.
	• 유아들에게 어느 한 장소(⑩ 놀이터)에 조용히 앉아 주위에서 들려오는 온갖 소리를 들어 보고, 각각의 소리가 주는 의미와 여기에서 느낄 수 있는 감정에 관심을 기울여보도록 한다.
	  - 같은 소리라도 어떤 유아는 이를 단순한 하나의 음향으로 들을 수 있지만, 다른 유아는 이 소리에 스스로 의미를 부여하여 재미있는 이야기를 만들어 낼 수도 있다.
	  - 소리에 대한 예민하거나 감상적인 감각은 듣기의 중요성을 새롭게 인식시켜줄 뿐만 아니라 예술감상(문학작품도 포함)을 위한 첫걸음이 되기도 한다.

듣기 기능의 발전	여러 가지 목적과 상황에 적합한 듣기 기능을 개발한다. • 듣기지도는 단순히 '주의 기울이기'의 정도를 넘어서 목적과 상황에 따라 적절하게 활용할 수 있는 기능의 발전으로 이어져야 한다. - 이를 위해서 교사는 듣기지도의 목적에 부합되며, 길러 주고자 하는 듣기 기능에 적절한 지도 방법에 대해 잘 알고 있어야 한다.

듣기 지도의 기본 원리(Machado, 2010)

❶ 영유아가 듣기의 중요성을 알게 한다.

• 효율적인 듣기 태도의 형성은 유치원은 물론 이후의 학교생활과 가족관계, 성인이 된 후의 사회생활에 이르기까지 영향을 준다는 것을 영유아가 인식하도록 한다.

• 그리고 듣기란 내용의 이해뿐만 아니라 효율적 의사소통의 한 방편이며, 더 나아가 생활을 풍성하고 부드럽게 만들어 주는 영양소가 될 수 있음도 배워야 한다.

• 듣기를 잘 하지 않으면 어떤 일이 일어날 수 있는지 영유아와 이야기 나눈다.

❷ 영유아의 개인차를 중시한다.

• 영유아가 듣고 이해하는 과정에서 듣기 능력의 개인차가 있음을 고려한다.

　㉠ 교사는 언어를 이해하는 속도와 지적 구조가 영유아마다 다르다는 것을 고려하여 개별 영유아의 특성에 맞게 말을 해 주고 상호작용해야 한다.

　㉡ 영유아의 언어 수준에 따라 이해하기 쉬운 어휘와 속도로 자연스럽고 명확하게 말하고, 간단한 문구나 단순하지만 완전한 문장으로 말해 줌으로써 영유아가 집중해서 들을 수 있도록 한다.

❸ 듣기 기회를 많이 준다.

교사는 여러 가지 다양한 소리를 들려주고 영유아가 효과적으로 들을 수 있도록 소리에 대한 감각을 높여 준다.

❹ 듣기에 대한 흥미를 유발할 수 있도록 다양한 자료를 사용한다.

• 교사는 설명하고 있는 주제와 관련된 그림이나 사진, 실제 물건 등을 함께 보여 주면서 영유아의 흥미와 듣기에 대한 집중력을 높여준다.

• 그밖에 녹음기와 카세트, 각종 인형 등을 사용하여 영유아의 흥미를 유발할 수 있다.

❺ 교사−영유아의 의사소통 상태를 확인한다.

교사는 종종 영유아가 교사의 말을 잘 이해하고 있는지, 잘 듣고 있는지를 확인할 필요가 있다.

　㉐ "선생님이 방금 말한 것을 다시 말해 줘."라고 묻고, 영유아가 잘못 이해하고 있을 때는 다시 설명하여 오류를 수정해 준다.

❻ 영유아의 발달에 적합한 다양한 듣기 활동과 경험을 제공한다.

교사는 그림책, 동시, 설명, 묘사, 참조, 소집단 토의, 음악, 극놀이 등 다양한 형태의 이야기를 들려주고, 영유아가 정보, 이해, 비판, 감상의 듣기 기능을 모두 활용할 수 있도록 한다.

❼ 교사 자신이 모델링이 되어야 한다.

• 교사의 듣기 행위는 곧 유아들의 듣기 학습에 하나의 모델이 된다. 유아들은 교사의 듣기 기능이나 태도를 듣기의 중요성을 가늠하는 하나의 척도로 받아들인다. 교사가 훌륭한 듣기 습관, 높은 수준의 듣기 능력, 듣기를 중요하게 인식하는 태도를 보이게 되면 유아들은 자연히 교사를 모델로 하여 같은 태도와 습관을 기르게 되며, 듣기 기능 학습을 매우 중요한 학습 내용으로 받아들이게 된다.

• 따라서 교사 스스로 영유아의 말을 경청하는 태도를 모범적으로 보여주어야 한다. 성인이 영유아의 말을 경청하지 않고 흘려듣거나 무시하는 태도를 경험한 영유아는 듣기의 바른 태도를 습득하기 어렵다. 그러므로 교사는 영유아의 말에 귀 기울이고 적절하게 눈맞춤하며 반응하는 모습을 보여주어야 한다.

❽ 영유아가 잘 들을 수 있는 물리적·심리적 환경을 조성한다.

• 교사는 영유아가 교실에서 생활할 때 듣기에 방해가 되지 않도록 교실의 소음을 줄이도록 한다.

　㉠ 소음이 많은 곳에는 카펫을 깐다.

　㉡ 영역을 배치할 때 소음이 적은 곳과 소음이 많은 곳을 분리하여 배치하고, 의자 다리에 고무받침을 사용하여 소음을 줄인다.

UNIT 27 듣기의 지도방법

참고

듣기의 개념과 능숙한 청자의 듣기 기술들을 중심으로 추출된 「듣기지도의 목표 및 교육내용」

📖 듣기지도의 목표

듣기지도의 총괄적 목표	듣기지도 목표의 세 가지 범주	범주별 듣기지도의 세부 목표
다른 사람의 말을 잘 듣고 이해하기	지식	① 어휘 지식 ② 언어의 구조·유형 및 메시지의 유형에 대한 지식 ③ 문법 지식 ④ 사전 지식
	기능	① 들어오는 정보와 사전 지식 연결하기 ② 소리, 내용, 아이디어를 기억하기 ③ 주요 주장과 생각 알기 ④ 인과관계 알기 ⑤ 추리하기 ⑥ 예측하기 ⑦ 정보의 타당성 판단하기
	동기 및 태도	① 즐거움을 위하여 들은 내용을 기꺼이 상상하고 확장하기 ② 좋은 듣기 습관 가지기

📖 듣기지도의 목표별 교육내용

듣기지도 목표의 범주	듣기지도의 세부 목표	듣기지도의 세부 목표를 위한 교육내용
지식	어휘 지식	① 새로운 단어 알기 ② 여러 가지 맥락에서 단어의 의미가 다르게 사용되는 것 알기 ③ 단어의 더 정확한 의미 알기
	문법 지식	기본 문형 익히기
	사전 지식	① 다양한 경험하기 ② 다양한 종류의 듣기 경험하기
기능	들어오는 정보와 사전 지식 연결하기	① 들어오는 정보와 관련 있는 개인적 경험 생각해 내기 ② 들어오는 정보와 자신이 알고 있는 내용을 비교하기
	소리, 내용, 아이디어를 기억하기	① 들은 소리 기억하기 ② 지시 따르기 ③ 이야기 듣고 다시 말하기 ④ 이야기 듣고 세부 내용 기억하기 ⑤ 소리, 단어, 이미지, 반복, 운율, 리듬 구조를 감상하고 구어적으로 해석하기
	주요 주장과 생각 알기	① 이야기를 듣고 사건을 시간·공간적으로 배열하기 ② 이야기를 듣고 중심 생각 찾아내기 ③ 주의 깊게 듣고 주요 정보 관계 짓기
	인과관계 알기	① 인과관계를 추리하기 ② 비판적 사고 기능과 문제 해결 능력을 파악하고 사용하기

	추리하기	① 맥락을 이용한 단어의 의미 추리하기 ② 사건의 함축적 의미 찾아내기 ③ 비언어적 단서 해석하기
	예측하기	① 이야기 듣고 다음 내용 예견하기 ② 이야기를 다 듣기 전 결과 예측하기
	정보의 타당성 판단하기	① 현실과 환상을 판단하기 ② 가치, 바람, 수용 가능성 판단하기 ③ 타당한 것과 타당하지 못한 것 가려내기 ④ 의견, 개인적 취향, 가치 등을 평가하기 ⑤ 사실과 추론을 구분하기
동기 및 태도	즐거움을 위하여 들은 내용을 기꺼이 상상하고 확장하기	개인적 경험, 이야기, 연극 등을 잘 듣고 즐기기
	좋은 듣기 습관 가지기	① 주의 깊게 듣기 ② 다른 사람의 말을 끝까지 듣기 ③ 다른 사람의 말에 반응 보이기

결과보다 과정을 강조	듣기는 학습의 결과보다는 과정이 강조되어야 한다. • 듣기는 의미를 구성해 가는 일련의 과정이므로 교사는 유아들이 듣는 과정에 역동적으로 개입하여 각 과정에서 유아가 필요로 하는 방법을 구체적으로 가르쳐 줄 수 있는 기회를 좀 더 많이 가져야 한다. 즉, 의미 있는 상황에서 실제 수행이 강조되어야 한다. ⑩ 유치원 교실에서 흔히 볼 수 있는 '물건 보여주며 말하기' 시간에 유아가 거북이에 관해서 말을 하고 있다면 교사는 유아가 중심 생각, 사건의 순서, 세부 사항 등에 관한 토의를 할 수 있도록 유도할 필요가 있다. ➤ 이런 것들을 말하게 하려면 교사는 유아에게 자주 질문을 하게 되고, 유아는 자신이 말을 할 때 교사가 계속 물어오면 듣기가 매우 중요하다는 사실을 인식하게 된다.
전략의 훈련	듣기지도의 내용으로서 전략이 강조되어야 한다. • 듣기지도는 주로 유아가 듣는 것에 대해 주의를 기울이고, 의미를 조직하여 파지하며, 비교하고 추리하는 것들을 훈련시켜야 한다. 이러한 것들을 훈련시키기 위해 사용할 수 있는 가장 좋은 방법은 '듣고 읽는 것'과 '듣고 생각하는 것'이다. ⑩ '듣고 읽는 방법'은 녹음된 테이프를 들려주고 책을 읽힌다든지, 교사가 직접 책을 읽어주는 것이다. 이는 여러 가지 지시사항에 따라 글을 읽게 하는 방법으로, 그 지시사항은 미리 테이프에 녹음해두어 들려주거나 교사가 직접 들려주는 방식으로 진행될 수 있다. ⑩ '듣고 생각하는 것'은 분석적·해석적·감상적·비판적 듣기 기술 지도를 위해 사용될 수 있다. 이는 아주 짧게 요약하기, 빨리 듣기 등 여러 가지 사고 기술을 훈련시킬 수 있는 방법이다.

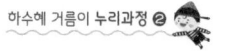
청각적 지각 훈련	듣기지도는 소리의 상징을 사용하기 때문에 특별히 청각적 지각 훈련이 필요하다. • 음악, 말소리의 변별, 짧은 용어와 긴 용어들을 기억하기, 시간적 서열, 배경 소리 알아 맞히기, 소리의 종합·분석, 억양 유형, 주어와 동사의 일치, 수동태와 능동태, 구문들에 관한 과제들이 이와 관련하여 가르쳐져야 할 것들이다. ⑩ 소리의 기억(지시 따르기), 소리의 심상화(기술된 그림의 시각화와 선택), 청각적 배경 등을 알아맞 히게 하는 듣기 게임 ▶ 이런 방법들은 다양한 소리에 주의를 기울이게 할 수도 있고, 새로운 경험들에 관해 생산적으로 생각해 보게 할 수도 있으며, 추리와 결과에 대한 가설을 설정하게 할 수도 있을 것이다. • '지시 따르기'를 힘들어하는 유아의 경우, 청각적 기술과 듣기 태도 중 무엇이 문제인지 알아보고, 만약 주의를 기울이지 않아 지시를 따르지 못한다면 주의를 기울이게 하는 훈 련을 할 필요가 있다.
어휘 지식의 확장	유아의 어휘 지식은 듣기나 읽기에서 공통적으로 중요하다. • 단어는 의미를 전달하고 수용하는 언어의 가장 기본 단위이고, 언어화된 개념이며, 언어적 사고의 최소 단위이다. 따라서 유아의 어휘를 확장시키지 않고는 결코 올바른 듣기지도를 할 수 없다. • 새로운 단어들이나 일상에서 필수적인 단어가 나오면 그 단어의 정확한 의미 알기를 요 구하고, 전후 맥락을 이용하여 단어의 의미를 생각해 볼 수 있는 습관을 가지도록 지도할 필요가 있다. ▶ 이를 위해 교사는 모르는 단어를 접했을 때 그 단어의 의미를 어떻게 아는지(전후 맥 락을 이용하여 그 단어의 의미를 알아내는 것) 평소 교사가 시범을 보여주는 것이 좋 으며, 교사 자신이 관심을 가지고 많은 어휘들을 알 수 있도록 권장할 필요가 있다. • 교사는 유아에게 구어적 지시를 할 때 의미 없는 말을 남발하기보다는 꼭 필요한 말을 간결 하게 하는 습관을 가지는 것이 중요하며, 애매모호한 지시나 질문은 피하는 것이 좋다.
좋은 듣기 습관	유아들이 좋은 듣기 습관을 지닐 수 있도록 지도해야 한다. • 듣기의 좋은 습관은 교실의 정서적·사회적 분위기와도 관련이 있다. ⑩ 교실 분위기가 위협적이라면 유아들은 듣기에 충분히 주의를 기울이기 어렵고 몰입할 수도 없다. 유아가 배가 고프거나 집에서 기분이 나빠진 상태로 유치원에 오면 유아는 교사의 말에 충분히 귀를 기울일 수 없다. • 다른 사람의 말을 들을 때 주의를 기울여 들어야 할 뿐만 아니라 끝까지 들어야 하며, 반응을 보여야 할 때는 반응을 보이면서 들어야 하고, 여러 사람이 의견을 나눌 때는 모든 사람들의 의견을 수렴하고 의견의 일치를 끌어낼 수 있도록 지도해야 한다. ① 교사는 유아 개인의 문제에도 관심을 가질 필요가 있다. ② 교실 분위기를 따뜻하고 허용적인 분위기가 될 수 있도록 만들 필요가 있다. ③ 교실의 분위기는 대체로 한 번에 한 사람씩만 말하게 하는 것이 중요하다. ④ 말을 듣는 사람은 말하는 사람 외에 다른 사람이나 창문 등 다른 것을 바라보지 않고 반드시 말하는 사람을 쳐다보게 하는 것도 중요하다. ⑤ 듣기에 불필요한 잡음들로 듣기가 방해받지 않도록 유의해야 한다. 그러나 유아가 그 러한 잡음에도 불구하고 자신이 듣고자 하는 말에 주의를 기울이도록 하여 듣기의 좋은 습관을 지니도록 지도해야 한다.

다양하고 적절한 수준의 듣기 자료들을 선정하고 개발하는 일에 신경을 써야 한다.

- 유아용 자료로서는 그림 이야기책이 가장 훌륭한 듣기 자료 중 하나이다. 그림 이야기책을 읽어주면 유아들은 책을 즐기는 기본적인 목적을 벗어나지 않으면서 능숙한 청자의 듣기 기술들을 향상시킬 수 있다.
  - 자동적으로 소리를 변별하기도 하고, 듣기 이해력을 향상시키기도 한다. 또한 추리와 결과에 대한 가설 설정을 하게 할 수도 있다.

📖 **듣기지도를 위한 교수 자료 선정 시 고려할 점(Wood, 1994)**

의미	이 자료는 아동의 의미 있는 행동을 다루는가?
합리적 근거	이 자료는 이론적·발달적·경험적인 근거를 위한 기초를 제공하고 있는가? 학습자, 학습 내용 등의 정의는 무엇인가? 어떤 가정하에 만들어졌는가? 어떤 목적을 위하여 만들어졌는가?
사용자를 위한 정보의 적절성	이 자료가 어떤 측면에서 내가 가르치고자 하는 아동들에게 도움이 될 것인가? 이 자료를 사용하기 위해 다른 어떤 보조 자료들이 더 필요한가?
효과 검증	이 자료를 사용하고 난 다음 효과를 검증할 수 있는 어떤 방안이 자료 자체 내에 포함되어 있는가?
자료 사용의 융통성과 실용성	이 자료는 사용자가 수정하여 사용할 수 있는가? 만약 내가 가르치는 아동에게 적절하지 않다면 교사가 적절하게 수정하여 사용 가능한가?
내용	이 자료의 내용은 다양하고, 도전적이며, 적절한가? 자기표현, 문학, 설득, 설명 등을 위한 언어사용을 할 수 있게 되어 있는가?
청각적 (음향적) 기준	이 자료는 소리가 분명하고 음색·음조 등의 변화가 적절한가?
경제성	이 자료는 직접 만들어 사용할 수 있는가? 최소의 경비로 구입할 수 있는가?

듣기 자료의 선정

다양한 듣기 경험

다양한 종류의 듣기 경험을 가능한 한 많이 시켜야 한다.

의미 있는 듣기를 위한 기회를 가능한 한 많이 제공해야 한다는 뜻이다.

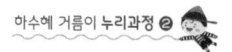

듣기지도 방법

일상적 소리에 주의 기울이기	• 유아의 주변에서 들려오는 다양한 소리들에 대해 주의를 기울이도록 제안하고, 이 소리가 무엇인지 맞혀보고 그 느낌들을 이야기 나눈다. • 듣기지도는 일상 속에서 자연스럽게 일어나고 꾸준히 지도되어야 한다.
그림책 활용하기	• 유아들은 이야기를 듣는 것을 매우 좋아하며 듣기 자료로서 그림책은 훌륭한 매체가 되므로 적합한 그림책을 선정하여 내용을 파악한 후 리듬과 억양을 살려 읽어준다. • 그림책을 읽어주는 교사의 풍부한 표정과 목소리를 보고 들으며 유아들은 좋은 청자가 될 수 있다.
동요, 동시 감상하기	• 운율감 있는 동요와 동시는 듣는 것만으로도 청각적 즐거움을 느낄 수 있고, 따라 하고 싶은 욕구가 생긴다. • 재미있고 언어의 울림이 있는 의성어나 의태어, 리듬감이 있는 언어의 조합은 유아들에게 청각적 주의를 기울이게 한다. • 소리를 귀 기울여 듣고 그 말이 주는 느낌을 자연스럽게 떠올리게 되며, 맥락을 이해하기 위해 노력하는 과정을 통해 청각적 주의−심상−이해의 과정이 이루어짐으로써 듣기 능력이 증진된다.
지시 따르기	• 듣기란 단순히 소리를 듣는 것이 아니라 화자의 의도를 이해하는 것이므로, 들은 내용을 정확히 이해하고 지시를 따를 수 있어야 한다. • 교사는 유아들이 지시를 이해할 수 있도록, 알아들을 수 있는 수준의 어휘와 문장을 사용하여 간결히 말하도록 한다. • 교사의 지시문을 잘 듣고 행동을 하는 게임이나 활동을 하면서, 집중하여 듣는 것에 즐거움을 가질 수 있도록 한다.
음악 감상하기	• 유아는 좋은 음악에 자연스럽게 귀를 기울이므로 음악 감상 시간을 통해 소리가 주는 아름다움을 느끼고, 제목이 무엇인지, 어떤 장면이 떠오르는지 이야기 나눌 수 있으며, 손, 몸, 리본 등과 같은 도구를 사용하여 표현해 볼 수도 있다. • 음악 감상은 별도의 활동 시간이 아니라도 아침 등원시간이나 점심식사 시간과 같은 특정 시간에 적절한 음악을 틀어놓으면, 유아들이 자연스럽게 음악에 귀를 기울이고 음악이 주는 느낌에 따라 행동을 조절할 수 있다.
토론 및 토의하기	교실에서 어떠한 문제가 발생했을 때 이 문제를 유아들과 함께 토의하는 것은 유아의 듣기 능력을 높여준다.

듣기를 촉진하는 교사의 상호작용 예시

- 이게 무슨 소리일까?
- 이 소리를 들으니까 어떤 느낌이 드니?
- 들을 준비가 되었니?
- 친구가 이야기할 때 우리는 모두 듣는 사람이 되는 거야.
- 친구의 이야기를 정말 멋지게 잘 들어주었구나.
- 선생님이 지금 한 말을 다시 한번 이야기해 줄래?
- ○○라는 말이 몇 번 나오는지 잘 듣고 대답해 보자.
- 네가 하는 말을 들으니까 너의 마음을 잘 알 수 있구나.

참고

2015 누리과정 「듣기」 – 낱말과 문장을 듣고 이해하기

의미		• 유아가 의사소통하기 위하여 가장 기초적인 능력과 태도를 기르기 위한 내용이다. 　– 유아가 낱말의 발음 듣기에 관심을 나타내고, 점차 비슷한 발음을 더 잘 구별하는 내용을 포함한다. 　– 일상생활 및 여러 상황에서 관련된 낱말과 문장을 듣고 그 뜻을 이해하는 내용이다. • 유아의 의사소통 능력 신장 방법 　– 유아의 의사소통 능력을 기르기 위해서는 비슷한 발음을 듣고 구별하며, 일상생활과 관련된 낱말과 문장에 익숙해지는 것에서 출발하여야 한다. 　– 유아는 자신의 일상생활과 직접적으로 관련되는 낱말과 문장을 들을 때 그 의미에 대해 보다 실제적인 이해가 가능하게 된다.	
지도 시 유의사항		• 카드로 새로운 낱말 익히기, 학습지 형태로 낱말이나 문장 익히기 등은 일상생활이나 직접 경험과 동떨어져서 주입식으로 외우기만을 강조하기 때문에 3~5세 유아의 발달에 적합하지 않다. • 교사 자신이 주의 깊게 듣는 모델을 보여 주어 유아가 주의 깊게 듣고 다양한 발음을 구별할 수 있도록 격려한다.	
1) 낱말의 발음에 관심을 가지고 구별하는 내용		• 의사소통에서 가장 기초적인 개별 낱말의 발음을 주의 깊게 듣는 내용이다. • 단어 하나하나의 발음에 관심을 가지고 귀 기울여 듣고, 특히 발음이 유사하게 들리는 서로 다른 단어의 정확한 발음을 변별할 수 있도록 하는 내용이다.	
	3~4세	발달특징	• 이해 어휘력과 표현 어휘력이 모두 급증하는 시기이지만, 아직도 표현 어휘는 이해 어휘보다 몇 배 정도 적다. • 유아는 낱말 하나하나에 관심을 가지고 듣는 경험을 통해서 자신의 이해 어휘와 표현 어휘를 향상시켜나간다.
		지도 지침	• 주변의 여러 말소리에 관심을 가지고 들을 기회를 다양하게 제공한다. • 소리에만 집중할 수 있도록 귓속말로 전달하거나, 주변의 소리를 최대로 줄인 후에 소리를 들을 수 있도록 듣기 환경을 구성한다. • 새로운 낱말일 경우, 그 새로운 개념을 직접 경험하거나 볼 수 있는 상황에서 낱말 발음을 유아가 듣도록 한다. 　예 비석놀이를 하면서 비석이라는 낱말을 듣는다면 그 발음의 의미를 알아들을 수 있다. • 교사는 언어모델이 되어 정확한 발음을 사용하려고 노력해야 한다. • 다양한 상황에서 낱말이 어떻게 발음되는가를 들려주고, 유아가 주의 깊게 들을 수 있도록 눈짓이나 표정 등으로 격려해 주는 것이 바람직하다.
		3세	• 원형으로 앉아서 귓속말로 반 이름, 친구 이름, 어제 불렀던 노래 제목 등 친근한 한두 개의 낱말을 옆 친구에게 전달한다. • 약 5~7명쯤 전달하고 나서, 들었던 내용을 말해보고 처음의 낱말과 비교해 본다.
		4세	원형으로 앉아서 귓속말로 '부침개를 먹어 보았니', '토끼는 풀을 먹고 있어'와 같이 부침개, 풀 등 새로운 낱말이 들어간 짧은 문장을 전달한다.
	5세	발달특징	• 비슷한 발음이 들리더라도 문장의 맥락 내에서 발음을 구별할 수 있게 된다. • 비슷한 낱말들의 발음 구별은 의미 구별과 함께 이루어진다.
		지도 지침	• 운율이 있는 낱말을 활용한 언어놀이, 낱말의 첫소리나 끝소리가 같은 낱말 연결하기 등과 같은 놀이에 5세는 즐겨 참여하고자 한다. • 언어놀이는 특별한 자료가 없이도 전이시간이나 현장체험 등 잠시의 짬이 있을 때도 할 수 있다. • 생일인 친구의 이름을 시작으로 해서 끝소리를 연결하는 놀이 등을 하면 유아는 낱말의 분절된 발음에 주의를 기울이게 된다. • 유아에게 친숙한 일상생활 속의 다양한 사물의 이름을 올바른 발음으로 들을 수 있는 기회를 주어야 한다.

			− 자발적이고 즐거운 언어놀이를 통해서 비슷한 발음 구별이나 말의 운율에 관심을 가지도록 한다. − 유아 자신의 직접 경험이나 친숙한 사람 및 주변 환경과 관련된 낱말의 발음에 관심을 가지며 비슷한 발음을 듣고 구별할 수 있도록 한다. − 발음은 비슷하지만 의미가 다른 낱말이 포함된 동화책이나 녹음기 등을 활용하여 비슷한 발음에 대한 유아의 흥미와 관심을 불러일으킬 수 있다.
		활동	• 두 팀으로 나누어 앉은 후 처음 친구에게 한 문장을 교사가 전달해 준다. • 새로운 낱말이 들어가되, 그 새로운 낱말을 친근한 낱말과 발음이 유사한 것으로 하여 문장을 만든다. 　❓ '동생은 동아줄을 타고 높이 올라갔어요.' 등과 같이 동생과 동아줄처럼 앞소리 또는 뒷소리가 동일한 단어를 사용한다. 잘할 경우에는 형용사나 부사를 넣어서 문장을 좀 더 길게 할 수 있다. • 유아가 비슷한 발음을 주의 깊게 듣고 구분할 수 있도록 한다. − 주변의 여러 가지 소리 또는 유아가 발음한 소리를 녹음하여 듣고 비교해 본다. − 다른 의미를 가진 비슷한 발음의 낱말이 들어 있는 동화를 듣는 활동을 해 본다. − 틀린 문장을 듣고 틀린 말 찾기 활동을 해 본다. 　❓ 배를 타고 감을 건너갑니다(감×, 강○). 　　할아버지가 시계에 나무를 지고 갑니다(시계×, 지게○). 　　다람쥐는 밤을 좋아합니다(밤:). − 전래 동요를 들으며 특정 음이 나오면 손뼉을 치는 활동을 해 본다.
2) 낱말과 문장을 듣고 뜻을 이해하는 내용			• 유아가 실제 생활을 하면서 주변의 사물 명칭, 친구 이름, 반복적인 일상 행동(❓ 치우기, 닦기 등), 움직임을 나타내는 동사나 문장(❓ 태극기가 펄럭인다), 사물이 지닌 속성을 나타내는 형용사 등을 이해하는 내용이다. • 일상생활에서 자주 사용하는 어휘와 문장 범주를 약간 넘어서, 현장체험에서 얻은 새로운 행동이나 지식 관련 어휘, 좀 더 긴 문장, 친구의 경험으로부터 간접적으로 들은 다양한 낱말이나 문장을 이해하는 내용이다.
	3~4세	발달특징	3, 4세는 일상생활에서 실제 사건을 경험하면서 접하게 되는 낱말과 문장의 뜻을 더 잘 이해한다.
		지도 지침	**3세** • 일상생활에서 일어날 수 있거나 일어났던 다양한 사진을 제시하고 한 유아가 자신이 알고 있는 낱말이나 문장을 사용하여 그 사건을 말하면 다른 유아들은 듣는다. − "눈이 많아요. 자동차에 눈이 있어서 차가 못가요."
			4세 • 일상생활에서 본 적이 있거나 경험한 내용의 사진을 보고 유아들이 다양한 문장으로 말하고 듣는 기회를 가진다. − "사진에 있는 사람들은 무엇을 하고 있니?" 또는 "왜 우산을 쓰고 가는 걸까? 어디로 가는 걸까?"처럼 사진 속에는 없으나 사건이나 행동을 상상하여 말을 하도록 격려하고 친구들이 말하는 낱말이나 문장을 주의 깊게 듣도록 한다.
	5세	발달특징	5세는 또래와 서로 경험을 주고받거나 다양한 견학 등을 통해 자신의 경험을 확대해 가면서 새로운 낱말의 의미를 습득하게 된다.
		지도 지침	• 유아가 새롭게 알게 된 낱말과 문장을 일상 상황에서 자연스럽게 사용할 수 있는 기회를 다양하게 제공한다. • 일상생활의 사진을 제시하되 좀 더 긴 시간 동안 연속하여 일어난 사건, 여러 사건이 복합적으로 연결된 상황 등을 고려한다. − "저 열매를 무엇이라고 부르는지 아니?", "누가 저 열매를 가꾸었을까? 어떻게 우리에게까지 올 수 있었을까?" 등을 질문하며 사진 설명을 돕는다.

III 말하기 발달

UNIT 28 말하기의 개념 및 지도

KEYWORD# 확장모방, 의미부여, 촉진

1 말하기의 개념

말하기의 정의	• 다른 사람이 이해할 수 있는 발음과 어휘 및 문법 규칙을 적용한 언어를 구사하여 자신의 생각과 느낌을 상황과 목적에 맞게 말소리 언어로 표현하는 행위라고 할 수 있다. • 자신의 요구, 생각과 감정, 자신이 알고 있는 정보를 음성언어를 이용하여 체계적이고 효과적으로 표현하는 방법이다. • 말하기의 과정은 계획하기와 표현하기로 나누어 볼 수 있다. 말을 하는 사람은 듣는 사람의 지적 상태를 어떻게 변화시킬 것인지 생각하여 무엇을 말해야 할 것인지 먼저 계획하고, 그런 다음 그 계획을 실행하기 위해서 음절, 단어, 구절, 문장 등의 발화를 표출한다.

말하기 과정	① 사고 과정
	  – 생각이나 느낌을 표현하기 위한 인지과정이다.
	  – 말할 내용을 생성하는 과정이며, 말하고자 하는 내용이 진실되고 의미 있는지, 가치 있는 정보인지를 고려해야 한다.
	② 조음 음성학적 과정
	  – 전달하려고 하는 내용을 목소리로 표현하는 과정이다.
	③ 의사소통적 과정
	  – 화자와 청자가 적절하게 반응하는 과정이다.
	  – 청자의 연령과 배경지식, 사회적 신분, 나와의 친분관계 등을 고려해야 한다.

말하기 지도의 목표	문장을 이해하고 산출하는 단순한 언어 능력은 물론, 정보를 찾고, 조직하고, 기억하고, 판단하고, 적용하는 등의 논리적이고 창의적이며 비판적인 사고 기술들을 길러주는 것에 초점을 맞추어야 한다.

2 말하기 지도의 원리

기본 관점	통합된 언어사용 경험: 총체적·통합적 언어활동 제공 • 듣기, 말하기, 읽기, 쓰기 능력이 하나의 교수활동 속에서 일어나도록 해야 한다. • 발음, 문법, 어휘, 상황 이해와 같은 말하기의 주요 요인을 총체적으로 작용시켜 언어가 기능적으로 사용되는 것을 경험할 수 있어야 한다. • 유아의 말하기 지도를 위해서는 유아에게 말을 해볼 수 있는 기회를 가능한 한 많이 제공하고, 교사는 유아가 말할 때 발음, 문장구조 및 어휘의 발달에 관심을 두어야 한다. **말하기 지도의 일반적인 원리** • 편안하고 즐거운 분위기 형성하기 • 실생활과 연계한 말하기 경험 제공하기 • 통합적인 말하기 경험 제공하기
① **정확한 발음으로 말하게 한다.**	• 유아의 발음은 문장의 구성 규칙이나 어휘의 의미를 습득하는 과정보다 비교적 일찍 습득되며, 청각기관과 음성조직에 특별한 장애가 없는 한 유아는 거의 모두 소통적인 발음을 습득한다. • 신체적인 결함이 아닌 좋지 않은 언어습관과 부모의 잘못된 지도, 정서적 문제 등으로 인해 발음을 올바르게 구사하지 못하는 경우, 즉 습관적 원인으로 생성되는 발음의 문제는 교사의 적절한 지도(교사의 모범, 반향적 방법을 사용)로 바로잡을 수 있다. **발음지도를 위한 TIP** • 특정한 발음을 어려워하는 유아가 있다면 그 발음을 천천히 그리고 분명히 들을 수 있도록 명확한 발음을 구사한다. • 유아는 올바른 발음을 듣는 동안 자신의 발음과 비교하는 기회를 갖게 되고 나아가 자연적으로 수정하게 된다. 발음을 제대로 하게 하려면 직접 교정, 충고와 지적, 올바른 발음의 계속적인 연습보다 그 발음을 올바르게 산출해서 들려주는 비형식적인 지도방법이 효과적이다. • 발음을 스스로 지각하지 못할 때 유아는 올바른 발음을 낼 수 없다. 따라서 청각적 지각능력을 발달시킬 수 있도록 직접 소리를 내보도록 하거나 운율적인 단어를 발음하는 활동 등을 다양하게 계획하여 유아가 참여할 기회를 많이 주어야 한다.
② **문장구성 능력을 돕는다.**	• 유아는 완전한 문장을 자주 듣고 자신의 문장과 비교해 봄으로써 점차 바르게 학습해 간다. 따라서 유아의 문장구성 원리 습득을 위해서는 성숙한 문형을 사용하는 성인과 대화할 수 있는 기회를 많이 제공하는 것이 좋다. • 유아의 문장구성 능력을 돕기 위해 교사는 '확장모방', '의미부연', '의미촉진'의 방법을 활용할 수 있다. 　－ 이 방법들은 간접적이고 비형식적인 지도방법으로, 유아와의 자연스러운 대화과정에서 문장구성 능력의 발달을 효과적으로 도울 수 있다.

(🔔) 문장구성 능력을 돕기 위한 말하기의 지도방법
불완전한 문장 표현을 자연스럽게 수정하여 문장구성 능력을 돕는 대화기법이다.
(예) 상황: '동물원' 견학 후 이야기 나누기

확장모방	• 유아가 단편적으로 표현한 문장의 구조를 그대로 사용하면서 성숙한 문형으로 확장하는 방법을 말한다. 　― 성숙한 문형으로 확장할 뿐, 새롭게 추가된 의미나 정보는 없다.
	교사 : 동물원에서 어떤 동물을 보았니? 현우 : 사자. 교사 : 사자를 보았구나.
의미부연	유아가 표현한 문장에 대해 문법적 확대가 아니라 의미를 확대해서 부연하는 방법을 말한다.
	미영 : 사자가 '어흥'했어요. 교사 : 아, 사자가 '어흥'하는 큰 소리를 냈구나.
의미촉진	유아가 말한 문장의 어순에 맞추어 질문을 던져서 자극을 주는 방법이다.
	현우 : 기린, 길어. 교사 : 어디에서 기린을 보았니? 기린의 무엇이 길었니?

③
어휘를
발달시킨다.

• 단어는 일생 동안 계속해서 학습해야 하는 영역이므로 교사는 유아의 어휘발달에 많은 관심을 보여야 한다.
　― 어휘에 대한 이해는 지적 발달과 관계가 깊으므로 지적 발달을 도모하기 위해 환경을 물리적으로 풍부하게 마련해 주고, 유아의 언어에 대해 칭찬과 인정을 해주며, 언어적 능력이 더욱 증진될 수 있도록 경험을 확장시켜 주어야 한다.
　― 단어의 의미를 이해하는 수준은 각 유아의 배경에 따라 다르므로 유아 수준에 맞추어 조금씩 향상될 수 있도록 지도하는 것이 바람직하다.
• 발음과 문장구성 능력 지도와는 달리 유아에게 어휘를 지도할 때는, 필요에 따라 직접적으로 지도하거나 모방하도록 하는 방법을 사용할 수도 있다.
(예) 집에서 기르는 짐승에 대한 내용일 때 교사는 집에서 기르는 동물을 어려운 말로 무엇이라고 부르는지 묻고, "가축"이라는 어휘를 소개하면서 유아로 하여금 따라해 보도록 한다. 3~4일이 지난 후에 같은 질문을 던져서 유아의 반응을 살펴보고 다시 반복해 보는 기회를 갖는다.
▶ 여기서 교사가 의도하는 바는 유아가 '가축'이라는 단어를 암기하도록 하는 것이 아니라, 어떤 개념을 부르는 명칭에는 한 가지 이상이 있다는 사실을 알게 하고 '가축'이라는 단어의 의미에 대해 접근해 보게 하는 것이다. 따라서 일정한 기간이 지난 후 한두 번 언급해 주거나, 유아와 이야기를 나눌 때 그 어휘가 삽입된 문장을 사용하여 어휘 획득을 도와준다.

(🔔) 교사가 가장 관심 가져야 할 부분
• 유아의 환경을 풍부하게 마련하여 스스로 상호작용할 수 있도록 한다.
• 다른 유아 및 교사들과도 상호작용할 수 있도록 다양한 경험을 마련한다.
• 적절하게 인정하거나 칭찬을 해준다.
• 개인차를 인정하여 배우는 정도나 속도가 다르다는 것을 인식한다.
• 필요에 따라 직접 지도하거나 모방하도록 하는 방법을 이용한다.

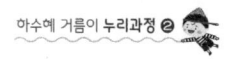

④
유창성
길러주기
	• 유창성이란 언어를 쉽게 많이 사용하는 것을 말한다.
	• 언어의 유창성을 길러주기 위해 부모나 교사가 할 수 있는 역할은 다음과 같다.
	  – 유아가 이해할 수 있고 관계지을 수 있는 말하기의 상황을 설정해 준다.
	  – 유아가 자신의 경험을 자신의 언어로 표현할 수 있도록 도와준다.
	  – 유아가 말할 때 도와주고 격려해 준다.
	  – 유아가 다른 사람에게 말을 할 때 격려해 준다.

⑤
생각을 조직할
수 있는 언어
사용 돕기
	• 대부분의 성인들은 아이디어를 표현하기 위해서 말을 하며, 자신의 생활 속에서 일어난 사건이나 경험을 표현하려고 애쓴다.
	  – 유아들도 점차 나이가 들어감에 따라 생각을 조직하여 표현할 줄 알게 되므로 교사는 유아들에게 이러한 경험을 가능한 한 많이 제공해야 한다.
	
	((•)) 생각을 조직하여 표현하기 위한 경험
	  • 유치원에서 생활과 관련한 문제 해결의 과정(보고하기, 비교하기, 대조하기, 평가하기 등)에서 유아들이 스스로 언어로 표현해 볼 수 있는 기회를 제공한다.
	  • 유아들이 자연스럽게 언어를 사용할 수 있도록 짝을 지어 작업해 볼 수 있는 기회를 제공한다.
	  • 유아의 활동을 관찰하여 교사는 구체적인 피드백을 제공한다.
	  • 유아들이 형식적 혹은 비형식적인 보고를 할 수 있는 기회를 가능한 한 많이 제공한다.

❸ 말하기 지도의 방법

• 말하기 능력은 창의적이고 비판적인 사고력과 긴밀한 관계가 있는 언어능력 이상의 것이므로, 말하기 지도의 방법도 단순히 언어의 형태적인 측면만을 강조하던 이전과는 달라질 필요가 있다. 즉, 분절적이고 반복적이며 연습적이던 지도 방법을 탈피해 언어가 기능적으로 사용되는 것을 경험할 수 있도록 지도해야 하는 것이다.
  – 말하기 지도는 체계로서의 언어를 지도하는 것이 아니라 언어를 사용할 줄 아는 능력을 길러주어야 하며, 이는 일방적인 지식의 주입을 통해서가 아니라 언어사용 활동에 직접적으로 참여함으로써 길러질 수 있다고 본다.
  – 따라서 교사는 편안하고 허용적인 교실 분위기를 형성하여 유아가 말하려는 시도를 격려하며, 말할 때 실수하더라도 잘못을 바로잡기보다는 말하려는 바를 잘 표현할 수 있도록 도와주어야 한다.

① 아이디어와 생각을 나타내기 위한 언어구사를 경험시켜야 한다.

- 아이디어와 생각을 나타내기 위한 언어구사의 경험은 연습이라는 인위적인 방법을 통해 분절된 언어능력을 가르치는 것이 아니라, 여러 가지 상황 속에서 여러 유형의 사람들에게 진짜 이유가 있는 말을 해 보는 기회를 가져야 가능하다.
- 유아들이 진정한 말하기를 경험할 수 있도록 하기 위해서 교실에서 사용할 수 있는 말하기 지도방법은 다음과 같다.
  - 가능한 한 유아들에게 정기적으로 무엇인가에 대해 발표할 수 있는 기회를 제공한다.
  - 특별한 경험이나 사건에 관해 이야기를 기꺼이 할 수 있도록 격려해야 한다.
  - 설명하기, 지시하기, 논쟁하기, 소개하기, 면담하기 등 말을 해야 하는 상황을 가능한 한 많이 만들어 주어야 한다.
  - 교실 활동에 가족들의 방문이나 참여를 권장한다.
  - 의논, 계획, 프로젝트 활동 및 결과 보고 등 모든 언어적 활동에 유아들이 적극적으로 참여할 수 있는 허용적인 교실 분위기를 만들어 주어야 한다.

② 능동적 의미 구성의 과정을 경험시켜야 한다.

- 언어교육은 다른 지식교육과는 달리 언어사용 기술을 익히게 해야 한다는 의미로, 이는 추상적인 규칙들을 암기하거나 반복적으로 연습된 것들을 재생해 내는 그런 기술이 아니다.
  - 언어사용 기술은 자신의 경험들을 논리적으로 연결하여 설명할 수 있어야 하고, 이야기를 창의적으로 만들어 낼 수 있어야 하며, 자신의 말을 다른 사람들이 이해하고 반응할 수 있도록 의미를 메시지로 구성하고 바꿀 줄 알아야 한다는 것을 의미한다. 그러기 위해서 화자는 비판적으로 생각하고 자기 판단의 목소리를 낼 수 있어야 함은 물론이고, 말하기를 통해서 나타난 자신의 잘못된 표현들을 인식하고, 그것들을 교정할 수도 있어야 한다.
- 유아의 말하기 활동이 능동적인 의미 구성의 과정이 될 수 있도록 하기 위해서 교실에서 사용할 수 있는 말하기 지도 방법은 다음과 같다.
  - 유아들이 이해할 수 있고 관련지을 수 있는 말하기 상황을 만들어 주어야 한다.
  - 유아로 하여금 자신의 경험과 언어로 반응할 수 있는 자유를 주어야 한다.
  - 교실에서 자기 생각을 표현하는 것이 환영받는다는 것을 알게 해야 한다.
  - 창의적 반응이나 상상을 사용한 표현을 격려해야 한다.
  - 사고를 조직하기 위해 언어를 사용하는 것을 격려한다.
  - 생각하면서 말을 할 수 있도록 유도한다.
  - 유아가 생각할 수 있고 상상할 수 있는 시간과 공간을 제공한다.
  - 과거 사건에 대해 기술할 것을 요구한다.
  - 이야기를 만들게 한다.
  - 유아가 적절하게 말을 하면 적절한 반응을 보여주는 것이 필요하다.

③ 사회적 맥락 내에서 말하기를 경험시켜야 한다.

- 청자나 상황에 따라 각기 다르게 말하는 것을 경험시켜야 한다는 것으로, 말을 듣는 대상의 태도, 교육 정도, 연령, 성별, 성격적 특성에 따라 말하기는 달라져야 한다는 의미이다.
  - 말을 잘하기 위해서는 말을 할 때 상대방의 마음을 헤아리고 배려할 줄 알아야 하며, 상대방의 사회적 지위에 따라 말을 다르게 할 줄도 알아야 한다.
  - 상대방이 담화나 조크 또는 만담으로 말을 즐길 수 있는 마음의 여유나 시간적인 여유가 없는데도, 계속 긴요하지 않은 내용으로 조크를 던지거나 담화를 요청하는 것은 결코 잘 하는 말이 아니다.

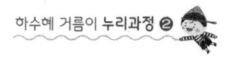

MEMO

- 청자의 사회적 지위와 인지적 능력을 고려해 친구, 선생님, 부모, 유치원 아이들에게 다르게 말할 줄 알아야 한다.
- 여러 가지 상황적인 요구를 배려할 수 있는 능력도 필요하다. 말을 할 때는 반드시 여러 가지 사회적 장면을 고려해야 한다.
  - 🔟 교실, 카페, 대중 앞, 소집단, 단 둘만의 은밀한 곳에서 말하기는 각각 달라야 한다. 혼자서 길게 말을 해야 하는 경우, 많은 사람들이 함께 토론할 때 적절하게 끼어들면서 말을 해야 하는 경우, 두 사람이 형식 없이 자유롭게 말을 해야 하는 경우 등 상황에 따라 적절하게 말을 할 수 있어야 잘 하는 말이 된다.
- 말하기의 사용역에 따라 달리 말을 할 줄 아는 능력을 길러주기 위한 말하기 지도 방법은 다음과 같다.
  - 교실 수업에 지역 사회의 인사들을 초빙하여 다양한 연령·계층의 사람들과 말해 볼 수 있는 기회를 가지게 한다.
  - 역할 놀이를 통해 다양한 역할과 상황에서 다른 사람들을 설득시키는 경험을 가능한 한 많이 가지게 한다.
  - 문제를 해결하고 계획을 세우기 위해 소집단으로 토의를 하게 한다.
  - 교사와 유아가 함께 활동을 계획한다.
  - 사람들 마다 각기 다른 생각을 가지고 있다는 것을 깨달을 수 있는 교수 활동을 고안하여 실행한다.
  - 말하기의 사회적 규칙을 알게 한다(🔟 다른 사람이 말을 할 때 끼어들어 방해하지 않기).
  - 다른 사람이 이해할 수 있도록 분명하고 자신 있게 말할 수 있는 능력을 길러주기 위해 '보여주며 말하기'나 '경험 나누기' 시간을 가지게 한다.
  - 협상이나 타협이 필요한 교수 활동을 고안하여 실행할 필요가 있다.

④ 각 언어능력이 서로 긴밀히 연결된 통합된 언어사용 능력을 경험시켜야 한다.

- 서로 긴밀히 연결되고 통합된 언어사용 능력을 경험시켜야 한다는 것은 듣기, 말하기, 읽기, 쓰기 능력들을 각기 구분하여 따로 가르치라는 것이 아니라, 하나의 교수 활동 속에 이 네 가지 언어 활동이 모두 일어날 수 있도록 하라는 뜻이다.
- 또한 말하기의 주요 요인들인 발음, 문법, 어휘, 상황 이해를 분절하여 각각을 따로 가르치라는 것이 아니라, 이 모든 요인들이 총체적으로 작용하여 언어가 기능적으로 사용되는 것을 경험시키라는 뜻이다.

UNIT 29 발음법칙

KEYWORD # 발음오류 현상

1 발음법칙의 유형

순음과 순음화	• 순음: 두 입술을 맞대었다가 터지면서 내는 소리이다('ㅂ', 'ㅃ', 'ㅍ', 'ㅁ' 등). • 순음화 − 인접한 음들이 순음에 의해 순음성을 나타내는 현상이다. − 국어의 경우에는 순음 'ㅂ', 'ㅍ', 'ㅃ', 'ㅁ'에 의하여 후속 모음 '으'가 원순 모음인 '우'로 순행 동화되는 음운 현상인 원순 모음화에 이른다.
비음과 비음화	• 비음: 입안의 통로를 막고 코로 공기를 내보내면서 내는 소리이다('ㄴ', 'ㅁ', 'ㅇ'). • 비음화: 음절의 끝소리 파열음 'ㄱ, ㄷ, ㅂ'이 비음 'ㄴ, ㅁ' 앞에서 비음으로 바뀌어 발음되는 것(❸ 국물[궁물], 듣는[든는], 줍는[줌:는]), 비음 'ㅁ, ㅇ' 뒤에서 유음 'ㄹ'이 비음 [ㄴ]으로 바뀌어 발음되는 것(❸ 담력 ➡ [담녁], 남루 ➡ [남:누], 종로 ➡ [종노], 대통령 ➡ [대통녕], 능력 ➡ [능녁])
격음과 격음화	• 격음: 공기를 세게 내뿜어 거세게 나오는 장애음이다(우리말에서는 파열음인 'ㅋ, ㅌ, ㅍ'과 파찰음인 'ㅊ'). • 격음화: 예사소리 'ㄱ', 'ㄷ', 'ㅂ', 'ㅈ'이 앞뒤의 'ㅎ'과 만나 거센소리 'ㅋ', 'ㅌ', 'ㅍ', 'ㅊ'으로 바뀌는 현상이다. ❸ 착하다 ➡ 차카다, 닫히다 ➡ 다치다, 잡히다 ➡ 자피다, 맞히다 ➡ 마치다
경음과 경음화	• 경음: 조음 기관에 강한 근육 긴장을 일으켜 발음하는 자음이다('ㄲ', 'ㄸ', 'ㅃ', 'ㅆ', 'ㅉ' 등). • 경음화: 본래 예사소리인 'ㄱ', 'ㄷ', 'ㅂ', 'ㅅ', 'ㅈ'가 된소리인 'ㄲ', 'ㄸ', 'ㅃ', 'ㅆ', 'ㅉ'로 바뀌는 현상이다.
연음과 연음법칙	• 연음: 앞의 끝 자음이 모음으로 시작되는 뒤 음절과 합하여 발음되는 소리이다. • 연음법칙: 앞 음절의 받침에 모음으로 시작되는 형식 형태소가 이어지면, 앞의 받침이 뒤 음절의 첫소리로 발음되는 음운 법칙이다. ❸ 꽃이 ➡ 꼬치, 구름이 ➡ 구르미

❷ 발음오류 현상

(1) 유아기 특징

- 유아기는 조음 능력을 습득하는 시기이므로, 이 과정에서 발음오류 현상이 나타날 수 있다.
- 대체로 유아는 ✦폐쇄음, ✦폐찰음, ✦마찰음의 순으로 자음을 습득하는 것으로 알려져 있다. 따라서 폐쇄음만을 습득하는 단계에서는 마찰음을 폐쇄음으로 발음하거나(예 '먹었어'를 '먹어떠'로 발음), 이를 폐찰음으로 발음하기도 한다(예 '먹었어'를 '먹어쩌'로 발음). 이러한 발음상의 오류는 근본적으로 유아가 마찰음을 제대로 발음할 수 있는 단계에 이르러서야 해소될 수 있다.

지도방법 ▶
- 틀린 발음을 자꾸 지적하기보다는 정확한 발음으로 말하는 모델을 보여 자연스럽게 정확한 발음을 산출하도록 돕는다.
- 활동 속에서 단어 제시하기 등으로 자연스럽게 발음해 보는 기회를 제공하고, 모델도 제시하여 점차 발음이 정확하게 되도록 안내할 수 있다.
- 부정확한 발음의 산출 원인이 신체적 결함(발음기관이나 조음기관의 결함)인 경우는 부모와 의논하여 전문가의 도움을 받도록 한다.

(2) 발음오류 현상의 유형

축약현상	• 유아의 발달과정에서 일반적으로 나타나는 발음 현상으로 한두 음만 발음하고 나머지는 생략하는 것이다. • 소리를 줄여 발음하는 것을 말한다. 예 아저씨 ➡ 아찌, 비행기 ➡ 뱅기, 할아버지 ➡ 하부지
반복현상	동음이 반복하여 나타나는 것이다. 예 멍멍, 빵빵, 까까
유사현상	유사한 음으로 발음하는 것이다.
대치현상	목표음이 다른 음으로 바뀌어 나오는 경우로, 자신이 발음하기 어려운 음소를 자신이 발음할 수 있는 음으로 산출하는 것이다. 예 자장면 ➡ 다당면, 포도 ➡ 보도
첨가현상	필요 없는 음소나 음절이 삽입된 것으로, 모음 또는 자음을 추가하여 발음하는 것이다. 예 전화 ➡ 전우화, 알레지 ➡ 알레레지

✦ 폐쇄음
폐에서 나오는 공기의 흐름을 막았다가, 막은 자리를 터트리면서 나는 소리(ㄱ, ㄲ, ㅋ/ㄷ, ㄸ, ㅌ/ㅂ, ㅃ, ㅍ)

✦ 폐찰음
공기를 막았다가, 서서히 터트리면서 나는 소리(ㅈ, ㅉ)

✦ 마찰음
입안이나 목청 사이의 통로를 좁히고, 공기를 그 좁힌 통로로 내보낼 때 마찰이 생기는 소리(ㅅ, ㅎ)

3 조음장애

(1) 조음장애의 특징

정의

조음이란 음성언어를 생성하는 과정으로, 조음장애는 말소리를 산출할 때 조음기관의 위치, 방향, 압력 등에 따라 말소리가 부정확하게 나오는 것을 의미한다.

원인

• 입술이나 구개의 파열, 호흡에 사용되는 근육 통제의 곤란, 연구개, 입술, 혀, 턱 등의 장애, 치열의 이상 등으로 조음장애가 된다.
• 또한 잘못된 언어학습, 청력손실, 정신지체, 구순구개열, 실어증, 뇌성마비 또는 심리적·정서적 원인 등으로 바른 조음을 못하는 경우도 있다.

조기치료의 필요성

틀린 말 때문에 다른 사람들의 관심을 불필요하게 끌고, 그 결과 열등감과 같은 부정적인 자아인식이 유발되어 비사회적인 성격으로 이어질 수 있다는 면에서 조기치료가 필요하다.

유의점 조음장애아의 부정확한 발음을 지적하거나 반복적인 연습을 시키는 것은 좋지 않으며, 교사가 올바른 말로 교정하여 다시 반복해주는 것이 바람직하다.

지도방법 ▶
• 음을 듣고 구별할 수 있는 능력을 기른다.
• 틀리게 발음하는 음을 바르게 발음하도록 방법을 가르친다.
• 음을 바르게 발음하게 되면, 다음으로 그 음이 들어간 낱말의 발음을 연습한다.
• 바르게 발음하게 된 음이 들어간 낱말을 문장이나 회화를 통해 바르게 사용할 수 있도록 연습한다.

사례 교사의 입모양을 보며 음을 변별하거나 소리내어 보도록 지도할 수 있으며, 매체를 통해 여러 가지 소리를 듣고 변별하게 한 후 그 음을 발음해 보도록 지도할 수 있다. 또한 특정 음이나 단어를 교사가 발음하거나 매체를 통해 들려주고 그 소리가 어떤 글자의 소리였는지 맞히는 게임 등을 해 볼 수도 있다.

(2) 조음장애의 유형

첨가현상	• 새로운 음을 추가하는 것이다.
	  – 필요 없는 음소나 음절이 삽입된 것으로 모음 또는 자음이 추가될 수 있다.
	  예 전화 ➡ 전우화, 알레지 ➡ 알레레지, 어머니 ➡ 어어머니

대치현상	• 일반적으로 사용되고 있는 음을 다른 음으로 대신하는 것이다.
	  – 목표음이 다른 음으로 바뀌어 나오는 경우로, 자신이 발음하기 어려운 음소를 자신이 발음할 수 있는 음소로 산출하는 것이다.
	  예 사탕 ➡ 타탕, 사랑 ➡ 사당, 개나리 ➡ 개다리

왜곡현상	• 다른 음으로 대치되는 것은 아니지만, 목표음소를 변이음의 형태로 바꾸어 표기가 어려운 소리를 낸다.
	  – 왜곡은 대치와 명확하게 구분하기 어려운 경우가 많은데, 목표음소와 뚜렷하게 대치된 음소를 찾기 어려울 때 왜곡으로 간주한다.
	  – 대부분 모국어에서 잘 사용하지 않는 음소로 대치되거나, 마치 청각장애 아동의 조음 패턴, 즉 혀가 구강에 꽉 찬 소리나 혀가 입 밖으로 나오는 소리 등과 같이 소음이나 콧소리를 첨가하여 발음하는 경우가 이에 해당된다.
	  예 미끄럼틀 ➡ 미꼬뤄틀, 아버지 ➡ 아봐쥐 등

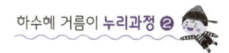

MEMO

생략현상	• 음절이나 단어에서 일부 음을 제외하고 발음하는 것이다. 　📄 초성자음의 생략 : 빨강 ➡ 빨앙, 사탕 ➡ 아탕, 사람 ➡ 사암 　📄 종성자음의 생략 : 빨강 ➡ 빠강, 당근 ➡ 다근

UNIT 30 말하기의 표현

1 말하기 표현 단계 − 램지(Ramsy)

말로 표현하기 이전 단계	아직 언어적 표현력이 부족하여 생각이나 개념을 직접적으로 말로 표현하기 어려워 의사소통에도 어려움을 겪는 단계이다. 【지도방법】 • 다양한 경험을 통해 의사소통을 유도하고, 자발적으로 참여할 수 있는 활동을 제공한다. 　− 옷걸이에 옷을 걸거나 출석카드를 찍는 등의 자연스러운 상황에서 의사소통을 유도한다. 　− 흥미영역 놀이의 방법을 설명하여 참여를 유도할 수 있으며, 동화책을 읽어주면서 내용 중 일부에 참여(📄 등장인물의 울음소리 흉내 내보기)하도록 도울 수 있다.
말로 표현하는 단계로 옮겨가기	생각이나 개념을 말로 표현하기 시작하는 단계로, 말하기와 듣기 활동을 통해 언어적 표현력을 향상시키고 의사소통 능력을 강화하는 것이 필요하다. 【지도방법】 • 질문과 대답하기 게임과 같은 단답형 질문에 대답하기 활동(📄 "블록교구 장 위의 파란 것은 무엇이니?"), 단답형 질문이 들어있는 동화책을 함께 읽으면서 대답하기 활동(📄 "엄마, 나 사랑해?")을 제공하는 것이 효과적이다. • 동화를 듣고 인형과 다양한 놀잇감을 활용하여 동극을 진행한다. 상황을 반복하여 재현해보는 이러한 활동은 유아들의 언어적 표현력과 상호작용하는 능력을 향상시키는 데 도움이 된다.
말하기 표현 초기 단계	언어적 표현력이 발전하고 언어를 사용하여 문장을 구성하고 상황에 맞게 응용할 수 있는 능력을 발달시켜 나가므로, 문장 구조와 어휘력을 강화하는 활동을 통해 언어의 표현력을 확장하고 교사의 상호작용을 통해 유아의 말하기를 격려하고 지원하는 것이 필요하다. 【지도방법】 • 확장, 응용, 반복 등의 상호작용을 통해 언어적 능력을 향상시키는 데 중점을 둔다. 이 과정에서 교사는 유아들의 말을 인정하고 격려함으로써 상호작용을 촉진하여야 한다. • 유아가 간단한 문장을 사용하여 의사를 표현할 수 있도록 질문에 짧은 문장으로 대답하는 활동(📄 유아에게 간단한 상황이나 개념이 그려진 카드를 보여주며 그림에 대한 질문을 하고, 유아가 짧은 문장으로 대답하도록 유도한다)을 제공한다. 이러한 활동을 통해 유아는 언어를 사용하여 간단한 개념이나 생각을 표현하고 상호작용하는 능력을 발달시킬 수 있다. • 흥얼거리거나 노래하기를 통해 유아가 언어를 흥미롭게 느끼고 익힐 수 있도록 한다. 이를 통해 유아는 언어를 자연스럽게 사용하고 발음, 억양, 박자 등의 언어적 요소를 경험하며 향상시키게 된다. • 유아가 이해하기 쉽고, 주인공이 단순한 질문을 하는 내용으로 된 그림책을 읽어주면서 유아들의 참여를 유도한다. 이는 유아가 언어를 자연스럽게 사용하는 능력을 촉진한다.

② 말하기의 표현돕기(말하기 촉진) 전략

크랫코스키 & 캐츠 (Kratcoski & Katz)	확장	유아의 말에 모두 반응하고 몇 단어를 덧붙인다.
	응용	유아의 말에 몇 가지 정보를 더하며 유아의 말에 반응한다.
	반복	유아의 말을 반복하거나, 교사 자신이 한 말을 반복한다.
	행동 설명하기	유아의 행동을 교사가 말로 설명해 준다.
베티 & 프랫 (Beaty & Pratt, 2007)	확장	유아의 말에 추가를 통해 완성도를 높여 말하는 것이다. ⑳ "저거 빵빵" ➡ "자동차가 빵빵 소리 내고 있구나."
	연장(부연)	유아의 말에 새로운 정보를 첨가해서 말하는 것이다. ⑳ "저거 차" ➡ "그래, 저기에 빨간색 자동차가 있구나."
	반복	유아가 한 말의 전체나 일부분 혹은 교사가 자신이 한 말을 반복해서 말하는 것이다. ⑳ "저거 빵빵" ➡ "자동차 빵빵"
	평행 어법	유아가 하고 있는 행동을 교사가 말로 묘사하는 것이다. ⑳ "준호가 거북이처럼 기어가고 있구나."
	자기 언어 (혼잣말)	교사가 자신이 하는 행동을 말로 표현하는 것이다. ⑳ "선생님은 토끼처럼 깡충깡충 뛰고 있어."
	수직적 구조화	유아가 한 말을 스스로 좀 더 구체화할 수 있도록 유아의 말에 질문을 한다. 이를 통해 더 길고 풍성한 말을 할 수 있도록 유도하는 것이다. ⑳ 유아 : "공 던지자." 　　교사 : "공을 어디로 던질까?"
	채워넣기 어법 (빈칸 채우기)	교사가 의도적인 질문을 하여 유아가 빈칸을 채워 넣을 수 있도록 유도하는 것이다. 이에 유아는 빈칸에 적절한 단어를 채워 넣어 대답한다. ⑳ 교사 : "지영이가 무슨 색 운동화를 신고 있니?" 　　유아 : "지영이는 빨간색 운동화를 신고 있어요."

언어발달 촉진을 위한 상호작용 방법(Machado, 2003)

교사는 유아와 대화할 때 언어발달을 촉진하기 위해 다음과 같은 방법으로 상호작용한다.

확장 (expanding)	유아의 단순한 말을 문법적으로 완전한 문장으로 말한다.
부연 (extending)	새로운 정보를 추가하며 대화를 유지한다.
촉진 (prompting)	유아의 말에 질문을 던져 자극을 준다.

UNIT 31 어휘의 발달

(◀️)) 어휘지식

- **수용적 어휘지식과 표현적 어휘지식**
  - 글을 읽거나 말을 들으면서 주어진 부호가 가진 특정의 의미를 연상해낼 수 있느냐의 '수용적 어휘지식'과, 특별한 의미를 나타내기 위해 특정한 부호를 내보일 수 있느냐의 '표현적 어휘지식'으로 나눌 때, 한 개인의 어휘력이란 '개인이 습득하여 가지고 있는 개별 어휘의 양과 그 어휘에 대한 의미와 용법을 알고 적절히 사용할 줄 아는 능력'이라고 할 수 있다.
  - 따라서 특정한 부호를 내보이기 위해서는, 단어가 적절히 학습되어 아동의 기억 속에 보유되어 있다가 필요할 때 적절하게 인출될 수 있어야 한다. 만약 아동이 말하고 쓰는 동안에 특정한 의미를 표현하려 하는데 그 의미를 가진 어휘를 나타내 보일 수 없다면 우리는 그 아동이 해당 단어를 모른다고 말할 수 있다.

    > **종합** 원활한 의사소통을 위해서는 상황에 맞는 적절하고 정확한 어휘 구사력이 필수적이므로, 어휘를 배우고 학습함에 있어 어휘에 대한 의미를 받아들이고 이해하는 '수용적 어휘지식'뿐만 아니라 학습자들이 배운 어휘를 적절하게 사용하고 표현하는 '표현적 어휘지식'의 차원에도 초점을 맞추어 가르치는 것이 필요하다. 진정한 의사소통이 이루어지기 위해서는 어휘의 의미를 이해하는 것에서 그치는 것이 아니라 그 어휘를 직접적으로 사용할 수 있어야 하기 때문이다.

- **선언적 지식, 절차적 지식, 조건적 지식**
  - Ruddell(1994)은 개인의 어휘지식을 설명하면서 개별 단어를 어느 정도 정확하고 깊이 있게 아느냐에 따라 선언적 지식, 절차적 지식, 조건적 지식 등 세 가지로 구분하였다. 이를 통해 어휘 지식을 양적 측면과 질적 측면에서 고찰해야 할 필요성을 잘 드러내고 있다.
    - ㉠ 선언적 지식 : 개별 단어의 저장 정도, 정보의 핵심적 특징의 저장 정도를 말한다.
    - ㉡ 절차적 지식 : 단어의 의미를 알기 위해 개인이 사용할 수 있는 전략적 행위에 대해 아는 것이다. 즉, 아동이 새로운 단어를 접했을 때, 모르는 단어가 나오면 여러 가지 문맥을 이용하여 의미를 짐작하고, 새 단어를 이미 이해하고 있는 단어와 관련을 지으면서 이해하고 기억하는 것을 말한다.
    - ㉢ 조건적 지식 : 언제 어떤 전략을 적용시켜야 하며, 왜 그런 전략들이 효과적인지 알아서 절차적 지식을 조정할 수 있는 능력이다. 비록 절차적 지식을 풍부하게 가진 사람이라도 조건적 지식이 없으면 맥락에 따라 변화하는 의미를 파악하기 곤란하다.

- **어휘지식에 포함되는 요소** (Nagy & Anderson, 1984; Gutierrez-Clellen & Decueris, 1999)
  - 단어를 안다는 것은 주어진 단어의 의미적 관계를 아는 것이고, 하나의 단어를 알기 위해서는 어간에서 파생되어 나온 의미와 유사성을 알고 차이를 인식해야 한다고 본다. 이 정의에 의하면 어휘지식은 아래의 물음에 대한 답으로써 평가될 수 있다.

    ① 단어의 정의를 내릴 수 있는가?
    ② 동의어를 말할 수 있는가?
    ③ 의미적 범주화가 가능한가?
    ④ 여러 가지 동의어 중에서 의미적으로 비슷한 차이를 알 수 있는가?
    ⑤ 문맥 속에서 적절하게 단어를 섞어 사용할 수 있는가?

MEMO

지도방법
• 유아는 어떤 언어를 사용하든지 편안한 마음을 가질 수 있을 때 언어를 증진시키기 위한 학습의 준비가 된다.
  – 따라서 유아가 말하는 것을 잘 듣고 한 번에 모든 것을 고쳐주려고 하지 말고, 말을 되받아 물어보면서 정확한
    단어 사용의 예를 제시한다.
  – 또한 유아가 사용한 단어가 적절치 않을 때는 진행되는 대화를 단절시키지 말고, 교사가 대화적으로 언어모델을
    제시하거나 확인질문을 하여 유아가 자신의 오류를 파악해 점차 바르게 사용할 수 있도록 한다.

1 벡, 맥커운 & 오만슨(Beck, McKeown & Omanson, 1987) – 어휘지식의 수준

'아는 정도'의 접근 방법을 받아들여 어휘지식의 수준을 설명하고 있다.

1수준	특정 어휘에 대하여 알고 있는 바가 없는 수준
2수준	특정 어휘에 대한 일반적인 느낌으로, 어휘가 부정적 의미인지 긍정적 의미인지를 아는 수준 예 "당신도 초보였다."라는 글에서 '초보'라는 어휘를 처음 접했을 때, 정확한 의미는 모르지만 왠지 좋은 의미는 아닐 것 같다는 느낌을 받은 경우이다.
3수준	제한된 맥락에서만 특정 어휘의 의미를 아는 수준 예 운전을 처음 하는 사람을 '초보'라고 한다는 사실을 알고 어휘의 의미를 운전하는 맥락에서만 이해한다.
4수준	특정 어휘의 의미를 알고 있지만, 적절하게 어려움 없이 사용할 만큼 회상하지는 못하는 수준 예 '초보'라는 어휘가 운전을 처음 하는 사람뿐만 아니라 무엇이든 아직 능숙하지 못한 상태를 가리키는 것임을 알고 있지만, 자유자재로 '초보'라는 어휘를 사용하지 못한다.
5수준	탈맥락적 상황에서도 어휘의 정확한 의미를 알고 사용할 수 있는 수준 예 '초보'라는 어휘의 의미를 정확히 알고 어떤 상황이라도 적절하게 이 어휘를 사용할 수 있다.

2 그라비스(Graves, 1987) – 어휘 학습의 6가지 과제 수준

특징	• 어휘발달에 따라 이루어지는 어휘 학습의 과제 수준을 6가지로 설명하였다. • 영유아의 어휘발달은 수평적이고 수직적인 과정이 함께 이루어지므로 단어의 단순한 의미파악부터 시작해 깊은 수준의 의미를 파악하고 이를 표현할 수 있는 수준까지 이루어져야 한다. • 어휘 학습의 과제를 단일 과제가 아닌 여러 가지 수준과 내용으로 다르게 제시하면, 어휘 학습도 다양한 방법으로 이루어질 수 있다고 본다. 따라서 어휘 지도에는 여러 가지 방법이 동원되어야 한다고 제안한다.
1수준	음성언어로 사용되는 단어의 의미를 아는 것이다.
2수준	이미 알고 있는 단어의 다른 의미를 아는 것이다.
3수준	단어 자체는 모를지라도 의미를 설명하면 이해할 수 있는 단어를 새롭게 아는 것이다. 예 유아들이 '분개, 탈진' 등의 단어 의미를 모를지라도 그 뜻을 설명해주면 아는 것
4수준	개념도 단어도 모르는 단어를 모두 새롭게 아는 것이다.
5수준	이미 알고 있는 단어의 의미를 더 깊은 수준까지 아는 것이다. 예 경제의 의미를 처음에는 돈과 관련한 의미, 다음에는 돈을 벌고 쓰는 문제와 관련한 의미, 그다음에는 돈을 효율적으로 벌고 쓰는 것과 관련한 의미 등 점차 더 정확하고 깊은 수준으로 알게 되는 것
6수준	수용 어휘를 표현 어휘로 바꿀 줄 아는 것이다.

UNIT 32 어휘의 학습

KEYWORD# 어휘 발달을 돕는 방법 - 수평적 발달, 수직적 발달

1 어휘 발달을 돕는 방법

수평적 발달을 돕는 방법	**정의** 의미(어휘)의 수평적 발달이란, 현재 알고 있는 단어의 의미에 새로운 속성을 추가해 가면서 단어의 의미를 풍부하게 발달시키는 것을 말한다. **지도방법**▶ • 유아가 인지한 '개'의 속성을 열거해보도록 한다. **예** "개는 어떤 모습을 하고 있니? 어디에서 사니? 어떤 소리를 내니?" 등을 묻는다. • 유아가 인지한 개의 속성에 더해 다른 동물들과 구별되는 개의 속성들을 인식할 수 있도록 돕는다. **예** "개는 아까 본 고양이와 어떤 점(소리/습성/외형 등)이 다를까?"를 묻는다.
수직적 발달을 돕는 방법	**정의** 의미(어휘)의 수직적 발달이란, 어떤 대상에 대한 속성을 알고 그에 관련되는 단어들을 습득함으로써 단어들이 군집화되는 것으로, 대상을 상위-하위 개념으로 위계화하는 것을 말한다. 즉, 유아가 알고 있는 어휘의 속성을 습득한 후에 그와 유사한 단어들을 계속 습득하여 유사성이 있는 단어들을 군집화함으로써 새로운 상위 범주의 개념을 획득하는 것이다. **지도방법**▶ • '개'는 '동물'에 속한다는 것을 인식하도록 돕는다. **예** "집에 오다가 귀여운 개를 보았니? 개는 엄마도 참 좋아하는 '동물'이야." • 개 이외에도 동물에 속하는 단어들을 함께 인식할 수 있도록 돕는다. **예** "여기에 개, 고양이, 토끼, 앵무새가 있네. 이 중에서 어떤 '동물'이 마음에 드니?"

2 어휘의 학습전략 지도(전략적인 어휘 학습자가 되는 것을 도울 수 있는 방법)
- Baker, Simmons & Kameenui(1999)

분명한 어휘 학습 전략 시범보이기 (분명한 전략 제시)	• 어휘 학습을 촉진시킬 수 있는 절차를 분명하게 제시하고 그런 전략을 직접 시범보이는 것이다. **사례** 이야기 책을 읽어줄 때, 처음 읽을 때는 그냥 읽고 두 번째 읽을 때는 상호작용하면서 읽어주되 유아가 이야기 속으로 몰입하게 한다. 이때 교사는 유아가 이야기의 내용이나 중요한 어휘를 이해하고 있는지 점검하며, 언어적 맥락을 통해 모르는 단어의 의미를 어떻게 알아내는지 시범보인다. • 모르는 단어를 만났을 때 어떤 방법을 사용해야 할지 결정하는 것과 관련된 전략들이다. - 옆 사람에게 단어의 의미를 물어볼 수 있도록 한다. - 사전을 찾아 읽어 볼 수 있도록 한다. - 목표 단어를 넣고 문장을 만들어 보게 한다.

- 매개적 비계설정이란 초기 학습 단계에서는 교사, 과제, 자료를 통해 제공할 수 있는 외적 지원을 하다가, 점차 학습이 이루어지면 외적인 지원을 줄여나가는 방법이다.
  - '어휘 학습 전략을 분명하게 시범보이기'가 모르는 단어를 만났을 때 어떤 전략을 사용해야 할지 결정하는 것과 관계있는 방법이라면, '매개적 비계설정'은 ① 유아에게 단어의 의미를 학습하는 데 필요한 여러 가지 전략적 단계를 보여주되, ② 유아의 어휘 지식이 발달하면 체계적이면서도 단계적으로 그런 지원을 줄여 나가는 방법이다.

어휘학습과 관련한 비계설정의 종류	

의미 지도 그리기	• 하나의 주제를 중심으로 관련되는 어휘들을 모두 말해보게 하는 방법이다.
	예 '교통'을 주제로 정했으면 그것을 다시 몇 가지 영역들로 나누고, 각 영역에 포함될 수 있는 폭넓은 어휘들을 모두 동원해보게 하는 방법이다.
	  - 이 지도방법은 유아의 사전 경험을 능동적으로 활용하고 유아의 흥미를 유발하여 적극적인 참여를 끌어내야 한다.
	  - 이때 단계마다 교사의 비계설정이 필요한데, 유아들이 어휘 학습 전략들을 사용하는 것이 점차 자유롭게 되면 교사가 주제만 제공해도 유아들은 관련 어휘들을 생각해 낼 수 있게 된다.

의미 자질분석	• 지도 대상 어휘들을 범주화하여 그 범주에 속하는 어휘들을 제시한 다음 범주의 특징을 열거하고, 각 어휘들이 어떤 특징을 갖고 있는지 살펴보는 방법이다. • 이때 의미적으로 유사성이 있는 어휘들을 대상으로 의미 관계를 분석하는 것이 필수적이다. 예 '시원하다', '춥다', '서늘하다', '덥다'라는 어휘들이 공통적으로 가지고 있는 특징이 무엇인지 말해보게 하는 것
개념 구조 도식화하기	• 지도 대상 어휘와 다른 어휘들과의 개념상의 차이점과 유사성을 인식시키는 방법으로 단어의 의미와 용법을 알게 해주는 방법이다. • 도식화는 지도 대상 어휘에 따라 망 구조로 도식화할 수도 있고, 위계 구조로 도식화할 수도 있다. • 의미 지도를 그리고, 의미 특질을 찾아내고, 개념을 도식화하는 초기 단계에서는 교사의 역할이 매우 중요하다가 교사가 단어만 제공해도 유아들이 단어를 범주화하는 것이 가능한 시기가 되면 점차적으로 교사는 외적 지원을 줄여 나가야 한다.

위 표의 왼쪽 병합 셀: 매개적 비계설정

유아의 세상 지식 활용하기
- 유아가 전략적인 어휘 학습자로 자라나게 하려면 유아의 세상 지식을 활용해야 한다.
- 세상 지식은 새로운 단어의 의미를 이해하는 데 유아의 개인적인 경험을 끌어와 단어의 의미 이해를 쉽고 깊게 하도록 돕는다.

  사례 유아가 자신의 세상 지식을 활용하려면 먼저 그림책에 있는 그림들을 중심으로 책과 관련한 이야기를 하게 만든다. 그런 다음 교사는 그 책을 있는 그대로 읽어준다. 그렇게 하면 아동과 교사는 책의 실제 내용과 처음 자신들이 예측한 것과 관련하여 토론을 할 수 있게 된다. 이런 활동은 결국 그들이 방금 읽은 책 내용을 이야기하는 데 필요한 배경지식을 개발할 수 있도록 도울 뿐만 아니라, 마침내는 자기 자신의 이야기를 할 수도 있게 만들고, 유아들의 어휘 사용을 확장시키는 기회가 된다.

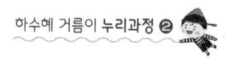

MEMO

어휘의 깊은 의미를 이해할 수 있는 다양한 체제 개발	• 새로운 어휘의 의미를 더 깊게 이해할 수 있는 다양한 체제를 만들어 내는 것이다. • 교사는 유아가 단어의 의미를 깊은 수준까지 이해할 수 있도록 가능한 한 다양한 방법들을 만들어내야 한다. 　🄓 새로운 단어의 의미를 주제로 역할놀이 하기, 그림책에 나오는 새 단어의 의미를 그림책의 그림이나 문맥을 통해 알아맞히기, 새 단어를 넣어 누가 가장 많은 문장을 만들어 내는지 시합하기

3 어휘학습 방법(어휘지도 방법)

• 어휘지식의 차이는 유아의 언어 이해 능력과 상관이 있는데, 어휘지식이 많은 유아들은 단어의 의미적 표상을 정교하게 가지고 있기 때문에 새로운 단어를 접하면 그것을 자신이 알고 있는 단어들과 관련지어 이해한다(Snow, 1998). 그리고 유아들의 어휘력의 차이는 연령이 증가할수록 더 크게 벌어지고 역전되기 어려우므로 영유아기부터 어휘력 증진을 위한 교사의 충분한 지도가 필요하다.
• 어휘 학습은 학습자의 연령과 인지적 능력, 교육 정도와 독서량, 그리고 어휘 학습의 과제에 따라 크게 두 가지 방법으로 이루어진다.
　① 첫째는 다른 사람이 사물의 이름을 말해 주거나 단어의 정의를 내려 주는 직접적이고 명시적인 어휘지도 방법이다.
　② 둘째는 언어적 맥락 속에서 단어를 접하게 됨으로써 간접적이고 우연적인 방법으로 이루어지는 어휘지도 방법이다.

(1) 직접적, 명시적 어휘지도법

개념	• 직접적이며 명시적인 어휘지도 방법은 유아에게 어휘의 의미를 직접적으로 제공하고, 다른 사람들과 그 어휘의 의미에 대해 상호작용하도록 지도하는 것이다. 　— 주로 단어가 지칭하는 대상을 가리키면서 명명하거나, 단어의 개념을 정의 혹은 설명한다. 　　🄓 자동차를 가리키면서 '자동차'라고 말한다. 　　🄓 자동차란 '네 개의 바퀴를 가지고 땅 위를 움직이도록 만든 차'라고 설명한다. 　— 어휘의 의미를 유아에게 직접적으로 제공하여 그 어휘에 대해 유아들이 의식적으로 생각해 보도록 하며, 어휘를 가지고 놀면서 다른 사람들과 어휘의 의미에 대해 상호작용하도록 지도한다.
그림책을 통한 명시적 어휘지도 방법	• 유아교육 단계에서의 명시적 어휘지도는 유아의 흥미와 관심을 바탕으로 이루어져야 하므로 그림책을 활용할 수 있다. • 그림책 활용하기의 장점 　— 그림책 안에 제시된 단어 중 다소 어렵지만 유아들이 알고 있어야 할 목표 단어를 선정하여 명시적으로 지도하는 것으로, 유아들의 학습 동기를 자연스럽게 유발할 수 있다. 　— 이야기의 맥락 안에서 어휘의 의미를 이해할 수 있게 된다. 　— 교사가 이러한 어휘를 일상생활 맥락에서 사용하는 경험을 제공한다면 유아는 이야기 맥락을 벗어나서도 어휘의 의미를 이해하고 학습하게 된다. 　— 유아들이 이미 알고 있는 지식을 목표 어휘와 연결시켜 줌으로써 새로운 어휘를 알고 재생할 수 있는 능력을 길러준다.

- 그림책을 활용한 명시적 어휘지도 방법(Beck, McKeown & Kucan, 2002)
  ① 목표 어휘를 선정한다.
    - 그림책에 포함된 목표 어휘를 선정하는 것을 말한다.
  ② 그림책을 읽어준다.
    - 어휘의 의미를 아는 것이 필요하다면 읽는 것을 잠시 멈추고 의미를 간략하게 설명해주는 것을 통해, 그림책의 이야기 맥락 안에서 어휘의 의미를 이해할 수 있도록 한다.
  ③ 그림책을 다 읽고 나면 교사는 목표 어휘를 유아들에게 소리 내어 따라하게 한다.
    - 어휘의 의미를 유아들이 이해할 수 있는 쉬운 말로 설명한다.
    - 유아들에게 읽어준 이야기와는 다른 맥락에서 동일한 어휘가 사용되는 예를 제시해준다.
  ④ 유아들은 그 어휘가 들어가는 예를 스스로 만들어 본다.
    - 적합한지 아닌지를 또래들과 함께 알아보고 왜 적합하거나 적합하지 않다고 생각하는지 이유를 말한다.

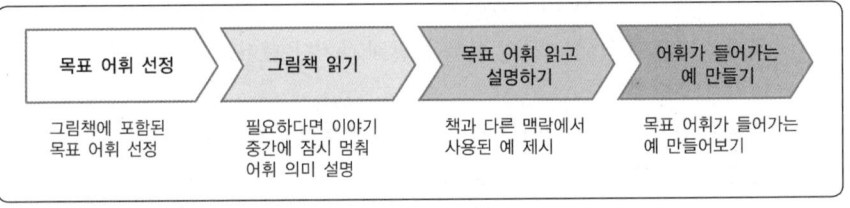

(2) 간접적이며 맥락적인 어휘지도법

개념	• 간접적이며 맥락적인 어휘지도 방법은 대화나 실제 맥락 속에서 새로운 어휘를 학습하는 것으로, 실제 어휘가 사용되는 맥락에서 다양한 단서를 이용하여 어휘의 의미를 추론하는 과정을 통해 자연스럽게 어휘의 의미를 터득하게 하는 것이다(Werner & Kaplan, 1950). - 대체로 유아교육기관에서는 그림책을 읽으면서 접하는 어휘들의 의미를 맥락을 통해 추론하는 활동이 일반적이다. 다른 사람과 상호작용하면서 그림책을 반복적으로 읽으면 유아가 그림책의 맥락을 통해 새로운 단어를 이해하는 데 도움이 된다(McGee & Schickedanz, 2007).
그림책을 통한 간접적인 어휘 학습의 효과	• 다양한 맥락에서 동일한 단어를 지속적으로 접하고, 반복적으로 경험하는 것을 통해 단어의 의미와 그것이 활용되는 맥락에 대하여 깊게 이해할 수 있게 된다. • 유아들은 단어를 자주 들을수록 단어를 학습하기 쉬우므로, 같은 책을 반복적으로 읽힘으로써 단어를 더 쉽게 학습할 수 있게 된다. • 그림책을 읽으면서 접하는 단어에 대하여 토론하는 활동은 유아 어휘 학습의 촉진을 도우며, 그림책뿐만 아니라 다른 활동에서 단어를 사용할 기회를 통해 어휘 학습이 더욱 지지된다.

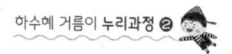

고려할 점	• 그림책을 반복해서 듣는 것만으로는 어휘 학습에 한계가 있다. – 유아기는 성인이나 다른 아동기에 비해 모르는 단어가 많고 구어적 맥락 속에서 어휘를 학습하는 데 어려움이 있다. 따라서 5~6세 유아의 경우 간접적인 어휘지도와 직접적이며 명시적인 어휘지도가 함께 이루어지도록 하는 것이 훨씬 효과적이다(Stahl & Fairbanks, 1986).

UNIT 33 의사소통 능력

① 의사소통 능력의 개념

브롬리 (Bromley, 1988)	의사소통 능력이란 상호작용하는 방법과 다른 상황에서 서로 적절히 의사소통하는 방법, 의사소통 상황에서 다른 사람이 말하고 행하는 것에 관한 의미를 파악하는 방법 등을 포함한다.
하임스 (Hymes, 1972)	• 의사소통 능력이란 언어를 산출하기 위해 사용하는 문법적 규칙에 대한 지식뿐 아니라 특정한 상황에 적절한 말을 하기 위해 필요한 화용적 규칙에 대한 지식도 포함한다고 주장한다. 다른 상황에서는 다른 언어 패턴과 어휘가 사용된다는 것에 관한 지식이다. • 의사소통은 대화하는 두 사람 간의 협력적 노력으로 대화 참여자가 대화를 조절하고 제안하고 반응하는 것이다. 적절한 의사소통 행동과 관련해 공유된 규칙을 알지 못하거나 사용하지 않으면 의사소통이 가능하지 않다고 본다.

• 의사소통이란, 서로가 지닌 생각이나 뜻을 통하게 하는 과정으로 서로의 감정과 의견을 교환하는 행위의 과정을 말한다(국립국어원). 즉, 상대방에게 자신의 생각을 일방적으로 전달하는 것이 아니라 서로의 생각을 '주고받는' 것이다. 여기서 주고받는다는 의미에는 다양한 상황과 사회·문화적인 기대에 대한 이해를 바탕으로 그에 적합한 비언어적·언어적 의사소통으로 자신의 의도를 조절할 수 있는 능력이 포함된다.

> 🔔 의사소통의 요소
> • 기본 요건: 말하는 사람과 듣는 사람
> • 내용: 말하는 사람의 사고, 지식, 감정, 느낌 등과 같이 듣는 사람에게 영향을 주고자 의도하여 전달되는 내용과, 이 내용을 전달하기 위한 매체와 방법을 의미한다.
> • 결과: 의사소통으로 인해 나타나는 종결상태로, 상대방에게 영향을 미치게 되어 상대방이 변하거나 또는 서로 변하게 되는 결과를 의미한다.

• 의사소통은 의사소통기술, 의사소통전략, 의사소통 능력 등을 포함한다.
 – **의사소통기술**은 의사전달과정에서 자신의 의사를 듣는 사람에게 적극적으로 전달하기 위해 사용하는 기법들로, 매일의 생활에서 바람직한 대인관계를 형성해 나가기 위해 필요하다. 이를테면 기호나 상징 등으로 표현하기, 경청하기, 질문하기, 피드백하기 등과 같은 기법들이 사용된다.

MEMO

‒ **의사소통전략**은 전달할 내용을 만들어 내는 방법과 만들어 낸 전달내용을 사람들에게 효과적으로 전달하는 방법과 관련된다. 예를 들면 전달하고자 하는 내용의 행동에 대해 행위를 설명한다거나, "아주 중요한 문장이에요."와 같이 중요성에 대해 반복하여 말한다거나, 주의를 끌기 위한 방법으로 "여기 좀 봐, 나 중요한 할 말이 있어." 등의 전략을 사용할 수 있다.

‒ **의사소통 능력**이란 자신의 생각과 느낌을 명확히 인식하여 긍정적인 방식으로 요구와 바람을 표현하고, 경청을 통해 타인의 권리와 요구를 정확히 해석하고 존중·공감하는 태도를 가지며, 타인과 협력하여 문제를 해결하는 능력이다.

> 🔔 **의사소통기술에 필요한 능력**
> • 상대방의 말에 주의를 기울여 듣고, 상대방이 하는 말의 뜻을 이해하는 능력
> • 상대방의 연령, 성, 사회적 지위 또는 상황적 조건에 맞게 자신의 언어적 표현을 조정하는 능력
> • 자신이 하는 말을 상대방이 이해하고 있는지의 여부를 상대방의 반응으로부터 감시하고 조정해나가는 능력

의사소통의 형태
• 언어의 사용 여부에 따라 언어적 의사소통과 비언어적 의사소통으로 나눈다.
 ‒ 언어적 의사소통은 의사나 감정, 정보 등이 음성이나 문자 등을 통해 전달되는 것이다.
 ‒ 비언어적 의사소통은 표정이나 시선, 몸짓, 손짓, 음성, 어조, 미소 등을 통해 정보(생각, 감정)를 전달하는 것이다. 의사소통에 있어서 심리상태나 정서적인 상황은 비언어적인 의사소통으로 전달되기 때문에 타인과의 관계에 있어서 중요한 역할을 한다.

❷ 의사소통 능력의 구성요소 ‒ 커넬 & 스웨인(Canale & Swain, 1980)

특징	커넬 & 스웨인은 가장 중요한 언어능력을 언어가 사용되는 상황에 적합한 발화를 생성하고 이해할 수 있는 능력으로 보고, 말하기 구성능력의 구성요소(의사소통 능력의 구성요소)로 문법적 언어능력, 사회언어학적 능력, 담화구성 능력, 전략적 언어사용능력을 꼽았다.
문법적 능력	• 문법규칙에 맞게 단어를 배열하여 문장으로 구성하는 방법을 이해하고 사용할 수 있는 능력을 의미하는 것으로, 언어를 얼마나 정확하게 구사할 수 있는가의 문제이다. • 어휘, 형태소, 통사, 문장의 의미 및 음운 등의 규칙에 관한 지식을 의미하며, 어휘, 발음, 철자, 단어구성, 문자구조를 포함한다.
사회언어학적 능력	• 발화상황에 맞게 언어를 적절하게 사용할 수 있는 능력으로 상대방의 사회적 지위, 문화, 성별과 같은 사회적 변인에 따라 언어가 어떻게 다르게 사용되는지를 아는 것이다. 즉, 효과적으로 말하기 위해서는 상대의 태도, 교육 정도, 연령, 성별, 성격적 특성에 따라 다르게 말할 줄 아는 사회언어학적 능력이 필요하다고 보았다. ‒ 서로 다른 사회언어적 상황에서의 적절한 언어사용을 위한 사회언어적 규칙에 관한 지식을 의미한다. ‒ 언제 침묵을 지켜야 하는지, 언제 존댓말을 사용해야 하는지, 언제 주저하는 태도로 말을 해야 하는지 등의 특정한 상황에서 무슨 말을 어떻게 해야 하는가를 아는 능력이다.

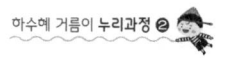

담화구성 능력	• 담화구성 능력은 문장과 문장을 연결하여 적절한 내용의 말을 논리정연하게 구성해 내는 능력이다.
	  - 독립된 개별적인 문장이 아니라 일련의 문장들을 연결한 담화 속에서 전체적인 의미를 형성해 내는 능력과 관련된다.
	  - 여러 문장이 연결된 담화 속에서 전체적인 의미를 파악하는 능력과 함께 문장 간의 적절한 내용을 논리정연하게 구성할 수 있는 능력을 말한다.
	• 논리정연하게 말하기 위해서는 대화의 전체 맥락을 이해하고, 대화에 필요한 적당한 정보의 양을 제공하며, 적절한 순서로 분명하고 간결하게 말하는 능력이 요구된다.
	• 담화구성 능력에 포함되는 요소로는 내용의 적절성 및 일관성, 문장의 응집성 있는 연결, 수사적 장치 등이 있다.

전략적
언어사용 능력
	• 전략적 언어사용 능력은 불충분한 언어능력 때문에 발생하는 의사소통 장애를 막기 위해 사용하는 언어적·비언어적 전략으로, 청자의 언어능력을 보완하기 위해 눈빛, 몸짓 등을 사용할 수 있는 능력이다.
	  - 언어수행의 변수 혹은 불충분한 언어능력에 따른 의사소통의 좌절을 보완하기 위해 취해지는 언어적·비언어적 소통전략에 관한 지식이다.
	  - 단어가 생각나지 않거나 상대방의 말을 이해하지 못했을 경우, 의사소통을 지속하기 위해 적절한 전략을 사용할 수 있는 능력이다.
	  - 예를 들면 여러 상황에서 말을 바꾸어서 한다든지, 돌려서 말을 한다든지, 반복하고, 주저하고, 회피하는 전략을 사용할 줄 아는 능력이다.

❸ 효과적인 말하기에 필요한 의사소통 능력 - 호프긴스버그(Hoff-Ginsberg, 1997)

특징	• 호프긴스버그, 효과적으로 말을 하기 위해서는 문장을 이해하고 문장을 산출해 내는 능력뿐만 아니라 의사소통에 필요하다고 생각되는 여러 가지 중복적인 지식들, 즉 화용론적 지식, 담화론적 지식, 그리고 사회언어학적 지식들을 적절하게 포함하고 있어야 한다고 주장한다. • **교육적 시사점** - 말하기는 단순히 언어능력의 문제가 아니라 의사소통 능력의 문제이며, 이는 매우 복잡한 지적 활동과 관련된다. 따라서 말하기 지도는 말하기의 표면적 수준에 해당하는 정확한 발음이나 조음, 그리고 문장 구성에만 관심을 기울일 것이 아니라, 이 수준을 넘어서서 자신의 아이디어를 조직하여 나타내 보일 수 있고, 말하고자 하는 의도를 분명하게 제시할 수 있도록 지도하는 등 그들의 지식을 표현할 수 있는 쪽으로 방향을 잡아야 할 것이다.

화용론적 지식
(pragmatic
knowledge)
	<u>화용론적 지식은 의사소통적 기능과 의사소통을 위한 언어사용의 관례에 관해 아는 것이다.</u>
	• 화자가 말하는 각 문장은 어떤 사태를 단순히 기술하기 위해 발화하는 것이 아니라 언어적 행위, 즉 화행(speech acts)이라는 뜻이다.
	  - 예를 들어 누가 "우리 결혼하자."라고 말했다면, 그 뒤에는 반드시 그 말에 대한 책임이 따른다.
	  - 말하기는 언어를 기능적으로 사용하는 것으로, 언어의 기능은 약속, 요구, 참조, 기술, 논쟁, 명령 등 여러 가지가 있다.

	− 따라서 말을 잘한다는 것은 '화자의 의도, 언어적 형태, 효과' 등 세 가지 요소와 관련하여 판단할 문제이다. 즉, 말을 잘하려면, 화자가 언제 어떤 언어적 형태를 사용하여 말을 할지와 자신의 의도를 가장 효과적으로 드러내기 위해 어떻게 해야 할지를 알아야 한다는 것이다.
담화론적 지식 (discourse knowledge)	담화론적 지식은 문장보다 더 큰 단위의 언어 사용에 대해 아는 것이다(대화나 이야기의 전체적 전개나 구조에 대해 아는 것). • 말하기 능력을 위해서는 어떻게 대화에 참여해야 하는지, 어떻게 이야기를 만들어내야 하는지도 알아야 하는데, 이것이 담화론적 지식이다. Shatz & McCloskey(1984)는 유아의 말하기 지도는 처음부터 유아들이 이런 규칙들을 따르며 말을 할 수 있도록 지도해야 한다고 주장한다. • 말을 잘 하려면 말의 양, 질, 관계, 태도 등이 적절해야 한다. − 즉, 적당한 양의 정보를 제공하되 적당한 순서로 분명하고, 간결하게, 그리고 애매모호하지 않게 말을 할 줄 알아야 한다. − 대화에 필요한 적당한 양의 정보를 제공할 수 있어야 한다. − 증명되지 않은 말을 해서도 안 되고 타당하지 않은 내용의 말을 해서도 안 된다. − 너무 말을 적게 해서도 안 되고 너무 많이 해서도 안 된다. ◉ 누군가 토크쇼에 초대되어 묻는 말에 단순히 한 문장의 말로만 대답을 한다면, 우리는 그를 말하기 능력이 부족한 사람이라고 생각할 것이다.
사회언어학적 지식 (social linguistic knowledge)	사회언어학적 지식은 상대방의 사회적 지위, 문화, 성 등에 따라 언어가 어떻게 다르게 사용되는지 아는 것이다. • 언어사용이 일어나는 사회적 장면을 사용역(register)이라고 하며, 유아들은 말하기 학습의 과제 중 하나로 '사회적 장면에 따라 언어를 달리 사용하는 것'을 배워야 한다. − 따라서 효과적으로 말을 하기 위해서는 상대의 태도, 교육 정도, 연령, 성별, 성격적 특성에 따라 다르게 말을 할 줄 아는 사회언어학적 지식이 필요하다. − 이를 통해 유아들은 장소(◉ 교실, 카페)나 청자(◉ 친구, 선생님, 부모, 유치원 아이들) 등에 따라 다르게 말을 할 수 있게 된다.

 참고

2015 누리과정 「말하기」 − 낱말과 문장으로 말하기

의미		• 주변에서 들었거나 자신이 알고 있는 낱말을 정확하게 조음하여 발음하는 것에 대한 내용이다. • 여러 사물과 주변에서 일어나는 일이나 상황을 다양한 낱말과 문장을 사용하여 상황에 맞는 문장으로 말하는 것에 대한 내용이다. • 간단한 문장에서 복잡하고 다양한 문장으로 발달해 가도록 하는 내용이다.
특징	3세 친숙한 낱말 발음하기	• 3세 유아는 주변의 친숙한 낱말에 관심을 갖고 이러한 낱말을 말해야 할 때, 발음해 보는 경험을 한다. • 이 경험을 통해 말소리를 발음하는 데 필요한 능력을 기르게 된다.
	새로운 낱말에 관심을 가지기	• 3세 유아는 주변의 친숙한 낱말뿐만 아니라 일상생활 속에서 접하는 새로운 낱말에 관심을 가지게 된다. • 점차 기존의 낱말을 확장시키고 그것을 사용할 수 있는 능력이 향상된다.

		친숙한 낱말을 정확하게 발음하기	주변의 친숙한 낱말을 이전 시기보다 더 정확하게 발음하는 내용이다.
	4세	다양한 낱말을 사용하여 말하기	4세 유아가 다양한 낱말을 알고 사용하기 위해서는 다른 사람이 사용하는 낱말을 듣고 이를 일상생활 속에서 직접 사용해 보는 것이 중요하다.
		정확한 발음으로 말하기	5세가 되면 몇 가지 발음을 제외하고는 대부분의 조음 능력이 발달되어 점차 발음하기 더 어려운 낱말도 정확하게 발음하고, 나아가 정확한 발음으로 문장을 말하는 능력을 기르게 된다.
	5세	다양한 낱말을 사용하여 상황에 맞게 말하기	• 유아가 이전 시기에 습득한 다양한 낱말을 사용하여 상황에 맞게 말하는 내용이다. • 만 5세 유아는 언어능력이 계속 향상되어 언어 체계의 주요 구성요소를 대부분 습득하게 되고, 새로운 낱말의 습득으로 어휘력이 급격히 증가하게 된다.
지도지침	3세	친숙한 낱말 발음하기	• 원활한 의사소통을 위한 기초단계로서 유아가 일상생활 속에서 자주 접하는 친숙한 낱말을 발음하는 내용이다. − 일상생활에서 자주 접하는 친숙한 낱말을 찾아 발음해 볼 수 있는 기회를 제공한다.
		새로운 낱말에 관심을 가지기	유아가 새로운 낱말에 지속적으로 관심을 갖는 내용이다.
	4세	친숙한 낱말을 정확하게 발음하기	4세 유아는 자신이 이미 뜻을 이해하고 있는 친숙한 낱말들을 정확하게 발음해 보는 경험이 필요하며, 이를 통해 점차 낱말을 정확하게 발음할 수 있도록 한다.
		다양한 낱말을 사용하여 말하기	• 유아가 새로운 낱말에 지속적으로 관심을 갖고 확장시킨 다양한 어휘를 실제로 활용하여 말하는 내용이다. • 다른 사람이 사용하는 낱말을 듣고 이를 일상생활 속에서 직접 사용해 보는 경험을 통해 유아는 하나의 상황을 다양한 낱말로 표현할 수 있는 능력이 향상된다. • 새로운 낱말에 관심을 가질 수 있는 기회를 제공하여 어휘력을 확장시키도록 하고, 새로 습득한 다양한 낱말들을 사용하여 상황에 맞게 말해 보도록 격려한다.
	5세	정확한 발음으로 말하기	• 3, 4세에 경험했던 친숙하고 발음하기 쉬운 낱말들의 발음을 기초로 하여 지도한다. • 낱말과 문장을 정확한 발음으로 말하는 내용이다. • 유아가 일상생활에서 접하는 것들에 대해 자유롭게 말하도록 개방적인 분위기를 조성하고, 말할 기회를 자주 제공해야 한다. • 단순 자음과 모음의 조합으로 발음되는 단어만이 아니라, 만 5세 유아에게는 순음, 비음, 격음, 경음, 연음 등 단어의 구성과 문장의 조합으로 다양하게 굴절 발음되는 단어들을 귀 기울여 듣고, 정확하면서도 자연스럽게 발음해 보는 기회를 주어야 한다.
		다양한 낱말을 사용하여 상황에 맞게 말하기	• 유아가 여러 가지 어휘를 사용하여 상황에 맞게 말할 수 있도록 지도하는 내용이다. − 5세 유아는 다양한 놀이 상황과 일상생활에서 새로운 낱말과 상황에 맞는 어휘와 문법을 사용해 보는 경험을 통해 낱말의 의미를 알 수 있게 된다. − 즉, 유아는 친구와 의견을 주고받기, 도움을 청하기, 동생을 도와주기, 응급 상황, 질문하기 등 여러 상황에 맞게 적절한 어휘를 사용하여 문장을 말하는 능력이 향상된다.

활동의 예	3세	친숙한 낱말 발음하기	'닮은 곳이 있대요' 노래를 부르면서 눈, 코, 입 등 자신의 신체 부위를 가리키며 말해본다.
		새로운 낱말에 관심을 가지기	봄에 피는 여러 가지 꽃에 진달래, 개나리, 목련 등 이름이 있음을 알고 관심을 가진다.
	4세	친숙한 낱말을 정확하게 발음하기	주제에 따라 그림카드로 제시된 여러 가지 사물, 대상을 정확하게 말해 본다.
		다양한 낱말을 사용하여 말하기	봄에 피는 다양한 꽃의 이름을 말해 보며 언제 어디서 보았는지 자신의 경험을 이야기 해본다.
	5세	정확한 발음으로 말하기	• 자음과 모음의 명칭을 알고 정확한 발음으로 맞히는 게임이다. • 주제와 관련하여 알게 된 '새로운 단어' 카드를 활용하여 친구들에게 정확한 발음으로 수수께끼를 내고 맞히는 활동이다. ⑩ 음식을 잘게 부수는 역할을 하는 이는? (어금니) • 단어나 짧은 문장을 전달하는 게임이다.
		다양한 낱말을 사용하여 상황에 맞게 말하기	• 식물 구조(⑩ 꽃, 잎, 줄기, 뿌리)의 명칭을 사용하여 봄이 되어 변화된 꽃과 나무의 모습에 대해 설명해 본다. • 주변의 일상 사건들을 기초로 유아의 행동이나 유아가 참여하는 놀이 상황과 관련된 단어에 의도적으로 새로운 단어를 추가하거나, 유아들이 잘 쓰지 않는 단어를 포함시켜 표현해 준다.
지도 시 유의사항			• 유아의 잘못된 발음을 지적하거나 올바르게 발음할 때까지 반복시키지 않도록 유의한다. ⑩ 유아가 "가이가 어디 있어요?"라고 물으며 가위를 '가이'라고 말했을 때, 교사는 유아 발음을 교정하는 것이 아니라 정확한 발음으로 "가위가 여기 있네."라고 말하기 모델을 보여준다. - 유아가 바르게 발음할 수 있도록 격려한다.

IV 내러티브 발달(narrative, 구어이야기)

UNIT 34 언어의 맥락

- 유아가 일상적으로 사용하는 언어의 대부분은 놀이 맥락에서 나타나는 "이거 재밌지?", "내가 벽돌을 쌓았어.", "너는 지금 들어와도 돼." 등과 같이 '지금 여기서' 일어나는 일에 대한 구체적 상황을 드러내는 것이다.
- 그러나 현재의 맥락에서 벗어나 추상적인 상황이나 언어를 다루어야 할 때가 있다. 예를 들어 과거에 경험했던 일을 말하거나 혹은 미래에 발생하게 될 일을 말하는 경우 등이다. 이러한 경우 유아는 지금 여기서 벌어지는 상황에서 벗어나 기억이나 상상에 기초하여 표현해야 하므로, 탈맥락적인 사고와 함께 탈맥락적인 언어 사용이 요구된다.
  - 탈맥락적 언어 사용의 대표적인 예로 내러티브를 들 수 있다. 약 2세경부터 현재 진행 중인 사건뿐만 아니라 과거 사건에 대해 이야기하는 내러티브 능력이 출현하는데, 이는 언어의 탈맥락화가 진행되고 있음을 의미한다(Snow, 1983).
  - 유아는 가족 및 또래와의 상호작용을 통해 내러티브 기술을 습득하며 해당 기술을 발달시켜 나간다(Hudson & Shapiro, 1991).
  - 일반적으로 유아교육기관에서의 발표는 내러티브 방식에 의존하기 때문에 내러티브 기술이 있는 유아는 학급의 담화에 보다 적극적으로 참여할 수 있으며 이로 인해 긍정적인 성취경험을 할 수 있다. 따라서 유아교육기관에서도 영유아의 내러티브 능력을 증진시킬 수 있도록 내러티브 지도가 이루어져야 한다.

맥락화 유형	• 시간과 공간을 공유하면서 문자언어와 음성언어로 이루어지는 의사소통으로, 유아는 다른 사람들과의 대화를 통하여 맥락적인 언어기술을 습득한다. 　– 맥락화된 의사소통을 위해 사용되는 음성언어의 장점 : 화자와 청자가 시간과 공간을 공유하는 상태에서 마주보며 사용하므로 목소리 톤, 얼굴 표정, 자세 등 비언어적 의사소통을 통해 맥락에서 비언어적 정보를 쉽게 얻을 수 있다. 　– 맥락화된 의사소통을 위해 사용되는 문자언어의 예 : 식당의 음식 메뉴나 상품의 상표
탈맥락화 유형	• 시간과 공간을 공유하지 않은 상태에서 문자언어와 음성언어로 이루어지는 의사소통으로, 유아는 자신의 경험을 다른 사람들에게 이야기하고 가상적인 이야기를 꾸며 말해 보면서 탈맥락적 언어기술을 습득한다. 　– 탈맥락화된 의사소통에서 문자언어 사용 시 유의점 : 저자와 독자가 시간과 공간을 공유하지 않으므로 맥락에 의존하지 않고 정확한 어휘, 완전한 문법적 조직, 충실한 묘사 등 문자에만 의존하여 정보를 전달하고 의사 표현을 해야 한다. 　– 탈맥락화된 의사소통에서 사용되는 음성언어의 예 : 개인의 경험을 이야기하는 개인적 내러티브, 연사가 청중들에게 하는 대중강연이나 강의

- 탈맥락적인 대화의 출현
  - 언어적 기술이 증가하고 인지 능력이 발달하면서 유아는 대화를 통해 보이지 않는 지시물에 대한 이야기를 할 수 있게 된다. 이는 18개월에서 24개월 사이에 나타나게 되며, 이를 통해 맥락에서 벗어난 대화를 구성하기 시작한다.
  - 특정한 과거 기억에 대한 회상을 하거나 앞으로 일어날 일에 대해 함께 구상하는 것도 이러한 탈맥락적인 대화에 포함된다.

> 🔔 **탈맥락적 언어**
> - 탈맥락적 언어는 현재 상황을 벗어난 언어로, 현재 상황이 아닌 상황과 사물에 관한 정보를 공유하거나, 과거 또는 미래에 대해 이야기하는 경우를 말한다.
>   - 즉, '지금-여기'에서 일어나지 않는 가장(pretend), 이야기(narrative), 설명(explanatory talk)이 포함된 언어를 의미한다.
>   - 탈맥락적 언어는 현재의 맥락에 없는 사물이나 사건에 대해 정신적인 표상능력을 유아에게 요구한다.
>   - 부모가 과거나 미래 사건에 관한 이야기나 설명을 유아에게 많이 제공할수록 유아의 탈맥락적 언어의 발달을 촉진시킬 수 있다.

Hoff-Ginsberg (1997)

유 형	음성언어	문자언어
맥락화	'지금-여기'에서 벌어지는 상황에 대한 면대면 대화	메뉴, 상표
탈맥락화	개인적 내러티브, 가상적 내러티브, 강연, 강의	대부분의 읽기와 쓰기

탈맥락적 언어 사용의 특성 (Snow)
- 메시지를 보내는 사람과 받는 사람 간에 시간적·공간적 차이가 있다.
- 복잡한 문법 체계가 사용된다.
- 정보가 영구적이다(영구적으로 기록).
- 사실 또는 진위의 자발적인 입증이 가능하다.
- 참조의 명확성이 있다.
- 높은 수준의 응집성(접속사를 비롯한 언어적 참조장치를 적절하게 사용한다)을 보인다.
- 논리적 일관성(이야기 안의 사건들이 시간적·인과적으로 의미 있게 연결된다)이 나타난다.

탈맥락적 언어의 경험을 위한 활동

음성언어를 사용하던 유아들이 문자언어로 발달해 가는 과정에서 탈맥락된 음성언어를 경험하는 것은 유아들의 문자언어 발달에 매우 중요한 연결고리가 되며, 음성언어를 통한 문자언어 발달의 준비라는 측면에서 매우 유용하다.

유아의 탈맥락적 언어 사용을 돕는 방법
- 교사와 부모가 어떤 상호작용을 하느냐에 따라 탈맥락적 언어 사용을 유도할 수 있고, 유아에게 즐겁고 의미 있게 느껴질 수 있다.
- 즉각적인 상황에서 벗어나 좀 더 확장된 사고를 하고 그것을 말로 조리 있게 표현할 수 있도록 유아를 이끌어주는 성인이 있어야 한다.
  - 이러한 경험을 통해 유아가 음성언어에서 문자언어로 수월하게 전환할 수 있고, 유아의 문자언어 발달이 더 유리해진다.
- 가정과 유아교육기관의 역할
  - 언어에 대하여 의식적으로 생각해 봄으로써 + 메타언어 인식을 돕는 경험을 유아들에게 제공한다.
  - 문자언어의 탈맥락적 상황을 친숙하게 받아들이도록 탈맥락적 요소를 포함하는 음성언어를 경험하도록 돕는다.

+ 메타언어 인식
언어 그 자체를 사고의 대상으로 인식해 언어의 내용보다 형태와 구조를 다루는 데 관련된 사고로서, 이를 통해 말과 글의 관계를 인식하고 읽기를 하는 데 유리할 수 있다.

UNIT 35 내러티브(구어이야기, narrative)의 개념

1 기본 개념

정의	• 내러티브는 과거, 현재, 미래의 실제 혹은 가상의 사건에 대한 유아의 구어적 혹은 문어적 설명이다. – 즉, 내러티브란 이야기하는 행위와 이야기한 결과물을 함께 아울러 칭하는 용어로, 이야기하는 사람과 듣는 사람이 실제 사건 혹은 허구적 사건에 대해 의사소통하는 것으로 꾸며낸 이야기를 말한다. – 이는 하나 이상의 사건이나 경험이 시간적으로 배열되어 있고, 내용이 있으며, 인과적인 관계에 따라 의미 있는 에피소드로 조직되는 인지적 과정이다.
배경 및 특징	• 내러티브에 대한 연구는 라보브와 웨일스키(Labov & Walesky, 1967)에 의해 처음으로 시작되었으며, 이후 넬슨(Nelson, 1989)에 의해 집중적으로 연구되어 왔다. • 내러티브는 '개인의 경험을 이야기하는 내러티브'와 '꾸며낸 이야기를 말하는 내러티브'로 분류할 수 있다. 개인적 경험이나 꾸며낸 이야기를 말하는 것은 '지금−여기서' 벌어지는 상황이 아니라는 점에서 탈맥락적이라고 할 수 있다. – 이때 탈맥락적 말하기는 유아가 청자와 공유하지 않은 내용을 표현하기 때문에 일관되게 말하는 것이 중요하다. 이를 통해 유아는 논리적으로 말할 수 있는 능력이 발달한다. • 탈맥락적 대화는 만 2세 전후에 출현하기 시작하여 영유아기 동안 빠른 속도로 발달한다. – 언어적 기술이 증가하고 인지 능력이 발달하면서 영유아는 18개월~24개월 사이에 대화를 통해 보이지 않는 지시물에 대한 이야기를 할 수 있게 된다. 이를 통해 맥락에서 벗어난 탈맥락적인 대화를 구성하기 시작하고 특정한 과거 기억에 대한 회상을 하거나 앞으로 일어날 일에 대해 함께 구상하는 것도 나타난다.
내러티브의 속성	• 삶의 세계에서 일어나는 사건을 이야기하는 것이다. – 내러티브는 살아 움직이는 등장인물들의 관점과 입장이 제각각 드러나고, 사건들을 시간계열, 인과관계 등의 요소로 통일성 있게 이야기하는 과정과 결과로 만들어진다. • 의미 있는 사건들을 소통하는 것이다. – 내러티브는 세상에서 일어난, 일어나는, 또는 일어날 수 있는 사건들을 '의미화'하는 것이다. – 이야기하는 사람이 사건을 이야기할 만한 가치가 있다고 여기는 것은 그 사건에 화자의 이성과 감성, 마음이 작용하여 의미를 두기 때문이다. • 사람들의 세계에 대한 관점과 해석을 드러내는 것이다. – 개인은 새로운 경험에 자기만의 독특한 해석을 덧붙이고 스스로의 도식을 가지게 된다. 즉, 내러티브는 세계에 대한 단순한 기록이기보다는 문화와 개인의 기대가 혼합된 스스로의 마음 도식에 의해 창조되는 표상인 것이다.
내러티브 기술이 유아에게 미치는 영향	• 내러티브 기술은 유아의 구어발달 도구가 된다. • 내러티브는 개념발달, 즉 개인적 경험과 일반적 사건에 대한 지식의 재구성과 연결된다. • 내러티브는 문해발달 및 학업성취도와 관련이 있다.

② 내러티브에 요구되는 지식

기본 관점	내러티브의 화자는 사건에 대한 일반적 지식, 특정 에피소드의 기억, 사회적 상호작용에 대한 지식, 청자의 요구에 대한 지식 등이 있어야 하며, 지식을 이야기로 말할 때 통합할 수 있어야 한다.
① 내용 지식	중심 사건에 대한 지식, 일반화한 사건 표상, 특정 에피소드와 스토리 기억, 사회적 상호작용의 일반적 유형에 대한 지식이다.
② 구조 지식	• 이야기 구조 요소에 대한 지식으로, 내러티브의 앞뒤가 조리 있도록 해준다. - 청자에게 의미가 통하게 이야기의 흐름이 순서적으로 전개되도록 돕는다. ⓓ 이야기에는 배경, 사건의 시작, 내적반응, 목표, 시도, 결과, 반응이라는 구성요소로 짜여진 이야기 구조가 있다.
③ 언어학적 지식	시제, 대명사 사용, 대용참조 적용방법, 여러 종류의 연결어에 대한 지식이다. ⓓ '때로는', '항상', '제외하고'
④ 상황적 지식 (맥락적 지식)	• 특별히 야기된 상황에서의 이야기의 기능에 대해 아는 것이다. - 즉, 이야기가 특정한 상황에서 어떤 목적이나 역할을 가지고 전달되는지를 이해하고 인지하는 것이다.

③ 내러티브의 기능

• 유아 개인의 내면세계를 보여주는 통로로서 작용한다.
 - 유아의 내러티브 주제는 유아가 이야기하고 싶어 하는 이유와 연관된다.
 - 정신분석학 관점에서 꿈처럼 무의식의 심층 상태를 드러내는 중요한 의미이다.
 - 문화, 인지, 정서가 언어학적으로 만나는 '교차로'라고 설명하고, 유아는 '어린 소설가'라고 은유하며, 내러티브는 유아 자신의 의미 세계를 표상하는 통로임을 강조한다(McCabe, 1997).
• 세계를 인식하는 사고의 한 유형으로서 작용한다.
 - 인간의 사고를 패러다임적 사고와 내러티브적 사고로 생각해볼 때, 패러다임적 사고는 외부세계의 질서를 발견하고 설명하는 인지적 작용을 의미하며, 내러티브적 사고는 인간의 내면으로부터 세계의 질서와 의미를 부여하는 사고를 의미한다.
 - 인간은 각자의 경험과 지식으로 세상에 대한 감각을 만들기 때문에 한 유형의 사고만 가지고는 개인이 세상을 어떻게 인지하는지 설명할 수 없다. 따라서 교사는 두 유형의 사고가 적절히 조화를 이루며 인지·언어 작용을 이루도록 안내해야 한다(Bruner).
• 의사소통 수단으로 작용하며 일종의 사회화 과정으로 역할한다.
 - 자신과 타인의 삶을 이해하는 수단이다.
 - 개인적 삶의 독특한 의미를 다루는 도구적 기능과 동시에, 집단의 문화를 창출하고 유지하는 자원이다.
 - 부모, 교사와 같이 유아의 삶에 연관되어 있는 주변의 성인들은 유아들의 내러티브에 영향력 있는 요인으로 작용한다.

UNIT 36 내러티브의 유형

1 내러티브 유형의 발현

• 실제적 및 가상적 상황에서 일어나는 사건에 대한 내러티브를 산출하는 능력은 약 2세경부터 출현하여 유아기 동안 급격한 발달을 이룬다.

- 개인적 내러티브는 처음에 스크립트와 유사한 형태로 시작되지만, 2세에서 3세경이 되면 좀 더 특정한 기억으로 변화하고, 4세경에는 행위들을 단순 나열하는 경향을 나타내며, 5세경에는 행동 이나 사건을 시간적인 순서로 연결할 수 있고, 6세경에는 대부분의 유아들이 내러티브의 전형적인 구성요소를 포함하게 된다.

- 가상적 내러티브는 우리나라 유아들의 경우, 3세에는 주로 단순 나열단계가 나타나고, 4세에는 연 결적 이야기 형성과 논리적 이야기 형성이 주로 많이 나타난다고 보았다(이영자・이지현, 2005).

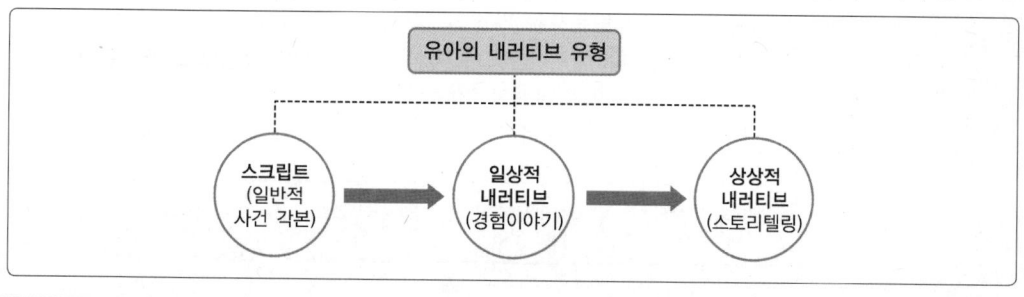

2 스크립트

특징	• 스크립트란 '반복된 경험을 통해 특정한 상황이나 맥락 속에서 순서적으로 진행되는 일련의 사건에 대한 지식 구조, 정신적 표상'으로(Schank & Abelson, 1977), 친숙하고 일상화된 사건이나 경험에 대해 사람들이 가지고 있는 공통적인 지식 구조로서 사람들에게 일상적인 사건이나 활동이 비슷한 순서・내용으로 전개될 것이라고 기대하게 하는 것이다. • 삶에서 일어나는 일상적인 사건을 전형적인 각본으로 말하는 유형이다. • 행위를 설명하고 가르치며 지시하기 위하여 사용된다. • 분명하면서 정보를 포함해야 한다. • 길 안내나 요리 순서표와 같이 가장 중요한 정보가 장식 없이 제시되며 행동이 정확히 일어난 순서대로 보고된다. • 사건 지식이 증가하고 이야기 말하기 기술이 향상됨에 따라 보다 복잡한 스크립트를 말할 수 있다. • 연령이 높아짐에 따라 선택적이고 상위 행위와 하위 행위 간에 위계적으로 조직된 보다 복잡한 스크립트를 말할 수 있다(단, 반드시 연령과 스크립트가 비례하는 것은 아니다). • 스크립트가 발달하려면 경험을 통한 일반적 사건 지식도 많아져야 한다.

3 일상적(개인적) 내러티브

특징	• 유아가 개인의 경험을 일화적으로 기억하고 이야기하는 유형으로, 경험한 사건에 대해 유아가 자신의 생각과 느낌을 이야기하는 것이다. 　– 개인적으로 경험한 특정한 사건이 중시되며, 개인적 대명사를 사용하여 참여자의 조망으로 과거시제를 적용하여 보고된다. 　– 자신의 경험을 다른 사람과 공유하기 위해서 이야기하는 것이다. 　– 부모·유아 간의 대화나 간식시간, 점심·저녁 식탁에서 이야기 나누기와 같은 상황에서 개인적인 경험을 이야기하는 유형이다. • 개인적 내러티브의 주제나 배경은 '특정 에피소드'로 전개되며, 일반적 사건 정보는 코멘트나 배경적 정보를 제공할 뿐이다. 　예 철수가 운동장에서 놀고 있었다. 철수는 어리석다. 나는 철수를 발로 찼고 그러자 철수가 케이크 한 조각을 나를 향해 던졌다. ➡ 주인공에 대한 코멘트로 그저 배경적 정보만 제공한다. • 연령이 증가할수록 차츰 독립적으로 자신의 경험을 조리 있게 말할 수 있다. 　– 조리 있는 개인적 내러티브는 이야기의 핵심인 한 정점을 중심으로 조직된다. • 성인과 유아의 일상적 내러티브 대화의 영향 　– 인간은 인생 초기에 성인과 협력하여 이룬 것을 내면화시키며, 후에 행동으로 나타낸다. 유아의 일상적 내러티브 → 자신의 경험에 의미 부여 → 자아 개념 형성 → 공동의 정체감 형성 ↑ 성인과 유아의 일상적 내러티브 대화
이야기의 구성요소와 구조	Labov(1972)는 일상적 내러티브의 완벽한 구조를 위한 여섯 가지 요소를 제시하였다.

이야기의 구성요소와 구조	① 요약	처음에 내러티브의 시작을 알리고 구어의 이야기 요약을 제시하거나, 청자의 주의를 끄는 것이다(예 "어떻게 되었게?").
	② 배경정보	청자를 위한 문맥상 정보를 제공한다(예 사건 발생 시점, 참여자, 동기 등).
	③ 사건행동	문제를 포함하고 있는 사건 내용을 말한다.
	④ 평가	청자에게 이야기하는 이유와 관점 등을 알게하는 것으로, Labov는 '정점(high point)'이라고 표현한다.
	⑤ 결과 혹은 해결	평가에서 제시한 행동을 감각적으로 분석하며 장애를 제거하거나, 경험을 완료하는 사건을 추려낸다.
	⑥ 종결	내러티브의 끝부분으로서 마무리 형식을 갖춘다(예 "그게 끝이야.").

일상적 내러티브 증진 활동	• 유아 개인의 이야기를 많이 하는 경험을 제공하는 것이 중요하다. • 자신에게 의미 있고, 인상 깊은 경험에 대한 이야기를 나눈다. • 대·소집단으로 일어나는 구조적 형태(예 주말이나 방학을 지낸 후 경험한 일에 대해 이야기 나누기, 현장견학이나 소풍을 다녀온 후 이야기 나누기, 주제와 관련된 경험에 대한 이야기 나누기)와 교사와 유아 간, 유아와 유아 간에 일어나는 비구조적 형태로 나눈다.

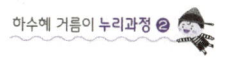

📖 구조적 · 비구조적 형태의 내러티브 활동의 유의점	
구조적 형태의 내러티브 활동	• 교사의 개인적 내러티브를 먼저 유아에게 들려주어 모델링을 한다. • 많은 유아의 이야기를 듣는 것을 목적으로 하지 않고, 몇 명의 유아 이야기를 충분히 듣도록 한다. • 유아가 단편적으로 하는 이야기에 적절한 질문을 하여 이야기를 연결할 수 있게 한다. • 유아의 이야기를 전체적으로 정리하여 다시 들려준다. • 고개를 끄덕이거나 미소를 지어, 이야기하는 유아가 편안함을 느낄 수 있게 한다.
비구조적 형태의 내러티브 활동	• 유아의 이야기를 경청하는 느낌을 주는 비언어적 표현을 한다. • 유아에게 질문을 하여 이야기를 구체적으로 할 수 있도록 한다. 　예 "그래서 또, 무슨 일이 있었어?" • 유아에게 일어난 일을 꼬치꼬치 캐는 것이 아니라 이야기하고 싶도록 분위기를 조성하는 것을 염두에 둔다. • 개별적으로 이야기하기를 어려워하는 유아에게는 먼저 교사의 이야기를 들려주어 편안한 분위기를 조성한다. • 이야기 나누기 시간에 이야기를 더 하고 싶어 했던 유아들의 이야기를 들어준다.

❹ 상상적 내러티브

특징		• 유아가 실제로 경험한 것이 아니라 상상력을 발휘하여 가상적으로 꾸며낸 이야기 유형이다. • 다양한 방식 중 언어적으로 표현된 이야기는 유아의 대표적인 내러티브 표현 방식이다. 　- 들은 이야기, 매체를 통해 본 이야기, 상상 속 이야기 등이 자신의 경험과 상상을 바탕으로 재창조된다.
이야기의 구성요소와 구조	배경	장소, 시간, 등장인물의 소개
	사건의 시작	사건이 시작되는 아이디어나 행동
	내적 반응	사건에 대한 주인공의 반응
	목표	주인공이 달성하려는 목적/의도
	시도	목표 달성이나 문제 해결을 위한 노력
	결과	노력과 시도로 초래된 결과
	반응	결과에 대한 주인공의 감정
상상적 내러티브 증진 활동		• 내러티브는 말을 통해 상상 속의 세상을 창조하는 경험을 가지도록 함으로써, 유아들이 언어의 상징적 가능성을 경험할 수 있도록 한다. • 자발적인 이야기 구성과 그룹 극화활동은 유아들 자신이 주도적으로 이야기를 구성하고 말하는 기회를 제공하여 언어적 능력을 증진시킨다.
	📖 상상적 내러티브 증진 활동	
	이야기 짓기	• 교사의 준비(교사가 유아들의 이야기를 받아쓴다.) • 유아들이 이야기를 말한다.
	이야기 연극하기	• 교사가 모든 이야기를 들려준다. • 작가인 유아가 등장인물을 선택한다. • 교사가 이야기를 들려주는 동안에 유아들이 연극을 한다.

UNIT 37 내러티브의 구조 및 발달

1 내러티브의 구조

담화 문법	발화의 연속체인 담화에서 일관되고 통일성 있는 내용을 구성하고, 구조의 연쇄성을 돕는 장치를 의미한다.	
	미시구조	담화문장 내 문법적 요소들이 응집성에 의해 연결 관계를 유지하는 표면적 수준의 구조이다. 예 담화 속 응집 장치: 대명사적 참조, 접속어, 생략, 단어의 반복 사용, 대치 등

	거시구조	• 통일성에 의해 담화의 의미가 일관성 있게 연결되는 전체적 수준의 구조이다.
		  - 통일성: 텍스트에 포함되어 있는 내용 간의 의미적인 연결 관계
		  - 앞 화자의 말과 연결되어 있으면서 화제에서 벗어나지 않아야 한다는 일종의 규칙이다.

이야기 구조 (이야기 문법)

• 이야기에는 배경, 사건의 시작, 내적반응, 목표, 시도, 결과, 반응이라는 구성요소로 짜여진 이야기 구조가 있다. 이러한 이야기의 구조적 특성은 이야기를 이해하고 기억하는 데 도움을 주며, 유아들은 이야기 구조와 일치하는 단순한 이야기를 가장 잘 회상하게 된다.
  - 독자가 이야기를 이해하고 기억하는 데 도움을 주는 일종의 도식이다.
  - 이야기가 의미 있는 것이 되도록 만드는 역할을 한다.

이야기 구조의 구성요소

배경	장소, 시간, 등장인물 소개
사건의 시작 (계기가 되는 사건)	이야기의 문제를 주는 에피소드(사건이 시작되는 아이디어나 행동)
내적반응	발생한 사건에 대한 주인공의 반응
목표	사건 해결을 위해 성취하려는 주인공의 계획
시도	목표달성이나 문제 해결을 위한 주인공의 노력과 시도
결과	노력과 시도로 초래된 결과
반응	결과에 대한 주인공의 감정 및 느낌

이야기 문법의 구성요소(McGee & Tompkin, 1981)

「할머니와 호기심 많은 고양이」	
주인공 (동물 또는 사람)	옛날에 할머니와 매우 호기심이 많은 고양이가 있었어요.
배경 (장소 설명)	그들은 아주 작은 농장에 함께 살았어요.
행동 또는 사건 (문제 소개)	어느 날 고양이는 친구인 까마귀들이 헛간 지붕에서 이야기하는 것을 엿들었어요. 그는 까마귀들의 이야기가 너무 궁금해서 지붕 꼭대기로 기어 올라갔어요. 거기까지 올라왔을 때 고양이는 아래로 다시 내려가는 것이 쉽지 않음을 깨달았어요.

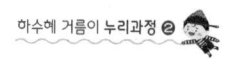

목표 (목표의 공식화)	고양이는 까마귀들에게 아래로 날아가서 할머니에게 자신이 어려움에 처해 있음을 말해 달라고 부탁했어요.
시도 (문제 해결을 위한 행동)	까마귀들은 겨울 내내 자신들을 위해 할머니가 빵 부스러기를 밖에 뿌리도록 고양이가 약속한다면 도와주겠다고 했어요.
해결 (행동의 결과)	할머니는 재빨리 사다리를 가지고 고양이를 구하러 올라갔어요. 고양 이는 할머니가 까마귀들을 위해 빵가루를 밖에 뿌려 놓도록 했어요.
반응 (결과에 대한 주인공의 감정)	그 후 고양이는 다시는 헛간 지붕에 올라가지 않았답니다.

❷ 내러티브의 발달

(1) 일상적 내러티브(McCabe, 1997)

① 단일 사건 내러티브 (만 2세경)	한 가지 사건에 대해 한두 문장으로 이야기하는 경향이다.
② 두 가지 사건 내러티브 (만 3세경)	사건에 대한 두 개의 명제 또는 두 사건을 열거하여 경험을 이야기하는 경향이다.
③ 뛰어넘기 내러티브 (만 4세경)	두세 가지 이상의 사건을 제시하면서 사건의 순서를 뒤섞어 말하고, 관련 되지 않은 다른 사건을 제시하기도 한다.
④ 종결 강조 내러티브 (만 5세경)	• 사건을 순서적으로 말할 수 있으며 사건의 정점을 포함하여 이야기한다. • 해결이나 종결 없이 너무 빨리 마무리하는 경향을 보인다.
⑤ 전형적 내러티브 (만 6세경)	• 무엇을 말하려 하는지를 암시하는 내러티브 요약으로부터 시작하여 일련의 사건을 제시하고 평가적으로 정점을 제시한다. • 사건이 어떻게 해결되었는지를 제시하며 종결짓는다. •6~9세 유아들은 내러티브 시작 시 설명을 붙이는 경향이 있다.

(2) 상상적 내러티브 − 이영자, 박미라(1992)

특징	애플비(Applebee, 1978), 맥기와 리치겔(McGee & Richgels, 1990)의 내러 티브 구조발달단계에 기초하여 가상적(상상적) 내러티브 구조발달단계를 제시한다.
0단계: 단순 나열기	제시된 자료를 탐색하며 그에 적절한 이름을 명명한다. 📖 의자, 배, 비행기, 집 등으로 단순히 이름을 제시
1단계: 이야기 형태 인식기	이야기 구조 중 일부 카테고리를 인식하고 등장인물의 행위를 각각 나열한다. 📖 "멍멍이는 밥해요. 코끼리는요, 밥 먹고 있어요."

2단계: 초보적 이야기 진술 형성기	• 등장인물 내 특정 인물의 행위가 순서적으로 제시되며 이야기가 전개되나, 등장인물 간 행동의 계열화가 일어나지 않는다. • 특정 인물의 행위를 다른 인물과 관련지어 말하지만 상호작용은 나타나지 않는다. • 이야기에 누가 무엇을 어디에서 했는지, 누가 무엇을 하러 어디에 갔는지가 포함되어 주체가 누구인지, 행위자는 어디에서 행동을 하는지, 무엇을 하는지와 관련된 정보를 알 수 있다. ⑩ "집에서 사람들이 나와서 나무를 보는 거예요. 사자하고 멍멍이하고 닭하고 다 만났는데요. 무슨 얘기 나누고 있어요."
3단계: 단순 나열식 이야기 형성기	• 등장인물 간의 상호작용과 등장인물 간의 행동 계열화가 부분적으로 일어나지만, 특정 주인공이 없다. • 이야기의 시작이나 중간 부분에서 등장인물을 소개하는 배경을 제시하며, 이야기가 대화체로 전개되기도 한다. • 등장인물의 특징에 따라 목소리에 적절히 변화를 주면서 이야기를 전개한다. • '그런데', '그래서요' 등의 접속사를 사용하며, '그런데'의 오용이 나타난다. ⑩ "다람쥐를 봤어요. 그런데요. 집에 가기 싫어가지고요. 또 다른 데로 가가지고요. 병아리한테 갔거든요. 그런데요. 얘가 여자애가요. 집에 들어가가지고요. 엄마한테요. 엄마가 찾고 있었는데요. "어디 갔다 왔니?" 하니까 "동물원에 갔다 왔다"고 하니까요. 혼났어요."
4단계: 연결적 이야기 형성기	• 주인공이 설정되고 등장인물 간의 상호작용이 보이며, 이야기는 계열적으로 순서화되어 배경－비계획적 행동－시도－결과의 구조를 나타낸다. • 이야기에서 주인공과 인물 간의 갈등이 부분적으로 진술되며, 갈등상황에 대한 주인공의 내적 반응을 언급하지 않은 채 행위를 시도하거나 비계획적 행동에 대한 결과를 이야기한다(청자가 주인공의 행동 의도를 나름대로 해석해야 한다). • 접속사의 오용이 나타나며, '끝이에요', '행복하게 살았어요'와 같은 표현으로 이야기의 끝을 알린다. ⑩ "옛날에요. 아빠랑 엄마랑 여자애하고 남자애가 살았는데요. 친구가 놀러왔어요. 그래서 같이 놀았는데요. 여기 바닷가 배 있었어요. 배 타 보았더니 너무너무 좋았어요. …(중략)… 끝났어요."

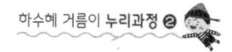

- 등장인물 간의 상호작용과 이야기 구조성 정도가 높아 복잡한 이야기의 구조 계열을 유지한다.
- 이야기에는 한 명 또는 두 명 정도의 주인공이 등장하며, 주인공은 문제를 해결해야 하는 상황을 인식하여 목표를 설정한다.
- 주인공이 목표를 해결하기 위한 과정에서 여러 등장인물과 공동의 상호작용을 하며 이야기가 전개된다.
- 이야기 구조는 「배경 ➡ 계기가 되는 사건 ➡ 내적 반응 ➡ 시도 ➡ 삽입 에피소드 ➡ 계기가 되는 사건 ➡ 내적반응 ➡ 시도 ➡ 결과」의 이야기 구조를 유지한다.
- 두 개 이상의 에피소드가 연결되고, 한 개의 에피소드 내에 두 개 이상의 삽입 에피소드가 등장한다.

**5단계 :
논리적 이야기 형성기**

📖 **논리적 이야기 형성기의 예**

어떤 마을에요. 종이라는 아이와 정이라는 아이, 철이라는 아이와 윤이라는 아이와 … 살고 있었어요.	배경
그런데 아이들은 이만큼밖에 안 돼서요.	계기가 되는 사건
어떤 할아버지가 "무슨 좋은 수가 없을까?"하고 생각했어요. "아하! 그렇지."하고…	내적 반응
동물들을 사서 데려오셨어요. 동물들은 암탉은 하나 사자까지 둘 …(중략)… 개까지 넷, 이렇게 동물들을 데리고 오셨어요.	시도
－ 삽입 에피소드 －	
한참 있다가 또 동물들이 모자르자 …	계기가 되는 사건
할아버지는 또 생각을 하셨어요. "아, 무슨 좋은 수가 없을까?"	내적 반응

MEMO

(3) 상상적 내러티브 – 스테인 & 알브로(Stein & Albro, 1997)

1수준	• 이야기 구조가 형성되지 않은 내러티브 　– 이야기를 꾸며 말하나 이야기로서의 구성이 안 되는 경우이다. 　– 단어를 나열하거나 개인적 내러티브를 제시하는 형태로도 나타난다.	
2수준	• 사건의 병렬적 나열 수준(설명 나열 수준) 　– 묘사적 계열 　– 등장인물의 관계가 나타나 있지 않고, 등장인물에 관해 성격이나 신체적 특징을 제시하는 단계로 사건의 원인과 결과가 제시되지 않는다.	
3수준	• 행동의 순서적 제시 수준 　– 행위의 계열(인물, 시간관계 포함) 　– 등장인물의 행동을 순서적으로 나열하는 단계로 사건의 원인과 결과, 연결이 나타나지 않는다.	
4수준	• 반응의 순서적 제시 수준 　– 반응적 계열(인물, 시간계열, 인과관계 포함) 　– 사건 또는 행동의 원인과 결말은 제시하나, 목적 있는 행위는 나타나지 않는다.	
5수준	**목표 중심 내러티브**	• 장애물과 결말이 없는 목표지향적 에피소드 　– 인물, 시간계열, 인과관계, 목표 포함(장애, 종결 없음)
6수준		• 장애물은 없지만 결말이 포함되는 목표지향적 에피소드 　– 인물, 시간계열, 인과관계, 목표, 종결 포함(장애 없음)
7수준		• 장애물이 포함되지만 결말이 없는 목표지향적 에피소드 　– 인물, 시간계열, 인과관계, 목표, 장애 포함(종결 없음)
8수준		• 장애물과 결말이 모두 포함되는 목표지향적 에피소드 　– 인물, 시간계열, 인과관계, 목표, 종결, 장애 포함

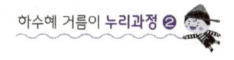

3 **내러티브 지도를 위한 활동**

- **경험을 다른 사람들 앞에서 발표하기**
  - 단순히 사건을 나열하기보다는 핵심이 되는 내용과 그것의 결과가 어떻게 나타났는지를 제시하도록
    지도해야 한다.
  - 유아가 등장하는 인물, 장소, 시간, 사건의 본질, 문제, 결과, 그 과정에서 느낀 감정 등을 포함하여
    말할 수 있도록 지도해야 한다.
- **다양한 장르의 가상적 이야기 접하기**
  - 전래동화, 사실동화, 환상동화 및 패러디 문학 등 다양한 종류의 그림책을 제공함으로써 유아가
    탈맥락적인 언어 사용을 학습할 기회를 가질 수 있게 한다.
  - 이러한 동화를 읽거나 듣고 동극을 해보거나 역할극을 해보는 것 역시 유아의 내러티브 발달에
    도움이 된다.
- **가상적 이야기를 꾸밀 수 있는 기회 제공**
  - 유아들이 스스로 이야기를 꾸며낼 수 있는 자유롭고 허용적인 분위기를 형성하고 충분한 시간과
    기회를 가질 수 있게 한다.
  - 유아들이 가상적 이야기를 꾸밀 때는 모든 유아가 참석하는 데 중점을 두기보다는, 한두 명의 유아
    라도 개인적 경험을 공유하고 더 깊이 있는 내용과 수준으로 이야기가 확장될 수 있도록 하는 데
    주안점을 둔다.

SESSION

04

문식성
발달

I 문식성의 이해

UNIT 38 문식성 발달에 관한 연구

KEYWORD# 읽기 준비도, 클레이—발생적 문식성

문식성 발달의 이론적 기초

성숙주의적 관점	인간관	인간은 생리적 존재이다.	
	언어관	언어는 학습의 대상이며, 음성언어가 문자언어에 우선한다.	
	문자언어의 학습관	• 일정한 정신연령이 되어야 문자학습이 가능하며, 그 이전에는 가르쳐 주어도 배우지 못한다. • 음성언어의 습득 이후 문자언어 습득이 이루어진다.	
	교육에의 시사점	문자언어를 교육하기 위해서는 읽기 준비도가 형성될 때까지 기다려주어야 한다.	
행동주의적 관점	인간관	인간은 생물적 존재이다.	
	언어관	언어는 학습의 대상이며, 음성언어가 문자언어에 우선한다.	
	문자언어의 학습관	체계적으로 가르치면 조기에도 문자학습이 가능하며, 음성언어의 습득 이후 문자언어 습득이 이루어진다.	
	교육에의 시사점	• 문자언어지도 이전에 음성언어를 지도할 것과, 교수내용 및 방법의 체계화를 권장한다. • 조기 교육을 권장한다.	
인지적 상호작용 주의적 관점	인간관	인간은 합리적 존재이다.	
	언어관	언어는 사고를 반영한다고 보며, 음성언어와 문자언어의 차이에 관심이 없다.	
	문자언어의 학습관	사고발달 단계에 따라 언어습득이 이루어진다고 본다.	
	교육에의 시사점	유아는 의문과 탐구, 실험적 사고를 통해 스스로 언어지식을 구성하므로 유아의 내부에 있는 문식성이 발현할 수 있는 환경을 조성해 주는 것이 중요하다고 본다.	
사회적 상호작용 주의적 관점	인간관	인간은 사회적 존재이다.	
	언어관	언어는 사고를 촉진하며, 음성언어와 문자언어에 차이를 두지 않는다.	
	문자언어의 학습관	• 출생 직후부터 성인과의 상호작용을 통해 문자언어를 학습한다고 보며, 가르치지 않아도 문식 환경 속에서 자연스럽게 배운다고 본다. • 음성언어와 문자언어 습득이 동시에 호혜적으로 이루어진다.	
	교육에의 시사점	풍부한 문식 환경의 조성을 강조하며, 아동과 성인의 언어적 상호작용을 강조한다.	

1 문식성의 개념

개념	• 문식성(literacy)이란 문자언어를 사용하여 읽고 쓸 수 있는 능력, 즉 글을 통해 의미를 구성하고 전달하여 의사소통하는 것을 의미한다(문식성은 일상생활에 필요한 문장을 읽거나 쓰지 못하는 상태인 문맹에 상대되는 개념이다). 　－ 이는 특정 사회와 관련된 모든 상징 체계를 말하므로, 기술사회에서 문식성의 개념은 미디어와 전자책 등을 포함하고, 시각문식성은 의사소통의 모든 형태(몸짓언어, 그림, 지도, 비디오 등)를 이해하고 활용할 수 있는 능력을 지칭한다. 문식성은 단순히 글을 읽고 쓰는 능력을 넘어 현실 세계에서 글을 사용하여 의사소통을 효율적으로 할 수 있는 능력을 의미한다. • 문식성의 궁극적인 목적은 다른 사람의 글을 읽고 내용을 파악하며, 이에 대한 자신의 생각과 아이디어를 정리하여 전달하는 것이다. 　█종합█ 유아교육기관에서의 문식성이란 일상생활 속에서 인쇄물을 이용하여 읽고 쓰면서 의미를 형성하고 다른 사람과 의사소통하는 능력을 말하는 것으로, 단순히 읽고 쓰는 것 이상의 언어능력을 의미한다.
특징	• 문식성 발달은 음성언어 발달의 기초 위에서 형성되므로 유아들에게 음성언어와 문자언어의 기본적인 특질들을 배울 수 있는 기회를 제공해야 한다. • 관례적인 읽기와 쓰기 행동에 이르기까지의 영유아의 읽기·쓰기 행동을 초기 문식성이라고 한다. • 문식성 발달은 읽기 준비도라는 말을 대신하는 것으로 교육을 받기 이전에 시작된다. 　－ 초기 문식성 단계에서의 영유아의 읽기·쓰기 행동은 책 다루기, 글자의 기능, 글자 자체에 대한 지식, 이야기 개념 등에 대한 이해와 발달이 진전되면서 점차 관례적으로 읽고 쓰는 행동으로 나타난다. • 읽기와 쓰기는 분리된 기술이 아니라 상호 연결되어 있다.
성격	• 문식활동은 사고과정이 요구되는 인지적 활동으로, 읽기란 글자의 단순한 해독을 말하는 것이 아니다. 　－ 시각적인 정보는 인쇄되거나 쓰인 글자들의 배열에서 얻어지지만, 비시각적인 정보는 바로 자신, 즉 독자의 언어 능력에서 나온다. • 문식성에는 인지적 과정뿐만 아니라 사회적·문화적 과정도 요구된다. 　－ 읽기와 쓰기는 개인이나 집단이 살고 있는 문화적 상황에서 생겨난다. • 문식성의 발달은 연속적인 성향의 발달이라고 본다. 　－ 연속적인 발달과정과 같은 맥락에서, 최근 클레이, 굿맨 등을 비롯한 여러 학자들은 '발생적 문식성'이라는 용어를 사용하고 있다.

MEMO

2 문식성 발달의 일반적 양상

개념	문식성 발달의 일반적 양상은 문식성의 기능에 먼저 관심을 갖고, 그다음으로 형태, 표준성에 관심을 갖는다는 것이다.
문자의 기능성	유아들은 먼저 문자가 기능성을 갖는다는 것을 배운다(Goodman, 1984). — 유아가 말하고 읽고 쓰는 첫 단어는 삶에서 의미, 목적, 기능을 가진 것들이다. 📖 가족 이름, 도로 표지판, 맥도날드나 버거킹과 같은 식당 이름 등
글자의 형태	유아는 글의 형태에 관심을 갖는다. — 글자 형태에 먼저 관심을 가진 후, 이름, 소리, 글자와 단어의 표준성 등 세부사항에 대해 배우게 된다.
글의 표준성	글의 표준성(conventions or print)을 배운다. — 왼쪽에서 오른쪽으로 진행한다는 것, 읽고 쓰는 데 구두점은 그 목적이 있다는 것, 띄어쓰기가 단어와 글자를 구분하는 것 등을 알게 된다.

3 문식성 발달에 대한 관점

- 유아들은 일상생활 속에서 자연스럽게 문자를 접하게 되며, 책, TV, 광고, 간판, 과자의 상표 등을 통해 문자에 호기심을 가지고 읽는 경험을 한다. 특히 유아교육기관에서 자신과 친구들의 이름을 통해 문자언어를 접하게 된다.
  - 문식성 교육에서 경계하는 것은 유아에게 내재되어 있는 능력을 무시하고 뭔가 외부에서 주입하고 첨가하려는 것으로, 유아가 갖고 있는 능력을 꺼내어 교육의 재료와 도구로 활용하는 것이 중요하다.
- 유아의 문식성 발달과 교육에 대한 관점은 많이 변화해 왔다. 문자언어 발달에 관한 관점에서는 '읽기 준비도를 고려하여 읽기 준비가 되어 있을 때 지도해야 한다'는 입장과 '유아가 읽고 쓸 수 있도록 미리 준비시키기 위해 체계적으로 지도해야 한다'는 주장이 있었다. 현대에는 영아기부터 읽기와 쓰기 문자언어 발달의 기초가 있다고 하면서 언어 자극이 풍부한 환경을 제공해야 함을 강조하고 있다.
  - **읽기 준비도 개념** '문식성 발달에 대한 준비도 관점'은 발달이론에 영향을 받아 크게 두 가지 개념으로 변화를 거쳤다. ① 1920~1950년대까지는 성숙주의 관점에서 읽기와 쓰기를 성숙이 이루어질 때까지 미루어야 한다는 입장이었고, ② 1950~1960년대에는 행동주의 이론의 영향을 받으면서 체계적인 교육경험을 강조하게 되었다.
  - **발생적 문식성 개념** 1960~1980년대까지 읽기와 쓰기에 대한 다양한 연구를 통해 문식성을 보는 관점에 변화가 일어나는 과정을 거쳤고, 1980년대부터 현재까지는 '발생적 문식성' 개념이 지지를 받고 있다(Morrow, 2001).

(1) 읽기 준비도 관점

성숙주의	배경	**| 전통적 관점에서의 문식성 |** 1900년대 초기에는 학령 전 유아의 문식성 발달에 크게 관심을 갖지 않았다. 당시 문식성은 초등학교에서 형식적인 교육을 받으면서 발달한다고 생각하였고, 유아가 시각적·지각적 하위 기술을 습득하여 실제 읽고 쓰는 행위를 하는 등 형식적 교육을 통해 가르쳐질 수 있다고 여겨졌다. • 초기 유아의 읽기 준비도에 대한 시각은 1920년대에서 1950년대에 이르기까지 미국의 교육 실제와 발달 연구에 지대한 공헌을 한 Gesell의 영향을 받았다. − Gesell은 발달이 성숙의 결과이며, 특정 분야의 교육을 위해서는 준비될 때까지 기다려야 한다고 주장하였다.

	읽기 준비도	**게젤
		(Gesell, 1925)**
		• 읽기를 학습하는 데 가장 중요한 요인을 성숙이라고 보았다.
		  − 아동이 읽기 준비가 되기 전에 읽기 지도를 해서는 안 되며, 성숙이 이루어질 때까지 미루어야 함을 주장하였다.
		
		**모펫과 워시번
		(Morphet &
		Washburne,
		1931)**
		• 읽기 준비도 개념은 읽기를 학습하는 데 가장 중요한 요인을 성숙이라고 믿고, 아동이 읽기 준비가 되기 전에는 읽기를 가르쳐서는 안 된다는 입장이다.
		  − 초기 읽기 준비도 관점에서는 읽기가 자연적인 성숙의 결과이며, 적절한 경험이 읽기를 촉진한다고 보았다.
		• 문해발달에 있어 성숙주의적 관점을 보인 모펫과 워시번은 읽기 성취도에서 가장 좋은 결과로 나온 연령인 6.5세가 읽기 지도의 적절한 시기임을 밝혔다.
		  − 즉, 그 이전의 유아들은 발달적으로 충분히 성숙할 때까지 읽기, 쓰기 학습을 기다려야 한다는 것이다. 이들은 발달이 성숙이나 내적 성장의 결과이므로 좋은 교육은 자발적 성숙에 따라 정해진 과정을 방해하지 않는 환경을 마련하는 것임을 주장하고 있다.

행동주의	배경	• 1920년대~1940년대에 걸쳐 읽기 준비도 개념은 단순히 기다리기보다는 가르칠 수 있는 어떤 것으로 점차 변화되어 가면서 성숙주의의 강조가 줄어들기 시작하였다.
		• **행동주의 관점의 등장** 특히 1957년 스푸트니크 쇼크와 1960년대 행동주의 관점의 등장으로 인해 학습과 교육에 관한 관점의 변화와 함께 유아의 문해발달에 대한 시각도 달라졌다.
		  − 이 시기 학자들은 영아기의 중요성을 강조하면서, 환경적 요인과 형식적이고 직접적인 교수활동을 통해 읽기 준비도에 도달하는 시기를 앞당길 수 있다고 보았다.
		  − 즉, 읽기 준비도의 개념이 유아가 성숙하기를 기다리기보다 읽기에 필요한 기술을 익힐 수 있도록 가르침으로써 성숙을 자극하는 데 초점을 두어야 한다는 것으로 변화되었다.

		• Bloom(1956)은 유아는 대부분 조직적이고 체계적인 교수 방법과 충분한 학습 시간이 주어지면 높은 수준의 학습도 가능하다고 보았다. 이와 함께 헤드스타트 운동의 결과 역시 유아의 학업성취를 준비시키기 위해 직접적인 교수가 중요함을 강조하였다. • 읽기 지도에 대한 행동주의 이론의 관점은 읽기 준비도에 대한 개념을 변화시켰으며, 이후 상호작용론적 관점의 이론이 나타나면서 유아의 문식성에 대한 시각은 다시 변화되었다.
	읽기 준비도	• 행동주의 관점의 읽기 준비도 개념은 특히 두 가지 중요한 측면에서 의미를 찾아볼 수 있다. ① 유아기는 진정한 읽기, 쓰기의 시기로 여러 가지 읽기 준비도 하위기술을 숙달시킨 후에 읽기를 시작해야 한다는 것이다. ② 행동주의적 관점을 가진 교사와 부모들은 영유아가 읽고 쓸 준비가 될 때까지 기다리기보다 빨리 읽고 쓸 수 있도록 반복적으로 훈련해야 한다는 생각을 하게 되었으며, 읽기, 쓰기의 학습이 준비도 기술을 가르치는 학교에서 시작되어야 한다는 점을 주장하였다. • 읽기 준비도 모델에 기초한 유아 문식적 지도 - '읽기 준비도 모델에 기초한 유아 문식적 지도'란, 규정된 일련의 기술을 습득함으로써 문식성을 준비한다는 것을 의미한다. - 모든 유아들이 거의 유사한 발달 수준에 있다는 가정하에 체계적으로 지도한다. - 이미 갖고 있는 경험이나 정보를 고려하지 않고 읽기 학습을 위해 필요한 것으로 인식된 기술에 초점을 둔다.

(2) 발생적 문식성 관점

		• 1960년대~1970년대에는 문식성 발달을 성숙주의나 행동주의 이론보다 상호작용적인 관점으로 설명하려는 시도가 나타났다. • 특히 Piaget의 인지발달 이론이 심리학 분야에서 대두되면서 인지발달과 언어발달을 비롯한 교육 분야에도 큰 변화가 나타났다. - Piaget는 지식습득을 유아와 유아가 속한 물리적 환경과의 상호작용으로 설명하면서 지식을 구성하는 능동적 학습자로서 유아의 존재를 확인하였다. • Vygotsky로 대변되는 사회적 상호작용주의 이론에서도 유아의 발달이 생득적인 요소와 함께 사회적 상호작용의 경험에 따라 달라진다고 하면서 사회적 상호작용 속에서의 언어발달을 강조하였다. - 특히 Vygotsky는 언어발달 과정에서의 성인의 역할을 명료화하기 위해 '근접발달영역(Zone of Proximal Development : ZPD)'이라는 용어를 사용하여, 교수(instruction)와 학습(learning)이 일어나는 곳으로서 근접발달영역을 강조하였다. 이러한 관점에서는 글을 읽고 쓸 줄 아는 사람들이 유아의 초기 읽기활동에 중재자로서 참여할 때 유아의 문해능력이 더 잘 발달하기 때문에 유아를 둘러싼 사회적이고 협력적인 관계(Teale, 1982)가 중요하다고 본다.
상호 작용주의	배경	

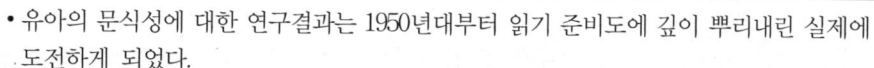

• 유아의 문식성에 대한 연구결과는 1950년대부터 읽기 준비도에 깊이 뿌리내린 실제에 도전하게 되었다.
 – 틸(Teale, 1982)은 부분에서 전체로 진행되는 기술의 체계를 가진 전형적인 문식성 교육과정에 대해 유아들이 읽기를 배우는 방식을 반영하지 못한다고 주장하였다.

> (🔔) **유아의 읽기 · 쓰기 발달에 대한 연구들의 결론**(Teale & Sulzby, 1986)
> • 읽고 쓰는 능력의 발달은 유아들이 형식적 교수를 받기 훨씬 이전에 시작한다.
> • 듣기, 말하기, 읽기, 쓰기 능력은 연속적으로 일어나기보다는 동시에 연결되어 발달한다.
> • 읽고 쓰는 능력은 일을 해결하기 위한 활동이 이루어지는 실제 환경에서 발달한다.
> • 유아는 출생 시부터 6세가 될 때까지 문자언어 발달에 결정적인 인지적 과업을 수행한다.
> • 유아는 생활 속에서 적극적으로 활동함으로써 문자언어를 배우며, 쓰기와 읽기 상황에서 성인들과 사회적으로 상호작용을 한다.
> • 유아의 읽고 쓰는 능력의 발달에는 어느 정도의 보편성이 있으나, 각 유아는 서로 다른 방법 또는 서로 다른 나이에 독특하게 문자언어를 학습한다.

연구에 의한 문식성 관점 변화	구어발달 연구	• 언어습득이 발달적 성숙에 기초하지만, 다수의 연구는 언어를 구성하는 유아들의 능력이 언어를 습득하는 데 큰 역할을 한다고 밝혔다. – 유아들은 어른들의 언어를 흉내 내며 자신의 생각을 소통해야 하지만, 적절한 약정적 언어를 모를 때는 말을 만들어 내기도 한다. – 첫 단어는 보통 기능적 단어로서 그것들이 긍정적으로 강화될 때 말을 만들어 내는 것을 지속하기도 한다. – 언어적 환경이 풍부하고 사회적 맥락에서 어른과 언어를 많이 사용하는 유아들은 이러한 기회가 부족한 유아들보다 구어 기능이 더 발달하게 된다(Bruner, 1975 등).
	가정에서의 문식발달에 대한 연구	• **Durkin(1966)**은 문자를 일찍 해독한 유아들은 어린 시기부터 풍부한 문자 환경에 노출되었으며, 부모와의 상호작용을 통해 문자언어 학습이 가능했음을 강조했다. – 그의 연구에서 유치원 시기에 문자를 해독한 유아들은 그렇지 못한 유아들에 비해 집에 책이 많았고, 부모가 인쇄물을 많이 보았으며, 자녀들이 문자에 호기심을 보이면 질문에 대답해 주고, 어린 시기부터 그림책을 자주 읽어준 것으로 나타났다.
	읽기발달에 관한 연구	• **굿맨(Goodman, 1984)**은 읽기에 요구되는 많은 것을 유아들이 알고 있다는 사실을 발견하였다. 즉, 유아들은 이미 책을 통해 글자와 그림의 차이를 알았고, 어떻게 책을 다루고 책장을 넘기는지도 알았으며, 책은 인쇄된 글자를 통해 의미를 전달한다는 것도 알았다. – 굿맨의 연구는 친숙한 상황에서 주변의 인쇄물에 대한 유아들의 인식에 관심을 가졌고, 문식성이 풍부한 환경은 언어습득만큼이나 자연스럽게 읽기를 배우게 한다고 제안하였다. 이러한 발견은 유아들이 직접 교수를 받지 않고도 집에서 읽기를 배울 수 있음을 설명하였고, 언어발달을 증진시키는 활동과 문제 해결, 이야기 듣기와 쓰기 등의 경험을 많이 하도록 격려하였다.

	쓰기발달에 관한 연구	• 영아가 종이에 뭔가를 표시하는 첫 시도에 대한 연구는 영아들이 어려서부터 쓰기를 통해 의사소통하려는 의지가 있다는 것을 보여주었다. • **클레이(Clay, 1975)**는 유아들의 첫 글쓰기 시도에 관한 샘플 분석을 통해 유아들은 쓰는 것에 흥미를 느껴 어른들의 쓰는 행위를 본받기도 하고, 끼적거리며, 그림을 그리고, 아무렇게나 쓰는 글자들이나 스스로 고안해 낸 철자들이 초기 쓰기의 유형이라고 밝혔다.

	발생적
	문식성
	(emergent
	literacy)
		• 발생적 문식성이란 유아가 읽고 쓰기에 대한 형식적 지도를 받기 전에 실생활에서 자연스럽게 읽기와 쓰기를 배우게 되어, 표준적 문식 수준은 아니지만 시각적 상징을 활용하여 의미를 이해하고 전달하는 수준의 읽기·쓰기 능력을 갖는 것을 말한다.
		• 발생적 문식성이라는 용어를 최초로 사용한 Clay(1976)는 유아의 문식성이 적절한 경험과 상호작용을 통해 자연스럽게 발현한다고 하였다.
		   − 그는 문식성이란 단순히 해독하는 것이 아니라, 책을 다룰 줄 아는 것, 책을 읽을 때는 왼쪽에서 오른쪽으로, 위에서 아래로 읽는다는 것, 글자의 기능을 이해하는 것 등을 포괄하는 것으로 보았다.
		• 발생적 문식성은 영유아가 주변의 문자언어를 접하게 되면서 발달하는데, 일반적으로 글자를 정확하게 읽기 이전에 책을 잡고 읽는 척하는 행동(pretended reading)이나 정확한 글자가 나타나지 않지만 끼적이기 등도 이에 포함된다.
		   − 책을 읽는 척하는 행동은 책 속의 글에는 어떤 의미가 있다는 것을 이해하고, 책을 읽는 행동을 모방하는 것이며, 끼적이기는 정확한 글자는 모르지만 끼적이면서 자신의 의미를 표현하려고 하는 것이므로 문식성에 해당한다. 즉, 관례적 읽기로 나아가는 과정에서 나타나는 문식성의 출현 행동이라고 본다.
		   참고 하지만 성숙주의 관점에서 책을 읽는 척하는 행동은 문식성을 갖추기 전 문식성을 준비하는 행동으로 해석한다. 즉, 읽기 가능한 단계로 성숙하기 전, 듣기와 말하기 능력을 활용한 모방적 표현으로 해석(Moritz, 2001)하거나, 읽기 학습을 위한 기초 기술을 준비하는 단계로 해석한다.
		• 발생적 문식성 관점은 유아 문자교육에서의 내용이나 방법에서 변화를 가져와 형식적이고 직접적인 교수법보다는 유아에게 의미 있는 자료를 중심으로 하는 자연스러운 접근이 강조되었다.
		   − 즉, 발생적 문식성 관점에서 읽기와 쓰기는 유아가 사회에서 태어나 문자를 사용하는 순간부터 나타나는 자연스러운 과정으로, 문식성은 읽기, 쓰기, 말하기, 듣기 학습과정의 통합적인 부분으로 본다. 이에 유아는 실제적인 일상생활의 맥락 속에서 읽기와 쓰기를 다양하고 의미 있는 용도로 자주 사용되는 과정을 거치면서 자연스럽게 문식성을 습득하게 된다(Neumann, Hood & Food, 2013).

발생적 문식성

클레이 (Clay, 1966)	• 유아의 문자언어, 즉 읽기 · 쓰기 행동을 "서서히 나타나는 읽고 쓰는 능력"으로 표현하였으며, '발생적 문식성'으로 번역된다. • '서서히 나타나는'은 발달의 의미로, '지금 무엇으로 되어가는 과정에 있는 것이지 정지 상태에 있는 것이 아님'을 의미한다. 즉, 유아의 읽기 · 쓰기 발달의 경우를 적용시켜 본다면 '서서히 나타나는'의 의미는 알게 모르게 점점 읽기 · 쓰기에 대해 알아간다는 것이다.
굿맨 (Goodman, 1981)	• 유아는 자라면서 그들의 환경 속에서 자연스럽게 글과 글자를 인식하게 되고, 글과 글자의 기능, 형태, 규칙 등을 알게 되며, 음성언어와 문자언어를 관계짓고 더 나아가 자신이 언어에 대해 알고 있는 것과 모르는 것에 대한 인식도 할 수 있다고 보았다. • 형식적인 읽기 및 쓰기 지도를 받기 이전의 유아들이 알고 있는 문자언어에 대한 지식을 '읽고 쓰는 능력의 뿌리(문식성의 뿌리)'라고 설명하였다. 　- 이러한 표현의 의미는 식물의 뿌리가 땅속 깊숙이 박혀 줄기와 잎사귀에 공급하는 영양을 흡수하는 기능을 하는 것에 대한 은유적 표현으로, 아직 관습적으로 사용하는 수준의 읽기와 쓰기는 아니지만 그런 방향으로 발달하는 기초를 형성하고 있다는 의미에서 '문식성의 뿌리'라고 한 것이다.

(3) 새로운 관점

배경	• 1980년대~1990년대에는 발생적 문식성 관점이 영유아기 문자언어 발달을 설명하는 대표적인 이론적 관점으로, 유아를 위한 문자언어 교육은 발생적 문식성 관점에서 나온 총체적 언어로 접근하는 것이 가장 바람직하다고 여겨졌다(이지현 외, 2015). • 그러나 1990년대~2000년대 이후 미국에서는 초기 문해교육에 영향을 미치는 일련의 움직임이 나타났는데, 먼저 1990년대 말 미국에서는 유치원에서 고등학교 학생들이 반드시 성취해야 하는 지식과 기술을 규정한 K-12 기준(standards)이 개발되었다. • 1998년에는 전미유아교육협회(NAEYC)와 국제읽기협회(IRA)가 "읽기 · 쓰기 학습 : 발달에 적합한 실제"라는 공동의 입장을 발표하였으며, 2001년 "No Child Left Behind (NCLB)" 법령이 통과되면서 기준(standards)에 근거한 읽기교육 개혁과 교육 책무성이 더욱 강조되기에 이르렀다.
과학에 기초한 읽기 연구 (SBRR)	• 이러한 움직임들로 초기 문해교육에서 읽기 기술을 중심으로 하는 교수 방법 활용이 급증하였다. '과학에 기초한 읽기 연구(Scientifically Based Reading Research : SBRR) 운동'은 성공적인 문해자가 되기 위해 유아가 갖추어야 하는 핵심적 지식과 기술을 밝히는 데 공헌하였다. • 'SBRR 운동'에 따르면 유아의 음성언어, 음운인식, 알파벳 자모음 지식이 초등학교에서 읽기 성취를 예측한다는 사실이 밝혀졌으며, 문자에 대한 관계를 포함하는 문자인식과 책에 대한 개념, 시각적 재인 역시 초등학교에서의 읽기 능력과 정적인 상관을 가진다. 　- 이러한 핵심적 읽기 기술들은 명시적이고 체계적인 교수를 통해 효과적으로 증진될 수 있는데, 게임이나 활동 등의 형태로도 가능하지만 대집단이나 소집단의 교사의 설명이나 모델링, 안내된 연습 및 혼자 연습 등의 직접적 교수로도 가능하다(Snow, Burns & Gliffin, 1998).

영유아기 문자언어 교육에 있어서 발생적 문식성과 SBRR은 모두 나름대로의 장단점을 가지고 있다. 최근 지지를 받고 있는 균형적 문해 접근법은 발생적 문식적 관점과 SBRR 관점의 핵심적 요소를 함께 혼합한 교수 방법으로 볼 수 있다. 아래의 그림은 혼합적 교수 방법에 대한 설명이다.

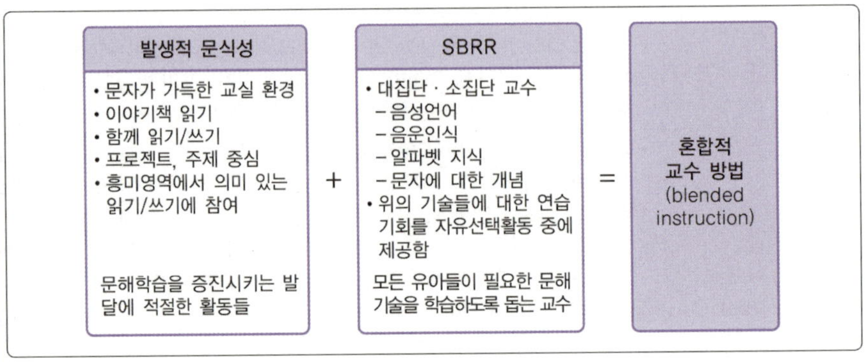

혼합적 교수 방법			
	발생적 문식성 • 문자가 가득한 교실 환경 • 이야기책 읽기 • 함께 읽기/쓰기 • 프로젝트, 주제 중심 • 흥미영역에서 의미 있는 　읽기/쓰기에 참여 문해학습을 증진시키는 발 달에 적절한 활동들	**SBRR** • 대집단 · 소집단 교수 　– 음성언어 　– 음운인식 　– 알파벳 지식 　– 문자에 대한 개념 • 위의 기술들에 대한 연습 　기회를 자유선택활동 중에 　제공함 모든 유아들이 필요한 문해 기술을 학습하도록 돕는 교수	**혼합적 교수 방법 (blended instruction)**

✿ 혼합적 교수 방법

출처: Vukelich, Christie & Enz(2008)

④ 문식성 교육에 대한 입장

문식성 교육에 대한 입장

- 문식성 발달의 일반적 양상은 문식성이 풍부한 환경을 제공하여 가능한 한 기능성의 이해, 글의 형태, 표준성 등을 배울 기회를 갖는 것이 중요하다는 사실을 일깨운다. 이와 같은 발달 양상은 문식성 교육에 시사하는 바가 크다.
- IRA(International Reading Association)와 NAEYC(National Association for the Education of Young Children)에서 공동으로 제안한 문식성 교육에 대한 입장(1998)은 다음과 같다.
① 문식성 학습은 영아기에 시작된다.
② 부모는 문식성이 풍부한 환경을 제공하여 유아들이 가정에서 읽기 기술을 배우는 데 도움이 되어야 하고, 유아들이 학교에 들어갈 때 자녀의 문식성 학습에 활발하게 참여해야 한다.
③ 교사는 유아들이 문식에 대한 사전지식을 갖고 유아교육기관에 온다는 것과 이러한 지식에 개인차가 있다는 것을 알아야 한다.
④ 유아들은 기존의 지식을 바탕으로 학교에서의 경험을 통해 문식적 기술을 계속 개발해야 한다.
⑤ 문식성은 자신에 대해 긍정적 느낌을 형성할 수 있는 지지적 환경과 문식성 활동을 통해 학습된다.
⑥ 문식성은 접근할 수 있는 자료와 다양한 경험을 할 수 있게 하는 풍부한 문식환경을 통해 학습된다.
⑦ 성인은 학습될 전략의 시범을 보이고 책과 인쇄물에 관심을 보임으로써 문식적 행동에 모범을 보여야 한다.
⑧ 문식적 경험을 하는 동안 유아들은 정보를 공유하기 위해 사회적 맥락 내에서 상호 작용하고 서로 학습하도록 동기를 부여한다.
⑨ 유아기의 문식적 경험은 문제 해결 경험과 기술에 대한 명확한 직접 교수에 활발하게 참여할 수 있도록 의미가 있어야 하고 구체적이어야 한다.

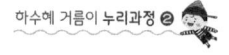

MEMO

⑩ 문식발달 프로그램은 구어발달을 포함하여 듣기, 읽기, 쓰기, 철자법, 보기를 포함하는 기능적이고 명확한 교수 경험에 초점을 두어야 한다.

⑪ 조기 문식발달에서 문화적·언어 배경적 다양성은 인정되어야 한다.

⑫ 문식성 발달은 유아 개개인에 따라 다르게 나타나고 개인적 요구가 충족되어야 한다. 예를 들면 글을 읽으려고 애쓰는 유아들에게는 조기 개입 프로그램이 제공되어야 한다.

⑬ 성취평가는 자주 이루어져야 하며, 교수전략과 조화를 이루고 학생의 행동을 평가하기 위해 다양한 방식이 사용되어야 한다.

⑭ 조기 문식성의 학년 기준에 대한 표준은 교수와 평가에 따라 결정되어야 하고, 4학년까지 모든 아동이 유창하게 읽을 수 있는 수준에 도달하기 위한 수단으로 사용되어야 한다. 표준은 단지 기준일 뿐이고, 특정 시점에 모든 유아가 성취하지 못할 수도 있다.

⑮ 프로그램은 수행 성취에 대한 높은 기대치를 갖고 발달에 적합한 실제의 개념으로 설계되어야 한다.

문식성 발달을 돕는 요소

견해	• 문식성 습득은 자연스러운 과정이지만, 발생적 문식 단계에서 능숙한 문식자로 변해가는 것은 자연스럽게 일어나는 과정이 아니다. • 학자들은 문식성 발달 과정이 음성언어의 발달 과정과는 달리 매우 의도적인 지도와 준비의 과정이 요구된다고 지적한다. • 능숙한 문식자로 변해가기 위해서 유아들은 발생적·초기 문식적 경험을 충분히 가져야 한다. • 초기 문식적 경험들을 충분히 가지지 못하면 유아들은 읽기, 쓰기에 필요한 선행 기술, 지식, 태도 등을 갖출 수 없으며, 능숙한 문식자로 변해갈 수 없다.
영향요인	① 부모와 끊임없는 언어 교환을 통해 어휘력을 향상시킨다. 　- 유아들의 언어 및 문식 관련 기술들은 아주 일찍부터 시작된다. 　- 부모는 일상적 생활에서 읽고 쓰는 활동을 시범 보이는 것이 좋다. 　- 유아들은 일상생활을 통하여 왜 글을 읽고 쓰는지 그 이유를 알게 되고, 읽고 쓰는 문식 활동이 일상에서 꼭 필요하고 즐거운 활동이라는 것을 인식하게 된다. ② 유아들은 초등학교에 입학하기 전까지 자·모 낱자들을 구분할 수 있어야 하고, 자·모 낱자들의 이름을 알고 쓸 줄도 알아야 한다. 　- 유아들이 자·모 낱자들을 써 볼 수 있는 기회를 가지는 것이 필요하다. 　- 낱자와 글자, 그리고 단어들에 대한 개념도 이해할 필요가 있다. ③ 다양한 종류의 책들을 날마다 정기적으로 읽어주는 것은 유아들의 어휘력과 언어 능력을 향상시킬 수 있는 좋은 방법이다. 　- 여러 가지 책 속에 담겨져 있는 내용들은 유아들의 배경 지식을 넓혀줄 수 있는 좋은 방법이다. 　- 유아들의 배경 지식 확장은 문식성 발달에 필수 요인이다. ④ 음운 인식, 어휘, 그 밖의 읽기 선행 기술을 향상시킬 수 있는 좋은 읽기 지도 프로그램이 필요하다. 　- 유치원을 선정할 때 유치원이 좋은 읽기 지도 프로그램을 가지고 있는지 살펴본다. 기본적인 읽기 지도 내용들을 포함하고 있는지, 발달적으로 적합한 지도 방법을 사용하고 있는지 볼 필요가 있다. 　- 문식성 발달은 저절로 일어나는 것이 아니라 의도적인 지도가 필요하다. ⑤ 초기 읽기 지도는 영역별 내용들을 충분한 시간을 갖고 지도해야 한다. 　- 문식성 발달에 필요한 선행 기술과 지식들은 순간적으로 배워지는 것들이 아니라 배우는 데 적절한 시간이 필요하다. 　- 초기 읽기 지도는 모든 요소들이 균형 있게 지도되도록 계획하여야 한다.

5 문식성 발달의 사회적 기초 − 문식성 발달을 돕는 사회적 상호작용(Snow, 1983)

기본 관점	• 음성언어와 문자언어는 매우 유사한 특성의 발달 과정을 거친다. − 유아가 음성언어와 문자언어, 이 두 언어를 사용하게 되기까지 매우 복잡한 언어적 체계를 숙달해야 하며, 의사소통을 위하여 의미를 구성하고 해석할 수 있는 능력을 습득해야 한다. 그러나 이것은 유아들에게 있어서 매우 도전적이고도 시간과 노력이 요구되는 과업이자, 이러한 능력의 습득은 사회적인 적절성과 심리적인 합당성까지 고려해야 하는 과업이다. 즉, 음성언어나 문자언어는 둘 다 사회적 상호작용의 기초 위에서 이루어져야 한다는 것이다. − 이에 Snow(1983)는 언어발달이나 문식성 발달의 과정에서 볼 수 있는 사회적 상호작용 특성들의 예시를 제시하였다. 다시 말하면 의미적 연결, 비계설정, 책무요구 등은 문식적 자료나 활동을 중심으로 성인과 아동이 상호작용할 때 볼 수 있는 현상들로서, 이 세 종류의 상호작용들은 분명 유아의 언어 발달뿐만 아니라 문식성 발달을 용이하게 해 주는 결정적 요인들이다.
의미적 연결	• 유아가 어떤 말을 했을 때 성인이 그 말의 주제를 계속해서 이어가는 것이다. − ① 유아가 한 말의 내용을 더 확장시키고, ② 유아가 한 말의 주제에 새로운 정보를 더 보태어 주고, ③ 유아가 질문을 하면 그 질문을 더 명확하게 말해주기를 요구하고, ④ 유아의 질문에 답을 해 주는 것들이다.
비계설정	• 비계설정은 유아의 문식 학습에 꼭 필요한 사회적 상호작용의 틀을 제공하는 것이다. − 가르치는 사람으로서 성인은 학습자인 유아가 무엇을 알고 있고, 무엇을 할 수 있는지를 알아야 그것에 기초하여 상호작용의 틀을 만들어 갈 수 있다. − 성인이 유아에게 비계를 제공하기 위해서는 유아가 사용하는 의미, 통사, 어휘, 억양, 문장의 길이나 복잡성 등에 민감해야 할 뿐만 아니라, 유아의 수준으로 내려가 유아의 수준보다는 한 발짝 앞서서 상호작용을 유도하고 안내해야 한다. 그러다가 유아가 점점 유능해지면 성인은 직접적인 지시와 안내를 점점 줄여나가게 되는데, 이러한 생각은 비고츠키의 근접발달영역의 개념과 완전히 일치한다고 볼 수 있다. (((♤))) 비계 '비계'라는 용어는 Wood, Bruner, Ross(1976)가 교사의 역할을 기술하기 위하여 처음으로 사용한 은유적 표현이다. 이 용어는 인부가 건축을 할 때 발판으로 사용하는 '비계'에서 따온 말인데, 다섯 가지 특성을 지닌다. 이는 ① 지원한다, ② 도구로서의 기능을 한다, ③ 과업 수행의 범위를 확장시킨다, ④ 비계를 설정하지 않으면 과업 수행이 불가능하나 비계를 설정함으로써 과업 수행을 가능하게 한다, ⑤ 인부가 필요로 하는 부분을 선택적으로 도와준다는 것이다. 이와 같은 지원과 안내는 이런 것들을 제공하는 사람이 인부와 매우 밀접한 곳에 있어서 인부가 처한 상황과 필요를 민첩하게 파악할 수 있을 때 가능하다. 따라서 가르치는 사람도 학습자가 무엇을 알고 있고, 무엇을 할 수 있는지를 알아야 그것에 기초하여 상호작용의 틀을 만들어 갈 수 있다.
책무요구	책무요구란 문식 활동과 관련한 어떤 과업을 유아가 해주기를 성인이 요구하는 것이다. 예 만일 유아가 그림 이야기책에 있는 그림에 관하여 어떤 질문을 했다면 성인은 그 질문에 즉각적으로 답하는 것이 아니라, 그 질문에 대한 해답에 이르기까지 필요한 여러 가지 절차들을 부분부분 잘라서 유아가 수행하기를 요구하는 것이다.

UNIT 39 문식성 발달과정

1 발생적 문식성

의미	• 출생 후부터 유치원 입학 전의 시기에 해당한다. • 모두가 이해할 수 있는 정확한 읽기와 쓰기는 아니지만, 그러한 수준으로 나아가고 있다는 의미에서 '문식성의 뿌리'라고도 말한다. • 의도적인 지도를 받기 이전에도 생활 속에서 자연스럽게 읽기와 쓰기를 배운다. • 시각적인 상징들을 이용하여 의미를 이해하고 전할 수 있다는 것에 의미를 둔다.
발달	• 4~6세 사이에 급속하고도 복잡한 양상으로 일어난다. • 읽기와 쓰기를 발달시켜 나가는 양상과 속도에서 몇 가지 정해진 학습 단계가 있음을 암시하나, 모든 아동이 같은 모습이나 순서로 발달하지 않는 개인차를 가진다. 　- 읽기와 쓰기 능력이 비슷할 수 있으나, 어느 한 영역이 뒤쳐질 수도 있다.
특징	• 순서가 정해진 것은 아니나 발생적 문식성 단계의 유아들에게 나타나는 특징을 기술하면 다음과 같다. 　- 문자언어로 의미를 전할 수 있다는 것을 이해한다. 　- 책장을 넘기고 그림이나 기억하고 있는 이야기를 이용하여 이야기를 짓는 등의 읽고 쓰는 척을 한다. 　- 글자와 말소리를 맞추기 시작한다. 　- 낱자의 이름들을 알기 시작하고 어떤 낱자에는 상응하는 말소리를 연결시켜 본다. 　- 상품에 있는 글자들이나 자주 보는 간판의 글자를 읽을 수 있으나, 글자만 제시했을 때는 읽지 못한다. 　- 자기 이름이나 가족의 이름 속에 있는 글자 등 쓸 줄 아는 글자가 생긴다. 　- 간혹 글자의 방향을 반대로 쓴다. 　- 글자 모양 같은 낙서를 하기도 하고, 뜻이 통하지는 않지만 줄을 맞춰 글자를 써 놓기도 하며, 단어와 단어 사이를 띄지 않고 글자들을 열거해 놓기도 한다. 　- 어떤 단어는 한 글자만 써 놓고 그 단어라고 우기기도 한다. 　- 아무렇게나 써 놓고 의미를 부여해 가면서 읽기도 하며, 나중에 다시 읽을 때는 못 읽는 경우도 있다.
지도 시 유의점	• 모든 유아가 정해진 순서에 따라 같은 모습이나 속도로 발달하지 않는다는 점을 유의해야 한다. • 현재의 발달수준은 개인차가 있으나 모든 유아의 궁극적 목표는 동일하게 보아야 한다.
목표	• 문자언어의 사용을 통해 의미를 이해하고 전달하는 독자와 필자가 되는 것 • 정보를 적극적으로 살펴보고 분석하여 효율적인 의사소통을 하는 것 • 목적을 위해 문자언어를 성공적으로 사용할 수 있다는 자신감을 갖게 되는 것 • 읽기와 쓰기를 즐기는 사람이 되는 것

2 초기 문식성

의미	• 유치원 입학부터 초등학교 1학년 초에 해당한다. • 읽거나 쓸 줄 아는 글자가 생긴다. • 좋아하는 이야기나 노래를 기억하며 그것을 중심으로 읽는 척을 하게 된다. • 성인에게 도움을 청해 자신이 경험한 것을 써 보거나 받아 적기도 한다. • 일부 유아는 혼자서 글을 읽기도 하고 쓰기도 한다. • 속으로 글을 읽기도 하고 큰 소리로 읽기도 한다.
특징	• 무언가를 알기 위해 글을 읽을 필요가 있다는 것을 인식한다. • 글자에 주의를 기울이며, 정확한 글자가 무엇인지에 대해 관심을 가진다. • 그림이나 글자, 책은 확실한 의미와 변하지 않는 내용을 가지고 있음을 인식한다. • 자신이나 가족의 이름 속 글자를 알고 그것을 중심으로 자소·음소를 대응시키며 말을 만들기 시작한다. • 구두점의 기능에 대해 이해하기 시작하나 읽기나 쓰기에서 일관성 있게 적용하기는 어려울 수 있다. • 읽고 쓸 줄 아는 단어가 존재한다. • 글을 이해하기 위해 발음뿐만 아니라 기억, 맥락, 이야기 유형, 그림 등을 사용한다. • 단어 사이의 띄어쓰기가 가능하나 언제나 그런 것은 아니다. • 글자를 읽을 때 자소와 음소를 대응시키며 읽으려고 한다. • 단어를 완전하게 쓰기도 하고, 부분적으로 써 놓고 그 단어라고 우기기도 한다. • 자신이 써 놓은 글을 되풀이해서 읽기도 한다. • 앞 단계와 마찬가지로 글자를 역방향으로 쓰기도 한다.
지도 방법	• 다른 사람들과 함께 책을 읽거나, 글자나 그림이 분명하여 예측 가능한 책 읽기 경험을 제공한다. • 게임이나 글자와 말소리를 연결할 수 있는 언어활동을 제공한다. • 단어의 의미를 이해하기 위해 여러 가지 전략들을 사용할 필요가 있으며, 창안적 글자 쓰기(invented spelling)를 제공한다. • 이야기를 듣고 토론하며 다시 이야기해 보는 경험을 제공한다.
교사의 역할	• 유아가 혼자 또는 누군가의 안내를 받으며 스스로 책을 읽을 수도 있으나, 교사가 유아에게 큰소리로 책을 읽어주는 일도 필요하다. • 유아가 타인의 도움을 받아 글을 써 보거나, 대신 써 주거나 혹은 글을 쓰는 방법에 대해 안내하며 혼자서 쓰게 하는 등의 다양한 쓰기 경험을 제공해야 한다. • 유아의 문식성 발달은 비형식적인 지도뿐만 아니라 형식적 지도도 병행해야 한다. 　- 가능한 한 직접적 교수보다는 필요에 의한 읽기와 쓰기가 일어날 수 있는 환경을 제공해야 한다. • 언어 교수는 반드시 유아의 사전 지식에 기초한 지도가 되어야 하며, 높은 수준으로 발달해 나가기 위해 유아들이 적절히 도전할 수 있도록 안내해야 한다.

❸ 독자적 문식성

발달	• 초등 1학년 후반~3학년에 해당한다. • 한글의 자·모 체계를 직접적이고 명시적인 방법으로 가르치기 시작하여 한 달 내에 그것을 터득하게 하는 것이 가능하다. • 대부분의 유아는 초등학교에 입학하며 형식적인 읽기 지도를 경험하게 되고, 한두 달 정도면 글자와 말소리를 정확하게 연결시킬 수 있다. • 자·모 체계를 터득하고, 자소·음소의 대응 규칙을 적용시키기 시작하면서 아동의 다른 문식 능력도 급속하게 발달하기 시작한다. • 어휘력이 급증하고, 미묘한 글의 내용을 이해하며, 독자를 위한 글쓰기가 가능한 것은 물론, 읽기를 통해 물리적·사회적인 세계를 더 많이 알아가기 시작한다. • 능숙한 독자나 필자로 변하는 데는 3년 혹은 그 이상의 시간이 필요하며, 모든 능력은 평생에 걸쳐 발달한다.
특징	• 맥락에 의존하지 않고도 많은 단어를 읽을 수 있다. • 새 단어를 접했을 때 그것을 확인하기 위해 단어를 분석하고 음가를 적용해 본다. • 자신이 읽는 글이 이해가 되는지 점검해 보고 틀린 부분을 찾아내 고쳐읽기도 한다. • 글의 초안을 잡고 대충 써보기도 하며 틀린 부분을 수정하기도 한다. • 자신이 읽은 글의 내용에 대해 다른 사람들에게 말한다. • 자신의 아이디어를 정교화하여 다른 사람들에게 말하는 것이 가능하다. • 표준적인 쓰기에 가까운 쓰기가 가능해진다. • 구두점을 사용하는 것이 가능해진다.
지도 방법	• 초등학교 2~3학년까지 유치원에서 시작되었던 문식 활동을 지속할 필요가 있다. • 더욱 복잡한 언어적 원리들을 터득할 수 있도록 직접적이고 명시적인 지도를 병행할 필요가 있다. • 어휘력을 더욱 확장시켜 주어야 하며, 좀 더 다양한 종류의 글들을 읽을 수 있도록 배려해야 한다. • 더욱 복잡한 사고를 표현해 보는 것을 권장하며, 개인의 진보를 면밀히 관찰한 정보를 기초로 적절한 교수 방법들을 모색해야 한다. • 글을 읽은 후 개인적으로 의미 있는 부분들에 관하여 다양한 방법으로 토의해 보는 것이 좋다. • 글을 읽을 때 의미를 이해하기 위해 여러 가지 전략들을 사용할 것을 권해야 하며, 단어를 분석하기도 하고, 정확성, 유창성, 표현성을 위한 연습도 필요하다. • 묵독을 할 수 있도록 해야 하며, 특별한 독해 전략은 직접적 시범을 보일 필요가 있고, 언어적 교수법을 통해 가르칠 필요도 있다. • 다양한 문학 서적들을 읽어주고 그것들의 내용과 관련하여 토론할 필요가 있다.

4 능숙한 문식성

특징	• 초등학교 고학년에 해당한다. • 아동은 읽기를 배우기 위해 글을 읽기보다는 세상 지식과 즐거움을 위해 글을 읽는다. • 글을 읽어야 하는 목적에 따라 읽는 글의 종류나 범위가 달라진다. • 이전 단계보다는 훨씬 다양한 종류의 글을 읽게 된다.
지도 방법	• 실제적인 문식 환경 속에서 교사의 글 종류의 선택이나 읽기의 시범이 계속되어야 할 필요가 있다. • 교사의 직접적이고 명시적인 읽기 지도도 계속되어야 한다. • 정확하게 읽는 것도 필요하지만 읽는 것이 좀 더 유창해질 필요가 있다. • 교사는 아동이 유창하게 읽을 수 있도록 격려할 필요가 있으며, 자신에게 관심이 있는 글들과 재미있고 보고 싶은 글들을 많이 읽을 수 있도록 격려하고, 글을 읽고 쓸 수 있는 환경을 제공해야 한다.

Ⅱ 읽기의 이해

UNIT 40 읽기의 개념

1 읽기

읽기의 정의	• 읽기란 독자가 인쇄된 문자를 보고 해독(decoding)하고 의미를 이해하는 복잡한 정신 과정이다. 읽기를 해독으로 보는 입장은 전통적 관점으로서, 시각적으로 제시된 글자를 부호화하고 그것을 말소리로 바꾸는 것, 즉 문자를 소리로 전환하는 것을 말한다. • 반면 읽기를 의미 이해로 보는 입장에서는 소리내기 여부와 상관없이 독자가 나름대로의 방식으로 읽고 그 의미를 이해할 수 있다면 읽기 능력이 있다고 본다. – 유아교육 분야에서는 유아의 문자언어 발달에 있어 단순한 해독의 관점에서보다는 의미 이해로서의 읽기를 진정한 읽기라고 보는 연구들이 많이 이루어지고 있다.

유아의 읽기의 의미	• 읽기의 목표 : 독해(글의 의미를 이해하는 것)
	  – 독해력의 발달은 음성 언어의 발달, 초기 쓰기의 경험, 주변 환경 속에서 끊임없이 글과 글자를 접하는 것, 그리고 무수한 사회적 상호 작용이 기초가 될 때 가능하다.
	  – 독해력은 유아의 의미 구성능력에 따라 크게 차이가 있다.
	• 유치원이나 초등학교에 입학하는 아동들은 성인들이 상상할 수 있는 것보다 훨씬 더 많은 언어적 지식을 가지고 있다.
	• 유아들은 글의 의미를 구성할 때 그림이 주는 단서나 음성언어로 제시된 이야기를 통해 글을 이해하거나, 이미 가지고 있는 세상 지식과 이야기 감각을 이용하여 단어를 분석하고, 단어에 관한 지식을 이용하여 의미를 구성해 내기도 한다.
	• 능숙한 독자는 글을 읽을 때 글에 제시된 정보들을 자신의 배경 지식이나 경험들과 관련시키며 능동적으로 해석하고 이해한다.
	∴ 글을 읽을 때 글과 자신의 배경 지식을 연결시키는 전략을 가르칠 필요가 있다.

읽기 지도의 목표	• 읽기는 일정한 규칙에 따라 문자로 쓰이거나 인쇄된 자료의 상징을 해독하고 의미를 추출해 내는 과정이다. 읽기는 저자가 제시하는 단어, 개념, 정보, 의도, 신념, 느낌을 의미 있게 해독하는 것으로서, 영유아를 대상으로 한 읽기 지도의 목표는 첫째, 읽는 방법을 가르치는 것, 그다음은 읽기를 즐기도록 하자는 것이다(Purves, 1990).
	  – 가장 기초적인 읽기 기술은 물론, 읽기에 대한 바른 태도와 적극적인 독자로 변해가는 것을 도울 수 있는 동기 요인까지도 포함해야 한다.
	• 영유아기의 읽기 능력은 성숙과 교육이 상호작용을 하면서 증진된다. 즉, 영유아는 읽기 학습을 하는 데 필요한 기본 능력이 발달되어야 하며, 동시에 적절한 읽기 지도를 받아야 한다.
	  – 영유아가 성공적이고 즐거운 읽기를 할 수 있는 독자로 발전해 나갈 수 있도록 풍부한 읽기 환경을 제공하고 영유아의 언어능력 수준에 적합한 읽기 지도를 실시해야 할 것이다. 이를 통해 영유아는 읽기의 즐거움을 알고, 새로운 정보를 찾는 데 필요한 태도와 기술을 발달시킬 것이다.

❷ 읽기발달에 필요한 지식

- 유아가 글자를 읽기 위해서는 먼저 문자를 해독하는 과정, 이후에는 글자와 말소리의 관계 및 단어의 의미를 이해하는 과정이 필요하다. 읽기의 심리적 처리과정에는 인쇄된 글자를 언어 형태로 바꾸는 부호화 과정, 단어의미를 찾아내는 어휘처리 과정, 문장 속에 들어 있는 단어를 이해하는 과정, 그리고 문장의 의미를 분석하고 그것을 종합하여 이해하는 과정을 포함한다(이차숙·노명완, 2003).
- 이를 다시 크게 단어재인(word recognition)의 과정과 언어이해(language comprehension)의 과정으로 나눌 수 있다(Calfee, 1981).
  - 단어재인이란 시각적으로 제시된 단어를 부호화(encoding)하여 그 부호에 해당하는 어휘 정보를 자신의 ✚심성어휘집(mental lexicon)에서 탐색해 의미와 연결짓는 것을 말한다(Stanovich, 1986). 즉, 단어재인은 제시된 단어를 눈으로 보고, 그 의미를 해석하는 인지처리 기술을 의미한다.
  - 아동의 읽기 문제는 언어 이해보다는 단어재인을 못해 생기기 때문에(Perfetti, 1985), 단어재인은 읽기를 위한 4개의 복잡한 심리적 과정(부호화, 어휘처리, 문장 분석, 의미 분석)을 통해 발달시켜야 하는 중요한 기술이다. 단어를 잘 해독하지 못해 읽기 장애를 보이는 경우가 훨씬 더 많다는 점을 감안하면(Stanovich, 1986) 단어재인의 중요성을 확인할 수 있다.
- 한편, 읽기는 시각 경로와 음운 경로의 이중 경로로 이루어지는데(Coltheart, 2006) 친숙한 단어는 시각 경로를 통해 형태를 인식함으로써 어휘집에 도달할 수 있지만, 친숙하지 않은 단어는 자소-음소 대응을 통한 음운 경로가 더 큰 영향을 미친다(제민경, 2021). 따라서 초기 유아기에는 유아가 일상생활 속에서 단어를 자주 접할 수 있도록 하여 친숙해지도록 만드는 것이 중요하다.

✚ 심성어휘집
어휘처리 과정을 조작적으로 설명하기 위해 도입된 개념으로, 어휘에 관한 여러 가지 정보들이 내적으로 저장되어 있는 일종의 마음속의 사전과 같은 것이다(이차숙·노명완, 2003).

단어재인	\- 음운인식: 말소리의 여러 단위를 지각하고 인식하는 것 \- 해독: 자소-음소 대응, 철자와 말소리 대응을 통해 글자를 해독하는 것 \- 시각적 재인: 해독된 단어를 심성어휘집에서 찾아 부합하는 의미정보를 순간적으로 파악해내는 것 (※ 단어재인은 제시된 단어를 말소리로 발음(해독)함으로써 단어가 무엇을 의미하는지 인지하는 과정이다.)	

- 단어재인은 제시된 단어를 말소리로 발음(해독)함으로써 단어가 무엇을 의미하는지 인지하는 과정이다.
  - 음운인식: 말소리의 여러 단위를 지각하고 인식하는 것
  - 해독: 자소-음소 대응, 철자와 말소리 대응을 통해 글자를 해독하는 것
  - 시각적 재인: 해독된 단어를 심성어휘집에서 찾아 부합하는 의미정보를 순간적으로 파악해내는 것

🔔 단어재인 관련 주요 기술

단어재인		

	음운인식	• 언어정보처리를 위해 언어의 내적 구조지식에 기초하여 말소리의 크고 작은 단위와 유형을 지각하고 인식하는 능력이다.
		 • 여러 단위의 말소리들을 식별하고 이러한 소리들이 모여 단어가 된다는 사실을 아는 것이다.
		   \- 다양한 말소리에 대하여 의식적으로 생각하는 것이므로 말소리에 대한 조작이 가능하다.
		   \- 말소리의 가장 작은 단위인 음소에 대한 인식은 읽기를 습득하는 데 가장 핵심적 요소로 강조된다.

	자모음 지식	• 한글을 구성하는 자음과 모음의 이름, 자음과 모음이 내는 소리, 자음과 모음의 시각적 형태를 아는 것이다. • 한글 자모음 이름이 내는 소리는 언제나 일정하고 예외가 없기 때문에 유아들이 한글 자모음의 이름을 알면 단어 안에서 각 자음과 모음이 내는 소리를 수월하게 생각할 수 있다.

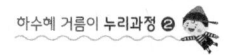

MEMO

자소-음소 대응	• 글자와 말소리가 어떻게 관련되는지를 이해하는 것이다. – 말소리에 대한 유아의 자각과 조작(음운인식)이 가능해진다. – 한글의 자음과 모음에 대한 지식을 갖게 되어 문자에 포함된 철자를 말소리에 대응시키려는 시도가 활발해지며 그 능력을 발달시킨다.
시각적 재인	• 시각적 재인이란 이러한 과정이 자동화되어 단어를 보고 해독과 의미 파악이 순간적으로 이루어지는 것이므로, 해독된 단어를 개인의 심성어휘집에서 찾아 부합되는 의미 정보와 관련시켜야만 비로소 시각적으로 제시된 문자 단어의 의미를 이해할 수 있다. – 자소와 음소의 대응을 통한 해독의 과정을 잘 익히게 되면 힘들이지 않고도 재빨리 자동적으로 처리된다.
언어이해	• 언어이해는 언어를 통해 의미를 구성하고 이해하며 사고하고 분석하는 과정이다. – 어휘 : 어휘가 풍부할수록 언어이해가 수월해지고, 문자 자료를 많이 읽을수록 새로운 단어를 접할 기회가 많아진다. – 구문지식 : 문자 자료는 맥락적 요소가 배제된 상황에서 문자만을 통해 의미를 전달해야 하므로 정확한 문장과 문법이 제시되어야 한다. – 언어추론 : 저자의 표현이 무엇을 의미하는지 배경지식을 끌어와 생각해서 가능한 의미를 추론하는 것이다. – 문해지식 : 탈맥락적인 문자언어의 화용규칙이다.

🔔 문자언어(문해) 발달과정 – 숙련된 읽기

• 유아가 글자를 읽기 위해서는 우선 단어를 해독하는 과정이 필요하며, 또한 주변의 읽기환경으로부터 글자와 말소리 관계를 이해하고 사용하면서 새로운 단어의 의미를 해석하는 것이 요구된다. 스카버러(Scarborough, 2002)는 이러한 언어 발달 과정을 '단어재인'과 '언어이해'라는 각각의 밧줄이 점차 상호 관련되고 합쳐지면서 「숙련된 읽기」가 이루어진다고 설명하고 있다.
 – 스카버러는 단어재인과 언어이해가 상호의존적으로 발달해 간다고 하면서, 읽기발달을 여러 가닥의 실이 함께 짜여지는 과정과 같은 것으로 설명하였다.
 – 그가 제시하는 단어재인이란, 어떤 단어를 듣거나 보았을 때 그 단어가 의미하는 것이 무엇인지를 아는 것이다. 이러한 단어재인의 발달은 음운인식(phonological awareness), 해독(decoding), 시각재인(sight recognition)이 서로 합쳐지면서 형성되는 것이다.
 – 언어이해란, 언어를 사용하면서 의미를 구성하고 이해하며 사고·분석하는 능력을 의미한다. 언어이해의 발달은 배경지식(background knowledge), 어휘(vocabulary), 언어구조(language structure), 언어추론(language reasoning), 문해지식(literacy knowledge)이 서로 합쳐지면서 형성되는 것이다.
 – 이러한 기술들은 각각 독립적이 아니라 상호 의존적으로 발달된다. 따라서 숙련된 읽기를 한다는 것은 단어재인 과정과 언어이해 과정 두 가지를 충분히 획득했을 때, 보다 더 유능하게 읽을 수 있게 된다.
 – 「숙련된 읽기」라는 굵은 밧줄은 단어재인(word recognition)과 언어이해(language comprehension)라는 각각의 밧줄이 점차 상호 관련되고 합쳐지면서 이루어지는 과정이라는 것이다. 이러한 과정을 그림으로 나타내면 다음과 같다.

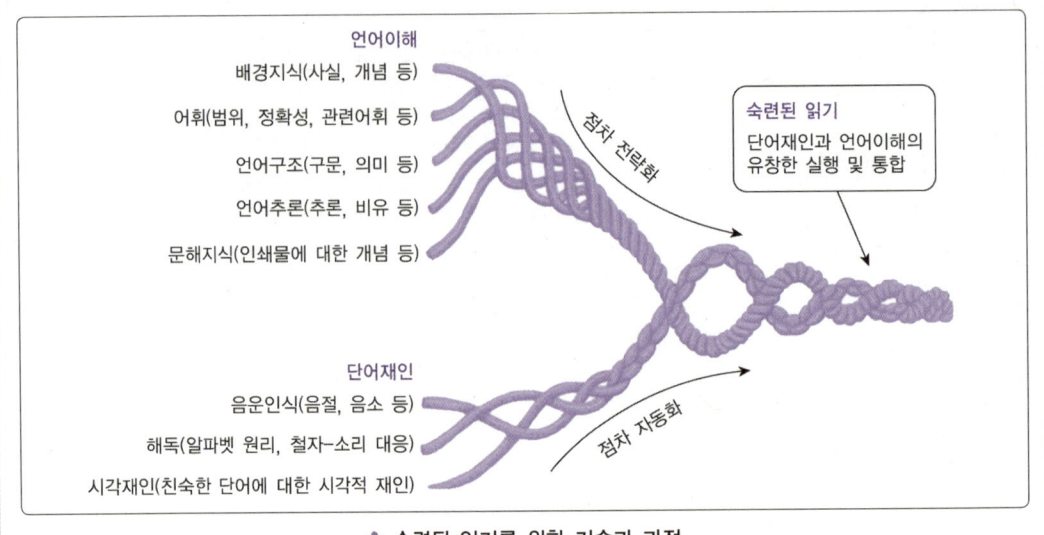

❋ 숙련된 읽기를 위한 기술과 과정

출처 : Scarborough(2002)

UNIT **41** 읽기의 발달원리(Machado, 2003)

원리	특징
자연적 발달의 원리	• 대부분의 유아는 가정에서부터 읽기를 배우기 시작한다. – 초등학교에 들어가기 전 유아가 가지게 되는 전형적인 읽기 경험은 엄마와 함께 그림책을 읽는 것이다. 어른들이 보기에는 별로 재미없을 것 같은 이야기이지만, 유아들은 같은 책을 되풀이해 읽으면서 지루해하지 않고 즐거워하면서 엄마에게 자꾸만 책을 읽어달라고 조르기도 한다. – 두 번째로 중요한 읽기 경험은 간접적인 경험으로서 부모와 형제들이 읽고 쓰는 것을 보는 경험이다(예 아빠가 신문을 보는 모습, 엄마가 마트에서 사야할 물건의 목록을 쓰는 모습, 형이나 언니가 만화책을 보면서 키득거리는 모습, 엄마가 언니나 형에게 쪽지를 남기고 외출하는 모습). • 유아들은 이런 문식적 경험을 통하여 읽기가 생활에서 매우 중요하다는 사실을 자연스럽게 인식하고, 읽기를 배우는 데 관심을 가지기 시작한다. 더 나아가 유아들은 읽기란 그림을 읽는 것이 아니라 그림책 속에 있는 글자를 읽는 것이라는 사실과, 자기 혼자서는 글을 읽을 수 없다는 사실도 알게 된다. 뿐만 아니라 이들은 책읽기가 매우 재미있는 활동이라는 사실을 인식하게 되고, 주변 환경 속에서 볼 수 있는 여러 가지 표지들과 상표의 이름도 읽을 수 있게 된다. 어떤 유아들은 또 낱자와 낱자의 소리를 연결짓기도 하며, 단어를 만들어 내기도 한다. 이 모든 기능들은 형식적인 읽기 지도의 단계로 넘어가기 전에 생활 속에서 자연스럽게 습득되는 읽기 기능들이다.

상호작용적 발달의 원리	• 유아는 어머니, 형, 언니 등과 함께 그림이야기책을 읽는다든지, 위에서 기술한 여러 가지 문식 활동들을 계속적으로 경험하다가 마침내 여러 가지 이유로 가족들이나 친구들에게 쪽지, 초청장, 그리고 편지 등을 쓰기도 한다. 그러나 유아는 연령이 더해감에 따라 생활 속에서 자연스럽게 읽기 기능을 습득할 뿐만 아니라, 형식적인 읽기 지도를 받기도 한다. • 부모에 따라 교과서나 학습지를 가지고 읽기를 가르치기도 하고, 유아나 유아의 친구가 쓴 글들을 읽기의 자료로 다시 활용하기도 한다. • 유치원에서는 교사가 책읽기에 대한 안내를 해 주기도 한다. 어떤 교사는 책을 읽기 전에 먼저 책에 나오는 내용들을 이야기해 주고, 교사를 따라서 소리 내어 읽어 보게도 하며, 학급의 모든 유아들이 다 함께 되풀이 합창하여 읽게도 한다. • 대부분의 유아들은 이처럼, 교사나 부모 그리고 친구들과 상호작용함으로써 단어를 재인할 수 있는 능력도 배우고, 문장을 접하기도 하여 문장의 의미를 이해하는 기술을 더욱 발달시켜 나간다. 점차 남의 도움을 받지 않고 혼자서도 읽기가 가능해지기도 한다.
기능적 발달의 원리	• 유아는 연령이 더해감에 따라 점차 읽기를 배우기 위해 읽기를 하는 것이 아니라 읽기를 통하여 어떤 정보를 얻어내기 위해 읽기를 한다. 읽기를 기능적으로 경험하는 것이다. 　－ 다른 사람의 경험을 이해하기 위하여, 또 어떤 정보를 얻기 위하여 글을 읽어야 한다는 사실을 알고, 어려운 글은 교사의 안내를 받으면서 읽으면 훨씬 이해하기가 쉬워진다는 사실도 알게 된다. • 읽기를 기능적으로 경험하게 되면 유아는 읽기 활동에 더욱 능동적으로 참여하게 된다. 　－ 글 속의 정보들 중에서 중요한 정보와 덜 중요한 정보를 가려낼 수도 있게 되며, 읽기의 참 목적은 글이 가지고 있는 의미를 찾아내는 것이라는 사실을 점차 더 분명히 알게 된다. ▶ 그렇게 되면 유아들은 동화책이나 만화책, 그리고 여러 가지 정보를 알려 주는 책들을 읽는 것을 즐겁게 생각하게 되며, 생활 속에서 글자를 사용하여 신호를 보내거나 자신의 의사를 표현하기도 하면서 사회적 상호작용이 더 활발해지게 된다.
구성적 발달의 원리	• 읽기의 과정은 여러 가지 다양한 사회적 맥락을 고려해야만 이해할 수 있는 사회적인 과정이다. 따라서 읽기란 단순하게 글 자체만을 수용하면 되는 것이 아니라 사회적 맥락을 고려하면서 필자가 전달하려는 의미를 구성해내야 한다. • 유아는 생활 속에서 사회적 상호작용을 통하여 읽기를 기능적으로 경험하면서 글이 일상 생활과 어떻게 관계를 맺고 있는지 이해하게 된다. 　－ 자신의 생각이나 감정에 관해 글로 표현하거나 부모나 교사가 읽어주는 이야기를 들으면서 이야기 속에서 발견되는 아이디어들과 자신의 아이디어들을 비교해 볼 수 있는 기회도 가질 필요가 있다. 이런 경험들을 하면서 유아는 글을 쓴 사람이 전달하려는 의미가 무엇인지 이해하려는 노력을 더욱 기울이게 되고, 의미 구성적인 읽기 기능이 발달하게 된다.

SESSION
04

통합적 발달의 원리	• 유아들의 읽기 발달은 읽기의 어느 한 측면이 특별히 발달된다고 해서 이루어지는 것이 아니다. 발음, 어휘, 문법, 낱자의 이름, 낱자의 소리, 단어재인 등은 분명히 읽기에 필요한 중요 요소들이지만, 이 중에서 어떤 요소가 특별히 발달되었다고 해도 읽기 발달의 수준이 크게 향상되지 않는 경우도 있다. 　– 읽기의 목적은 어디까지나 독해이다. 따라서 유아들은 글이 전달하고자 하는 의미를 이해해야 하고, 또 그 글이 자신과 사회를 어떻게 관계시키고 있는지 인식할 수 있어야 한다. 　– 따라서 읽기를 위해서는 복합적인 상황 속에서 읽기 과정에 필요한 다양한 기능들이 동시적으로 습득되어야 한다. 읽기 학습은 마치 운전을 배우는 것과 같아서 브레이크를 밟는 법, 엑셀러레이터를 밟는 법, 핸들을 돌리는 법, 뒷거울을 보는 법, 옆거울을 보는 법, 거리를 판단하는 법 등을 따로따로 배울 수 없기 때문이다.
점진적 발달의 원리	• 유아의 읽기 발달은 계속적이며 연속적이고, 점진적인 성향을 지닌다. 다시 말하면 이는 일정 시기가 되어 어느 날 갑작스럽게 일어나는 것이 아니라, 음성언어의 학습과 마찬가지로 출생 직후부터 시작하여 점진적으로 이루어진다. • 전통적으로 읽기 발달의 초기 단계를 '문식 이전 단계'라고 불러왔으나, '단계'라는 용어가 유아의 언어 발달의 점진적이고 연속적인 개념을 포착하지 못하기 때문에, 최근에는 이러한 용어 대신에 '문식성의 뿌리' 혹은 '발생적 문식성'이라는 용어로 바꾸어 사용하고 있다. 　– 굿맨(Goodman, 1986)은 '읽기의 초기 단계'라는 용어가 매우 복합적인 읽기 발달의 과정을 잘 설명하지 못할 뿐만 아니라, 교사나 교육과정 개발자들로 하여금 읽기의 시작이 어느 특정 시점에서 갑자기 출현하는 것으로 믿게 하기 때문에 이러한 용어는 더 이상 사용되어서는 안 된다고 주장한다. • 유아는 어떤 특정 시기에 어떤 형식적인 교육에 의해 읽기를 배우는 일은 있으나, 유아의 읽기 학습은 결코 그 특정 시간이나 교육에서부터 시작되는 것은 아니다. 출생 이후 취학하기까지 전 기간이 유아에게는 읽기 학습 기간으로서 이후에 이루어지는 특정 시기의 특정 지도와 단절된 것이 아니라 하나로 이어지는 것이다. 따라서 읽기에 관한 한 유아가 가정이나 사회에서 자연스레 배우는 것에 '전(pre–)'이라는 말을 붙일 수는 없다. 　– 즉, 유아의 읽기 발달은 한 순간 갑자기 출현하는 것이 아니라 자연스러운 탐구와 읽기, 쓰기 활동에 참여할 수 있도록 이끌고 지원해 주는 환경 속에서 점진적인 과정으로 이루어진다.

UNIT 42 읽기의 지도 : 초기 읽기 지도모형(Bruneau, 1997)

개요

- 초기 읽기 지도모형은 미국 농업부가 각 범주의 식품들을 적당량 섭취할 것을 권장하기 위해 피라미드식으로 모형화해 놓은 것을 보고 브루노가 이에 착안하여 미국의 초등학교 아동들을 위한 읽기·쓰기 지도의 모형으로 개발해 놓은 것이다.

- 읽기의 궁극적 목적은 글에서 의미를 추출하는 것이다. 그러나 글자를 소리로 바꾸는 해독이 되지 않으면 글에서 의미를 이해할 수 없다. 유아기는 해독과 의미 이해를 동시에 배워야 하는 시기이므로 독해와 해독을 병행하여 지도해야 한다.
  - 유아들은 책의 형태에 친숙하기, 읽기에 대한 기대와 태도, 글자를 깨우치려는 동기, 글자의 요소와 구조 이해하기, 낱자 쓰기, 음운인식, 자기 이름과 주변의 친숙한 글자 읽기의 7가지 읽기 기능을 습득해야 한다.

- 이차숙(2003)은 유아의 읽기기술을 발달시키기 위해 교사가 사용할 수 있는 교수활동의 조직을 아래와 같이 피라미드 모형으로 제시하였다.
  - 피라미드 모형의 가장 기초가 되는 활동은 '말하기, 듣기 활동'이다. '말하기, 듣기 활동'을 통해 어휘와 개념발달이 일어나고 이를 기초로 읽기가 일어난다.
  - 초기 읽기 지도에서 가장 중요한 것은 대집단에서 '책 읽어주기'이다. 책 읽어주기 활동을 통해 읽기에 대한 태도와 습관을 형성하고, 글과 글자의 개념이나 기능, 규약을 이해할 수 있으며, 읽기에 대한 흥미와 동기를 유발할 수 있다.
  - 이렇게 흥미와 동기가 생기면 혼자 읽고, 짝과 함께 읽고, 들으면서 읽고, 같은 내용을 반복해서 읽게 된다.
  - 교사는 안내적 읽기활동을 정기적으로 하여 유아들에게 읽기에서 발생할 수 있는 문제를 해결하는 방법을 시범보이고, 유아들도 교사를 따라 전략적 읽기를 하도록 권유한다.
  - 피라미드 모형의 다섯 번째와 여섯 번째 칸은 언어경험적 접근활동(language experience approach activity)이다. 언어경험적 접근활동은 자신이 읽은 것이나 생활 중에서 경험한 것에 대해 이야기해 보고, 그것을 글로 써보며, 다시 읽어보는 것이다.
  - 피라미드의 가장 윗부분은 읽기에 필요한 기술을 지도하는 것이다. 이때 교사는 읽기에 필요한 기술을 직접적이고 명시적인 방법으로 지도해야 한다. 읽기에는 음운인식, 낱자 인식, 자소-음소 대응관계 이해, 자모체계 이해, 단어재인 기술 등이 필요하다. 이러한 읽기의 기술은 능숙한 독자가 되는 데 필수적인 기능이며, 직접적이고 명시적인 방법으로 지도하는 것이 좀 더 효과적이다(박선희·박찬옥, 2013).

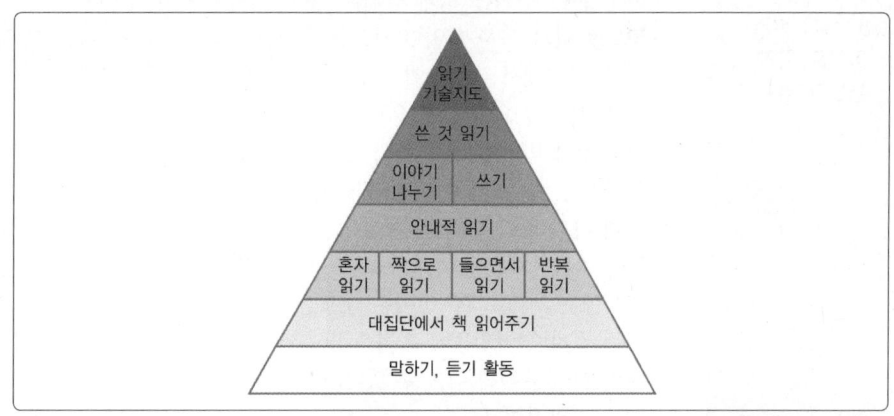

❋ 초기 읽기 지도모형

1 초기 읽기 지도의 방법 - 이차숙

① 말하기, 듣기 활동	• 초기 읽기 지도는 무엇보다 먼저 음성 언어에 기초하여 이루어져야 한다. 말하기, 듣기 활동을 통해 어휘나 개념 발달이 먼저 일어나야 읽기 지도가 가능하다. 뿐만 아니라 유아들이 읽기를 통하여 여러 가지 제시된 정보들을 이해하려면 그들이 일상에서 사용하고 있는 음성언어로 된 문장의 구조나 형태를 이용하여야 한다. 　– 유아들은 음성언어 활동을 할 때, 들려오는 여러 가지 정보들을 재구조화하고, 중요한 것들을 기억하고 요약하면서 이해한다. 이들은 읽기에서도 같은 기능들을 사용한다. 따라서 음성언어 활동은 읽기 지도에서 선행되어야 할 가장 중요한 활동이다.
② 대집단에서 책 읽어주기	• 초기 읽기 지도에서 가장 먼저 일어나야 하고, 빠트려서 안 되는 활동은 대집단에서 책 읽어주기 활동이다. 이 활동은 거의 매일 빠짐없이 일어나야 하기 때문에 음성언어 활동 다음으로 가장 공간을 많이 차지하는 모형의 아래쪽에 놓았다. 이 활동은 특별히 가정에서 부모들이 책을 많이 읽어주지 못하는 유아들에게 더욱 중요하다. 　– 이는 단순히 책을 읽어주고 내용을 이해시키는 활동이 아니다. 읽기에 대한 태도와 습관을 형성하고 글과 글자의 개념이나 기능, 그리고 규약 등을 이해시키며, 유아의 동기나 흥미를 지속시키는 활동이다. 　– 교사가 어떤 책을 선정하느냐에 따라 책에 대한 유아의 동기나 흥미를 지속시킬 수도 있고, 좌절감을 느끼게 할 수도 있다. 또 교사가 다양한 장르의 책들을 선정하고, 책에 따라 읽기의 전략을 달리하는 것을 보여주면 유아들은 책의 장르에 따라 여러 가지 읽기 전략들을 배울 수도 있다. 　– 즉, 대집단에서 책 읽어주기 활동은 초기 읽기 지도의 거의 모든 교육내용들을 경험시킬 수 있는 매우 중요한 초기 읽기 지도활동이다.
③ 혼자 읽기, 짝으로 읽기, 들으며 읽기, 반복 읽기	• 혼자 읽기, 짝으로 읽기, 들으면서 읽기, 반복해서 읽기 활동이다. 이 네 가지의 활동은 다소 중복적일 수도 있고(예 혼자 들으면서 반복적으로 책을 읽는다면 중복적 활동), 또 각각 다른 활동이 될 수도 있다. 　– **혼자 읽기** 혼자 읽기에서는 자기의 읽기 수준에 맞는 진정한 읽기가 일어날 수 있으며, 자신이 글을 읽을 줄 아는 사람이라는 것을 확인할 수 있는 좋은 기회가 될 수 있다. 유아들은 그동안 배운 것들을 적용하고 응용해볼 수 있는 혼자 읽기 시간이 꼭 필요하다. 그리고 자신이 관심 있는 책을 선택하여 자기 마음대로 혼자서 읽는 경험은 읽기 동기나 흥미 지속에 필수적이다. 　– **짝으로 읽기** 교사가 읽기 자료를 집으로 보내 유아가 부모와 함께 책을 읽게 하거나, 학교에서 대집단이 아닌 개별 아동에게 교사가 짝이 되어 책을 읽어주는 것은 매우 중요하다. 짝으로 읽기는 흔히 반복 읽기로 발전한다. 　– **반복 읽기** 반복 읽기는 여러 날을 두고 계속적으로 같은 책을 읽어줄 수도 있고, 교사가 한 번 읽어주고 난 다음 책 내용에 관한 질문을 하고 그 질문에 대답하기 위해 다시 읽어 보게 하는 방법을 이용할 수도 있다. 또 읽기 영역에 책 내용을 담은 녹음자료를 준비해 두고 그것을 들으면서 반복적으로 읽기를 할 수도 있다. 처음에는 재미로, 두 번째는 내용을 정확하게 이해하기 위하여, 세 번째는 재미있는 소리나 어휘들에 초점을 맞추기 위하여, 네 번째는 반복적으로 나오는 단어의 재인을 위해 읽을 수 있다. 반복 읽기는 특히 단어재인, 해독 기술의 습득에 매우 효과적이다.

④ 안내적 읽기	• 안내적 읽기 활동은 읽고, 생각하고, 읽은 것에 대해 서로 의견을 나누면서 읽기 전략을 가르칠 수 있는 활동이며, 소집단으로 일어나야 한다. – 교사는 이 활동을 날마다 할 필요는 없지만 정기적으로 행하여 읽기에서 유아들에게 문제 해결 전략을 시범보이고 설명해 줌과 동시에 유아들도 교사를 따라 전략적 읽기를 하도록 권하면 유아들의 읽기 능력을 크게 향상시킬 수 있다. – 유아들은 읽은 것에 대해 서로 의견을 나누면서 교사나 다른 유아들이 어떻게 읽는지, 또 읽으면서 어떤 전략들을 사용하는지 듣고, 보고, 배우게 된다. – 교사들은 유아들이 책을 읽으면서 어떤 생각들을 하고, 어떤 읽기 전략들을 사용하는지, 그리고 읽기의 수준은 어느 정도인지, 특별히 강한 측면과 약한 측면은 무엇인지 평가할 수 있어야 하며, 또 그런 평가를 통하여 적절하게 수업을 재설계할 수 있어야 한다.
⑤ 쓴 것 읽기, 이야기 나누기, 쓰기	• 피라미드의 다섯 번째와 여섯 번째의 층은 언어 경험적 접근 활동이다. – 경험을 말하고, 말하는 것을 쓰고, 함께 읽어 보고, 그것들에 관하여 의견을 교환하는 것은 읽기 학습에 대한 동기와 흥미를 지속시키고 읽기의 기초 기능들을 향상시킨다. 이 활동은 가능하다면 매일 하는 것이 좋다. – 언어 경험적 활동은 자신이 읽은 것이나 생활 중에서 경험한 것에 대해 이야기해 보고, 그것을 글자로 써 보고, 다시 읽어 보는 세 단계로 이루어진다. – '쓴 것 읽기'를 이야기 나누기와 쓰기 위쪽에 배열한 것은 자신의 경험을 말해 보고 그것을 쓰는 데 더 많은 시간을 할애하라는 뜻이다. 이 활동은 개별적이거나 소집단으로 일어나는 것이 좋고, 가능하다면 매일 하는 것이 좋다. – 유아들은 자기가 경험한 것, 읽은 것, 관심 있는 것들에 관하여 말해보고, 그것들을 쓸 수 있으면 쓰고, 그렇지 않으면 그림으로 그리기도 하고, 선생님의 도움을 받기도 하여 읽기 자료로 만들어 보는 경험을 가지는 것이 중요하다. – 그리고 그 읽기 자료들을 친구들과 함께 읽어 보고 그것들에 관하여 의견을 교환하는 것은 읽기 학습에 대한 동기와 흥미를 지속시킬 뿐만 아니라 읽기의 기초 기능들을 향상시키는 데 필수적이다. – 이 과정에서도 앞 단계에서와 마찬가지로 교사는 유아들의 관심과 흥미, 읽기 수준을 예리하게 평가하여 수업의 자료로 삼아야 할 것이다.
⑥ 읽기 기술 지도	• 읽기의 기초 기능들을 직접적이고 명시적인 방법으로 지도하는 것이다. – 읽기의 기초 기능들은 '음운인식, 낱자 지식, 자소·음소 대응관계 이해, 자·모 체계이해, 단어재인 기술 등'으로, 이는 능숙한 독자로 변해가는 데 반드시 필요한 기능이다. 읽기의 기초 기능들은 총체적 언어 접근법에서처럼 간접적이고 암시적인 방법으로 지도하는 것보다 직접적이고 명시적 방법으로 지도하는 것이 훨씬 효과적이라고 밝히고 있다(Adams, 1990). – 이 활동을 피라미드의 맨 꼭대기에다 배열한 것은 피라미드의 다른 층을 빼버려 높이가 낮아져도 이는 피라미드가 될 수 있지만, 꼭대기 층을 빼버리면 결코 피라미드가 될 수 없기 때문이다. 즉, 읽기 기술 지도는 읽기 지도에서 결코 빼버릴 수 없는 활동이란 의미이다. 그러나 이 활동은 그림에서 차지하는 공간이 가장 작듯이 활동 시간 역시 가장 적어야 한다. 너무 많은 시간을 이 활동에 할애하면 유아들을 질리게 할 가능성이 있기 때문이다. 그리고 이 활동은 피라미드 밑의 층의 활동들과 연결되어 일어나야 한다. 그 이유는 이 활동만 분리하여 지도하면 유아들의 동기와 흥미를 잃게 하거나 좌절감을 느끼게 할 수 있기 때문이다.

2 초기 읽기 지도방법의 원리

균형적·종합적	**초기 읽기 지도는 균형적이고 종합적으로 이루어진다.** • 초기 읽기 지도모형은 매우 균형적이고 종합적일 것을 주장한다. 　－ 균형적이란 주어진 시간 내에 읽기에 필요한 모든 지식과 기술들을 똑같이 강조하여 가르친다는 말이 아니며, 오히려 교육내용의 선정과 배열을 전략적으로 할 것을 권한다. 그러기 위하여 읽기를 지도하는 사람은 유아들의 읽기 수준과 필요를 고려하면서 우선순위와 중요한 것들을 먼저 결정해야 한다. 특정 교육내용들이 특정 수업에서 다소 차별성 있게 강조되기는 하겠지만, 결과적으로 모든 읽기 기술과 지식들이 동시에 발달되어 나가도록 지도해야 한다는 뜻이다. 　－ 종합적이라는 것은 사고, 학습, 의사소통을 위한 모든 형태의 읽기 도구들을 사용하여 읽기의 기초적 기능들을 학습시킨다는 의미이다. 유아들은 궁극적으로 읽기를 통하여 내용을 이해하고, 감상하고, 분석하고, 수행하고, 즐길 수 있는 쪽으로 변해 가야 한다. 그렇다면 유아들은 자·모 체계의 이해나 해독에 필요한 기초 기능들의 학습뿐만 아니라 책이나 실제적인 읽기 자료들을 다룰 수 있는 경험도 반드시 가져야 한다.
능숙한 독자로서의 유아	**초기 읽기 지도는 능숙한 독자의 읽기 특성을 염두에 둔다.** • 초기 읽기 지도모형은 항상 능숙한 독자의 읽기 특성(어휘력, 단어재인 능력 등)들을 염두에 두어야 한다는 점이다. 　－ 대부분의 아동들은 평균적으로 초등학교 3학년 말까지는 능숙한 독자로 변해 갈 수 있다. 이때의 아동들은 읽기를 즐길 수 있어야 하고, 동화뿐만 아니라 여러 가지 신문이나 정보를 위한 책들도 읽고 반응하고 분석할 수 있어야 한다. 　－ 이것은 튼튼한 어휘 실력과 단어재인 능력, 그리고 읽기를 즐기는 태도 등이 기초되지 않으면 불가능하다.
통합성	**초기 읽기 지도는 통합적으로 이루어져야 한다.** • 초기 읽기 지도모형에서는 말하기, 듣기, 읽기, 쓰기의 기술은 따로 학습될 수도 있고, 따로 가르칠 수도 있지만, 모든 기능들은 동시에 상보적 역할을 하며, 모든 교과를 통해서 학습될 수 있다는 점을 강조한다. 　－ 또한 하나의 활동으로 분리되어 가르치는 것이 아니라 통합적 활동으로 이루어졌을 때 더 효과적이다.
교정이 아닌 예방	**초기 읽기 지도는 교정의 기능이 아니라 예방의 기능이다.** • 읽기 활동을 하면서 유아들이 못하는 것을 지적하고 바르게 고쳐 주는 것이 아니라, 읽기의 과정을 즐기고 즐거움을 느낄 수 있게 해 주는 것이 중요하다. • 현재 잘하도록 하는 것이 아니라 이후에 잘할 수 있게 지원해 주는 것이 목표이다.
개별성	**유아의 개별성을 존중한다.** 모든 유아가 같은 속도로 읽기 기술을 학습하는 것은 아니므로 각 유아의 발달 정도와 수준을 인정해야 한다. 따라서 초기 읽기 지도모형은 각 유아들의 읽기 기술의 학습과 발달 정도를 평가하고, 그 결과에 따라 개별적 지도를 해야할 것을 강조한다.

UNIT 43 읽기의 지도 : 환경인쇄물

KEYWORD# 환경인쇄물의 유형

① 환경인쇄물의 개념

정의	• 실생활에서 특정한 기능과 맥락을 담고 있는 간판, 교통표지판, 텔레비전, 음료수 캔, 식당의 메뉴판에 있는 이름, 과자 상자 등과 같이 유아들이 책을 읽기 전에 만나는 첫 인쇄물(Clay, 2002)로, 문어에 대한 실질적이고 가치 있는 경험을 제공하는(Goodman, 1986) 환경문자들이다. – 환경인쇄물(environmental print)은 의미 있고 읽기 쉽기 때문에 유아의 읽기에 대한 흥미와 동기를 가지게 해준다. – 환경인쇄물은 크고, 굵고, 다양한 형태의 글씨체와 색깔로 이루어져 있어 일반적인 책과 같은 인쇄물과 비교해 보았을 때, 유아에게 시각적으로 매력적이고 의미가 있어 즉각적인 흥미와 관심을 자극한다(Adams, 1990). – 유아는 곧 인쇄물이 환경에서 경험하는 시각적 패턴들과 다른 종류라는 것을 배우게 되며(Yamagata, 2007), 상징화된 언어이고 정보를 담고 있다는 것을 깨닫게 된다 (Adams, 1990). – 라벨, 사인, 상표, 광고와 같이 글과 그림이 같이 표현되어 있다. – 유아가 일상생활 속에서 가장 처음으로, 가장 많이 접하게 된다.
환경인쇄물의 종류	• 장난감 관련 환경인쇄물(예 장난감 박스) • 음식 관련 환경인쇄물(예 과자 봉지, 음료수 캔) • 지역사회 관련 환경인쇄물(예 거리 안전 표지판) • 간판 및 안내판 관련 환경인쇄물 • 유아교육기관 관련 환경인쇄물 등
문해교육 교수매체로서의 기능	• 환경인쇄물은 유아 문해교육에 있어 적절한 교수 매체로서의 특성을 가지고 있다. – 유아는 자신이 좋아하는 과자나 음식점 이름을 쉽게 인식하는데, 환경인쇄물 안에 있는 모양, 그림, 색깔이 유아로 하여금 문자의 의미를 이해하는 데 도움을 주는 맥락으로 작용하여 자연스럽게 읽기와 쓰기에 관심을 갖도록 돕는다. – 유아는 친숙한 것에서부터 시작하여 친숙하지 않은 것, 아는 것부터 시작하여 모르는 것 순으로 읽기를 시도하므로, 유아들에게 친숙한 환경인쇄물은 읽기를 위한 효과적인 교수매체로 활용할 수 있다.

② 교실에서 활용할 수 있는 환경인쇄물 전략

환경인쇄물(그림과 색깔 단서가 모두 포함) 읽기가 익숙해지면, 교사는 그림이나 색, 모양을 제외한 글자만으로도 읽어볼 수 있는 경험을 제공하고, 이후 아무것도 쓰여 있지 않은 단어카드를 제시해서 아이들이 보고 쓸 수 있는 기회를 제공할 수 있다.

게시판	• "내가 읽을 수 있는 글자"라고 적힌 게시판에, 예시로 '초코파이' 과자박스에 있는 '초코파이' 글자를 보고 영유아가 스스로 읽을 수 있는 글자를 오려서 해당 게시판에 붙이는 활동이다. • 나중에 영유아들은 게시판에 붙어있는 문자들에 대해 설명도 가능하다.
역할놀이	• 과자박스, 우유갑 등을 역할놀이 영역에서 사용할 수 있다. • 이때 놀이와 관련된 인쇄된 글자에 주의를 기울일 수 있도록 그림으로 그려보게 할 수도 있다.
자모음 도표	교실에 자모음의 첫 글자로 시작하는 도표를 만들어 놓고, 매일 영유아가 읽을 수 있는 글자를 가져와 해당하는 페이지에 붙이는 것이다. 예 새우깡이라는 이름은 'ㅅ'이 쓰여 있는 페이지에 붙이며, 도표가 모두 채워지면 책으로 만든다.

③ 환경인쇄물의 교육적 가치

① 유아 주변환경에 있는 글자들은 유아들이 지식을 학습할 수 있게 도움을 준다.

유아는 지식을 능동적으로 구성해 나가는 힘을 가지고 있으므로 환경에서 접한 글자들이 무엇을 의미하는지 이해하려고 한다. 즉, 기존에 유아가 경험한 것과 알던 지식에 새롭게, 환경 속 인쇄물을 활용하여 지식을 구성해 나간다.

② 유아가 자발적으로 문자를 인식하여 스스로 읽기 · 쓰기를 시도할 수 있게 도움을 준다.

유아가 환경인쇄물이 풍부한 환경에 있으면 자연스럽게 문자에 노출되며, 문자가 여러 가지 기능을 수행하기 위한 목적으로 사용된다는 것을 알게 되면 자연스러운 방법으로 읽기를 배울 수 있다.

③ 유아의 호기심을 자극한다.

환경인쇄물에는 유아의 경험과 관련이 있는 좋아하는 과자나 장난감 상표, 좋아하는 음식점의 간판 등이 포함되기 때문에 유아들의 호기심을 자극하고 읽기 · 쓰기에 대한 흥미유발에 도움을 준다. 또한 주위 환경에서 쉽게 찾아볼 수 있는 친숙한 매체라는 점에서 유아에게 의미 있는 교육을 실행하는 데 도움을 줄 수 있다.

④ 읽기 · 쓰기 활동이 유아에게 의미 있는 과정이 될 수 있게 도움을 준다.

유아에게 의미 있는 맥락의 환경인쇄물을 문자 교육에 활용하는 것은, 유아로 하여금 여러 글자가 모여 단어를 이루고 그 단어는 의미를 갖는다는 문자언어의 특성을 이해하는 데 도움이 된다.

⑤ 인쇄물 개념, 음운인식, 자모지식 등과 같은 초기 문해기술을 습득하는 데 긍정적 영향을 미친다.

환경인쇄물 안에 있는 시각적인 단서를 가지고 글자를 읽어보면서 글자와 소리의 관계를 쉽게 이해할 수 있으며, 문해 기술을 습득하는 데 도움을 준다.

⑥ 환경인쇄물은 손쉽게 구할 수 있다.

교사들은 유아들의 옷이나 신발 등이나 유아교육기관 주변에서 환경인쇄물을 손쉽게 구할 수 있으며, 이는 유아의 흥미와 발달에 적합한 문해교육 자료를 제공해 준다.

⑦ 다른 교과 영역의 활동과도 통합해서 사용할 수 있다.

예를 들어 환경인쇄물을 활용하여 분류해 보거나 그래프를 만드는 활동을 하는 것은 수학적 사고를 돕는다. 또한 몸에 좋은 음식이나 좋지 않은 음식을 분류해 보는 활동은 과학적 내용과 관련이 있다.

기능적 문자(function print)

출처: 「균형적 접근에 기초한 영유아 언어지도」, 남규 · 최은영 · 장석경, 2018

교실 밖의 상황에서 발견되는 환경문자와 달리 기능적 문자는 매일의 교실 활동과 관련이 있으며, 인쇄된 글자의 기능과 구조에 대해 학습하게 된다.

교실에서 볼 수 있는 기능적 문자의 형태들

- 이름표 만들기
  애완동물에 먹이주기 도우미 이름표와 줄 세우기 도우미 이름표를 만들 수 있다.
- 출석카드
  영유아의 이름표 주머니에 자신의 사진을 넣을 수 있도록 출석카드를 만들 수 있다. 영유아가 출석하면서 게시판에 있는 자신의 이름카드를 찾는다.
- 규칙 및 약속 지키기
  컴퓨터나 카세트와 같은 기기의 사용방법을 붙여놓을 수 있다. 또한 교실에서 영유아들이 지켜야 할 규칙들을 적어서 게시하거나 요리활동 순서표도 활용할 수 있다.
- 하루일과표
  하루일과표는 영유아가 교실에서 다음 활동을 예상할 수 있도록 제시되는 것이다. 하루일과를 기억하도록 돕기 위해 그림을 함께 사용할 수 있다.
- 달력 만들기
  영유아들의 생일파티, 특별한 행사 등이 표시된 달력을 게시할 수 있다. 교사는 행사일까지 며칠이 남았는지를 확인하고 영유아에게 중요한 일들을 기록할 수 있도록 격려한다.
- 언어 전달하기
  영유아 교육현장에서 언어전달을 위한 활동을 할 수 있다. "갯지렁이는 오염된 물을 정화시켜요."라는 언어전달 내용을 게시한다.

 참고

2015 누리과정 「읽기」 - 주변의 상징, 글자 등의 읽기에 관심 가지기

의미	• 유아가 주변의 친숙한 글자에 관심을 가지고 읽기를 경험하면서, 글자가 일상생활과 밀접하게 관련되어 있으며 읽기가 생활을 풍요롭게 하는 유용한 기술임을 깨닫도록 도와주는 내용이다. 　- 유아에게 글자 자체를 가르치는 것이 아니라, 일상생활 속에서 밀접하게 접하는 친숙한 글자를 자주 찾아보고 이러한 글자에 흥미를 갖고 읽어보려고 시도하는 내용이다. 　- 글로 된 인쇄물이나 그림책을 교사가 자주 읽어주고, 유아가 그 내용에 관심을 가지고 들었던 글을 자신도 읽어보려고 시도하는 내용이다. 　- 말소리처럼 글자가 무엇인가를 나타내주는 것임을 알게 해준다. 　- 유아가 읽기에 즐거움과 흥미를 가지는 내용으로, 유아가 읽기에 흥미를 가지기 위해서는 언어의 구조나 형태의 이해와 함께 글의 의미 이해능력이 동시에 습득되어야 한다.
특징 3, 4세	• 유아들이 읽기에 관심을 가지도록 하기 위해 먼저 주변에서 자주 접할 수 있는 환경인쇄물이나 친숙한 글자를 놀이처럼 찾아보는 내용이다. 　- 3, 4세 유아는 자신과 가족의 이름에 관심을 보이고, 친구 이름, 길거리 간판, 우리 반 이름, 화장실, 비상구 등 자주 접하는 사물과 사건, 주변 상황을 나타내는 글자에 많은 관심을 보인다. 　- 그림책이나 신문 등에서 익숙한 글자를 발견하면 유아는 즐거움을 느낀다.
5세	• 유아가 주변의 친숙한 글자를 찾아 여러 가지 그림이나 주변 단서를 이용해 글자를 읽어보는 내용이다. 　- 5세가 되면 유아들은 친구들의 사진 위에 붙여진 이름표나 놀잇감에 쓰인 이름을 보면서 글자를 추측하여 읽기도 한다. 　- 일상생활에서 자주 접한 우유, 치약 등의 상표를 찾아 읽을 수 있다.

지도지침	종합	• 교실에 그림이 있는 인쇄물, 편지, 간식메뉴 등 다양한 읽기 자료를 비치하여 읽기가 가능한 환경을 제공한다. • 친구에게 주는 편지, 교사가 유아를 위해 쓴 글 등 다양한 내용의 글을 자주 읽어주고, 유아가 읽기를 시도할 수 있도록 격려한다. • 간식 메뉴, 일상생활 관련 환경인쇄물(⑩ 우유이름, 치약이름 등), 생활광고지, 간판 등 간단하고 주변에서 쉽게 볼 수 있는 인쇄물을 함께 찾아보고 이를 읽어보려고 할 때 격려한다. • 유아에게 다양한 이야기를 들려주고 책이나 잡지, 신문 등 읽기 자료를 마련해 주어 읽기에 대한 관심과 읽고자 하는 욕구를 충족시켜 주어야 한다. 　－ 동시에 이를 확장할 수 있는 읽기 경험을 체계적으로 제시하는 것이 필요하다.
	3세	유아가 좋아하는 과자 이름, 만화 캐릭터, 간판, 친구 이름 등에 쓰인 글자에서 친숙한 글자를 찾아본다. 처음에는 사진을 보고 친구의 이름을 말하다가 점차 이름을 한 글자씩 읽으려 한다.
	4세	전단지, 잡지 등에서 그림을 보며 상품 이름을 말해보고, 그중에서 자신의 이름과 익숙한 글자를 찾아본다.
	5세	• 교사는 주변의 다양한 환경인쇄물을 접할 기회를 제공한다. • 점차 글자의 기능을 알고, 친숙한 글자를 스스로 읽어 보고자 할 때 이를 격려한다. • 5세 유아가 주변 간판, 광고지, 우유나 치약상자에 있는 환경인쇄물 글자·포스터·현수막 등 주변에서 쉽게 눈에 띄는 글자 자료를 찾아보고, 이를 개별적으로 읽어보는 경험을 하는 것이 중요하다. • 유아에게 의미 있는 글자인 자신의 이름, 친구 이름, 자신이 좋아하는 동물이나 음식 이름 등과 같이 친숙한 글자를 중심으로 읽기 지도를 한다. 이로써 자연스럽게 글자와 친숙해지고 글을 읽고자 하는 동기가 유발될 수 있도록 한다.
활동의 예	5세	• 가게놀이 시 유아들이 좋아하는 과자를 사고팔거나 가격을 정하는 활동 • 유아가 팔고 싶은 메뉴를 만드는 활동 • 음식점 놀이를 하면서 손님에게 메뉴를 소개하는 활동 　⑩ "이 음식점에서 어떤 음식을 먹을 수 있는지 메뉴판을 보고 이야기해 줄 수 있겠니?" • 유치원의 오늘 간식과 점심 식단을 보면서 어떤 음식을 먹을지 함께 읽어 보기 • 주인공에게 편지를 쓰거나 나의 기분에 대해 동시를 지은 후, 친구들 앞에서 자기가 쓴 편지나 동시를 읽어 보기 • 그림책 표지를 보고 어떤 이야기일지 추측해 보고, 그림책 제목을 읽어 보는 활동 　⑩ "이 그림책은 어떤 이야기일까? 그림책 제목을 함께 읽어 보자."
지도 시 유의사항		• 글자를 상황이나 맥락 없이 학습지나 카드로 분절하여 가르친다면 유아는 글자의 기능을 모르고 글자 읽기에 흥미를 잃을 수 있으므로 유의해야 한다. 이런 경우 유아는 이후에 더 어렵고 긴 글을 접했을 때 그 내용을 읽고자 시도하지 않으며, 글에 흥미를 나타내지 않게 된다. • 유아가 접하는 글들은 가능하면 유아의 일상생활과 밀접한 관련이 있으며, 글의 의미를 쉽게 예측할 수 있는 것이어야 한다. • 교사는 지속적인 관찰을 통해 유아의 개별적 수준을 파악하여 발달에 적합한 활동을 제시하도록 한다.

III 읽기의 발달단계

UNIT 44 읽기 발달단계 – 메이슨과 아우(Mason & Au, 1986)

전초기 읽기 단계 (0~5세)	• 엄마와 함께 그림책을 읽는 경험을 한다. • 부모, 그리고 형제들이 읽고 쓰는 것을 보는 경험을 한다. • 읽기가 생활에서 매우 중요하다는 사실을 인식한다. • 읽기와 쓰기에 관심을 가지게 된다. • 읽는다는 것은 그림을 읽는 것이 아니라 그림책 속에 있는 글자를 읽는 것이라는 사실을 알게 되며, 자기 혼자서는 글자를 읽을 수 없다는 사실도 인식하게 된다. • 낱자뿐만 아니라 표지 상표의 이름 등도 읽을 수 있게 된다. • 어떤 유아들은 낱자와 낱자의 소리를 연결짓기도 하며, 단어를 만들어내기도 한다. • 교사는 기계적인 읽기 및 쓰기의 훈련이 아니라, 여러 가지 실제적인 이유에서 읽기와 쓰기가 생활 속에 사용되고 있음을 목격할 수 있도록 배려해야 한다.
형식적 초기 읽기 단계 (5~8세)	• 전초기 읽기 단계의 유아들과 비슷한 문식적 경험을 계속한다. • 여러 가지 이유로 가족들이나 친구들에게 쪽지, 초청장, 그리고 편지 등을 쓰기도 한다. • 전초기 단계의 유아들과는 다른 형식적인 읽기 지도를 받기도 한다. • 독해나 텍스트가 전달하고자 하는 의미보다는 단어 공부에 초점이 맞추어지는 경향이 있다. • 이야기의 상황과 세부 내용도 어느 정도 이해하게 된다. • 수백 개의 단어를 재인할 수 있다. • 남의 도움을 받지 않고 혼자서도 읽기가 가능해진다. • 이 단계에서는 단어 공부에만 치우치기 쉬우므로 독해 공부도 함께 할 수 있도록 신경 써야 한다.
능숙한 읽기의 출현 단계 (8~11세)	• 초등학교 4학년 정도가 되면, 대부분의 아동들은 꽤 유창하게 글을 읽을 수 있게 된다. • 어떤 정보를 얻기 위하여 글을 읽어야 한다는 사실을 알고, 글 속에 담긴 정보들을 비 판적으로 생각하며 읽어야 한다는 사실도 이해한다. • 즐기기 위해 동화책이나 만화책, 그리고 시집을 읽을 줄도 알게 된다. • 다방면의 책들을 많이 읽는 것이 바람직하다. • 교사는 아동의 독해를 돕기 위한 토의 시간을 마련하는 것이 좋으며, 읽기 과정에서 아동이 이미 가지고 있는 배경 지식을 활용하도록 유도해야 한다. • 교사는 글 속의 정보들 중에서도 중요한 정보와 덜 중요한 정보를 가려낼 수 있는 경험도 제공해야 한다.

UNIT 45 읽기 발달단계 – 맥기와 리치겔스(McGee & Richigels, 1996)

문식성 발달의 시작 (출생~3세)	• 영유아 문식성의 출현을 생애 초기부터라고 본다. • 영유아들은 일상생활에서 자연스럽게 읽기, 쓰기와 관련된 활동을 하면서 문식성을 이해하기 시작한다. • 영유아는 일상생활에서 주변 사람들이 문자를 활용하거나 문자와 상호작용하는 다양한 상황을 관찰한다. 　예 ① 부모가 책·신문·편지·전단지 등과 같은 인쇄매체를 읽는 것 　　② 자녀와 함께 책을 읽는 것 　　③ 표지판·간판·텔레비전 자막 등을 읽는 것 　　④ 요리를 할 때 요리 순서법을 읽는 것 　　⑤ 형제자매가 소리내어 책을 읽는 것 등 • 이러한 상황에서 영유아는 문자가 일상생활에서 어떤 목적으로 활용될 수 있는지 관찰하게 되며, 이는 영유아의 문식성 발달에 중요한 조건이 된다. • 출생부터 2~3세까지의 영아들에게서 가장 흔하게 관찰되는 문식성 활동은 책읽기 활동이며, 이를 통해 형성하는 중요한 문식성 개념은 다음과 같다(김명순, 신유림, 2000). 　• 책은 재미있다. 　• 책은 특별한 방법들로 다루어진다. 　• 함께 책 읽기는 일정한 과정을 포함한다. 　• 책에 있는 그림들은 상징적이다. 　• 책과 인쇄물은 의미를 전달한다.
초보적 읽기 (3~5세)	• 3~5세 유아는 자기가 좋아하는 과자 이름, 음식점 표시, 도로표지판 등에 붙어 있는 글자를 안다. • 아직 표준적 읽기 단계에 도달한 것은 아니지만 유아들은 그림이 아니라 글자가 의미를 전달한다는 것을 알게 되고, 실제 물건이 존재하지 않아도 그림과 글자가 무엇을 상징하고 있는지 이해한다. 　예 Mcdonald라는 글자는 읽지 못하지만 상표나 간판을 보고 맥도날드라는 의미를 구성하는 것이다. 　－ 성인의 눈으로 보면 이러한 행동은 읽는 것이 아니지만 이 수준의 유아들은 분명히 글자가 나타내는 의미를 구성하였으므로 읽는다고 말할 수 있는데, 이는 유아는 글자를 인식하고 있고 그 글자가 의사소통의 수단이라는 것을 이해하고 있기 때문이다. • 이 시기의 유아들은 글자의 명칭, 형태, 특질 등을 배우려고 하며, 글을 읽을 때 맥락에 의존하여 읽기를 한다. • 지속적인 읽기 활동을 통해 이야기가 전개되는 순서와 인과관계를 이해하고, 이야기 내용을 추론하며 판단하기도 한다.
실험적 읽기 (5~7세)	• 실험적 읽기 수준의 유아는 지속적인 문식성 활동을 통해 문어에 대한 새로운 지식을 구성해 간다. • 읽기를 할 때 책의 철자를 보고 읽지 않지만, 읽기 내용을 잘 들으면 책에 나오는 단어들이 포함되어 있다. • 이 시기 유아들의 읽기는 표준적 읽기 수준에는 이르지 못하지만 이전보다 훨씬 더 표준적이다.

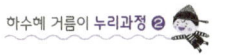

• 교사나 부모가 읽는 것을 관찰하기도 하고, 표준적 수준에 이른 친구가 어떤 규칙을 활용하는지 유심히 관찰하며 다음과 같은 지식을 구성해 간다.

> • 철자와 소리는 서로 연관되어 있다.
> • 자기가 읽는 것과 성인이 읽는 것이 다르다는 것을 알고 "나는 읽고 싶지 않아요."라는 말을 하기도 한다.
> • 초보적 읽기 수준에서 시행했던 의미 구성전략을 지속적으로 활용한다(이야기 책읽기 활동에 참여하기, 자신의 경험과 책의 내용 연결하기).
> • 거의 모든 철자의 이름과 형태를 안다.
> • 읽기를 할 때 관심의 대상이 철자가 아니라 단어로 옮겨간다.
> • 문어식으로 읽기를 한다.
>   예 '옛날 옛날에', '――이 있었습니다.' (과거시제의 사용)
> • 정확하게 읽기 위해 글자를 손가락으로 짚으면서 읽는다.

UNIT 46 읽기 발달단계 – 쿠퍼와 카이거(Cooper & Kiger, 2003), 이차숙(2005)

쿠퍼와 카이거(Cooper & Kiger, 2003), 이차숙(2005)등이 구분한 문식성 발달단계에 따라 읽기발달을 살펴보면 다음과 같다.

발생적 문식성 (출생~유치원 입학 전)	이 단계는 문식성의 기초가 발달하는 시기이다. 음성언어가 확대되고 그림을 그리거나 끼적거리면서 쓰고, 인쇄물에 호기심을 갖게 된다. • 문자는 말로 바뀔 수 있다는 것을 이해한다. • 읽는 척한다. 즉, 책장을 넘기고, 그림이나 기억하고 있는 이야기를 이용하여 이야기를 만들어낸다. • 글자와 말소리를 맞추기 시작한다(예 냉방차 ➡ 냉장고). • 낱자의 이름들을 알기 시작하고 어떤 낱자는 상응하는 말소리를 연결시켜 본다. • 맥락이 함께 제시되면 상품에 있는 글자들이나 자주 보는 간판 글자들을 읽을 줄 안다. 　예 서울우유 팩에 쓰여 있는 '서울우유'를 읽은 유아는 3세가 68.6%, 4세가 80.0%, 5세가 82.5%였다. 그러나 우유팩 없이 정자로 쓴 '서울우유'를 읽은 경우는 3세가 16.7%, 4세가 21.4%, 5세가 47.0%에 불과했다.
초기 문식성 (유치원 입학~ 초등 1학년 초)	이 단계에서 유아는 문식성에 더욱 관심을 갖게 된다. 이전보다 좀 더 표준적인 구어 패턴과 형식을 사용하고 철자들의 이름을 안다. 또한 인쇄물에 대한 개념을 갖게 된다. • 무엇인가를 알기 위해 글을 읽을 필요가 있다는 것을 안다. • 글자에 주의를 많이 기울이며, 정확한 글자가 무엇인지에 대해 관심을 갖는다. • 알고 있는 글자들을 중심으로 자소・음소를 대응시키며 말을 만들기 시작한다. • 구두점의 기능에 대해 이해하기 시작한다. • 글자를 읽을 때 처음 글자가 아니라 가능한 한 자소와 음소를 대응시켜가며 읽으려고 노력한다.

지도	• 초기 문식성 발달단계 아동들에게는 창안적 글자 쓰기를 권장할 필요가 있다. • 유아의 문식성 발달은 비형식적인 지도뿐만 아니라 형식적 지도도 병행해야 한다.

	이 단계에서는 구어가 더 확장되고 실제로 표준적인 방식으로 읽고 쓰기 시작한다. 단어의 의미를 더 잘 알게 되며, 단어를 어떻게 발음하는지 인식하게 되어 더욱 유창하게 읽는다.
독자적 문식성 **(초등 1학년** **후반~3학년)**	• 맥락에 의존하지 않고도 많은 단어들을 읽을 수 있다. • 새 단어를 접했을 때 그것을 확인하기 위해 단어를 분석하고 음가를 적용해본다. • 자신이 읽는 글이 이해가 되는지 점검해보고 틀린 부분을 찾아내 고쳐 읽기도 한다. • 더욱 정확하고 유창하며 표현력 있게 읽을 줄 안다. • 자신이 읽은 글의 내용에 대해 다른 사람들에게 말한다. • 자신의 아이디어를 더욱 정교화하여 다른 사람들에게 말할 줄 안다.
	지도

지도	• 읽기와 쓰기의 효과적 전략들을 직접적이고 명시적인 방법으로 지도하는 것이 필요하다. • 통합적이고 다양한 방법들로 토의하고 여러 가지 전략들을 사용하도록 지도하는 것이 필요하다.

UNIT 47 읽기 발달단계 – 메이슨(Mason)

KEYWORD# 메이슨의 유아 읽기의 유형

1 읽기 발달

• 유아의 읽기 발달은 어린이의 주변 환경에 있는 상징을 인식함으로써 읽기를 시작한다고 보는 견해로, 거리의 간판이나 상표이름 등을 보고 맥락상에서 글자를 인식하다가 그런 경험이 쌓이면 인쇄 글자만 보고도 읽을 수 있게 된다고 설명한다(Mason, 1980).
  – 우리나라 유아는 3세가 되면 글자 유형을 구별하고 인쇄 글자가 사용되는 방식을 이해하기 시작하며, 4세쯤에는 주변의 인쇄 글자를 읽기 시작하고 글자나 글자이름과 같은 인쇄 글자의 그래픽 신호에 관심을 갖다가 5세경에는 몇 가지 글자를 읽을 수 있다(이영자, 1994).

맥락 의존 단계	• 유아가 그림, 색깔, 모양 등과 같은 환경인쇄물의 시각적 단서에 의존해 자신이 알고 있는 맥락에서 관심 있는 간판이나 상표(⑩ 멈춤, 비상구)를 읽는다. • 유아의 환경인쇄물 읽기 능력은 관례적 읽기가 가능한 단계보다 Mason(1980)의 맥락 의존 읽기 단계와 관련이 깊다. 　– 이 읽기 단계의 유아는 환경인쇄물 읽기에 있어 철자–발음의 분석 기술이 부족하기 때문에 환경인쇄물을 읽을 때 문자의 의미와 형태를 연결시키기 위해 그림이나 색깔과 같은 인쇄물의 시각적·맥락적 단서에 의존한다. 출현적 문해 관점의 연구자들은 글자를 정확히 읽을 수 있기(관례적 읽기) 전 수준의 유아도 환경인쇄물의 구체적인 지각적 단서를 통해 '출현적 읽기'를 수행한다고 본다.
시각적 인식 단계	유아는 맥락 없이 약 세 글자 길이의 단어를 인식할 수 있고, 몇몇 유아는 초기 자음을 인식하기도 하며, 대·소문자의 변화를 알아차리기도 한다.
철자–발음분석 **단계**	유아는 보통 3~5글자의 단어를 읽으며, 보다 복잡한 단어를 읽을 수 있고 세 글자로 된 단어도 쓸 수 있다.

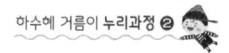
② 읽기에 관한 지식의 발달(발생적 문식성에 해당하는 읽기 능력) - 메이슨(Mason, 1981 · 1985)

1단계 인쇄 글자의 기능에 관한 지식의 단계	유아들은 글과 글자는 반드시 의미를 지니며 그 의미에 해당하는 음성언어가 있다는 사실을 아는 것을 말한다. 이는 생활 속에서 음성언어와 문자언어의 관계짓기를 통해 알게 된다(⑩ 광고 상품과 상품에 적힌 단어).
2단계 인쇄 글자의 형태에 관한 지식의 단계	글자(ㄱ, ㄴ 등)의 형태를 익히고 글자의 이름을 알게 된다. 더 나아가 음절의 구조와 그 구성요소들, 띄어쓰기 등의 형태도 인식하게 된다.

3단계
인쇄 글자의 약정적
지식의 단계
	• 글과 글자의 규약에 관한 지식들을 알게 된다.
	  - 즉, 읽기 과제를 토의하고 수행하기 위한 규정에 대해 인식하게 된다(⑩ 책 다루기와 용어, 구어능력, 교실에서의 이야기 나누기 통제 규칙 등에 관한 지식이 포함된다).
	  - 유아가 지금 보고 있는 글이나 글자 또는 읽는 행위 그 자체에 대해 언어로 말하는 것(⑩ "내 이름은 김지우인데 가운데 글자 '지'는 /ㅈ/에 /ㅣ/를 한다."라고 자기 이름의 철자 풀이를 하는 것)은 언어에 대해 그 규약을 인식하여 말하는 행위이다.
	  - 유아는 1단계, 2단계 지식을 습득하고 읽기 활동을 토의하며 수행하기 위하여 인쇄 글자의 약정을 사용하기 시작한다고 밝혔다.
	  - 아울러 3단계 지식은 학교 읽기 과제에서의 성공에 중요하며 이는 1단계와 2단계 기능에 의존한다.

인쇄물 개념 지도

- 굿맨(Goodman)은 인쇄물 개념을 '문해의 뿌리'로 표현하여 능숙한 읽기, 쓰기에 필수적인 기능이라고 언급하였다.
- 현대의 유아들은 TV 등의 대중매체와 그림책, 광고 등 다양한 인쇄물을 접할 기회가 많아짐에 따라 이른 시기에 글자에 호기심을 갖게 되고 글자의 의미를 자발적으로 파악하는 등 취학 전부터 읽기를 배우려 한다.
  - 유아의 읽기는 점진적인 과정을 거쳐 점차 관례적인 읽기를 하며, 읽기 발달의 각 단계가 나타나는 연령은 개별 유아의 읽기 자료 접근 경험과 관련된다. 따라서 읽기 발달 수준과 단계를 참고하여 개인차를 고려한 읽기 지도를 해야 한다.
  - 이때 부모나 교사가 기억해야 할 중요한 요인은 먼저 유아로 하여금 인쇄 글자가 무엇이며, 어떻게 사용되어지는가를 이해하도록 해야 한다는 점이다. 유아가 인쇄 글자에서 그래픽류에 흥미를 가지고 질문을 하기 시작하면 성인이 글자-소리 관계를 이해하도록 직접적인 도움을 줄 수 있다. 그러나 유아기는 기술 습득을 포함한 문자 언어 발달을 돕기 위해 의미 있는 상황과 비형식성을 유지하는 것이 중요함을 잊어서는 안 된다.
- 인쇄물 개념 지도방법 및 활동
인쇄물 개념 습득을 위한 지도방법으로는 크게 '프린트의 목적과 기능 인식, 그림 인식, 관례적 쓰기' 방법이 있다.
  ① 프린트의 목적과 기능을 이해하도록 한다.
유아는 프린트에 의미가 있다는 것을 이해한다. 먼저 유아는 인쇄 글자가 무엇이며, 어떻게 사용되는가를 이해하도록 해야 한다.
  ⑩ 간판, 시리얼박스, 메뉴판에 있는 글자를 가리키며 "여기에 뭐라고 써 있어요?"라고 묻는다. 또한 프린트와 그림을 구분하기 시작(3세경)한다.
  ② 그림 인식을 돕는다.
영유아는 실생활에서 일찍부터 환경문자를 인식하기 시작한다. 연구들에 의하면 3 · 4세 유아는 상품이름(코카콜라, 새우깡 등), 식당 간판(맥도날드, 피자헛 등), 거리 표지판(멈춤 등)을 인식하고 의미를 이해한다. 또한 정확하게 읽지 못하더라도 프린트를 읽으려고 시도하며, 때로 비슷하게 읽을 수 있다.
  ⑩ 펩시콜라 캔을 보고, 유아가 '코카콜라'라고 읽는 경우이다. 유아의 이름이나 일상생활에서 자주 노출되는 환경문자는 글자를 학습하는 기초가 될 수 있으며, 비록 펩시콜라 캔이지만 그림으로 글자를 인식했기 때문에 '코카콜라'라고 할 수 있다.

③ 관례적 쓰기

문자언어와 관련된 사회적 규칙(왼쪽에서 오른쪽으로, 문장은 위에서 아래로, 낱말들 사이의 공간)과 용어(글자, 단어, 페이지)이다. 이러한 지식은 서서히 발달한다.

예 그림책의 표지를 통해 '왼쪽에서 오른쪽으로, 문장은 위에서 아래로, 낱말들 사이의 공간' 등 문자언어 규칙을 인식한다.

UNIT 48 읽기 발달단계 – 클레이(Clay, 1975)

KEYWORD # 클레이의 읽기 발달단계

1단계	**글자는 이야기로 전환될 수 있는 것임을 이해하는 단계** • 글자가 적힌 종이를 들고 웅얼웅얼 소리낸다. • 그림책을 거꾸로 들고 엉터리로 지어서 책을 읽는다. • 책의 그림을 보고 이야기 내용과 관계없이 만들어낸다. • 자신이 쓴 것도 정확히 읽지 못하고 읽는 흉내만 낸다.
2단계	**구어에서는 잘 사용되지 않는 특별한 형태의 문어체 이야기를 만들어내는 단계** • 말을 할 때와 책을 읽을 때 사용하는 어휘가 다르다는 것을 인식한다. • 인형 놀이를 할 때와 책을 읽을 때 다른 어휘를 사용한다. 예 "여기는 ~입니다.", "엄마가 ~라고 말했습니다."
3단계	**그림을 보고 적절한 문장을 생각해내는 단계** • 그림이 이야기 내용의 단서가 됨을 이해한다. • 그림에 나온 여러 가지 것들을 조합하기만 하면, 정확하게 읽어주지 않아도 수긍한다. • 글자를 몰라도 그림을 보면서 자유롭게 이야기를 꾸며가며 책을 읽는다.
4단계	**책에 쓰인 문장의 대부분을 기억하는 단계** • 자신이 기억한 이야기 내용과 그림을 단서로 책을 읽는다. • 자신이 기억한 이야기 내용과 다르면 수긍하지 않는다. • 자유롭게 책을 읽었던 3단계와는 달리 스스로 책을 읽으려 하지 않고 유능한 성인에게 책을 읽어달라고 조른다.
5단계	**단어의 시각적 단서를 사용하여 문장을 재구성하며 읽는 단계** • 글자를 하나씩 짚어 가리켜 소리 내어 책을 읽는다. • 다른 사람이 책을 읽어줄 때 단어의 수가 맞는지에 관심을 가지고, 누락되는 경우 이의를 제기한다.

UNIT 49 읽기 발달단계 – 설츠비(Sulzby, 1985)

SESSION
04

단계	책읽기 행동의 범주	
그림중심 읽기	**범주1: 이야기가 형성되지 않은 그림 읽기 시도(가장 미숙한 읽기의 범주)**	
	명명하기 & 지적하기	책에 그려진 그림을 지적하면서 이름을 붙이거나 사물에 대한 정보를 제공한다. 예 침대를 보고 "잠자러 간다."고 말한다.
	행위를 따라하기	• 책에 그림으로 그려진 행위에 초점을 두고, 그 행위가 현재 일어나는 것처럼 행동한다. • 이 범주의 유아는 현재·현재진행형의 동사를 사용한다. • 책의 그림과 똑같이 몸짓을 하며 음성효과(퓨우~, 쿵~)를 첨가시키기도 한다.
	범주2: 이야기가 형성된 그림 읽기 시도(구어적/구어식/구어처럼 읽기 시도)	
	대화적인 이야기 말하기	• 그림으로 그려진 특징들을 대화체로 표현하지만 아직 이야기가 연결되지는 않는다. • 유아의 대화가 그림의 인물에 대한 대화를 제시하기는 하나, 대화 진행이나 대사의 연결을 찾기가 힘들다. • 대화적 기술에 의존하려는 경향이 있다. • 대화적 목소리를 만들어 내는 경향이 있다.
	독백적인 이야기 말하기	• 읽을 때의 억양이 아닌 이야기를 말할 때의 억양으로 이야기를 전달한다. • 독백이나 대화의 형태에 더 적합한 어투를 사용한다. • 이야기 말하기에서 그림에 의존하는 경향이 감소되고, 듣는 사람이 이야기를 이해할 수 있다.
	범주3: 문어적 읽기 시도(문자를 보지 않고 문어식으로 말하기)	
	읽기와 이야기 말하기가 혼합된 범주	• 초기에는 구어와 같은 억양이나 어법과 함께 문어 같은 어법이 나타난다. • 구어와 문어 간의 전이 시기로 볼 수 있다. • 청중을 의식하고 있으나 이야기의 내용이 탈상황화되지 않은 상태이다. • 그림 없이 이해될 정도로 세분화되는 시기이다.
	원래 이야기와 비슷하게 읽기	이후 탈상황화된 언어를 사용하고 유사 읽기 억양이 나타나지만, 구어적 읽기 형태가 아직 많이 남아있다.

	원본대로 읽기	• 문자를 인식하고 부분적으로 이야기 내용을 기억한다. • 실제로 쓰인 이야기를 기억하려는 노력 속에서 자기 수정의 행동이 나타난다. 　예 (머뭇거림) "음…" • 문자에는 주목하지 않지만 성인이 도움을 줄 수 있다는 사실을 알고 가끔 성인에게 도움을 요청해서 원본을 그대로 읽으려고 한다. 　예 (질문) "여기 읽어보세요." • 이야기의 내용은 세분화되고 탈상황화되어 그림을 보지 않고도 이해할 수 있다.
문자중심 읽기	범주4: 문자 읽기 시도(글자 중심 읽기 시도)	
	문자 인식에 기초한 읽기의 거부 (읽기의 거절)	• 유아가 그림책에서 읽어야 할 대상이 텍스트이며 이는 정해진 규칙에 맞추어 읽어야 함을 인식하게 되면서 나타나는 현상이다. • 글자를 모르기 때문에 읽을 수 없다고 의사를 표현한다. • 이전에는 그림책의 내용을 자연스럽게 지어서 말해 오다가, 어느 순간 "나는 글자를 읽을 줄 몰라요."와 같이 거절하는 것이다. • 반응: "나는 글자를 읽을 줄 몰라요.", "아직 읽을 줄 몰라요.", "읽는 척할 수 있지만 실제 읽을 줄은 몰라요."
	한두 요소에 집중하여 부분적으로 읽기 단계	• 몇 개의 아는 단어나 문자 또는 기억하고 있는 내용에 초점을 두어 읽는다. • 전체 의미에 집중하던 것을 멈추고 펼쳐놓은 페이지에서 인식할 수 있는 단어만 말하는 경향이 있다.
	전체읽기 – 일관되지 않은 부조화 전략으로 읽기 단계	• 모르는 단어를 빠트리고 읽는 경향이 있으며, 때로는 자신이 아는 단어로 대치시킨다. • 쓰인 글자보다, 기억하고 있거나 예상되는 글자를 상상해서 읽는 경향이 있다.
	전체읽기 – 독립적으로 읽기 단계	• 단어들을 한 번에 정확하게 읽는다. • 만약 잘못 읽었을 경우 스스로 수정한다.

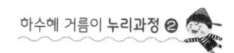

MEMO

UNIT 50 읽기 발달단계 – 에리(Ehri, 1991 · 1994)

❶ 단어 읽기능력의 발달

읽기 발달단계 (Ehri, 1991)	• 표의적 읽기 단계(기호책략) – 글자를 읽을 때 주로 시각적 단서를 사용하여 읽는다.	
	• 자·모음의 결합 원리에 따른 읽기 단계(자소책략) – 낱자와 소리의 관계를 의식하고 그것을 일정한 음운적 체계의 규칙에 따라 읽으려고 노력한다.	
	• 철자법적 읽기 단계(철자책략) – 음운체계의 일반적 규칙을 적용시켜 철자법을 완전히 익혀서 단어를 읽는다.	
단어 읽기 발달단계 (Ehri, 1994)	표의적 단계	단어를 읽을 때 시각적 단서나 자형적인 특질을 이용한다. 📕 McDonald의 간판이나 상표를 보고 맥도날드라고 읽는 것
	변형적 단계 (과도기적 단계)	단어를 읽을 때 시각적 단서를 사용하던 것을 특정 낱자에만 자·모 결합의 원리를 적용시켜 읽기 시작한다.
	자소·음소 대응 규칙 적용 단계	단어를 읽을 때 무조건 자소와 음소를 대응하며 그 관계를 생각하여 발음한다.
	맞춤법적 읽기 단계	단어를 읽을 때 자·모 결합의 원리와 예측 가능한 낱자의 연결 등을 고려하면서 단어를 전체적으로 읽는다.

❷ 단어 해독 책략(단어 읽기의 과정)

에리(Ehri, 1991 · 1994)는 단어 읽기의 과정을 아래와 같이 비교적 자세하게 설명하고 있다.

해독	• 글자를 말소리로 바꾸고, 그 말소리들을 조합하여 인식할 수 있는 단어로 바꾼다. • 글자를 말소리로 바꾸는 능력은 자·모 체계에 대한 유아의 개인적 지식으로부터 나온다.
시각화	유아는 단어를 보고 자신의 기억 속에서 그 단어를 어떻게 읽는지 기억해 낸다.
유추	새로운 단어를 보고, 이미 이전에 알고 있던 단어들 중에서 같은 부분들을 같은 소리로 발음해 본다.
예측	새로운 단어를 보고 문맥이나, 언어학적 지식, 사전지식, 그리고 기억들을 이용하여 그 단어가 무엇인지 예측하여 읽어 본다.

Plus

발음 중심 읽기 지도의 단어 읽기 지도

단어 읽기는 특별한 가르침이 필요하다.

• 글을 가장 잘 쉽게 읽는다는 것은 유아가 단어를 보고 이를 분석하지 않고, 글자의 말소리 관계를 일일이 따지지 않으며, 그냥 기억 속에서 쉽게 꺼내어 읽는 방법이다. 이렇게 읽을 수 있는 단어들을 시각 단어라고 한다.
  − 즉, 글을 잘 읽으려면 대부분의 단어들이 시각 단어가 되어야 한다. 주어진 단어가 익숙하지 않은 단어이기 때문에 의식적으로 글자와 말소리 간의 관계를 따져 보거나, 유추하거나, 예측하여 단어를 읽는다면 그만큼 단어 읽기는 시간과 주의를 필요로 할 것이다. 그렇게 되면 결코 효율적인 읽기가 될 수 없으므로 단어 읽기는 특별한 가르침이 필요하다고 본다.
• 유아는 여러 가지 방법으로 효율적인 독자로 변해가는데, 이를 위해서는 먼저 단어를 수월하게 읽을 수 있어야 한다.
  − 단어를 수월하게 읽을 수 있는 가장 기본적인 방법은 해독이나 유추를 통하여 거의 대부분의 단어를 시각 단어로 만들어 놓는 일이다. 해독이나 유추를 통하여 글자와 말소리를 관계짓는 과정은 결과적으로는 시각 단어를 만드는 과정으로 발전할 것이다(Ehri, 1992).
  − 발음 중심 읽기 지도를 주창하는 사람들은 바로 이렇게 체계적 발음 지도를 통하여 먼저 단어 읽기를 효율적으로 하게 한 다음 읽기를 효율적으로 하게 하자는 것이다.
• 체계적 발음지도는 유아에게 자·모 체계를 활용하여 여러 가지 방법으로 단어읽기를 가르치는 교수방법이다.
  − 자·모 체계에 대한 지식은 새로운 단어를 해독할 때, 기억 속에 시각 단어를 저장할 때, 그리고 새로운 단어를 보게 될 때 이미 기억 속에 있는 시각 단어들 중에서 같은 글자의 소리를 기억해 내어 적용해 읽어보게 하는 데 꼭 필요하다. 단어를 예측하여 읽기도 자·모 체계에 대한 지식으로부터 도움을 받는다. 단어를 예측할 때도 알고 있는 글자와 말소리 관계의 단서를 이용하면 훨씬 쉽게 예측이 가능하다.

UNIT 51 읽기 발달단계 − 이영자 · 이종숙(1995)

개념	클레이(Clay, 1975)와 로쓰만(Rossman, 1980)의 단계를 기초로, 유아의 글자와 관련된 규칙의 이해 발달과정과 상징적 기능의 이해에 초점에 두고, 책 읽기 행동을 연구하여 읽기 발달단계를 나누었다.	
1단계	읽기 이해 전 단계	
	하위 1단계	말없이 그림만 쳐다보기
	하위 2단계	그림을 지적하기
	하위 3단계	그림의 명칭을 이야기하기
	하위 4단계	그림에 대해 질문하기
2단계	이야기 구성 능력이 없어 "난 못 읽어요."와 같은 의사 표현의 단계	
3단계	그림을 보고 마음대로 이야기 만들기 단계	
4단계	의미를 비슷하게 꾸며 말하기 단계	

5단계	단어나 구절을 암기하여 이야기하는 단계	
	하위 1단계	책에 나온 글자의 암기를 통해 50% 이하의 단어나 구절을 사용하여 이야기하기
	하위 2단계	책에 나온 글자의 암기를 통해 50% 이상의 단어나 구절을 사용하여 이야기하기
6단계	글자를 읽어야 한다는 것을 이해하지만, 글자를 읽을 줄 몰라 "난 못 읽어요."와 같은 의사를 표현하는 단계	
7단계	글자를 읽는 단계	
	하위 1단계	글자를 보고 한 문장을 기준으로 25% 이하로 똑바로 읽기
	하위 2단계	글자를 보고 한 문장을 기준으로 50% 이하로 똑바로 읽기
	하위 3단계	글자를 보고 한 문장을 기준으로 75% 이하로 똑바로 읽기
	하위 4단계	글자를 보고 한 문장을 기준으로 75~100% 똑바로 읽기

참고

설츠비(Sulzby) vs 이영자 · 이종숙

기준	설츠비(1985)	이영자 · 이종숙(1995)
그림 중심 읽기	이야기가 형성되지 않는 그림 읽기	읽기 이해 전 단계
	이야기가 형성된 그림 읽기	• 이야기 구성능력이 없어 "난 못 읽어요."와 같은 의사 표현하기 • 그림을 보고 마음대로 이야기 만들기
	문어적 읽기 시도	• 의미를 비슷하게 꾸며 말하기 • 단어나 구절 암기하여 이야기하기
문자 중심 읽기	문자 읽기 시도	• 글자를 읽을 줄 모른다고 의사 표현하기 • 글자를 보고 읽기

MEMO

UNIT 52 읽기 발달단계 – 잘롱고(Jalongo, 1992)

KEYWORD# 잘롱고의 읽기 수준, 단어지식 단계

수준	유아 책 읽기 관련 행동
1수준	**책이 무엇인지 이해한다.** • 걸음마기 영아는 책과 장난감을 구별한다. • 책을 잠깐 보다가 다른 것에 흥미가 생기면 곧 멈춘다. • 책을 물리적으로 통제하려는 시도를 시작하는 시기이므로 성인들이 책을 어떻게 다루는지 관찰할 수 있는 기회를 가지는 것이 중요하다. • 하드보드, 헝겊, 플라스틱 등으로 제작된 내구성 있는 책을 제공하여 다양한 방법으로 책을 다루는 경험을 하도록 해 준다.
2수준	**책의 기능을 이해한다.** • 2세 반에서 3세 정도가 되면 책의 기능에 대해 학습하기 시작한다. • 책을 똑바로 든 채 책장을 넘기고, 다른 물건들과 다르게 다룬다. • 책을 보며 '가리키기–말하기–연결하기' 행동을 보인다. 즉, 책을 읽을 때 그림 속의 물체를 가리킨 후 그 이름을 말하고, 물체와 자신의 경험을 연결시킨다. • 줄거리가 간단한 이야기나 잠자기 전에 책을 읽어주는 것을 좋아한다.
3수준	**청취자와 참여자가 된다.** • 3세 이후가 되면 청취자의 역할에 대해 더 많은 것을 알게 된다. • 함께 책 읽기를 할 때 책이 활동의 초점임을 깨닫는다. 그러나 이전 단계와 마찬가지로 실제 책 속의 글을 읽는 것보다 책에 대해 더 많이 이야기한다. • 부모와의 대화는 이야기의 이해를 돕기 위한 부모의 해설, 영유아가 자기 경험과 이야기를 연결시켜 말하거나 개념을 명확히 하기 위해 질문하는 것 등으로 이루어진다. • 같은 이야기를 반복해서 들려달라고 요청하며, 특정 단어나 구절을 반복해서 말한다. 성인의 입장에서는 같은 이야기를 말하는 것이 귀찮지만, 모든 단어가 익숙해질 때까지 반복해서 이야기하는 것은 영유아의 읽기 학습에 매우 큰 영향을 미친다. • 책을 물리적으로 통제하는 법을 알게 되고, 혼자서도 책을 볼 수 있다. • 자기가 좋아하고 익숙한 이야기책의 그림을 단서로 하여 외워서 읽는다.
4수준	**그림에 맞추어 이야기를 꾸민다.** • 성인과 책을 함께 보지 않고 혼자서 보려고 하며, 자기가 좋아하는 이야기책이 몇 권 생긴다. • 이야기를 문어적으로 하고, 책을 읽을 때 이야기 속에 있는 실제 단어와 구절 몇 개를 다시 이야기한다.

글자, 의미, 이야기 지식에 초점을 둔다.

- 책은 읽을 때마다 이야기 내용이 똑같다는 것을 깨닫게 된다. 또한 그 이유가 책을 읽을 때 그림을 보고 읽는 것이 아니라 글을 보고 읽기 때문이라는 것도 이해하게 된다. 그러므로 책을 읽기 위해서는 글자를 보아야 하고 단어와 연결시켜야 한다는 것을 안다.
- 이 시기에는 단어에 대한 지식이 점진적으로 발달하며 단어가 책의 맥락에 맞지 않으면 스스로 고쳐 읽기도 한다.

5수준은 책의 맥락을 중요시해서 책을 읽다가 모르는 단어가 나오면 '의미나 맥락'이 통하는 알고 있는 단어로 대체해서 읽는 것을 의미한다. 잘롱고는 5수준의 시기에 단어에 대한 지식이 점진적으로 발달한다고 이야기하고 아래의 표를 제시하였다.

📖 단어 지식 단계

표의 체계	자모 체계	철자 체계
• 단어를 통단위로 학습 • 연령: 취학 전 • 강조점: 환경 속의 인쇄물에 관심을 갖게 함 • 관련활동: 카탈로그 등 익숙한 상표로 책 만들기 ▶ 단어 전체를 이미지화	• 단어를 인식하기 위해 철자를 사용 • 연령: 만 5세 / 초등 1학년 • 강조점: 낱자에 초점을 두게 함 • 관련활동: 글자놀이 예 ㄱㄴㄷ이나 ABC책, 블록, 자석글자 ▶ 철자-음절, 자음, 모음	• 단어 속의 패턴을 보기 시작 • 연령: 초등학교 • 강조점: 단어군에 초점을 두게 함 • 관련활동: 초성 바꾸기 게임 예 물 ➡ 불 ➡ 굴 ➡ 술 ▶ 문법적·철자법 규칙

출처: 한유미 외 4명. 학지사

5수준

단어의 형태와 소리-글자 관계에 초점을 둔다.

- 자신이 아는 철자, 단어, 소리를 사용하여 책 속의 글을 정확한 단어로 읽으려고 노력한다.
- 이 단계의 유아는 읽기가 엄밀한 해독에 의한 것임을 이해하므로 '읽기 흉내 내기'는 하지 않으려고 하며, 맥락상 의미가 통하지 않아도 모르는 단어를 아는 단어로 바꾸어 읽기도 한다.
- 6수준은 단어 철자와 소리를 연결하기 때문에 철자를 읽어내는 것을 중요한 과업이라 생각해서 모르는 단어가 나오면 의미에 초점을 두지 않고, 자음, 모음, 음절 수를 반영하여 자신이 아는 단어와 유사한 단어를 끌고 와서 바꾸어 읽는다.

6수준

이야기와 글자에 대한 지식을 연결한다.

- 초등학교 1~2학년 정도면 대개 이 수준에 도달하지만 훨씬 뒤에 이 수준에 도달하는 아동도 있다.
- 아동은 인쇄물과 상호작용할 때 자신의 모든 경험을 연결시킨다.
- 읽기와 관련된 정보원(음운론, 통사론, 의미론, 화용론)을 적절히 사용한다.
- 새로운 단어를 소리 내어 읽는 것이 바람직하다.
- 성인이 도와주지 않더라도 아이는 대개 고차원적으로 단어를 분석하고 자신이 아는 것을 연습한다.
- 철자법을 발견하고, 알 때까지 단어를 반복 연습한다.

7수준

UNIT 53 읽기 발달단계 – 쉬케단츠(Schickedanz, 1980)

단계	유아의 행동	유아의 사고
1단계	• 책에 있는 그림에 해당하는 이야기를 자신이 꾸며 만들어 읽는다. • 무의식적으로 책의 글자를 손으로 가리키며 읽는다. • 읽어주는 사람에게 그림이 포함된 페이지만 읽어달라고 요청한다. • 그림 없이 글자만 있는 페이지는 재빨리 넘겨버린다.	• 유아에게 질문을 할 수 없고 단지 유아의 행동을 통해 판단할 수 있다. • 그림이 이야기를 말해준다고 생각한다. • 개별 독자가 그림에 해당하는 이야기를 창작한다고 생각한다.
2단계	• 실제 이야기와 비슷하게 읽는다. • 1단계에서의 행동이 유사하게 나타난다. 　– 무의식적으로 책의 글자를 손으로 가리키며 읽는다. 　– 읽어주는 사람에게 그림이 포함된 페이지만 읽어달라고 요청한다. 　– 그림 없이 글자만 있는 페이지는 재빨리 넘겨버린다.	• 그림이 이야기를 말해준다고 생각한다. • 각 책은 고유의 이야기를 갖고 있으며, 개별 독자는 그 이야기를 다시 말하는 것이라고 생각한다.
3단계	• 실제 이야기와 비슷하게 읽으나, 실제 단어나 구절을 많이 포함하여 읽는다. • 그림이 있는 페이지만 읽도록 요청하지 않는다. • 읽어주는 사람이 읽을 수 있도록 그림이 없고 글자만 있는 페이지에서 멈춘다. • 놀이할 목적으로 읽어주는 사람이 볼 수 없도록 글자를 가린다. • 책에 있는 글자를 아는 것에 흥미를 느낀다 (특히 첫 제목 부분이나 끝 부분).	• 글자가 이야기를 말해준다고 생각한다. • 그림은 그 페이지에 있는 글자가 말하는 것을 기억하도록 도와주는 단서로 사용될 수 있다. • 각각의 책은 고유의 이야기를 가지고 있다는 것을 인식하고, 정확한 이야기를 말하기 위해 사용된다는 것을 이해하기 시작한다.
4단계	• 이야기를 암기하여 말 그대로 이야기한다. • 3단계에서의 행동이 유사하게 나타난다. 　– 그림이 있는 페이지만 읽도록 요청하지 않는다. 　– 읽어주는 사람이 읽을 수 있도록 그림이 없고 글자만 있는 페이지에서 멈춘다. 　– 놀이할 목적으로 읽어주는 사람이 볼 수 없도록 글자를 가린다.	• 글자가 이야기를 말해준다고 생각한다. • 그림은 이야기를 기억하는 단서가 된다고 본다. • 각각의 책은 특정 단어로 된 고유의 이야기를 담고 있다고 생각한다.

5단계	• 책에 있는 글자와 말을 짝 지으려고 시도한다. • 책의 어디에 ~라고 쓰여 있냐고 묻거나, 손으로 지적한 단어가 무슨 글자인지 묻는다.	• 글자와 말은 서로 관련이 있고 이것을 서로 맞추어야만 한다고 생각한다. • 글자가 이야기를 말해준다고 생각한다. • 그림은 이야기의 단서라고 본다. • 각 책은 고유의 글자로 된 고유의 이야기를 담고 있다고 생각한다.
6단계	• 이야기책에 있는 단어를 인식하는 것을 학습한다. • 말과 글자를 짝 짓고 특정한 단어가 무엇을 말하는지 묻고, 손가락으로 지적해 가며 단어 읽기를 시작한다.	• 글자와 말은 서로 관련이 있고 이것을 서로 맞추어야만 한다고 본다. • 글자가 이야기를 말해준다고 생각한다. • 그림은 이야기의 단서라고 본다. • 단어는 눈으로 봐서 어떤 글자로 구성되어 있는가를 앎으로써 인식되어질 수 있다.
7단계	• 문맥, 언어, 글자와 발음의 관계에 대해 아는 것들을 통합하여 유창하게 읽는다. • 5단계, 6단계의 유아가 말과 글자를 짝 짓는 과정에서 알파벳 자모음 글자 하나하나를 말로 표현되는 하나의 음절로 고려하기 때문에 문장을 읽을 때 암기한 말과 글자가 정확히 짝 지어지지 않는 현상이 나타난다고 지적한다. • 유아는 음운 인식이 생기게 되어 음소구분에 의한 읽기 시도가 이루어지며, 자·모음 글자의 변별적 자질에 대한 인식이 생기면서 말과 글자의 연결은 좀 더 정확해진다고 제시한다.	

 참고

쉬케단츠(Schickedanz, 1986)의 읽기발달 과정

• 영유아기의 읽기발달은 그림책 읽기와 관련이 깊다. 유아기에 좋은 그림책으로 즐거운 경험을 많이 한 유아는 글자 깨우치는 것을 자연스럽게 즐기면서 성공적으로 할 수 있다(Schickedanz, 1986).
  - 쉬케단츠는 유아가 그림책을 읽으며 텍스트에 대한 반응을 보이는 것을 반영하여 읽기발달 과정을 제시하였다.
  ① 책을 보면서 대화라기보다 의미 없는 말을 옹알거리며 읽는다(13~14개월).
  ② 어른이 책을 읽어주다가 잠시 멈추면 다음 단어를 먼저 말하거나 함께 읽는다(15~28개월).
  ③ 인형이나 봉제 동물에게 읽어준다(17~25개월).
  ④ 그림을 보고 어떤 내용인지 안다(15~20개월).
  ⑤ 책장을 넘긴 즉시 그 페이지의 텍스트 일부를 말한다. 그림을 보면 그 페이지의 내용을 안다(텍스트의 한 단어를 말하기도 한다. 가령, 《잘 자요, 달님》을 읽는 중에 '"쉿" 하고 속삭이는 할머니도 잘 자요'라는 장면을 펼치자, '쉿'이라는 단어를 말한다)(17개월).
  ⑥ 그림책을 읽는 상황이 아닌 실제 상황(가령, 그네를 타면서)에서 이야기로부터 나온 텍스트를 읊는다(21개월).
  ⑦ 성인이 이야기를 들려주다가 멈추면 좋아하는 이야기의 전체 구절을 암송한다(24~30개월).
  ⑧ 성인에게 책을 읽어 달라고 요구하고, 예측하는 책이나 친숙한 책인 경우 매우 정확하게 여러 권을 암송할 수 있다(28~34개월).
  ⑨ 성인이 친숙하거나 예측 가능한 이야기에서 단어를 잘못 읽을 경우 지적하고 수정한다(27개월).
  ⑩ 손가락으로 글자를 짚어 가면서 읽는다. 책의 내용을 그대로 말하기도 하고, 다른 말로 바꾸어 말하기도 한다(32개월).
  ⑪ 친숙한 책은 혼자 읽고 예측 가능한 책은 매우 정확하게 각색하여 읽는다(30~36개월).

MEMO

⑫ 그림책의 내용을 더 정확하게 다시 말할 수 있고, 그림을 참조하지 않고 글자를 읽을 수 있게 되며, 말과 글의 관계를 알고 그림책의 그림에 쏟던 관심을 이야기의 의미로 전환하게 된다(4~5세).

UNIT 54 읽기 발달단계 – 그 외

1 읽기 행동 발달단계 – 로쓰만(Rossman, 1980)

특징	• 유아의 이야기책 읽기 행동은 발달 단계적으로 이루어진다. • 유아에게 책을 반복하여 읽어줌으로써 읽기 발달이 가능함을 제시하고 있다.
단계	• 이야기 꾸며서 읽기 • 의미를 비슷하게 꾸며 말하기 • 책의 실제 단어를 몇 개 사용하여 의미가 비슷하게 꾸며 읽기

2 읽기 행동 발달단계 – 이기숙, 현은자, 김영실

단계	① 2·3세	• 주위의 글자에 관심을 갖는다. 　– 책과 글자는 읽는 것임을 안다.
	② 3·4세	• 책을 볼 때 그림이 아니라 글자를 읽는 것임을 안다. 　– 읽기의 목적을 물을 때 "책을 읽기 위해서", "학교에 가려고", "공부 잘 하려고" 등으로 말한다.
	③ 4·5세	• 책을 읽는 방법, 읽는 방향, 페이지 제목 등을 안다. 　– 소리와 글자 간의 일대일 대응을 할 수 있다. 　– 주위에서 아는 글자를 읽어 보려고 한다. 　– 친구들의 이름에 있는 글자를 안다. 　– 아는 글자가 다른 상황에서 제시될 수 있다.
	④ 5·6세	• 주변에서 자주 볼 수 있는 글자를 읽는다. 　– 가족과 친구들의 이름을 안다.

3 읽기 전략 – 윌러트 & 카미(Willert & Kammi, 1985)

특징	• 2세부터 5, 6세의 유아에게 자연스럽게 책을 읽어주면서, 유아가 글자를 파악하려고 하는 시도나 읽기 자료의 의미를 파악하기 위해 전략을 사용한다는 것을 발견하였다. • 전략 중 몇 가지는 다른 전략보다 먼저 나타나고 읽기에 진전을 보인 유아는 보다 많은 전략을 사용한다는 것을 발견했다.
전략	• 단어의 첫 글자에만 초점을 두기 • 길이나 형태 또는 같은 단어의 모양에 초점 맞추기 • 그림과 상황에서 의미상의 실마리 얻기 • 친숙한 글자를 보고 그 단어의 나머지 글자를 파악하기 • 단어의 소리를 내기 위해 음운체계 사용하기

Ⅳ 한글의 해독 지도

UNIT 55 한글의 특징

KEYWORD# 한글 해독 과정에서 사용하는 단서(아는 글자 이용 책략, 글자 수와 음절 수 대응 책략), 한글의 음운론적 특징, 한글 표기의 특성

((♠)) 개요

• 세계의 어떤 문자에서도 찾아볼 수 없는 독특한 특성을 지닌다.

• 한글은 음소문자이면서 음절단위로 모아쓰기를 하며, 표음문자이나 표기상 표의주의를 취한다.

• 14개의 자음자와 10개의 모음자로 구성된 매우 조직적인 문자이며, 이런 조직성 때문에 한글은 음운 규칙을 깨닫기가 쉽고 몇 개만 알면 일일이 암기하려고 애쓸 필요가 없다.

• 24개의 자·모음자는 발성 기관의 모양과 소리의 특성을 시각적으로 표현하여 만든 자질 문자 (phonetic feature)이며, 세계에서 자질 문자는 한글밖에 없다.

  − 글자 제작 시 발성기관의 모양을 따서 자음 'ㄱ, ㄴ, ㅁ, ㅅ, ㅇ'의 다섯 글자와 기본 글자를 만들고 기본자에 획을 하나씩 더해 가면서 복합음이 되게 한다.

• 유아들의 한글 읽기 및 쓰기 발달 과정

  − 우리나라 유아들은 한글의 특징을 인식하고 있으며, 이때 자모의 인식보다는 음절인 글자 인식이 먼저 나타나는 것을 알 수 있다.

  − 유아는 주변에서 흔히 접하는 글자들로부터 문자언어의 의미를 추측하며 문자 형태에 관심을 가지게 된다.

음소문자	• 글자의 가장 기본 단위가 음소로 이루어져 있는 문자를 말한다. - 음소들이 모여서 음절과 단어를 형성한다. - 말소리의 최소 단위인 음소에 해당하는 24개의 자·모음자를 조합하여 음절단위의 글자를 만들어낸다.
음절단위의 모아쓰기	• 한글은 음절단위로 모아쓰기를 한다. • 한글은 음소문자이면서 음절문자로, 자음과 모음을 묶어서 한 글자로 쓰는 모아쓰기 방식을 취하고 있다. 예 '꿀벌'이라는 단어는 'ㄲㅜㄹㅂㅓㄹ'이라고 풀어쓰지 않고 6개의 자음·모음자를 조합하여 '꿀벌'로 모아쓰기를 하는 것
표음문자	• 하나하나의 글자가 특정의 의미를 나타내지 않고 오로지 하나하나의 음성에 대응하여 그 발음을 나타낸 것이다. - 한글은 같은 소리는 항상 같은 글자로 쓰이며, 한 글자가 다른 소리로 발음되는 경우는 없다. - 동일한 글자는 어느 단어에 포함되어 있든 동일한 소리로 발음되기 때문에 소리를 그대로 글자로 쓸 수도 있고, 글자를 그대로 소리로 읽을 수도 있다. • 한글은 모든 언어에서 나타나는 거의 대부분의 소리를 한글의 자음과 모음글자를 가지고 소리나는 대로 표현할 수 있다.
표의주의	• 언어를 발음나는 대로 표기하는 것이 아니라, 그 단어의 뜻을 밝히기 위해서 기본 형태소의 원형을 그대로 둔 채 분절하여 표기하는 것이다. • 한글은 표기상 표의주의를 취하고 있다. 예 '밭이'는 본래 발음나는 대로 '바치'라고 표기해야 하는데, 표의주의의 원칙에 의하여 '밭'이라는 단어의 의미를 분명히 전달하기 위해서 '밭'과 '이'를 분절하여 '밭이'라고 표기 ➤ 한글은 글자를 표기하는 데 있어서 소리보다는 의미를 더 중요시하는 표의주의를 채택하고 있기 때문이다.
한글 지도법	• 한글의 양면성으로 인해 어느 한 가지 접근법만을 강조하는 것은 효율적이지 못하다. • 한글의 특징은 유아의 한글 인식 과정 및 교육 방법에 영향을 준다. • 한국 유아는 음소보다 음절에 대한 인식이 먼저 발달한다. • 교육방법으로는 음운 인식에 관한 명시적이고 체계적인 지도의 필요성도 제기된다. • 발음중심·상향식 접근법과 의미중심의 총체적·하향식 접근법 간의 균형적인 접근법이 권장된다. • 구체적으로는 이미 알고 있거나 쉽게 짐작할 수 있는 단어들을 중심으로 음절인식을 위한 지도가 선행되고, 아는 글자들이 생기면 그것들을 중심으로 음절 중심의 해독을 지도하는 방법이 제시된다.

UNIT 56 한글의 해독 과정 - 이차숙

1단계	**글자와 그림의 차이를 인식하지 못하는 단계** • 글자와 그림의 차이를 인식하지 못하고, 글자보다 그림에 더 많은 관심을 쏟는다. • 안내판에 산길 그림과 산길 끝의 막다른 길을 보고 그림을 손가락으로 가리키며 "이 산에 올라가면 안 된다."라고 읽는 경우이다.
2단계	**글자와 그림의 차이를 인식하는 단계** • 점차 일상생활 속에서 글자들을 많이 접하게 되면서 글자와 그림의 차이를 인식하기 시작하고, 글자에 관심을 가지게 된다. • 글자들을 접하면서 그것들이 중요한 의미를 전달하고 있다는 사실을 알고, 그 의미를 여러 가지 단서를 이용하여 추리한다. • 아직 단어나 낱자에 대한 인식이 없다. • 안내판의 '자연관찰 등산로 안내' 제목을 왼쪽에서 오른쪽으로 미끄러지듯 손가락으로 가리키면서 "이 산에 올라가면 안 된다."라고 거침없이 읽는 경우 ➡ 산길 그림을 보면서 의미를 생각해 내고, 그런 의미일 것이라 추리한다.
3단계	**주변 환경 속에서 자주 볼 수 있는 단어들을 전체로 기억하고 암기하는 단계** • 의미를 전달하는 것은 그림이 아니라 글이라는 사실을 알게 되고, 이에 주의를 기울인다. • 낱자나 단어가 지닌 작은 특징이나 단서들을 발견하고, 이 단서들을 이용하여 단어를 전체로 기억하고 암기하기 시작한다. • 자동차의 헤드라이트 모양만 보고서도 차종을 알아맞히는 현상과 유사하다. • 안내판 정자모양의 작은 그림 아래 '팔각정'이라 써 있는 단어를 손가락으로 가리키며 '휴게소'라고 읽는 경우와, 8각형의 멈춤 표지판에다 '양보'라는 글자를 써서 유아들에게 읽어 보라고 했더니 많은 유아들이 '멈춤'이라고 잘못 읽는 경우이다.
4단계	**음절인식의 단계** • 글자와 말소리의 관계성을 깨닫기 시작하면서, 음절을 중심으로 글자와 말소리를 대응시켜 가며 단어를 읽으려고 시도 ➡ 문자 체계에서 '글자'라는 단위가 있는 한글에서만 나타나는 현상이다. • 한 개의 글자와 한 개의 음절을 정확하게 대응시켜 발음하기 위해선 먼저 음절인식이 선행되어야 한다. • 아직 음소인식이 생긴 것은 아니다. • 안내판 제목의 글자 한 자 한 자를 짚어가며 소리내어 읽되 글자 한 자와 음절 하나를 대응시키며 읽는 경우와, "절벽 사진촬영 금지" 안내판을 글자 한 자와 음절 하나를 대응시켜 가며 "사진 찍지마요."라고 읽다가 두 개의 글자가 남게 되자 "제발"이라고 소리내어 읽는 경우이다.

5단계	글자의 발음 항상성 인식 단계
	• 동일한 글자는 어느 단어에, 또 어떤 위치에 있든지 동일한 소리로 발음해야 한다는 사실을
	  인식하기 시작한다.
	• 다른 사람들이 글을 읽고 쓰는 것을 보면서 서서히 언어의 규칙성을 발견하기 시작한다.
	• 그림책의 글자들은 각기 다른 낱자들로 이루어진 말소리가 서로 다른 단어들이라는 사실을
	  알게 된다.

6단계	음소 인식의 단계
	• 음소 인식이 생기기 시작 : 낱자의 형태와 소리에 더욱 관심과 주의를 기울이고 낱자들을 변별
	  하는 시기이다.
	  예 '상', '산'자를 가리키며 두 글자가 모두 '산'이냐고 묻기도 한다.
	• 비슷한 모양의 글자는 비슷한 말소리를 낸다는 사실을 알게 된다.
	  예 '사랑', '자랑'에서 'ㅅ'과 'ㅈ'의 차이를 안다.
	• 모든 낱자의 말소리를 다 알지 못하기 때문에 단어를 읽을 때 자신이 아는 글자나 맥락을
	  중심으로 유추하여 읽는다.
	  ➤ 글자를 읽을 때 매우 더듬거리기도 하고, 의미상으로는 맞지만 전혀 틀리게 단어를 읽는
	    경우가 많다.
	  − 우리나라 아동은 음소인식에 앞서 음절인식이 선행한다.

7단계	자소 · 음소 대응 규칙을 적용하는 단계
	• 안내판에 있는 글자 중 아는 글자들을 중심으로 더듬거리며 추리하여 읽기 시작한다.
	• 단어의 특징이나 맥락을 통해 추리하여 글자를 읽지만, 추리하여 읽는 것이 정확하지 않다는
	  사실을 분명히 깨닫기 시작한다.
	  ➤ 단어의 특징이나 맥락을 통한 추리보다 자소 · 음소의 대응 규칙을 적용하면서 단어를
	    읽으려는 노력을 더 많이 보인다.
	• 자신이 알지 못하는 단어를 읽어 보라고 하면 '못 읽는다'고 말하거나 읽기 반응을 보이지
	  않기도 한다.
	• 안내판 제목을 어떻게 읽느냐고 물어보고, 모르는 글자는 읽어달라고 부탁한다.

8단계	자소 · 음소의 대응관계 완성 시기 안내판에 쓰인 낱자들의 차이를 정확하게 인식하고 바르게 소리내어 읽는다. 예 '산', '상', '장' 등의 낱자의 차이에 따른 음소의 차이를 정확하게 구분하여 읽음

UNIT 57 한글의 해독 책략 및 해독 지도

1 한글의 해독 책략

특징	• 해독: 자소, 음소의 대응 규칙에 따라 글자를 말소리로 전환하는 정신적 과정을 말한다.
	• 한글 해독 과정의 특성
	  ① '음절인식' 책략: 한글은 '글자'라는 독특한 단위가 있어서 영어와는 달리 음소 인식 이전에 음절 인식이 선행한다.
	  ② '글자 발음 항상성' 책략: 자소·음소 대응 관계가 정확하여 대응 관계의 규칙을 발견하면 곧바로 해독이 가능해진다.
	  ③ 한글은 하나의 음절에 대응하는 글자 하나가 바로 의미를 가지기도 하고, 그것이 곧 하나의 단어가 되기도 하여 글자 해독이 바로 단어재인으로 연결될 수 있다.
	  ④ '자질문자'라는 독특한 특징: 자·모 체계에 대한 지식 습득이 용이하고 해독학습의 시기가 매우 짧다.

단서책략	• 해독 발달 과정에서 가장 먼저 사용되는 책략이다. • 단어를 전체로 기억하고 암기하여 발음하는 방법이다. • 단어의 주변에 있는 단서를 이용해 단어를 추리하여 읽기 때문에 실제로는 전혀 해독이 일어나지 않는다. • 영어권 아동이나 한국 아동 모두가 사용하는 책략이다. 예 '냉방차'라고 쓴 버스를 보고 '버스'라고 읽거나, '팔각정'의 그림을 보고 '휴게소'라고 읽는 현상
글자 수와 음절 수 대응책략	• 이전 단계에서 사용하던 단서들이 계속하여 그대로 사용되기도 하지만, 음절 수가 더 중요한 책략이 된다. • 영어와 달리 '글자'라는 단위가 존재하는 한글을 해독할 때만 나타나는 독특한 책략이다. • 글자 하나가 음절 한 개에 해당한다는 사실을 알고 추리하여 읽는 방법이다. 예 가족에 대한 글자들 중에서 '할아버지'라는 단어가 있다면 입으로는 '할아버지'라는 단어를 소리내어 읽고, 손가락으로는 글자 하나하나를 짚어 가다가 글자 수와 음절 수가 맞아떨어지면 만족하며 '할아버지'라고 크게 읽는 현상
아는 글자 이용책략	• 읽어야 하는 글자들 속에 아는 글자가 있으면 이를 중심으로 추리하여 해독하는 방법이다. • 아는 글자를 소리내어 보고 마침내 음절 수와 기타 여러 가지 맥락을 고려하여 모르는 글자도 해독하는 것이다. 예 '자동차'라는 세 글자를 해독해야 하는데 마지막 글자인 '차'자를 안다면, '기차', '마차', '자동차', '소방차' 등을 소리내어 보고 마침내 음절 수와 기타 여러 가지 맥락을 고려하여 앞의 두 글자를 모르지만 자신이 알고 있는 '차'자를 중심으로 '자동차'라고 해독하는 현상
자소·음소 대응책략	• Ehri(1992)는 이것을 자·모 책략이라고 부른다. • 낱자들이 소리를 가지며, 배합·배열하여 단어나 의미가 되는 말임을 알게 되어, 단어를 일정한 음운적 체계의 규칙에 따라 읽게 되는 것이다. • 유아가 눈으로 익힌 +시각단어가 많아지면서 아는 글자로 구성된 단어를 찾아내기도 하고, 아는 글자와 유사하게 생긴 글자들은 자소·음소의 대응 규칙을 적용하여 비슷하게 소리내어 읽어 본다. • 자·모음자에 주의를 기울이게 되고, 자·모음자의 차이에 따른 소리의 차이도 구분하려고 애를 쓰게 된다.

+ 시각단어
의미 추측, 자소·음소 대응 등의 책략을 사용하지 않고 즉각적으로 읽을 수 있는 단어

철자책략	• 의식적으로 글자의 구성요소를 분석하려고 애쓰지 않아도 글자를 구성하고 있는 철자가 저절로 눈에 들어오고 글자가 저절로 해독되는 과정이다. • 자소 · 음소의 대응을 자유자재로 할 수 있다.

2 한글의 해독 지도원리

개요	• 유아의 해독 지도는 처음부터 자소 · 음소 대응 규칙이나 자 · 모 체계의 원리 적용을 강조할 것이 아니라, 이미 알고 있거나 쉽게 짐작할 수 있는 단어들을 중심으로 음절인식을 위한 지도가 선행되어야 한다. • 그런 다음 자주 접하거나 아는 글자들이 생기면 그것들을 중심으로 글자와 음절을 대응시키는 음절 중심의 해독지도를 한다. • 아는 글자가 많아지고 모르는 글자에 대한 질문이 많아지기 시작하면 자소 · 음소의 대응 규칙과 자 · 모 체계의 원리를 적용시키면서 글자를 정확하게 해독하는 훈련을 직접적이고 명시적인 방법으로 지도해 나가야 한다. 　- 단어의 소리를 분절하거나 음절을 해체하여 음절을 구성하는 음소들에 대한 자각이 일어나도록 지도한다.
방법	• ✦음운인식에 앞서 음절인식을 위한 지도가 선행되어야 한다. 　- 글자와 음절이 일대일로 대응한다는 사실을 알게 하고 글자와 음절을 대응시킬 수 있도록 글자 하나하나의 해독을 지도해야 한다. • 단어의 구성요소인 글자중심의 해독 지도를 해야 한다. 　- 동일한 글자는 어느 단어나 어떤 위치에 나오든지 항상 같은 발음을 내야 한다는 것을 알게 하고 같은 발음을 내도록 지도해야 한다. • 음절인식과 글자의 해독이 가능해지면 음운인식을 위한 지도를 해야 한다. 　- 자 · 모 체계에 대한 지식을 가질 수 있도록 지도한다. • 낱자의 음가를 직접적이고 명시적인 방법으로 지도해야 한다. 　- 몇 개의 자 · 모음자들을 결합하여 받침이 없는 글자들을 만들어 발음한다. 　- 받침이 있는 글자의 받침을 빼고 발음한다. 　- 모음자를 바꾸어 가로글자 혹은 세로글자를 세로글자 혹은 가로글자로 바꾸어 발음해 본다. 　　예 마 ➡ 모, 자 ➡ 주 　- 같은 소리로 시작하는 단어를 말해본다. 　- 들려준 단어에서 지정한 음소들은 다 빼고 발음한다. 　- 단어에서 첫 소리를 말해본다. 　- 하나의 단어에 몇 개의 소리가 있는지 맞혀본다. 　- 두 단어를 듣고, 다른 한 단어에는 없는 소리가 무엇인지 알아맞힌다. 　- 여러 단어를 들려주고, 나머지 단어들과는 다른 소리로 시작하는 단어를 알아맞힌다. 　- 하나의 단어에서 나는 소리를 분절하여 발음한다.

✦ 음운인식
음성언어에서 사용되는 낱말들 속에 들어 있는 소리의 여러 단위들을 지각하고 인식할 수 있는 능력
(참고: UNIT 5 '음운인식')

V 쓰기의 이해

UNIT 58 쓰기의 개념

1 개념

정의	• 필자의 사상과 감정 및 경험을 일정한 형태의 문법적 의미 단위들로 표상하고 조직하여, 문자언어라는 매개체를 통해 표현하는 과정적 활동이다. • 말로 자신의 생각을 표현하는 것처럼 글이라는 상징을 이용해 자신의 생각을 나타내는 것이다. • 유아의 쓰기는 글자를 쓰게 되는 학령기 이후에 나타나는 것이 아니라, 태어난 이후 끼적거리기가 나타나면서 시작하는 것이다. – 유아기의 쓰기는 결과가 아닌 과정에 중심을 두어야 한다.	
	좁은 의미	타인이 이해할 수 있는 문자라는 상징을 이용해 생각을 표현한 것이다.
	넓은 의미	그림 그리기나 낙서와 같은 비공식적이고 사회적으로 합의되지 않은 표기까지 포함하는 것이다.
목표	• 아동으로 하여금 생활 속에서 쓸 거리를 발견할 줄 알고, 그런 쓸 거리들을 기꺼이 다른 사람들과 나눌 줄 아는 능력을 길러주는 것이다. • 어떤 주제를 중심으로 이야기를 만드는 것이 아니라 우리가 본 것, 기억한 것, 이상하게 생각한 것들을 중심으로 이야기를 만들어가야 한다.	
유아 쓰기의 의미	① 쓰기 발달은 어느 한 순간에 갑자기 이루어지는 것이 아니라 점진적·보편적 발달단계를 거친다. ② 모든 유아들이 일관된 순서로 쓰기 발달을 이루는 것은 아니다. ③ 발생적 문식성 관점에서 영아들의 긁적거리기는 쓰기 행동으로 볼 수 있다.	
쓰기 발달 단계	• 초기 쓰기는 초기 문식성의 한 영역으로 흔히 외현적 쓰기의 형태로 설명된다. • 초기 쓰기는 크게 두 가지 양상으로 나타난다. – 자·모음 지식, 음운인식, 철자법에 대한 지식의 발달에 근거한 글자쓰기 – 문어적 이야기 구조 개념 및 문어적 이야기 구성 발달에 기초한 글쓰기 • 초기 쓰기 이후의 단계 – 쓰기 발달은 그 복잡성이나 문장의 길이에 있어서, 음성언어의 발달과 마찬가지로 초기 쓰기가 발달된 이후부터 초등학교를 마칠 때까지 계속해서 매우 점진적으로 이루어진다. – 그 유형은 여러 가지 접속사를 사용하여 문장을 연결하는 것에서부터 삽입된 문장을 사용하는 것으로 발달해 나간다.	
쓰기의 두 가지 수준	1수준	다른 사람의 말을 듣고 그대로 글자로 옮겨 놓거나, 쓰인 글자를 보고 베끼는 수준
	2수준	떠오르는 생각을 그대로 글자로 옮겨 적는 것이 아니라 글짓기를 하는 수준

MEMO

2 쓰기 연구의 의미

유아의 쓰기에 관한 관찰 연구	Sulzby (1990)	유아들의 쓰기가 표상적으로 보이기 훨씬 이전에도 유아들이 문자언어를 사용한다고 주장하였다.
	Chomsky (1972)	• 쓰기가 언어의 표현적 기능을 담당하기 때문에 쓰기를 능동적이고 창의적인 행동으로 보았다. • 쓰기는 언어의 수용적인 기능을 하는 읽기보다 선행하여야 한다는 의견을 제시하였다.
	Goodman (1986)	최근의 연구는 읽기가 쓰기에 영향을 미치고 쓰기를 통해 읽기가 더욱 정확하게 된다는 통합의 개념으로 읽기·쓰기를 설명하였다.
쓰기 발달에 관한 견해	발생학적 문식성	• 학자: Clay(1975), Hall(1987), Morrow & Rand(1991), Teale & Sulzby(1996) • 영유아의 쓰기 발달이 말하기나 듣기와 마찬가지로 자연스러운 과정을 통해 이루어진다고 주장하였다. 　- 쓰기는 단순한 암기나 모방, 반복적인 연습을 통해서 이루어지지 않는다. 　- 쓰기는 일상생활에서 문자와 다양한 상호작용을 통해 이루어진다. 　- 쓰기는 스스로 발견한 문자의 규칙성을 적용해 보는 과정을 통해 이루어진다. 　- 쓰기는 글쓰기 활동을 통한 의미 구성 과정에 능동적으로 참여하는 경험을 통해 이루어진다. 　- 쓰기는 일상생활의 여러 상황에서 쓰기가 기능적으로 활용되는 것을 관찰함으로써 이루어진다.
	선형적 단계의 부재	• 학자: Clay(1983·1991), Sulzby(1985) • 쓰기 발달은 한 단계의 발달이 완성된 후 다음 단계로 넘어가는 것이 아니라 +발달적으로 나타난다고 주장한다.

+ 발달적
표준적 쓰기를 할 수 있는 영유아가 글을 통해 의미를 정확하게 전달해야 하는 상황에서 표준적 쓰기와 긁적거리기를 동시에 표출하는 것이다.
예 표준적 쓰기를 할 수 있는 유아가 역할놀이 중 의사를 맡아 진단서를 작성할 때, 긁적거리기를 통해 서명하는 것 ➡ 성인이 서명할 때 표준적 쓰기를 하는 것이 아니라 긁적거리기를 한다는 것이 관찰을 통해 이해됨(쓰기의 기능적 사용 이해)

UNIT 59 쓰기의 발달원리(Machado, 2003; 이차숙, 2005)

원리	특징
자연적 발달의 원리	유아들의 쓰기 발달은 일상생활 속에서 자연스럽게 말하는 것을 배우는 것처럼 의도적인 교육 없이도 실생활에서 문자언어의 사용을 경험하면서 자연스럽게 이루어진다.
상호작용적 발달의 원리	유아들의 쓰기 발달은 주변의 사람, 사물, 사건들을 경험하면서 자연스럽게 말을 배우는 것처럼 주변의 환경과 상호작용을 하면서 이루어진다.
기능적 발달의 원리	• 유아들의 쓰기는 실제적인 이유가 있을 때 의미 있는 활동을 통해서 발달한다. 　- 블록을 쌓아 둔 것을 건드리지 말 것을 요구하는 메시지를 써서 블록 영역에 붙여 둔다거나, 생일 초대를 위해 친한 친구에게 보낼 초대장을 만드는 등 실제적인 상황에서 더욱 적극적인 쓰기활동을 하고 그런 과정에서 쓰기가 발달한다.

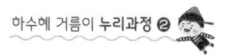

구성적 발달의 원리	• 유아의 쓰기는 낱낱의 사실을 모방하거나 반복적 연습이 아니라 개인의 생각과 감정의 의미를 나타내기 위해 연관성과 일관성이 있어야 하고, 메시지를 중심으로 초점을 맞추어 응집성 있게 구성하는 과정에서 발달된다. - 이런 과정에서 문자로 쓴 내용을 다시 읽어 보고 그것을 이해하기 위해 질문하고 답하는 상호작용을 통해 내용을 더욱 깊이 이해하고 의미화하게 되며, 더 효과적인 의사소통적 쓰기로 발달된다.
통합적 발달의 원리	• 유아의 쓰기발달은 말하기, 듣기, 읽기와 통합적으로 경험하면서 이루어진다. - 쓰기를 다른 언어 양식과 분리시키지 않고 통합적으로 경험하면 이를 더 쉽게 배우게 된다.
점진적 발달의 원리	• 유아의 쓰기발달은 쓰기에 대한 관점이 변화되어 표준적 쓰기가 아닌 의미전달에 초점을 둔 발생적 문식의 단계를 인정하게 되면서, 글쓰기는 갑자기 출현하는 것이 아니라는 의견이 지배적이다. - 어려서부터 일상생활 속에서 인쇄물과 다양한 상호작용을 통해 글자에 관심을 갖게 되고, 글자의 기능과 형태를 알게 되며, 말과 글의 관계를 연결짓게 되면서 점진적으로 표준적 글쓰기로 발달되어간다.

 참고

2015 누리과정 「쓰기1」 - 말과 글의 관계 관심가지기

의미		• 말과 글의 관계를 알아가기 위한 기초로 유아가 그린 그림이나 끄적거리기 등으로 표현하고, 교사가 유아의 이야기를 글로 적어주는 과정을 통해 자연스럽게 말을 글로 나타내는 것에 관심을 보이는 내용이다. • 유아가 '쓰기'의 역할은 쓰고자 하는 내용을 생각해 내고 생각한 바를 문자로 표기하는 행위임을 이해하도록 하는 내용이다.

말을 글로
나타내는
활동의 유익
		• 활동의 의미 : 유아로 하여금 끄적인 내용을 다시 읽어달라고 하고 교사가 그 내용을 받아 써 주는 활동이다.
		  - 유아는 말과 글의 관계가 어떤 것인가를 어렴풋이 알게 되고 이러한 과정에 지속적인 관심을 보이게 된다.
		  - 글자의 형태 알기나 글자 쓰기에 대한 동기를 부여하여 자신의 생각을 더욱 효율적으로 전달할 수 있도록 도와준다.
		  - 유아는 자신의 말이나 생각을 글로 기록하고 반대로 글을 말로 바꿔 보는 경험을 통해서 점차 말과 글의 관계를 인식하게 된다.

특징	3세	• 상대방이 알아볼 수 없으나 자신에게만 의미 있는 지그재그 선이나 동그라미 모양으로 자신의 생각이나 느낌을 자주 표현한다.
		  ① 교사는 이러한 표현 과정에 중요한 의미를 두고 유아의 말을 주의 깊게 끝까지 들어주듯이 끄적거리는 글을 존중하며 끝까지 보고, 그 내용에 흥미를 보이도록 한다.
		  ② 어떤 글자를 썼는지, 그 글자는 어떻게 읽는지 등을 묻기보다 끄적인 내용이 무엇을 쓴 것인가에 관심을 보이도록 한다.

	4, 5세	• 유아의 생각이나 말을 글로 표현할 수 있음을 알게 된다. - 4, 5세 유아들이 말과 글의 관계를 안다는 것의 의미는 글자의 형태를 정확히 배우는 것이 아니라, 언어의 사용 목적을 알고 자신이 표현하고자 하는 것을 말 이외의 다른 형태로 나타낼 수 있음을 아는 것이다.

지도지침	종합	• 유아가 상대방은 알아볼 수 없으나 자신에게만 의미 있는 선이나 모양으로 자신의 느낌이나 생각을 표현하면 이를 격려한다. • 교사는 이러한 표현과정에 중요한 의미를 두고 그 표현 내용을 존중해 주는 것이 중요한데, 특히 유아가 표현한 것을 의미 있는 글로서 존중해 주고 읽어주는 성인의 태도가 중요하다. • 유아가 누군가에게 전달하기 위해 끄적거린 내용이나 선으로 쓴 내용을 보고 어떤 글자를 썼는지, 그 글자는 어떻게 읽는지 등을 묻기보다 유아에게 읽어달라고 부탁한다. 이때 유아가 불러준 내용을 교사가 받아 써 주는 기회를 자주 갖도록 한다면 유아는 말과 글의 관계에 지속적으로 관심을 보이게 된다.
	3세	유아가 좋아하는 그림책을 읽어주고 그 내용에 대한 유아의 느낌을 그림이나 끄적거리기로 나타내거나 교사가 그 말을 받아 적어준다.
	4세	잡지나 신문 등에서 마음에 드는 그림이나 사진을 오려 붙인 후 유아가 그 그림에 대하여 하는 이야기를 교사가 받아 적어준다.
	5세	교사는 유아가 말과 글의 관계를 알 수 있도록 한다.
활동의 예	5세	• 자신의 생각이나 느낌을 그림이나 굵적거리기로 나타내는 활동을 한다. • 잡지나 신문에서 마음에 드는 그림을 오려서 종이에 붙인 후 유아가 그림에 대한 이야기를 지으면, 교사는 그 이야기를 받아 써 주고 다시 읽어주는 활동이다. – "○○가 하는 말을 선생님이 종이에 써 줄게. 무슨 이야기를 쓰고 싶니?" • 교사가 받아 적어 준 글이나 자신이 직접 굵적거리거나 쓴 글을 함께 읽는 활동이다. • 친구들의 이름에 쓰이는 글자를 교실에서 찾아보는 활동이다. • 그림책의 글자를 손가락으로 짚어가며 입으로 소리 내어 읽으면서 친숙한 단어를 찾아보는 활동이다.
지도 시 유의사항		• 글자를 배우기 위해 선 긋기, 글자 모양을 따라 쓰기, 자·모음을 외우고 반복하여 쓰기 등은 글자 형태만을 가르치는 것이다. • 생각을 글로 나타내는 과정을 배제하는 것이므로 이런 글자수업은 하지 말아야 한다. • 자신의 느낌과 생각을 글로 표현하는 과정을 즐겨야 할 시기에 철자법에 맞는 자·모음 쓰기, 낱말쓰기, 쓰기 순서에 따라 문장 쓰기 등을 강요한다면 유아는 글쓰기에 대한 관심을 잃고 이후에 전혀 어떤 글도 스스로 쓰려고 하지 않을 수 있다. • 교사는 유아가 책 읽는 것을 즐기도록 하기 위해 언어 영역은 물론 이외의 곳에서도 읽기 활동이 일어날 수 있는 환경을 마련해 준다. • 교사는 유아에게 소리 내어 읽어주기, 함께 보며 읽기, 안내적 읽기, 혼자 읽기 등 다양한 전략을 활용하여 유아가 책 읽기를 즐기도록 한다.

 참고

2015 누리과정 「쓰기2」 – 자신의 생각을 글자와 비슷한 형태로 표현하기

의미		유아가 쓰기 또한 의사소통의 도구가 된다는 것을 알고 스스로 자신의 느낌, 생각, 경험을 창의적으로 표현해 보는 기회를 가지도록 하는 내용이다.
특징	4세	• 4세 유아는 소리인 발음과 글자인 자·모음 간의 관계를 제대로 알지 못하기 때문에 자신의 생각이나 느낌 등을 그림이나 꼬불꼬불한 긴 선, 여러 개의 둥근 원 등으로 나타낸 후 그 내용을 교사나 친구에게 읽어주며 전달하려고 한다. • 글자 비슷한 형태는 자신의 생각을 표현하는 훌륭한 도구이고 언어의 기능을 충분히 하고 있다. • 비록 우리 사회에서 약속한 언어는 아니지만 그 언어를 흉내 낸 유아가 발명한 글자이다. • 이러한 글자 비슷한 형태가 말 이외에 자신의 의사를 전달하는 데 활용될 수 있음을 알았기 때문에 유아는 이러한 시도를 한다. • 글자 비슷한 형태는 추후에 점차 정확한 글자로 바뀌어 간다.

MEMO

		• 교사는 4세 유아가 만들어낸 글자를 의사소통의 언어로서 존중하고 이러한 표현을 자주 하도록 유아가 쓴 것을 붙여주거나 읽어주어 격려하는 것이 중요하다.
	5세	• 5세가 되어도 긴 문장이나 새로운 낱말을 우리 사회의 글자로 정확히 나타내는 것은 매우 어려운 일이다. • 유아가 중요하게 경험해야 할 쓰기 내용 - 창의적인 내용을 쓰기 - 글을 자주 쓰려고 시도하는 동기 - 다양한 주제에 대해 자신의 생각을 표현하기 - 자신이 쓴 글의 내용을 친구들에게 읽어주고 그들의 반응에 관심을 두기 - 자신이나 친구가 쓴 글의 내용을 존중하기
지도지침	종합	• 교사는 유아가 자신의 생각과 느낌, 경험을 글자와 비슷한 형태로 표현하면서 점차 쓰기의 과정을 알아갈 수 있는 활동을 준비하여 쓰기의 즐거움을 알 수 있도록 하고 자발적인 동기에 의해 할 수 있는 환경을 제공한다. • 글자를 정자법으로 쓰기, 줄 쳐진 노트에 그대로 베껴 쓰기, 자·모음 이름 알고 순서 대로 쓰기처럼 글자 자체에 대한 공부를 강요하면 유아는 자신의 생각을 글로 나타내려 하지 않고 오히려 글쓰기에 대한 거부감을 느끼게 되므로 반드시 지양해야 한다.
	4세	유아가 책 표지 꾸미기, 미술 작품에 제목 붙이기, 자기 파일을 꾸미며 자기 이름이나 좋아하는 것들을 글자나 글자와 비슷한 형태로 써 보는 활동을 제공한다.
	5세	• 말과 글의 관계를 알고 쓰기에 관심을 가지는 것에서 시작하여 점차적으로 글자와 비슷한 형태나 글자로 표현하도록 격려한다. • 이를 위해 쓰기를 위한 환경, 주제 및 도구를 다양화하여 궁극적으로 쓰기를 즐길 수 있는 풍부한 경험을 제공하는 것이 필요하다. • 유아가 쓴 것이 비판의 대상이 되지 않도록 하며 유아가 쓰기 자체에 관심을 보이거나 쓰기를 시도할 때 긍정적으로 반응해 주어야 한다. • 일상에서 다양한 쓰기 활동을 해본다.
활동의 예	5세	• 교사는 유아가 자신의 느낌, 생각, 경험을 글자와 비슷한 형태나 글자로 표현하도록 한다. • 여러 흥미 영역에서 목적 있는 쓰기 활동을 해 본다. - 쌓기놀이나 역할놀이 영역에서 필요한 장소나 이름 표시하기 - 언어 영역에서 작은 책 만들기, 짧은 이야기 책 만들기 - 과학 영역에서 간단한 관찰일지 쓰기 - 미술 영역의 자기 작품에 제목 붙이기 - 책을 본 후 관심 있는 단어를 긁적거리기나 책 표지 꾸미기 활동 - 각 흥미 영역에서 필요한 글자를 자주 보았던 그림책이나 친구들끼리 함께 만든 신문 등에서 찾아서 써보기
지도 시 유의사항		• 교사는 유아가 쓴 결과물보다는 쓰기에 관심을 보이는 것에 대해 칭찬해 준다. - 맞춤법에 맞는 글자로 글을 쓰는 것을 강조할 경우, 유아는 여러 다른 태도를 습득하지 못한다. - 비록 철자법도 틀리고 글자가 아닌 선이나 모양으로 내용을 쓰지만 그 쓴 내용을 존중해 주는 환경에서 유아는 바른 쓰기 태도를 습득하게 된다. • 유아 발달에 적합한 쓰기 활동을 제공하여야 한다. - 유아가 쓴 것을 수정하거나 비판하지 않고 유아가 쓰기 자체에 관심을 보이며 쓰기를 시도할 때 긍정적으로 반응해 준다면, 유아는 쓰기가 의사소통의 수단이고 즐거움을 준다는 것을 알게 된다. • 교사는 유아가 자발적인 동기에 의한 쓰기 활동을 통해 쓰기의 즐거움을 경험할 수 있도록 한다.

참고

2015 누리과정 「쓰기3」 – 자기의 이름과 친숙한 글자 써보기

의미		• 유아가 쓰기에 대한 단순한 관심에서 벗어나 쓰기 도구를 이용하여 쓰기를 직접 시도하도록 하는 내용이다. • 유아에게 가장 친숙한 글자인 자기 이름 글자에 관심을 가지도록 하는 내용이다. • 유아가 자신의 이름에 관심을 갖게 되면 이에 기초하여 자신의 이름을 써보고자 시도하는 내용이다. • 유아가 친숙한 자기 이름 쓰기에서 더 확장하여 주변의 친숙한 글자도 스스로 써보고자 시도하는 내용이다. • 이름이나 친숙한 글자를 써 보는 것은 말이나 생각을 글로 옮길 수 있음을 이해하며 쓰기에 대한 흥미를 가질 수 있어 유익하다.
특징	3세	• 유아는 일상생활 속에서 자연스럽게 글자를 접하고 다른 사람의 쓰기 행동을 관찰하고 모방하면서 끄적거리기를 시작한다. • 이때 가장 먼저 시도하는 것이 자기 이름 쓰기이다.
	4세	• 이름을 쓰기 위해서는 말의 발음 하나와 글자 하나를 연결하되 자모음을 조합하여야만 가능하기 때문에 4세 유아에게는 어려운 과제이다. • 처음에는 듣는 소리에 맞추어 자음 하나만을 쓰기도 한다. • 이런 과정이 오래 지속되다가 자음에 모음이 합하여지고 위·아래에 받침부터 쓰기도 하며 이름과 성을 여기저기에 따로 쓰기도 한다. • 이름 쓰는 순서도 매번 다를 수 있다.
	5세	• 5세 유아는 자기 이름이나 가족 이름, 친구 이름, 매일 먹는 우유 이름, 집에 가면서 보았던 간판, 홍보지 등 주변의 환경인쇄물이나 인쇄물에서 보았던 친숙한 글자에 흥미를 가지고 몇 글자라도 써보고자 한다. • 글자는 철자법이 맞지 않을 수 있고, '우유'의 '유'자만을 몇 장씩이나 계속 쓸 수도 있다. • 이러한 흥미는 말이나 생각을 글로 옮길 수 있음을 이해하고 추후에 새로운 낱말이나 긴 문장을 쓰는 것에 대한 관심으로 확장된다.
지도지침	종합	• 글자 쓰기 과정은 자연스럽게 발달하며 익혀지는 것이므로, 교사가 의도적으로 연필 잡는 법, 획 긋는 법 등을 가르치고 유아가 쓴 글자를 수정하려고 해서는 안 된다. • 유아가 가장 좋아하고 친숙한 자기 이름 글자를 써보는 반복적인 과정을 통해 글자 쓰기에 대한 관심을 확장해 갈 수 있도록 격려한다.
	3세	• 제대로 쓸 수는 없으나 끄적거리는 선이나 모양은 자신의 이름을 나타내므로 쓰고자 하는 행위 자체를 격려한다. • 처음에는 직선과 곡선이 나타나다가 조금씩 철자 비슷한 형태가 나타나며, 왼쪽과 오른쪽이 뒤바뀐 모습도 나타난다. 교사는 이러한 이름 철자를 그때마다 교정해 주지 말아야 한다. • 교사는 3세 유아의 이름표에 사진을 함께 붙여주어 자기 이름 글자에 관심을 갖도록 격려한다.
	4세	4세 유아가 가장 좋아하고 친숙해 하는 자기 이름 글자를 일상생활에서 자발적으로 써보는 반복적인 시도를 통해 글자 쓰기에 대한 관심을 확장해 갈 수 있도록 격려한다.
	5세	• 5세 유아가 이름이나 친숙한 글자를 써보는 경험을 자주 갖도록 한다. • 역할놀이나 쌓기 놀이, 미술활동 중에 자연스럽게 놀이와 관련된 쓰기 경험을 갖도록 한다면 쓰기에 대한 흥미를 더 높일 수 있다.

활동의 예	• 자기 이름이 미리 크게 쓰인 글자판을 꾸미며 자신의 이름 글자에 관심갖기 • 촉각판 등을 통해 자신의 이름 글자와 친숙해지기 • 자기 이름 글자가 친구들의 이름에도 있는가를 찾아보기 • 자신이 완성한 구성물이나 '오늘 온 친구들 이름 쓰기', '요리에 참여하고 싶은 사람 이름 쓰기' 등 여러 이름표 종이에 자기 이름 써보기 • 모래 그림, 글자 따라 써보기, 자신의 물건에 이름 쓰기, 생일 카드에 이름 써보기, 선생님과 친구에게 짧은 편지 보내기 등 흥미 있는 매체와 친숙한 주제로 쓰기 활동 해보기
지도 시 유의사항	• 유아가 쓴 글자를 수정하는 것은 지양한다. 　－ 이러한 글자 쓰기 과정은 자연스럽게 발달되며 스스로 이루어지는 것이므로 교사가 의도적으로 연필 잡는 법, 획 긋는 법 등을 가르치고 유아가 쓴 글자를 수정해서는 안 된다. 　 이로 인해 유아의 쓰기 동기를 감소시키고 쓰기에 필요한 여러 가지 요소들을 유아 스스로 탐색해 볼 기회를 박탈하는 것이기 때문이다. 　－ 유아가 자기 이름 글자에 관심을 갖게 되면 자연스럽게 바른 글자를 쓰게 된다. 하지만 자주 교정해주면 성인에게 의존하거나 이름 쓰기를 싫어하게 된다. 　－ 유아가 참여하는 활동은 쓰기에 대한 유아의 부담감을 줄이고 흥미와 자신감을 높일 수 있는 방향으로 전개되어야 한다.

SESSION
04

VI 쓰기의 발달단계

🔔 쓰기 발달의 양상

- 쓰기는 개인의 생각과 느낌, 경험을 언어적 의미 단위로 표상하여 나타내는 행위이다. 쓰기는 개인의 인지적 활동이면서 의사소통을 위한 일종의 사회적 행위이며, 다양한 문화적 도구의 영향으로 표현도 다양해지므로 문화적 경험의 산물이기도 하다.
- 쓰기는 신체적으로 눈과 손의 협응, 손과 손가락 소근육 조작의 원활함을 요구하므로 언어의 기능 중 가장 늦게 발달한다는 믿음에 따라 쓰기 지도는 베껴 쓰기, 변별훈련, 반복훈련 등 기능적인 측면이 강조되는 경향으로 이루어졌다.
- 그러나 문식성 발달에 대한 연구가 많이 이루어지면서 1980년대에 제기된 발생적 문식성의 관점은 유아의 쓰기 발달이 말하기나 듣기와 마찬가지로 어려서부터 자연스럽게 발달한다고 주장하였고 (Clay, 1975·1982; Dyson, 1982; Schikedanz, 1982; Sulzby, 1985), 쓰기 지도에도 변화를 가져왔다.
- 쓰기의 핵심은 의미를 생성하고 조직하여 전달하는 것이다. 그러므로 비록 발달이 미성숙한 유아기의 쓰기는 관례적이고 표준적인 쓰기가 아니며 불완전한 표기이지만, 의미를 표상하여 전달한다는 의미에서는 분명히 쓰기에 해당한다.
  - 유아들은 말을 배울 때처럼 쓰기를 배울 때 철자의 정확함보다는 전달할 의미에 집중한다. 이 과정에서 나타나는 낙서나 그리기, 유사 글자 쓰기, 창의적인 글자 쓰기 행동을 쓰기의 원형(proto writing)이라고 하며(Morrow, 1997), 이에 대한 인정과 격려가 쓰기 발달에 없어서는 안 되는 필수적인 과정이다.

UNIT 60 이름 쓰기 샘플을 통한 초보 쓰기 단계 – 힐드레스(Hildreth, 1936)

특징	힐드레스(Hildreth, 1936)는 3세에서 6세 사이의 유아에게 자신의 이름을 쓰게 하여 분석한 결과, 형식적인 가르침이 없었을 때도 자연적으로 연령에 따라 유아의 이름 쓰기 능력이 발달되어 있다는 것을 발견하였다. 또한 이름 쓰기 샘플을 통해 초보 쓰기를 다음과 같이 구분하였다.
1단계	목적 없이 끼적거리는 단계이다.
2단계	끼적거리기에서 지그재그 모양이 비교적 규칙적으로 나타난다.
3단계	간단한 형태의 문자는 알아볼 수 있을 정도로 모방하여 쓰나 대부분은 알아보기 어렵다.
4단계	• 알파벳을 빼놓고 쓰기도 하고 반복하여 쓰기도 한다. • 이 단계에서의 이름 쓰기는 실제의 이름과 많은 차이가 나타난다.

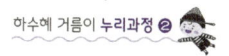
5단계	• 이름을 비교적 정확하게 쓰나 때로는 글자를 거꾸로 쓰기도 한다. • 이 단계에서는 쓰는 행동에 즐거움을 느낀다.
6단계	때로는 글자를 거꾸로 쓸 때가 있으나 5단계에 비해 각 글자를 쓴 것이 보다 규칙적이다.
7단계	• 이름을 쓰는 속도가 매우 빠르다. • 성인이 쓴 것처럼 능숙하게 잘 쓰며, 이 단계에 이르면 자신의 이름을 완전하게 쓴다.

UNIT 61 쓰기 발달단계 – 클레이(Clay, 1975)

KEYWORD # 클레이의 쓰기 학습원리(생성 원리, 융통성의 원리), 유아 언어교육 측면에서 유아의 이름 글자가 활용될 때 기대할 수 있는 효과

1 유아 쓰기에 대한 견해

특징	이름 쓰기	• 대부분의 유아들은 읽기·쓰기 학습을 자신의 이름 글자 쓰기로부터 시작하므로, 이름은 유아들이 인쇄 글자에 대해 가지고 있는 모든 경험들 중에서 가장 의미 있는 경험이라 할 수 있다. 예를 들어 유아들은 유치원 환경에서 자기의 소유물이나 자기 자리를 찾기 위해 또는 자기를 대신하는 수단으로 자신의 이름이 사용되는 것(예 책가방, 사물함, 자신이 그린 그림 등 이곳저곳에 자기 이름이 써 있는 것)에 익숙해진다. • 유아는 이름을 반복하여 쓰는 가운데 단어는 정해진 글자가 순서에 의해 쓰인 것이라는 개념을 터득한다(Clay, 1975). 즉, 쓰인 이름을 보는 것과 마찬가지로 자신의 이름을 쓰는 것은 단어가 무엇인지에 대한 학습에 도움이 된다. • 특히 유아는 자신의 이름 쓰기 경험에서 구성한 규칙을 다른 단어 쓰기에 적용하게 되기 때문에, 자신의 이름 쓰기는 쓰기 동기유발에 가장 큰 요인이라고 볼 수 있다. **🔔 유아 언어교육 측면에서 유아의 이름 글자가 활용될 때 기대할 수 있는 효과** • 유아의 이름 글자는 친숙하기 때문에 자발적으로 문자를 인식하여 스스로 읽기, 쓰기를 시도할 수 있게 도와준다(자연스러운 방법으로 읽기를 배울 수 있다). • 유아들은 처음에는 철자의 이름과 소리를 모를 수 있지만 자기이름과 같은 친숙한 단어를 자주 보고 반복적으로 접함으로써 단어의 모양(형상)을 암기하게 되고, 점차 자모 체계를 깨우치게 된다.
	단어 연습현상	• 유아가 점차적으로 글자와 단어 사이의 관계를 발견하기 위하여 베껴쓰기를 하다가 실제 관계를 터득하여 단어 쓰기를 연습하게 된다. • 단어 연습현상은 유아가 '기본 글자형이 여러 단어를 쓰기 위해 반복하여 사용된다'는 것과 '방향성의 발견'과 같은 언어적 사고 인식을 가지게 되었다는 표시라고 주장한다.
	능동적 문식 구성자	유아는 '단어가 정해진 모양의 글자로 구성된다'는 개념을 형식적 가르침이 아닌 능동적으로 구성한다고 주장한다.

쓰기 발달 양상	• 유아들은 쓰기의 하위기능들을 순서대로 익혀나가는 것이 아니라, 실제적인 상황에서 총체적인 언어사용을 통해 보다 능숙한 필자로 발달해 나간다고 주장하였다. • 유아들의 초기 단계 쓰기행동에 나타나는 특징들을 원리라고 부르고, 이런 과정을 거치지 않고는 결코 사회의 모든 구성원들이 알아볼 수 있는 표준적인 쓰기로 발전해 나갈 수 없다고 보았다. • 긁적거리기는 아동이 다양한 쓰기 전략을 탐색하기 위해 시도하는 것으로 보았다. • 직선 형태의 쓰기를 모방한 것, 문자를 모방한 것의 형태가 나타난다.

❷ 쓰기 학습원리 - 클레이(Clay, 1975 · 1982)

• 처음에 유아들은 그리기와 쓰기를 구분하지 못한다. 그 한 예로 유아들은 쓰라고 해도 그리게 되고, 그려보라고 해도 쓴다. 오히려 유아의 관심은 그림과 쓰기에 대한 구분에 있지 않고, 종이 위에 자신의 생각과 느낌을 표현하는 데 있다. 유아들은 상징하려는 의도 없이 그림을 그리다가 차츰 자기가 그린 선이 무엇인가를 의미할(signify) 수 있다는 것을 발견하게 된다.
  – 유아의 쓰기는 '사물 그리기 ➡ 말을 그리기 ➡ 글로 쓰기'로 발달한다. 이 과정에서 유아는 그리기와 쓰기 형태를 구분하고, 쓰기와 말의 대응관계를 터득하며 나름대로 쓰면서 철자법을 발견하고 표준 쓰기에 이르게 된다. 클레이(Clay, 1975)는 유아의 쓰기 개념은 어른이나 좀 더 나이가 많은 아동의 쓰기 개념과는 질적으로 다른 것으로 보았다.
• 클레이(Clay, 1975 · 1982)는 유아가 쓰기 행동을 하는 상황을 관찰하고 그것을 분석 · 정리하여, 이를 「초기 글자쓰기 발달단계의 특징」과 「쓰기 학습 원리」 여섯 가지로 제시하였다.

① 반복의 원리	글자가 그림을 그린 것처럼 동그라미나 선 모양이 반복적으로 쓰인다.
② 생성의 원리	알고 있는 글자나 쓸 수 있는 몇 개의 낱자들을 여러 가지로 조합하여 반복적으로 쓴다.
③ 기호 개념의 원리	• 그림, 디자인, 기호의 차이를 인식하고, 종이 위에 단어, 아이디어, 정보들을 나타내려고 애를 쓴다. • 그림을 그려 놓고, 그 밑에 정확하지는 않지만 글자 모양을 그려 놓고 구두로 설명을 덧붙이기도 한다.
④ 융통성의 원리	• 유아가 글자의 기본 모양을 가지고 한 번도 본 적이 없는 새로운 글자들을 만들어내며 글과 말소리와의 관계를 지으려고 애를 쓴다. • 이때부터 창안적 글자쓰기가 나타난다.
⑤ 줄 맞추기와 쪽 배열의 원리	글을 쓸 때 줄을 맞추려고 애를 쓰는 방향성을 나타낸다. 왼쪽에서 오른쪽으로, 그 줄을 다 쓰면 아래로 내려와서 다시 왼쪽에서 오른쪽으로 쓰기 시작하는 것이다.
⑥ 띄어쓰기의 원리	단어와 단어 사이를 띄우는 것을 안다. 그러나 어려움을 느낄 때는 단어와 단어 사이에 마침표를 찍어 구분하기도 한다.

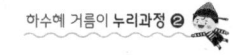

MEMO

UNIT 62 쓰기 발달단계 – 비고츠키(Vygotsky, 1978)

개념		• 쓰기는 잠재적인 능력으로 태어나면서부터 존재한다. • 아이가 처음 긋는 자국은 표시적 신호에서 상징화된 자국과 끼적거리기로 대치되다가 결국 문어체의 약정적 상징단계에 도달하게 된다. – 긁적거리기, 그리기, 말로 표상하기 등의 발달단계를 거쳐 완전한 쓰기로 나아간다.
1단계 상징		물체를 표상하고 있으나 그 의미가 계속 변화하는 단계로, 매우 상징적이고 임의적인 단계

	긁적거리기	• 몸짓에서 출발하는 것으로 1단계의 한 부분을 차지한다.
		• 직접적인 언어적 형태는 아니지만 의미를 표현하는 수단이라는 점에서 의의를 가진다.
		   – 유아의 긁적거리기 자체만으로는 타인이 의미를 이해하기 어려울 때가 많으며, 그 경우 구두와 몸짓을 통한 부연설명이 있을 때 의미를 이해할 수 있다. ➡ 긁적거리기를 몸짓과 같은 연장선으로 생각할 수 있다.
		   – 유아는 사고와 언어의 맥락적 의미를 전달하기 위해 몸짓을 사용한다.
		   – 유아의 긁적거리기를 회화적 표현이라기보다는 몸짓의 확장된 형태로 본다.

	그리기	• 유아의 초기 그리기는 긁적거리기와 유사하다.
		• 사물과 사건에 대해 가지고 있는 기억에 기초하여 그리기 때문에 많은 부분이 생략된다.
		   – 순간에 원하는 것을 나타내기 때문에 그림의 의미는 계속 변하며, 그러한 사고의 변화를 말로 표현한다.
		   예 가족을 그리다 과일을 그리는 것

2단계 상징	말로 표상하기	• 유아의 음성언어를 쓰기라는 상징으로 관습화해 가는 과정이지만, 음성언어에 의존하는 단계이다. – 음성언어가 기호화되어 상징되며, 유아의 설명이 있을 때 의미를 파악할 수 있다. • 완전한 관습적 쓰기가 이루어지지 않으며 유아 나름의 쓰기가 나타나는 단계이다.
3단계 직접적 상징	관습적 쓰기	부연설명이 필요 없으며, 개념, 동작, 관계 등을 직접 표상하는 문자언어로 의사소통이 가능한 단계이다.

SESSION
04

UNIT 63 쓰기 발달단계 - 램(Lamme, 1985)

전-문자적 쓰기	특징	• 영아의 쓰기는 글자의 형태를 갖추고 있지 않아 읽기가 쉽지 않다. • 다른 사람과의 의사소통 수단으로서 상징이 출현하는 시기이며, 이를 위해 영아들은 많은 노력을 기울인다. • 전-문자적 쓰기는 무질서한 긁적거리기, 조절된 긁적거리기, 긁적거리기에 명명하기로 구분된다.
	무질서한 긁적거리기	• 영아들의 긁적거리기는 매우 불규칙한 형태를 띠지만 분명한 선을 볼 수 있다. • 대부분의 영아는 필기도구를 효과적으로 다루는 방법을 터득하여 원하는 대로 긁적거리기를 할 수 있다. • 그림과 글쓰기를 구분하지 않는다.
	조절된 긁적거리기	• 필기도구를 다루는 능력이 향상되어 동그라미와 같은 분명한 형태를 띤 긁적거리기를 한다. • 수직선과 수평선 등의 직선을 띤 긁적거리기가 많이 나타난다.
	긁적거리기에 명명하기	• 긁적거리기를 한 후 이름을 붙이기 시작한다. • 긁적거리기를 통해 글자나 그림을 표상할 수 있다는 것을 이해하고 있다.
문자적 쓰기	특징	쓰기가 보다 관례적인 수준으로 발전되어 읽을 수 있는 형태를 띠게 된다.
	유사글자 및 글자쓰기	• 자신에게 의미 있는 사람이나 사물을 종이 곳곳에 그려 놓고 말로 설명하기 시작한다. • 그림을 그릴 때는 크레용을 사용하지만 이름을 쓸 때는 연필을 사용하는 것을 관찰할 수 있다. • 글자와 비슷하게 써 놓고서(유사글자) 글자를 썼다고 이야기한다. • 형태와 모양이 비슷한 글자들을 늘여서 쓰기 시작한다.
	부분적으로 관례적인 글자 쓰기	• 글자의 크기가 일정하지 않다. • 글자와 소리 간의 관계를 인식하고 단어를 철자에 맞추어 쓰고자 한다. • 창안적인 글자가 나타나고 철자가 틀리기는 하지만 쓴 글을 읽을 수 있다.
	관례적 쓰기	• 글자를 거꾸로 쓰는 경우가 드물고 글자의 크기가 일정하다. • 쓰기와 관련된 다양한 경험을 통해 유아의 쓰기는 성인과 같은 관례적인 수준에 다다르게 된다. • 말과 글의 관련성에 대해 이해하기 시작하며, 상황에 따라 글 쓰는 방식이나 글자의 형태가 달라져야 함을 이해한다. • 글을 읽으면서 글쓴이에 대해 독자가 어떻게 반응할지도 이해한다.

UNIT 64 쓰기 발달단계 - 다이슨(Dyson, 1982 · 1986 · 1988)

유아의
쓰기행동
발달
	① 유아들이 초기에 사용하는 상징적 매체는 매우 유동적이고 융통성이 있다.
	  – 그림, 점, 기호, 글자 모양의 선들을 사용하고 탐색하면서 그 기능과 형태, 절차들에 점차 친숙해지고 편안해진다.
	② 여러 가지 사회적 상황 속에서 쓰기의 체계를 탐색하고, 쓰기의 내적 작용, 즉 의미와 글 자의 관계성을 파악하기 시작한다.
	③ 아무렇게나 써놓은 것은 읽을 수 없다는 사실을 인식하게 된다.
	  – 표준적 쓰기는 할 수 없기 때문에 남들이 알아볼 수 없는 것들을 마치 그리듯이 계속 써 놓는다.
	④ 기본 글자 중 몇 개 글자들을 알게 되고 그것들을 자주 사용한다.
	  – 자신의 이름이나 아는 사람의 이름에 사용되는 글자를 인식하고 관심을 나타낸다.
	⑤ 맞춤법의 체계를 이해하기 시작하고 창안적 글자 쓰기를 시작한다.
	  – 나타내고자 하는 사물의 물리적 속성이나 연령에 따라 글자를 많이 또는 적게, 크게 혹은 작게 쓰기도 한다.
	⑥ 부호화에 대한 개념을 갖게 된다.
	  – 나타내고자 하는 의미에 따라 낱자의 선택과 배열을 달리해야 한다는 것을 인식한다.
	⑦ 자소 · 음소의 관계를 인식하고 나름대로 철자를 조합하여 발음을 하면서 쓰기 시작한다.
	⑧ 사물이나 대상의 이름을 쓰기 시작하고, 그 이름에 해당하는 소리를 가진 낱자를 찾아 사용하기 시작한다.
	  – 창안적 글씨쓰기가 많이 나타난다.
	⑨ 그림이나 기타 여러 가지 선이나 글자 모양을 그려놓고 문어식 음성언어로 설명하기 시작 한다.
	⑩ 자신의 생각, 감정, 경험 등을 문어식으로 불러주면서 다른 사람들이 받아쓰게 한다.
	⑪ 정서적으로 의미 있는 경험들을 다양한 상징적 매체를 사용하여 표현하고 해석한다.
	  – 다른 사람의 반응을 살피고 관심을 가진다.
	⑫ 다른 사람들의 의견이나 비판을 자신의 쓰기에 적극적으로 수용한다.
	⑬ 정보의 종류에 따라 그림과 글의 관계를 비판적으로 따지기 시작하고, 글을 써서 그것을 가지고 친구들과 즐겁게 대화하기 시작한다.
	⑭ 점차 이야기식으로 글을 써 나가고, 더욱 중요한 아이디어는 그림을 곁들이면서 설명하기 시작한다.

UNIT 65 쓰기 발달단계 – 쉬케단츠(Schickedanz, 1990)

KEYWORD# 쉬케단츠의 유아의 쓰기발달에 따른 철자 만들기 전략 – 후기 음운적 전략

1 쓰기 연구 및 발달

12개월	쓰기 도구 자체에 대한 탐색을 한다.
18개월	• 우연한 수직선의 출현 이후 의도적으로 수직선을 산출하기 시작한다. • 긁적거리기 단계: 수직선
19개월	• 수평선 긋는 것에 초점을 두어 긁적거리기 시작한다. • 긁적거리기 단계: 수평선
20개월	우연히 원형의 자국을 만들고 계속 여러 번 반복하여 시도하면서 쓴 글자에 이름을 붙이기 시작한다.
22개월	수직선과 수평선을 그으면서 선 집단들을 분류하여 말하기 시작한다.
23개월	• "나도 쓸래."라는 말이 나타나기 시작한다. • 선의 의도적 반복과 경험한 선들로 구성하는 경향이 나타나기 시작한다. • 획의 출현 단계이다.
31개월	• 아이디어가 쓰는 행동으로 나타난다는 생각이 출현한다. • "무엇을 쓸까?"하는 물음이 나타난다. • 알파벳 글자의 모방이 나타난다. • 의도적 자형이 출현한다.
32~36개월	• 자신의 이름이 어떤 글자로 구성되는지 말로는 알고 있으나 쓸 수는 없다. • 단어 쓰기에서의 시각적 재창조 전략이 나타난다.
3세	• 단어처럼 보이게 하는 것으로 단어를 구성하지는 못한다는 것을 발견하기 시작한다. • 이 시기의 처음에는 "이 단어가 무슨 단어지?"하고 묻기 시작하다가 질문의 방향을 "이게 단어야?"로 바꾼다. • 때로는 "「사랑하는 엄마에게」라고 어떻게 쓰지?"하고 묻고는 편지의 내용을 그림으로 그리는 현상도 나타난다. • 3세 말쯤 실제 단어를 사용하기 시작한다. • 글자 형태가 나타난다.
5세	• 단어를 말할 때 소리나는 대로 쓰면 단어의 철자가 된다고 생각한다. • 그러면서 어떤 단어는 자신이 쓴 것과 다른 사람이 쓴 것이 다르다는 것을 알아차리기 시작하고 단어를 쓰는 일은 아주 어려운 것이라는 생각을 갖게 된다. ➡ 한동안 쓰지 않는 현상이 생긴다.
6세	• 철자 속에 묵음이 있다는 것을 알고 발견한다. • 철자를 바르게 쓸 수 없기 때문에 쓰기 싫어하는 현상이 나타난다. • 관례적인 철자 표기가 나타난다.

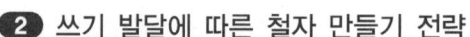
② 쓰기 발달에 따른 철자 만들기 전략

물리적 관계 전략	• 지칭하는 사물의 형태와 글자를 관련시킨다. • 유아는 자국(marking)의 수와 외형을 물체 또는 사람의 외적 특성과 연결시킨다. 　⑩ 자신의 이름을 쓰기 위해 자국(marking)을 3개 긋고, 아빠의 이름을 쓰기 위해 3개 이상의 자국을 　　그으면서 "아빠는 나보다 크잖아."라고 말하는 것은 물리적 관계 전략을 사용하기 때문이다.
시각적 디자인 전략	• 글자의 임의성: 지칭하는 사물과 글자가 상관이 없음을 이해한다. 　- 글자가 지칭하는 사물과 글자가 외형적으로 닮지 않았다는 것을 알게 된다. • 모든 글자에는 고유의 디자인이 있다고 생각한다. • 몇 단어 쓰기를 시도하는데, 흔히 자신의 이름 쓰기를 시도하며 다른 사람이 써준 이름을 　베껴 쓴다. • 특별하게 정해진 자음, 모음 글자로 여러 단어들을 만들 수 있다는 것을 인식하지 못 　한다. 　- 몇 개의 알파벳 글자로 모든 단어를 만들 수 있음을 이해하지 못한다.
음절적 전략	• 유아는 구어와 쓰인 글자가 관계있다는 것을 인식한다(단어의 구어와 문어 간에 관계가 　있음을 이해하고, 각 음절마다 하나의 기호를 사용하여 표시한다). • 구어를 음절로 나누어 각 음절을 자국 하나로 기호화한다. • 한 단어에서 나타난 기호가 다른 단어에서도 나타난다. 　- 유아가 기호화해 놓은 글자가 다른 단어에도 재현되는 것을 볼 수 있다.
시각적 규칙 전략	• 단어처럼 보이게 하기 위해서 자음과 모음을 연결하여 단어를 만든다. • 너무 많지도, 적지도 않은 글자를 사용하여 다양한 글자를 만든다. 　- 자·모음 글자를 너무 많지도 너무 적지도 않게 사용한다. 　- 다양한 자·모음 글자를 사용하며 하나의 자·모음 글자를 계속해서 사용하지 않는다. 　- 다른 단어를 만들기 위해서 자·모음 글자를 재배열하는 규칙을 사용한다.
권위에 기초한 전략	• 시각적 규칙 전략 말기에 나타난다. • 자·모음을 연결하여 만든 대부분의 단어가 실제 단어가 아니라는 것이 판명되면서, 　유아는 성인에게 철자를 묻거나 주변의 인쇄물이나 익숙한 책의 잘 아는 '단어를 베껴 　쓰는 모방' 행동을 보인다.
초기 음운적 전략	• 단어에 포함된 소리를 분절하여 소리와 철자법을 연결시켜 철자를 고안한다. 　- 단어의 각 글자 소리를 내어가며 철자를 생성하기 시작하고 그 결과 '발명적 철자'가 　　나타난다.
후기 음운적 전략	소리에 기초한 단어 철자는 주변에서 볼 수 있는 단어와 다름을 인식하고, 자신이 쓴 철 자에 불만족하여 다시 어른에게 철자법을 묻는 행위가 나타난다. ⑩ (만 5세 유아) "꽃바테 드러가지 마시오"라고 쓴 종이를 들고 교사에게 달려와 자신이 쓴 철자가 　맞는지 물어본다.

UNIT 66 쓰기 발달단계 - 이영자·이종숙(1990)

KEYWORD# 유아의 쓰기행동(끄적거리기)

특징		우리나라 유아들의 쓰기 진전에 따라 사용하는 「쓰기행동」 전략은 쉬케단츠가 제시한 쓰기 전략의 진전과 유사하다.
1단계		**끼적거리기 단계**
	쓰기행동 특성	• 끼적거리기의 가로선이 나타난 다음, 실제 자형은 나타나지 않으나 글자가 하나씩 떨어져 있다는 것을 의식하여 가로선이 따로따로 떨어진 끼적거리기를 반복하는 형태도 보인다. • 자그마한 네모칸이 그려져 있는 종이를 골라 칸칸이 점을 찍거나 끼적거리는 행동을 하는 유아도 있다. • 끼적거리기 단계의 유아는 대부분 연필 쥐기가 똑바르지 않으나, 이 단계에서도 연필쥐기를 바로 하는 유아들도 볼 수 있다.
	하위 1단계	글자의 형태가 나타나지 않으나 세로선이 나타나는 단계
	하위 2단계	글자의 형태가 나타나지 않으나 가로선이 나타나는 단계
2단계		한두 개의 자형이 우연히 나타나는 단계
3단계		자형이 의도적으로 한두 개 나타나는 단계
4단계		글자의 형태가 나타나지만 가끔 자모의 방향이 틀린 단계
5단계		**단어 쓰기 단계**
	쓰기행동 특성	• 유아들은 쓰면서 자신이 쓰려고 하는 글자를 어떻게 쓰는지 잘 모를 때, 옆에 있는 성인에게 그 글자를 어떻게 쓰는지 물어 성인이 다른 종이에 써준 것을 그대로 베껴 쓰는 행동이 나타난다. • 이름을 쓰는 경우 좌우 방향을 제대로 썼다가 다시 거꾸로 쓰는 현상도 나타나며, 이때 유아에게 "무슨 글자니?"하고 물어보면 글자를 들여다보면서도 바로 쓴 글자와의 시각적 차이를 인식하지 못한다. • '이'자를 숫자 아닌 글자로 '10'으로 썼을 때 다른 사람이 "십"하고 읽으면 "아니야, 이"하고 정정하여 말해주면서도 쓴 글자의 좌우 방향이 틀린 것에 대해 인식하지 못한다. • 글자의 좌우 방향뿐만 아니라, 글을 쓸 때 사람들이 내용을 전달하려면 왼쪽에서 오른쪽으로 써야한다는 인식이 없는 경우도 많다. • 초기 쓰기 단계에서는 쓰는 종이를 마음대로 회전시키는 현상도 나타난다.
	하위 1단계	완전한 단어형태가 나타나지만 가끔 자모음의 방향이 틀린 단계
	하위 2단계	완전한 단어형태가 나타나고 자모음의 방향이 정확한 단계

6단계		문장 쓰기 단계
	쓰기행동 특성	• 말하면서 쓰는 유아들이 많으며 소리나는 대로 글자를 써서 철자를 틀리게 쓰는 경우도 나타난다. 例 달님 ➡ 달림, 곰돌이 ➡ 곰도리 • 모르는 글자는 빼먹고 쓰거나 그 글자를 어떻게 쓰는지 써 달라고 표현하는 경우도 있고, 받침을 어떻게 쓰는지 묻는 경우도 있다. • 쓰면서 또는 쓴 것을 읽으면서 잘못 쓴 글자를 수정하는 현상도 나타난다. • 문장쓰기 초기에 띄어쓰기가 나타나지 않고, 띄어쓰기가 나타나지 않는 단계에서도 구두점을 찍는 것을 볼 수 있다.
	하위 1단계	문장 형태가 나타나지만 부분적으로 잘못 나타나는 단계
	하위 2단계	틀린 글자 없이 완전한 문장 형태가 나타나는 단계

UNIT 67 쓰기 발달단계 - 셜츠비, 잘롱고, 린드버그

1 쓰기 발달 - 셜츠비(Sulzby, 1990)

셜츠비는 아래의 쓰기 발달과정은 유아들이 자동적으로 한 단계에서 다음 단계로 넘어가는 것이 아니라, 한 단계를 건너뛰거나 이전 단계로 돌아가기도 한다고 강조하였다.

① 그리기	= 그림으로 쓰기 • 유아가 자신의 의사를 전달하기 위해 그림을 그린 경우는 쓰기의 한 형태에 해당한다. • 유아는 쓰기를 나타내기 위해 그림을 그리고 '그림으로 쓰기'가 의사소통의 목적으로 사용되는 것도 알고 있으며, 자기가 그린 것을 읽을 때 글자를 쓴 것처럼 그 그림을 읽는다. • 단, 유아가 이 그림을 쓰기가 아니라 그림이라고 분명하게 진술한 경우는 쓰기에 해당하지 않는다.
② 긁적거리기로 쓰기	• 유아는 긁적거리기를 해놓고 무엇인가 썼다고 한다. • 가끔 쓰기에 나타나는 현상이 긁적거리기에도 나타나 왼쪽에서 오른쪽으로 긁적거리기를 하기도 한다.
③ 글자 비슷한 모양으로 선 긋기	= 글자 비슷한 형태로 쓰기 • 얼핏 보면 유아의 쓰기 형태가 글자 모양 같기도 하지만, 자세히 관찰해 보면 글자와 비슷한 형태일 뿐이다. • 가능하면 유아의 설명이나 명칭을 이끌어 내도록 하는 것이 판단에 도움이 된다.
④ 낱글자를 연속해 늘여 놓으며 쓰기	= 그림과 글자 모양의 줄 • 자신의 이름 등에서 익힌 낱글자를 사용한다. • 유아는 가끔씩 글자의 순서를 바꾸기도 하고 긴 줄 모양으로 연결되게 낱글자를 쓰기도 하지만, 뜻을 파악하기는 어렵다.

⑤ 창안적 글자 쓰기	= 발명적 철자로 쓰기 • 표준 철자법으로 쓰지 못할 때 단어의 철자를 만들어서 쓴다. • 발명된 글자는 한 단어가 전체 음절을 나타내기도 하며 단어가 겹쳐지거나 적당한 간격 없이 쓰기도 한다.
⑥ 표준적 글자 (관습적 철자) 쓰기	= 표준 철자법으로 쓰기 성인이 사용하는 방식대로 쓰는 것을 말한다.

2 쓰기 발달 − 잘롱고(Jalongo, 1992)

문자 이전 쓰기 단계	• 무질서한 긁적거리기 • 조절된 긁적거리기 • 긁적거리기에 명명하기
문자 쓰기 단계	• 유사글자 및 글자 쓰기 • 부분적으로 관례적인 문자 쓰기 • 관례적으로 쓰기

3 관습적 철자쓰기 발달에 필요한 요소 − 린드버그(Lindberg, 1987)

개념	린드버그는 유아의 발명적 철자쓰기가 관습적 철자쓰기로 발달하려면 글자모양, 소리와 상징 간의 관계성, 철자법, 구두법, 띄어쓰기에 대한 개념이 필요하다고 제시하였다.
① 글자모양	• 시각적 변별력 • 신체적 조절능력
② 소리−상징 관계성	• 청각적 변별 • 음운적 지각능력
③ 철자법	• 철자를 이루는 음소인식 • 단어를 이루는 글자인식
④ 구두법	글을 쓸 때, 문장 부호를 쓰는 방법을 정한 규칙 인식
⑤ 띄어쓰기	글을 쓸 때, 어문 규범에 따라 어떤 말을 앞말과 띄어쓰는 일 인식

참고

학자들이 제시한 쓰기 발달단계

기준	Jalongo(1992)	Sulzby(1990)	관습적 철자 쓰기 발달에 필요한 요소 (Lindberg, 1987)
문자 이전 쓰기	• 무질서한 긁적거리기 • 조절된 긁적거리기 • 긁적거리기에 명명하기	• 긁적거리기 • 그림과 글자모양의 글자 줄	• 글자모양 − 시각적 변별력 − 신체적 조절능력 • 소리−상징 관계성 − 청각적 변별 − 음운적 지각능력 • 철자법 − 철자를 이루는 음소인식 − 단어를 이루는 글자인식 • 구두법 • 띄어쓰기
문자 쓰기	• 유사 글자 및 글자 쓰기 • 부분적으로 관습적인 `문자 쓰기 • 표준적 쓰기	• 창안적 글자쓰기 • 관습적 철자	

유아의 쓰기 발달단계

「Jalongo, 2000; Lowenfeld, 1970; Sulzby, 1985」

1단계: 낙서하기 단계

- 18개월경 첫 출현
- 유아의 낙서가 무엇을 그리고 쓴 것인지 알 수 없고, 표시를 한 유아만이 이해가 가능하다.
- 말하기 발달 과정에서의 옹알이처럼 '의사소통을 시도하는 행동'이다.
- 유아는 손과 팔의 근육운동과 반복운동으로 움직일 때마다 나타나는 표시를 보고 느끼는 만족감 때문에 낙서를 한다.
  ▶ 따라서 표시가 나지 않는 도구를 주면 곧 활동을 멈춘다.

2단계: 조절된 낙서하기 단계

- 도구를 쥐고 힘을 조절하는 능력과 자신이 원하는 곳에 표시할 수 있는 능력을 발달시키는 단계이다.
- 쓰기 도구의 조절능력이 발달되어 낙서의 형태와 배치가 분명해지며, 자기가 좋아하는 선을 반복해서 그린다.
- 수직선의 출현 ➡ 수평선의 출현 ➡ 원의 출현
  - 원을 닫을 수 있는 능력은 쓰기 준비도를 판단하는 중요한 기준이다.

하위 단계	하위 1단계	수직선의 출현
	하위 2단계	수평선의 출현
	하위 3단계	원의 출현

3단계: 낙서 명명하기 단계

- 유아가 낙서에 이름을 붙이며 나름대로 의미를 부여한다.
- 낙서에 대한 명명하기가 점차 낙서에 대한 이야기 짓기로 발전한다.

4단계: 한두 개의 자형이 나타나는 단계

유아들의 쓰기에 우연히 한두 개의 자형이 나타나기 시작하다가 ➡ 점차 의도적인 자형이 나타난다.

5단계: 여러 줄의 글처럼 보이는 쓰기 단계

마치 외국인이 필기체로 끊기지 않게 쓴 긴 문장의 편지처럼 여러 줄로 이루어진 쓰기가 나타난다.

6단계: 창의적인 글자쓰기 단계

- 정상적인 글자와 가까워지는 시기이지만 글자의 정확한 형태가 인지된 것은 아니기 때문에 유아 나름대로 인지적 사고과정을 통해 언어적 규칙을 깨닫고 독특하고 창의적인 글자쓰기를 하는 것이다.
  - 한 글자가 전체 단어를 대표하기도 하고, 여러 글자를 쓰는 중간중간 한두 글자를 창의적인 형태로 표현한다.

7단계: 글자쓰기 단계

- 표준 글자가 나타나며 자주 사용하게 되는 자신이나 가족의 이름을 정확한 형태로 써 나간다.
- 그러나 글자의 형태가 고르지 않아 한 글자가 다른 여러 개의 글자를 모아놓은 것보다 더 큰 경우가 나타난다.

8단계: 단어쓰기 단계

- 여전히 글자 크기가 고르지 않으나, 자모음의 방향과 받침이 틀린 불완전한 단어쓰기에서 완전한 단어쓰기의 형태가 나타난다.
  - 그림카드를 이용하여 반복적으로 써보는 활동을 통해 단어의 형태와 의미를 익히는 것이 도움이 된다.

하위 단계	하위 1단계	불완전한 단어쓰기
	하위 2단계	표준단어 쓰기

9단계: 문장쓰기 단계

쓰기 원리에 대한 이해로 정확한 쓰기가 가능해지며, 부분적으로 틀린 글자가 있는 불완전한 문장쓰기에서 완전한 문장쓰기로 발달한다.

하위 단계	하위 1단계	불완전한 문장쓰기
	하위 2단계	표준문장 쓰기

UNIT 68 쓰기 발달단계 – 맥기와 리치겔스(McGee & Richgels, 2000)

맥기와 리치겔스에 따르면 출생부터 3세까지는 쓰기 발달이 시작되고, 3세부터 5세까지는 초보적 쓰기, 5세부터 7세까지는 실험적 쓰기, 6세부터 8세까지는 관례적 쓰기가 이루어진다고 하였다.

문식성 발달의 시작 (출생~3세)	• 영아들은 사인펜, 연필, 크레파스 등의 쓰기 도구를 들고 종이나 벽에 긁적거리는 것을 즐긴다. • 일상생활 속에서 자연스럽게 쓰기 행동을 보인다. • 맥기와 리치겔스는 쓰기와 관련된 경험에서 영아가 발견하는 사실을 아래와 같이 정리했다. 　• 다양한 쓰기 경험을 통해 영아들은 쓰기와 그리기가 매우 재미있다는 사실을 발견한다. 　• 영아들은 자연스럽게 소근육을 조절하는 방법을 배운다. 　• 자유로운 쓰기 활동을 하면서 영아들은 점점 그 방법을 터득하여 일관성 없는 긁적거리기가 점차 규칙성을 갖게 된다. 　• 영아들은 쓰기 경험을 다른 사람과 상호작용하는 수단으로 활용하기도 한다. 　• 쓰기를 하면서 영아는 때때로 자신이 쓰고 싶은 것을 대신 써 달라고 요구하기도 하고, 다른 사람이 쓴 것이나 그린 것에 대해 설명해 달라고도 한다. ➡ 이러한 과정을 통해 영아는 점차 쓰기가 자신의 삶에서 매우 중요한 기능을 한다는 것을 알게 된다. 　• 영아들은 쓰기를 하면서 자신이 그리거나 쓴 것에 이름을 붙일 수 있다는 것을 알게 된다. 　• 영아들이 그린 그림이나 상징들이 그 사물을 표상하는 것은 아니지만, 이러한 활동을 통해 그림이나 쓰기로 사물을 표상할 수 있다는 것을 알게 된다. 　• 2세가 지나면서부터 영아들은 그림이 상징이라는 것을 알게 된다. 　• 영아들의 그림은 사물과 점차적으로 비슷한 형상을 띠기 시작하고, 자신이 그린 그림에 이름을 붙일 수 있으며, 그림을 통해 원하는 것을 표현할 수 있다는 것을 알게 된다.
초보적 쓰기 (3~5세)	• 유아는 문자를 통해 자신의 생각을 남에게 전달할 수 있다는 것을 알게 된다. 　– 문자를 통한 의사소통을 구현하기 위해 유아들은 자기 나름대로 문자를 재창조하고 의미를 부여하기도 한다. 　 🔵예 유아가 종업원이 주문서를 작성하는 것을 봤던 경험을 기억하여 '음식점 놀이' 중 자신이 개발한 문자(긁적거리기, 선이나 동그라미 등)로 주문서를 작성한다. • 유아의 경험과 관련된 다양한 문해 경험을 가지도록 배려한다. • 자·모음 철자의 이름과 형태에 대한 지식을 발달시킨다. 　– 3세 이상이 되면 10개 이상의 자·모음 철자를 읽을 수 있으며, 자기 이름에 있는 자·모음 글자는 어려움 없이 쓸 수 있다. 　– 놀이를 통한 다양한 문식성 활동의 경험과 유아 또는 가족의 이름쓰기 활동을 제공한다. • 글자를 구성하기 위해서는 각 글자를 만드는 선과 모양의 규칙을 알아야 함을 이해한다. 　– '김'이라는 글자는 수직선, 사선, 수평선이 여러 개 필요하다는 것을 깨닫고, 글자를 읽거나 쓸 때 글자의 규칙과 관련된 질문을 많이 한다. 　 🔵예 "'김'자의 네모와 '님'자의 네모는 같은 모양인가요?"

MEMO

	• 철자를 쓰거나 쓰는 흉내를 내기도 하지만, 철자와 소리와의 관계를 명확하게 이해하지 못한다. • 초보적 쓰기 단계의 쓰기를 활용한다. 　– 그림을 명명하기 위한 쓰기를 사용한다. 　– 상상의 이야기 세계를 창작하기 위한 쓰기를 사용한다. 　– 놀이에서 읽기와 쓰기를 사용한다. 　– 타인과 상호작용하기 위해 읽기와 쓰기를 사용한다. 　– 자신과 타인의 행동을 규제하기 위한 읽기와 쓰기를 사용한다. 　– 가족 활동과 지역사회 활동의 일부로서의 읽기와 쓰기를 사용한다.
실험적 쓰기 (5~7세)	• 유아는 쓰기와 관련된 사전 지식을 재통합하고, 새로운 지식을 구성해 나간다. • 일상생활에서의 읽기, 쓰기 활동을 통해 새로운 쓰기 전략을 발전시켜나가는 실험적 쓰기 수준의 유아는 다음과 같은 규칙을 습득한다. 　• 철자와 소리는 서로 연관되어 있다. 　• 성인이 쓰는 것과 똑같은 방식으로 쓰지 못한다는 것을 알고 "나는 쓸 줄 몰라요"라는 쓰기 거부행동을 보인다. 　　– 부모의 지원, 교사의 이해와 안내 등으로 거부 행동이 줄어들 수 있다. 　• 초보적 쓰기 수준에서 시행했던 의미 구성 전략을 지속적으로 활용한다. 　　⬛ 극놀이 영역에서 다양한 쓰기 활동을 하며, 편지 쓰기, 초청장 발송하기, 쪽지 쓰기 등을 통해 다양한 문어 규칙을 실험한다. 　• 거의 모든 철자의 이름과 형태를 안다. 　• 단어를 발명하여 창안적 글자를 쓴다. 　• 글자를 베껴 쓰기도 하고, 단어에 대해 질문하기도 한다. 　• 글자와 소리와의 관계를 이용하여 철자대로 쓰려고 노력한다. 　• 단어를 쓸 때 단어와 단어 간에 띄어쓰기를 시도한다. 　• 유아는 자신이 쓴 것을 다른 사람이 정확하게 읽을 수 없다는 것을 알고 성인의 도움을 받아 쓰려고 한다. 　• 이야기를 쓸 때 말을 하면서 글로 쓴다. 　• 쓰고 싶은 이야기나 말을 다른 사람이 받아쓰도록 한다. 　• 쓰기를 통해 메시지를 전달하기 위해서는 정확하게 써야 한다는 것을 안다. 　　– 초보적 쓰기의 단계에서는 의미 전달을 더 중요하게 여겼기 때문에 철자를 정확하게 쓰는 것을 인식하지 못하나, 이 시기에는 글자를 정확하게 써야만 동일한 메시지가 전달된다는 것을 안다. 　　– 표준적 쓰기에 도달한 것은 아니며, 긁적거리기가 아닌 철자를 이용한 쓰기가 가능하다는 의미이다.
관례적 쓰기 (6~8세)	• 언어적 능력이 더욱 발전하고, 어휘의 다양성과 문장 구조의 다양성이 늘어나며, 문맥을 이해하고 사용하는 능력이 향상된다. • 철자와 문법 규칙을 더욱 정확하게 사용하며, 글쓰기 활동에서 높은 수준의 자율성과 창의성이 나타나게 된다.

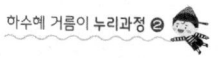
UNIT 69 쓰기 발달단계 – 쿠퍼와 카이거(Cooper & Kiger, 2003), 이차숙(2005)

쿠퍼와 카이거, 이차숙 등이 구분한 문식성 발달에 따른 쓰기 발달단계는 다음과 같다.

발생적 문식성 (출생~유치원 입학 전)	• 간혹 글자의 방향을 반대로 쓰기도 한다(예 ㅣㅈㅏㅂㅓㅇ). • 글자 모양 같은 낙서를 하기도 하고, 실제로 뜻이 통하지는 않지만 줄을 맞춰 글자를 써놓기도 한다. • 단어와 단어 사이를 띄지 않고 글자들을 쭉 이어서 열거한다. • 아무렇게나 써 놓고 의미를 부여해 가면서 읽기도 한다. 그러나 나중에 다시 읽을 때 읽지 못하는 경우도 있다.
초기 문식성 (유치원 입학~ 초등 1학년 초)	• 읽고 쓸 줄 아는 단어들이 있다. • 단어와 단어 사이의 띄어쓰기를 할 수 있으나 항상 그런 것은 아니다. • 단어를 완전하게 다 쓰기도 하고, 어떤 경우에는 부분적으로 써 놓고 그 단어라고 우기기도 한다. • 자신이 써 놓은 글을 되풀이하여 읽기도 한다. • 앞 단계와 마찬가지로 글자를 역방향으로 쓰기도 한다.
독자적 문식성 (초등 1학년 후반~3학년)	• 글의 초안을 잡고 대충 써 보기도 하며, 틀린 부분을 수정하기도 한다. • 표준적인 쓰기에 가까운 쓰기가 가능하다. • 구두점을 사용하는 것이 가능해진다. • 자기 이름이나 가족의 이름 속에 있는 글자 등 쓸 줄 아는 글자가 더러 있다.

VII 쓰기 지도

UNIT 70 쓰기의 특징

KEYWORD# 창안적 쓰기(발명적 철자)의 기능

1 유아 쓰기의 특징

거꾸로 쓰기	• 글자 쓰는 방향을 거꾸로 하는 이유 – 시각적 기억력이 제한되어 있기 때문이다. – 왼쪽에서 오른쪽으로의 방향 감각이 부족하기 때문이다. – 눈과 손의 협응력이 부족하기 때문이다.
소리나는 대로 쓰기	• 소리나는 대로 쓰기 – 글자를 잘못 표기하게 되는 원인이 된다. – 절대 일일이 지적하지 않도록 한다. – 받침 있는 글자에 대해 설명해 주고, 글을 자주 접하는 경험을 통해 서서히 알아 가도록 해야 한다.
길어 보이는 선 먼저 긋기	• 수평선과 수직선 중 시각적으로 길다고 판단되는 선을 먼저 긋는 경향이 있다. – ㅏ, ㅑ, ㅓ, ㅕ 등의 모음을 쓸 때 길어 보이는 선을 먼저 쓴다. – 발달 초기에 필순, 철자법, 정자체를 지나치게 강요하면 쓰지 않으려고 하므로 적절한 시기에 자연스럽게 지도해야 한다.
쓰기지도 접근법	• 가능하면 초기에는 칸이 없는 큰 종이를 제공하여 쓰기에 대한 부담을 줄여준다. • 다양한 필기도구를 마련하여 쓰기에 대한 호기심을 자극하는 것이 필요하다.

2 발명적 철자(창안적 쓰기)

정의	• '창안적 철자법' 또는 '임시 철자법'으로 불리며 유아가 표준 철자법으로 쓰지 못할 때 철자 를 나름대로 만들어 쓴 글자이다. – 창안적 쓰기는 유아가 말과 글의 관계를 인식하고 자신의 의사를 전달하기 위해(문자를 통한 의사소통을 구현하기 위해) 자기 나름대로 문자를 재창조하고 의미를 부여하는 것 이므로, 말과 글의 관계를 알고 자신의 생각과 경험을 표현하는 관례적 쓰기와 동일한 기능을 가진다.
장점	• 유아가 모르는 단어를 물어보지 않아도 되기 때문에 독립심을 갖게 된다. • 정확성보다는 아이디어를 강조함으로써 방해받지 않고 쓰기에 유창하게 된다. • 자신의 속도로 글자–소리 대응관계를 깨달아 효율적인 쓰기 발달단계를 거칠 수 있다. • 글에 대한 규칙을 시도하고 모험함으로써 쓰기에 대한 통제감과 책임감이 발달한다.

UNIT 71 쓰기의 지도방법

자유로운 쓰기 지도	• 원하는 것을 쓸 수 있는 자유가 있어야 쓰기가 활발하게 일어난다. – 틀려도 괜찮은 자유와 쓸 수 있는 충분한 시간적 여유, 무엇이든 써도 되는 내용의 자유가 있어야 한다. ▶ 유아가 지속적으로 쓰기에 흥미를 가지고 적극적으로 참여한다.
개별화된 쓰기 지도	• 일치성의 원리 – 모두가 알아볼 수 있는 글자와 문법에 맞는 문장을 사용할 수 있도록 문자언어에 대한 기초적인 규칙을 지도하는 것이다. • 개별성의 원리 – 자기만의 독특한 안목으로 바라본 사물과 현상을 개성적인 문장 구성이나 문체의 사용을 통해 창의적인 표현이 가능하게 도와주는 것이다. • 교사는 유아가 구어로 자신의 생각을 표현할 수 있도록 상호작용한 후 글로 표현하도록 격려해야 한다.
협동적 쓰기 지도	• 자신보다 유능한 또래나 성인들과 함께 생활하며 지식과 기술을 습득한다. • 교사는 바른 글씨체와 순서로 써 주어 좋은 모델이 되어야 한다. • 유아들이 자유롭게 쓰기 어려워할 때 교사가 이를 받아 적어준다.
비지시적 쓰기 지도	• 언어란 자연스럽게 삶 속에서 사용되는 것이다. • 유아들은 사회적으로 언어를 사용하는 과정을 통해 의사소통의 능력자가 된다. • 언어는 비지시적 지도를 통해 더욱 효과적으로 습득할 수 있다. • 생활 속에서 쓰기가 자연스럽게 많이 일어날 수 있도록 풍부한 문식적 환경을 제공하는 일이 중요하다.
총체적 쓰기 지도	• 쓰기는 과정적 활동이지만, 쓰기의 하위 기능들이 한꺼번에 작용하는 일련의 총체적 과정이다. • 사고의 과정에서 여러 정신 작용들이 한꺼번에 동시에 작용하여 전체로서 하나의 과정을 구성하는 것처럼 쓰기도 총체적으로 일어난다. • 하위 기능을 분리해 가르치는 것이 아닌 총체적 쓰기를 통해 가르쳐야 한다.
통합적인 쓰기 지도	• 영역(듣기, 말하기, 읽기, 쓰기)적인 통합, 교과(언어, 수학, 사회, 과학, 예술, 요리 등)적인 통합, 교실 내와 교실 외의 공간적인 통합을 의미한다. • 유아들이 생활에서 일어나는 모든 것에 대해 말하고, 듣고, 읽고, 쓸 수 있는 실제적이고 의미 있는 활동으로 연결될 때 가장 효과적이다.
기능적인 쓰기 지도	• 기능적인 쓰기란 자신의 생각이나 느낌을 글로 표현하여 읽는 사람으로 하여금 이를 이해할 수 있도록 하는 것을 강조한다. • 유아 스스로가 쓰기 위한 동기와 흥미를 가지고 즐겁게 글을 쓸 수 있도록 지도한다. • 글을 쓸 분명한 대상과 이유, 상황을 만들어 적극적으로 쓰기에 참여할 수 있도록 해야 한다.
사고력을 강조하는 쓰기 지도	• 쓰기는 사고를 바탕으로 하는 활동이기 때문에 이를 분리하거나 간과하지 말고, 쓰기 과정에서 사고가 함께할 수 있도록 도와주어야 한다. • 언어와 사고는 총체적 정신과정 속에서 통합되어 나타나므로 이들은 통합시켜 지도해야 한다.

SESSION **04**

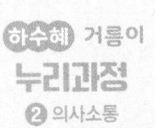

언어교육의
방법

Ⅰ 언어교육 접근법

UNIT 72 발음중심 언어접근법(= 발음중심 언어 지도법 / 부호중심 접근법)

KEYWORD# 발음중심 언어접근법의 장·단점, 상향식 접근방식

개념	• 학습자에게 효과적으로 읽기를 지도하기 위해 고안된 방법으로서 기초적인 지식과 기술을 습득하게 하여 정확한 발음을 듣고, 읽고 쓰는 원리를 터득할 수 있도록 고안된 교수법이다. 　－ 기초적인 지식이란 자·모 체계, 자소·음소(글자와 말소리)의 대응 관계, 철자법, 읽기 과정에서 자·모 체계에 대한 지식의 적용방법 등을 뜻한다(Harris & Hodges, 1995). 　－ 읽고 쓰는 것을 성공적으로 배우기 위해서는 소리－기호 관계나 발음중심 지도법에 대한 지식이 필요하다고 제안한다. • 발음중심 언어 지도법에서 가장 중요한 목적은 유아들이 머뭇거리지 않고 자동적으로 단어를 재인하여 효율적인 독자가 되게 하고, 모르는 글자를 접했을 때라도 쉽게 읽고 쓸 수 있도록 하자는 데 있다. 　**읽기학습의 2가지 기본과정** 　① 처음에 글자를 보고 인식할 수 있는 단어로 바꾸는 과정 ② 바뀐 단어의 의미를 이해하는 과정이다. 　▶ 단어를 수월하게 읽을 수 있는 가장 기본적인 방법은 해독이나 유추의 방법을 통하여 거의 대부분의 단어를 시각단어로 만들어 놓는 일이므로, 발음중심 언어지도를 주창하는 사람들은 **+체계적 발음지도**를 통하여 먼저 단어 읽기를 효율적으로 하도록 한 다음 읽기를 효율적으로 하게 하자고 주장한다. • 바르고 정확한 단어의 인식은 효과적인 읽기와 문장의 이해를 위해 필요하므로 어려서부터 명확하게 글을 읽을 수 있는 기술을 체계적으로 가르칠 필요가 있다고 본다.
출현 배경	• 1920년대에는 게젤(Gesell)의 성숙주의를 받아들인 영향으로 유아가 읽기와 쓰기를 시작할 수 있을 때까지 기다려야 한다는 '읽기 준비도' 개념이 언어지도에 적용되어 왔으나, 1960년대 행동주의 추종자들은 문식성 발달에 환경적 요인의 우세함을 설명하면서 가능한 한 읽기를 위한 기초 기능을 가르쳐서 유아가 읽을 수 있도록 준비시켜야 한다는 '준비도의 가속화' 개념을 도입하였다. • 행동주의 관점에 근원을 두고, 발달에서의 외적 요인을 강조하였다. 　－ '유아의 언어발달은 성숙에 의한 것이기보다는 유아 주변 환경에 의해 결정된다.' 　－ 유아는 환경에 수동적인 존재이므로 언어교육 교수 방법을 과학적으로 조직해 주어야 유아가 문자를 해독하는 데 필요한 사전 기술을 습득할 수 있다고 강조하였다. 　－ 유아가 언어를 학습하기 위해 언어 모델을 모방하고, 선택적으로 강화, 반복, 연습하는 경험이 필요하며, 이를 통해 언어행동의 습관화가 이루어질 수 있다고 보았다.

+체계적 발음지도
아동에게 자모체계를 활용하여 여러 가지 방법으로 단어 읽기를 가르치는 교수방법이다.

특징

① 상향식 언어교육(상향식 접근방식)이다.

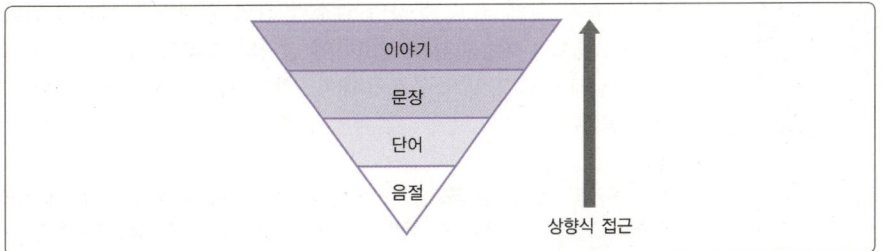

상향식 접근

• 발음중심 언어지도법은 글의 작은 단위부터 시작하여 큰 단위로 진행된다. 즉, 낱자로부터 시작하여 단어, 문장, 이야기의 순서로 나아가는 상향식 접근이다.
  - 언어는 분리되고 측정될 수 있는 부분들이 모여 전체를 구성하므로 부분에서 전체의 방향으로 가르쳐야 한다고 본다.
  - 따라서 언어교육은 자모음의 낱자에서부터 시작하여 단어로, 단어에서 문장으로, 문장에서 문단으로, 문단에서 이야기 전체로의 위계적인 순서에 따라 읽기, 쓰기를 가르쳐야 한다.
  - 그러나 유아의 경우 음소에서 시작하는 것이 아니라 친숙한 음절이나 단어 등을 인식하고 변별하는 과제에서 시작하여 음소 단위로 접근하기도 한다. 한글은 말을 적는 일정한 체계가 있어 글자 수와 음절 수를 대응시키는 책략을 먼저 사용하기 때문이다(김영실 외, 2017).

> **지도방법** ▶
> 음소인식에 대한 체계적인 지도를 위해 시작점에서 교육내용과 자료의 수준을 정해야 한다. 예를 들어 'ㄱ, ㄴ, ㄷ' 순서로 가르치는가, '가, 나, 다' 순서인가, '가자, 나가자' 등의 자음의 철자부터인지, 모음부터 가르칠 것인지 등을 정한다. 또한 낱자 중심인가 음절 중심인가를 정해서 자모체계를 가르칠 때도 단순히 그 규칙만 적용할 것인지, 유아에게 초점을 맞추어 관심 있는 사람, 사물 등의 이름이나 명칭부터 시작할 것인지도 정한다.

② 문자 해독(decoding)과 부호화(encoding)를 강조한다.

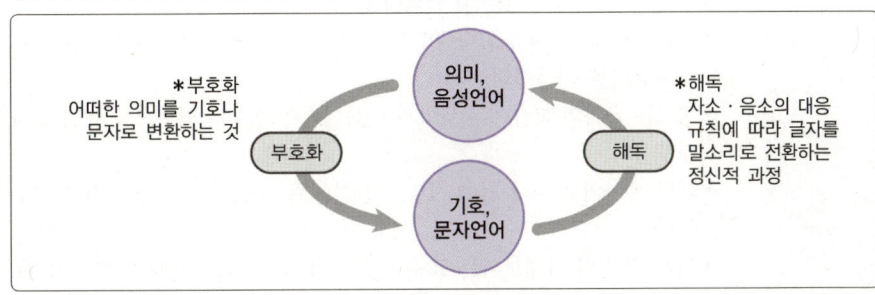

✿ 부호화와 해독의 과정

• 발음중심 언어지도 접근법의 읽기 학습의 최종 목표는 해독(decoding)과 부호화(encoding) 기술을 습득하는 것, 정확하게 해독하고 부호화하는 능력을 길러주는 것이다. 즉, 유아들이 모르는 글자를 접한다 하더라도 주저하지 않고 쉽게 읽고 쓸 수 있도록 하려는 것이다.
• 언어교육에서 말하기와 듣기는 가르치지 않아도 자연스럽게 배울 수 있지만 읽기와 쓰기는 형식적인 교수법을 통해 지도하는 것을 전제로 하므로, 읽기, 쓰기에 대한 동기나 태도보다는 얼마나 정확하게 읽고 쓰는가에 초점을 둔다.

MEMO

✦ 음소인식
단어가 낱낱의 소리
로 구성되어 있다는
것을 아는 것과 단어
에서 이러한 소리들
을 나누고 그들을 합
치는 능력을 음소인
식이라고 한다.

특징

• 정확한 읽기, 쓰기를 위해 ✦음소인식 교수를 강조한다. 이를 통해 단어가 어떤 낱자로 구성되었는지 알게 되고, 문자와 말소리 간의 관계를 이해하게 된다.
  - 글자―말소리 대응원리를 강조하여 낱자와 소리의 대응, 낱자 이름 알기, 음소인식하기, 낱자의 음가 알기, 음소의 대치·탈락, 자음과 모음의 결합원리 등과 같은 내용에 중점을 둔다.

  > **지도방법**
  • 자모 체계의 이름과 글자와 말소리의 관계를 이해하고 낱말 속의 낱자의 소리를 식별하여 그 소리들을 조합하고, 분절하고, 삽입하고, 빼고, 대체할 수 있도록 지도한다.
  • 글자를 제시하고 그것을 말소리로 바꾸는 발음뿐만 아니라 철자법도 병행하여 지도할 수 있다.

③ **위계적이고 체계적인 훈련을 통한 숙달**
  • 행동주의 접근에 기초하여 글자와 말소리의 관계를 미리 정해진 순서대로 체계적이며 직접적이고 명시적인 방법으로 가르치는 것을 강조한다. 주로 낱자나 단어를 중심으로 매우 명시적·직접적·체계적으로 이루어진다.
  • 언어학습의 가장 기초에 해당하는 음운 지식을 먼저 익힌 후 효율적인 읽기, 쓰기 학습이 가능하다는 입장이다.
    - 음운 지식을 습득하기 전 본격적인 읽기를 유보해야 하고, 읽기 학습이 이루어진 후 쓰기를 실시해야 효율적인 학습이 된다는 것이다. 따라서 교사는 읽기 다음에 쓰기라는 위계적인 순서(음성언어가 문자언어보다 먼저 발달하므로)에 따라 읽기, 쓰기 기초기술을 연습시켜야 한다.

    > **지도방법**
    하나의 글자와 말소리의 관계를 가르치기 위해 반복연습을 어느 정도 시킬 것인지, 그림과 연결짓기 또는 다른 글자와 연결하여 어느 정도의 일반화를 의도하는지 결정한다.

④ **구조화된 교수자료**
  유아가 정확하게 읽고 쓸 수 있도록 철자법의 원리와 음소 구성의 원리를 배울 수 있는 구조화된 교수 자료를 사용함으로써 구체적인 지식이 없어도 교사가 활동을 적용하기 용이하다.

⑤ **교사 중심의 획일적 지도 및 형식적 평가**
  • 단계적인 교수 계획을 수립하고, 설명과 지시, 모델링과 긍정적인 강화와 같은 직접적인 교수방법을 사용한다.
  • 모르는 글자의 학습에는 모방과 반복연습을 최선의 방법으로 여기고 자극과 강화를 통해 지도한다.
  • 개별 유아의 학습 동기나 적성에 관심을 두지 않기 때문에 대집단 교수활동을 통해 지도한다.
  • 읽기, 쓰기의 과정보다는 표준적인 읽기, 쓰기 도달 정도가 평가의 주 목적이므로 읽기, 쓰기의 결과물을 중심으로 관례적인(표준적인) 수준에 도달하였는지 여부를 평가한다.

  > **지도방법**
  • 탈맥락적인 상황에서 기초적인 읽기 교재나 연습지를 사용하여 교사의 지시에 따라 대집단으로 수업을 진행한다.
  • 언어 사용에서 유아가 표현하는 의미와 동기는 중요하게 여기지 않고, 주어진 과제의 결과물이 명시된 목표에 도달했는가에 따라 획일적으로 평가한다.
  • 유아는 주어진 과제를 수동적으로 수행하고, 교사는 유아의 언어 사용에 대한 강화자, 언어 모델 제공자의 역할을 한다.

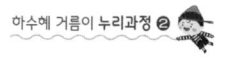

장점	• 체계적인 문자 지도 　－ 한글의 구조와 자소－음소의 대응규칙을 체계적으로 지도할 수 있다. • 문자 조합 및 구성 규칙 습득 　－ 자음과 모음의 음가를 대응시켜 효과적인 발음의 규칙성과 맞춤법 지도가 가능하다. 　－ 새로운 낱말을 읽고 쓸 때도 학습한 원리를 쉽게 적용할 수 있다(규칙 적용으로 새로운 　　낱말의 읽기·쓰기 학습에 대한 전이가 높다). 　－ 문자 해독 측면에서 효과가 크다. • 글을 처음 배우는 유아, 사회경제적 지위가 낮거나 언어 경험이 풍부하지 못한 학습자, 읽 　기에 어려움을 느끼는 초등학교 저학년 아동들에게 유용한 방법이다. • 대집단 교수 활동이 가능하다.
단점	• 학습자의 경험이나 특성이 고려되지 않은 획일적인 방법을 사용함으로써 학습자의 흥미와 　동기를 유발하지 못한다는 제한점이 있다. • 의미보다는 문자 자체에 중점을 두게 되므로 단어는 잘 읽지만 글 전체의 의미나 맥락 파 　악에 어려움을 가질 수 있다(정확한 읽기, 쓰기 강조로 인하여 말과 글에 내포된 의미를 　파악하는 것을 간과하였다는 지적을 받는다). • 유아에게 무의미한 철자 연습을 지루하게 시킴으로써 언어 및 학습에 대한 흥미가 저하될 　수 있다. 　－ 추상적이고 무의미한 반복적인 학습으로 언어 및 학습에 대한 흥미가 저하될 수 있다 　　(재미가 없고 지루하게 느낄 수 있다). • 분석적·논리적 접근이기 때문에 언어규칙을 이해하는 데 어려움을 느낀다. • 교사가 부과한 연습지로 인해 또래 간 상호작용 기회가 줄어들고 이는 유아의 발달에 부 　적합하다. • 유아의 개별적 특성을 고려하지 않은 획일적 평가 방법을 사용하였다는 지적을 받는다. 　－ 읽기나 쓰기의 과정보다는 결과물을 중심으로 평가하며, 결과물이 성인 수준의 관례적 　　(표준적) 수준에 도달하였는지 여부를 판단하는 획일적 평가방법을 사용하므로 유아의 　　개별적 특성을 고려하기 어렵다.

시각단어 제시에 의한 언어지도 방법

• 시각단어 제시에 의한 언어지도 방법은 자주 접하는 친숙한 단어를 기록한 여러 장의 단어 카드를 차례로 제시함으
　로써 단어를 학습하게 하는 방법이다.
　－ 시각단어: 의미 추측, 자소·음소 대응 등의 책략을 사용하지 않고 즉각적으로 읽을 수 있는 단어를 말한다.
• 단어카드에 쓰인 단어들을 시각적으로 보고 익혀 유아가 단어를 통째로 암기해 자동으로 읽을 수 있도록 지도하는
　방법이다.
• 일정량의 단어 카드를 일정 시간 내에 전부 다 읽게 하는 방법이 실시되기도 한다.
　－ 유아들은 자기 이름이나 친숙한 단어를 자주 볼 때 처음에는 철자의 이름과 소리를 모를 수 있지만 시각단어를
　　반복적으로 제시함으로써 단어의 모양(형상)을 암기하게 되고, 점차 자모 체계를 깨우치게 된다.

UNIT 73 의미중심 접근법(총체적 언어접근법)

KEYWORD# 문자언어 지도법(낱자, 단어), 하향식 접근방식

> 🔔 **유아의 언어교육이 통합적으로 이루어져야 하는 이유**
> 언어의 4가지 요소(말하기, 듣기, 읽기, 쓰기)는 네 가닥의 밧줄처럼 한 요소가 발달하면 다른 언어적 요소들이 동시적으로 더 강력하게 발달한다. 따라서 교사는 듣기, 말하기, 읽기, 쓰기를 분리해서 가르치기보다는 의미 있는 상황 속에서 동시적으로 자연스럽게 통합되도록 지원하여야 한다.

+부호중심 접근법
표준적인 읽기와 쓰기를 얼마나 잘 하는가에 초점을 둔다.

출현 배경	<ul><li>의미중심 접근법(meaning centered language approach)은 상호작용이론에 기초한 접근법으로 행동주의의 +부호중심 접근법의 대안으로 1960년대에 시작되어 1990년대에 번성하였다.<ul><li>의미중심 접근법은 언어를 사용하여 얼마나 의사소통을 잘 하는가에 초점을 두고, 학습자의 동기와 흥미를 발달시키기 위해 학습자에게 의미 있고 구체적인 경험을 하는 가운데 문자를 사용하는 것을 중요시한다.</li></ul></li><li>**의미중심 접근법(총체적 언어접근법)의 이론적 기초** 의미중심 접근(총체적 언어접근)은 한 가지 이론에서 도출된 언어 접근법이 아니라, 전통적인 언어교수법의 대안을 찾기 위하여 언어학자와 심리학자 등 여러 학자들의 이론과 철학, 유아교육 교수법에서 다양하게 영향을 받아 통합적으로 탄생하였다.<ul><li>Comenius는 세계 최초의 그림책인 『세계도회』를 통해 유아에게 친숙한 그림으로 정보를 전달하는 학습의 장을 열었다.</li><li>Rousseau, Pestalozzi, Froebel의 학습에 대한 자연적 접근, 아동중심 교육사상에 기초한다.</li><li>Dewey는 진보주의 철학을 바탕으로 유아의 흥미와 직접 경험, 자발적이고 능동적인 언어경험을 강조하면서 언어와 다른 교과가 연결된 통합교육을 주장하였다. 총체적 언어의 관점은 이러한 Dewey의 사상에 기초하여, 유아의 일상생활 속에서 이루어지는 실제적인 의사소통 경험을 중시한다.</li><li>총체적 언어관점은 상호작용주의와 구성주의를 표방한 Piaget의 사상에도 뿌리를 두고 있다.</li><li>Piaget는 유아가 환경과 상호작용하는 과정에서 능동적 역할을 수행하며 지식을 구성한다고 보았다. 따라서 총체적 언어 관점에서는 유아의 언어습득도 외부에서 주어진 자극을 수동적으로 흡수하는 것이 아니라, 언어환경 안에서 의문과 탐구, 실험적 사고를 통해 유아 스스로 언어지식을 구성한다고 보는 것이다.</li><li>Vygotsky 역시 유아가 환경과 상호작용하면서 지식을 구성한다고 보았다. Vygotsky는 유아의 언어발달에 있어서 사회적 상호작용의 중요성을 강조하였다. 자신이 속해 있는 사회의 맥락 속에서 그 사회의 언어를 내면화한다고 믿었던 그는 유아의 발달 수준 사이에는 근접발달영역이 존재하며, 성인의 비계설정을 통해 발달을 앞당길 수 있다고 보았다. 따라서 Vygotsky의 관점을 토대로 한 총체적 언어 관점은 유아의 언어발달을 돕기 위해 교사, 성인, 발달이 빠른 또래의 사회적 지원이 중요함을 시사하여 혼합연령 집단 구성을 주장하기도 하였다.</li></ul></li></ul>

- 또한 Piaget와 Vygotsky 이론의 영향으로 읽기에 필요한 능력은 학습자 내부에 있으며 환경과의 상호작용을 통해 학습한다고 봄으로써 '발생적 문식성(emergent literacy)'이라는 개념이 나타났다. 즉, 읽기, 쓰기에 필요한 교육 내용을 유아에게 일방적으로 전달하는 것이 아니라, 유아의 내부에 있는 문식성이 발현할 수 있도록 환경을 제공하고 상호작용을 하는 것이 중요하다는 것이다.
- 기능주의 언어학자인 Halliday는 언어를 실생활 속에서 지속적으로 사용함으로써 자연스럽게 습득한다고 믿었다. 어른들이 언어를 실제적 목적과 필요에 의해 사용하듯이, 유아의 언어습득 과정도 이러한 실제적 목적과 필요에 근거해 이루어진다는 것이다. 따라서 Halliday는 언어의 구조보다 언어의 사용과 기능, 언어가 사용되는 상황이 얼마나 중요한지 보여주면서, 유아의 언어습득을 위해 학급에서 자연스럽게 언어의 목적과 필요성을 깨닫게 해주어야 한다고 주장한다.
- 심리학자인 Goodman(1975) 역시 언어는 항상 총체적 구조로 유지되어야 한다고 주장하며 언어를 조각조각 단편적으로 접근하는 것에 강력하게 반대하였다. 즉, 의미에 대한 의사소통이라는 언어 본래의 기능을 뒤로 하고 본래 한 덩어리로 되어 있는 것을 분해하여 낱말, 음절, 음소로 나누어 가르친다면 언어는 추상적인 것으로 바뀐다고 하면서 총체적 언어교육이라는 개념을 제시하였다.

개념

- 총체적 언어 접근법(whole language approach)은 아동에게 구체적이고 상황적이며 실제적으로 의미 있는 학습활동이 되게 함으로써, 언어활동을 통해 아동의 사고력을 신장시키는 언어교육의 한 방법이라 할 수 있다.
- 총체적 언어 접근법에서 '총체적'의 세 가지 의미(박혜경, 1990)는 「① 언어의 기본 단위는 '의미'이고, ② 언어의 네 가지 영역(듣기, 말하기, 읽기, 쓰기)을 통합적 경험 속에서 가르쳐야 하며, ③ 언어교육은 교과 간(신체운동·건강, 의사소통, 사회관계, 예술경험, 자연탐구) 통합을 통해 가르쳐야 한다(모든 교과와 통합하여 언어를 교육하여야 한다)」는 것이다.
  - 이와 같이 총체적 언어는 교수접근이라기보다 학습철학으로 묘사되고, 문해학습의 자연주의적·유기적 관점을 통합한 것으로 유아들이 어떻게 배우는가에 대한 철학이며, 그로부터 교육자들은 교수전략을 도출한다(Morrow, 2001).
- 총체적 언어 지도의 문식성 학습은 유아들에게 의미 있고 기능적인 것으로 설계되었기 때문에 유아중심적이며, 그 기능과 의미는 집이나 학교에서의 유아의 생활경험에서 나온다.
  - 예를 들어 학교에서 벌집이 발견되어 제거반에 의해 제거되었다면 유아들은 꿀벌에 대한 토의, 읽기, 쓰기에 관심을 갖게 될 수 있다. 꿀벌에 대한 학습이 정해진 교육과정에 계획되어 있지 않더라도 교사는 즉흥적인 흥미에 따라 유아들이 추구하는 것을 허용한다. 총체적 언어는 요구와 흥미를 고려해 다양한 방식으로 수행될 수 있다.
- 굿맨(Goodman, 1984)은 총체적 언어를 유아가 쉽게 이해할 수 있는 언어의 관점에서 보고, 언어학습을 작은 단위부터 시작하여 전체를 알아가는 것이 아니라, 의미를 이루는 전체를 이해하고자 하는 욕구에서 출발하여 그것을 예측하고 수정하면서 지속적인 학습동기를 유발시켜 점차 작은 단위까지 학습하는 것이라 하였다. 이러한 관점에서 총체적 언어 접근법을 하향식 접근(top-down approach)이라고도 한다(Fountas & Hannigan, 1989).
- 총체적 언어는 학습과정에서 학습자들의 동기와 흥미를 유발시키고자, 의미 있고 기능적이며 협동적인 경험들의 맥락에서 실제 문학과 쓰기의 사용을 포함하는 것이다(Bergeron, 1990).

- 총체적 언어의 기본 가정은 유아들이 말하기를 배우는 것과 같은 방법으로 읽기와 쓰기를 배운다는 것이다. 음성언어는 '오늘은 형용사, 내일은 명사, 모레는 동사'처럼 계속 단편적으로 제시되는 인위적인 반복연습이 아니라, 실제적인 목적을 위해 사용됨으로써 학습되는 것이다.
- 총체적 언어를 주장하는 이론가들은 읽기와 쓰기를 총체적인 것의 한 부분으로 이해하기 때문에, 음성언어가 실제 목적을 위해 그리고 사용을 통해 학습되는 것과 같은 방법으로 읽기와 쓰기도 학습되어야 한다고 주장한다. 총체적 언어에 내재된 근본적인 믿음은 '반복연습이 아닌 사용을 통해' 읽기와 쓰기를 포함한 언어의 모든 면을 획득하는 것이다(Altwerger, Edelsky & Flores, 1987).

특징

① 하향식 언어교육(하향식 접근방식)이다.

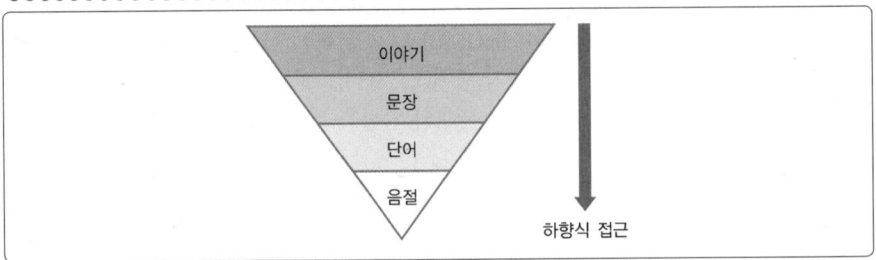

- 언어학습은 말과 글의 의미를 이해하고 인식하는 것에서 시작하여 문단, 문장, 단어, 낱자의 순서로 전체에서 부분으로 지도한다.
  - 언어를 음소나 낱자를 중심으로 가르치는 것이 아니라 의미를 지닌 덩어리로 사용할 수 있도록 접근하는 방법으로, 전체적 의미를 이루는 이야기로부터 시작하여 문장, 단어, 낱글자의 방향으로 나아간다고 하여 '하향식 접근'이라 부른다.
  - 교사는 허용적 교실 분위기 속에서 유아의 꾸며 읽기(pretending reading)나 창안적 글자쓰기(invented spelling)를 격려한다.

② 유아의 흥미와 경험이 중요하다.
언어학습의 주도권이 유아에게 있으므로 유아가 자신의 흥미와 경험에 따라 스스로 선택한 읽기와 쓰기 활동을 통해 즐거움을 느끼게 한다. 배우는 과정에 있는 유아의 말과 글이 완벽할 수 없다는 것을 인정하고, 정확하고 표준적인 문법 사용을 강조하기보다는 유아의 창의적이고 도전적인 언어표현을 권장한다.

③ 의미 구성을 강조한다.
언어학습은 의미를 전달하고 파악하는 실제적이고 자연스러운 언어활동에서부터 시작되어야 한다. 즉, 언어의 형태를 강조하기보다는 의미를 전달하고 파악하는 실제적이고 자연스러운 언어활동이 일어나도록 해야 한다.

④ 통합적 접근 방식이다.
일상생활에서 말과 글이 함께 사용되듯이 말하기, 듣기, 읽기, 쓰기를 자연스럽게 함께 지도한다. 말하기, 듣기, 읽기, 쓰기는 상호 연관되어 있고, 동시적으로 일어나는 활동이며, 통합적으로 상호작용하면서 발달한다. 따라서 언어를 말하기, 듣기, 읽기, 쓰기의 영역으로 구분해서 가르쳐서는 안 되고 총체적인 언어활동으로 연계되어야 한다. 각 영역을 하위 기능에서부터 상위 기능으로 인위적으로 세분화하여 낱낱의 기능들을 쪼개어 가르쳐서는 안 된다는 것이다.

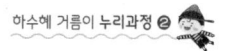

- 언어교육은 유치원에서 경험하는 모든 생활 영역과 통합하여 가르쳐야 한다. 자유놀이 및 대·소집단 활동, 유치원 생활에 필요한 것에 대해 말하고 듣고 읽고 쓰는 것은 실제적이고 의미 있는 학습활동이다.
- 또한 유아교육기관에서 이루어지는 모든 교과와 통합하여 언어교육이 이루어져야 한다. 예를 들어 의사놀이에서는 말하기와 듣기가 동시에 발생하고 처방전과 같은 자료의 읽기와 쓰기가 이루어지는데, 이것이 바로 실제적이고 의미 있는 학습활동이 될 수 있다.
- 언어교육은 교실 내에서의 모든 생활 뿐만 아니라, 교실 밖의 생활과도 통합하여 가르쳐야 한다. 유아는 실생활에서 말하기, 듣기, 쓰기, 읽기를 경험하면서 그것의 표준적 사용을 자연스럽게 배우기 때문이다.

⑤ 읽기, 쓰기 자료 및 활동이 풍부한 교실환경을 구성한다.

- 유아가 자발적으로 언어학습에 참여할 수 있도록 질적으로 풍부한 언어 환경을 조성해야 한다. 유아의 흥미를 고려한 다양한 종류의 읽기·쓰기 자료 및 의미 있는 상호작용을 할 수 있는 공간을 제공해야 한다. 특히 지속적인 책 읽기를 위해 교실에 그림 이야기 책을 비치할 필요가 있다.

⑥ 문학 중심 프로그램이다.

- 총체적 언어 접근법은 통합적 읽기·쓰기 교육을 강조하고 있으며, 읽기·쓰기 발달에 있어서 양질의 문학작품을 통한 문식성과 사회적 맥락 사이에서 일어나는 상호작용의 중요성을 강조하고 있기 때문에 문학 중심 프로그램으로도 불린다.

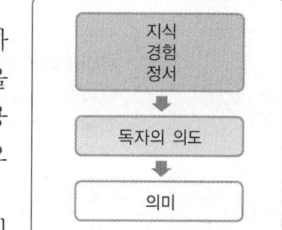

- 읽기는 글 자체보다 글에 대한 독자의 가정이나 추측에 의해 의미가 구성되는 과정이다. 따라서 읽기 과정에서는 독자가 갖고 있는 배경 지식과 경험, 독자의 정의적 측면과 의도하고 있는 바가 중시된다.
- 총체적 언어 접근법에 사용되는 언어교육 자료에는 특히 문학작품이 포함되어 있는데, 언어교육에서 문학을 활용하는 교수방법을 특별히 문학적 접근법이라고 분류하여 부르기도 한다. 문학적 접근법은 의미중심 접근법이 기본적으로 전제하는 것과 마찬가지로 문학을 통한 유아의 경험이 의미를 구성하고 표현하는 것을 배우는 데 가장 적절하다고 생각한다.

총체적 언어교육의 원리 (Goodman, 1986)	• '학습에 관한 학생의 책임감' 언어 학습의 책임은 교사가 아닌 '유아 자신'에 있다고 보는 견해이다. 교사는 읽을 책과 쓸 주제를 선정해주지 않으며, 유아가 창안한 것에 대해 어떤 기준을 갖고 유아를 교정하거나 철자법 등을 수정하지 않는다. - 언어교육은 교사가 외부에서 개입하는 것보다 유아가 자신의 배경 지식과 경험, 요구와 흥미에 따라 스스로 어휘를 선택하여 사용하고 의미를 구성해 나가는 것이 효과적이다. 즉, 언어교육은 내부에서 외부로 향하는 접근법(inside-out approach)이다. - 따라서 자기주도적인 언어활동이 일어날 수 있는 문식성 환경을 계획하고 준비해야 하며, 유아가 원하는 언어활동, 읽고 싶은 책, 쓰고 싶은 주제를 선택할 수 있는 기회를 제공해야 한다.

- **'실수의 수용'** 교사는 유아의 엉성한 기술(실수, 오류, 잘못된 해석이나 개념들)뿐만 아니라 개인적인 논의도 존중한다.
- **'의미에 대한 강조'** 교사는 표준화된 형태의 언어보다 그 순간 아동이 가지려 하는 의미에 더 초점을 둔다.
- **'어문의 통합'** 교사는 유아의 필요와 요구에 따라 통합적인 언어접근(듣기, 말하기, 읽기, 쓰기의 통합)을 한다.
  - 음식점 놀이에서 메뉴를 만들고 문방구 놀이에서 광고지를 만드는 활동은 말하기, 듣기, 읽기, 쓰기의 통합적 특성을 갖는다.
- **'내용 영역의 통합'** 교사는 과학, 미술, 음악, 수학, 사회, 체육, 게임, 요리, 바느질 등 교실의 모든 교과와 통합하여 언어교육을 한다.
  - 예를 들어 개미 돌보기 관찰기록은 개미를 관찰하며 기록하는 과정에서 과학, 미술, 언어 등의 영역과 통합하여 교육하게 된다.
- **'학부모의 개입'** 교사는 부모들이 총체적 언어교육의 철학과 신념을 이해하도록 돕는다.
- **'실생활 속 읽기'** 읽기는 실생활 속에서 가장 잘 학습할 수 있다.
  - 풍부한 자료를 접하면서 유아들은 그들의 언어감각과 읽기에 있어 발달하는 세 가지 신호시스템, 즉 의미론, 구문론, 글자-소리의 관계를 사용하게 된다.

> 유아들에게 주는 교수-학습 자료는 생활주변의 문해 자료(⑩ 메모지, 노랫말, 차트, 포스터, 지도, 요리책, 광고지, 표지판, 메뉴, 간판 등)나 문학작품, 유아들의 경험 등을 제공하여 의미 있는 상호작용이 이루어질 수 있도록 한다.

- **'교실 환경'** 교사는 유아의 언어학습을 촉진하는 환경을 구성한다.
- **'평가'** 교사는 표준지향적 평가가 아닌 학습지향적 평가를 지지하며, 평가목적은 학습자의 능력을 규정하는 것이 아니라 학습자 자신에게 정보를 제공함으로써 더 나은 학습을 할 수 있도록 돕는 것이다.
  - 총체적 언어 접근법에서 평가는 연속적이며 다양한 형태를 갖는다. 교사들은 일상의 작업 샘플들을 수집하고, 유아들의 행동을 관찰 및 기록하며, 다양한 상황에서 유아들을 녹음·녹화하여 개별 유아에 대한 정보를 바탕으로 포트폴리오를 만든다.
  - 평가과정은 교사와 유아 모두를 위한 것이며, 발달상태의 진단뿐만 아니라 앞으로의 교육과정 구성에 중요한 자료가 된다.

교수전략

- 유아의 관심과 흥미, 능력 수준에 맞는 의미 있는 활동과 관련된 자발적이고 능동적인 언어 경험을 할 수 있도록 교사는 지속적인 관찰기록을 하고, 그에 근거한 지원을 하는 것이 중요하다.
  - 언어를 의미의 덩어리, 즉 전체(whole)로 가르치고 각각의 구성요인들은 유의미한 맥락 속에서 학습할 수 있도록 접근한다.
- 문자언어 학습은 의미 있는 맥락에 근거해야 하며, 내적 동기를 이용해야 한다고 본다.
  - 문자언어 학습은 자연스러운 총체적 언어 학습의 연장이기 때문에 반드시 의미를 전달하고 파악하는 기능적이면서 실제적인 관련 언어활동을 통해서 일어나야 한다.
    - ⑩ 혼자 혹은 성인과 함께하는 책읽기, 편지쓰기, 쪽지 보내기, 쇼핑목록 작성하기 등 일상에서의 자연스러운 활동을 말한다.

- 성인과 유아 또래 간 대화를 통해 말하고 들을 수 있는 기회를 많이 제공한다.
  - 유아교육기관에서 이야기 나누기 시간을 통해 타인의 말을 잘 듣고 그에 대해 자신의 의견이나 감정을 표현할 기회를 많이 제공한다.
  - 말한 것을 그림으로 그리거나 글로 쓰고 읽는 다상징적 문식활동과 연계하여 활동하도록 격려한다.
- 언어적 경험을 자유롭게 이야기할 수 있는 허용적 분위기를 제공한다.
  - 창안적 쓰기, 이야기를 지어내어 읽기 등을 격려하여 실수에 대한 두려움을 갖지 않는 분위기를 형성한다.
- 유아들 간 언어적 상호작용이 많이 일어날 수 있도록 교사는 중재자 역할을 한다.
  - 대집단 이야기 나누기에서 일방적인 설명식 전달이 아니라 서로의 생각과 느낌을 공유하며 대화를 나눌 수 있도록 하고, 대집단 또는 소집단으로 책 읽어주기, 감상 후 반응 활동하기 등으로 언어적 상호작용을 활성화한다.
  - 가상놀이가 빈번하게 일어나는 시기인 영유아기에는 극놀이 영역이나 블록 영역에서 또래 간 언어적 상호작용이 많이 일어나므로, 유아의 말을 경청하고 그들의 아이디어와 느낌을 공유함으로써 심리적·사회적 지지를 한다.
  - 유아 스스로 친구들에게 할 말을 메시지로 써서 남길 수 있는 허용적인 분위기를 조성하고, 의사소통의 수단으로 발생적 문식성의 토대가 되게 한다.
- 유아들에게 풍부한 문식환경을 제공한다.
  - 학급의 사물에 이름을 쓴 글자 카드를 붙이거나, 학급에서 지켜야 할 규칙이나 전달사항을 문장으로 만들어 붙여둔다.
  - 유아들의 일상생활에서 접하는 친숙한 자료인 신문, 잡지, 달력, 요리책, 팸플릿, 카탈로그, 포스터, 음식점 메뉴, 포장지, 사전 등을 제공한다. 이러한 실제적 자료는 높은 수준의 학습동기를 유발하고, 유아 중심의 활동을 전개하는 데 도움이 된다.
  - 유아교육기관의 각 영역에서도 문식환경을 제공해 줄 수 있다. 표준적 글쓰기는 아니지만 의미의 표현으로 볼 때 쓰기는 읽기와 동시에 일어나기 때문에, 쓰는 행위를 미루지 말고 어려서부터 다양한 글쓰기가 일어날 수 있도록 지원하는 것이 바람직하다.
    - 예 극놀이 영역에서 등장인물의 분장을 하고, 이야기를 지어 대본을 만들며, 멀티미디어 영역에서 가면이나 등장인물의 그림을 출력하고, 음향효과를 위해 음악이나 특정한 소리를 들을 수 있게 한다. 언어영역에는 다양한 좋은 그림책을 비치하고, 이야기를 지어 녹음할 수 있는 시스템도 준비하며, 지어낸 이야기를 쓸 수 있는 기회를 많이 제공하도록 다양한 필기도구를 마련한다.
- 좋은 그림책을 다양하게 선정하여 읽어주고, 내용영역을 통합한 연계활동을 통해 그림책에 관심을 갖도록 유도하며, 총체적 언어 경험을 할 수 있도록 한다.
  - 그림책과 이야기책을 많이 보여주고 읽어주며, 그림을 통해 사물의 표상을 이해하고 생활 속에서 유의미한 읽기가 가능하도록 한다.
- 유아가 창의적이고 도전적인 언어 사용이 가능하도록 지지하며, 유아의 말과 글에서 초기의 문법적 오류를 고치려고 강요하지 않는다.
  - 쓰기를 생각의 표현으로 보고 읽기수준과 관계없이 고정된 문자 이외의 표현까지도 허락하는 자유로운 쓰기 활동을 격려한다.
  - 창안적 철자, 철자법 오류를 즉각적으로 교정하지 않는다.
  - 실수를 감수하는 경험에서 실수가 수용되면 언어활동은 흥미로운 경험이 될 수 있다.

장점		• 일상생활에서 사용되는 익숙한 이야기나 문장을 중심으로 지도하므로 유아의 흥미와 관심을 유지할 수 있다. • 실생활의 맥락에서 의미 있는 학습이 일어날 수 있다. • 듣기, 말하기, 읽기, 쓰기 등의 언어를 동시에 발달시키는데, 예를 들어 주말을 지낸 이야기와 같은 경우 자신의 경험을 말하고 그림이나 글자로 표현할 뿐만 아니라 다른 유아들의 듣기 태도를 발달시킬 수 있다. • 유아들이 읽기에 대해 흥미를 잃지 않으면서 읽기 기술들을 습득하는 장점이 있다. • 실제적 목적에 의한 활동을 통해 실제적인 필요와 흥미에 의해서 언어를 사용하므로 잘 모르는 언어라 할지라도 도전하게 되고, 잘못 이해하고 실수하는 과정을 통해 발전적인 언어를 사용할 수 있는 능력을 가지게 된다. • 글의 의미파악과 이해, 의미전달 능력이 발달한다.
단점		• 의미파악에 초점을 두고 읽기와 쓰기의 기초지식과 하위 기술을 직접적으로 지도하지 않음으로써 문자언어를 해독하는 데 어려움을 갖게 된다. 이로 인해 학습의 전이가 낮아 배우지 않은 단어나 문장은 거의 읽을 수 없다. — 즉, 읽기·쓰기에 대한 기초지식과 하위기술을 간과하여 정확하고 체계적인 문자지도가 이루어지지 않으므로, 학습 전이가 낮아 배우지 않은 글자는 해독이 불가하다는 것이다. • 교사의 지도 능력에 따라 언어의 개인차가 크게 벌어질 수 있다.

교사의 역할	중재자	• 교사는 개별적인 상호작용을 통해 영유아의 언어활동을 지원할 수 있다.
		• 유아와의 책읽기 활동에서 중재적 역할을 한다.
		    — 규칙적으로 함께 책을 읽는 시간을 가진다.
		    — 될 수 있는 한 유아와 일대일, 혹은 소집단 유아를 대상으로 책을 읽는다.
		    — 책을 읽는 동안 제기되는 유아의 질문에 적극적으로 답한다.
		    — 책에 있는 그림의 명칭, 사건의 진행에 대해서뿐만 아니라 이야기의 내용과 유아의 경험을 연관시켜 생각할 수 있도록 돕는다.

	모델링	흥미로운 자료를 제공해 주고 대화의 상대가 되어주며, 이야기를 들려주어 사고를 자극하는 역할을 하면서 자신의 사고를 언어로 나타내 보이는 언어 사용의 모델이 되어야 한다.

	참여자	• 교사는 유아의 언어활동에 함께 참여하여 유아가 자신의 생각을 이야기할 수 있도록 한다.
		    — 교사는 영유아의 언어활동을 관찰하는 기회를 가짐으로써 유아 언어활동의 과정을 탐색할 수 있다.
		    — 유아는 자신의 언어활동의 결과를 관찰하는 기회를 가지게 된다.

	관찰자	유아의 언어 학습을 돕기 위해서는 교사가 중재자·모델·참여자로서의 역할을 하되, 이러한 역할을 제대로 수행하기 위해서는 항상 유아들을 관찰해야 한다.
	평가자	평가의 목적은 유아에게 자신에 관한 정보를 주기 위한 것으로, 평가는 유아의 능력을 규정짓기 위함이 아닌 유아가 더 나은 학습을 할 수 있도록 도와주는 것이다.

참고

총체적 언어접근법의 특징 모형

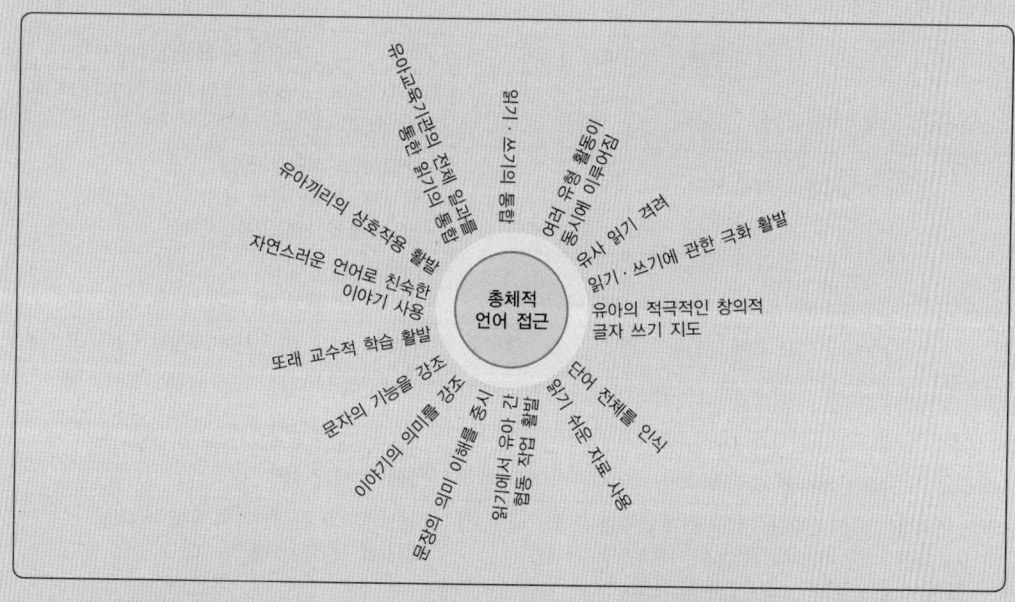

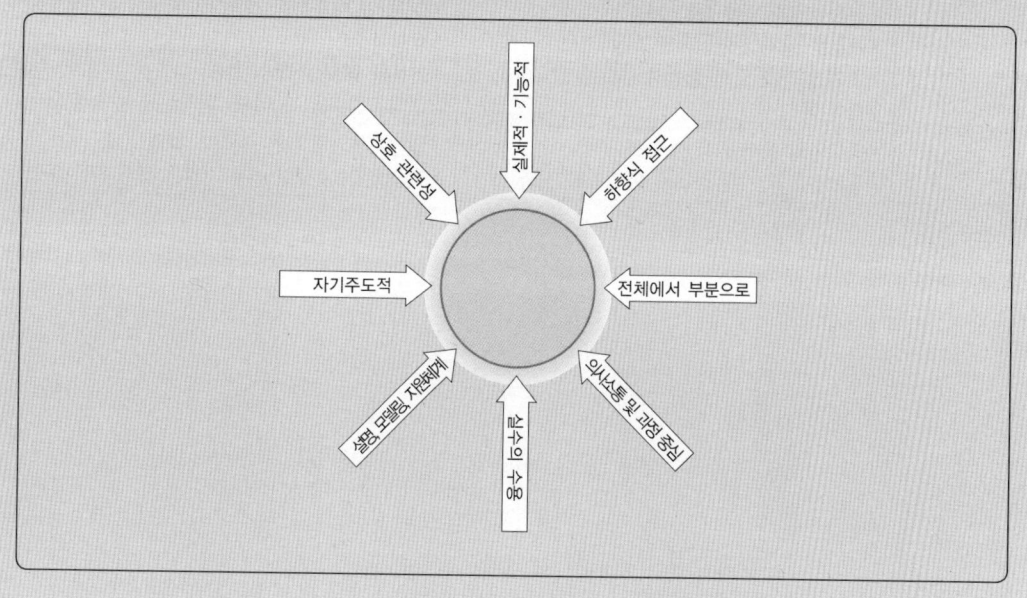

부호중심 접근법과 의미중심 접근법 비교

구분	부호중심 접근법	의미중심 접근법
기초이론	행동주의 이론	자연주의 이론, 상호작용주의 이론, 진보주의 이론, 기능주의 이론
교육목표	• 정확한 읽기와 쓰기 • 언어의 구조 파악	• 글의 의미 파악과 전달 • 읽기와 쓰기에 대한 동기 • 의사소통을 위한 언어 사용
기본방향	• 상향식 접근 • 음소 ➡ 음절 ➡ 단어 ➡ 문장 ➡ 이야기	• 하향식 접근 • 이야기 ➡ 문장 ➡ 단어 ➡ 음절 ➡ 음소
교재	• 한글 자모 체계의 음소의 결합원리를 보여주는 자료 • 학습지 형태의 자료	유아에게 의미 있는 자료(그림책, 편지, 표지판, 이름 글자 등)
지도방법	• 교사가 수업내용 전달 • 반복훈련 및 강화	• 실생활 맥락(풍부한 문해 환경 제공) • 유아 흥미에 따른 지도
언어 영역별 지도에 대한 관점	• 음성언어는 자연스럽게 습득할 수 있으나, 문자언어는 직접적이고 단계적 지도가 필요 • 읽기와 쓰기의 분리 지도	• 음성언어와 문자언어의 통합적 지도 • 읽기와 쓰기의 통합적 지도
장점	• 정확한 해독능력 습득 가능 • 새로운 글자나 단어해독 적용 가능 • 초기 읽기나 문해 경험이 부족한 영유아의 학습에 용이	• 읽기·쓰기에 대한 영유아의 흥미와 동기유발에 효과적 • 실생활 맥락 속에서 학습 • 글의 의미파악과 이해, 의미전달 능력 발달
제한점	• 영유아의 흥미와 동기 저하 • 읽기·쓰기 기술 강조로 의미파악 간과	• 읽기·쓰기에 대한 지식과 하위 기술 간과 • 학습 전이가 낮아 배우지 않은 글자 해독 불가

UNIT 74 균형적 접근법(균형적 언어교육법)

KEYWORD 균형적 접근법

출현 배경

• 균형적 언어교육법은 부호중심(발음중심), 의미중심(총체적) 접근법의 대안으로 제시되었다.

> 총체적 언어 접근법은 의미 있는 실제 상황에서 언어를 가르칠 것을 주장하고, 부호중심 접근법은 체계적이고 직접적인 교수를 주장하지만, 균형적 접근법은 양자택일이 아닌 유아 개인에게 초점을 맞췄다. 언어 학습에 있어서 개별 유아가 가진 어려움을 파악하고 그 약점을 보완하기 위한 방법을 찾는 데 관심을 기울였다. 추상적인 기술적 요소를 무시하는 것(총체적 언어 접근법)도 잘못이며, 의미 있는 문해 경험의 통합을 소홀히 하는 것(부호중심 접근법)도 잘못이라는 판단하에 두 접근법을 통합하고자 하였다. 이 두 가지가 통합될 때 유아에게 진정한 읽기·쓰기의 경험과 목적, 기쁨, 의미를 모두 가져다줄 수 있다고 보았다.

─ 균형적 언어교육법의 궁극적인 목표는 유아의 읽기, 쓰기 발달을 도모하기 위해 각각의 이론이 가지고 있는 장점을 수용하면서 두 접근법에서 제시하고 있는 가장 좋은 교수방법을 선택하여 가르치는 것이다. 어떤 유아는 총체적 언어접근법의 전체적 접근으로 더 잘 배우고, 어떤 유아는 부호중심 접근법의 분석적 접근으로 더 잘 배우므로 균형적 접근법에서는 두 접근법을 결합하여 가르치는 것이 적절하다고 주장한다(Carbo, 1995). 따라서 문자언어 교육의 큰 틀은 문학 중심, 유아의 선택 존중, 흥미 위주, 자연스러운 글쓰기에 초점을 맞추면서 음운교육이 필요한 유아에게 소그룹으로 단어 중심 음운학을 가르치는 방법을 제시한다. 균형적 접근법이 추구하는 유아의 읽기 경험은 이야기 ➡ 문장 ➡ 단어 ➡ 낱자의 순으로 이루어지는 총체적 언어 접근법의 틀을 지지하며, 그 안에서 낱자 ➡ 단어 ➡ 문장 ➡ 이야기 순의 음운 중심 교수를 병행할 것을 추구한다.

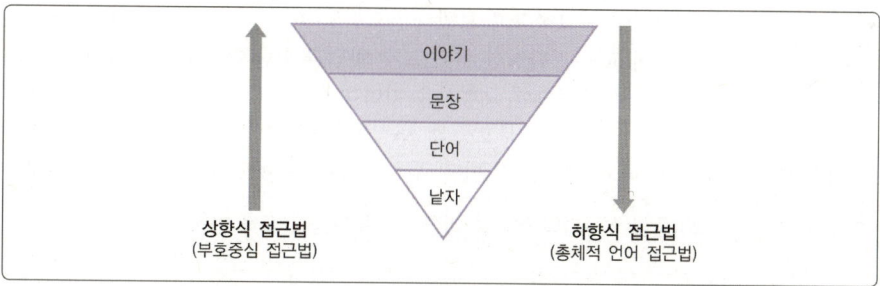

상향식 접근법
(부호중심 접근법)

하향식 접근법
(총체적 언어 접근법)

이야기 / 문장 / 단어 / 낱자

✱ 균형적 접근법의 모형

> (🔔) **총체적 언어교육법 효과에 대한 논쟁**
> • 총체적 언어교육법은 의미를 파악하는 것을 중시하고, 언어의 기술을 익히기보다는 유아에게 의미 있는 읽기, 쓰기 활동을 통해 의사소통 능력을 길러 숙련된 언어 사용자가 되는 것을 언어교육의 목표로 보았다.
> ─ 그러므로 총체적 언어교육법은 자모음체계에 대한 교육이나 글자와 소리의 관계를 인식하는 교육은 중요하게 여기지 않았다.
> ─ 1990년대 이후 총체적 언어교육 접근법으로 교육을 받는 유아들의 해독이나 읽기 능력이 저하되었다는 지적에 따라, 유창한 읽기나 단어재인(word recognition)을 위해서는 음운인식 능력 또는 자·모음 지식, 글자와 소리의 대응관계에 대한 지식이 필요하다는 주장이 제기되었다.
> ─ 유치원과 초등학생의 읽기, 쓰기 능력을 높여 효율적으로 읽고 쓸 수 있도록 지도하기 위해 균형적 언어교육법을 제시하였다.

	• 균형적 접근법에서 고려해야 할 균형의 요소를 정리하면 다음과 같다(Blair-Larsen & Williams, 1997). 　– '교사 주도적 명시적 교수'와 '유아중심적 발견 학습' 간 균형 　– '부호중심 접근법'과 '의미중심 접근법'의 균형 　– '계획된 활동'과 '계획되지 않은 활동'의 균형 　– '비형식적 평가'와 '형식적 평가'의 균형
정의	• 균형적 문해 접근법은 뉴질랜드와 호주의 교육자(Holdway, 1979; Mooney, 1990)에 의해 제안된 것으로 부호중심 접근법과 의미중심(총체적) 언어 접근법의 장점을 균형 있게 갖춘 교수법이다. 　– 유창한 읽기를 위해서는 전체적인 맥락에 기초하여 의미를 파악하는 방법과 해독에 필요한 기초적 기능들을 병행하여 가르칠 필요가 있는데, 균형적 접근법은 단어재인과 같은 기술적인 지식뿐만 아니라 의미해석과 이해력, 책에 대한 흥미와 같은 총체적인 지식도 중요하다고 본다(Fitzgerald, 1999). 　– 따라서 균형적 접근법은 이러한 측면에서 전체적인 의미파악과 함께 단어재인이 필요한 기초 읽기기술을 가르치는 활동을 제안한다. • 한편 학습자의 특성에 따라 접근방법이 달라져야 한다는 주장도 있다. 　– 이차숙(2004)은 학업 능력·지능이 떨어지는 유아들이나 문해 경험이 부족한 저소득층 유아들에게는 총체적 언어 접근법이 불리하기 때문에 영유아 개인의 학습양식과 발달 수준, 흥미와 필요에 따라 적절한 방법으로 읽기 지도를 해야 한다고 하였다. 　– Raven(1997) 역시 영유아의 발달수준과 학습 성향에 따라 교수법이 달라져야 한다고 주장하면서 분석적이고 청각적 감각이 발달한 영유아들에게는 부호중심 접근법이, 시각적이고 촉각적 감각이 뛰어나며 총괄적인 학습 성향을 가진 유아들에게는 총체적 언어 접근법이 필요하다고 보았다. 　– 따라서 교사는 다양한 읽기 교수 방법과 학습자들의 특성을 파악하여 그들이 가르치는 학습자에게 적합한 균형점을 찾아내야 한다(Morrow, 2001). 균형적 접근법을 잘 적용하기 위해 교사는 부호중심 접근법과 의미중심 접근법의 원리나 장단점을 파악하고 있어야 하고, 유아들의 발달 특성과 흥미 등에도 관심을 가지고 있어야 한다.
특징	① 의미중심 접근법의 철학을 바탕으로 부호중심 교육 병행 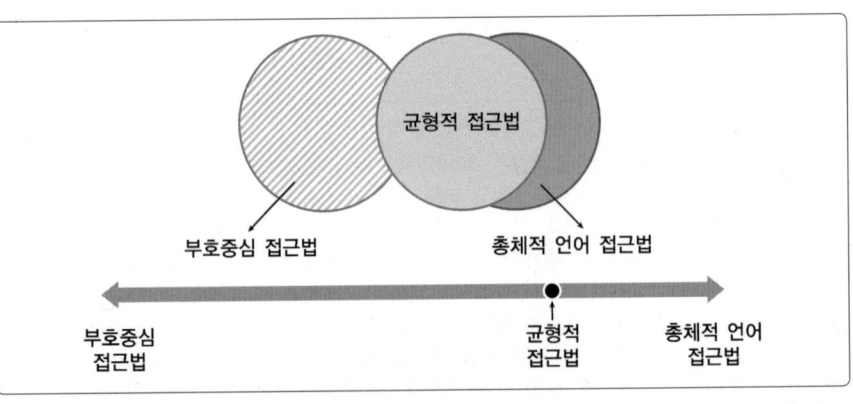 ✿ 균형적 접근법 안에서의 균형

- 균형적 접근에 의한 문식성 교육은 총체적 언어 접근법(의미중심 접근법)과 발음중심 언어 지도법 간의 토론 결과로 나온 관점으로 두 가지 언어교육 접근법의 혼합으로 볼 수 있다.
  - 언어교육자들은 균형적 접근법이 총체적 언어 접근법과 부호중심 접근법을 단순히 섞어 놓은 것이 아님을 강조한다. 총체적 언어 접근법은 읽기 행동의 비중과 이해에 효과적이고, 음운교육을 강조하는 부호중심 접근법은 단어재인(특히 모르는 단어의 단어재인)에 효과적이므로 총체적 언어와 부호중심 접근법의 장점을 잘 취한 균형 잡힌 프로그램이 되어야만 모든 유아가 읽기를 사랑하도록 만들 수 있다고 본다.
  - 균형적 접근법은 총체적 언어 접근법의 가정에 더 많은 비중을 두면서, 음운 인식을 지나치게 강조해서는 안 되고 기술 중심의 단순한 쓰기나 읽기, 철자교육을 제한하여야 한다는 입장이다('언어교육은 언어의 의미 구성이나 표현과 같은 의사소통을 강조하며, 실생활 속에서 필요와 흥미에 의해 자연스럽게 배워야 한다').
  - 즉, 유아가 즐겁게 책을 읽고 해석하도록 하기 위해서는 의미와 연결시키는 해독법을 가르치는 것이 중요하다고 보는 것이다. 따라서 균형적 접근법은 유아의 경험과 흥미를 고려하여 친숙한 단어를 학습하거나, 때로는 글자와 음절의 대응 전략, 기본 음절표를 통한 결합원리 등을 적용한다.

② 전체-부분-전체(의미-발음-의미)

- 균형적 접근은 문식성 과정의 형식(발음 중심, 기술적 부분 등)과 기능(이해, 목적, 의미) 모두의 중요성을 알고, 학습이 전체-부분-전체 맥락에서 더 효과적으로 일어난다는 것을 인식한다(Fowler, 1998; Morrow, 2001; Strickland, 1998).
- Strickland(1998)와 Fowler(1998)는 전체-부분-전체, 조정숙과 김은심(2001)은 의미-발음-의미의 방법을 제안한 바 있다.
  - 여기에서 '전체'는 의미 있는 경험이나 흥미로운 주제에 대해 이야기를 나누면서 가르쳐야 할 읽기 기술들이 포함된 글들을 먼저 제시하고 의미에 관한 대화를 나누는 것이다. 즉, 글자 자체보다는 단어나 글의 의미에 관심과 주의를 더 많이 기울이도록 한다.
  - 그다음에 '부분'이라는 것은 이야기한 내용에 대해 쓰거나 기록된 자료 읽기 등을 통해 읽기의 기초 기능들을 명시적으로 가르친다는 것이다. 자모음의 형태나 음가를 구분하고, 자모음을 구성하여 글자를 만들고 읽는 경험을 한다.
  - 그 후 다시 '전체'로 돌아가서 활동 결과물(쓴 자료)을 소개하고 게시하거나 책으로 묶어 공유하면서 다시 의미의 이해나 구성을 위한 의미중심 방법으로 돌아가는 것이다.
  - 이러한 내용을 정리해 보면, 첫 번째 단계에서는 읽기 기술이 포함된 글들을 제시하되 글보다는 의미에 초점을 두고 제시한다. 두 번째 단계에서는 의미에 대한 흥미를 유지하면서 글자의 정확한 발음이나 읽기의 기초 기능을 명시적으로 지도한다. 세 번째 단계에서는 다시 의미의 이해나 구성에 초점을 두고 지도한다. 이런 유형의 교수는 유아들에게 문식성에 관한 기술과 능숙한 문식 학습자가 되려는 욕구를 동시에 충족시키는 의미 있는 문식활동으로 나타난다.

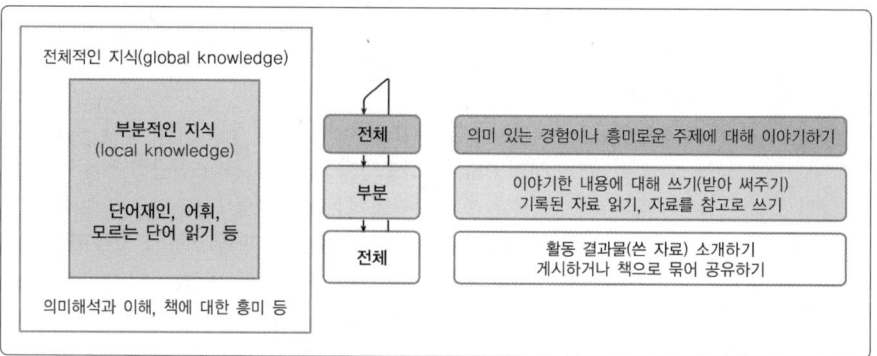

🌸 **의미중심 접근법을 바탕으로 부호중심 교육 병행**

③ 음절중심에서 시작하여 점차 음운중심으로 실시
- 한글은 음절단위 학습으로 시작해서 가르칠 수 있다.
  - 이차숙(2003)은 유아의 해독 지도는 먼저 이미 알고 있거나 쉽게 짐작할 수 있는 단어들을 중심으로 음절인식을 위한 지도가 선행된 후, 자주 접하거나 아는 글자들이 생기면 그것들을 중심으로 글자와 음절을 대응시키는 음절중심의 해독 지도를 해야 한다고 하였다.
  - 그리고 마지막으로 아는 글자가 많아지고 모르는 글자에 대한 질문이 많아지면 드디어 자소와 음소의 대응규칙과 자모 체계의 원리를 적용시키면서 글자를 정확하게 해독하는 훈련을 직접적으로 지도해 나가야 한다고 하였다.

④ 풍부한 문식성 환경(print-rich environment) 제공
- 좋은 문학작품을 통한 문식성 활동을 제공함으로써 영유아가 해독활동에 흥미와 관심을 갖도록 한다.
  - 또한 영유아의 경험이나 환경인쇄물을 활용한 읽기, 쓰기 자료를 제공하여 친숙한 단어를 찾아 읽어보거나, 알고 있는 단어를 쓰는 활동을 하도록 배려한다.

⑤ 학습자의 특성에 따른 접근 방법(개별화 교육): 유아의 학습양식, 발달 수준, 흥미, 필요에 따라 적절한 방법으로 읽기 지도를 하자는 것이다.
- 균형적 접근은 최근에 가장 유행하는 문식성 교수법이 무엇인가보다 개별 유아들에게 중요한 것이 무엇인가에 초점을 둔다.
- 균형적 관점은 어느 한 가지의 특정한 지도법이나 다양한 지도법을 섞어서 실시하는 것을 뜻하지 않는다. 교사의 판단에 따라 영유아의 발달 특성과 수준에 가장 적합한 균형적인 언어지도가 필요하다는 것으로, 영유아의 특성, 언어발달 수준, 가정에서 언어 환경에 노출된 정도 등을 파악하여 두 교육법을 균형 있게 제시하는 것이 중요하다.
  - 예를 들어 시각적인 학습자라면 발음중심 언어 지도법에 의해서는 잘 배우지 못할 수 있는 반면, 청각학습에 강한 유아는 음성교수법으로 가장 잘 배울 수 있으므로, 학습자의 특성에 따라 적합한 방법을 선택적으로 적용함으로써 균형을 잡아간다.

> (🔔) **효과적 언어지도 방법**
> - 발음중심 언어지도법: 분석적·청각적 감각이 뛰어난 유아들
> - 총체적 언어지도법: 시각적·촉각적 감각이 뛰어나고 총괄적 학습양식을 가진 유아들

⑥ 균형적 접근법에서는 집단 형성을 유동적이고 다양하게 해야 한다.
  - 교실 내에서 대집단/소집단/개별 학습을 골고루 제공하고, 성취 수준에 따라 유능한 유아와 도움이 필요한 유아가 함께 활동하는 등 능력별 혼합집단과 능력별로 구분된 집단활동을 다양하게 제공하라는 의미이다.
  - 특히 이러한 집단 형성은 유아의 개별적인 필요에 따라 융통적으로 운영되어야 하며, 교사-유아, 유아-유아 사이에 다양한 수준의 상호작용이 풍부하게 일어날 수 있도록 집단 크기별, 능력별 다양성을 제공함으로써 유아의 읽기·쓰기 발달을 지원해 주어야 한다.

균형적 언어교육의 방법

◀🔔▶ **균형적 언어교육과 전략**

균형적 언어교육 접근법은 문식성과 관련된 기술과 함께 일생 동안 능숙한 문식 학습자가 되려는 욕구 모두를 충족시키는 의미 있는 문식활동을 포함하여 구성된다. 아래의 그림에 제시된 바와 같이 의미 있는 문식활동뿐만 아니라 철자법도 포함되어 있고, 다양한 집단의 구성, 문학작품 및 연습용 자료, 자발적이며 체계적이고 명시적인 교수유형, 다양한 방법의 읽고 쓰기 활동과 평가 등도 포함하고 있으므로 교사가 다양한 교수방법을 정확하게 알고 영유아들의 개인차를 고려해 가장 적합한 방법을 선택하여 적용한다.

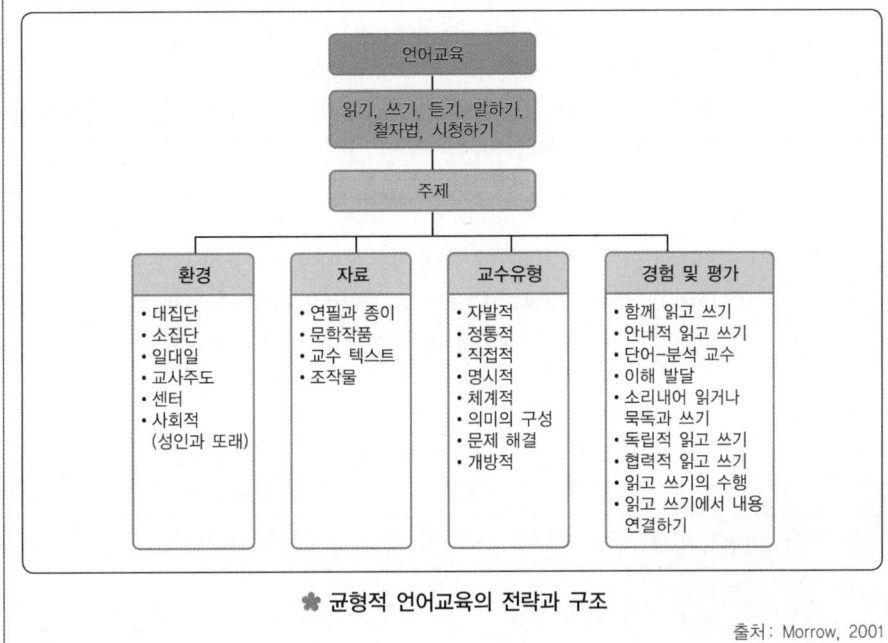

✿ 균형적 언어교육의 전략과 구조

출처 : Morrow, 2001

균형적 언어교육의 방법을 제시하면 다음과 같다.

① 읽기 기술과 의미는 결코 분리될 수 없다. '전체-부분-전체' 맥락에서 언어교육이 이루어지도록 유도한다.
  - 균형적 읽기 지도에서는 단어 지도나 음운인식 등을 할 때도 총체적 언어 접근법의 범위 내에서 의미 있는 내용과 통합성을 가지고 이루어져야 한다.
  - 즉, 좋은 문학작품 또는 총체적 언어 접근법에 의한 경험에서 의미가 있는 단어나 문장을 만들어 차트에 써 보고, 읽어 보기도 하며, 조직적이고 체계적인 언어기술, 즉 단어의 소리, 문자의 조합체계, 단어의 낱자, 자모음 등에 관한 지도를 한다. 다시 새롭게 만든 어휘나 문장을 읽어보며 의미의 이해나 구성을 위한 활동시간을 갖는다.

② 균형적 접근법은 개별화 교육을 지향하기 때문에 균형적 언어교육 방법에서는 유아 개인의 발달적 수준과 특성에 맞추어 개별적 지도를 한다.
- 교사는 인지양식과 언어발달 정도, 가정환경 등을 잘 파악하여 개인에게 적합한 균형점을 찾아야 한다.
- 평소 유아를 관찰·기록하여 개인의 취향과 언어적 수준을 파악하고, 쓰다 둔 낙서 종이나 일기 또는 편지 등의 활동자료를 통해 필요로 하는 활동을 제공한다.
- 개방적으로 이야기를 나누며 자발적인 쓰기활동과 연결하여 의미를 구성하는 데 도움을 주고, 때로는 지시적이고 명시적이며 체계적인 지도를 통해 유아의 요구나 필요로 하는 언어적 측면이 무엇인지 파악하여 균형 잡힌 활동을 제공함으로써 문식성 발달이 이루어지도록 한다.
③ 다양한 상황을 통해 균형 잡힌 문식활동이 일어나도록 유도한다.
- 언어활동의 종류에 따라 대집단, 소집단, 일대일의 상호 교류가 일어나게 하고, 개념의 설명이 필요한 경우에는 교사주도의 설명을 하는 한편, 또래 간 사회적 상호작용을 유도하는 환경을 제공해야 한다.
④ 균형적 언어교육에서 활용되는 자료에는 좋은 문학작품뿐만 아니라 철자, 음운인식, 단어 지도를 직접적으로 할 때 사용되는 각종 자료, 조작교재 교구 등이 포함된다.
- 총체적 언어 접근법에서의 의미화된 내용을 발음중심 언어지도법에 의한 언어지도를 통해 능숙한 언어 사용자가 될 수 있도록 균형을 잡아가면서 적합한 자료를 사용한다.
⑤ 균형 잡힌 문식성 교육에서의 읽기활동은 유아에게 읽어주기, 유아와 함께 읽기, 유아가 혼자서 읽기로 되어 있으며, 쓰기활동은 유아에게 써 주기, 유아와 함께 쓰기, 유아 혼자서 쓰기로 구성할 수 있다.
- 기존의 읽기·쓰기활동과 다른 점은 유아에게 단순히 읽어주는 차원을 넘어서 유아에게 (to), 유아와 함께(with), 유아 스스로(by) 읽고 써 보게 하는 세 가지 차원이 골고루 이루어지도록 하는 것이다(Reutzel, 1996).
- 즉, 유아에게 책을 읽어주기도 하면서 유아와 함께 읽는 시간을 갖게 하고, 유아 혼자서 읽고 쓰게 하는 시간도 가질 수 있도록 배려해 주는 활동이 교육내용에 골고루 포함되도록 하는 것이다. 루첼(Reutzel, 1996)은 균형 잡힌 읽기와 쓰기 교육의 내용을 유아에게 읽어주고 쓰기, 함께 읽고 쓰기, 혼자서 읽고 쓰기로 구분하여 제시하였다.

균형적 읽기 프로그램	커닝햄과 홀	① 안내적 읽기 ② 쓰기활동 ③ 자기 선택적 읽기 ④ 단어와 관련한 활동	
	스트릭클랜드 & 폴러	전체-부분-전체의 방법을 도입	
	랩과 플로드	가능하면 유아들이 이미 알고 있는 것들을 통합할 수 있는 방법을 찾아 의미 있는 맥락 내에서 지도하는 것이 효과적	
	Sander (2003)	소리 내어 모델화된 읽기, 나누어 읽기, 상호작용적 읽기, 읽기 지도, 독립적 읽기	
	Reutzel (1996)	유아에게 읽어주기	• 소리 내어 읽기 • 소그룹·일대일로 읽어주기
		유아와 함께 읽기	• 함께 읽는 경험 나누기 • 안내적 읽기 • 언어적 경험 나누기

		유아 혼자서 읽기	정해진 시간에 혼자서 책 읽기
		유아에게 써주기	• 교사의 쓰기 시범보이기 • 주변 인쇄물 이용하기
		유아와 함께 쓰기	• 함께 쓰는 경험 나누기 • 알파벳 책의 활용
		유아 혼자서 쓰기	유아 혼자서 쓰기

지도과정

읽기 지도		쓰기 지도	
읽어주기	• 소리내어 읽어주기 • 소그룹으로 읽어주기 • 1:1로 읽어주기	써주기	• 교사의 쓰기 시범보이기 • 주위 환경의 글자를 이용하여 쓰기
함께 읽기	• 함께 읽는 경험 나누기 • 노래나 시를 이용한 활동하기 • 언어 경험 나누기	함께 쓰기	• 함께 쓰는(짓기) 경험 나누기 • 큰 책 만들기 • 자모음책 이용하여 쓰기
안내된 읽기	교사와 보다 능숙한 또래의 안내에 의한 책읽기	안내된 쓰기	교사나 좀 더 능숙한 또래의 안내에 의한 쓰기
혼자 읽기	정해진 시간에 유아 혼자서 책읽기	혼자 쓰기	유아 혼자서 쓰기 (독립적인 쓰기)

① **소리내어 읽기**
- 소리내어 읽기는 교사가 소그룹이나 일대일로 읽기 자료를 소리내어 읽는 시범을 보이는 것이다.
  - 교사가 유아들이 즐길 수 있는 다양한 문학작품을 선정하여 매일 일정한 시간에 소리를 내어 읽어주는 것이 중요하다.
  - 내용 이해가 쉬운 책을 감정을 살려 읽어주어 바람직한 모델이 되어준다.

② **함께 읽기**
- 교사와 유아가 함께 같은 읽기 자료를 공유하고, 유아는 교사가 읽은 것을 따라 읽거나 함께 읽는다.
  - 유아와 함께 읽기는 책을 함께 읽는 경험 나누기, 노래와 시를 이용한 활동하기, 언어 경험 나누기를 해볼 수 있다.
    - ㉠ 책을 함께 읽는 경험 나누기: 반복이 있는 책을 사용하여 유아의 자연스러운 참여를 이끌어낸다. 먼저 교사가 유아에게 책을 소개하기, 책의 전후 내용을 이야기하고 책의 특징을 보여주기, 실감 나게 책을 읽어주기, 책의 내용을 유아와 함께 토의하기, 다시 한번 읽어주기 등의 순서로 진행한다.

> 🔔 **책을 함께 읽는 경험의 진행 순서**
> - 읽기 전 활동 : 선행지식 활성화를 위한 책 소개, 표지와 그림을 통해 이야기 예측하기, 이야기와 관련된 경험 이끌어내기
> - 읽기 중 활동 : 음독하기, 합창 읽기, 질문을 통한 상호작용하기와 이야기 예측하기
> - 읽기 후 활동 : 질문을 통해 책에 대해 이야기 나누기, 이야기를 학생의 경험과 관련시키기, 다시 읽기(노래, 찬트, 드라마 활동)

ⓒ 노래나 시를 이용하여 함께 읽기: 책을 읽어줄 때 패턴이 반복적이거나 리듬감이 있는 책을 읽어주면 글자를 익히는 데 도움이 된다.

ⓒ 언어경험 나누기: 자신이 경험한 바에 대해 써보고 읽어보기도 하고, 개개인의 경험에 대해 이야기식으로 만들어 말해보기도 하며, 중요한 어휘나 궁금한 낱말을 읽어보고 의견을 나누는 활동을 할 수 있다.

③ 안내된 읽기

- 교사나 능숙한 또래의 안내에 의해 자료를 읽는 것으로, 문맥적 단서, 발음과 철자 지식과 같은 읽기 전략을 사용하도록 지도한다.
  - 비슷한 도움을 필요로 하는 학생들을 소집단으로 나눈다.
  - 학생들이 읽으면서 접하게 될지 모르는 문제 해결을 위해 학생들이 시도할 수 있는 간략한 도움을 준다.
  - 학생들은 의미에 집중하면서 개별적으로 책을 읽고 모르는 단어를 발견한다.
  - 교사는 학생이 처한 문제 해결을 위해 적절한 도움을 준다.
  - 교사와 학생은 읽은 것에 대해 의미 있는 대화를 나눈다.
  - 교사와 학생은 다양한 이해 전략을 사용하고 보여줄 수 있는 본문으로 다시 돌아 간다.

④ 독립적 읽기

- 유아가 독립적으로 자신이 선택한 읽기 자료를 읽는 것으로 교사는 유아가 수준에 맞는 책을 고를 수 있도록 돕는다. 하루 중 시간을 정해 놓고 유아가 혼자서 스스로 책을 선택해서 읽는 경험을 제공하는 것도 중요하며, 읽은 책의 내용에 대해서 글로 써보거나 그림으로 그려 표현하는 기회도 고려한다.
  - 유아가 스스로 책을 선택하여 읽는 것이다.
  - 교사는 유아가 스스로 선택한 책을 즐겁게 읽을 수 있도록 매일 고정된 시간을 마련해 주고, 시범을 보이며 유아를 관찰하고 자료를 제시해 주는 등 반응해 주어야 한다.

⑤ 유아에게 써 주기

- 유아에게 글을 써 주는 활동은 유아가 쓰기에 관심을 가질 수 있도록 유아가 보는 앞에서 교사가 글을 써 주는 활동으로, 교사의 쓰기 시범보이기, 생활환경에서 자주 접하는 글자를 이용한 활동 등이 있다.

  ⓒ 교사의 쓰기 시범보이기: 교사는 이야기 나누기를 통해 어떤 활동 영역에서 지켜야 할 규칙에 대해 논의하는 과정에서 나온 유아들의 의견을 문장으로 게시판이나 차트에 쓰는 것을 보여준다든가, 극화 활동에서 배역 정하기를 하면서 등장인물과 배역에 해당되는 이름을 써 보이는 것 등으로 시범을 보일 수 있다.

    - 쓰기 절차를 보여주며 큰 소리로 말하거나, 반응을 보이며 모델이 되어준다.
    ▶ 이러한 쓰기의 시범 보이기는 말과 글의 관계를 인식하는 것을 도우며, 문장의 구성 양상, 글을 쓰는 방향, 구두점 찍는 법, 문법이나 어휘의 다양성, 바른 철자법 등을 익힐 기회가 될 수 있다.

  ⓒ 생활환경에서 자주 접하는 글자를 이용한 문식활동(주변 인쇄물 이용하기): 우유팩이나 과자봉지, 스티커 등에 있는 글자를 이용하여 읽고 쓰는 경험을 한다.
    ▶ 글자가 어떻게 사용되는지 깨닫는 기회를 얻을 수 있으며, 읽기에 대한 자신감도 길러줄 수 있다.

지도과정

⑥ **함께 쓰기**

- 함께 쓰기 활동은 교사와 유아가 협동적으로 글을 짓는 것(텍스트를 창작하는 경험을 하는 것)으로, 교사는 대필자와 전문가의 역할을 하며 실제적인 쓰기를 하고 유아는 따라 써보거나 친숙한 낱말을 써본다.
  - 함께 쓰기에서 쓰기는 의미, 단어 선택, 유아와 교사가 함께 즐겁게 논의하고 결정한 주제 등을 타협하는 과정이다. 유아에게 쓰기의 힘을 보여주는 가장 직접적이고 연관성 있는 방법이다.
  - 읽은 책을 내용으로 쓰기 경험을 하거나, 유아와 함께 이야기를 지어보거나, 함께 읽은 책에 대해 글짓기를 하여 큰 책으로 만들어 보는 것이다. 활동 과정은 함께 토의하여 줄거리를 만들고 그림도 그려서 책으로 만들게 하며, 유아의 생각을 교사가 받아 적는다.
    - 예 동시짓기, 주말 동안 지낸 이야기, 새 소식 발표 등

⑦ **안내된 쓰기**

- 안내된 쓰기는 교사나 능숙한 또래의 안내에 의해 텍스트를 쓰는 것으로, 유아들이 실제적인 쓰기를 한다.
  - 교사의 역할은 유아들을 안내하고 유아에게 반응하며 글짓기 과정에서 유아들의 사고를 확장시켜주는 것이다.
  - 유아들이 직접 연필을 쥐고 쓰기를 하므로, 쓰기영역이 필요하다.
  - 교사는 직접적이기보다는 지지적인, 규정적이기보다는 제안적인 역할을 한다. 이때 쓰기작품의 소유권은 유아에게 있다.
  - 교사는 유아가 자신의 의미를 발견하도록 유아에게 권한을 부여해야 한다.

⑧ **유아 혼자서 쓰기**

- 유아는 교사의 개입 없이 독립적으로 편지, 이야기, 비형식적인 책 등의 쓰기 과정에 참여한다.
  - 유아 혼자서 쓰기는 표준적 글쓰기가 아니므로 알아볼 수 없는 그림이나 끼적거리기, 자기 마음대로 지어 쓴 글씨 형태가 나타나더라도, 자신의 생각과 아이디어의 표현이라면 관심 있게 봐주고 격려하는 것이 중요하다.
    이유 이러한 초기 글쓰기의 형태가 능숙한 문식성의 기초가 되기 때문이다.
  - 잘 모르는 글자를 써 달라고 할 때, 교사가 쓰기 모델이 되어 쓰는 과정을 자주 보여 주는 것도 중요하다.
  - 교실 내에 부착된 유아 이름이나, 차트, 메시지 등은 쓰기의 자극제가 될 수 있다.
  - 쓰기 코너 운영: 쓰기 도구를 마련해 주는 것뿐만 아니라 매일 쓰기를 위한 별도의 시간을 만들어 준다.
  - 유아가 자신이 쓴 내용에 대해 말하는 대로 종이 밑부분에 받아 적어 두고 읽어보게 한다든지, 포트폴리오로 보관하고 평가자료로 활용할 수도 있다.

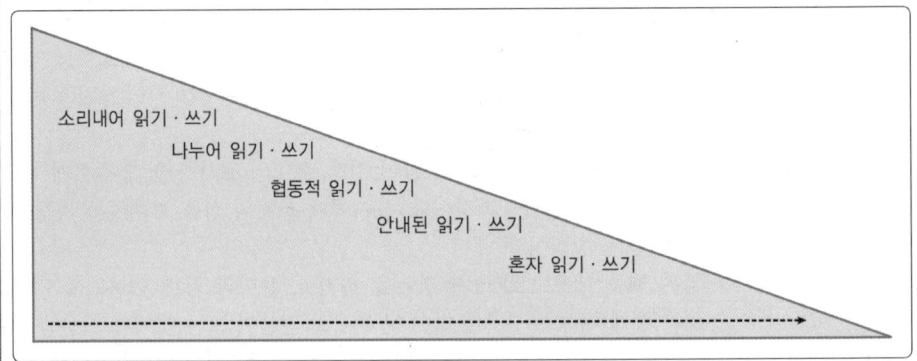

위의 모형에서의 지도과정은 왼쪽에서 오른쪽으로 진행되고, 왼쪽의 활동 비중이 더 크다. 오른쪽으로 갈수록 유아의 독립성이 증가하고, 교사 지원이 감소한다.

지도과정

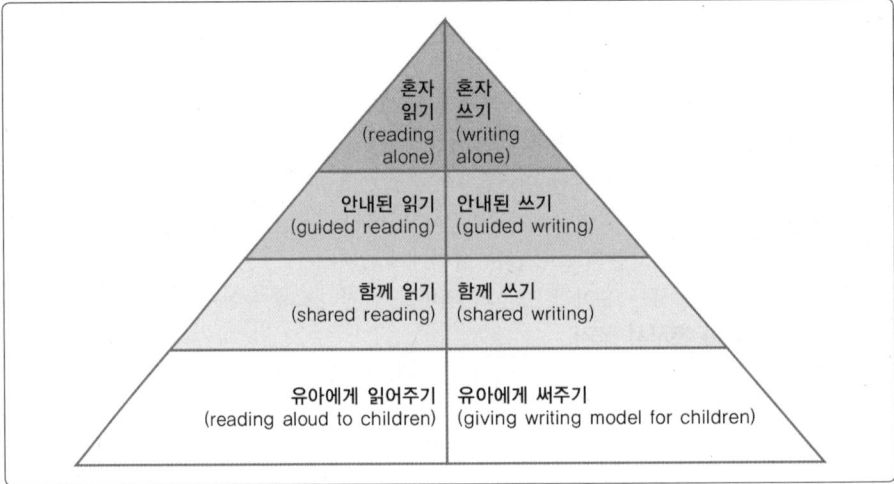

✿ 피라미드식 균형적 언어지도 모형

출처: Wiener & Cohen(1997)

아래에서 위로 진행되고, 아래쪽의 활동 비중이 더 크다. 위로 올라갈수록 유아의 독립성이 증가하고, 교사 지원이 감소한다(김은심 · 조정숙, 2019).

장점
- 의미중심 언어접근법의 기본 틀을 유지하면서 음운인식 또는 철자 · 소리 대응과 같이 읽기에 필요한 기초 지식과 기술을 지도하는 것이므로 부호중심과 의미중심에서 사용하는 교수법을 모두 사용할 수 있다.
- 유아의 개별 언어 발달 수준과 적합한 교수법을 제공하여 유아의 언어사용 욕구를 충족시킨다.
- 유아의 적극적인 언어활동을 위해 다양한 매체를 활용할 수 있다.

단점
- 초기 유아의 흥미를 고려하여 의미중심으로 지도하고 차츰 문자에 익숙해질 때쯤 자음과 모음지도를 병행하는 절충식 방법을 사용하므로, 지도 시기 · 순서 · 비중 등에서 진정한 의미의 균형적 언어지도에 어려움이 있다.
- 교사의 역량과 역할에 따라 유아에게 제공되는 언어지도에 차이가 있을 수 있다.

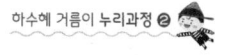

MEMO

■ 균형적 언어교육을 위한 읽기·쓰기 교수 전략

구 분	내용	
	읽기	쓰기
유아에게 (to children)	**소리 내어 읽기** • 교사가 읽기 자료를 소리 내어 읽는 시범을 보임 • 이야기 구성에 대한 이해를 넓힘 **소그룹, 일대일로 읽어주기** • 이야기에 대한 반응이나 표현을 도울 수 있음	**교사가 쓰기 시범 보여주기** • 교사가 소리 내며 쓰는(writing aloud) 시범을 통해 유아가 음성언어와 문자언어 간 관계를 인식 **환경인쇄물(environmental print) 이용하기** • 환경인쇄물을 이용한 쓰기 지원
유아와 함께 (with children)	**함께 읽는 경험 나누기** • 교사가 읽기 전략의 시범을 보이고 유아들을 차츰 동참시킴 • 운율, 리듬, 반복되는 구절이나 예측 가능한 부분 읽기 **안내적 읽기** • 유아 개별 혹은 소집단으로 책 선택, 교사와 상호작용하며 읽기 **언어적 경험 나누기** • 영유아의 경험을 차트 형식으로 만들어 읽고 써보기 • 주요 어휘나 궁금한 낱말 써주기	**함께 쓰는 경험 나누기** • 유아가 생각을 말로 하면 교사가 받아 써주는 활동 • 유아와 함께 이야기를 짓거나 함께 읽은 책에 대해 토론하여 큰 책(big book) 만들기 **안내적 쓰기** • 유아가 직접 쓰되 모르거나 어려운 글자만 교사의 안내를 받는 것 **함께 텍스트 창작** • 알파벳 체계(❿ '기차 ㄱㄴㄷ')에 따라 함께 글짓기를 함
유아 혼자서 (by children)	**정해진 시간에 혼자서 읽기** • 유아는 독립적으로 자신이 선택한 읽기 자료를 읽음 • 교사는 유아가 수준에 맞는 책을 고를 수 있도록 도움	**유아 혼자서 쓰기** • 교사의 개입 없이 독립적으로 편지, 이야기, 비형식적인 책 등의 쓰기 과정에 참여 • 교사는 교실 내 쓰기를 자극할 수 있는 자료 제공

UNIT 75 언어 경험적 접근법

KEYWORD # 언어 경험적 접근법, 경험의 기록

출현 배경	• 1920년대 시카고 대학에서 최초로 사용되고, 1934년 언어경험이라는 용어로 불리며 사용되었다. • Hall(1972): "초기 읽기 단계의 유아들이 읽기가 의사소통 방식임을 인식하고 문자언어와 음성언어를 연결지을 수 있도록 통합 지도하는 것이 중요하다." − 학습자가 자신의 언어로 쓰인 교재를 활용하면 유의미한 학습이 일어나고 유창한 읽기도 용이하므로 언어경험 접근법을 활용할 것을 제의하였다.
기본 가정	• 유아는 자신의 생활경험을 기록한 읽기자료를 보다 쉽게 읽을 수 있고, 자신과 관련 있는 친숙한 낱말들을 중심으로 읽기·쓰기 학습을 보다 효과적으로 할 수 있다는 것을 기본 가정으로 두고 있다. • 유아에게 의미 있는 읽기·쓰기활동을 제공하여 개념 및 어휘와 읽기·쓰기 능력을 발달시키는 의미 중심적 읽기 지도방법에 해당하며, 유아들의 경험이 스키마가 되어 읽기에 도움을 주게 되는 하향식 접근 방식이다.

특징	• 언어경험 접근법은 초기 읽기 지도방법 중 하나로, 생각하는 것을 말할 수 있고 말하는 것을 쓸 수 있으며, 다른 사람들이 써 준 것을 읽을 수 있다는 관점에서 음성언어와 문자언어를 자연스럽게 연결하여 경험하게 하는 언어 교수방법이다.
	  − 자신의 말을 글로 바꾸어 적는 과정에서 유아는 문자언어와 음성언어의 관계를 보다 쉽게 파악하게 되고, 단어와 문자의 개념을 발달시킬 수 있다.
	• 유아들이 생활 속에서 자신이 경험한 것을 스스로 글로 쓸 수 있도록 도와주기 위한 언어 교수방법으로, 경험한 것에 대한 자신의 느낌과 생각을 말이나 글로 표현하도록 하고, 그것을 다시 읽기 자료로 활용하는 방식을 제안한다.
	  − 우선적으로 유아의 경험이 중시되며, 산출된 글보다는 그 글을 쓰는 과정을 중시한다.
	  − 실제 경험을 바탕으로 유아가 자신의 생각을 말로 표현하거나 쓰고, 유아가 쓴 글을 다시 읽는 순환의 과정을 거치기 때문에 교육의 과정은 매우 생생하고 유아 중심적이다.
	  − 유아는 교실에서 일어나는 또래와의 상호작용 경험을 확장시켜 자신의 주변 지식을 넓히고, 그 경험을 말과 글로 표현하고 이해하며 문자언어 능력을 향상시키게 된다.
	• 유아가 이미 잘 알고 있는 단어들을 중심으로 읽기, 쓰기 지도를 시작한다는 것이 기본적 전제가 되므로, 유아들이 경험한 것에 대해 나눈 이야기가 교수−학습 자료로 사용된다.
	  − 유아 자신의 생각과 말에서 나온 글이 읽기 자료로 제시되면, 유아에게 유의미한 내용이므로 자연스럽게 흥미를 갖게 되고 읽고 싶은 동기가 유발된다.
	  − 유아들의 언어 표현능력과 경험이 제한되어 있어 경험으로 구성된 자료가 완벽하지 못할 수도 있으나, 자신의 경험을 말해보고 그것이 기록되는 모습을 관찰하며 이를 읽고 써 보면서 듣기·말하기·읽기·쓰기의 언어과정을 통합적으로 경험하는 기회를 갖게 된다.
	• 언어경험 접근법은 유아를 중심으로 그들의 생각을 그때그때 음성언어로 표현하게 한 다음 기록하여 읽기자료로 활용하는 방법이므로 일정한 형식이나 미리 계획된 내용이 있을 수 없다.

	– 따라서 교사는 유아의 활동을 세심히 관찰하여 유아 각자의 경험적 배경, 흥미, 언어발달 정도를 파악하고, 유아의 수준에 적합한 경험을 선택하여 글을 써보도록 한다. 이때 글을 쓸 줄 모르는 유아는 그림으로 표현하거나 교사의 도움을 받을 수 있다. – 유아들이 함께 만든 읽기 자료를 친구들과 읽어 보고 의견을 교환하는 것은 읽기에 대한 유아의 흥미를 지속시키고 학습 동기를 자극하여 읽기의 기초 기능을 향상시킨다. – 이러한 과정에서 교사는 유아가 말한 것을 받아써 줄 수 있는데 받아써 주기는 유아의 흥미와 상황에 따라 대집단 받아써 주기, 소집단 받아써 주기, 개별 받아써 주기의 세 가지 형태로 이루어질 수 있다. '언어경험 접근법'에서는 시간적 제약이 따르는 개별적 받아써 주기보다 대집단 받아써 주기가 더 자주 활용된다(주영희, 2001). 예를 들어 다 함께 연극을 본 후 느낌이나 기억나는 내용을 대집단으로 이야기 나누며 글로 받아써 줄 수 있다.
교수방법	• 유아의 경험과 그들의 언어를 배경지식으로 이야기를 만들어내고 이를 읽기자료로 사용한다. – Dixon & Nessle(1983)은 언어경험 접근의 실천 방법으로 '토의하기, 구술하고 받아쓰기, 읽기, 단어학습, 다른 자료 읽기' 순으로 절차를 소개했다. – Nettles(2006)은 '경험하기, 경험에 대해 이야기하기, 구술한 내용(교사가) 받아 써주기, 기록한 자료 읽기, 읽기자료 전시 및 가정으로 보내기'로 교수절차를 제시했다.
단계	① 자신이 읽은 것이나 생활 중에서 경험한 것에 대해 이야기하기 ② 그것을 글로 써보기 ③ 읽어 보는 단계 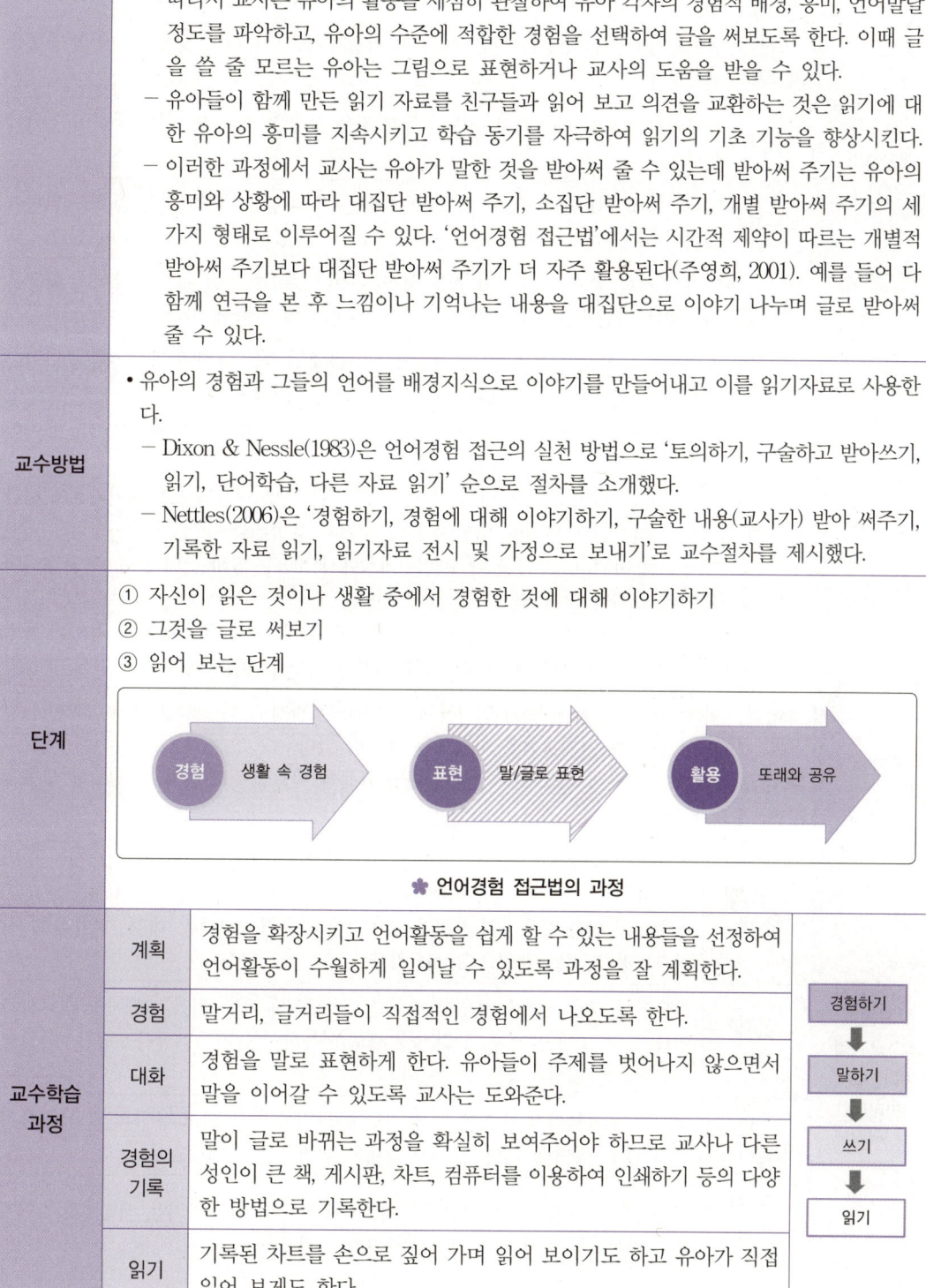 ✿ 언어경험 접근법의 과정

교수학습 과정	계획	경험을 확장시키고 언어활동을 쉽게 할 수 있는 내용들을 선정하여 언어활동이 수월하게 일어날 수 있도록 과정을 잘 계획한다.
	경험	말거리, 글거리들이 직접적인 경험에서 나오도록 한다.
	대화	경험을 말로 표현하게 한다. 유아들이 주제를 벗어나지 않으면서 말을 이어갈 수 있도록 교사는 도와준다.
	경험의 기록	말이 글로 바뀌는 과정을 확실히 보여주어야 하므로 교사나 다른 성인이 큰 책, 게시판, 차트, 컴퓨터를 이용하여 인쇄하기 등의 다양한 방법으로 기록한다.
	읽기	기록된 차트를 손으로 짚어 가며 읽어 보이기도 하고 유아가 직접 읽어 보게도 한다.

교사 역할	수용자	유아의 말을 그대로 받아들여야 하고, 창의적 특성을 인지해야 한다.
	경험 제공자	유아들이 다양한 경험을 체험하여 이를 학습자료로 활용할 수 있도록 양질의 경험을 제공한다.
	기록자	유아들의 발화를 예측하고 순발력 있게 적을 수 있는 기록자로서의 능력이 있어야 한다.
	질문자	"누가, 언제, 어디서, 무엇을, 왜, 어떻게 했는가?"와 같은 간단한 질문을 하여 말하기 실력이 낮은 유아들이 더 많은 이야기를 할 수 있도록 도움을 주어야 한다.
	관찰자	각자의 경험, 흥미, 언어발달 정도를 아는 것이 중요하므로, 교사는 유아의 활동을 면밀히 관찰함으로써 지도에 도움이 되는 단서를 잡아야 한다.
장점		• 유아들이 경험한 내용으로 읽기, 쓰기 지도를 시작하게 되므로 유아가 자연스럽게 읽기와 쓰기에 흥미를 느끼고 읽기, 쓰기에 대한 동기유발이 될 수 있다. • 이미 잘 알고 있는 단어들을 중심으로 읽기, 쓰기 지도를 시작하므로 유창한 읽기가 용이해 초기 읽기 학습단계에서 효과적이다. • 유아 자신의 생각과 말에서 나온 글이 읽기 자료의 내용으로 제시되므로, 읽기자료에 대한 이해가 쉽고 자연스럽게 읽기에 대한 흥미와 동기가 유발된다. • 자신의 말이 글로 바뀌고, 그 글을 다시 읽는 과정에서 유아는 말과 글의 관계, 즉 음성언어와 문자언어의 관계를 보다 쉽게 파악하게 된다. • 친구들과 함께 만든 읽기자료를 읽어 보고 의견을 교환하는 것은 읽기에 대한 유아의 흥미를 지속시키고 학습 동기를 자극하여 읽기의 기초 기능을 향상시킨다.
단점		유아의 이야기(유아가 말한 내용)가 읽기자료로 제작되는 관계로, 이 자료를 통해 정확한 문법 구조 경험이나 폭넓은 어휘경험을 하기에는 제한이 있다. ▶ **대안** 그림책이나 관례적 쓰기가 적용된 다양한 문해 자료들을 경험할 수 있도록 도움을 줄 필요가 있다.
언어경험 활동의 주요기법 (Ekwall & Shanker, 1989)	주요어휘 접근법	• 교사가 유아에게 특별히 의미 있는 낱말을 끌어내어 문장으로 확대하는 방법이다. • 주요 어휘를 사용하여 새로운 이야기를 만들거나, 낱말−매칭 게임, 또는 시각·청각 변별 게임을 할 수 있다.
	그룹경험 차트	그룹이나 학급 전체가 동일한 경험을 한 후 이에 대해 이야기를 나누고 교사가 이를 큰 차트에 받아 적어 읽기 교재로 이용하여 듣기·말하기·읽기·쓰기를 통합적으로 발달시키는 방법이다.
	장면 설명하기	교사가 유아들에게 주제에 대해 간단한 토의를 하게 하고 유아의 말을 손상시키지 않고 장면에 대한 설명을 그대로 받아쓰는 것이다.
	개인적 경험 이야기	가장 일반적인 활동으로 그룹경험 차트와 같은 절차를 따르지만, 개별적인 경험에 대한 이야기를 써서 읽기 재료로 이용하는 기법이다.

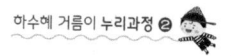

UNIT 76 문학적 접근법(문학적 언어교육 방법)

1 문학적 언어교육 방법의 개념

- 문학적 언어교육 방법(literature based instruction)이란 문학작품에 나오는 이야기나 구성요소를 이용하여 다양한 학습활동을 전개함으로써 유아의 언어능력을 길러 주는 교수법이다.
- 유아기에 적합한 문학적 언어교육 접근법으로는 ① 그림책을 읽어주고 그에 대한 반응을 유도하면서 상호 교류를 통해 문학작품의 이해를 깊게 하고 그런 과정에서 언어교육으로 접근하는 방법과, ② 모엔(Moen, 1991)이 제시한 방법으로 총체적 언어 접근법의 철학에 근거를 두고 칼데콧(Caldecott) 수상 그림책을 소개하며 책의 구조를 인식하도록 한 후 몰입활동으로 유도하는 방법을 들 수 있다. 두 가지 방법 모두에서 최우선적으로 고려해야 할 것은 좋은 작품을 선택하는 것이다.
- 유아기의 그림책 경험이 유아 언어발달에 미치는 영향을 살펴보면 다음과 같다.
  ① 듣기와 말하기 능력을 발달시키고, 어휘와 복잡한 문장의 습득을 통해 이야기의 이해력을 높일 수 있다.
  ② 읽기 욕구를 증가시키고, 문해기술을 발달시키며, 읽기에 대한 기초지식을 갖게 된다.
  ③ 구어와 문어 간의 관계에 대한 이해가 발달하고, 말소리와 글이 1:1 대응한다는 것을 알게 되며, 책을 위에서 아래로, 왼쪽에서 오른쪽으로 읽어 나간다는 것 등 책 읽기의 규칙을 알게 된다.
  ④ 탈맥락적 언어에 익숙해진다.
  ⑤ 책을 다루는 경험을 풍부히 가짐으로써 책에 있는 시각적 단서에 주의하게 된다.
  ⑥ 이야기 문법(story grammar)을 습득하여 글에 줄거리가 있음을 알고 다음 이야기를 추측하기도 한다.
  ⑦ 주의력과 기억력을 강화시키고 사물에 대한 개념이 발달한다.

2 모엔(Moen, 1991)의 문학적 접근에 의한 문식활동

(1) 기본 개념

개념	• 모엔은 문학적 접근에 의한 문식활동을 ① 그림책의 소개, ② 구조의 인식, ③ 몰입활동의 3단계로 소개하였다. 　– 몰입활동에는 8가지 교수전략이 있는데 그것은 작가적 전략, 협동적 학습전략, 게임 전략, 이해를 위한 전략, 듣기전략, 이야기 구조(내용) 인식을 위한 전략, 연출전략, 시각예술 전략이다(이경우, 1996).
장점	• 문학작품을 통한 간접경험은 세상에 대한 이해의 폭을 넓혀준다. 　– 어려서부터 문학작품을 경험하는 것은 직접 겪어보지 못한 여러 형태의 삶과 사건, 타인의 삶과 생각들을 접하며 세상에 대한 이해를 넓힐 수 있다. • 좋은 작품을 접함으로써 문학적 요소들에 대한 인식 능력을 기를 수 있다. • 말과 글의 관계, 읽기와 쓰기의 기초 기능들의 교육이 작품에 의해 동기유발 되어 자연스럽게 이루어질 수 있다.

(2) 문학적 접근 3단계

① 그림책 소개		• **유아에게 좋은 책을 선정** 책에 대해 흥미와 관심을 갖도록 하기 위한 것이다. • **그림책 읽기 준비** 그림책의 제목이나 주제와 관련하여 유아의 경험과 관련된 질문을 하거나 그림책 표지의 제목, 저자, 삽화가, 출판사를 알아보고 이야기를 나누거나, 표지의 그림을 보고 이야기를 예측하는 질문에 의한 대화를 통해 그림책 읽기 준비를 한다. • **그림책 읽기** 그림책을 읽을 때는 목소리, 얼굴 표정, 몸짓 등을 최대한 작품에 맞게 연출하여 재미있게 읽어 준다. 그림책은 유아가 문어를 경험하는 좋은 기회이므로 책 내용을 각색하지 않고 그대로 읽어 준다.
② 구조의 인식		그림책을 읽은 후에는 책 내용에 대한 경험적·분석적 접근 방식의 질문을 통해 반응을 유도한다. 가령 경험적 접근의 질문은 작품의 핵심적 내용을 파악하여 그 내용에 관한 질문이 유아의 경험을 반영하여 반응할 수 있도록 계획하는 것이다.
	경험적 접근의 질문	경험적 접근의 질문을 통해 문학작품 속 등장인물의 이야기를 유아 자신의 경험에 반영하여 반응함으로써, 작품의 내용을 다시 상기시키고 그 내용을 유아 자신의 경험과 관련지으며 작품을 더 깊게 의미화하여 흥미를 더할 수 있다. 예 『검피 아저씨의 뱃놀이』 　– '검피 아저씨의 뱃놀이'를 읽고 어떤 느낌이 드니? 　– 너희들도 배를 타 본 경험이 있니? 　– 너희들도 하지 말라는 것을 해본 경험이 있니? 　– 너희들도 물에 빠져 본 경험이 있니?
	분석적 접근의 질문	분석적 접근의 질문을 통해 이야기의 내용과 구조를 더 잘 이해하게 되고 극놀이에도 도움을 줄 수 있다. 예 『검피 아저씨의 뱃놀이』 　– '검피 아저씨의 뱃놀이'에는 누가 나왔니? 　– 동물들이 배를 타기 위해 뭐라고 했니? 　– 배 안에서 동물들이 어떻게 했니? 　– 동물들은 어떻게 되었니?
③ 몰입 활동		모엔이 제시한 몰입활동 중 작품에 따라 적절한 전략을 선택하여 활용할 수 있다.
	작가적 전략	• 작가적 전략은 그림책 내용과 관련하여 유아 개인이 스스로 글을 지어보는 것이다. • 저널, 등장인물에 대한 일기, 내 단어책, 편지 쓰기, 이야기 지어 책 만들기, 안내인쇄물 활용, 신문/광고 만들기, 자서전 꾸미기, 등장인물 단평, 동시 짓기, 직업목록, 가상(상상)하기, 단어 벽 사용하기 등을 말한다. 　– 저널: 그림책의 주제와 관련하여 그림이나 글로 자유롭게 자신의 생각이나 느낌에 대해 저널을 쓰는 것이다. 　– 등장인물에 대한 일기: 유아 자신이 그림책에 등장하는 인물이 되어 일기를 쓰는 것이다. 　– 내 단어책: 유아가 좋아하는 단어, 어려운 단어, 기억하고 싶은 단어, 의미를 이해한 단어, 모양이 재미있는 단어 등을 자신의 단어책에 기록해 가는 것이다.

		− 편지쓰기: 그림책의 등장인물의 역할을 가정해 보고 그 느낌을 묻는 편지를 써보는 활동으로 주인공에게 편지쓰기를 할 수 있고, 작가에게 편지쓰기, 안부편지, 초청장 등 확장활동을 할 수 있다. − 이야기 지어 책 만들기: 그림책과 관련하여 유아 개개인의 그림과 글을 꾸며 책으로 묶거나 동물 모양으로 시집 등을 만들어 보는 것이다. − 등장인물 단평: 그림책의 등장인물의 말이나 행동, 특징이나 느낌에 대해 묘사한다. − 동시 짓기: 시를 읽고 난 후 개별적으로나 집단으로 시를 개작하는 활동을 한다. − 가상(상상)하기: 그림책의 내용과 관련해 가상적 상황을 제시하여 상상력을 도모하고, 문학의 텍스트와 현실을 관련지어 작품을 더 깊이 이해하며 흥미를 유발시키기 위한 것이다.
	협동적 학습전략	• 토의하기 • 책을 잘 읽는 유아가 책 읽기 능력이 미숙한 유아의 활동을 돕는 것
	게임 전략	• 단어 입양하기, 재미있는 단어찾기, 부분 가리고 읽기, 문장 재배열하기, 소원 이야기하기, 제목 빌리기 등의 언어 게임을 할 수 있다. − 단어 입양하기: 흥미 있는 단어 두 개를 선택하여 각 단어에서 글자를 가져와 새 단어를 만드는 것이다. 가령 '사람'과 '모자'로부터 '사자'를 만들고 이것을 단어책에 기록하여, 색종이나 색펜으로 구분해 목록을 만들 수도 있다. 가령 동물 이름은 노란색, 야채 종류는 초록색이다. − 재미있는 단어 찾기: 그림책 속의 재미있는 단어를 찾아 배열하고 써 보기도 한다. 책 내용의 주개념 단어나 어휘를 찾을 수도 있고, 반대되는 단어, 비슷한 단어찾기 게임으로 확장할 수도 있다.
	이해를 위한 전략	• 소리 내어 읽기, +주원문해, 큰 책 만들기, 다이어그램, 단어 가지 만들기 − 소리 내어 읽기: 좋은 그림책을 읽어주는 것은 유아들이 문어를 경험할 기회를 주기 때문에 책 내용 그대로 등장인물이나 상황의 변화에 따라 실감나게 읽어주는 것이 좋다. − 큰 책 만들기: 유아들이 좋아하는 책의 내용을 선택하고 그에 따라 각자 그림을 그리게 하여 큰 책으로 만들어 보거나 유아들이 동화를 지어서 큰 책으로 만든다. − 다이어그램: 비교와 대조의 개념을 이해하는 데 도움을 주는 방법으로 그림책을 읽고 이야기 속의 상황과 자신의 상황을 비교하는 활동을 할 수 있다. 『검피 아저씨의 뱃놀이』를 읽고, '엄마가 내게 하지 말라고 하신 것'과 '검피 아저씨가 동물들에게 하지 말라고 한 것'을 벤 다이어그램으로 비교해 볼 수 있다. − 단어 가지 만들기: 읽기와 쓰기의 어휘를 향상시킬 수 있는 활동이다. 『알렉산더와 장난감 쥐』를 읽기 전에 '생쥐'를 원의 중심에 쓰고 가지를 쳐서 각 특징을 써 보고 읽어 본다. 책을 읽은 후에는 이야기와 연관지어 문장을 완성시키는 단어를 만들어 본다. 이 활동은 단어를 생각해 내고 사용하는 과정이 즐겁도록 유도하는 것이 중요하다.

SESSION
05

+ 주원문해
논리적 사고력을 키우는 질문법으로 SWBS (Somebody, Wanted, But, So), 즉 '주인공이 원했으나 문제가 있다. 그래도 해결되었다.'의 약어를 말한다(Schmidt, 1989; 이경우, 1996). 이것은 나이가 많은 유아에게 적용될 수 있으며, 작품을 감상한 후 이야기의 이해를 위해 만들어 볼 수 있다.

이야기 구조(내용) 인식을 위한 전략	• 이야기가 지닌 일반적인 구조에 대해 인식하고 이해할 수 있도록 하는 전략이다.
	  ‒ 유아들은 책을 위에서 아래로, 왼쪽에서 오른쪽으로 읽고, 그림책에는 그림 배경과 등장인물이 있으며, 이야기가 있다는 것도 알게 된다.
	  ‒ 또한 이야기 구조에 대해서는 사건의 연속, 비교와 대조, 질문과 대답, 운율과 반복, 진술과 정교성, 문제 해결, 원인과 결과가 있는 이야기 등을 읽고 연계활동을 계획하여 이야기 구조와 내용을 인식할 수 있도록 한다.

듣기 전략	녹음된 테이프, 다양한 시 등의 활용을 통해 듣기를 즐길 수 있도록 하는 전략이다.

연출 전략 (무대예술)	• 그림책을 읽고 이야기 내용에 어느 정도 익숙해질 때 그에 대한 반응활동을 적용하면 더욱 적극적으로 참여하게 된다.
	  ‒ 읽기 합창: 몇 개의 집단으로 나누어 여러 색의 종이에 읽을 부분을 써 주거나 파워포인트 프로그램을 활용하여 읽을 부분을 제시해 주고 유아가 맡은 부분을 함께 읽는 것이다.
	  ‒ 극화 활동: 연극, 인형극, 팬터마임을 통해 이야기를 극으로 표현하는 것이다. 책의 내용에 대해 대사 없이 무언으로 표현하기도 하고, 배경음악과 대사를 녹음하여 그에 따라 연극을 하기도 하지만, 함께 대본을 만들고 등장인물의 특징을 논의하여 창의적으로 대사와 제스처를 창안해 내어 표현하는 것도 좋다.

시각예술 전략	• 유아들이 그림책의 내용과 관련하여 그림을 그리고, 그림에 글을 꾸며 넣어 내용을 표현하는 활동이다. ‒ 세부활동에는 포스터와 표지판 만들어 보기, 다양한 그림책의 삽화를 관찰하고 감상하기, 프로젝트를 통한 다양한 예술작품 만들기, 그림책의 내용과 관련된 실제물을 가져와서 보여주거나, 교사 또는 부모가 책의 내용과 관련된 활동을 보여주는 방법이 있다.

II 일상생활 속에서의 언어지도와 교사 역할

UNIT 77 언어발달 지원을 위한 상호작용

1 언어표현 발달 지원

단어를 수정하여 재진술	• 영유아들은 말소리를 만드는 데 필요한 발음기관(또는 조음기관)이 발달해 가는 과정에 있다. 따라서 여러 가지 말소리들을 표현할 때 부정확한 표현을 종종 하게 된다. 이것은 유아가 잘못이나 실수를 한 것이 아니므로 지적의 대상이 되어서는 안 된다. – 때로 성인들은 유아의 부정확한 표현을 수정하기 위해 발음을 지적하거나, 오류를 수정하기 위해 그대로 따라하게 한다. 이러한 상호작용은 영유아로 하여금 적극적인 의사표현을 주저하게 하는 등 자신감에 부정적인 영향을 줄 수 있다. – 그리고 영유아의 부정확한 발음(⑩ 하비, 샌님, 까까 등)을 그대로 따라하면서 부적절한 언어모델을 제공하기도 한다. 성인은 적절한 언어모델 제공을 위해 정확한 발음의 짧고 간단한 문장을 반복해 말하면서 다양한 목소리를 사용하는 등의 유아지향적인 말(child directed speech)을 사용해야 한다. – 영유아의 자신감을 훼손시키지 않으면서 부정확한 언어표현을 수정할 수 있는 방법에는 올바른 단어를 사용하여 재진술하기가 있다. 　⑩ 민지는 역할놀이 영역에서 그릇에 뭔가를 담는 척하다가 선생님에게 내민다. 　　민지 : 아슈크림. 　　교사 : 아이스크림이에요? 아~ 맛있겠다. 아이스크림 잘 먹겠습니다.

보다 완전한 문장으로 재진술		• 영유아들은 언어 환경에 노출되어 성장하는 과정을 통해 단어 표현에서 문장으로 의사표현을 할 수 있게 된다. – 그러나 영유아는 습득된 단어 수가 제한적이고, 문장 구성 원리에 대한 이해 및 활용이 부족하다. 유아는 자신이 말한 것에 대해 부모나 교사와 같은 성인이 보다 완전한 표현으로 진술하는 것을 들음으로써 어휘를 습득하게 되고, 문법적으로 정교하고 긴 문장으로 표현하는 것을 학습하게 된다(Machado, 2003). – 따라서 교사는 영유아가 말한 문장을 보다 완전한 문장으로 재진술하여 들려줌으로써 영유아의 언어발달을 지원할 수 있으며, 이러한 방법에는 확장하기(expanding), 부연하기(extending)가 있다.
	확장 (expanding)	유아가 표현한 문장의 구조를 보다 정확하고, 완전한 형태의 문장으로 구성해서 다시 들려주는 방법이다. ⑩ '내가 좋아하는 동물원' 책을 보며 이야기를 나눈다. 　교사 : 시진이는 무슨 동물을 좋아해? 　시진 : 사자. 　교사 : 시진이는 사자를 좋아하는구나.

	부연 (extending)	유아가 말한 내용에 대해 묘사적인 언어나 보다 정교한 언어를 사용하여 반응해 줌으로써 유아가 표현한 문장의 의미를 확대하는 방법이다. ⬛ 산책 나간 길에서 진달래가 가득 핀 것을 보았다. 유빈: 우와~ 꽃이다. 교사: 봄이 되어서 꽃이 피었네. 민서: 진달래… 교사: 아~ 진달래가 활짝 피었구나.
지시어에 대한 구체적 지칭 안내하기 (지시어 구체화)		• 유아는 자신이 경험한 대상이나 상황을 공유하지 않은 다른 사람에게 종종 지시어를 사용하여 말하곤 한다. - 이는 유아의 인지발달 특성인 자기중심성으로 인해 자신이 알고 있는 것을 다른 사람도 알고 있다고 생각하는 것에서 기인한다. 그리고 유아는 자신이 경험한 것 또는 아는 것을 다른 사람이 이해할 수 있도록 정보를 전달하는 참조적 의사소통 능력이 부족하므로 이와 같은 특성에서 영향을 받는다. - 그러나 이러한 유아의 의사소통 특성은 다른 사람과 의사소통을 하는 데 있어 분명한 메시지를 전달하는 것을 방해할 수 있다. 따라서 교사는 이러한 유아의 발화에 대해 유아가 가리키는 지시어의 대상을 구체적으로 표현할 수 있도록 상호작용하는 것이 좋다. ⬛ 민혁이가 블록으로 만든 청소기를 보고 친구들이 청소기를 만들고 싶어 한다. 이를 본 교사가 어떻게 만드는지 알려달라고 요청하였다. 민혁: 이거를 이렇게 해서 이렇게 연결하면 된다. 교사: 와플블록을 세워서 옆으로 연결한 다음에, 중간블록과 와플블록을 붙이면 된다는 거구나.

2 개념이해 지원

• 영유아는 매일매일 새로운 단어를 경험하면서 각 단어의 뜻과 개념들을 점차 이해하게 된다.
- 일상 속에서 교사는 영유아가 단어의 뜻과 개념을 이해하는 것을 다음의 5단계 절차에 따라 지원할 수 있다(Machado, 2013).

📖 개념이해 지원의 내용 및 사례

구분	내용	사례
① 주의집중	사물 및 개념에 대해 영유아의 주의를 집중시키는 것	바깥놀이 도중 서현이가 발 밑의 그림자를 발견하고는 쳐다보고 있다. 교사: 서현이 발 밑에 그림자가 있네. 서현: 그림자? 이게 그림자예요?
② 동기유발	이것에 대해 알고 싶도록 언어적 상호작용을 하면서 동기를 유발하는 것	교사가 서현이의 그림자에 대한 관심을 지원하고자 다른 사람에게도 그림자가 있음을 말한다. 교사: 우와. 선생님 밑에도 그림자가 있네. 지영이 밑에도 그림자가 있어.

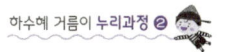
③ 정보제공	어떤 행동 수행을 위한 구체적인 정보를 제공하는 것	서현이가 지영이의 그림자를 본다. 서현: 지영이 그림자가 지영이 따라다녀요. 교사: 지영이 그림자가 지영이를 따라다니네. (움직이면서) 어, 선생님 그림자도 따라오는데.
④ 실행촉진	실제로 시도하거나 수행하도록 하는 상호작용	서현이가 움직이면서 자신의 그림자도 움직이는지 바닥을 쳐다본다. 서현: 나(내 그림자)도 움직인다. 교사: 우리 뛰어볼까? 그림자가 따라오는지?
⑤ 피드백 제공	정확한 정보나 긍정적 강화를 제공하면서 행동 결과를 확인하고 긍정적으로 강화하는 것	서현은 그림자가 따라오는 것을 보면서 바닥을 보며 뛰다가 멈추다가 또 다시 머리도 움직여 본다. 서현: (웃으며) 자꾸 따라오네. 교사: (웃으며) 그림자는 우리가 하는 걸 다 따라 하는구나.

③ 사고발달 지원

- 교사는 일상생활에서 자연스럽게 영유아와 상호작용을 하면서 영유아가 관심을 보이는 사물, 주제, 상황 등에 대해 다양한 이야기를 주고받게 된다.
  - 그리고 이러한 과정에서 교사는 영유아에게 다양한 질문을 하게 되는데, 교사가 제시하는 질문의 유형은 질문에 반응하는 영유아의 사고과정에 영향을 주게 된다. 따라서 교사는 영유아의 사고발달을 지원하기 위한 발문을 하는 데 관심을 기울일 필요가 있다.

수렴적 (폐쇄형) 질문	하나의 정확한 해결책 또는 답을 요구하거나 제한된 답을 요구하는 질문유형으로 사실적인 정보와 대답을 요구한다. 일반적으로 영유아가 경험한 것을 기억하게 하거나 확인하기 위해 사용할 수 있다. 예 수민: 선생님, 나 동물원 갔다 왔어요. 교사: 우아~ 재미있었겠다. 동물원에서 어떤 동물을 보았니? 수민: 사자, 호랑이, 하마, 기린… 교사: 어떤 동물을 가장 좋아하니? 수민: 사자요. 교사: 사자를 가장 좋아하는구나.
확산적 (개방형) 질문	하나의 정답이 없고 다양한 해결책이나 답을 찾는 것을 요구하는 질문유형이다. 이러한 질문유형은 영유아로 하여금 자신이 아는 것, 생각하는 것, 느끼는 것을 표현하게 하고, 유아의 이해, 가설, 감정 등을 교사나 친구들과 공유할 수 있도록 하여 지식의 확대와 발전을 자극한다. 예 수민: 선생님, 여기 방울토마토가 다 말랐어요. 교사: 정말~ 방울토마토 껍질이 쭈글쭈글하게 되었네. 왜 방울토마토가 이렇게 말랐을까? 지효: 물을 안 줘서요. 슬기: 빨리 안 먹어서… 너무 오래 있어서 그런가? 수민: 더워서 힘들어서 그런가?

발문 수준에 따른 발문 종류[Borich(2011)]

교사는 일상생활 중에서 상황에 따라 수렴적 질문, 확산적 질문을 사용하게 된다. 그러나 교사는 제한된 답을 확인하거나 단순한 사실을 기억하게 하는 질문을 하기보다 영유아의 사고과정을 격려하는 다양한 형태의 질문과 상호작용을 통해 영유아의 사고를 확장시킬 필요가 있다.

수준	종류	특성	예
낮은 수준	지식	구체적 정보에 대해 회상하게 한다.	우리가 텃밭에 무엇을 심었니?
	이해	제공된 정보, 자료에 대해 이해한 것을 요약, 설명하게 한다.	오이, 방울토마토, 고추, 가지가 자라는 데는 무엇이 필요하니?
	적용	문제와 관련한 정보를 응용하여 문제를 해결하도록 한다.	우리가 심은 채소를 잘 자라게 하려면 우리가 무엇을 해야 할까?
높은 수준	분석	어떤 상황, 사건 등에 관한 이유, 원인 등을 밝히고 결론에 도달하게 하거나 개념, 정보, 아이디어들 간의 관계성을 이끌어내고 비교하도록 한다.	왜 오이, 방울토마토, 고추, 가지는 자라면서 줄기가 위로 서 있지 않고 이렇게 다들 누워버리게 되었을까?
	종합	이전에 학습했던 정보, 의견, 개념들을 창의적으로 결합시켜 다양한 답변을 하도록 한다.	그러면 오이, 방울토마토, 고추, 가지가 잘 자랄 수 있도록 우리가 어떻게 해주어야 할까?
	평가	여러 가지 대안, 이슈들에 대해 선택·판단하고 결정을 하도록 한다.	친구들이 이야기한 방법 중에 어떤 방법으로 해보면 좋을까? 그 이유는 무엇이니?

교사의 언어적 상호작용[비고츠키(Vygotsky)]

반응적 언어	정의	유아의 행동을 긍정적으로 여기며, 생각과 느낌을 존중하고 수용할 목적으로 교사가 유아와 함께 언어를 주고받는 것이다.
	특징	• 독립적 사고를 격려하고, 대안과 선택, 추론과 설명을 제공하며 상대방의 입장을 고려하여 말한다. • 교사의 요청과 지시를 유아들이 이해할 수 있도록 필요한 정보를 제공하면서 정교한 언어 표현을 한다. • 유아들은 자신이 이해할 수 있는 범위 내에서 그 한계가 합리적으로 주어질 때 규율과 책임감 등 좋은 습관을 형성할 수 있다.
	유형	• 이유 설명하기 (⑩ 지금 소나기가 내리기 때문에 밖에 나가면 옷이 젖고 그러면 감기에 걸리기 때문에 나갈 수가 없단다) • 독립성과 자율성 촉진하기 (⑩ 선생님이 그린 대로 따라서 그려봐 ➡ 네가 그리고 싶은 대로 그려보렴) • 긍정적인 통제 (⑩ 뛰지마 ➡ 복도에서는 걷자 / 이따가 와 ➡ 조금 기다려 주겠니?) • 정교한 표현 (⑩ 서랍장에 걸려 있는 빨간색 옷을 입고, 가방 안에 있는 초록색 양말을 꺼내 신으렴) • 반영적 경청하기 • 나−전달법
제한적 언어	정의	교사가 유아의 말을 불필요하다고 인식하여 유아의 언어적 상호작용을 거부하고, 나아가 유아에게 명령이나 위협, 벌, 비난과 같이 비존중적인 방법인 권위를 사용함으로써 통제하는 유형이다.
	특징	• 유아에게 자율적·독립적으로 생각하고 판단할 기회를 주지 않고, 유아의 의견을 무시하거나 권위와 규칙, 명령에 복종하게 만들면서 위협·비난·질책하는 언어 형태를 사용하는 것이다. • 유아에게 어떤 행동을 해야 할 필요성이나 이유를 설명하지 않고 교사가 일방적으로 지시를 하거나 간략하게 언급한다.
	유형	• 놀이에 관계하지 않기 (⑩ 유아가 놀든지 말든지 다른 일을 하는 것) • 표현이나 행동에 무반응 (⑩ 유아가 동화책을 교사에게 내밀어도 무반응하는 것) • 무시하기 (⑩ 말없이 유아가 가지고 있는 것을 빼앗고 제자리에 갖다 놓음) • 권위 주장하기 • 독립성과 자율성 방해하기 • 통제하기 (⑩ 안 돼!) • 강의식으로 말하기 (⑩ 교실에서 뛰어다니지 말라고 했지) • 일방적인 지시와 명령 (⑩ ~해라. ~하지 마라) • 유아를 위협하는 것 (⑩ 한번만 더 해봐) • 유아를 유혹하는 것 (⑩ ~하면 ~해 줄게) • 단순 언급 및 단순 반응하기 (⑩ 유아에게 '네, 아니오' 등의 말이 나오도록 폐쇄적인 질문을 하는 것) • 유아에게 일방적인 약속을 하거나 약속을 강요하는 것 (⑩ 안 할 거지! 약속해!) • 유아를 비꼬는 것 (⑩ 그럴 줄 알았어) • 논리적으로 따지거나 추궁하는 질문을 하는 것 (⑩ 왜 그랬어? 빨리 말해봐)
	한계 및 대안	• **한계** 일시적인 효과는 있지만, 지속적인 지도 효과는 기대하기 어렵다. • **대안** 유아의 잘못을 추궁하기보다는 허용적인 분위기를 통해 유아의 현재 감정을 수용하면서 잘못된 행동의 이유를 설명하는 것이 바람직하다.

UNIT 78 언어발달 지원을 위한 교사의 역할

영유아의 언어발달을 지원하는 교사의 일반적 역할을 Machado(2013)가 제시한 교사의 역할(경험제공자, 상호작용자, 모델), 그리고 이들의 역할에 전제 조건이 되는 관찰자로서의 역할로 구분하여 살펴보고자 한다.

관찰자로서의 교사	요구 읽어주기	• 교사는 영유아의 표정, 시선 행동 등과 같은 각종 신호와 단서를 관찰하면서 아이의 요구를 파악하고 이것을 언어화하여 표현할 수 있다. 　- 이는 영유아로 하여금 자신의 요구를 언어로 표현하는 것을 지원한다. 　예 그네 타는 아이들을 한참 동안 지켜보고 서 있는 유아를 향해, 　　교사: ○○도 타고싶니? 그네 타고 싶으면 여기 뒤에 줄 서면 탈 수 있단다.
	정서 읽어주기	관찰자로서 교사는 영유아의 언어적·비언어적 의사소통 신호를 관찰하면서 영유아의 정서를 이해할 수 있다. 영유아의 정서적 표현에 대한 교사의 비지시적 진술은 영유아가 자신의 정서를 보다 명확하게 이해하고 언어로 표현하는 것을 도울 수 있다. 예 교실에서 갑자기 큰 소리가 나자 수민이가 깜짝 놀라며 돌아본다. 　교사: 갑자기 큰 소리가 나서 놀랐구나. 　수민: 네. 깜짝 놀랐어요. 　교사: 사물놀이라서 꽹과리 소리가 아주 크게 들렸구나. 선생님도 갑자기 큰 소리가 나서 놀랐어.
	행동 읽어주기	교사는 영유아의 행동을 관찰하면서 영유아의 행동을 비지시적 진술로 읽어줄 수 있다. 이는 영유아로 하여금 자신들이 하고 있는 놀이나 일상 관련 행동들에 교사가 관심을 가지고 있다는 것을 느끼게 하고, 자신의 행동이 수용받고 있음을 경험하게 한다. 그리고 영유아의 행동을 언어로 표현하는 것을 도울 수 있다. 예 준수가 모래성을 쌓기 위해 모래밭에 물을 붓고 있다. 　준수: 젖은 모래로 해야 잘 되는데 안 돼요. 　교사: 준수가 모래성을 쌓고 싶어서 물을 부었는데, 모래가 흘러내리는구나.
경험제공자 로서의 교사	단어와 연계된 경험 제공	언어는 사회적으로 약속된 임의의 기호체계로 각 사물의 이름은 사물 자체와 직접 연결되지 않으며 임의성을 지닌다. 따라서 영유아가 단어를 접한 후 단어의 의미를 형성할 수 있도록 교사는 단어가 뜻하는 바를 유아가 직접 경험할 수 있도록 사물이나 상황을 제공해 줄 필요가 있다. 예 '개구리가 폴짝'이라는 동화를 읽고 난 유리가 바깥놀이터에서 혼잣말을 한다. 　유리: (혼잣말로 작은 소리로) 폴짝 폴짝 　교사: (옆에서 두 발 모아서 뛴다) 선생님도 폴짝 폴짝 　유리: (선생님을 보다가 자신도 뛰어본다) 폴짝 폴짝 　교사: (힘껏 두 팔을 휘두르면서) 아주 멀리 폴짝 폴짝 　유리: (웃으며 두 발로 뛰며) 폴짝 폴짝 　교사: (한 발로 뛰면서) 이번에는 한 발로 폴짝 폴짝

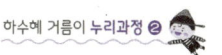

MEMO

	감각 경험에 따른 언어 지원	영유아가 새로운 단어의 의미를 이해하는 데는 직접적이고 구체적인 경험을 하는 것이 효과적이다. 따라서 교사는 구체적인 사물이나 상황 등을 경험하는 과정에서 영유아의 언어발달을 지원하기 위해서는 영유아가 오감을 통해 경험하는 것을 언어로 표현해 줄 필요가 있다. 이는 영유아가 실제 경험하는 것을 언어로 반영하여 줌으로써 영유아의 어휘습득, 표현기술 등의 언어발달을 촉진해 줄 수 있는 것이다. 예 더운 날 바깥놀이 후 교실에 돌아와서 다 같이 바닥에 누워 잠시 휴식 시간을 갖고 있다. 교사 : 창문으로 바람이 살랑살랑 불어오니까 시원하다. 민서 : 시원해요. 아까 땀 났었는데 이제 없어요. 교사 : 바람이 얼굴에, 팔에, 다리에 살랑살랑 닿으니까 땀도 식고 시원해지네. 수민 : 나도 바람 불어서 시원해요.
상호작용자 로서의 교사		 ✿ 상호작용자로서의 교사 • 교사는 영유아의 언어 행동을 관찰하고 이에 기초하여 영유아의 언어발달을 촉진하는 상호작용자로서의 역할을 한다. – 따라서 교사는 영유아의 현재 언어발달 수준, 흥미와 관심 등을 고려하여 영유아에게 제공할 언어지원의 수준과 개입의 정도를 결정할 수 있어야 한다(Machado, 2013). 이러한 측면에서 볼 때 언어발달에 있어 상호작용자로서의 교사 역할이란 앞에서 살펴본 언어표현 지원을 위한 상호작용을 모두 포함한다고 할 수 있다.
	반응성	교사는 영유아의 언어적·비언어적 시도에 언어적으로 신속한 반응을 보여주어야 한다. 이러한 교사의 반응은 영유아의 시도가 가치롭다는 것을 느끼게 하면서 그다음의 언어적 시도를 촉구하게 되는 자극으로 작용할 수 있다.
	민감성	교사는 영유아가 표현하고자 하는 바를 정확하게 읽고, 이에 대해 적절한 반응을 줄 수 있어야 한다. 교사가 영유아의 시도에 신속하게 반응하지만 영유아의 의도와 다르게 이해되어 피드백이 주어진다면 영유아와 교사의 상호작용은 중단될 수 있다.
	온정성	교사는 영유아의 언어적·비언어적 시도에 부드러운 말투와 눈빛, 미소를 머금은 표정, 고개 끄덕임, 부드러운 터치 등을 동반한 온정적인 반응을 보여주어야 한다. 교사의 이러한 온정적인 반응은 영유아로 하여금 자신이 하는 말이나 시도가 중요하다고 느끼게 하며, 자신이 존중받고 있다는 것도 느끼게 함으로써 계속 말하고 싶은 욕구를 갖게 한다.

모델로서의 교사		교사는 영유아의 일상생활 속에서 가장 많은 상호작용을 하는 사람이라고 할 수 있다. 뿐만 아니라 하루 일과 속에서 보여지는 교사의 언어 태도, 바른 언어사용 습관 등은 영유아의 모방대상이 된다. 따라서 교사는 듣기, 말하기와 관련한 바른 언어사용의 모델이 되어야 하며, 읽기, 쓰기에 관심을 가지고 즐겨하는 모범을 보일 수 있어야 한다.
	말하기	• 교사는 영유아와의 상호작용 속에서 바르게 말하기, 좀 더 완성된 문장으로 말하기, 구체적으로 표현하기 등의 표현을 들려줌으로써 말하기 모델로서의 역할을 할 수 있다. - 이는 앞서 설명한 확장, 부연, 지시어를 구체적으로 표현하기, 수정하여 재진술하기 등의 방법과 같다.
	듣기	• 교사는 말하기와 함께 듣기의 모델이 되어야 하며, 듣는다는 것은 '너에게 나의 마음과 귀를 열어두고 있다'는 것이다. 따라서 교사는 영유아 쪽으로 몸을 향한 채 듣기 태도에서 가장 기본이 되는 눈 맞추기를 하면서 영유아의 이야기를 주의 깊게 듣는 태도를 보여주어야 한다. - 이러한 교사의 태도는 영유아가 영유아 간 또는 성인과의 관계에서 다른 사람의 이야기를 듣는 태도에 영향을 미친다.
	읽기	• 영유아는 교사가 책을 읽어줄 때 그림과 글자의 관계를 이해하게 되고, 글자가 어떤 의미를 가지고 있으며, 특별한 방식으로 읽혀진다는 것을 경험하게 된다. 그리고 이러한 과정을 통해 영유아는 책에 대해 관심을 갖게 되고, 책을 읽고자 하는 욕구가 생기게 되면서 자연스럽게 글자를 하나씩 알게 되기도 한다. - 따라서 교사는 영유아에게 글을 읽어줄 때 글자와 발음의 관계, 단어의 의미, 글 읽기 방향 등과 같은 읽기 관련 기술에 관심을 가질 수 있도록 읽기의 모델이 되어주어야 한다.
	쓰기	• 영유아는 자신의 생각이나 말 등이 글로 쓰여지는 과정을 경험하게 되면서 쓰기에 대한 관심과 흥미가 증가하게 된다. - 따라서 교사는 영유아의 작품에 대한 설명이나 영유아의 생각을 글로 표현해 줄 때 바른 글씨체로 쓰는 모습을 보여줌으로써 글쓰기의 적절한 모델이 되어줄 수 있다.

III 언어교육을 위한 환경구성

🔔 언어교육 환경의 중요성

• 언어교육은 형식적인 교수방법보다 자연스러운 교수방법이 효과적이다.

• 언어적으로 풍부한 환경은 비형식적이고 자연스러운 상호작용이 일어날 수 있도록 하는 데 매우 중요한 요소가 되며, 유아들의 언어발달을 촉진하는 매개체가 되므로 유아의 언어발달을 위한 교육적 환경은 중요하다.

① 풍부한 언어적 경험을 통해 언어발달이 촉진된다.

　풍부하고 적절한 언어 환경은 유아들의 전반적인 언어발달에 직접적인 영향을 미치므로 중요하다.

② 적합한 언어 환경 속에서 언어에 대한 흥미와 몰입이 일어난다.

　• 유아들은 자신들의 작품이나 자신이 쓴 글이 교실에 전시되었을 때 기쁨을 느끼고 흥미를 갖게 되며, 서로의 작품에 대해 상호작용할 뿐만 아니라 더 즐겁게 다음 활동에 몰입할 수 있게 되므로 중요하다.

　• 유아들은 지적인 도전을 할 수 있는 언어 환경 속에서 해보고 싶은 마음과 할 수 있다는 동기부여를 받게 되고 이는 적극적인 활동의 참여로 이어질 수 있으므로 중요하다.

③ 음성언어와 문자언어의 관계를 경험할 수 있다.

　• 유아들이 함께 말로 지은 동시를 문자로 바꾸어 교실에 아름답게 게시해 주는 활동을 통해 유아들은 문자로 쓰인 것들을 자연스럽게 다시 음성언어로 바꾸어 말을 하게 된다.

　• 이러한 과정에서 음성언어와 문자언어의 관계를 이해하고 말하는 것처럼 글을 쓰는 것도 자신의 생각과 감정을 표현하는 하나의 수단임을 알고, 상황에 따라 적절한 방식을 선택하여 사용할 수 있게 되므로 중요하다.

UNIT 79 언어교육 환경

1 언어교육 환경의 원리

① 편안하고 안정적인 환경을 조성하고 풍부한 언어 자료를 제공한다.

- 유아들이 편안하고 안정적이라고 느끼는 환경에서 충분한 언어 자료들이 제공되었을 때 교육의 효과가 높다.
- 유아들이 자유롭고 편안하게 그림책을 보거나 쓰기 활동을 할 수 있도록 충분한 공간이 제공되어야 한다.
- 유아들이 언제라도 활용할 수 있는 자료와 흥미를 유발하고 지적 도전을 할 수 있는 새로운 자료들을 준비한다.
- 다만, 지나치게 많은 자료가 제시되면 언어활동에 흥미를 잃을 수도 있으므로 적절하게 제시해야 한다.

② 교실에 제공된 자료와 환경 구성은 유아들의 실제 생활을 반영하고 유아에게 의미 있는 것이어야 한다.

- 유아들은 자신들의 삶과 관련이 있고 익숙한 것일 때 더 흥미를 갖고 활동에 참여한다.
- 교실에 비치된 언어 자료들은 유아들의 흥미, 경험, 발달단계, 교육 과정의 주제에 적합한지를 고려하여 환경을 조성하고, 실생활에 있는 과자 봉지나 전단지 같은 다양한 문해 자료를 교실 상황에 제시해 줄 수 있다.
- 주제에 따라 활동 자료를 바꾸어 주는 것이 좋다.

③ 언어의 듣기, 말하기, 읽기, 쓰기의 네 가지 영역이 통합적으로 일어나도록 한다.

- 언어는 듣기, 말하기, 읽기, 쓰기가 통합적으로 일어나므로 유아들이 언어교육의 환경에서 이 네 가지 영역을 통합적으로 경험할 수 있도록 그림책뿐만 아니라 이야기를 들을 수 있는 이야기 CD도 함께 준비하여 유아가 읽고, 들을 수 있도록 한다.
- 녹음기를 활용하여 말하고, 자신의 목소리를 듣는 과정을 즐겁게 경험할 수 있도록 환경을 조성한다.

2 언어교육 환경의 구성 요소

물리적 환경	• 유아들이 언제 어느 곳에서나 쉽게 언어를 사용할 수 있도록 하는 환경을 의미한다. • 유아들이 있는 교실의 물리적 환경은 유아들이 언제나 언어를 읽고, 쓸 수 있고, 말하고 들을 수 있는 공간과 자료들이 있어야 한다. • 유아들이 있는 교실은 언어의 통합적인 사용이 가능하고 언어로 가득한 환경이 구성되어야 한다.
지적 환경	• 물리적 환경을 제공하여 지적인 도전을 하도록 만드는 환경을 의미한다. • 잘 구성된 물리적 환경 속에서 단순히 보기만 하는 것이 아니라 유아들이 하고 싶어 하는 열망을 갖도록 하는 환경을 의미한다. • 유아들의 지적 도전을 유발하는 환경은 '기대, 모델링, 흥미와 동기유발'의 세 가지 요인이 고려되어야 한다(Duffy & Roehler, 1989).

	기대 (expectation)	• 유아들에 대한 교사의 기대를 의미한다. 　- 유아에 대한 교사의 기대는 유아들의 언어발달에 큰 영향을 미친다. 　- 교사가 허용적이면서 할 수 있다고 격려해 주고, 틀려도 괜찮다는 관대한 태도를 갖고 있다면 유아들은 실패에 대한 두려움 없이 즐거운 마음으로 적극적으로 활동에 참여할 수 있다.

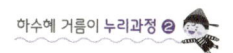

	모델링 (modeling)	• 모델링은 학습의 강력한 도구이다. － 교사의 언어를 따라할 수도 있고 친구의 언어를 따라할 수도 있으므로 모델링이 충분히 일어날 수 있도록 하는 것이 지적 환경의 구성이다.
	흥미와 동기유발	• 흥미와 동기유발은 중요한 지적 환경의 요소이다. － 하고 싶도록 준비되어 있는 환경 속에서 유아들은 '써보고 싶다, 읽어 보고 싶다, 말하고 싶다, 듣고 싶다'라는 마음을 갖게 된다. － 흥미와 동기유발은 유아들이 언어활동에 적극적으로 도전하는 마음을 불러일으킨다.
사회·정서적 환경		• 생각과 감정을 주고받는 언어활동은 사회적 활동이고, 이러한 활동이 활발해지면 의사소통이 더욱 증진되고 원활해진다. • 유아교사는 언어 환경의 구성에 있어서 사회·정서적 환경의 요소를 고려할 필요가 있다.
	사회적 상호작용 (social interaction)	언어는 혼자서 표현하고 수용하는 것이 아니라 화자와 청자, 필자와 독자와의 관계를 갖게 되므로 유아를 위한 언어 환경은 사회적 상호작용이 많이 일어나도록 격려되어야 한다.
	협동 (collaborative sharing)	• 협동은 언어활동에 대한 긍정적 태도를 형성하는 데 큰 도움이 된다. － 유아들은 함께 협력하여 역할을 분담하는 활동을 하게 될 때 서로 이야기를 나누고, 생각을 조정하며 갈등을 해결하는 의사소통 과정을 경험하게 된다. － 따라서 교사는 유아들이 함께 협력적으로 일을 해 나가는 환경을 만들어야 한다.

UNIT 80 · 언어교육 환경의 실제

1 의사소통 영역

구성		• 주변의 자극으로부터 격리될 수 있도록 조용하고 안정된 공간에 배치하는 것이 좋다. • 활동 주제나 유아의 흥미에 따라 다양한 언어활동 자료를 비치하여 듣기, 말하기, 읽기, 쓰기 활동이 고루 이루어지도록 한다. • 안락한 의자나 쿠션 등을 두어 편안하게 언어활동에 몰입하도록 한다.
놀잇감 및 교재·교구	듣기 자료	다양한 종류의 책, CD플레이어, 헤드폰, 카세트 레코드와 테이프 등
	말하기 자료	이야기 꾸미기 자료와 융판, 그림 카드, 막대 인형이나 퍼펫, 인형극 틀, 녹음기, 마이크 등
	읽기 자료	종류별 책과 책꽂이, 그림책, 잡지류, 글씨가 적혀 있는 다양한 종류의 카드 등 예 친구 이름카드, 글자카드, 모래 글자카드
	쓰기 자료	각종 필기구, 단어 카드, 컴퓨터와 프린터, 한글 고무 글자판과 스탬프, 잉크, 소형 화이트보드와 마커 펜, 가위, 펀치, 스테이플러 등

연령별 구성	3세		발달 특성: 친숙한 글자를 모양으로 인식하여 주변의 친숙한 인쇄물에 많은 관심을 보이며, 그림책을 즐겨보므로 만 3세에게는 다양한 그림책을 제공해 주는 것이 필요하다.
		듣기 활동	• 카세트와 테이프, 이어폰을 비치한다. • 동화 듣기나 유아의 목소리를 녹음하여 들어볼 수 있게 한다.
		말하기 활동	• 융판에 활동 주제 관련 자료를 제시해주어 유아가 이야기를 재구성하고 확장할 수 있도록 한다. • 여러 가지 인형 등 다양한 말하기 자료를 제시한다.
		읽기 활동	• 질적으로 내용이 우수한 그림책을 제공한다. • 읽기에 관심을 나타내지 않는 유아를 위해서는 직접 조작할 수 있는 책, 책장을 넘기면 입체가 되는 책, 헝겊책 등 다양한 종류의 책을 구비하여 흥미를 갖도록 한다.
		쓰기 활동	자석 쓰기판, 화이트보드와 마커펜, 필기류와 다양한 재질의 종이 등의 활동자료를 제시한다.
	4세		• 발달 특성 – 쉬운 단어와 짧은 문장 읽기가 가능해진다. – 따라서 짧고 반복되는 단어와 문장이 있는 동시, 동화를 제시해주어 유아 스스로 글자 읽기에 흥미를 가지도록 한다.
		듣기 활동	CD플레이어와 CD, 카세트테이프, 다양한 책 등으로 구성한다.
		말하기 활동	이야기 꾸미기 자료와 융판, 이야기 꾸미기 그림카드, 여러 종류의 인형과 인형극 틀, 그림동화, 녹음기, 공 테이프, 마이크 등을 제공한다.
		읽기 활동	다양한 장르・문화권의 동화책, 우화책 등을 제공한다.
		쓰기 활동	자신과 친구 이름을 코팅한 자료, 자석판과 마커 펜, 음각글자판과 종이, 모래상자 등을 제공한다.
	5세		발달 특성: 듣고 말하기 활동에서 나아가 읽고 쓰는 활동이 보다 활발하게 이루어진다.
		자료	4세의 언어 영역 자료를 제공하고, 그 이외에도 슬라이드, 주제에 따른 화보 모음책, 잡지류, 사전 등을 제시한다.
		활동	자신, 또래친구, 가족들에게 하고 싶은 이야기를 글로 적어 보거나 단어카드를 이용해 문장을 만들어 볼 수 있으며, 활동 주제와 관련하여 작은 책 만들기 활동도 가능해지도록 한다.

유의점	• 책이나 자료는 사용한 후 제자리에 정리정돈할 수 있도록 한다. • 유아가 이야기를 직접 만들거나 소리를 녹음해 보는 기회를 가질 수 있도록 다양한 손인형이나 동화를 준비한다. • 초기에는 주로 책 보기나 듣기 등의 활동을 계획하고, 점차 읽기나 쓰기를 위한 활동을 구성하는 것이 좋다. • 읽기나 쓰기 활동을 위해서는 자연조명이 되는 밝은 곳에 배치하도록 하는 것이 좋다. • 조금 더 아늑한 곳에서 듣기나 말하기 활동을 하기 원하는 유아를 위해 적절한 조명을 할 수 있도록 한다.

❷ 책보기 영역

구성 방법	• 밝지만 햇볕이 직접 쬐이지 않는 곳으로 한다. • 소음을 방지하기 위해 부드러운 양탄자를 깔아 놓거나 색색의 쿠션을 다양한 크기로 마련한다. • 공간이 충분하지 않은 유치원에서는 함께 모이는 영역에 도서 전시대를 놓아 책보기 영역으로 활용한다. • 책의 표지가 보이도록 전시하는 것이 바람직하다. • 상황이나 유아들 흥미수준에 따라 다양한 방법으로 책을 제시한다.
운영 시 고려사항	• 유아들이 책보기 영역을 좋아하고 책을 보려 하는가? • 여러 분야의 책을 골고루 보는가? • 책을 읽어달라고 도움을 청하는가? • 알고 싶은 정보를 찾기 위해 책보기 영역을 찾는가? • 책에서 본 것을 그림이나 몸 움직임 등으로 표현하고 싶어 하는가? • 진열된 책을 바꾸어 주기를 원하는가?
전시할 책들의 선택기준	• 재미있고 유익한가? • 제본이 잘 되어 있고 종이의 질이 좋은가? • 그림 표현이 적절하며, 색깔이 선명한가? • 페이지마다 그림과 내용이 알맞게 들어 있는가? • 책의 전체 페이지 수가 유아의 발달 수준에 맞는가?

유치원에 마련해 두어야 할 내용	• 유아들에게 실제로 일어날 수 있는 일들을 다룬 내용
	  예 생일잔치, 이모의 결혼식, 유치원 생활, 선생님 이야기, 우유 배달부 이야기 등
	• 동물의 생활을 의인화하여 만든 내용
	  예 세 마리 염소, 돼지 삼형제, 세 마리 곰, 호랑이 이야기 등
	• 환상이나 요술적인 이야기
	  예 신데렐라, 개구리 왕자, 백설공주 등
	• 집단의 한 사람, 한 사람이 중요함을 알려주는 이야기
	  예 미운 오리새끼, 제비 왕자 등
	• 어려운 환경에서도 밝고 명랑한 태도로 살아가는 내용
	  예 하이디, 프란다스의 개 등

- 신체적인 약점을 가졌음에도 불구하고 정의롭고 슬기롭게 문제를 해결하는 내용
  - 예 장화 신은 고양이, 바보 이반 등
- 자연 현상 및 과학적인 일을 다룬 내용
- 예술적인 내용을 다룬 내용

③ 유치원 생활을 돕는 언어적 환경구성 - 쉬케단츠(Schickedanz)

이름 표기 (label)	• 유아를 위한 교실이라면 어느 곳이나 적어도 몇 개의 이름 표기가 필요하다. • 먼저 유아의 개인 사물함에 유아의 이름표를 붙여 누구의 것인지 알 수 있도록 한다. • 유아들 개인 사물함의 이름 표기 이외에 유치원 교실 내에 있는 교구의 보관장(교구장)에는 각 교구가 보관되어야 할 위치에다 그림과 함께 교구의 이름표를 붙여 준다. 　－ 3세 : 그림만 제시한다. 　－ 4, 5세 : 교구의 이름표를 붙여줄 수 있다. 　－ 특히 각 교구의 이름표를 유아가 직접 붙이게 함으로써 이름표의 기능을 인식하고 그 목적을 이해하도록 도울 수 있다.
표시 (sign)	• 교실의 질서 유지에 유용하게 사용된다. 　예 읽기 영역 : '조용히 하세요'라는 표시 • 한 영역에 들어가는 유아의 수를 제한하려 할 때도 유용하다. • 특별한 장소에 주어지는 일상적인 지시 사항도 표시로 할 수 있다. 　예 화장실에는 '손을 깨끗이 씻어요', 복도에는 '걸어가세요', 층계에는 '계단을 주의하세요'라는 표시를 해 둘 수 있다. • 표시를 만들 때도 유아가 참여하도록 한다면 표시 내용에 대한 인식을 높여줄 수 있다. • 3세 유아들에게는 그림으로만 제시하고, 4~5세의 경우에는 문자와 함께 제시한다.

표 (chart)		• 정보를 나열하거나 요약한 것이다. • 유치원 교실에서 흔히 사용되는 표에는 당번표, 출석표, 일과표, 달력 등이 있다. • 4~5세 유아들의 경우에는 표를 활용할 수 있으며, 그림과 함께 제시하는 것이 바람직하다.
	당번표	• 화분에 물을 주는 당번, 간식 당번, 물고기 먹이 주는 당번 등 • **기록사항** : 해야 할 일과 그날 또는 그 주의 당번 이름, 또는 당번을 자원한 유아의 이름 • 표를 이용함으로써 자신의 이름과 다른 사람의 이름을 빨리 인식할 수 있다.
	출석표	출석판의 이름과 이름표의 이름을 가, 나, 다 순으로 제시한다면 유아는 자연스럽게 자·모음에 대한 인식을 할 수 있다.
	일과표	교사는 하루의 일과가 시작되기 전 유아들과 함께 일과표를 보면서 하루를 어떻게 지낼 것인지 이야기를 나눌 필요가 있으며, 귀가 전 평가 시간에도 사용할 수 있다.

	순서표	교구의 사용 단계 순서표, 활동 진행 순서표 등의 사용은 유아가 독립적으로 활동을 수행하는 데 도움을 줄 수 있다.
	달력	• 유아의 생활과 관련된 의미 있는 시간을 나타내는 도구로서 이용된다. • 유아의 생일과 공휴일, 특별 활동을 하는 날 등을 표시하는 것에 의미를 둔다. 　－ 달력 사용의 주된 목적은 달력에 대해 학습하는 것이 아니라, 유아에게 사건의 발생 시기를 이해하는 도구를 제공하는 것이다. • 생일날이나 견학일까지 며칠 남았는지를 보기 위해 달력이 사용될 때, 유아들은 달력의 유용성을 알기 시작하고 달력의 구조를 이해하게 된다.
목록 (list)		• 이름 목록을 만들어 순번을 정하게 되면 문제를 해결할 수 있을 뿐만 아니라 문자언어의 주된 기능을 보여줄 수 있다. 즉, 유아는 문자언어가 일의 진행 과정을 알려주고, 기억을 돕는다는 것을 알게 된다. • 이름 목록뿐만 아니라 간식 준비를 위한 재료를 쇼핑하기 위한 목록, 견학 시 가장 좋았던 내용들의 목록, 견학 시 가지고 갈 물건 목록, 먹어볼 음식 목록, 특별한 미술 작품을 만들기 위한 자료의 목록, 극화놀이를 하기 위한 소품 목록 등도 만들어 볼 수 있다. • 교사와 유아는 목록을 사용함으로써 그들의 계획과 의미 있는 사건의 요약을 구체화할 수 있다. • 이와 같은 목록의 사용은 5세 유아에게 적절하다.

SESSION
05

SESSION

06

유아문학

I 유아문학의 분류

MEMO

UNIT 81 그림책

KEYWORD# 등장인물, 배경, 플롯, 단선적 플롯, 회귀적 플롯, 전승문학, 이야기 전개의 순서(기승전결, 발단-전개-절정-결말), 정보
그림책(지식그림책)
• 전래동화, 환상동화, 사실동화, 글 없는 그림책

1 그림책의 구성

(1) 문학적 요소

주제와 소재	• 주제는 이야기 속에 들어있는 핵심적인 생각으로, 작품을 힘 있고 긴장감 넘치게 만드는 요소이다. • 유아를 위한 그림책의 주제는 '가족 이야기(예 부모와 어린 자녀 간의 사랑을 다룬 이야기), 일상생활 경험(예 친구 사귀기, 유치원과 학교 적응, 이사, 가족의 죽음, 편식 습관 등), 다양한 문화에 대한 존중, 자연에 대한 유아의 호기심, 환상 세계, 유머, 환경문제(예 아마존 강 주변 숲의 무분별한 개발 폐해를 다룬 주제), 전쟁의 폐해와 같은 사회문제(예 우리나라 휴전선 주변 비무장지대를 다룬 주제)' 등 단순하지만 전 세계적으로 보편타당한 진리를 담고 있어야 하며, 유아의 성장과 발달에 유익한 것이어야 한다. • 유아의 다양한 욕구를 만족시켜 줄 수 있는 주제와 소재는 유아로 하여금 욕구 충족을 통해 만족감을 기르도록 함으로써 그림책 읽기를 즐길 수 있도록 돕는다. 　- 유아들은 안전하고 사랑받고 싶은 욕구와 성취감을 느끼고자 하는 욕구가 강해, 자신이 동일시할 수 있거나 좋아하는 주인공이 주변 사람들과의 갈등을 이겨내고 사랑을 회복하며 어려움을 이겨내는 모습을 통해 유아들은 세상이 살만하고 안전한 곳이라는 느낌을 가지게 된다. • 유아의 발달 수준에 적합하여 유아가 쉽게 이해하고 공감할 수 있어야 한다. 특히 편견적 사고가 형성되기 시작하는 시기임을 고려하여 인종, 연령, 장애, 빈부 등 여러 측면에서 차별적인 내용이 포함되어서는 안 된다. 　- 그림책 속 남자와 여자의 역할은 고정관념에서 벗어나야 하며, 장애인, 노인의 경우에도 모든 사람으로부터 도움을 받아야 하는 약자로만 묘사되기보다는 긍정적인 모습이 함께 표현되는 것이 바람직하다. 　- 그림책의 주제는 유아의 성장에 유익한 내용을 다루는 것이 적절하되, 너무 교훈적인 측면이 이야기 전체에서 강조되면 책 읽기의 즐거움을 방해할 수 있다.
등장인물	• 아동을 위한 그림책에서 등장인물은 어린이의 모습이나 행동이 반영되고 어린이의 감성과 정서를 잘 나타내어 어린이가 쉽게 동일시하고 공감할 수 있는 인물이어야 한다. 　- 어린이의 시선(동심의 세계)에서 보는 일상성을 근본으로 하여 등장인물의 성격이 묘사되어야 한다. 　- 보편적이면서도 개성 있는 인물이 현실감과 생동감을 갖춰 등장할 때 유아는 공감하면서도 오래 기억한다.

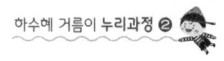

MEMO

	• 그림책에는 인간뿐만 아니라 의인화된 동물·식물·사물·추상물과 가상의 인물이 등장한다. • 그림책 인물의 내면과 외면은 '대화나 이름, 사건, 배경, 화자의 서술, 그림'을 통해 표현된다. • 이야기 진행상 주인공이나 다른 등장인물의 성격이 변하느냐 변하지 않느냐를 기준으로 정적인물, 동적인물로 구분한다. 　🗨『헨젤과 그레텔』에서 그레텔은 온순하고 무력한 성격에서 오빠와 자신을 구하는 강하고 단호한 성격으로 변화하는 역동적 인물로 묘사된다. • 그림책 중에서도 민담에 나오는 인물은 선하냐 악하냐의 전형적 특성으로 구분되는 평면적(또는 이차원적) 인물로 묘사된다. 　🗨 착하고 예쁜 주인공이 악하거나 욕심이 많고 미운 상대방과 대립되는 경우이다. • 환상이나 일상생활을 다룬 창작 그림책에 나오는 주인공은 현실의 인물처럼 긍정적이면서 부정적 특성을 함께 지닌 입체적(또는 다면적)이면서 개성이 뚜렷한 인물로 성격이 묘사된다. • 크기가 큰 인물은 주인공, 크기가 작은 인물은 주변인을 나타내고, 중앙이나 위쪽에 배치된 인물은 행복하거나 힘이 우세한 인물이며, 구석이나 뒤쪽에 배치된 인물은 불행하거나 외롭거나 무서워서 위축된 인물을 나타낸다.	
플롯	• 어떤 사건들이 일어났는가를 시간순으로 나열한 것이 스토리라면, 플롯은 인과를 비롯하여 그 이야기에 담긴 외적인 것과 내적인 것의 관계나 질서가 개입된 구조를 말한다. 　- 같은 이야기라도 어떤 플롯으로 전개되느냐에 따라 흥미도나 몰입도는 달라질 수 있다.	
	① **단선적 플롯**	• 시간의 흐름에 따라 발단, 전개, (위기), 절정, 결말의 과정이 점진적으로 전개되는 유형으로 유아문학에서 가장 일반적인 플롯이다. 　- 특히 결말의 경우 안전하고 행복한 결말, 그리고 더 이상의 의심이나 미진함을 남기지 않는 완전한 결말이 일반적이다.	
	② **누적적 플롯**	• 비슷한 사건이 반복되면서 하나의 행위가 원인이 되어 다음 행위가 생기는 결과로 이야기가 진행되는 형식을 의미한다. • 앞에 등장한 인물의 행위나 사건이 원인이 되거나 그것의 영향을 받아 뒤의 에피소드가 전개되는 유형으로, 추가되는 인물이나 사건의 순서가 중요하다. 　🗨「팥죽 할멈과 호랑이」, 「좁쌀 한 톨로 장가가기」, 「꼬리를 돌려 주세요」(여우가 할머니의 우유를 훔쳐 먹은 대가로 꼬리가 잘리고, 그 과정에서 우유, 풀, 물, 항아리, 구슬, 달걀, 곡식으로 꼬리에 꼬리를 무는 사건의 인과적 전개를 통해 여우가 꼬리를 다시 찾게 되는 이야기), 「게으른 잭」 등이 있다. 　🗨『아기돼지 삼형제』의 경우, 엄마 돼지로부터의 자립이라는 이야기 주제가 설득력을 갖추려면 어리석은 돼지가 먼저 등장하고 점점 더 지혜로운 돼지가 등장해야 한다.	✦ 반복 플롯 유형

SESSION
06

✦ 반복플롯
인물이나 사건이 추가되면서 비슷한 에피소드가 되풀이 되는 플롯으로, 이 유형에는 누적적 플롯, 연쇄적 플롯, 회귀적 플롯이 있다.

③ 연쇄적 플롯	• 인물과 사건이 더해지면서 비슷한 에피소드가 반복되는데, 누적적 플롯과 달리 뒤의 에피소드가 앞의 인물이나 사건에 영향을 받지 않는 유형이다. 　－ 즉, 사건들이 반복되지만 사건들 사이에 인과관계가 없어서 중간의 어느 사건이 빠져도 이야기 진행에 영향을 주지 않는 형식을 의미한다. 　ⓔ 「크리스마스 선물」, 「야, 우리 기차에서 내려」, 「장화 신은 고양이」(유산으로 다른 형제와 달리 고양이만 받게 된 방앗간 막내 아들이 고양이의 재간으로 왕의 사위가 되는 과정에서 여러 사건이 반복되는데, 그중 한두 개의 사건이 빠지더라도 이야기 진행에 문제가 되지 않는 형식) 등이 있다. 　ⓔ 『커다란 순무』의 경우, 순무를 함께 뽑기 위해 여러 인물이 계속 추가되지만 그들의 등장 순서나 인물의 수는 내용이나 주제에 큰 영향을 미치지 않는다.	

④ 회귀적 플롯	인물이 더해지고 비슷한 사건이 반복되다가 이야기가 시작한 원래 자리로 돌아오는 유형이다. ⓔ 『사윗감 찾아 나선 두더지』	
⑤ 삽화적 플롯 (일화적 플롯)	각각은 분리된 사건이거나 에피소드이지만, 전체적으로는 인물, 배경, 주제가 연관되는 유형이다. ⓔ 『개구리와 두꺼비는 친구』	

문체 및 언어 표현력

> (🔔) 문학의 구성요소로서 문체 및 언어표현력
> • 문체는 작가가 사용하는 어휘와 이야기를 만드는 구문을 말하는 것으로, 문장의 길이, 리듬, 속도, 표현법, 낱말의 선택 등을 통해 작가의 개성이 드러난다고 할 수 있다.
> 　－ 문장의 길이에 따라 간결체와 만연체, 부드러운가 강한가에 따라 우유체와 강건체, 꾸미는 말이 적은가 많은가에 따라 건조체와 화려체로 나눈다.
> 　－ 문학에서 일반적으로 사용하는 문체의 요소는 서술, 묘사, 대화이다.
> 　　㉠ 서술 : 인물, 사건, 배경 등을 직접 설명하는 방법이다.
> 　　㉡ 묘사 : 이것들을 이미지화할 수 있게 구체적으로 그려내는 표현 기법이다.
> 　　㉢ 대화 : 인물의 말이며, 사건 전개와 인물 묘사를 위해 사용된다.

• 아동을 위한 그림책에 표현된 언어는 리듬감이 있고 반복이 많아서 즐거워야 한다.
　－ 단어·구절·문장·상황 등이 반복될 수 있는데, 이러한 반복적 요소가 이야기 전개에 리듬감을 준다.
　－ 단어가 반복될 때 리듬감도 있으면서 다양성을 담아야 하는데, 반복되는 단어의 동일성은 익숙함을, 다양성은 새로움을 준다. 단순한 되풀이가 아니라 점차 의미를 더해가는 반복은 박진감과 긴장이 점진적으로 고조되도록 이야기의 진행을 도와준다.

배경	• 이야기가 진행될 때 시간적인 것과 공간적인 요소가 배경이 된다. 　- 시간으로는 현재 또는 과거나 미래가 배경일 수 있고, 공간으로는 현실 세계나 환상 　　세계가 배경으로 펼쳐질 수 있다. • 배경은 통합 배경(intergral setting)과 배경막 배경(backdrop setting)으로 구분할 수 　있으며, 장르에 따라 다르게 표현되기도 한다. 　- 환상적인 이야기나 사실적 이야기를 다룬 그림책에서는 시간과 공간이 좀 더 구체적 　　으로 제시된다(통합 배경). 　- 민담 그림책에서는 시대적·공간적 배경이 단순하게 연극 무대의 배경막(backdrop) 　　처럼 처리된다. • 배경은 갈등 상황을 명료화하여 이야기 분위기에 영향을 준다. 현실과 환상을 넘나드는 　경우 공간적 배경이 변하면서 이야기를 꾸며나가기도 하는데, 구체적인 언어로 표현 　되지 않더라도 그림이 시간적 흐름과 공간의 변화에 따른 분위기를 연출해준다. （🔔）**그림책에서 배경 그림이 가지는 기능** • 인물이 느끼는 불안, 행복과 같은 심리 상태를 배경 그림의 색이나 분위기로 표현 • 인물 간 지위(왕과 사냥군)나 성향(사치스러운 성향과 검소한 성향)을 배경에 담아 비교하여 　보여 줌으로써 인물들의 성격을 묘사 • 목가적, 평온함, 어수선함과 같은 이야기의 분위기를 표현 • 낮에서 밤, 밤에서 낮으로의 시간 변화를 나타냄 • 비문명 사회에서 문명사회, 시골에서 도시, 옛날에서 현대, 현실에서 환상으로의 전환 • 옛 이야기, 사실 이야기, 환상 이야기와 같은 장르의 특성을 담아냄
관점	• 관점(시점)이란 화자, 등장인물, 내포 독자나 청자가 취하는 입장을 은유적으로 표현한 　말이다. 작품에서 이야기를 들려주는 서술자가 작품 속 인물이냐 아니냐, 서술자가 인 　물의 속마음을 아느냐 모르느냐에 따라 나뉠 수 있다. 　- 1인칭 주인공 시점: 작품 속 주인공이 자신의 이야기를 들려주는 것으로, 독자와 주 　　인공의 거리가 가깝다. 　- 1인칭 관찰자 시점: 작품 속 인물이 다른 인물의 이야기를 객관적으로 들려주는 것이다. 　- 전지적 작가 시점: 작품 밖 인물이 인물들의 마음을 모두 아는 가운데 객관적으로 　　서술하는 것이다. 　- 3인칭 관찰자 시점: 작품 밖 인물이 인물들의 마음을 제한적으로 아는 가운데 객관 　　적으로 서술하는 것으로, 이야기 밖에 있는 서술자가 들려주므로 독자와 주인공의 　　거리가 상대적으로 멀다. （🔔）**루켄스(Lukens, 2003)의 관점의 유형** • 1인칭 관점: 1인칭 관점의 화자는 주인공이나 행동을 관찰하는 소수의 등장인물이 될 수 있다. 　그림책에서 1인칭 시점의 화자라는 것은 독자가 그의 시점을 공유하는 반면 그림에서는 그의 　모습을 볼 수 없다는 것을 의미한다. 따라서 유아는 1인칭 시점을 이해하기 어렵다고 보는 사람이 　많다. • 전지적 관점: 작가가 모든 것을 알고 있는 전지적 관점은 작가가 등장인물과 관련된 모든 정보 　를 서술한다. 일반적으로 그림책의 글과 그림 속 화자는 전지적이면서 이야기 속에 있지 않은 　외부 화자인 동시에 이야기와 다른 수준에 있는 화자이다. • 제한된 전지적 관점: 작가가 보통 주인공이 보고, 듣고, 느끼고, 믿는 것을 보여준다. 작가는 　등장인물 옆에서 따라다니거나 내부에 있다. • 객관적 관점: 작가가 등장인물의 마음에 들어가지 않는다. 등장인물은 그 스스로 말하고 행동하며, 　행동은 펼쳐 보이는 그 자체로 말한다. 사실적인 동물 이야기는 객관적 관점의 이야기이다.

누적적 플롯 vs 연쇄적 플롯

일부 서적에서는 누적적 플롯과 연쇄적 플롯을 아래와 같이 제시하기도 한다.
• 누적적 플롯: 문장이나 사건이 반복되며 시간의 흐름에 따라 등장인물 등이 추가되는 방식이다.
• 연쇄적 플롯: 하나의 사건이 원인이 되어 다른 사건이 유발되는 방식이다.

출처: 유아문학교육, 김민진

(2) 그림책의 구조 - 주변텍스트와 본텍스트

① 주변텍스트(paratext)

특징	• 본텍스트는 속표지 다음 장에서 시작하는 글텍스트와 그림텍스트를 일컫는 반면, 주변텍스트는 그 외 공간에 있는 글과 그림텍스트를 말한다. • 주변텍스트는 '내적 주변텍스트(peritext)'와 '외적 주변텍스트(epitext)'로 구분한다. • 주변텍스트는 본텍스트와 하나가 되어 그것의 의미를 더 확장하고, 더 실감나게 표현하는 텍스트라는 의미가 담겨있다. • 현대 그림책에서 주변텍스트(주로 내적 주변텍스트인 페리텍스트를 의미함)의 역할이 점차 다양해지고 중요해짐에 따라 본텍스트와의 시너지 효과에 관한 관심이 높아지면서, 그림책을 글텍스트와 그림텍스트에 주변텍스트도 포함한 아이코노텍스트(iconotext)로 보는 시각도 있다. • 그림책에서 주변텍스트로 자주 언급되는 부분은 표지, 면지, 속표지, 판형, 타이포그래피, 재질, 제본선이다. 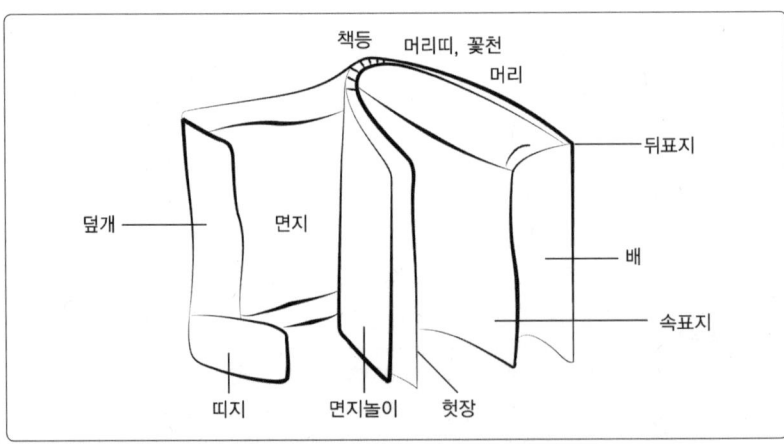 ✿ **그림책의 외현적인 구성요소**
표지	• 그림책 표지는 그림책을 감싸는 역할을 하며, 크게는 앞표지, 뒤표지로 나눌 수 있고, 두 영역 사이에 책등이 있으며, 대개 제목은 앞표지에 위치한다. 어떤 그림책에는 표지를 감싸는 겉싸개와 띠지가 있다. • 교사는 그림책을 읽어주기에 앞서 앞표지의 그림과 제목을 보여주면서 어떤 이야기가 담겨있을지 유아가 예측해 보게 하거나, 관련 경험이 있는지 이야기해 보게 할 수 있다.

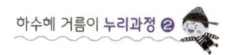
	① 제목	• 그림책 제목은 그림책에 누가 나오는지, 언제 일어난 일인지, 어디서 일어난 일인지, 어떤 일이 생긴 건지, 이야기의 소재는 무엇인지 등에 대해 직접적 또는 간접적으로, 때로는 반어적으로 담아낸다. – 등장인물에 대한 정보(주인공 이름·성품 등의 특징)를 담은 제목 　예 무지개 물고기, 도서관에 간 사자 – 배경(때, 장소)에 대한 정보를 담은 제목 　예 눈 오는 날, 괴물들이 사는 나라 – 사건(어떤 일이 생긴 건지, 어떤 일이 생길 건지)에 대한 정보를 담은 제목 　예 고 녀석 맛있겠다, 바람이 불었어 – 소재를 알려주는 제목 　예 노란 우산, 엄마의 의자
	② 앞표지	• 앞표지에는 제목과 함께 본텍스트에 나오는 그림 중 한 장면이 담기기도 하고, 별도의 그림이 들어가기도 한다. 앞표지 그림이 본텍스트에 없는 것일 경우, 그것이 서사에서 차지하는 비중이 더 클 수도 있다. • 인물, 배경, 사건 등과 관련되는 것들이 담겨있어 제목과 마찬가지로 또는 제목과 관련지어 그림책의 내용을 예측하거나 관련되는 독자의 경험을 떠올리게 한다.
	③ 뒤표지	• 뒤표지에는 이야기가 끝났음을 알리기 위해, 또는 책을 덮었을 때의 여운을 위해 본텍스트에 있던 장면이나 그림책 내용과 관련되는 작은 그림을 곁들이는 것이 보통이다. • 뒤표지에 서사를 이루는 글텍스트가 있는 경우는 거의 없으며, 대신 간단한 내용 요약, 발췌된 비평글, 같은 작가의 다른 작품 소개, 작품의 교육적 유익성, 읽어주는 방법과 같은 교육적 제안 등의 글이 적혀있다. ▶ 이것은 그림책 내용을 이해하고 감상하는 데 직접 영향을 미치지는 않지만, 책을 선택하고 읽어주는 데 영향을 미친다고 할 수 있다 (Nikolajeva et al., 2011).
	④ 책등	• 책의 앞표지와 뒤표지 사이에 있는 부분으로, 그림책을 책꽂이에 꽂았을 때 보이는 부분을 말한다. • 책등에는 대개 책 제목과 작가명, 출판사명이 적혀 있다.
	⑤ 겉싸개와 띠지	• 겉싸개는 그림책을 둘러싸고 있는 종이 싸개로 겉싸개의 날개에는 대체로 작가 소개가 담긴다. • 띠지는 표지나 겉싸개를 두른 긴 종이를 말하는데, 여기에는 책 홍보를 위한 문구들이 담긴다.

MEMO

면지	• 앞표지를 열었을 때 나타나는 양쪽 펼침면인 앞면지와, 뒤표지 전의 양쪽 펼침면인 뒷면지로 구분된다. • 면지에도 주제, 인물, 때나 장소 등 내용과 관련되는 요소들이 담기는 경우가 많고, 어떤 그림책은 앞면지에서 이야기가 전격 시작되기도 하고, 뒷면지에서 이야기가 끝나기도 한다. • 면지에는 그림책의 내용을 구성하는 요소들이 담겨 있어서 그림책의 내용에 대한 이해나 감상을 위한 상호작용, 또는 그림책의 내용과 상관없이 작가의 창작 과정에 대한 상호작용이 가능하다. – 유아는 면지에 관심을 두고 그림책의 내용과 관련지어 감상할 수 있게 되어 읽기 흥미도와 언어표현력에도 긍정적 영향을 미칠 수 있다.
속표지	• 앞면지의 책장을 넘겼을 때 나오는 제목과 작가명, 출판사명이 있는 지면을 말한다. • 간혹 속표지 전에 작가명과 출판사명 없이 제목만 있는 지면이 하나 더 있다면 이것은 약표제지(약식 속표지)라 한다. 그리고 속표지의 왼쪽 페이지나 속표지 앞 또는 뒤의 책장에 있는 저작권 및 출판 사항이 담긴 페이지를 저작권 페이지(또는 간기면), 헌사가 담긴 페이지를 헌사 페이지라고 한다. • 속표지의 그림은 이야기 속에 나오는 인물, 사건, 장소, 소재 등에 대한 기본 이해를 돕는다. • 그림책 중에는 속표지부터 이야기가 시작되는 경우도 있다.

판형	• 그림책의 크기와 모양을 말하는데 그림책 판형은 가지런히 정리가 안 될 정도로 다양하다.
	• 판형은 그림책의 내용과 분위기에 영향을 미치는 경우가 꽤 많다.
	  📖 『백두산 이야기』나 『곰』은 그림책 속에 등장하는 백두 거인의 웅장함이나 곰의 믿음직스러움에 걸맞게 아주 크다.
	  📖 『100층짜리 집』 시리즈의 세로로 긴 판형은 100층까지 위로 올라가거나 또는 100층까지 아래로 내려가는 이야기 진행을 돕는다.

타이포그래피	• 글자체, 글자 크기, 글자 배열 등을 일컫는데 이것은 미학적 요소일 뿐만 아니라 서사 요소로도 작용한다.
	• 타이포그래피는 인물의 감정이나 사건, 상황 등 이야기의 분위기를 조율하는 역할을 하므로, 읽어줄 때 목소리의 크기나 음조, 속도에 반영하도록 한다.
	  📖 『꿀』: 글자 크기의 변화로 엄마 돼지의 감정 변화 및 감정 상태를 표현한다.
	  📖 『곰 사냥을 떠나자』: 곰 사냥을 떠나는 가족이 풀밭, 강물, 진흙탕과 숲 등을 헤치고 가는 소리를 점점 큰 글자로 표현해 가족들이 점점 힘을 더해 곰에게 가고 있음을 보여준다.

재질	일반적으로 광택이 나는 재질은 시간이나 거리상 멀리 떨어져 경험하는 듯한 느낌을 주고, 거친 질감의 재질은 직접 경험하는 듯한 느낌을 준다. 📖 『이건 상자가 아니야』: 책의 재질이 크라프트지로 되어 있어 상자로 놀이하는 내용을 더욱 실감나게 한다.
제본선	양쪽 펼침면의 한가운데 책이 접히는 부분으로 이 부분 역시 그림책의 내용 전개에 영향을 미치는 경우가 있다. 📖 『앗, 그림책이 살아 있어!』: 제본선이 이야기 속 인물, 사물들이 사라지는 별도 공간의 기능을 한다.

② **본텍스트(main text)**

- 속표지 다음 장에서 시작하는 글텍스트와 그림텍스트를 일컫는다.
  - 서정숙(2004)은 글텍스트와 그림텍스트의 관계에 대한 많은 연구에 기초하여 그림책에 나타난 글텍스트와 그림텍스트의 유기적 관계를 유형화하였다.

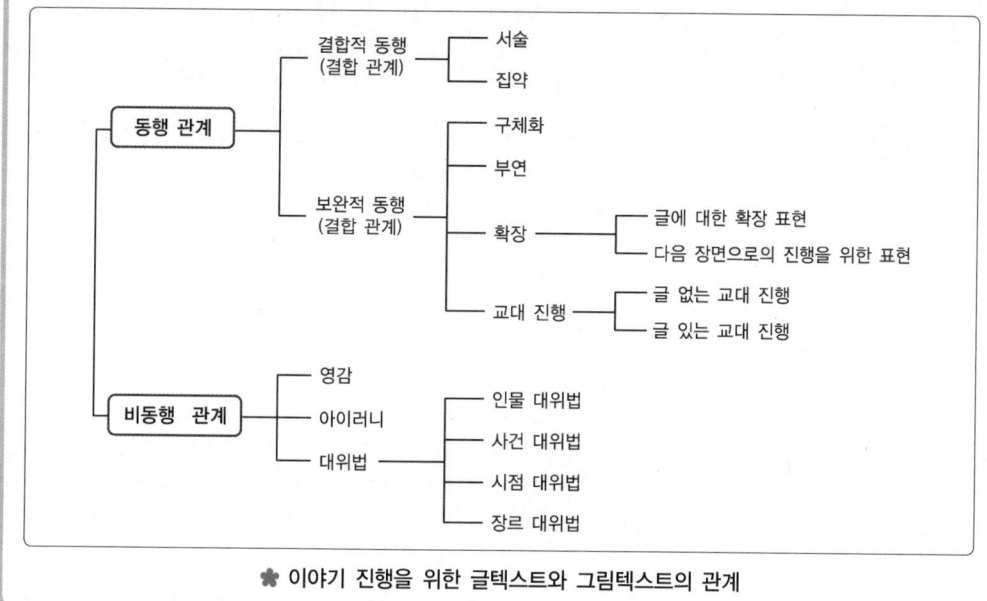

✿ 이야기 진행을 위한 글텍스트와 그림텍스트의 관계

③ **그림책의 미술적 특징(미술적 요소)**

동행관계	결합적 동행	• 글이 주요 서사를 이끌고 그림은 분위기를 돋우는 역할을 한다.
		  – 이런 종류의 그림책은 교사가 글을 읽어주는 동안 유아로 하여금 그림을 보며 이야기를 이해할 수 있게 하고, 글이 어떻게 그림으로 표현되었는지 살펴보게 할 수 있다.
		  – 서술적 표현과 집약적 표현의 그림책이 이에 포함된다.
		    ㉠ **서술** 글텍스트가 하는 이야기를 그림이 하나하나 묘사하는 것을 말한다.
		    ㉡ **집약** 글텍스트 중 대표적 이미지만을 택하여 그림이 보여주는 것으로서, 배경을 생략하고 초점화하는 사물이나 인물만 그리는 방식이다.

	보완적 동행	• 글 또는 그림만으로는 완성된 이야기가 되지 않는 경우로, 글과 그림이 모종의 역할을 하여 서로 도와주어야 이야기가 완성된다.
		  ㉠ **구체화** 그림이 글텍스트 내용에 대한 이유나 글텍스트의 상황을 구체적으로 보여주는 것을 말한다.
		  ㉡ **부연** 등장인물이 어떤 행동을 했을 때, 그 행동을 어떤 방식으로 했는지를 구체적으로 보여주는 그림이 있는 것이다.
		  ㉢ **확장** 글텍스트의 내용으로부터 진전된 내용을 그림으로 보여주는 것을 말한다.
		  ㉣ **교대진행** 이야기의 내용을 이끄는 주체가 글에서 그림으로 전환되는 것이다.

비동행관계	① 영감 (inspiration)	• 인물의 마음이나 정서를 작가의 영감으로 표현한 것으로 글텍스트와 그림텍스트 간의 간격이 매우 커서 둘의 조화가 엉뚱해 보이기까지 한다. – 글텍스트를 충실하게 옮기거나 그것을 보충하는 차원을 벗어나 글텍스트로부터 느껴지는 정서나 기분을 그림으로 전환하는 데 주력한 것이라 할 수 있다. 글텍스트와 그림텍스트의 불일치 정도가 크므로 이에 대한 유아의 해석은 매우 다양할 수 있다.
	② 아이러니 (irony)	• 글텍스트와 그림텍스트가 불일치를 보임으로써 독자에게 유머를 주거나 풍자를 느끼게 한다. 예 『알도』의 주인공 아이는 "가끔은 엄마랑 놀이터에도 가고…그럴 때는 정말 신이 나지."라고 말하지만, 그림에 나타난 아이의 표정이나 몸짓은 전혀 신나 보이지 않는다.
	③ 대위법	• 대위법은 글텍스트와 그림텍스트가 별개의 이야기를 하지만, 전체적으로는 서로 관련 또는 의존하는 구조이다. • 아이러니는 일부 장면에 한해서 글과 그림의 불일치가 있지만, 대위법은 전체 이야기 구조상 글과 그림의 불일치가 있으므로, 대위법의 경우에는 두 텍스트가 만드는 전체 이야기를 통합적으로 이해해야 한다. • 글텍스트를 읽어주며 그림에 주의를 기울이게 하여 이 둘의 차이가 빚어내는 이야기를 감상하거나, 글텍스트와 그림텍스트 중 어느 하나만 먼저 감상한 후 둘을 함께 읽으면서 두 텍스트의 차이로부터 느껴지는 문학적 즐거움을 느낄 수 있다. ㉠ **인물 대위법** 예 『로지의 산책』의 그림에는 글에 전혀 등장하지 않은 인물인 여우가 로지를 뒤쫓는 장면들이 있다. 글텍스트와 그림텍스트가 주는 이런 정보의 차이로 인해 두 인물의 관계에 대해 독자는 각자의 해석을 하게 된다. ㉡ **사건 대위법** 예 『도대체 그동안 무슨 일이 일어났을까?』의 경우 글에는 없는 사건이 그림에는 덧붙여 담겨있다. 글텍스트는 이에 대해 계속 언급하지 않다가 마지막 장에서 그림의 사건을 독자들에게 묻는다. 이후 독자는 책을 처음부터 다시 보며 그림에서 글에 언급되어 있지 않던 사건을 확인할 수 있다. ㉢ **시점 대위법** 예 『안돼!』는 개의 1인칭 시점의 글로 개 자신이 가족을 위해서 하는 여러 상황에 대해 말하고 있지만, 그림은 가족을 성가시게 하거나 화나게 할 만한 일임을 3인칭 관찰자 시점에서 보여주어 글텍스트와 그림텍스트가 전하는 두 이야기 간의 차이를 보인다. ㉣ **장르 대위법** 예 『셜리야, 목욕은 이제 그만』의 왼쪽 페이지에는 목욕에 대한 구체적 지침 또는 잔소리가 있고, 오른쪽 페이지는 목욕하는 동안 아이가 하는 상상이 그림으로만 전개된다. 그림의 양식에서도 왼쪽의 현실세계의 그림은 연필 스케치에 색연필인 반면, 오른쪽의 환상세계 그림은 불투명 물감으로 채색되어 있다. 즉, 현실세계와 환상세계의 두 장르로 각각 펼쳐진다.

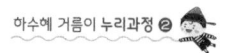
(4) 그림책의 미술적 특징(미술적 요소)

> 브롬리(Bromley, 1991)는 그림책의 예술적 요소를 색, 선, 모양, 질감, 배치, 전체적 효과로 보았고, 러셀(Russell, 2005)은 그림책 속에 나타나는 미술적 특징을 선, 공간, 모양, 색, 촉감 혹은 결, 구도와 원근법 등으로 보았으며, 서덜랜드와 아버스노트(Sutherland & Arbuthnot, 1986)는 색, 선, 모양, 질감, 배치로 보았다. 그림틀을 분석한 학자들(Stewig, 1995; Nodelman, 2011)은 미술적 요소에 그림틀(frame)의 기능을 꼽는다.

색	• 색은 사회문화적·심리적·관습적으로 정해진 표현 방식이 존재하여 다른 예술적 요소와 비교해 작가의 상상력이 덜 발휘되는 요소이다. 　- 문화권별로 특정 의미를 나타내는 색이 있고, 짙으면서 밝은색은 즐거움이나 희망, 흐리면서 어두운 색은 슬픔이나 두려움, 빨간색은 분노나 열정, 파란색과 초록색은 시원함과 차가움, 검은색은 고통이나 괴로움 등 특정 색으로부터 느껴지는 일반적인 느낌도 있기 때문이다. • 색은 그림책의 내용과 유기적 관계를 이루면서 이전의 관습적 사용에서 벗어나 새로운 의미를 만든다. 내용에 영향을 미치는 색의 기능은 다음과 같다. **인물에 개성 부여** 예 각 인물에게 색깔 이름이 주어지면서, 자신의 주관적인 생각을 드러내는 개별 존재로서의 특성이 부여되는 경우이다. **인물의 대조** 예 태양은 빨간색, 바람은 파란색으로 두 인물의 적대 관계를 색으로 분명하게 드러낸다. **인물의 정서 변화** 예 인물의 화난 상태는 빨간색의 배경, 글씨, 윤곽선으로 활활 불타오르듯 표현되고, 화를 가라앉히고 편안해진 상태는 파란색으로 표현됨으로써 등장인물의 정서 변화를 알 수 있다. **인물의 영향력** 예 직접 따뜻하고 밝은색의 털실을 떠서 무채색의 어두운 배경을 변화시켜가는 등장 인물의 스토리를 통해 주인공의 영향력을 색 변화로 보여주는 경우이다. **시간 변화** 예 노란색이 첨가된 아침 풍경으로의 변화를 통해 밤에서 아침으로의 시간적 흐름을 가시화한다. **내용의 극적 효과** 예 흑백 그림 혹은 한 가지 색조로 그림을 그림으로써 이야기 주제에 무게를 싣는 그림책도 있지만, 전체적으로 흑백 그림인데 특정 인물이나 사물에만 채색을 통해 표현하고자 하는 바를 강조하여 내용의 극적 효과를 꾀하는 그림책도 있다. **모드 전환** 예 유채색과 무채색의 구분으로 현실 세계와 환상 세계를 나눈다.
선	• 선은 사물의 특성을 나타내고, 모양의 윤곽을 드러내며, 정서적 반응을 암시하는데, 그림책 작가는 선을 이용하여 움직임, 거리, 느낌까지도 제시한다. 　- 곡선과 원은 따뜻하고 아늑하며 안전함을 나타낸다. 　- 날카로운 Z형의 선은 흥분과 빠른 움직임을 보여준다. 　- 수평선은 침착하고 안정적인 느낌을 나타내는 반면, 수직선은 높이와 거리감을 드러낸다.

MEMO

배치	• 배치는 글자와 그림을 어디에 넣느냐에 대한 것이다. 　– 한 권의 그림책 안에서 글자와 그림을 처음부터 끝까지 같은 방식으로 배치한 그림책도 있고, 다양한 배치 방식을 사용하여 변화를 추구한 그림책도 있다. • 글과 그림의 배치와 내용의 관련성을 살펴보면 다음과 같다. 　**현실 세계와 환상 세계 간 이동** 　예 『괴물들이 사는 나라』는 그림의 크기와 함께 글자·그림의 배치가 변화하면서 현실 세계에서 환상 세계로, 환상 세계에서 다시 현실 세계로의 이동이 시각적으로 표현되었다. 　**정적 분위기 조성** 　예 『할아버지의 긴 여행』은 처음부터 끝까지 글과 그림의 일정한 배치를 통해, 이야기를 극화하기보다는 단조로운 어조로 읊조리는 효과를 줌으로써, 독자의 활성화된 반응보다 관조하는 반응을 유발한다. 　**리듬감** 　예 『곰 사냥을 떠나자』는 왼쪽 페이지 윗부분에 글텍스트가 반복해서 들어가고, 오른쪽 페이지의 윗부분에는 곰 잡으러 가는데 부딪치게 되는 문제가 적혀있으며, 같은 페이지의 아래쪽에는 그 문제를 해결하는 말이 적혀 있다. 이처럼 후렴구, 문제상황, 문제 해결 방법이 반복되면서 삼박자의 리듬을 느끼게 한다.
그림틀	• 그림틀은 지면에서 그림과 그림 외 공간의 구분을 말한다. 그림 가장자리에 윤곽선이 있을 수도 있고, 윤곽선 없이 그림과 그림 외 공간을 구분짓기도 한다. • 그림틀의 기능 　– **거리감** 뫼비우스(Moe-bius)는 틀이 있는 그림은 세계를 '밖에서 바라보는' 제한된 눈을 제공하고, 틀이 없는 그림은 '그림 속에서' 총체적으로 경험하게 해준다고 하였다(Nodelman, 2011). 즉, 그림틀이 있으면 독자는 그림텍스트 안에 나오는 인물과 심리적 거리를 두고 바라보게 된다는 것이다. 　– **시간의 경과** 그림틀은 그림텍스트의 서사 단위이다. 틀로 구분된 그림 하나하나가 일어난 사건을 차례대로 보여주어 이야기를 이어가면서 의미를 만든다. 즉, 시간 경과에 따라 어떤 일이 일어났는지 알 수 있게 해준다. 　– **초점화** 그림틀을 사용하면 특정 인물이나 사태 등을 강조하거나 그것들에 주의를 기울이게 함으로써 궁금증을 유발할 수 있다. 　– **서사 공간 간의 경계** 그림틀은 허구 서사 내의 환상 세계와 현실 세계를 구분짓는 역할을 한다.
모양	• 그림에서 눈에 띄게 두드러진 모양은 여러 가지 정서적 반응을 이끌어낸다. 　– 부피가 큰 물체들이 모여 있는 경우에는 안정감을 느낄 수 있게 한다. 　– 큰 모양일수록 더 중요한 대상으로 느끼게 한다. 　– 더 가볍고 섬세한 모양들은 움직임·우아함·자유 등을 느끼게 한다. 　– 둥글고 굽은 모양은 따뜻함과 편안함, 안정감을 느끼게 한다. 　– 수평 모양은 안정감과 조용함, 수직 모양은 흥분과 에너지를 느끼게 한다. 　– 대각선 모양은 움직임이나 긴장감을 불러일으키므로 가장 역동적이고, 뾰족한 모양은 날카로운 대상을 연상시키므로 불안감과 공포감을 조성한다.
질감	그림책 작가들은 여러 가지 물질 표면의 재질적인 특징을 통해 거침, 부드러움, 밋밋함, 섬세함, 무름, 견고함, 차가움, 따뜻함과 같은 느낌을 부여한다.

② 지식그림책(정보그림책)

정의		• 유아들이 흥미 있어 하는 대상에 대한 정보 제공을 목적으로 하는 책을 말하며, 정보책, 정보그림책, 지식정보책, 지식그림책으로 불린다. 　- 유익한 정보나 지식을 정확하게 전달하는 데 목적을 둔다. 　- 동식물의 생태와 한 살이, 날씨와 계절의 변화, 숫자와 글자, 전통문화 등 유아들이 호기심을 가지는 대상에 대한 정보를 아름다운 그림이나 사진과 함께 제시함으로써 세상에 대한 유아의 이해를 증진시킨다. • 근본적으로는 유아가 가지고 있는 자연스러운 호기심을 적절한 정보와 지식으로 충족시켜 주어 올바른 이해를 돕고자 하는 책이다. • 유아들이 살고 있는 실제 세계를 보여주고 그들 주변에서 볼 수 있는 물체나 흥미 있는 대상에 대하여 정보를 전해주는 책이다. • 지식그림책(정보그림책)의 주제로는 전통문화, 다른 나라의 문화, 동식물 생태, 우주, 자연현상, 환경문제(지구온난화, 멸종위기에 처한 동식물 등), 남녀의 성, 다양한 직업 등 광범위한 주제들이 다루어진다.
종류	**글자 책**	• 문자의 모양과 그 문자가 만들어 내는 소리를 결합시킬 수 있도록 돕는 책을 말한다. • 글자 책은 대상 연령에 따라 문자의 기본적인 모양에 초점을 맞춘 것도 있고, 각 모음과 자음에 따라 유아에게 친숙한 사물을 함께 읽어볼 수 있도록 구성된 책도 있다. • 글자의 모양, 크기 등 시각적인 형태가 유아의 발달 수준에 적절해야 하며, 글자와 그림 간의 관계도 고려되어야 한다.
	수세기 책	• 수세기 책은 수에 대한 개념을 제공하고 숫자 인식을 돕도록 교육적 의도를 가지고 만들어지는 책이다. • 수를 상징하는 숫자를 이해하고 이 숫자에 적합한 양만큼 헤아려 보는 활동을 그림으로 표현하게 된다. • 수세기 책은 이와 같이 수의 의미와 헤아리기라는 목적이 있기 때문에 대개 헤아리는 대상을 단순화하는 경향이 있다. • 대개의 수세기 책은 1부터 10까지를 다루고 그 내용에 있어서 숫자의 의미와 헤아리기로 한정되어 있기 때문에 매우 단순하고 비슷한 형태를 가질 수 있다.
	개념의 책	• 개념의 책은 거의 모든 주제를 다룰 수 있다. • 유아들이 흥미를 갖고 주변에서 접할 수 있는 사물에서부터 문화나 역사적 사실에 대한 것까지 그 대상에 따라 내용과 수준이 다양하다. • 제시되는 그림이나 설명은 객관적이고 과학적인 사실에 입각하여 정확하고 가치 있는 것이어야 한다. • 유아의 심리·사회적 발달 측면에서 그들의 세계를 탐구하고 생각해 보도록 장려하는 내용으로서 가족의 여러 형태를 알려 주는 책, 다양한 인종에 대한 책, 문화적 다양성을 다루는 책 등은 최근의 경향 중에 하나이다.

	정보의 책	• 정보의 책은 보다 다양한 연령을 대상으로 하며, 폭 넓고 다양한 주제를 다룬다. • 정보의 책으로 다룰 수 있는 주제들은 동식물의 생태나 환경에 대한 것, 지구과학과 물리적 세계에 대한 것, 세계적 종교의 초기 역사나 신념에 대한 것, 미술품이나 음악에 대한 것, 인간발달과 성장에 대한 것(출생, 성장, 결혼, 죽음) 등이다.

정보그림책
(지식그림책)의
평가 준거
		① 정확한 사실에 근거한 정보를 제공해야 한다.
		   – 정보그림책이 형식 면에서 과거보다 훨씬 유연해지고 표현 방법도 다양해짐에 따라 꾸며낸 이야기와 사실을 모두 다룰 수 있으나, 실제적인 내용에 기초한 정보를 사실적으로 설명하는 것이 정보그림책의 가장 큰 특징이라고 할 수 있다.
		   – 그러므로 정보그림책이 실제 사람·동물·장소·사물에 관한 것을 다룰 때는 정확성과 사실성에 기초하여 유아에게 정확한 지식을 제공해야 한다.
		② 정확한 사실에 입각한 지식과 정보라도 객관적인 검증을 거쳐야 한다.
		   – 정보그림책은 인물의 내면 심리보다는 구조나 발달 형태, 내용의 정확성에 초점을 맞추므로 정보처리 과정에서 해석을 달리할 수 있는 내용에 대해서는 객관적인 검증을 거쳐야 한다.
		③ 지식을 주는 정보의 시효성이 강조된다.
		   – 책에서 다루는 지식이 정확한 사실에 입각하여 제공된다고 할지라도 그 정보가 이미 오래된 낡은 지식에 불과하다면, 현재보다 더 진전된 미래를 살아가야 할 유아에게 도움이 되지 않는다. 그러므로 시효성이 있는 정보그림책은 최신 정보를 담고 있어야 한다.
		   – 따라서 정보그림책을 선택할 때 그 책의 출판년도를 특히 고려하여야 한다.
		④ 인종·성·종교·연령에 대한 편견이나 고정관념이 없어야 한다.
		   – 중요한 역할을 하는 주인공은 백인으로, 사회적 지위가 낮은 등장인물은 유색인종으로 한다든가, 여성이나 남성의 역할을 고정관념에 따라 설정하는 책은 유아에게 편협된 생각과 판단력을 가지게 할 수 있으므로 지양해야 한다.
		⑤ 유아에게 적합한 방식으로 정보를 제시해야 한다.
		   – 유아에게 유익한 내용이라도 유아가 받아들이는 정보의 효과는 전달 방법이나 제시 과정에 따라 매우 다를 수 있다. 그러므로 유아에게 적합한 방법으로 정보를 제시하였는가를 살펴보아야 한다.
		   – 언어적으로는 유아에게 친밀감을 주면서 이해하기 쉽게 제시하고, 그림도 정보의 이해를 도우면서 예술성을 갖춤으로써 정보그림책의 질을 높여야 한다.

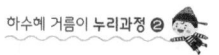
좋은 지식 그림책이 가져야 할 요소 (지식그림책의 선정)	• 내용 수준이나 언어 표현에 있어서 독자의 연령이나 발달 정도에 맞게 적절히 서술되어야 한다. 즉, 유아가 이해할 수 있는 수준의 개념이나 내용을 다루어야 한다. • 지식그림책은 주제와 관련된 전문적인 훈련을 받은 저자가 집필하는 것이 바람직하다. • 그림이나 사진, 도표, 참고목록 등이 신뢰감을 줄 수 있는 자료여야 한다. • 그림책으로서의 흥미를 지니고 있어야 하며, 유아의 생활 중에 접하고 호기심을 느낄 수 있는 개념이나 내용이어야 한다. • 전달하고자 하는 정보를 최신의 자료(내용이 시기적으로 적절)를 바탕으로 정확하게 설명한다. • 정보를 제공하는 글에 적절하며 그림책으로서의 아름다움(아름다우며 심미적으로 뛰어난 그림)을 지니고 있어야 한다. • 글이 묘사하고 있는 실제 대상을 정확하게 표현하여야 한다. • 인종, 성, 종교나 특정 문화에 대한 편견, 고정관념이 포함되어 있지 않아야 한다.
정보그림책의 교육적 의의 (문학 교육과정에 정보그림책을 포함시키는 이유)	① 우리의 삶 자체를 다루기 때문으로, 특히 자연과학 분야에서 생물에 관한 것은 우리 자신의 이야기이다. 내 주변의 동물과 식물의 성장과정 및 종류를 알 수 있고, 변화해 가는 자연현상은 우리가 직접 체험하고 있는 세계이므로 매우 흥미 있는 지식이 될 수 있다. ② 허구적인 얘기(픽션)와는 객관적으로 좋은 대조를 이루므로 사실과 허구의 구별을 잘 할 수 있도록 도와준다. 유아에게 사실과 허구에 관한 책 사이의 관계를 확실하게 알 수 있도록 해 주는데, 정보그림책은 실제적인 사실과 진리들을 실용성 측면에서 보여준다. ③ 정보그림책은 독자에게 많은 정보와 지식을 주기 때문에 가치가 있다. 유아들은 정보그림책을 봄으로써 알고 싶은 세계에 대한 호기심을 충족시키며, 더 진보된 지식의 세계에 눈을 돌리기도 한다.

정보그림책의 교육적 의의

❶ 유아의 지적 호기심을 충족시킨다.
- 유아에게는 새로운 것을 알고자 하는 지적 욕구가 있는데, 유아는 정보그림책을 통해 현실에서 직접 경험할 수 없는 체계적인 지식과 정보를 얻고 호기심을 충족시키며, 진보된 지식의 세계에 눈을 뜨게 된다.

❷ 사실과 허구를 구별할 수 있도록 도와준다.
- 정보그림책은 유아에게 사실과 진리를 실제 삶과 관련하여 보여준다. 이러한 특성은 비사실적·환상적인 이야기를 다루는 허구에 관한 책과 정보그림책을 대비시켜 사실과 허구를 구별할 수 있도록 도와준다.

❸ 비판적 사고의 출발점이 된다.
- 정보그림책은 실제 삶과 관련된 정보나 지식을 현실과 비교하는 경험을 유아에게 제공하는데, 유아는 이를 통해 좋은 정보그림책을 인식하게 될 뿐만 아니라 비판적으로 사고할 기회도 가진다.

❹ 탐구하는 태도를 기른다.
- 정보그림책을 통해 유아는 자신이 세상에 속해 있음을 느끼고, 그 세계를 탐구하고 싶은 생각을 가진다. 즉, 정보그림책은 유아의 궁금증을 풀어주고, 익숙한 생각들을 적용해 보게 하며, 동시에 또 다른 의문을 가지고 탐구하도록 유아를 격려한다.

❺ 유아의 언어 발달을 도모한다.
- 좋은 정보그림책은 그림과 언어의 조화를 통해 효과적으로 정보를 제공하므로, 언어에 대한 이해와 학습을 촉진시키며 유아가 문해력을 키워나가는 데 도움을 준다. 또한 정보그림책의 설명적인 이야기는 유아로 하여금 교사나 부모 등 성인들과 함께 더 많은 이야기를 나누도록 지원하며, 내용 재현하기, 다시 말하기와 같은 상호작용을 유도함으로써 언어 발달에 기여한다. 또한 이 과정에서 다양한 어휘를 습득할 수 있다.

❻ 정보 자료를 활용하는 경험을 통해 문제 해결력이 향상된다.
- 정보그림책을 통해 유아는 필요한 정보를 찾아보고 활용하는 태도를 기를 수 있고, 정보 자료를 찾아 참고하는 능력을 바탕으로 문제 해결력 또한 향상될 수 있다.

❼ 인간과 사물에 대한 이해력과 통찰력을 길러준다.
- 좋은 정보그림책은 다양한 사람과 사물에 대한 정보나 지식을 이해하기 쉽고 흥미 있게 전달함으로써 유아가 세상을 더욱 잘 이해할 수 있도록 돕는 역할을 한다.

3 글 없는 그림책

정의	• 글 없는 그림책(wordless book)이란 글이나 본문 없이 그림을 통해서만 메시지를 전달하는 책이다(Glazer, 1981; Herman, 1976 등). • 글 없는 그림책은 이야기 줄거리는 있으나 본텍스트에 글이 전혀 없거나 거의 없는 책이다(Bosch, 2014). • 글 없는 그림책은 글이 전혀 없거나 아주 최소한의 글만으로 이야기를 전달하는 책의 형태를 띤 일련의 인쇄된 그림이다(Herman, 1976). • 글 없는 그림책은 그림 안에 글의 내용과 의미가 전적으로 포함된 문학의 독특한 형태의 책이다(Tuten-Puckett & Richey, 1993). • 글 없는 그림책은 유아로 하여금 글을 읽는 대신 자신의 시각으로 그림을 해석하고 상상력과 논리적 추론을 통해 독창적 이야기를 만들게 한다. - 즉, 동일한 그림 장면을 다양한 이야기로 마음껏 해석해 봄으로써 유아는 자신만의 이야기를 상상하며 만들어갈 수 있는데, 이것은 창의력과 상상력을 고무시키고 격려한다.
글 없는 그림책의 특징	• 이미지에 포함된 모든 것은 줄거리를 이해하고 책을 읽는 데 도움을 주며, 등장인물의 정서와 느낌을 나타낸다. • 글 없는 그림책에는 등장인물의 느낌과 생각에 대한 설명을 담고 있는 문자적 정보가 없지만, 그 대신 인물의 얼굴, 표정, 자세, 행동으로 개성이 표현되고 있다. • 글 없는 그림책은 삽화가가 표현의 예술적 기술을 총동원하여 시각적으로 이야기를 나타내고자 한다. • 글 없는 그림책은 독자로 하여금 그림을 통한 해석을 요구하기 때문에 그림에 대한 상당한 명료성과 주의가 요구된다.

장점	• 책과 읽기에 대한 긍정적 태도를 길러준다.
	  - 글이 없으므로 유아가 글자를 읽어야 하는 심리적 부담이 없어서 책에 대한 흥미를 높일 수 있다.
	  - 그림에만 의존해 이야기를 만들어야 하므로 글을 모르는 유아도 읽고 감상할 수 있고, 특히 오늘날의 유아는 아주 어려서부터 다양한 멀티미디어를 경험하여 시각적으로 매우 민감해져 있어 글 없는 그림책의 수용이 자연스럽다.
	• 글이 있는 그림책과 비교할 때 자신의 경험과 배경지식 등에 따라 자유롭게 해석하고 구성할 수 있으므로 글 없는 그림책은 능동적 독자 역할을 더욱 장려하는 장르라고 할 수 있다.
	• 언어발달에 도움이 된다.
	  - 그림을 보고 이야기 내용을 유추하며 자신의 언어로 표현해 보는 경험은 유아의 구어 발달과 이야기 구성 능력에 긍정적 영향을 미친다.
	  - 어휘력이나 언어표현력, 의사소통 능력을 길러줄 뿐만 아니라, 문해 출현에 도움이 되고 이야기의 감각을 발달시킨다.
	  - 그림을 읽고 보면서 이야기를 자유롭게 꾸미는 경험은 책을 위에서 아래로 읽는다든지, 정해진 방향(문화권에 따라 왼쪽에서 오른쪽 또는 오른쪽에서 왼쪽)으로 읽는다든지, 인쇄된 단어는 말로 표현되고 의미를 전달한다든지 등 그림책을 읽는 데 필요한 기본 기술의 습득에 도움이 된다.
	  - 읽기 전 능력이라 할 수 있는 이야기에 대한 민감성, 관찰력, 시각적 분별력, 추론적 사고, 결론의 예측 등을 발달시킬 수 있다. 더불어, 이미지를 통해 이야기를 이해하고 해석하는 시각적 문해력도 기를 수 있다.

SESSION 06

	• 사고의 발달에 도움이 된다. 즉, 글자에 의해 제한을 받지 않고 그림을 보며 자유롭게 상상해 보는 과정을 통해 확산적·창의적 사고, 논리적·추론적 사고를 기르게 된다. • 사회적 정서 발달에도 도움을 준다. 　－ 잘못 읽을 수 있다는 실패의 가능성에 대한 생각이 없으므로 읽기 태도뿐만 아니라 다른 일에 대해서도 정서적으로 안정되고, 자신감과 긍정적 태도를 지닐 수 있다. 　－ 예술성과 심미성 높은 그림을 통해 아름다움을 느낀다.
글 없는 그림책 선정 기준	• 유아들은 글자를 읽지 못하지만 그림을 통해 일어나는 사건의 전개를 경험할 수 있으므로, 유아들이 이야기를 잘 꾸미려면 문학적 요소 중 플롯이 잘 나타나는 글 없는 그림책을 선정해야 한다. 　－ 문자적으로 기술된 텍스트를 통하지 않고서도 사건의 전개를 쉽게 이해할 수 있어야 하므로, 플롯이 시간의 흐름에 따라 순서에 맞게 전개되고 직접적이어야 하며, 명확하고 단순해야 한다. 또한 사건 또는 갈등과 그 해결 과정이 분명하게 나타나야 한다. • 등장인물의 감정과 느낌, 행위 등의 인물 묘사가 분명하게 나타나야 한다. 　－ 등장인물은 심리적 기능을 통해 유아들이 동일시와 공감을 이룸으로써 이야기 속에 동화되고 몰입하는 것을 돕는 중요한 역할을 한다. 따라서 등장인물은 유아들이 쉽게 동일시하고 공감할 수 있는 인물이어야 하고, 글이라는 문자적 요소 없이도 유아들이 그림 속에 나타난 인물의 모습과 행동을 이해하고 파악할 수 있어야 하므로 인물의 얼굴, 표정, 자세, 행동을 통해 인물의 정서와 느낌, 개성이 잘 표현(묘사)되어야 한다. • 유아가 흥미를 가질 수 있는 친숙한 주제여야 하며, 주제가 분명하게 나타나야 한다. • 그림책의 묘사의 깊이 정도가 유아의 연령 및 발달 수준에 적합해야 한다. • 유아가 글 없는 그림책의 삽화를 해석하는 데 충분한 배경지식을 가지고 있어야 한다. 　(🔔) 글 없는 그림책의 선정 기준(이경우, 1998) 　• 주제(또는 내용)가 분명하게 나타나 있는가? 　• 등장인물의 감정과 느낌, 행위 등의 인물 묘사가 분명하게 나타나 있는가? 　• 등장인물 간의 관계가 분명하게 나타나 있는가? 　• 사건 또는 갈등과 그것의 해결 과정이 분명하게 나타나 있는가? 　• 배경이 분명하게 나타나 있는가? 　• 작가의 독자적인 세계가 분명하게 나타나 있는가? 　• 유아가 이해할 수 있는 이야기인가? 　• 유아의 흥미를 끌 수 있는가?

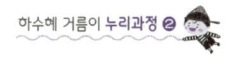

MEMO

4 그림책의 교육적 의의

그림책의 교육적 의의 (Burk, 1990)	• 그림책은 아동이 그림을 그림으로써 이야기에 대해 더 많이 이해할 수 있도록 도와 준다. • 유아의 문해 기술과 사고 기술이 생기도록 실습할 기회를 준다. 즉, 유아가 글자를 읽기 전에 그림책을 읽음으로써 읽기 기술을 자연스럽게 습득할 수 있도록 한다. • 유아가 글자를 못 읽더라도 그림을 보고 이야기할 수 있도록 도와준다. • 주인공과 등장인물에 더 쉽게 빠져들고 동일시할 수 있도록 한다. • 이야기 문법(story grammar), 이야기 스키마(story schema), 이야기 감각(a sense of story)을 발달시킬 수 있도록 도와준다. • 아동이 이야기를 새롭게 만들어 냄으로써 세련된 언어 기술을 익힐 수 있도록 도와준다. • 그림작가가 자신의 의도를 나타내기 위해 미술적 요소들을 어떻게 사용하는지 이해할 수 있는 능력을 발달시켜 준다. 즉, 미술적·예술적 요소를 감상하면서 이를 간접적으로 익힐 수 있다. • 그림을 통해 구체적이고 세부적인 것을 관찰할 수 있는 기회를 준다. • 그림책을 보고 들음으로써 정서적 경험을 많이 할 수 있으며, 이야기에 대한 아동의 정서적 반응을 더 잘 유도할 수 있도록 한다.
그림책에서 그림의 기능	• 그림은 본문에 있는 내용을 명료하게 해 주며, 본문에 없는 정보도 줄 수 있다. • 작가의 의도를 해석하고 확장시켜 줌으로써 그림책을 쓴 작가의 의도를 더 잘 이해할 수 있게 해 준다. • 적절한 분위기를 만들어 낸다. • 환상동화나 사실동화의 경우 배경을 설정해 주며, 표정과 옷을 통해 주인공의 특성을 생생하게 묘사해 준다.

5 그림책의 평가 준거

유아를 위하여 그림책을 선택할 때는 우선 그림책의 본문이 문학 형식 면에서 유아의 특성을 고려한 요구
조건을 갖추고 있으며 그림이 예술적으로 글의 내용과 잘 부합하는지 보아야 할 것이다.

잘롱고
(Jalongo)
	• 적절한 주제와 소재를 담고 있어야 한다.
	  – 신뢰감을 형성하고 자율성을 키워가는 유아에게 호소력을 가진 일반적인 주제, 즉
	   부모의 사랑과 자율성이 담겨진 내용이 바람직하다.
	• 언어가 효과적이고 상상력이 풍부하게 쓰여야 한다.
	  – 그림책 속의 글은 간결하고 음악적이며 창의적이어야 한다. 이야기 속의 본문은 장
	   면을 능숙하게 설정하여 활동이 전개되어야 한다.
	• 단선적인 플롯이어야 한다.
	  – 이야기가 나이 어린 유아를 위한 것일 때는 시간의 흐름에 따라 순서에 맞게 전개
	   되고 직접적이어야 한다. 명확하고 단순한 플롯이 이해하기 쉽다.
	• 만족스러운 결말이어야 한다.
	  – 유아에게 알맞은 그림책은 빠른 결말이 나와야 하며, 행복하게 끝나는 긍정적인 면이
	   있어야 한다. 그래야만 유아는 위안을 얻고 그 책을 다시 읽고 싶어 한다.

서덜랜드 (Sutherland)	그림책에 나오는 그림의 질을 평가할 때 제기되는 의문점을 바탕으로 평가 준거를 제시하였다. • 색 　– 화가가 색을 어떻게 썼는가? 색깔이 화려하거나 흑백인 경우 본문 내용과 잘 조화를 이루는가? 페이지를 나눌 때 색깔이 매우 중요한 요소인가? 색깔이 그림의 선을 불명확하게 해 주는가 혹은 보완해 주는가? • 선 　– 화가가 선을 효과적으로 굵거나 섬세하게 그리고 있는가? 선이 움직임을 나타내는가? 선이 사람이나 사물을 묘사하는 데 특별히 어떤 강조점을 두고 있는가? 그 선이 다양한가? • 모양 　– 이야기의 분위기와 작가의 의도에 적합하게 모양을 그려 넣었는가? 모양이 페이지에서 각각 어떻게 관련되어 있는가? 사실적인 그림이라면 원근법이 잘 맞아 있는가? 주인공의 모습은 작가의 의도와 같은가? • 촉감 　– 화가는 그림에서 촉감을 느끼도록 그리고 있는가? 예를 들어 동물의 털의 촉감을 나타내거나 콜라주를 이용하여 다양한 감촉을 느끼게 해 주는가? • 페이지 배정 　– 각각의 페이지와 마주 보는 페이지들이 잘 조직되어 있는가? 여백 처리 및 구도가 작가의 의도와 잘 부합되는가?
퍼브스와 몬슨 (Purves & Monson)	• 그림이 이야기나 시에 대한 정서적인 반응과 맞는가? • 그림이 저자가 의도하였던 분위기를 잘 반영하고 있는가? • 이미 잘 알려진 시나 민담, 환상동화의 경우 어느 그림이 다른 작가의 그림보다 나의 정서적 반응에 더 부합되는 것처럼 느껴지는가? • 그림이 매력적이며 잘 고안되었는가? 그림의 스타일이 어느 미술학파를 닮았는가? • 그림이 본문의 의미를 더 명확하게 해주며 아이디어를 확장시켜 주는가? 그림이 이야기를 이해하기 위하여 나의 상상력을 더 발휘하도록 격려하고 있는가? • 그림이 본문의 내용에 맞게 적절하게 그려져 있는가? 페이지와 그림이 잘 맞는가? 그림이 이야기 윤곽을 잘 전개시키고 있는가? 페이지 여백을 어떻게 이용하고 있으며, 그 여백의 활용이 분위기와 주인공의 행동 전개에 도움을 주고 있는가?
제이콥스 (Jacobs)	좋은 그림책의 조건은 창의성, 성실성, 타당성, 간결성, 아름다움의 다섯 가지를 갖추어야 한다고 지적하였다.

UNIT 82 전래동화 및 전래동요

KEYWORD# 전래동화/전승문학, 민담

1 전래동화

(1) 전래동화의 정의 및 특성

정의	• 전래동화는 전승문학의 한 유형으로, 민담이나 전설, 신화, 우화 등이 오랜 세월 동안 ✚재화의 과정을 거쳐 유아에게 적합한 작품으로 변화한 것이다. | 참고 | 국문학에서는 전승문학이나 구비문학이라는 용어가 널리 받아들여지는 개념이지만, 아동문학에서는 옛이야기나 전래동화라는 개념으로 혼용해 사용되고 있다. • 전래동화는 아주 먼 옛날부터 입에서 입으로 전해지는 옛이야기 중 어린이들이 즐길 수 있는 환상의 세계를 다루는 동시에 어린이 교육에 필요한 교훈이 있는 이야기이다. 즉, 전래동화는 민담·신화·전설·우화 등의 전승문학 중에서 동심을 그 바탕에 깔고 있는 이야기를 말한다. 　－ 전래동화는 글자 그대로 옛날부터 세대를 거쳐 구전되는 동화이므로 전승문학의 한 부분이며, 전승문학 모두가 전래동화는 아니다. 전승문학 중에서 그 이야기의 기저에 동심이 깔려 있고, 그것이 아동에게 유익한 것이라면 전래동화인 것이다. • 전래동화의 일반적 특징: 인물의 정형성, 행복한 결말, 주제의 명확성, 배경의 보편성
전승문학의 특징	• 전래동화 또는 설화는 이야기 수집가들이 옛부터 전해 내려오는 이야기나 운율적인 이야기를 발견하여 기록하고 책으로 출판해 임시적인 형태로 정착되기 전까지는 구전으로 존재하였다. 이렇게 작가를 모르는 채로 사람들의 입에서 입으로 전해 내려오는 전승문학의 특징은 다음과 같다. ① 전승문학은 말로 된 문학이다. 　－ 말로 된 문학은 말로 존재하고, 말로 전달되고, 말로 전해져 내려왔다는 것을 의미한다. 전승문학은 말로 전달되기 때문에 일회적이며, 변화를 내포한 보존이라고 할 수 있다. ② 전승문학은 구연되는 문학이다. 　－ 전승문학을 말로 나타내기 위해서는 음성적 변화와 표정, 몸짓을 사용하는 구연이 필수적이다. ③ 전승문학은 공동작의 문학이다. 　－ 전래동화는 오랜 세월 여러 사람들에 의해 전해지면서 이야기의 세부적 내용이 변화되는 과정을 거쳤기 때문에 여러 사람이 함께 만든 공동작이라고 할 수 있다. ④ 전승문학은 단순하며 보편적인 문학이다. 　－ 말로 된 문학이고 말로 구연해야 하므로 형식이나 내용, 문체, 플롯, 인물의 성격, 주제 등이 단순해야 하며, 보다 단순할수록 보편성이 커진다고 볼 수 있다.

✚ 재화
전승된 이야기의 줄거리와 더불어 원형의 풍위 및 풍미를 보존하면서 어린이가 이해할 수 있는 말로 아름답게 재창조하는 것이다.

SESSION **06**

⑤ 전승문학은 민중적이며 민족적인 문학이다.
- 전승문학은 농민을 중심으로 한 대다수 민중이 생활을 통해 창조하고 즐겨온 문학이므로 민중의 생활이 녹아 있으며, 문학을 한다는 의식 없이 창조된 것이다. 그렇기 때문에 전승문학에는 민중의 생활 경험·의식·가치관 등이 반영되어 있고, 지배층에 대한 비판과 항거가 나타난다.
- 전승문학은 민족을 구성하는 대다수 사람이 공유하고 있기 때문에 생활 공동체로서의 민족 문학을 사실상 대변한다.

전래동화와 창작동화의 차이

구분	전래동화	창작동화
작가	구비 전승되었기 때문에 원 작가를 알 수 없고 재화자만 알 수 있다.	작가에 의해 창작되었다.
포함된 정서	민족의 생활·이상·가치관과 정서가 있다.	작가의 개인적 정서가 큰 비중을 차지한다.
줄거리, 성격 묘사, 배경	줄거리 중심이며, 성격 묘사나 배경, 사건이 단순하다.	성격 묘사나 배경, 사건이 복잡하고 구체적이다.
환상과 사실성	우연의 일치나 천우신조 등의 인과관계를 바탕으로 한 환상 위주이다.	환상을 바탕으로 하나, 사실성도 중요시하였다.
주제	권선징악적이고 인과응보적이다.	주제가 다양하다.
표현 스타일	관용적 표현이 많다.	자유로운 표현이 많다.
대상	처음에는 어린이는 물론 청소년과 어른까지 대상으로 하였으나, 지금은 주로 어린이를 대상으로 한다.	주로 어린이를 대상으로 하였다.

(2) 민담

특징

- 민담이란 특정한 작가 없이 일반 백성들의 입에서 입으로 전해진 이야기로, 재미나게 꾸며진 보통 사람들의 이야기이며 대체로 환상적 인물이나 소재, 배경이 등장하는 환상적 성격의 이야기이다.
- 민담은 시대와 공간을 초월하는 환상적 이야기로 '옛날 옛적에…' 등으로 시작하여 '~행복하게 살았습니다.' 등의 표현으로 끝나는 옛날이야기이다.
- 주제 : 권선징악의 강한 도덕률과 인과응보의 강한 인과율로 지배되는 공통점을 가진다.
  - 현실에서 이루지 못한 것에 대해 대리만족 혹은 풍자와 해학을 담아 즐거움을 느끼면서 현실의 어려움을 승화하고자 하였다.
  - 권선징악을 주제로 해피엔딩의 닫힌 구조를 갖는 경우가 많다.
- 플롯
  - 간결하고 기억하기 쉬운 반복 구성의 이야기가 많으며, 대체로 시간의 흐름에 따라 진행되는 단선형식(발단-전개-절정-결말)으로 구성된다.
  - 서두와 결말이 전형적 형식(⑩ 서두는 주로 "옛날 옛적 어느 마을에 ○○가 살았는데"로 시작하고, 결말 부분은 주로 "그래서 오래오래 행복하게 살았대요." / "이제 끝이야." / "잘 살다 죽었대." 라는 식으로 맺고 있음)을 띤다.

－ 대립(선과 악의 대립, 힘과 꾀의 대립, 미와 추의 대립)과 반복(⑩『해님 달님』에서 "그 떡 하나 주면 안 잡아먹지.", "하느님, 저희를 살리시려면 새 동아줄을 내려주세요."와 같이 반복하는 행위)의 형식이다.

• 등장인물: 평범·평면적이고 전형적이며 변하지 않는 정적 성격이 대부분이다. 인물들 간의 성격은 대립적으로 맞서는 경우가 많으며, 유아들에게 바람직한 인간상을 가르쳐 준다. 현실에 존재하지 않는 산신령, 선녀, 도깨비 등의 인물이 신비한 힘을 발휘하며, 동물도 많이 등장(한국 민담의 경우 호랑이가 많음)한다.

• 배경: 시간적·공간적 배경은 구체적으로 표현되지 않고 대충 알아볼 수 있는 정도의 보편성 있는 배경이 주로 사용된다.

종류	① 누적적 이야기	• 가장 단순한 형태의 이야기로, 반복적인 사건과 행위가 많이 나타난다. ⑩ 「아기돼지 세 마리」, 「커다란 순무」, 「해님 달님」 등
	② 동물 이야기	• 어린 아이들에게 가장 사랑받는 이야기 중의 하나가 의인화된 동물 이야기이다. • 민담에 나오는 동물들은 인간처럼 말하며 현명하게 행동하는데, 인간의 행동을 과장하여 표현하면서 그 속에 유머와 재치를 담고 있다. ⑩ 「장화 신은 고양이」, 「늑대와 일곱 마리 아기 염소」, 「브레멘의 음악대」 등
	③ 익살이나 유머 이야기	• 해학과 익살이 많은 이야기로 바보, 멍청한 사람, 못난이 또는 현명한 사람이 등장하여 우스꽝스럽고 엉뚱한 사건들로 엮어진다. • 그것이 웃음을 자아내기도 하지만, 사회 속에서의 권위나 경직된 관념을 풍자함으로써 삶의 진실한 모습을 보여주기 때문에 단순히 우스운 이야기로만 그치는 것이 아니라, 생활을 윤택하게 만들고 인간의 진실을 말해 준다. ⑩ 「임금님 귀는 당나귀 귀」, 「방귀쟁이 며느리」 등
	④ 마술 이야기	• '민담의 핵'이라고 할 수 있을 정도로 민담의 많은 부분이 여러 종류의 마술에 기초하여 꾸며진다. ⑩ 요정, 거인, 도깨비, 요술을 부리는 동물, 난쟁이, 마술사, 초인 등이 등장하여 평민들의 대변자 역할을 하기도 하며, 현실적으로 불가능한 일을 하고, 가난하고 착한 주인공에게 복을 주기도 한다. • 마술의 힘을 통해 현실에서 얻지 못하는 보상을 얻고 두려움에서 벗어나고자 하였으며, 이러한 내용은 평민들과 어린이의 카타르시스 대상으로 작용한다.

(3) 우화, 신화, 전설

우화	• 우화는 주로 인간처럼 말하는 동물들이 주인공으로 나오며, 인간들이 성공적인 삶을 살기 위해 필요한 교훈이나 처세술을 담고 있는 짧은 이야기이다. 　－ 즉, 동물을 등장인물로 내세워 인간의 우매함이나 경솔함을 풍자하거나 교화하려는 의도로 구성된 짧은 이야기이다. • 동물들은 사람처럼 행동하면서 한 가지씩 독특한 특성을 지녔기 때문에 갈등 상황이 매우 첨예하고 명확하다. 　－ 우화 속에 등장하는 동물들은 인간의 본성을 반영하는데, 사자는 왕의 권위를, 여우는 교활함을, 양은 순진무구함 등을 상징한다. • 우화에는 보통 도덕이나 교훈을 명료하게 제시해 주는 세 명 이하의 동물이 주인공으로 등장하고, 주인공인 동물은 결코 사람이 되지 않으며, 도덕적 교훈을 가르치는 하나의 중요한 사건을 전개해 나간다. 이들은 교훈 전달의 목적을 가지고 있다. 　⑩ 『토끼와 거북이』, 『거북이와 베짱이』, 『당나귀와 소금장수』 • 우화의 주제는 도덕적이고 명확하며 교훈적인데, 보통 이야기의 끝부분에 명시되어 있다. • 우화는 단일 사건의 플롯으로 되어 있어서 짧고 간결한 이야기 방식을 취하고 있다. 사건의 전후 상황에 대한 설명 없이 사건의 윤곽만을 보여주는 것이 대부분이다. • 우화의 배경은 줄거리 전개에서 그다지 중요하지 않으며, 구체적으로 묘사되지 않는 것이 일반적이다.
신화	• 신성시되는 이야기로 신이나 영웅을 중심으로 전개되며, 우주의 기원과 발생, 현상, 인류 문명의 유래와 운명, 자연 및 사회 현상의 기원과 질서처럼 무게 있고 신비로운 내용을 담은 이야기이다. 　－ 초월적 능력을 가진 신과 영웅들을 주인공으로 하는 이야기로 세계의 창조신화, 민족의 시조신화, 건국신화 등이 대표적 예이다. 가장 널리 알려진 것은 고대의 그리스·로마 신화가 있으며, 우리나라 건국신화로는 고조선의 단군신화, 고구려의 주몽 신화, 신라의 박혁거세 신화가 있다. 　－ 일반적으로 신화는 유아들에게 다소 어렵다는 인식이 많으나, 최근에는 유아들이 즐길 수 있는 형태(⑩ 『마고할미』: 우리나라의 산, 강, 바다를 만들었다는 여신에 관한 이야기)로 제작되고 있다. • 신화가 만들어진 배경: 나라를 이루고 고난을 극복하는 데 있어서 신화가 필요했기 때문이다. • 신화 속 인물의 특징: 주로 영웅적·신적인 존재로 특별한 능력과 신성을 지닌다. • 등장인물의 수는 아주 적으며, 주로 초자연적이거나 신적인 사람들이다. • 플롯은 하나의 사건으로 되어 있거나, 적은 사건이 등장인물과 연결되어 이루어지는 경우가 많다. • 배경은 시간과 공간적으로 매우 간단하고 피상적으로 소개되는 것에 그친다(⑩ '먼 옛날 옛적에, 환인 임금님이 하늘나라를 다스리던 때 일이야'). • 주제나 관점이 광범위하고 보편적이기 때문에 분위기는 엄숙하고 당당하며 신비로움까지 나타낸다.

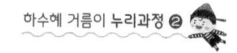

MEMO

전설	• 전설은 초자연적 현상에 대한 개인의 체험담으로서, 신화와 마찬가지로 신과 인간, 이들을 둘러싼 여러 자연물의 유래와 기원을 담고 있지만, 신화와 비교해 특정 인물이나 자연물, 장소 등을 소재로 하여 역사적 진실성을 더 갖추고 있고, 초자연적인 것에 덜 의존하며, 주인공, 연대, 지역 등을 제시하기도 한다. 　－ 특정 지역, 특정 인물의 이름과 시대가 구체적으로 언급됨으로써, 듣는 사람이 이야기의 내용을 믿도록 하는 힘을 가지고 있다. • 사건의 3요소인 시간, 공간, 인물 중 하나라도 뒷받침하는 기념물이나 증거물이 있으면 전설이라고 할 수 있다. • 비범한 인물의 좌절과 비극적 결말이 이야기의 주요 내용을 이루거나 인간의 희망과 욕구를 반영하는 민담과 달리, 전설은 대개 비극적 결말을 통해 인간의 자만심에 대한 경고를 담고 있는 경우가 많다. • 우리나라에서는 이야기의 주요 소재와 내용에 따라 인물 전설, 자연물 전설, 지명 전설, 풍속 전설, 귀신 전설 등으로 나누어진다. 　－ 인물 전설은 특정 인물에 관한 이야기이며, 자연물 전설은 바위, 산, 연못 등과 같은 자연물에 대한 이야기, 지명 전설은 지명의 유래를 설명하는 이야기, 풍속 전설은 오곡밥, 동지팥죽 등의 특정 풍속의 유래를 설명하는 이야기이다(메『견우 직녀』, 『울산에 없는 울산바위』).

신화, 전설, 민담의 차이

구분	신화	전설	민담
전승자의 태도	진실하고 신성하다고 인식	진실되리라고 믿고, 실제로 있었다고 주장	흥미 본위로 진실성, 신성성은 문제되지 않음
시간과 장소	일상적인 경험으로 측정할 수 있는 범위를 넘어선 태초의 일	구체적으로 제한된 시간과 장소	구체적인 시간과 장소가 없음
증거물	매우 포괄적	특정의 개별적 증거물	증거물이 제시되지 않음
주인공 및 그 행위	• 신 • 신이 지닌 능력을 발휘	• 여러 종류의 인간 • 인간과 인간, 인간과 사물 사이에서 일어나는 예기치 않은 관계	• 일상적인 인간 • 운명을 개척해 감
전승 범위	민족의 범위	지역적 범위	지역이나 민족을 제한하지 않음
기능	전체 집단의 신앙을 요청하며, 집단 단결의 핵심적 역할	일정 지역을 발판으로 애향심 고취	흥미 본위의 사고적 교환물로서 예능적이고 문학성이 뛰어남

(4) 전래동화의 선정 기준(고려해야 할 사항)

잔혹한 내용	• 유아가 공포를 느낄 수 있는 잔혹한 내용이 포함되어 있는지 확인한다. • 권선징악을 주요 주제로 다루고 있는 전래동화의 특성상 악행을 저지른 인물이 벌로 잔혹한 형벌을 받는 내용이 종종 등장한다. 　－ 현대 그림책 작가들에 의해 재화되면서 어린 연령의 유아들이 공포를 느낄 수 있는 잔혹한 내용은 삭제 또는 각색되기도 하지만, 정도의 차이가 있기 때문에 교사의 확인이 필요하다.

생소한 어휘	옛이야기의 특성상 유아가 이해하기 어려운 낯선 어휘가 많이 포함되어 있을 수 있기 때문에 읽어주기에 앞서 확인해 보아야 한다. **유의점** 책을 읽어주는 과정에서 어휘를 설명할 경우 책읽기에 대한 유아의 몰입을 방해할 수 있기 때문에 읽기의 흐름을 방해할 정도로 긴 설명이 필요한 어휘라면 미리 설명하는 것이 좋다.

편견 또는 고정관념	• 현대 사회에 맞지 않는 고정관념이나 편견(민족, 인종, 성역할, 특정 가족 형태에 대한 편견 등)이 포함되어 있지 않은지 확인한다.
	  ─ 사회적 변화에 따라 이혼, 재혼, 한부모 가정, 입양 등 다양한 가족 형태가 구성되고 있기 때문에 『콩쥐 팥쥐』처럼 특정 가족 형태에 대해 편견을 초래할 위험은 없는지 고려해 보아야 한다.
	  ─ 성별, 직업, 장애, 인종, 외모, 가난, 그리고 다른 나라를 편견된 시각에서 비하하고 있지는 않은지도 확인해 보아야 한다.

(5) 전래동화의 교육적 가치

교육적 가치	상상력	• 사람처럼 말하고 생각하는 동물과 식물, 요정과 마법 등 전래동화에 자주 등장하는 초현실적 세계와 주인공들은 유아들에게 재미를 주며, 현실적 제약을 벗어나 마음껏 상상해볼 수 있도록 한다. • 이야기 속 공상 세계를 바탕으로 마음껏 자유롭게 상상해 보는 것은 유아들에게 즐거운 놀이이자, 사고력 발달과 창의적 사고의 기반이 된다.
	전통문화와 우리말	여러 세대를 거쳐 구전 되어오는 이야기라는 특성상 전래동화에서는 지금은 잘 쓰이지 않는 옛 우리말이 자주 등장한다. 옛 우리말을 접하는 것은 우리 전통문화와 조상들의 생활상에 대한 이해를 돕는다. **예** 『팥죽 할멈과 호랑이』에는 지게, 멍석, 부지깽이 등 우리 조상이 사용하던 공간과 도구들을 칭하는 어휘들이 등장한다.
	도덕과 사회규범	• 전래동화는 권선징악, 인과응보, 친절, 겸손 등을 주요 주제로 다루고 있다. • 시대와 사회에서 요구하는 도덕을 어린이뿐만 아니라 어른에게도 가르치기 위한 필요성에 의해 전래동화가 만들어졌다고 주장하는 학자도 있다. 유아들은 의미 있는 이야기를 듣는 동안 사회 구성원으로서 배워야 할 도덕규범을 자연스럽게 익히게 된다. **예** 『흥부와 놀부』를 통해 형제 간의 우애를, 『심청』을 통해서는 효 등의 규범을, 『저승에 있는 곳간』을 통해서는 남에게 베푼 선행이 사후에 그 이상의 가치로 돌아온다는 가르침을 배울 수 있다.
	용기	• 전래동화에는 어려움에 처한 주인공이 자신의 노력이나 마법과 같은 초현실적 도움을 받아 어려움을 이기고 행복하게 된다는 이야기들이 많이 등장한다. ─ 고난에 처한 주인공이 초현실적 존재의 힘을 통해 어려운 문제를 해결해내는 모습을 보면서 유아들은 대리만족과 함께 선한 행동은 결국 복을 받음을 알게 되고, 자신 역시 어려운 상황 속에서도 포기하지 않고 어려움을 헤쳐나가고자 하는 용기를 얻게 된다. **예** 『해와 달이 된 오누이』에서 오누이의 노력에 감탄한 하늘이 그들에게 튼튼한 동아줄을 내려주어 오누이가 해와 달이 되는 복을 준다.

2 전래동요

정의	• 전승문학 중 시가문학의 한 장르로, 아동의 감정과 심리를 문학적이면서 음악적으로 표현한 아동가요이다. • 어린이들의 생활 감정이나 심리를 나타낸 어린이들의 노래로 오래전부터 구전된 노래이기 때문에 지은이가 누구인지 알 수 없다.	
유형	기능 동요	• 놀이동요 (예 꼬마야 꼬마야)　• 놀림동요 (예 꼬부랑 할머니) • 말놀이동요 (예 원숭이 엉덩이는 빨개)　• 일놀이동요 (예 쾌지나 칭칭나네)
	비기능 동요	자연현상, 사물, 인간생활, 동물을 소재로 한다.
	동물요	유아들이 친근함을 느낄 수 있는 동물을 소재로 다루고 있는 전래동요 (예 두꺼비, 잠자리, 쥐, 새, 나비, 까치 등)
	식물요	나무 등 아이들에게 친숙한 식물들을 소재로 한 전래동요 (예 고사리, 신랑방에 불켜라, 외따기 등)
	놀이요	놀이를 하면서 부르는 전래동요 (예 대문놀이, 이거리 저거리 각거리 등)
	애무요	어린이를 달래거나 재울 때 부르는 동요 (예 자장가, 불불 불어라 등)
	서정요	서정적인 주제를 다루는 동요 (예 달아 달아, 앞니 빠진 중강새, 새야 새야, 비야 비야 등)
교육적 가치	• 전래동요 속에는 리듬과 운율을 기초로 반복되는 후렴구가 많다. 　– 반복되는 리듬 운율은 유아들에게 청각적인 즐거움을 주며, 정서를 순화하고 고취시킨다. 　– 유아가 즐겁게 따라 부를 수 있다. 　– 문학적 측면뿐만 아니라 언어적 · 음악적 측면에서의 감각도 키워준다. • 해학적 표현과 현대에는 잘 사용되지 않는 어휘가 다수 포함되어 있어, 풍부한 표현 및 어휘를 배움으로써 언어가 발달된다. • 우리 민족 고유의 정서와 삶의 모습들이 전래동요 속에 고스란히 정제된 언어표현으로 녹아들어 있어 민족 문화에 대한 이해와 정체성을 증진할 수 있다. • 전래동요 중 다수는 집단놀이 중에 불렀던 놀이요로서 자연스럽게 집단놀이의 기회를 제공한다. 　– 개별적으로 노는 놀이에 익숙한 현대 유아들에게 다른 아이들과 어울려 노래하면서 노는 경험을 제공하게 되면 자연스럽게 다른 사람과 더불어 생활하는 방법(공동체 의식과 사회성)을 익힐 수 있다. • 노랫말의 내용 속에서 인간의 보편적 가치와 문화를 공유할 수 있다. • 동요를 통해 자연스럽게 사물이나 자연현상의 특성을 학습할 수 있다. • 자신의 생각과 감정을 다양하게 표현하는 능력을 키워준다. • 부모나 할머니 등 세대 간의 연결을 경험할 수 있다.	

SESSION
06

3 **전기**

정의	• 실존 인물의 생애 또는 생애 중 한 부분을 다루는 문학 장르를 의미한다.
	• 좋은 전기 작품의 선정 기준
	  - 전기의 내용이 정확한가?
	  - 주인공이 살았던 사회나 시대적 배경과 관련하여 필요한 정보를 제공하고 있는가?
	  - 그림은 유아들이 즐길 수 있게 심미적인가?
	  - 주인공의 업적과 삶이 단순히 미화되기보다는 구체적으로 기술되어 있는가?

교육적 가치	• 인물이 살았던 시대의 역사적 사실이나 정보 등을 친근감 있게 받아들일 수 있도록 도우면서 역사와 문화에 대한 이해를 높일 수 있다. • 우리 사회에 의미 있는 실존 인물의 이야기를 유아의 수준에 맞게 다루는 위인그림책은 사회가 요구하는 바람직한 인물상을 반영함으로써, 유아가 자신이 속한 사회에서 중요시되는 사회적 가치 및 규범을 자연스럽게 배울 수 있도록 한다. • 실존적 인물이 여러 가지 어려움과 실패를 극복하고 꿈을 이루었음을 기록한 이야기는 주인공이 겪었던 희로애락을 생생하게 느끼도록 함으로써, 유아 자신도 어려움을 극복하고자 하는 용기와 희망을 가지도록 도와준다. • 실존 인물이 인종 차별, 성차별, 결손 가정, 가난, 장애 등으로 인한 역경을 극복하고 훌륭한 사람이 되는 과정을 경험함으로써 실제 삶 속에서 만나는 모든 사람이 존중받아야 하는 대상임을 배울 수 있어, 다문화 시대에 요구되는 반편견 교육에 효과적이다.

UNIT 83 환상동화(환상 그림책) 및 사실동화(사실 그림책)

KEYWORD# 환상동화 및 사실동화의 특징

창작동화는 사실성과 환상성을 기준으로 사실동화와 환상동화로 분류할 수 있다. 사실동화가 실제 세계를 바탕으로 하여 있을 법한 사건과 이야기를 다루는 반면, 환상동화는 실제로 일어날 수 없는 일이 벌어지거나 현실에 존재하지 않는 사람 또는 생물이 등장하는 이야기이다. 또한 사실동화가 일상생활의 문제들을 다룬다면, 환상동화는 이러한 문제들이 지속되는 동안 아동이 현실에서 잠시 벗어나 쉴 수 있는 또 다른 세계를 제시해 준다.

📖 사실동화와 환상동화의 비교

구분	사실동화	환상동화
공통점	창작동화	
주제	• 인간본성에 대한 기본적 진리 • 인간문제, 인간관계, 가정	인간의 정서, 가치, 관계, 보편적 진리
등장인물	아동의 생각이나 행동과 비슷한 사람	• 의인화된 동물이나 무생물 • 초자연적 인간 또는 상상적 경험을 하는 사람
배경	아동이 살고 있는 시공간	• 시공간을 초월 • 현실에서 상상세계 속으로의 여행
구조	• 아동에게 실제 일어날 수 있는 문제 • 주인공의 힘으로 문제를 해결	• 갈등 상황이 전형적으로 초자연적인 힘에 의해 발생 • 환상이나 마술적인 힘에 의해 문제를 해결
언어적 표현 방식	환유적 표현	은유적 표현

❶ 환상동화(환상 그림책)

정의	• 환상동화는 작가의 순수한 상상에 의해 창작되는 동화로, 현실에서는 있을 수 없는 초자연적인 사건을 어린이들의 심리에 맞게 현실에서 있을법하게 표현한 동화이다.
	• 등불이 어두운 구석을 밝히듯, 인간 내부의 갈망과 공포를 표면으로 끌어올려 구체적인 형태로 드러내므로 '등불로서의 문학'이라고 한다.
	• 사람처럼 말하고 행동하는 동물, 장난감, 사물의 등장은 모든 사물이 사람처럼 생명과 마음을 가지고 있다고 믿는 유아기의 물활론적 사고와도 잘 부합되어 유아들에게 특히 매력적인 장르이다.
	• **환상동화와 전래동화의 비교**
	  − 현실에서 존재할 수 없는 인간처럼 말하고 생각하는 동물, 괴물, 마법, 상상의 세계 등 현실에서 있을 수 없는 상상의 세계와 존재가 등장한다는 점에서 공통점을 가진다.
	  − 전래동화는 오래전부터 구전돼 온 이야기로 작가를 알 수 없는 반면, 환상동화는 만든 작가가 알려져 있다는 점에서 차이를 가진다.
	  − 전래동화의 경우 초현실적 힘을 빌려 악한 존재와 역경을 이겨내는 이야기로 권선징악, 인과응보 등의 주제를 주로 다룬 반면, 현대 환상동화의 주제는 훨씬 더 광범위하다. 특히 교훈적 이야기에 머무르지 않고 유아의 심리를 깊이 있게 묘사하는 경우가 많다.

특징	• **주제**
	   − 비현실적 등장인물이나 배경, 사건 등으로 이루어진 이야기지만, 사실동화에서 다루는 대부분의 주제를 다룬다.
	   − 옛이야기의 주제인 권선징악, 인과응보라는 전통적인 가치를 넘어서, 고정된 시각이 아니라 다각적인 측면에서 바라보고 이해할 수 있는 시대적 관점을 반영하는 주제를 담는다.
	   − 욕구의 좌절과 분노의 해소, 심리적 압박과 카타르시스 등 내면 세계를 담아 유아가 기쁨과 위로를 받을 수 있게 해 준다.
	 • **등장인물** 말하는 동물이나 무생물과 같이 특별한 유형의 개성이 뚜렷한 인물이 등장한다.
	   − 의인화된 동물이나 식물, 무생물, 마법을 쓰는 존재 등 초현실적인 인물, 즉 크기나 능력 면에서 과장된 비현실적 인물이 등장한다.
	   − 옛이야기 그림책과 비교 : 옛이야기에는 요정, 신령, 선녀, 도깨비, 마법사처럼 전형적인 인물이 등장하는 반면, 환상 그림책에는 달사람, 눈사람, 의인화된 온갖 동물과 무생물들이 인격을 갖추어 등장하며, 내면 묘사도 섬세하고 입체적이다.
	 • **배경** 복합적인 시공간을 활용함으로써 현실과 비현실의 세계를 연결하는 장치나 통로를 사용하여 환상의 질서를 이끌어낸다.
	   − 옛이야기 그림책의 배경이 우리의 경험 너머 과거의 한 세계라면, 환상 세계의 배경은 과거, 현재, 미래와 땅속, 하늘의 구름 위, 물속, 옷장 속 어디든 가능하다.
	   − 환상 그림책에는 대개 환상 세계로 통하는 '통로'가 있고, 이 통로가 현실 세계의 시공간과 연계되며, 등장인물은 이 통로를 통해 환상 세계와 현실 세계를 오간다.
	 • **플롯** 이야기의 골격 안에는 논리와 일관성이 있고, 질서가 유지되면서 환상이 실제와 융합되어 자연스럽게 보이며, 독자로 하여금 잘 몰입하도록 돕는다.
	   − 옛이야기가 대체로 반복이나 대립 또는 단선 플롯을 취하는 것과 다르게 환상 그림책은 기본 플롯을 포함하여 작가마다 독특한 플롯을 다양하게 사용한다. 「책 속의 책 속의 책」은 등장인물과 작가가 서로 경계 없이 바라보는 거울 플롯이고, 「공원에서 일어난 이야기」는 네 명의 인물 시점에서 이야기가 전개되는 다중 플롯이다.
	   − 이야기 결말의 경우, 옛이야기 그림책은 행복한 결말로 끝나는 것이 일반적이지만 환상 그림책 중에는 「이상한 화요일」처럼 미완의 상태로 끝나는 열린 결말의 그림책도 있다.
	 • **문체**
	   − 상상력을 자극하고 등장인물의 특성이 드러나 환상 세계가 생생하게 전달될 수 있도록 그럴듯하게 전개되어야 한다.

종류	• **과학 환상동화** 마술이나 초현실적인 것과 과학적 이론·원리가 결합된 이야기이다. • **메타픽션(metafiction)** 픽션(허구)과 현실 사이를 넘나들면서 허구의 장치를 의도적으로 그리는 것을 의미하며, 작가, 서술자, 주인공, 내포 독자와 진짜 독자 등에 의해 이야기가 전개된다.

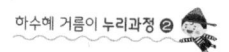

MEMO

홀륭한 환상동화는 아래에서 언급하는 준거들을 충족시키는 작품으로서 특히 인물과 사건, 플롯 면에서 일관성이 있고 독자로 하여금 믿을 수 있는 세계가 묘사되어야 한다.

평가 준거	

평가 준거

- 주제는 가치 있는 것을 다루어야 하며, 독자가 환상동화를 통해 새로운 통찰력과 인식을 가지게 해야 한다. 또한 독자의 상상력을 확장시키고 꿈을 주어야 하며, 등장인물이나 플롯과 잘 융합되어 자연스럽게 표현되어야 한다.
- 플롯이 독자가 흥미를 느끼고 이야기에 빠져들도록 하기 위해서는 다음과 같은 특성을 가지고 전개되어야 한다.
  - 일련의 사건들이 논리적 일관성을 가져야 한다.
  - 줄거리가 믿을 만해야 한다.
  - 환상과 실제가 잘 융합되어 불가능한 것을 가능하게 해야 한다.
  - 우연적인 사건의 남발이 없어야 한다.
  - 현실과 환상 세계의 전환이 자연스러워야 한다.
  - 환상적 요소가 논리적으로 이야기에 잘 융합되어야 한다.
  - 마술적 요소가 일관성이 있어야 한다.
- 등장인물은 독자가 공감하고 동화할 수 있어야 한다.
  - 등장인물의 감정과 상황이 인간 생활의 보편성에 근거하여 실제와 가깝게 묘사되어야 한다.
  - 독자가 동일시할 수 있는 인물이어야 한다.
  - 환상적 인물이든 현실적 인물이든 간에 인물은 일관성 있는 행동과 믿을 만한 방법으로 사건에 반응해야 한다.
  - 현실 세계에 있는 인물이 환상적인 상황 속으로 들어가도 일관성 있게 묘사되어야 한다.
  - 평범함, 순진함, 아이다움이 있고 호기심이 풍부하며 선한 본성을 지녀야 한다.
- 문체는 환상을 그리는 데 적합해야 하고, 세부 묘사가 줄거리·장면·인물·관점과 일관성을 지녀야 한다. 또한 환상 속에서 충분한 상상과 선명한 수식적 언어를 사용하여 독자로 하여금 창조된 세계를 생생하게 상상할 수 있도록 만들어야 한다.
- 배경은 현실 세계와 비현실 세계로 나눌 수 있는데 이 두 세계의 연결이 자연스러워야 한다. 시간적 요소가 사실처럼 표현되어야 하고, 공간적 배경은 진실하며 이야기에 잘 융합되어야 한다.
- 결말은 이야기에서 가장 중요한 부분으로, 그동안 보여준 환상을 깨트리지 않으면서 인간 본연의 진리를 따르는 방법으로 결말을 맺어야 한다.

교육적 의의

- **삶의 이해** 환상적 이야기를 다루고 있지만 이야기의 소재나 주제가 인간이 삶 속에서 부딪히게 되는 문제나 갈등을 다루고 있어 유아가 삶을 보다 더 잘 이해할 수 있게 된다.
- **기쁨** 아동에게 기쁨을 준다.
  - 글을 읽지 못하는 아동도 환상동화에서 기쁨과 즐거움을 발견한다. 또한, 재미있는 책은 아동에게서 웃음을 이끌어낸다.
- **상상력 발달** 아동에게 상상의 즐거움을 안겨주면서 상상력을 발달시키고 경이에 빠지도록 한다.
  - 자연, 사람, 주위 세계를 새로운 방법으로 생각하게 만듦으로써 이전과는 다른 다양한 관심을 가지게 된다.
- **통찰력 신장** 인간의 행동과 문제에 대한 통찰력을 기른다.
  - 어떤 환상동화는 인간 내면의 문제들을 통찰력있게 다룸으로써 아동이 삶의 의미, 인간과 자연, 인간과 인간의 관계 등을 이해하도록 도와준다.

- **심리적 안정감** 주인공과의 동일시를 통해 심리적 안정감을 얻는다.
  - 아동은 환상동화를 통해 자기와 비슷한 주인공의 상황을 보면서 자신을 그와 동일시하게 됨으로써 심리적 위안을 얻는다.
- **심리적 보상 및 대리만족** 현재의 시공을 초월하여 전혀 다른 경험의 세계 속에서 대리 경험을 함으로써 심리적 보상과 대리 만족감을 갖는다.
- **환상과 현실의 구분** 환상 세계와 현실 세계의 구분을 명확하게 해준다.
  - 어린 아동은 현실 세계와 환상 세계의 구분이 명확하지 않다. 환상동화는 환상적인 세계를 현실과 대비시킴으로써 아동이 환상과 현실을 보다 확실히 구분할 수 있도록 도와준다.
- **해방감** 현실로부터의 일탈을 통해 현실에서 느끼는 갖가지 스트레스에서 벗어나 해방감과 카타르시스를 느끼게 해준다. 등장인물과의 상상 여행을 통해서 현실에서 느낀 억압감을 정화하게 된다.
- **긍정적 자아감** 일상생활 속에서 유아들은 주변 사람들과 자주 비교하고 자신의 모습에 실망하며 위축되기 쉽다. 허구적 이야기에서나마 현실적 제약으로부터 벗어나 이야기 속 주인공과 자신을 동일시하고 환상 세계 속에서의 모험담을 마음껏 즐기면서 긍정적 자아를 회복하게 된다.

🖥 환상동화와 전래동화의 비교

구성 요소	환상동화	전래동화
배경	초현실 세계와 현실 세계가 분리	초현실 세계와 현실 세계가 공존
통로	사건은 두 지평에서 따로 벌어지고, 특정한 전환점에서 만남	초현실적 존재와 사건들이 당연하게 받아들여짐
두려움	현실 세계 인간은 초현실 세계의 기이함을 자각함	놀라움, 걱정, 감정적 동요가 없음
시간 및 공간	• 공간적 배경이 다양함 • 시간적 배경이 융통성을 지님	• 시간과 공간이 정해져 있지 않음 • 시간과 공간에 대한 묘사가 없거나 간략함
등장인물 유형 및 성격	• 섬세하게 발달 • 입체적이고 다면적인 인물 • 다양한 인물 등장 • 인물들이 서로 긴밀한 관계 • 인물의 개성을 세밀하게 묘사 • 감정을 정확하게 묘사	• 평면적이고 복잡하지 않음 • 정형화된 인물 • 인물들이 서로 분리 • 상세한 묘사가 없음 • 감정의 동요나 개인적 반응이 없음
플롯	다양한 결론	• 간단한 일화 형식 • 해피엔딩
길이	다양함	짧음
작가	• 작가 존재 • 작가마다 개성이 뚜렷함	작가 미상

② 사실동화

정의	• 사실동화란 실제 유아의 삶에서 일어날 수 있는 사건과 관련된 이야기를 다루는 동화로, 전래동화나 환상동화와 달리 초자연적인 힘이나 세계가 등장하지 않으며, 실제 일어날 수 있는 사건을 다루고, 주인공도 실제 사람이다. • 사실동화는 '거울로서의 문학'이라고 할 수 있고, 현실의 삶을 닮고 있다는 점에서 '세상을 들여다 볼 수 있는 창'이라고도 한다. • 현실에서 일어날 수 있는 일, 즉 아동의 일상적인 삶, 가정과 학교와 사회에서 일어나는 여러 가지 문제를 사실적으로 그린 동화이다. • 아동의 일상생활에서 발생할 수 있는 사건이나 상황 등을 주인공을 통해 묘사하고 있으며, 사건들이 발생하거나 발생할 수 있다는 가능성의 범위 안에서 아동의 경험 세계를 다룬 동화이다. • 사실동화는 아동이 처한 삶의 현실을 배경으로 등장인물과 사건이 펼쳐진다는 점으로 인해 유아교육 현장에서 교육자료로 많이 활용되고 있다.

특징	• **주제** 아동이 일상생활에서 경험하는 여러 문제를 다루고 있다.
	  − 성장, 부모와 자녀 간의 사랑, 형제 간의 우애, 동생에 대한 질투, 가족이나 친구로부터의 소외감 또는 선생님, 반려동물, 자연과의 관계 등은 아동의 관심을 끌기 때문에 사실동화의 좋은 주제가 된다.
	  − 사실동화에는 시대의 변화가 반영되어 최근에는 이혼 가정, 재혼 가정, 한부모 가정 등 다양한 양태의 가족 이야기와 입양, 따돌림, 장애, 환경오염, 전쟁, 다문화, 실업, 도시문제, 폭력 등 사회문제를 반영하는 이야기, 그리고 죽음이나 성폭력 등 금기시되던 이야기가 그림책의 주제로 떠오르고 있다.
	• **배경** 우리가 처한 현실 속에서 있을 수 있는 실현가능한 상황이다. 이런 면에서 사실동화는 아동이 살아가고 있는 시간과 장소를 나타내며, 대부분 그 작품이 탄생한 시대를 알 수 있는 근대나 현대 세계를 다루고 있다.
	  − 사실 그림책의 배경은 주로 '현재, 여기'지만, 윗세대 인물의 어린 시절이나 역사적 인물의 이야기라면 시간적 배경이 과거일 수 있고, 당시의 시대상도 사실적으로 담긴다.
	  − 사실 그림책의 공간적 배경은 특별한 장소와 보편적 장소 모두 가능하지만, 대체로 일상의 현실 공간이 배경이 된다. 그림에 담긴 주거 형태나 건물 양식, 의복 등이 배경 이해에 도움이 된다.
	• **등장인물** 옛이야기에서처럼 등장인물이 평면적·전형적이지 않고 환상동화처럼 비현실적이지도 않다. 사실동화의 등장인물은 현실 속 인물이므로 어린 독자의 생활과 경험이 반영된 공감이 가는 인물이어야 하고, 실제 사람과 같이 행동하며 아동의 생각이나 행동과 비슷하게 제시되어야 한다.
	  − 일상생활 속에서 발견할 수 있는 일들을 반영해 주는 인물로서 다차원적으로 그려진다. 즉, 실제 세계에서 실제 사람이 지닐 수 있는 능력을 가지며 실패를 경험하기도 한다.
	  − 등장인물은 과장되지 않고 실제 사람의 성격대로 행동하며 평범한 사람으로 묘사된다.
	  − 또한, 이야기가 끝날 때까지 현 단계에 머무르는 것이 아니라 성장하고 변화한다.
	• **플롯** 유아의 일상과 그 속에서 벌어지는 갈등을 중심으로 이야기가 진행된다. 시간의 흐름에 따라 일어난 일이 전개되는 단선 플롯, 새로운 인물이나 사건이 더해지는 연쇄 플롯, 『위니를 찾아서』처럼 엄마가 딸에게 동화 속 인물인 '푸우'와 관련한 가정사를 들려주는 액자식 플롯이 있다.

	– 사실동화의 이야기는 실제로 일어날 수 있는 사건이 일어나는데, 주인공이 직면한 문제들을 처리하고 해결해 나가면서 전개된다. – 즉, 사실동화는 현실적으로 일어날 수 있는 문제, 목적 또는 갈등이 있기 때문에 이야기의 구성은 해결되어야 할 문제나 갈등에 초점을 맞춘다. • **문체** 사실동화의 문체는 현재 주로 사용하는 언어 형태를 반영하여 인물들의 대화나 생각이 자연스럽게 묘사되고, 이야기 속 갈등이나 사건이 생생하고 적절하게 서술되어야 실제 일어나는 일처럼 유아가 느끼고 경험할 수 있게 된다. – 사실동화의 문체는 그 작품을 읽는 독자를 고무시킬 수 있어야 하므로 등장인물과 그 주위 환경에 적합한 언어적 특징이 나타난다. 즉, 등장인물들 사이의 대화에는 이야기의 배경에 맞게 방언을 포함하여 현재 사용되는 언어가 반영된다. • **관점** 사실동화의 관점은 환상동화에서처럼 다양하게 표현되는데, 주인공의 생각과 감정을 잘 이해할 수 있도록 대개 1인칭 주인공 시점을 취하고 있다. 그런데 이 관점은 아동으로 하여금 책에 몰입하게 만드는 반면, 작가가 제시해 주는 정보만을 얻을 수 있게 한다는 것과 아동에게 너무 강한 경험을 줄 수 있다는 제약도 있다. 3인칭 관점에서는 화자 자신이 작품 속에 등장하지 않지만 사건의 전개나 등장인물의 심리를 포함하여 나타낸다.
구조	• 사실동화의 대표적인 세 가지 구조(Cullinan & Galda, 2002)는 다음과 같다. ① **과거 회상(flashbacks)** : 등장인물이 현재 직면한 문제의 원인에 대해 설명한다. ② **삽화적 구성(episodic plots)** : 등장인물의 삶에서 특별한 사건을 강조한다. ③ **교호적 구성(alternating plots)** : 작가가 다른 시각에서 이야기를 전개한다.
유형	신변처리에 관한 동화, 일상생활 훈련에 관한 동화, 친구와 가족과의 관계를 다룬 동화, 자연과 사회 현실에 대한 관찰과 탐색을 다룬 동화, 다양한 삶에 대한 가치와 태도를 다룬 동화 등이다.
평가 준거	• **문학적 형식을 잘 갖추어야 한다.** – 이야기의 배경은 믿을 만한 곳이어야 하고, 줄거리는 단순·명쾌해야 하며, 주인공은 그럴듯하게 묘사가 잘되어 공감할 수 있고 살아있는 것처럼 생동감이 있어야 한다. 그리고 언어는 쉽고 반복적이며, 리듬감이 있고 재미있는 대화체 문장을 사용하여 아이디어를 잘 표현해야 한다. • **예술적인 완성도가 높아야 한다.** – 일러스트레이션의 양식과 매체가 글과 조화를 이루고, 아동의 감각에 맞으며, 아동이 이해할 수 있어야 한다. 글이 너무 많거나 일러스트레이션이 너무 복잡한 경우에는 읽고 싶은 마음이 들지 않을 수 있기 때문에 글과 일러스트레이션이 매력을 끌 수 있도록 여백 처리를 잘 해야 한다. • **아동의 기본적 욕구를 충족시켜야 한다.** – 아동은 동화를 통해 사랑받고자 하는 욕구, 위안을 얻고자 하는 욕구, 행복하고자 하는 욕구 등이 충족되기를 원한다. – 그러므로 이러한 욕구와의 관련성과 사실동화가 지니는 사실성이 균형을 이루어야 한다. • 사실동화는 일상생활에서 일어날 수 있는 친숙한 경험과 정서를 다루고 있으므로 아동이 공감하고 쉽게 동일시할 수 있는지를 고려해야 한다.

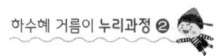

가치	

- **동일시**: 현실적으로 가능한 이야기이며 또래의 비슷한 경험을 다루기 때문에 유아는 자신을 주인공과 더 쉽게 동일시한다.
  - 이러한 등장인물과의 동일시 및 감정이입을 통해 다양한 사람에 대한 이해와 공감 능력을 기를 수 있다.
- **심리적 위안(심리적 안정감)**: 사실동화의 주인공은 실제 유아들처럼 다면적이고 입체적 성격을 가진 또래유아이다. 비록 이야기이기는 하지만, 유아들은 다른 유아들도 자신처럼 공포, 좌절, 슬픔을 느끼고, 문제에 부딪히며, 갈등하는 등의 어려움을 겪는다는 것을 인식하면서 자신만 겪는 문제나 갈등이 아님을 알게 되어 심리적 위안과 안정감을 얻는다.
- **개성과 독창성 신장**: 동화 속에서 경험하는 개성 있는 다양한 주인공을 통해 개성의 중요성을 배우도록 해줄 뿐만 아니라, 독창성을 길러 주며, 전형적인 인간으로부터 자유로울 수 있도록 도와준다.
- **다양한 삶에 대한 통찰력**: 현실에서 경험할 수 없는 다양한 사건을 간접적으로 체험함으로써 풍부한 경험을 가지게 하며, 이는 단순히 양적으로 다양한 종류의 경험을 해 보는 것 이상의 의미를 지닌다. 미처 경험하지 못했던 사람과 문제에 대한 간접경험은 다양한 삶에 대한 통찰력을 기르는 데 도움이 된다.
  - 예술적으로 형상화한 삶의 이야기는 현실 경험보다 더 구체화된 형태로 지각되므로 유아는 사실동화를 통해 인지적·정서적 경험을 풍부하게 하고 이들 경험을 재구성할 수 있게 되며, 인생에 대한 통찰력을 길러 삶의 질이 고양될 수 있다.
- **문제 해결력**: 사실동화의 주요 소재나 주제는 유아들이 현실에서 겪는 실제 문제들을 다루는 경우가 대부분이다. 이야기의 주인공이 자신과 유사한 문제 상황을 적절하게 해결해 나가는 모습을 통해 유아들은 실제 삶 속에서 어떻게 대처하는 것이 적절한지를 배울 수 있다.
  - 즉, 주인공이 문제를 해결해 나가는 과정을 간접적으로 경험함으로써 현실을 극복할 수 있는 용기와 문제 해결력을 배울 수 있고, 자신감도 가지게 된다.
- **반편견적 사고**: 최근 사실동화의 주제는 단순한 일상생활의 문제로부터 다양한 가족 형태, 가난, 전쟁, 반편견 등의 사회적 이슈로 확대되고 있다. 유아들은 동화를 통해 삶이 반드시 따뜻하고 안전하지만은 않다는 사실을 알게 되면서 인간의 삶을 이해하게 된다.
  - 유아들이 일상생활 속에서 실제 접할 수는 없지만 유아 주변 세계에서 일어나고 있으며 유아의 삶에 영향을 미치는 사회문제들에 관한 이해는 세상에 대한 유아의 이해를 증진시키고 타인에 관한 공감을 이끌어낸다.

SESSION
06

3 패러디동화

정의	• 패러디 그림책은 유아들에게 친숙한 옛이야기를 포함하여 널리 알려진 원작의 주제, 인물, 플롯 등을 새로운 시각에서 변형시켜 풍자한 이야기이다. – 모방을 모토로 한 작품이므로 모방의 대상이 되는 원작이 존재한다. – 이는 '새로 쓰기'에 해당하는 것으로, '새로 쓰기'는 본래의 옛이야기에서 일부 요소만 빌려 왔을 뿐 새롭게 창작된 이야기이다. • 패러디 그림책은 잘 알려진 작가의 그림책 스타일을 모방하여 유머러스하게 또는 풍자적으로 개작한 것이다. 즉, 독자들에게 익숙한 옛이야기나 문학작품의 인물, 사건, 배경 등을 이용해 모방적·비판적·혼성모방적으로 변형하여 독자들에게 즐거움과 사고의 전환을 주기 위해 작가가 만든 풍자적 모방작품이다. • 패러디(parody)는 어원으로 보면, 텍스트들 사이의 대조 또는 상반을 뜻하는 para와 노래라는 의미인 odos의 결합어인 parodia에서 나온 단어로, 원작과 대조를 이루는 작품(노래)이라는 의미이다. – 이런 이유로 패러디 문학을 현대 포스트모더니즘 문학의 특성 중 하나인 텍스트 간 관련성, 즉 상호텍스트성의 대표적 문학 형식으로 본다.
상호 텍스트성	• 독자는 처음 자신이 가진 스키마를 이용하여 원작 그림책을 읽게 된다. 그리고 원작 그림책을 알고 있는 독자는 자신의 스키마를 활용하여 패러디 그림책을 읽게 된다. 이와 같은 방식으로 패러디 그림책의 내용을 알게 된 독자는 다시 원작을 읽을 때 새롭게 추가된 스키마로 그것을 다르게 해석하게 된다. 이것이 바로 온전한 상호텍스트성이라 할 수 있다. • 유아는 다양한 텍스트 경험을 통하여 동일한 이야기를 색다르게 느끼기도 하고 상이한 이야기들 간의 유사성을 찾기도 한다. 이러한 텍스트 간의 관련성을 상호텍스트성이라고 한다. 상호텍스트성은 현재 읽고 있는 하나의 텍스트가 이전의 수많은 텍스트 및 같은 시대의 다른 텍스트들과 연관을 맺는 것이다. – 상호텍스트성은 원작 그림책과 패러디 그림책과의 관계에서 더욱 잘 나타난다. 그림책을 읽는 독자는 상호텍스트성으로 연결되는 원작 그림책의 요소를 발견하는 과정을 통해 호기심과 재미, 즐거움을 느낀다. 그림책을 읽는 독자인 유아는 수동적인 독자가 아닌 적극적인 독자로서 그림책을 읽게 된다. 다시 말해서 원작과 패러디 그림책의 비교를 통한 상호텍스트성은 독자가 이야기를 어떻게 해석하고 의미를 갖는지에 대해 중요한 관점을 갖는다. ┌───┐ • 상호텍스트성 : 텍스트들 간의 관련성, 과거에서 현재로 이르는 역사적으로 존재하는 텍스트들과 현재의 텍스트들 간의 상호 관계를 통하여 독자가 가진 사고의 지면을 점차 수정·확장해 나가는 과정이다. • 상호텍스트성의 활용 : 궁극적으로 주어진 텍스트에 대한 보다 깊이 있는 이해로 이어질 수 있게 된다. • 상호텍스트 현상 : 텍스트들 간에 영향을 주고받게 되는 것, 관계를 형성하는 것을 말한다. • 상호텍스트적 반응 : 유아가 이전에 읽었던 책의 내용과 현재 읽고 있는 책의 내용을 서로 연결지어 반응하는 것을 말한다. 다른 문화적 성격의 텍스트나 물건들(다른 책, 영화, 비디오, 선전, 텔레비전 프로그램, 친구가 쓴 글이나 그림)과 관련짓는 능력을 반영한 반응들이 이 범주에 포함된다. 상호텍스트적 반응에는 연상하기, 비교하기, 텍스트 활용하기, 스키마 활용하기, 그림텍스트 연결짓기로 분류된다. └───┘

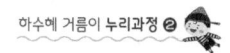
	패러디 그림책은 기존의 관습이나 편견을 비판한다.
	• 원작동화에서 비난을 받는 역할을 감싸주고 부정적으로 생각되었던 주인공을 긍정적으로 전환하는 방식의 패러디는, 독자에게 선인과 악인이 고정되어 있는 것이 아니라는 인식을 심어주고 상황과 처지에 따라 입장이 달라질 수 있음을 시사한다. • 지금까지 사람들이 가지고 있던 믿음과 가치에 완전히 상반되는 상황을 제시하기도 하여 사회의 고정관념에 대항하기도 한다.
	패러디 그림책은 발상의 전환을 꾀한다.
	독자들이 이미 잘 알고 있는 이야기의 줄거리를 일부러 익살스럽게 비틀어 보이는 것을 통해 독자들에게 기존의 사고방식을 벗어버리고 전혀 다른 방식으로 생각할 것을 요구하기도 한다.
	패러디 그림책은 열린 결말을 통하여 확산적 사고를 촉진한다.
	작가는 이야기의 결말을 독자들의 예상과 기대와는 전혀 다른 방향으로 몰고 가며 독자들에게 다양한 사고를 촉진시킨다. 그리하여 독자는 작품의 감상 후에도 오랜 여운과 함께 작품으로 인한 사고를 계속할 수 있게 된다.
	패러디 그림책은 신선한 즐거움과 흥미로움을 선사한다.
특징	패러디 그림책은 진리에 대한 믿음에서 오는 진지함을 갖고 있지 않아 어떤 것도 가볍게 다룰 수 있음을 전제로 한다. 너무나 잘 알려진 원작이 기존의 내용과는 또 다르게 전개되는 흥미진진한 이야기의 구성은 호기심이 많은 어린이 독자들을 매료시키기에 충분하다.
	패러디 그림책은 옛이야기 모방 혹은 재창조한 것이기 때문에 원작과의 상호텍스트성을 가지고 있다.
	• 원작 그림책과 패러디 그림책은 상호 연관되어 있으며, 원작과 패러디 그림책은 서로 영향을 주고받는다. 따라서 패러디 그림책은 원작의 내용을 알고 있어야 패러디한 부분에 대해 이해할 수 있다. 　－ 패러디 그림책에서 텍스트는 자기 충족적이고 독창적인 완전성을 지니고 있지 못하기 때문에 그 이전에 존재한 텍스트들을 재결합하여 형성되는 모습을 보이고 있다. 　－ 패러디 그림책이 가진 상호텍스트성은 독자가 원작을 온전히 알고 있을 때만 패러디 작품을 온전히 해석할 수 있다는 특징을 동반한다. 만약 패러디 그림책을 읽을 때 독자가 그 원작의 내용을 모르고 있다면 패러디 그림책은 그 가치를 상실하고 만다. 즉, 패러디 그림책은 원작 없이는 그 재미와 의미가 반감되므로 원작과 함께 있을 때 그 가치를 인정받을 수 있다. ❥ 따라서 패러디 그림책을 읽기 위해 낯선 원작을 먼저 찾아 읽어주거나 함께 견주어 읽어주는 과정을 통해 더 흥미를 느낄 수 있도록 할 필요가 있다.
	패러디 그림책의 주된 독자는 독서 경력이 짧은 어린이 독자이므로 패러디 그림책의 원작이 될 수 있는 작품의 범위는 축소된다.
	글을 모르는 어린 시절부터 누구나 쉽게 들어 익숙해진, 또는 어린 나이의 독자들도 부담 없이 이해할 수 있는 형태의 이야기들이 바로 패러디 그림책의 원작이 될 수 있다.

MEMO

종류	• 옛이야기에 대한 패러디
	  - 유아들에게 익숙한 옛이야기를 현대적 시각에서 변형시킨 그림책이다.
	    예 『아기돼지 세 자매』(프레데릭 스테르)
	• 고전 그림에 대한 패러디
	  - 널리 알려진 명화를 패러디한 그림책이다.
	    예 『미술관에 간 윌리』(앤서니 브라운)
	• 유명한 인물이나 영화 주인공을 패러디
	  - 영화 주인공, 유명한 인물을 패러디한 그림책이다.
	    예 『우리 엄마』

장점	• 친숙한 이야기나 대상이 익살스럽게 바꾸어지는 것을 발견함으로써 유머와 익살을 통해 즐거움을 누린다. • 모방과 창작 활동의 조화를 통해 재구성된 패러디 동화를 체험함으로써 창작활동에 대한 동기유발에 도움이 된다. • 기존 작품에서 강조되는 관습을 비판적 시각에서 새롭게 해석한 것은 새로운 관점을 통한 비판적 사고 형성에 도움이 된다. • 기존 작품의 인물, 사건, 배경, 줄거리를 변형시켜 재창조한 패러디 동화를 비교·감상함으로써 동일한 작품이라도 여러 작가들에 의해 다양하게 해석될 수 있음을 체험하여 다양한 시각과 의견에 열려있는 개방적 사고 및 태도를 길러낼 수 있다. • 사람들이 지금까지 지녀왔던 믿음이나 가치에 완전히 상반되는 상황을 제시함으로써 사람들 및 사회의 고정관념에 대해 다시 생각할 수 있는 기회를 갖는다. • 다양한 해석의 기회를 제공해주고 독자로서 능동적으로 반응할 수 있게끔 돕는다. • 유아들은 패러디 그림책을 통해 즐거움과 흥미를 갖게 되고, 다양한 그림책을 읽을 수 있는 문학적 취향을 키울 수 있다. • 패러디 그림책은 비판적인 사고 능력과 열린 시각을 발달시킨다. • 등장인물의 감정과 느낌을 공감할 수 있는 기회를 제공하며, 열린 결말로 이야기가 끝나는 경우 창의성과 상상력을 발휘할 수 있는 기회를 제공한다. • 패러디 그림책을 통해 유아들은 기존의 사고에서 벗어나 다른 각도에서 생각해 볼 수 있는 기회를 갖는다. **유의점** 패러디 그림책은 원작에 대한 이해 없이 목적을 이해하기 힘들기 때문에 원작을 읽은 후 패러디를 읽는 것이 필요하다.

UNIT 84 동시 및 극화

KEYWORD# 동시의 장점

1 동시

정의		시적 요소를 지닌 문학 장르로서, 성인이 아동의 생각과 정서를 생각하면서 아동의 수준에서 이해하고 받아들일 수 있는 상상력과 언어로 표현한 문학이다.
유형	정형동시	• 정해진 글자 수, 행 수, 운율에 있어 일정한 형식과 규칙에 맞추어 지은 동시를 말한다. 　− 4 · 4조, 4 · 3조, 7 · 5조의 일정한 외형률을 가지고 있으나, 모든 정형동시가 엄격한 음수율을 지키는 것은 아니고, 시의 내용에 따라 좀 더 자유로운 외형률을 취하기도 한다.
	자유동시	가장 많은 동시가 여기에 해당되며, 글자 수, 행 수, 운율에 있어 일정한 형식을 따르지 않는 자유로운 형태의 시이다.
	서정시	• 시인의 감정이나 정서를 주관적으로 표현한 동시이다. 　− 자연과 사람들, 주변 상황에 대한 주관적인 내용이 다루어지고, 시인의 정서와 음악성이 중요하게 여겨진다. 　− 서정시는 동요처럼 음수율을 맞춘 정형시도 있고, 글자나 운율 등을 제한하지 않은 자유로운 형태의 자유시도 있다.
	산문동시	• 자유동시와 쉽게 구분되지 않으나, 산문 형식으로 쓰인 동시이다. 　− 줄글 형태이며, 산문체로 된 산문시에서는 행 구분이 없다. 　− 시의 형태면에서 보면 현대시는 정형시−자유시−산문시로 발전하였으며, 그 과정을 통해 정형률 해체가 이루어진다.
	동화시	• 형식 면에서 시적인 짜임새를 가지고 있으면서, 내용 면에서는 동화처럼 사건의 전개나 이야기가 있는 시이다. 　− 특정한 사건, 에피소드 또는 긴 이야기를 운율감이 있는 시의 형태로 만든 시, 즉 동화의 형태를 가진 시라고 할 수 있다. 　− 일제 강점기 전래동화를 7 · 5조의 운율 형식에 맞게 만들어 아이들이 전래동화를 리듬에 맞춰 자연스럽게 읽고 내용을 좀더 쉽게 이해할 수 있도록 돕기 위한 방편으로 제작되어진 것으로 알려져 있다. 　− 동화시가 창작되기 시작한 1920년대에는 주로 4 · 4조나 7 · 6조의 정형률 형태를 취한 동화시가 많았으나, 점차 자유율 형태를 취하는 동화시가 증가해왔다.
	서사동시	인간의 일, 특히 영웅이나 신화 속에 나오는 인물의 일을 다루는 시이다. 소설과 다르게 허구적인 특질을 갖는 이야기가 아니라 객관성을 지녀야 하며, 남의 이야기를 독자에게 전달하려는 형식을 취한다.

SESSION **06**

구성 요소	주제와 소재	동시라고 해서 교훈적이거나 아름다운 자연을 예찬하는 내용, 예쁘고 귀엽고 어리고 착한 어린이에 대한 내용이어야만 하는 것은 아니다. 유아가 공감할 수 있는 주제와 소재로 진정성이 담겨 있다면 어떤 것이든 가능하다.

	운율(리듬)	• 시를 읽을 때 느껴지는 말의 가락으로, 시에서 규칙적인 반복을 통해 느껴지는 말의 리듬감을 의미한다.
		• 운율은 '운(韻)'과 '율(律)'의 합성어로서, '운'은 특정한 위치에 동일한 음운이 반복되는 현상을 가리키고 '율'은 동일한 소리 덩어리가 일정하게 반복되는 현상을 가리킨다.
		   — 글자 수를 3·4조, 4·4조, 7·5조처럼 일정하게 하는 정형률(외형률)로 운율을 만들어낼 수 있다.
		   — 네 글자씩 띄어서 읽을 수 있고, 질문하고 답하는 구조가 반복된다.
		• 의성어나 의태어의 반복으로 운율을 형성한다.
		• 반복되는 소리를 통하여 어린 독자는 음악적 즐거움과 말소리의 재미를 느낀다.

	비유
	(비유적
	표현)
		• 한 가지 사물을 우리에게 친숙한 다른 것에 빗대어 표현하는 것이다.
		• 가장 흔한 세 가지 비유법은 직유법, 은유법, 의인법이다.
		   — **직유법**: '~듯이', '~같은', '~처럼'의 말을 사용하여 한 대상을 다른 대상에 빗대어 표현하는 방법이다.
		   — **은유법**: '무엇은 무엇이다'와 같이 표현 대상을 다른 대상에 암시적으로 빗대어 표현하는 방법이다.
		   — **의인법**: 사람이 아닌 것을 사람에 빗대어 표현하는 방법이다.

	음성 상징어	시어의 특징 중의 하나는 음성 상징어가 많이 사용된다는 점이다. 음성 상징어는 소리를 흉내 내는 음성 상징어인 의성어와, 모양이나 태도, 행동 등을 흉내 낸 말인 의태어로 구분된다.
	심상 (이미지)	• 심상은 단어에 의해 창조 되어지는 마음속 그림이다. 구체적으로 시인이 선택한 단어를 통해 독자의 시각, 촉각, 청각, 후각, 미각 등 하나 또는 두 개 이상의 감각에 호소하면서 만들어내는 이미지이다. • 심상에는 시각적 심상, 촉각적 심상, 청각적 심상, 후각적 심상, 미각적 심상이 있다. 우리 오감 중의 하나에 호소하여 마치 보이거나 만지는 것처럼 느끼게 해준다. — 좋은 시는 감각을 생생하게 재현시켜 독자의 미적 쾌감을 자극한다. 📢 **심상의 종류** • 시각적 심상: 색, 모양, 움직임을 나타내는 표현(예 울긋불긋 단풍잎) • 촉각적 심상: 촉감을 나타내는 표현(예 까끌가끌 아빠 볼) • 청각적 심상: 소리를 나타내는 표현(예 종알종알 새소리) • 후각적 심상: 냄새를 나타내는 표현(예 상큼한 사과향) • 미각적 심상: 맛을 나타내는 표현(예 짜디짠 바닷물)

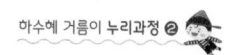

	어조	• 시에서 사용된 말투를 말한다. – 동시는 대체로 정답고 상냥한 어조가 대부분이지만, 모든 동시가 같은 어조일 필요는 없다. – 동시의 성격에 따라 연민, 단호함 등이 엿보이는 개성 있는 어조의 동시도 가능하다.
	형태	• 시를 읽을 때 유아가 가장 먼저 알아차리는 것은 산문과 다른 형태를 갖는 시의 모양이다. – 연속된 줄글로 이루어진 산문과 달리 일반적으로 시는, 주로 단어 몇 개가 이어진 짧막한 행, 여러 개의 행으로 이루어진 연들로 구성된다. – 모든 시가 행과 연으로 구성되는 형태를 가지는 것은 아니며, 산문시의 경우 행의 구분이 없으며 줄글로 이루어져 있다.
동시 선정기준		• 유아가 흥미를 느낄 수 있는가? • 운율감과 리듬감을 가졌는가? • 동적인 묘사와 감각적이고 상상력이 풍부한 언어로 지어졌는가? • 기억하기 좋을 정도로 간결하고 짧은가? • 동시의 주제가 색다르고 일상생활에 새로운 의미를 부여하는가? • 유머와 해학이 있는 내용인가? • 유아의 경험을 반영한 소재나 주제, 내용을 다루었는가? • 단어와 문장이 유아의 발달 수준에 적합한가? 유의점 동시라고 해서 교훈적이거나 아름다운 자연을 예찬하는 내용, 예쁘고 귀엽고 어리고 착한 어린이에 대한 내용이어야만 하는 것은 아니다.
필요성 (장점)		• 언어가 반복적으로 사용되면서 형성된 음악적 요소인 운율은 낭송과 듣기의 즐거움을 제공한다. • 동시에 자주 나타나는 어휘의 반복과 리듬은 음악성을 부여함으로써 유아들에게 낭송과 듣기의 즐거움을 제공한다. • 반복되는 언어의 사용에서 오는 리듬감으로 우리말의 즐거움과 아름다움을 느끼게 됨으로써 시를 낭송하고 싶어 하는 동기가 유발된다. • 자신에게 친숙한 교사, 어머니의 목소리를 통해 동시를 듣고 내재된 리듬을 즐기는 경험은 유아가 정서적 안정감을 갖도록 돕는다. • 동시에 자주 나타나는 반복적인 운율은 청각적인 즐거움 이외에 말소리에 대한 민감성을 기르는 데도 도움이 된다. • 모국어의 다양한 말소리를 구분할 수 있는 음운인식력을 길러주며, 이는 다른 사람의 말을 듣고 이해할 수 있는 듣기능력 발달을 돕는다. • 동시에 나타난 풍부한 언어적 표현은 유아의 상상력을 자극하게 되고, 유아가 자신의 감정을 자연스럽게 표현할 수 있는 능력을 발달시킨다. • 동시에서 사물의 특성을 나타내기 위해 사용하는 의성어, 의태어, 그리고 비유적 표현 등 함축적이고 정선된 표현을 읽고 즐기면서 유아는 언어의 아름다움과 신비스러움을 경험하게 된다. • 동시의 비유적 언어, 함축된 언어표현 등은 유아의 감수성을 자극하여 이전에 보거나 느끼지 못한 것들을 다른 시각으로 새롭게 보고 느낄 수 있도록 함으로써, 통찰력을 길러줄 수 있다.

SESSION 06

MEMO

	• 동시에 포함된 함축적 시적 표현, 의성어, 의태어 등의 사용은 동시를 듣거나 읽는 유아로 하여금 동시 내용을 머릿속에서 쉽게 이미지화할 수 있도록 도움으로써 상상력을 기를 수 있게 한다. • 흥미로운 운율이 있는 짧은 동시 구절의 경우에는 몇 번의 반복을 통해 쉽게 외울 수 있으므로, 혼자서 또는 친구들과 함께 동시를 외워 낭송해보는 경험을 함으로써 성취감을 느낄 수 있다.
교사 역할	• 유아들이 많은 동시를 듣고 읊어보는 기회를 제공한다. • 동시의 아름다움을 느낄 수 있도록 한다. • 유아가 제 나름대로의 독특하고 재미있는 생각을 표현할 수 있도록 격려한다.

 참고

음성상징어

• 음성상징어란 소리나 움직임을 표현하는 것으로, 의성어와 의태어를 아우르는 말이다.
　－ 소리와 의미의 관계가 필연적인 것으로 여겨진다.
　－ 음성상징어는 음성 상징으로 끝나지 않고 접미사가 붙어 그 소리를 내는 사물이나 동물의 명칭을 나타내기도 하여 국어의 어휘를 더욱 풍부하게 한다.

의성어	사람이나 사물의 소리를 흉내 낸 말 📵 멍멍, 우당탕 등
의태어	사람이나 사물의 모양이나 움직임을 흉내 낸 말 📵 아장아장, 엉금엉금, 절레절레 등

 Plus

수사법

수사법이란 문장을 효과적으로 표현하기 위하여 문장을 꾸미는 방법으로, 비유법, 강조법, 변화법 등이 있다.

❶ 비유법
　표현을 좀 더 효과적으로 하거나 이해를 깊게 하기 위하여 그와 비슷한 다른 현상이나 사물을 끌어내어 나타내는 표현법이며, 직유법, 은유법, 의인법 등이 있다.

직유법	'～처럼, ～듯이, ～같은, ～인 양'과 같은 어구를 사용하여 한 대상을 다른 대상에 빗대어 표현하는 방법이다. 📵 내 동생같이 생긴 예쁜 꽃
은유법	• '무엇은 무엇이다'의 형식으로 표현 대상을 다른 대상에 암시적으로 빗대어 표현하는 방법이다. 　－ 나타내려는 원관념은 숨기고 빗대어 표현하는 보조관념만을 드러내어, 나타내고자 하는 원래의 대상에 대해 동일관계로 표현하는 비유법이다. 보통 'A는 B이다.'의 형식으로 표현한다. • 이러한 표현방법은 한 대상을 다른 대상에 빗대어 나타내기 때문에 신선함과 즐거움을 주며, 추상적인 대상을 구체화하고 이미지를 형성해내어 표현 대상을 생생하게 전달해 주는 효과가 있다. 📵 나는 사랑스러운 작은 꽃
의인법	사람이 아닌 대상을 사람에 빗대어 표현하는 방법이다. 📵 '배추에게도 마음이 있나 보다'(나희덕, 〈배추의 마음〉)에서 '배추'는 인격이 없는 대상이지만, 시인은 배추를 마치 사람인 것처럼 마음이 있다고 표현하고 있다.

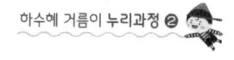
❷ 강조법

특별히 강하게 주장하거나 두드러지게 표현하는 수사법으로, 과장법, 반복법, 열거법, 대조법 등이 있다.

과장법	자신의 의도나 정서를 더 인상 깊고 강하게 드러내기 위한 표현 방법이다. 예 산더미 같은 파도, 천년을 하루같이, 어머니 은혜는 산같이 높다.
반복법	• 하나의 문장이나 문단 안에서 같거나 비슷한 단어, 어구를 되풀이하여 강조하는 표현 방법이다. • 글쓴이가 나타내고자 하는 것을 강조하여 표현할 수 있고, 시어의 운율을 맞춰 흥을 돋울 때 사용할 수도 있다. 예 살어리 살어리랏다. 청산에 살어리랏다 / 산에는 꽃 피네, 꽃이 피네
열거법	비슷하거나 유사한 어구나 단어들을 여러 개 연결하여 늘어놓음으로써 표현하고자 하는 것을 강조하여 나타내는 방법이다. 참고 같은 말을 되풀이하는 것은 열거법이 아니라 반복법이다.
대조법	둘 이상의 대상 간 차이점을 비교하여 둘 사이의 대조적인 상태를 강조하는 방법이다. 예 사과는 빨갛고, 배는 노랗다. ➡ 사과와 배의 색깔의 차이점을 나타낸 표현이다. 씨름은 남성의 놀이이고, 그네는 여성의 놀이이다. ➡ 씨름과 그네의 차이점을 통해 각각의 특징을 나타낸다.

❸ 변화법

문자에 변화를 주고 주의를 환기시켜 효과를 넓히려는 수사법으로, 도치법, 인용법, 반어법, 생략법 등이 있다.

도치법	• 정서의 환기와 변화감을 끌어내기 위하여 말의 차례를 바꾸어 쓰는 문장 표현 방법이다. • 문법상 어긋나지만 시인이 표현하려는 것을 강조하거나 변화를 줄 수 있어 독자에게 신선하게 다가갈 수 있다. 예 가자, 나를 부르는 고향으로 / 먹어라, 밥을
인용법	• 다른 사람의 말, 격언, 명언, 글 등을 사용하여 표현하는 방법이다. 인용법은 변화주기의 한 방법으로, 다른 사람의 표현을 빌려 사용함으로써 변화를 통해 더욱 강조하여 표현할 수 있다. – 직접인용 : 인용한 것을 선명하게 드러내는 것으로서, 인용부호를 사용하여 나타낸다. – 간접인용 : 문장 속에 숨겨 인용하는 것으로서, 인용부호 없이 문장 속에서 자연스럽게 드러나도록 한다.
반어법	실제와 반대로 표현하여 실제의 상황을 비꼬거나 꼬집어 비판하며 표현하는 방법이다. 예 '나보기가 역겨워 / 가실 때에는 / 죽어도 아니 눈물 흘리오리다'는 님이 떠나면 슬퍼하지 않겠다는 의지의 표현이지만, 실제로 시적 화자의 속마음은 님이 떠나면 매우 슬프다는 것을 반대로 표현한 것이다.
생략법	불필요한 부분을 생략하고 나머지는 독자의 상상이나 판단에 맡기는 변화법의 하나이다. 예 ~ 그냥 갈까 / 그래도 / 다시 더 한 번 … (김소월, 〈가는 길〉) ➡ 말 줄임표를 활용하여 특정 내용을 생략하였다. 예 ~ / 번개처럼 / 번개처럼 / 금이 간 너의 얼굴은 (김수영, 〈사랑〉) ➡ 특정 문장 성분을 완전히 생략하면서 글의 맥락에 비추어 해당 부분을 유추하도록 의도한다.

SESSION

06

2 아동을 위한 극

(1) 극화활동

극화활동의 개념	들은 이야기나 경험에 기반을 두고 역할·사건·상황·행동·사물 등을 모방하거나, 가상적인 표현을 통해 극의 형식으로 꾸미는 모든 활동을 말한다.	

극화활동의 종류	역할놀이	• 주변 생활의 경험이나 이야기에서의 역할을 선택하여 자발적으로 참여하는 놀이로, 이야기 속의 문제 상황에 대한 해석에 초점을 둔다.
		  – 유아들의 역할놀이는 경험에 따라 자연스럽게 유발되기도 하지만, 교사가 이야기를 들려주고 그 이야기의 맥락에서 문제 상황을 제시하여 문제를 해결하는 과정을 통해 역할놀이를 유도할 수도 있다.
		  – 이야기를 들려주고 "네가 주인공이라면 어떻게 했겠니?"라고 질문하거나 이야기의 마지막 부분을 읽은 후 "이 이야기는 앞으로 어떻게 될까?"라고 질문하여 이야기를 나누면서, 유아들이 표현하고 싶은 등장인물을 정한 후 역할놀이를 유도할 수 있다.
		• 역할놀이는 일반적으로 문제 상황에서 대안을 발견하고 해결책의 결과를 발견해 보며 '문제를 연기'하여 보는 교육적 전략이다.
		  – 문학작품을 통해 유아들은 역할놀이를 하면서 이야기 속 등장인물이나 그 인물들이 처한 문제에 함께 몰두하게 된다. 이야기 속 등장인물들의 도전과 좌절을 함께 나누면서 작가가 이야기를 구성해 가는 방식을 평가해 보게 되기도 하고, 동시에 개인적이며 사회적인 가치를 발달시키게 된다.
		• 역할놀이에 적합한 작품의 선택
		  – 역할놀이는 등장인물의 문제에 직면해 보는 경험을 하는 것이므로 역할놀이를 할 수 있는 문학작품은 문제를 포함한 이야기(문제 상황이 있는 문제 이야기)가 적합하다(예 생활동화 중에는 역할놀이에 적합한 문제를 포함한 이야기가 많다). 문학작품 중에서 에피소드를 고를 때는 인물의 묘사가 잘 되어 있어야 하며, 문제가 되는 상황이 분명히 정의되어 있어야 한다.
		  – **역할놀이를 할 수 있는 문제상황**: 연령에 적합한 문제여야 하며, 문제가 개인의 가치에 도움을 줄 수 있어야 한다. 그리고 이야기의 배경과 등장인물이 익숙한 이야기는 문제 상황을 다루기가 더 쉽다.
		• 역할놀이 7단계(Sutherland & Arbuthnot, 1991)
		  ① 이야기 읽어주기
		  ② 역할놀이를 할 유아들을 정하기
		  ③ 나머지 유아들은 조용히 듣기
		  ④ **연기하기**: 등장인물들에게 문제 상황을 연기해 보도록 하되, 비평하거나 연기를 평가하는 것은 삼간다.
		  ⑤ 토의와 평가
		  ⑥ 다시 역할놀이 하기
		  ⑦ 토의하고 일반화하기

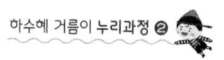
	무언극	• 무언극은 한 사람이 이야기를 읽거나 말을 해 주는 동안 유아가 등장인물의 역할을 해보는 것으로, 인물의 행위에 초점을 둔다. 　－ 대화가 필요하지 않으므로 어린 유아들이 하기에 적합한 극화활동이다. • 무언극의 실행 순서 　① 이야기를 읽어주거나 구연한다. 　② 이야기 속에 나오는 등장인물에 대해 알아본다. 살아 있는 인물들뿐만 아니라, 나무와 구름, 별과 같은 물체들도 포함시킬 수 있다. 　③ 배역이 결정되면 자신의 역할을 무언극으로 해 보도록 한다. 　④ 배역을 충분히 연습할 시간을 준다. 　⑤ 자기가 맡은 배역에 대해 충분히 연습한 후 다시 이야기 구성을 간략하게 요약해 본다. 　⑥ 소품은 필요하지 않으나 이야기 속에 나오는 움직임이 없는 물체들(구름, 나무, 별, 문, 꽃 등)의 경우 배역을 정해 묘사할 수 있다. 　⑦ 연기를 하는 동안 이야기를 구연하거나 읽어 준다. 교사가 할 수도 있으나 유아가 하는 것이 더 바람직하다.
	사회극화놀이	• 두 명 이상의 유아가 언어나 행동으로 상호작용함으로써 여러 역할이 놀이 주제와 함께 전개되는 극화활동이다. • 교육적 의의 　－ 자신의 분산된 경험을 결합하여 새로운 것을 창조하는 부분을 배운다. 　－ 유아 자신이 맡은 역할에 따라 전후 관계에 알맞은 행동을 하는 연습을 할 수 있다. 　－ 다양한 상황에 융통성 있게 접근하는 방법을 터득할 수 있다. 　－ 유아가 자기중심적인 존재에서 사회적 존재로 성장하는 데 도움을 준다. 　－ 행동을 다른 상황에 일반화시키는 능력을 배운다. 　－ 다른 유아의 경험과 지식으로부터 간접적인 학습이 가능하다. 　－ 협동심·역할 수용능력·집단에의 참여도가 높아지고, 사회극화놀이를 하는 과정을 통해 유아의 정서적·사회적·지적 발달이 증진된다.

SESSION

06

(2) 인형극

인형극의 개념	인형을 손·줄·막대기 등에 연결하여 만든 후, 이야기의 내용에 미술·음악·율동 등을 통합하여 표현하는 극의 한 형태이다.
인형극의 교육적 의의	• 다양한 형태의 인형극을 감상함으로써 문학적 경험을 폭넓게 하고 바람직한 문학 감상 태도를 기른다. • 인형극의 감상을 통해 아동은 상상력과 창의적 표현력을 기른다. 　－ 인형들이 말을 주고받는 인형극을 보면서 아동은 인형을 대화의 상대로 생각하고 자신의 감정을 여러 가지 방법으로 표현하게 된다. • 인형극은 아동을 집중하여 몰입하게 함으로써 불안이나 긴장을 해소할 수 있다. • 인형극을 통해 또래 간의 상호작용이 증대되고 협동심이 길러진다. • 극 중의 여러 상황을 통해 문제 해결력을 길러준다.

인형의 종류	막대 인형	• 가장 단순한 형태의 인형으로 인형 사이나 뒤에 막대를 연결하여 그 막대로 조종하는 것이다. 　－ 여러 가지 그림이나 실물을 막대기에 끼워 사용할 수 있는 인형이다. **장점** 　－ 나이 어린 유아들도 쉽게 사용할 수 있다. 　－ 신문이나 잡지에서 오린 그림·과일·야채 등 어떤 것이라도 막대기를 끼워 사용할 수 있으며, 제작과 활용이 쉽다. 　－ 과일·야채 등을 이용하여 적절한 동화의 소재로 활용할 수 있다. 　－ 가정에서 흔히 사용하는 주걱, 솔, 깔때기, 먼지떨이, 빈 그릇, 빗 등을 이용하여 적절한 인형놀이를 시도할 수 있다.
	테이블 인형	• 테이블 위에 인형을 세우거나 움직여 가면서 활동할 수 있도록 만든 것이다. 　－ 인형극의 상연을 위해 만든 배경 그림 앞에서 인형을 옮기면서 놀이를 할 수 있도록 만들어진 것이다. 　－ 테이블 인형의 무대는 유아의 눈높이보다 아래에 위치하도록 만든다.
	손 인형	• 손을 넣을 수 있는 장갑의 형태를 가진 인형으로, 연기자가 손을 인형 속으로 넣어 조종하는 것이다. 유아와 교사가 직접 손을 넣어서 실행해 볼 수도 있다. 　－ 다양한 표현을 통해 이야기를 전개할 수 있다. 　－ 활동 도입이나 주의집중, 인형을 통한 이야기 전달 시 사용된다.
	손가락 인형	• 손가락에 끼울 수 있는 크기로 손가락에 끼워서 사용하는 인형이다. • 유아들의 기분 전환이나 주의집중에 사용하고, 유아의 직접 활용도 가능하다.
	그림자 인형	• 평면적인 인형으로 천막 뒤에서 빛을 비춰 움직이며 사용하는 인형이다. • 감정적인 호소력을 지녀 유아들의 상상력을 자극할 수 있는 것이 특징이다.
	줄 인형 (마리오네트)	인형 몸의 각 부분을 줄로 연결하여 조정하는 형태이며, 정교한 동작 연출이 가능하다. ⑩ 피노키오, 관절인형

동극

• 동극은 교사가 들려주는 동화의 내용을 중심으로 극화해 보는 활동이다. 간단하면서도 재미있는 행동 중심의 이야기를 들려준 후 이야기에 나오는 주인공의 역할을 분담하고, 환경을 구성하여 극화시켜본다.
　– 이야기를 들은 유아들은 등장인물에 대한 토의시간을 갖고, 어떤 말과 행동을 할 것인지, 어떤 생각을 어떻게 표현할 것인지에 대해 이야기 나눌 수 있다.
　– 유아들은 이야기의 상황을 상상하여 생각과 느낌을 몸과 목소리로 표현하는 과정을 통해 다른 사람과 소통하는 방법을 익힐 수 있다.
　– 교사는 간단한 분장을 할 수 있는 소품이나 도구를 마련해 줌으로써 자신의 역할에 맞는 것을 스스로 택하여 연기하도록 할 수 있다. 혹은 유아 스스로 필요한 소품, 배경, 대사 등을 만들어서 연기할 수도 있다.
　– 동극활동에서 유아는 특정한 역할을 표현하는 것뿐만 아니라, 표현에 필요한 소리나 움직임, 그리고 무대, 의상, 음악, 소품 등을 준비하는 과정 및 관련 내용을 다른 사람과 공유하고 평가하는 과정에 참여하게 된다.
• 동극활동을 타 예술영역과 통합하여 진행하는 이유
　– 음악, 움직임과 춤, 미술, 극놀이와 같은 예술 영역은 다른 교과 영역보다 서로 밀접한 관계를 가진다. 각 예술 영역은 다양한 감각기관과 신체, 악기를 포함한 다양한 매체를 사용하며, 언어적·비언어적 상징체계를 통해 다양한 생각과 느낌을 표현한다는 공통점이 있다.
　– 유아는 음악, 움직임과 춤, 미술, 극놀이를 통합적으로 경험함으로써 자신의 경험을 조직적이고 종합적으로 표현할 수 있게 되어, 더욱 풍부한 표현력을 가질 수 있기 때문이다.
• 교사와 유아의 역할 주도성에 따른 활동 구분
　– 동극 활동을 진행하는 과정에서 동극에 필요한 소품, 배경, 대사 등을 제작하는 주체가 누구인가에 따라, 즉 교사가 어떻게 동극을 진행하느냐에 따라 교사와 유아의 역할을 나누어 제시할 수 있다.

📖 **교사와 유아의 역할 주도성에 따른 구분**

구분	교사	유아
교사 주도적 동극활동	교사가 소품 및 배경을 제공해 주는 교사 주도적 동극활동을 의미한다.	
	• 동극에 필요한 소품 제작하기 • 동화 들려주기 • 동극 무대를 꾸미고 동극 진행하기	동화를 듣고 준비된 소품을 이용하여 동극하기
유아–교사 상호 주도적 동극활동	소품 및 배경을 준비하는 과정에 유아가 참여하는 유아–교사 상호 주도적 동극활동을 의미한다.	
	• 동화를 들려주고 필요한 소품을 찾도록 유도하기 • 등장인물 가면이나 소품의 특징에 대해 이야기 나누기 • 무대를 어떻게 꾸밀 것인지 토의하기	• 동화내용을 회상하며 준비해야 할 소품 찾아내기 • 등장인물 가면이나 소품의 특징 파악하기 • 필요한 재료를 요청하고 만들기 • 무대 꾸미기에 대한 아이디어를 생각해 내고 함께 꾸미기 • 직접 만든 소품을 이용하여 동극하기
유아 주도적 동극활동	동극의 전체 과정을 유아가 이끌어가는 유아 주도적 동극활동을 의미한다.	
	• 동화를 들려주고 동극 제안하기 • 등장인물의 수만큼 인원을 구성하여 소그룹으로 나누기	• 동화내용을 파악한 후 그룹별로 의논하여 배역 정하기 • 각자가 맡은 배역의 소품(가면, 의상) 만들기 • 자발적으로 동극 연습해 보기 • 그룹별로 공연하기

2015 누리과정 「책 읽기에 관심가지기 1」

의미		① 유아가 책 흥미를 바탕으로 재미와 가치를 알게 되면서 책을 소중하게 여기게 되고, 책 보기를 즐기게 되는 성향을 키우도록 하는 내용이다. ② 책을 접하는 경험을 통해 자연스럽게 읽기에 대한 긍정적인 태도와 스스로 읽고자 하는 동기를 갖도록 하는 내용이다. ③ 주변의 그림을 단서로 글의 내용을 이해하며 양질의 책을 자연스럽게 접하는 경험은 책의 가치와 재미를 알게 해주고 책 보기를 즐기게 해준다. ④ 책이 즐거움을 주는 것뿐만 아니라 4, 5세 유아에게는 궁금한 것이나 필요한 정보를 책에서 찾아보는 내용을 포함한다. ⑤ 책 읽기 활동의 가치 – 책은 유아의 읽기 발달에서 중요한 역할을 하는데, 유아가 일찍부터 자연스럽게 책을 접하는 경험을 통해 글자는 정해진 소리를 가지고 있음을 알고 말과 글의 관계를 인식할 수 있게 된다.
특징	3세	• 읽기 발달에 중요한 도구인 책에 흥미를 가지도록 하는 내용이다. • 제시된 다양한 책에 관심을 가지고 선택하여 선생님에게 읽어달라고 요구하거나 그림을 살피며 본다. • 유아가 선택한 책을 매개로 소통을 하여 자연스럽게 책을 가까이 하며 책 펴는 것에 흥미를 보이는 것은 책 읽기의 가장 기초가 되므로 교사는 다양한 내용이나 형식의 책을 구비하여 3세 유아로 하여금 스스로 좋아하는 책을 선택할 수 있도록 도와준다.
	4, 5세	• 유아들이 책 보는 것을 즐기면서 재미를 느끼고 책의 가치를 알아 소중히 하는 내용이다. • 4, 5세 유아는 자연스럽게 책을 접하는 경험을 통해 스스로 읽고자 하는 요구가 많아진다.
지도 지침	종합	유아의 연령과 주제에 맞게 흥미롭고 다양한 내용과 형식을 지니고 있는 책을 제공해 주어, 유아가 책에 흥미를 가지고, 책 보는 것을 즐기며, 책의 가치를 알고 소중하게 다루도록 한다.
	4세	내가 좋아하는 책 소개하기, 책을 소중하게 다루는 방법을 이야기하고 약속 정하기를 해볼 수 있다.
	5세	• 스스로 읽고 싶은 책을 골라 도서를 대여해 보거나 친구에게 읽어주기, 파손된 책 함께 보수하기를 해본다. • 교사는 가정과 연계할 수 있는 도서 대여 프로그램이나 독서 교육에 대한 부모교육을 계획할 수 있다.

활동의 예	5세	• 교사는 유아의 연령과 주제에 맞는 다양하고 흥미 있는 읽을거리를 제공하여 유아가 책을 읽는 것을 즐기도록 한다.
		   – 언어 영역에 비치된 현장학습과 관련된 자료들을 통해 현장학습 가기 전에 궁금한 것들을 알아보는 활동
		   – 쌓기놀이 영역에서 활동을 하면서 필요하거나 궁금한 내용을 쌓기놀이 영역에 비치된 책에서 찾아보기
		     ⑩ "다리는 어떻게 만들어야 가장 튼튼하게 만들 수 있는지 알아볼까?"
		   – 언어 영역에서 책을 즐겁고 편안한 분위기에서 보기 위한 방법에 대해 이야기 나누고, 직접 환경을 꾸며보기
		• 교사는 유아가 책의 가치와 의미를 알고 소중히 다룰 수 있도록 한다.
		   – 책이 없는 상황에 대한 이야기 나누기를 통하여 책의 중요성을 알아보기
		   – 교실(보육실)에 있는 책 중에서 파손된 책을 분류하고, 파손된 책을 협동하여 보수하기
		   – 도서관을 올바르게 사용하기 위한 규칙을 정한 후 잘 보이는 곳에 게시하기
		   – 책을 소중히 다루는 방법에 대하여 알아보는 활동
		     ⑩ "책을 넘길 때는 어떻게 넘겨야 찢어지지 않을까?"

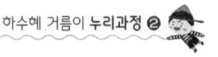

지도 시 유의사항	책 제공 방법	① 교사는 주제와 계절에 맞게 정기적으로 책을 교체해 준다. － 언어 영역에 주제와 관련된 다양하고 재미있는 책들을 비치하고, 이를 정기적으로 바꿔주며 다양하고 재미있는 방법으로 책을 소개할 수 있다. ② 창작동화, 전래동화, 과학동화 등 여러 장르의 책을 제공해 준다.
	가정과 기관, 지역사회 연계 방안	① 도서 대여 프로그램이나 부모 독서교육, 지역도서관 방문 등을 실시한다. ② 유아 주변이 읽기 모델을 보여주어 유아가 책보는 것을 즐길 수 있도록 도와준다.
	책을 소중히 하는 태도 지도 방안	• 여러 사람이 함께 보는 책을 소중히 하는 태도를 길러준다. ① 책을 본 후 제 위치에 가져다 두기 ② 찢어진 책 보수하기 － 파손된 책을 교사와 함께 보수하는 활동을 통해 책을 소중히 다루는 태도를 길러줄 수 있다. ③ 책 빌려가고 제 날짜에 돌려주기
	고려할 점	• 교사는 유아가 책 읽는 것을 즐기도록 하기 위해 언어 영역은 물론 이외의 곳에서도 읽기 활동이 일어날 수 있는 환경을 마련해 준다. • 교사는 유아에게 소리 내어 읽어주기, 함께 보며 읽기, 안내적 읽기, 혼자 읽기 등 다양한 전략을 활용하여 책 읽기를 즐기도록 한다.

 참고

2015 누리과정 「책 읽기에 관심가지기 2」 − 책의 그림을 단서로 내용을 추측하고 이해하기

의미		• 책의 내용 요소인 그림을 통하여 책의 내용을 추측해 보며 책 읽기를 친근하게 즐길 수 있는 내용이다. • 책의 그림은 내용을 이해하는 중요한 요소임을 알고 그림을 단서로 이야기 줄거리를 이해하는 내용이다.
특징	3세	3세 유아는 책 속의 그림을 보며 이야기 구성을 하고, 그림을 구석구석 보면서 이야기 줄거리를 추측해 보기도 한다.
	4, 5세	• 4, 5세는 책의 그림을 단서로 주인공, 사건과 사건의 연결, 배경, 사건 해결과정 등을 이해할 수 있다. • 5세 유아는 그림은 물론 책에 써 있는 친숙한 글자를 조금씩 읽을 수 있다. • 유아기와 이후 시기에 더 중요하게 길러져야 하는 것은 이야기 이해력이며, 이는 유아가 그림을 단서로 내용을 이해해 갈 때 점차 길러질 수 있다.
지도 지침	종합	• 교사는 예술성이 높은 그림과 우수한 내용을 가진 그림책을 제공해주어야 하며, 유아가 그림을 단서로 책의 내용을 추측해 보도록 격려하고 내용을 이해할 수 있도록 한다. • 책의 내용에 적합하고 잘 어울리는 그림이 있는 책을 성인이 읽어주는 것이 바람직하다.
	3세	• 교사는 유아가 그림을 보고 질문을 하거나 책의 내용을 추측하여 이야기하는 것을 격려하고 그 생각을 존중해주어야 한다. • 3세 유아에게는 그림과 글이 일치되면서 그림이 상황을 잘 설명하고 중요한 내용을 엮어가는 책을 제공해 주는 것이 바람직하다. • 상황이 잘 표현되어 있는 짧은 그림책을 보며 장면 그림이나 내용에 대해서 교사에게 질문하고 충분히 이야기를 나눈다.
	4세	또래가 함께 그림책을 보며 주인공과 다른 등장인물들이 한 일을 이야기 나누고, 그다음에는 어떤 일이 일어날지를 서로 이야기해 본다.
	5세	책을 읽어주면 유아는 사건 속에서 주인공이 그때 어떤 기분이었는가를 이야기 나누거나 이야기의 결과가 어떻게 될지를 추측해 본다.

활동의 예	• 『팥죽할머니와 호랑이』
	  – 호랑이를 물리치기 위해 등장인물들이 한 일을 이야기 나누기
	  – '만약 내가 할머니였다면 어떤 기분이었을까'에 대해 이야기 나누기
	• 『손 큰 할머니의 만두 만들기』
	  – 만두를 만들기 위해 등장인물들이 함께 도우는 과정에 대해 이야기 나누기

지도 시 유의사항	• 글자를 읽는 데 정신에너지를 쏟게 할 경우 책의 이야기 전개과정에는 집중을 못하기 때문에 이야기 이해에 도움이 되지 않는다. • 그림을 보고 유아가 책과 다른 내용을 추측하여 이야기하더라도 잘못된 점을 지적하고 바로잡아주기보다는 유아의 생각을 존중해 주도록 유의한다.

참고

2015 누리과정 「책 읽기에 관심가지기 3」 – 책에서 필요한 정보 찾기

의미		• 유아가 필요로 하는 새로운 정보를 얻기 위해 자연스럽게 책을 활용하고 이러한 과정을 통해 유아는 책이 주는 즐거움을 알게 된다. • 책이 다양한 사실과 필요한 정보를 제공하여 우리 생활에 도움을 주는 것임을 알게 된다.
특징	4, 5세	4, 5세 유아는 책 읽기를 통해 책이 주는 다양한 가치를 경험한다.
지도 지침	종합	• 유아가 일과 중 궁금한 점이 생기면 책에서 찾아보기를 통해 문제를 해결하는 경험을 해 봄으로써 자연스럽게 책의 유익함을 알도록 한다. • 유아의 발달 수준에 적합한 책과 백과사전 등을 언어 영역에 비치해 준다.
	4세	주제와 관련된 다양한 종류의 도서를 비치하되, 언어 영역뿐만 아니라 수·조작 영역, 미술 영역 등 주제 관련 책이 필요한 여러 영역에 구비하여 유아가 궁금한 것을 수시로 찾아볼 수 있도록 한다.
	5세	백과사전류나, 잡지, 개념책, 친구들과 함께 만든 주제책 등을 비치하여 궁금한 것을 수시로 찾아볼 수 있도록 하며, 책에서 알게 된 내용을 다른 친구들에게 소개하기로 연결해 본다.
활동의 예		• "개미 말고 땅속에서 사는 곤충은 또 어떤 것이 있을까? 책에서 찾아보자." • "땅을 파다보니 뿌리가 나왔는데, 이 뿌리는 우리가 먹을 수 있을까? 우리가 먹을 수 있는 뿌리는 뭐가 있을까? 책에서 찾아볼 수 있을까?"
지도 시 유의사항		• 놀이 중 궁금한 내용을 찾아보거나 수시로 활용하도록 격려한다. • 적합한 책을 여러 흥미영역에 비치한다. ① 주제와 관련된 책 ② 유아가 흥미 있어 하는 주제의 책 ③ 음악 및 미술 관련 책 ④ 백과사전 등 다양한 유형의 책 ⑤ 동시나 언어놀이 책 ⑥ 과학 관련 책 등

Ⅱ 유아문학 접근법

UNIT 85 독자반응이론 - 로젠블렛의 「교류이론」

KEYWORD# 로젠블렛의 읽기(심미적 읽기, 정보추출식 읽기)

① 독자반응이론

기본
관점
	• 「독자반응이론」의 의미
	  - 독자가 읽은 텍스트를 이해하고 해석하는 방식에 초점을 두기 때문에 「독자반응이론」이라고 불리게 되었다.
	• 텍스트가 아닌 독자를 중시하는 이론
	  - 읽기 과정에서 텍스트와의 상호과정을 통해 의미를 적극적으로 구성해 나가는 독자의 주체적 역할을 강조한다.
	  - 텍스트에 단 하나의 객관적 의미가 있다는 생각을 거부하고, 동일한 텍스트라 할지라도 개별 독자의 사전지식과 경험을 바탕으로 그 의미가 독특하고 다양하게 구성된다고 전제한다.
	• 독자반응이론의 문학교육 방법
	  - 문학교육은 학습자가 능동적으로 경험하며 의미를 만들어가도록 안내하고 협조하는 것이므로, 학습자가 자신의 개별적이고 즉각적인 정서적 반응을 자유롭게 거리낌 없이 표현하도록 해주는 것이 중요하다.
	  - 학습자가 다양하고 자연스러운 반응을 하고, 다른 학습자들과 문학경험을 공유하며, 다시 텍스트로 돌아가서 자신의 반응을 수정하고 다듬어 확장할 수 있도록 해야 한다.
	• 로젠블렛의 독자반응이론은 '반응중심 문학교육'의 이론적 바탕이 된다.
	  - 그림책 읽기 시 독자인 유아의 역할을 강조하고 텍스트에 대한 개별 유아의 독특한 해석과 의미구성 과정을 중시하는 로젠블렛의 독자반응이론은 그림책 읽기에서 유아의 반응을 탐색하고자 하는 연구들에 영향을 미치게 된다.

목적 유아 반응의 다양성을 인식하고 격려하며, 유아로 하여금 반응이 즐거운 것이라는 사실을 인식하게 하는 것이다.

방법 유아들에게 다양한 책을 제공하고, 읽고 탐색할 시간, 듣거나 읽은 책에 대해 이야기하고 쓰며 그리는 극화시간을 제공한다.

교사의 역할 학습자가 자신의 사전 경험과 지식을 바탕으로 자신만의 독특한 해석을 창출해낼 수 있도록 격려하고 필요한 도움을 제공해야 한다.

의의 독자반응이론은 텍스트 안에 정해진 답이 들어있지 않다는 견해와 그 답을 교사가 가르쳐 주는 것이 문학교육이 아니라는 견해를 제공해 줌으로써, 유아의 능동적 참여에 의한 문학 경험과 문학 구성의 가능성을 열어주었다고 할 수 있다.

주요 개념	교류와 상호작용	• 독자와 텍스트를 이루고 있는 관련 요소까지 포함하여 그것들이 서로 연계되어 읽기에 영향을 미치는 것이다. - 본문의 요소, 독자의 개인적·사회문학적 맥락의 모든 요소들이 서로에게 작용하는 총체적 과정의 교류이다.
	텍스트	언어적 상징으로 해석될 수 있는 기호 또는 언어적 기호들의 집합으로 작가가 창작한 상태의 것이다.
	작품	독자가 그 본문으로 교류를 하는 동안 만들어 내는 것이다.
	환기	독자와 본문이 심미적 교류를 통해 자신의 맥락적 삶의 과거 경험에서 생긴 아이디어, 감각, 느낌, 이미지를 선택하여 새로운 경험인 작품으로 종합하는 과정을 말한다.
	반응	• 독자가 작품과 심미적 교류를 하는 동안이나 이후에 생성되는 것이다. • 글을 재창조하고 작품 속의 의미를 추출해내는 내적 활동을 말한다. • 옳고 그름 없이 개인적이며 광범위하다.
	심미적 읽기와 정보추출적 읽기	심미적 읽기는 독자의 심미적 반응을 자극하여 내면화를 통한 의미의 재구성을 가져오는 읽기이며, 정보추출적 읽기는 문학적 분석 등 텍스트에서 정보를 획득하기 위한 읽기를 말한다.

2 로젠블렛(L. Rosenblatt) - 「읽기에 대한 2가지 입장」

• 기본 관점
  - 문학은 학습자에게 주는 것이 아니라 학습자에 의해 만들어지는 것이다.
  - 문학작품은 과정 속에서 만들어지는 것이다.
  - 본문과 독자가 이야기를 만들기 위해 상호 교류한다.
  - '반응'은 독자가 작품과 심미적 교류를 하는 동안이나 나중에 생성되는 것이다.
• 독자가 책을 읽는 동안 의식의 초점을 어디에 두느냐에 따라 읽기 방식을 심미적 읽기와 정보추출적 읽기로 나눌 수 있다.
  - 독자의 본문에 대한 태도는 심미적 관점과 정보추출적 관점의 연속선상에 있으며, 두 가지 태도를 배회하면서 독자는 심미적 읽기를 통해서도 정보를 얻어낼 수 있고 정보추출적 읽기를 통해서도 심미적 감상을 할 수 있다.
  - 로젠블렛이 제시하고 있는 교류방식인 「정보추출적 읽기와 심미적 읽기」를 기초로 심미적 질문 유형과 정보 추출적 질문 유형으로 나누어 볼 수 있고, 교사의 이 두 가지 질문 유형에 의해서(질문은 반응을 수반하기 때문에) 문학 반응은 좌우된다.

		• 텍스트에서 정보를 획득하기 위한 읽기이다. • 문학 감상을 위한 기본적인 읽기이다. • 문학적 분석을 하기 위한 것이다. 　－ 문학 텍스트를 중심으로 이야기의 배경, 등장인물, 주제, 이야기를 구성해가는 이야깃거리, 결말에 대한 분석을 하는 문학적 분석 활동이다. • 그림동화의 표현적·내용적 특성을 파악하는 것으로, 심미적 읽기와 해석·평가·비평을 위한 전제조건이라 볼 수 있다. 　－ 책의 표지, 면지, 속표지의 글·그림과 내용의 관련성 살피기 　－ 글의 구조, 서체에 관심 집중하기 　－ 글과 그림의 배치 살펴보기 　－ 그림의 구성요소 살피기 　－ 개별 단어의 의미와 그림 각각의 의미에 초점 두기 　－ 글의 내용 회상하기 　－ 문학적 형식을 학습하기 위해 텍스트 분석하기 　－ 인물, 배경, 플롯, 주제 등 이야기 구조 알기
정보 추출적 읽기	정보 추출적 질문	• 텍스트 중심 감상을 통해 기억하거나 회상해 보도록 정보 추출적 반응을 자극하는 인지·기억적 질문을 의미한다. • 글의 내용에 대한 사실적·정보적인 수준에 해당하는 것으로 동화 읽기 활동 후 동화의 줄거리나 내용에 따른 인과관계를 물어보는 것이다. • 동화 내용에 등장하는 인물의 특징이나 성격, 동화의 시간적·공간적 배경, 사건의 발단과 전개과정, 사건의 해결, 결말 등을 기억하거나 회상해 보도록 자극하는 것이다. • **교사의 질문 형태**: 이야기 속에서 일어난 문제가 무엇인지, 등장인물이 어떻게 그 문제를 해결했는지를 생각하도록 하는 것, 이야기의 주제에 대한 유아의 생각을 묻는 것이다. 　㉠ **인물**: 이야기에 등장하는 인물의 특징이나 성격 　㉡ **배경**: 시간적·공간적 배경 　㉢ **사건**: 사건의 발단 　㉣ **순서**: 사건의 전개과정 　㉤ **결론**: 사건의 해결, 결말 **장점** 　－ 읽기를 통해 얻어지는 정보나 알게되는 것에 집중함으로써 '무엇에 대한 이야기'라고 요약할 수 있게 된다. 　－ 이야기를 나눌 때 동화의 구성요소에 주목할 수 있도록 하기 때문에 동화의 구성요소 인식에 있어서 가치를 가진다. **유의점** 단순 사실에 대한 질문 활동들이 퀴즈 활동으로 바뀌어 버리지 않도록 유의해야 한다.
	정보 추출적 반응	독자가 텍스트로부터 정보를 얻을 때 일어나는 반응이다.

		• 독자가 글을 읽는 동안 떠올리는 텍스트에 대한 생각, 태도, 감정, 관념들과 독자의 경험을 강조한다. • 등장인물들의 감정을 느끼고, 이야기 속 사건에 반응하며, 그 속에 묘사된 장면과 사람들을 시각화하는 데 초점을 둔다.
심미적 읽기	심미적 질문	• 독자의 개인적인 느낌과 경험적인 것에 초점을 두어 심미적 반응을 자극하며 내면화를 통한 의미의 재구성을 의도하는 질문을 의미한다. • 심미적 질문은 추론적 사고 수준에 해당하는 것으로, 인간의 내면에 잠재해 있는 깊은 심정을 자극하거나 글의 함축된 의미를 파악하여 이를 유아 자신의 경험과 연결지어 보도록 하는 것이다. ─ 책의 내용을 기초로 추론하기, 가정해보기, 감정, 느낌 등에 대한 인지적 반응을 유도해내는 데 목적이 있다. ㉠ 생각: 자신의 생각이나 감정, 느낌 ㉡ 감정이입: 등장인물과 동일시(주인공과 같은 입장 되어보기) ㉢ 경험회상: 내 경험과 비교해보기 등 ㉣ 추론: 이어질 내용을 예측하고 추론
	심미적 반응	• 독자가 이야기를 감정적으로나 지적으로 깊이 맛보면서 텍스트를 체험할 때 일어나는 반응이다. ─ 독자가 중심이 되어 읽는 동안 배경과 등장인물의 이미지를 창조하고, 읽은 후에도 이야기를 생생하게 경험하게 된다.

콕스(Cox, 2002) ─「심미적 읽기」

질문하기	유아가 무엇인가를 생각해 내고, 호기심을 갖게 하며, 알고 싶은 것이 무엇인지를 묻는 것이다. 예 "이 이야기에 대하여 어떻게 생각하세요?", "이 이야기에 관하여 알고 싶은 것은 무엇이든지 말해보세요."
부분에 중점두기	유아들의 주의를 끄는 것에 관한 발문이다. 예 "이 이야기에서 좋아하는 부분은 어디인가요? 그 부분에 관하여 말해보세요."
연상하기	유아 자신의 경험이나 이전 지식을 회상하여, 읽은 내용과 비교하며 관련짓도록 도와주는 발문이다. 예 "여러분에게도 이런 일이 일어났어요?", "이 이야기에서 등장인물과 같이 느꼈던 적이 있었어요?", "이 이야기를 보니까 어떤 다른 이야기가 생각났어요?"
가정하기	호기심 가지기, 예측하기, 이야기 확장하기에 관한 발문을 말한다. 예 "이야기에서 궁금했던 것이 있었어요?", "어떤 것이 생각났어요?", "그밖에 다른 어떤 일이 일어날 것이라고 생각하세요?", "여러분이 이야기를 바꾼다면 어디를 바꾸고 싶어요?"
수행하기	언어적·비언어적으로 실행하기, 역할놀이, 팬터마임 등이 있다. 예 "여러분이 이야기의 등장인물이라면 무슨 말을 할 것 같아요?", "이 이야기에서 등장인물에게 말을 할 수 있다면 어떤 말을 할 것 같아요?"

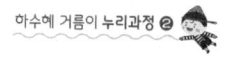

----- MEMO

랑어(Langer, 1994) ー「질문 전략을 중심으로 유아가 문학적 반응을 일으킬 수 있도록 도와줄 수 있는 네 가지 지침」

① 최초의 반응 이해하기	유아가 이야기를 듣고 반응할 수 있도록 격려하는 질문을 한다. 예 "마음에 드는 부분은 어디인가요?", "괴로움을 느꼈던 내용은 어떤 것인가요?", "놀라게 했던 부분이 있었어요?", "궁금한 점이 있었어요?"
② 이해능력 개발하기	유아가 이야기에 대하여 더 깊게 생각하도록 하는 질문으로 동기부여, 등장인물, 주제, 배경 등에 관하여 생각하는 것을 도와준다. 예 "등장인물이 책임감 있게 행동했다고 생각하나요?", "작가는 이 부분에서 무엇을 말하려고 한 것 같아요?"
③ 개인적인 경험 반영하기	유아의 개인적인 지식과 경험을 읽은 내용과 관련짓도록 도와주어 현재와 이전에 이해한 것을 회상하도록 하는 질문을 한다. 예 "등장인물을 보면서 어떤 사람이 생각났어요?", "그 상황을 어떻게 해결할 수 있었어요?", "이 이야기를 읽으면서 자신의 어떤 경험이 생각났어요?"
④ 정교화하기와 확장하기	읽기를 한 후 자신의 배경지식과 경험에 비추어 예술작품으로서 그 작품을 비판적으로 바라보도록 하는 질문이며, 동일한 작가의 다른 작품이나 유사한 작품을 비교할 수 있도록 한다. 예 "읽은 내용 이외에 어떤 것이 생각났어요?", "등장인물들이 실제 사람처럼 느껴졌어요? 무엇이 그 사람들을 실제처럼 느껴지도록 했죠?", "작가가 사용한 표현 중에서 마음에 드는 것은 어떤 것인가요?", "작가에게 무슨 말을 해주고 싶어요?"

프롭스트(Probst, 1990) ー「심미적 그림책 읽기 수업의 전략」

- 유아들이 스스로 그림책 경험에 참여하도록 고무하면서 그림책을 보고 느끼고 생각하도록 격려하여 그림책에 대하여 자유롭게 반응하도록 해야 한다.
- 교사는 안정된 느낌과 비경쟁적인 상호교환이 이루어져 유아들이 자유롭게 반응할 수 있는 분위기를 창안해야 한다. 이러한 자유를 허용하는 분위기에서 유아들은 자신의 아이디어를 창출할 수 있다.
- 유아가 그림책에 관해 또래와 이야기 나눌 수 있는 충분한 시간과 기회를 제공하여 그림책에 대한 개인적 감각을 정교화하도록 한다.
- 교사는 유아에게 반응을 강요하거나 반응의 형식적인 면을 지나치게 강요하지 말아야 한다.
- 교사는 유아들이 지각하거나 느낀 것, 태도에 주목하고 유아가 스스로 발견하도록 도와주어, 자신의 경험과 가치, 신념 등에 대한 생산적인 이야기를 격려하도록 상호작용한다.
- 그림책은 정보뿐만 아니라 지적이며 정서적으로 다양한 경험을 제공하기 때문에 심미적 경험이 우선적으로 중시되어야 한다.
- 유아들이 서로의 반응을 나누고 반성하는 공적인 단계를 설정해야 한다. 그림책 읽기를 통하여 유아들이 여러 가지 개념들에 대해 비판적인 태도를 갖는 것은 실제 그림책이 유아로 하여금 삶에 동화되는 과정이 되도록 한다는 점에서 중요하다.
- 심미적 읽기를 위한 그림책은 유아들의 흥미와 능력에 관심을 두고 선정해야 한다.
- 유아들이 심미적 경험을 우선적으로 중시하고 반응의 다양성과 임의성을 인정하여 그림책에 대해 자발적인 반응을 하도록 격려해야 한다. 그러나 유아의 반응에 있어서 무비판적이고 명백한 오류는 반성되어야 한다.

UNIT 86 반응중심 문학교육 접근법(반응중심 문학교육)

KEYWORD# 반응중심 문학교육 접근법

1 반응중심 문학교육 접근법의 기본 관점

정의	• '반응중심 문학교육'은 로젠블렛의 '독자반응이론'에 근거한 것으로, 텍스트와 독자 사이의 상호작용을 통한 의미 형성을 강조하고 독자인 유아의 능동적이고 개별적인 느낌과 문학적 경험을 중시하는 독자 중심의 문학교육 방법을 의미한다. • 그림책에 대해 설명을 많이 하기보다는 자연스럽게 이야기에 몰입하고 느끼며 자신들의 경험과 연결지어 생각해 볼 수 있는 문학교육 방법이다.
목적	• '반응중심 문학교육 접근법'은 유아가 학습자로서, 언어 사용자로서, 독서가로서 바람직하게 성장할 수 있도록 돕는 것을 목적으로 한다. • 유아 반응의 다양성을 인식하고 격려하며, 유아로 하여금 반응이 즐거운 것이라는 사실을 인식하게 하는 것이다. － 유아들에게 다양한 책을 제공하고, 읽고 탐색할 시간, 듣거나 읽은 책에 대해 이야기하고 쓰며 그리게 하고, 극화할 시간을 제공한다. － 유아들이 문학에 대한 자신의 느낌을 신뢰하고, 또래의 반응을 존중하며, 그것을 이해할 수 있도록 명확하게 말할 기회를 제공해야 한다. • 유아들이 감상한 문학작품을 생활과 연관시키고, 다른 작품들과 비교해 봄으로써 독서를 통해 언어를 배울 수 있도록 돕는 것이다. • 환상의 세계에서만 가능한 이야기로부터 얻을 수 있는 간접경험, 시로부터 느끼는 감정, 정보그림책으로부터 얻은 경험 등을 통해 자신과 세상에 대해 더 많은 것을 배우는 기회를 제공하는 것이다.
특징	• 반응을 주입하거나 다른 사람이 해석한 것을 그대로 받아들일 것을 강요하는 것이 아니라 유아 개개인이 자기 나름의 관점에서 보이는 반응을 최대한 존중한다. • 텍스트를 철저하게 분석하는 것만으로는 문학작품을 제대로 감상할 수 없다고 보므로, 독자 자신의 경험이나 지식을 바탕으로 작품과의 끊임없는 상호작용 과정을 통해 문학작품을 감상해 나갈 수 있도록 한다. • 작품 자체에 드러난 사실을 감상하는 것보다 유아가 나름대로 작품에 의미를 부여하고 그 작품을 재구성해나가는 과정을 강조한다. • 독자 나름의 의미구성을 강조하되 텍스트를 마음대로 해석하도록 허용하는 것은 아니며, 일정한 범위를 설정하여 해석 공동체 내에서 의미를 구성하도록 한다.
실제 방법과 절차	유아에게 소리내어 읽어주기

실제 방법과 절차	• 책을 소리내어 반복해서 읽어주는 것이다. **장점** － 반복해서 읽어주는 것을 들으면 이야기에 대해 자신의 의견을 나누는 '말'의 내용이 변화되고, 친숙한 이야기에 대해 더 많은 이야기를 나누게 된다. 이를 통해 유아들은 나은 청취자가 되고 말을 더 잘할 수 있게 된다. － 다른 사람의 말을 많이 들을수록 타인에게 자신의 생각을 대화나 글로 나누고 싶은 욕구를 더욱 크게 가지게 된다. 이를 통해 문학적 반응을 유발시키고, 말하기, 듣기, 읽기, 쓰기의 언어능력을 신장시키며, 즐거운 경험과 감동을 주게 된다.

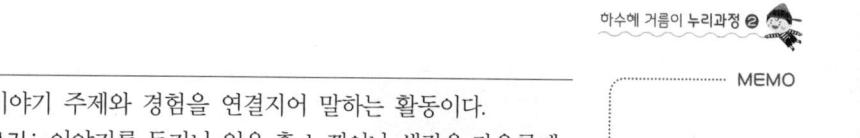

MEMO

반응 활동	언어반응활동	① 이야기 주제와 경험을 연결지어 말하는 활동이다. ② 쓰기: 이야기를 듣거나 읽은 후 느낌이나 생각을 자유롭게 글로 표현하는 것이다. ③ 토의하기: 들은 이야기에 대해 나름대로 해석·평가하여 능동적으로 생각을 교환한다.	
	극화활동	이야기를 감상한 후 역할놀이·인형극·동극 등을 해 봄으로써 이야기 속의 등장인물, 배경, 줄거리에 대해 깊이 이해하게 되고 이야기에 대한 흥미를 더해준다.	
	음악·동작활동	문학작품을 감상한 후 반응을 신체적 표현으로 나타내보도록 하는 것(음악 및 소품 첨가)이다.	
	미술활동	문학에 대한 느낌을 미술활동을 통해 상상력과 창의력을 발휘하여 표현할 수 있도록 하는 것이다.	

❷ 문학에 대한 반응

- 문학에 대한 반응은 로젠블렛(L. M. Rosenblatt)에 의해 제시된 '독자반응이론'에서 처음으로 구체화되었다.
  - 그 이전에는 동화에 대한 아동의 대화와 반응 과정을 설명하면서, 저자가 텍스트를 통해 의미를 전달하고 독자는 그것을 받아들이는 수동적인 존재로 여겨졌다(Bogdan & Straw, 1990).
- 독자반응이론의 관점은 독자와 이야기 텍스트 간의 교류를 포함하는데, 독자는 텍스트가 제공하는 '청사진'에 개인적 경험을 불러내어 문학적 의미를 구성한다고 본다(Temple et al., 1998).
  - 이러한 문학에 대한 반응은 독자가 글을 재창조하고 작품 속의 의미를 추출해 내는 내적 활동으로서, 옳고 그름이 없고 개인적이며 광범위하다.

(1) 사이프(Sipe) – 유아의 문학적 반응

유아는 그림책을 읽으며 다섯 종류의 반응을 한다고 보았는데, 이 다섯 종류의 반응은 유아의 마음에서 상호작용하며 이루어지고, 교사·친구들과 사회적 상호작용을 하는 가운데 계발된다고 보았다.

분석적 반응	• 텍스트의 의미, 그림의 순서, 텍스트와 그림의 관련성, 서사의 전통적 요소(배경, 인물, 플롯, 주제) 등을 분석해내는 반응이다. – 글과 그림으로부터 서사적 의미를 구성하는 반응을 말한다. – 주변 텍스트 분석 / 이야기의 구조에 대한 해석 / 그림의 순서 이해 / 글 텍스트와 그림의 관련성 이해 / 이야기에 대해 가설 세우기 / '등장인물·배경·플롯·주제'와 같은 문학 요소에 대한 분석 / 내용의 요약 / 관습적인 시각적 기호라 할 수 있는 '장면 배치, 색·디자인·매체·양식·움직임·그림의 순서 등'을 읽기 / 암시 또는 서사 시간 장치에 대한 인식 / 불합리한 이야기에 대한 비평 / 문화적 생산물로서의 책에 대한 반응 / 특정 언어에 대한 분석 등이 포함된다.

상호텍스트적 반응	• 읽어주는 텍스트에 대해 '다른 책, 예술가와 일러스트레이터의 작품, 영화, 비디오, 선전, 텔레비전 프로그램, 친구가 쓴 글이나 그림'처럼 다른 문화적 성격의 텍스트나 물건들과 관련짓는 반응이다. • 상호텍스트적 관련짓기는 크게 3가지 유형으로 나누어진다. 　－ 연상적 관련짓기: 책을 읽으면서 다른 책을 관련짓는 것이다. 　－ 분석적 관련짓기: 연상적 관련짓기를 하고 나서 텍스트상의 유사점과 차이점을 묘사하는 것이다. 　－ 종합적 관련짓기: 여러 이야기를 일반화하고 결론을 짓기 위해 행하는 것이다. 예 "그것은 ○○같다.", "그것으로 인해 ○○가 떠오른다."와 같은 연상적 반응이다. 예 '집에서 읽었던 같은 옛이야기의 다른 판본 이야기를 하는 경우'처럼 텍스트 간의 유사점과 차이점을 이야기하는 반응이다. 예 "난 이거 영화로 보았어요."
개인적 반응	• 텍스트를 유아 자신의 삶과 관련짓는 반응으로, 텍스트를 접할 때 가장 초기에 나타나는 중요하고도 기초적인 반응이다. 　－ 이야기 일부 사항과 자신의 생활 중 일부를 관련짓기, 개인의 경험을 근거로 이야기에 의문 갖기와 같이 텍스트에 삶을 연결짓는 반응이다. 　　예 "나도 이 토끼 인형 집에 있는데.", "우리 엄마도 밤에 꼭 책 읽어주는데." 　－ 이야기의 해석보다는 자신의 삶을 이해함으로써 앞으로의 삶을 바꾸기라도 할 것처럼 자신의 삶에 텍스트를 연결짓는 반응이다. 　　예 "나도 나중에 경찰이 돼야지."하며 다짐하는 반응 　－ 그 외, 놀이에 텍스트의 내용을 관련짓는 반응이나, 이야기 속 인물의 대리인이라도 된 것처럼 하는 반응이다. 　　예 "나라면 ○○할(하지 않을) 거예요." 　－ 이야기를 해석하기보다 자신과 같은 행동을 하는 등장인물을 보며 즐거워하는 반응이나 책에 대한 선호를 표현하는 반응이다. 　　예 "난 트럭 책만 좋아요. 이런 이야기는 싫어요.", "그런 이야기는 슬퍼요. 더 듣기 싫어요."
동화된 반응	• 유아가 이야기 속으로 들어가 이야기의 일부가 되는 반응으로 유아의 내면세계가 투명하게 나타나는 반응이라고 할 수 있다. 　－ 이야기의 서사 세계 속으로 들어가서 그것과 하나가 되었음을 암시하는 반응이다. 　－ 이야기 세계에 들어간 채 이야기 안의 세계에 응답하는 반응이자, 우연히 자발적으로 나오는 반응으로 의사소통을 의도하지 않은 것처럼 보이는 반응이다. 　－ 마치 이야기 세계 안의 등장인물들과 함께 있는 것처럼 이야기 속 등장인물에게 직접 말을 거는 반응이 포함된다.
연행적 반응	그림책의 내용이나 그림, 언어를 재료로 자신의 상상력이나 창의성을 발휘하여 유머, 말놀이, 상황극을 하듯 새로운 대사를 꾸미는 반응이다. **비교** 동화된 반응은 부지불식간에 나오는 반응이지만, 연행적 반응은 자신의 이야기를 듣는 청중이 있음을 전제한 의도적인 반응이다.

(2) 컬리넌 & 갤더(Cullinan & Galda, 1994) – 반응중심 문학 활동

이야기 스타일에 반응하는 방식	여러 작가의 작품들을 장르나 표현된 그림의 특성, 색깔, 주제별로 인식하고 분류해 보는 활동을 말한다. ◉ 같은 점과 다른 점 비교해 보기("무엇으로 그렸을까?", "책에 나오는 것들은 무엇일까?", "책에 나오는 색깔들을 적어보자.", "무엇을 알았니?" 등)
등장인물에 반응하는 방식	주인공이나 등장인물에게 반응하도록 이야기 속 등장인물의 특성, 사건에 대처하는 방식, 문제를 해결하는 방법 등에 주목할 수 있도록 하는 활동이다. ◉ 등장인물의 첫글자 따라 동시 지어보기, 글과 그림으로 등장인물 표현해 보기, 주인공에게 편지쓰기 등
이야기 구조에 반응하는 방식	• 문학작품에 나타나는 구조에 대한 지식을 바탕으로 활동하는 방식이다. – 문학작품에는 일정한 구조가 있어 문학의 구조에 대한 지식이 있는 유아는 쉽게 이야기를 예측할 수 있다. 이러한 이야기의 구조에 대한 지식은 이야기를 전개하는 플롯에 대한 이해나 책과 연관된 지식을 차트로 제시해보는 활동 등을 통해 형성될 수 있다. ◉ 다양한 이야기 지도(story map) 활용 : 유아교육기관에서의 이야기 지도(story map)는 등장인물(character web)이나 사건의 순서(squence web), 이야기에 나오는 개념(concept web) 등의 각 요소를 주제망으로 접근하여 볼 수 있을 것이다. ◉ 다양한 차트 활용 : 차트를 활용한 활동은 주로 비교·대조·분류를 위한 목적으로 사용할 수 있다. 유아는 이미 알고 있는 지식과 책에 나와 있는 사실을 비교하고 익히면서 책에 대한 이해를 높일 수 있다. 한 예로, 아래처럼 지식 그림책을 이용하여 책 읽기 전후의 지식 차이를 비교하는 차트 활동을 할 수 있다. | 무엇을 알고 있었나요? | 책을 읽고 난 후 무엇을 알게 되었나요? | | • | • | | • | • |

(3) 인드리사노 & 파라토레(Indrisano & Paratore, 1991) – 유아의 문학적 반응

인드리사노와 파라토레는 문학에 대한 반응을 나누면서 그림책에 대해 어떻게 느꼈는지와 무슨 생각을 했는지에 대한 미학적 반응, 이야기 본문에 대한 이해의 반응인 전략적 반응, 토의·쓰기·극놀이를 통한 생산적 반응 등으로 구분하였다.

미학적 반응	• 본문(text)에 대한 정서적 반응으로, 그림책에 대해 어떻게 느꼈는지, 무슨 생각이 들었는지에 대해 표현하도록 하는 반응활동이다. • 독자의 사전지식, 읽기의 목적, 독자의 흥미에 의해 영향을 받는다.
전략적 반응	• 이야기책의 본문에 대한 이해 관련 반응으로, 이야기의 구조와 사건에 대한 이해를 높이는 반응활동을 말한다. • 전략적 반응은 미학적 반응과 생산적 반응 모두를 높이는 결과를 낳는다.
생산적 반응	• 이야기책에 대한 창의적 사고를 표현하도록 하는 반응활동이다. – 토의·쓰기·극놀이를 통해 문학적 경험을 확장하는 반응으로, 이야기의 내용에 대해 상상해 보기 등의 활동을 의미한다.

(4) 퍼브스 & 몬슨(Purvers & Monson, 1984) - 유아의 문학적 반응

정서적 반응	이야기를 읽거나 들을 때 유아의 몸 동작이나 얼굴 표정에 나타나는 개인적인 반응을 말한다.
해석적 반응	문학의 형식 또는 이야기의 전후를 추론하거나, 인물의 특성·배경·동기 등을 유추하는 반응이다.
문학적 판단 및 비판적 반응	문학적 질이나 등장인물·언어·스타일 등에 반응하는 것이다.
평가적 반응 및 규정적 판단	유아에게 자주 나타나지는 않지만, 절대적 기준에 근거하여 등장인물이 행동해야 할 방향에 대해 반응하는 것이다.

잘롱고(Jalongo, 1988) - 유아의 문학적 반응

유아들이 그림을 자세히 보려고 책에 더 가까이 다가가거나, 이야기에 열중하거나, 혹은 좋아하는 등장인물이나 이야기 내용에 대한 느낌을 그림으로 그리거나, 율동이나 언어로 표현하는 등의 반응을 나타냈다고 보고하면서 문학을 통한 반응 유형을 5가지 제시하였다.

① 신체적 반응   ② 주의집중 반응   ③ 말로 나타내는 반응
④ 예술적 반응   ⑤ 비판적 언급 등의 반응

UNIT 87 그림책(동화책) 읽기 접근법

KEYWORD# 매니 & 와이즈만의 질문 유형 분류 - 경험적 접근법의 질문, 분석적 접근법의 질문

기본 개념	• 책을 읽어주면서 유아와 나누는 상호작용에 대한 연구(Many & Wiseman, 1992) 결과들을 종합하면, 문학적 경험과 문학적 이해는 서로 얽혀 있으며, 문학적 이해를 위해 유아와 나누는 분석적 상호작용이 문학적 경험을 손상하지는 않는다는 것이다. 　- 다만, 학습자는 텍스트보다 교사의 반응을 중시하는 태도를 보이므로, 문학에 대한 상호작용 시 교사의 영향력이 너무 크지 않은 대화를 하는 것이 중요하다는 점을 염두에 두어야 한다. • 「책을 읽어주면서 유아와 나누는 상호작용에 대한 연구(Many & Wiseman, 1992)」에서 제시한 주요 내용은 다음과 같다. 　- 교사가 그림책이나 다른 매체로 문학수업을 하며 유아와 나누는 상호작용 방식은 무엇에 초점을 두느냐에 따라 크게 두 가지 유형으로 나눌 수 있다고 보고, 동화책을 읽어 준 후 동화에 대해 이야기를 나누는 방법으로 경험적 접근법과 분석적 접근법을 제시하였다. 　- 경험적 접근법과 분석적 접근법의 두 가지 방식은 모두 문학에 대한 유아의 반응을 활성화하여 유아가 이야기를 더욱 잘 이해하고, 자신의 삶에 이야기의 의미를 한층 더 깊이 부여할 수 있도록 하기 위한 것이다. 그러므로 그림책의 장르나 읽어주는 목적, 그리고 그림책을 읽은 후의 활동 종류에 따라 다르게 선택할 수 있다.

‒ 시나 동화(그림책)를 읽어주는 경우에는 주로 경험적 접근법에 기초한 질문을 하지만, 동화의 경우라도 동극 활동을 할 때처럼 등장인물이 한 말을 비롯하여 이야기의 구성요소나 구조를 회상 혹은 이해하는 것이 필요하다면 분석적 접근방식에 기초하여 유아와 상호작용을 한다.

‒ 정보그림책을 읽어주는 경우에는 주로 분석적 접근법에 기초한 질문을 한다. 그러나 정보그림책을 읽어주는 경우라도 담겨있는 정보와 그림이 지닌 사실성보다는 그것으로부터 느낄 수 있는 감상, 예를 들면 유아 자신의 경험에 초점을 맞추고 싶은 경우 경험적 접근방식에 기초한 질문을 할 수 있다.

경험적 접근법	개념	• 경험적 접근방식은 그림책의 글이나 그림에 대한 유아의 생각 혹은 느낌에 관심을 두도록 하는 접근법이다. 의미 중심 읽기 방법으로, 동화를 듣는 과정에서 동화 속 세계에 자신이 참여함으로써 갖게 되는 반응을 의미한다. ‒ 주로 등장인물이 되어 반응하게 하거나 등장인물이 한 경험과 자신의 경험을 관련지어 보도록 독려하는 것이며, 또한 서사 진행을 예측해 보게 하고, 이야기를 들으며 떠오르는 이미지나 연상, 느낌 같은 심미적 요소에 관심을 두게 하는 것이다. • '경험적 접근법의 질문': 동화로부터 일어나는 생각, 이미지, 느낌, 등장인물과의 동일시 또는 공감대의 형성에 초점을 둔 '심미적 질문'으로 이루어진다. (🔔) **경험적 접근법의 질문** • 이 동화를 좋아하니? 왜 좋아하니 혹은 왜 싫어하니? • 이 동화에서 가장 오래 기억하고 싶은 것(장면, 말 등)은 무엇이니? • 등장인물 중 누가 가장 마음에 드니? 왜 그렇니? • 만약 네가 이 동화에 나오는 어떤 사람(동물)이 될 수 있다면, 누가 되고 싶니? • 등장인물은 어떤 기분이었을까? 너도 그 기분을 느낄 수 있니? • 만약 네가 이 동화의 ○○라면 어떻게 했을까? • 이 동화를 다르게 만들어 볼 수 있을까? 이야기해 줄 수 있겠니? • 이 동화의 등장인물과 비슷한 사람(혹은 동물)이 나오는 다른 이야기를 알거나 들은 적이 있니? 그들이 어떤 점에서 비슷하니?
	목적	동화책 이야기의 내용에 대한 유아의 느낌이나 생각을 중심으로 이야기 나누는 것이다.
	장점	• 유아의 심미적인 반응을 증진시킨다. • 유아의 이야기 구성력, 확산적 사고, 언어 표상능력을 증진시킨다.
	지도 방안	

지도 방안		
읽기 전	• 그림책 예측하기를 실시한다. ‒ 동화(그림책)를 읽어주기 전에 "네게도 이 그림책 속 아이에게 일어난 일이 생긴다면 어떨지 잘 생각하면서 들어보자."라고 한다.	
읽기 중	• 책과 텍스트와의 상호작용 체험을 통한 다양한 이해 활동을 전개한다. • 아이디어, 이미지, 느낌을 통해 경험적 접근을 실시한다. • 자신의 경험과 등장인물과의 동일시를 통해 공감대를 형성한다.	
읽기 후	동화로부터 야기되는 아이디어, 이미지, 느낌, 등장인물과의 동일시 및 공감대 형성, 연상, 마음속에서 우러나오는 느낌에 초점을 둔 심미적 질문을 통해 심미적 반응을 격려한다.	

분석적 접근법	개념	• 분석적 접근방식은 주로 동화에 어떤 인물이 등장하였는지, 등장인물은 사건에 어떤 영향을 미치는 인물인지, 등장인물은 그 일을 어떻게 해결했는지, 이야기는 언제 어디서 일어난 일인지, 어떤 일이 벌어졌는지, 무엇에 관한 이야기인지(주제가 무엇인지) 등 문학적 구성요소를 확인하고 분석하는 데 관심을 두도록 하는 상호작용 방식이다. • '분석적 접근법의 질문': 동화 속에서 일어난 문제가 무엇인지, 등장인물이 어떻게 문제를 해결했는지를 생각하도록 하는 것, 이야기의 주제에 대한 정보를 묻는 것에 초점을 둔 '정보추출식 질문'으로 이루어진다. ((♨)) 분석적 접근법의 질문 • 이 동화에 누가 나왔니? • 이 동화에서 제일 중요한 사람(혹은 동물)은 누구지? 어떻게 알았니? • 이 동화는 언제 어디서 일어난 이야기일까? • 이 동화에서 어떤 일이 일어났니? • 이 동화의 ○○는 왜 그렇게 한 걸까? • 주인공이 그 일을 어떻게 해결했니? • 이 동화가 어떻게 끝이 났니?
	목적	유아들로 하여금 등장인물의 심리와 행동, 문제 해결, 주제 등의 문학작품 구성요소를 분석하는 데 초점을 두도록 하는 것이다.
	장점	이야기의 구조 및 문법에 대한 다양한 이해를 형성할 수 있다.
	지도 방안	읽기 전	• 동화에 관심을 갖도록 유도한다. – 동화(그림책)를 읽어주기 전에 "이 이야기에 누가 나오는지, 그 아이에게 어떤 일이 생기는지 보자."라는 안내를 한다.
		읽기 중	• 동화내용과 동화 속 이야기의 배경, 등장인물, 주제, 이야기를 구성해 나가는 이야깃거리, 결말에 대해 분석한다. – 동화의 구성요소를 확인하고 비판하는 부분에 초점을 두고 토의활동을 전개한다.
		읽기 후	글의 내용에 따른 사실적 정보 수준에 해당하는 정보 추출식 질문을 던진다.

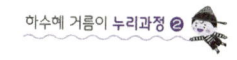

MEMO

UNIT **88** 통합적 접근법

KEYWORD# 주제중심 통합접근법, 문학중심 통합접근법

❶ 주제중심 통합접근법(주제에 따른 언어와 다른 교과 간의 통합)

특징	• 한 주제를 중심으로 여러 교과영역과 유아의 여러 발달영역을 연결시키고 포괄하는 접근이다.
	  – 교사는 유아의 발달수준을 고려하여 주제와 활동을 선정하고, 주제와 연관된 활동을 영역별로 고르게 분포시킨다.
	  – 또한 주제 안에서 다루어지는 언어활동은 유치원에서 제시하는 듣기와 말하기, 읽기와 쓰기에 관심 가지기, 책과 이야기 즐기기 등 3영역의 내용이 고르게 다루어지도록 계획되어야 한다.
	장점
	  – 이러한 접근은 언어를 매개로 하여 다른 교과를 학습하는 것을 말하며, 그 과정에서 다른 교과에 대한 개념 형성뿐만 아니라 언어도 발달하도록 돕는다.
	  – 주제를 중심으로 다양한 활동을 하는 가운데, 관련 개념 형성, 논리 수학적 사고 발달, 탐구적 태도 형성, 대·소근육 발달 및 신체 조절력 향상 등이 이루어져 균형 있는 교육과정을 구성할 수 있다.

예시	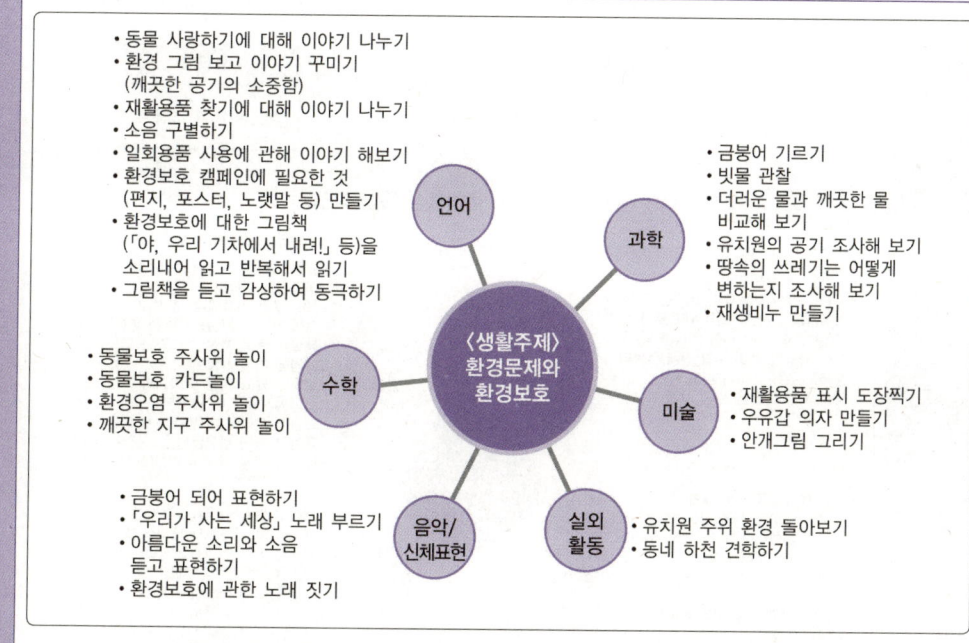 ✿ 생활주제(환경문제와 환경보호)에 따라 교육내용이 통합적으로 접근된 예시

❷ 문학중심 통합접근법

특징	• 그림책을 활용해 그 주제를 연관된 교육과정으로 확장하여 활동하는 것이다. – 교육과정의 각 영역(언어, 수학, 과학, 미술 등)과 문학을 통합하는 것으로, 주제와 관련이 없지만 훌륭한 문학작품을 만나게 되었을 때 사용함으로써 전체적인 교육과정을 보다 풍부하게 할 수 있다.

장점

책을 중심으로 다양한 확장활동에 참여하는 과정을 통해 책 내용에 대한 이해가 깊어지고 의미를 구성하게 되는 한편, 다양한 학문 및 세상과 소통하는 기회를 가지게 됨으로써 전인적 성장을 하게 된다.

• 그림책을 활용하여 언어의 네 가지 영역인 듣기, 말하기, 읽기, 쓰기 활동을 확장·통합시키는 것이다.

    − 단순히 그림책을 읽는 문학적 경험만으로 그치는 것이 아니라, 내용에 따라 동화를 듣고 이 야기하기, 동화 이어가기, 등장인물 글자 카드놀이, 동극, 동화 주인공에게 편지쓰기 등과 같이 언어의 듣기, 말하기, 읽기, 쓰기 언어활동으로 확장·통합시키는 것이다.

    − 교사는 진행되고 있는 생활주제와 연관된 그림책을 선정하고, 그림책의 의미와 맥락을 같이하는 언어교육 내용의 다양한 활동으로 확장하는 계획안을 구성한다.

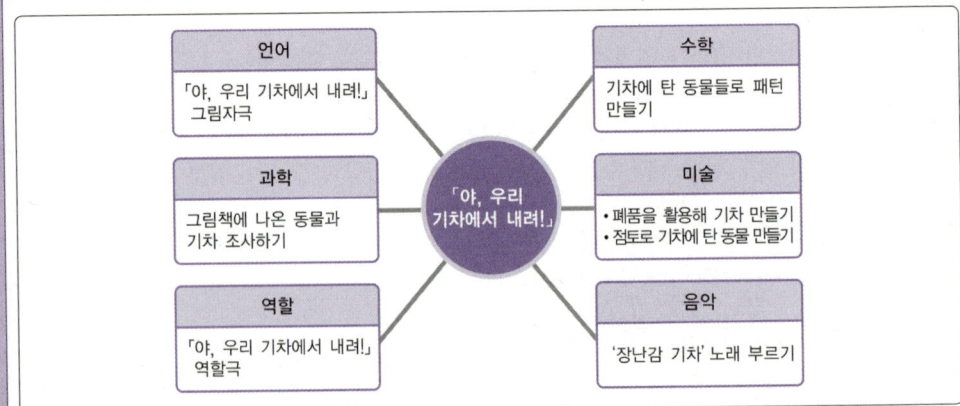

언어	수학
「야, 우리 기차에서 내려!」 그림자극	기차에 탄 동물들로 패턴 만들기
과학	**미술**
그림책에 나온 동물과 기차 조사하기	• 폐품을 활용해 기차 만들기 • 점토로 기차에 탄 동물 만들기
역할	**음악**
「야, 우리 기차에서 내려!」 역할극	'장난감 기차' 노래 부르기

중앙: 「야, 우리 기차에서 내려!」

✿ **문학중심 통합접근법**

예시

듣기
• 동화를 즐겨 듣고 이해한다.
• 「야, 우리 기차에서 내려!」에 대해 이야기를 나눌 때 바른 태도로 듣는다.
• 자연보호에 대해 이야기 나눌 때 다른 사람의 말을 주의 깊게 듣는다.
• 동극을 위해 이야기 나눌 때 다른 사람의 말을 주의 깊게 듣는다.

말하기
• 말할 차례를 지키며 바른 태도로 이야기를 나눈다.
• 「야, 우리 기차에서 내려!」가 무슨 이야기인지 내용을 추측해 본다.
• 동화를 듣고 자신의 생각과 느낌에 대해서 말한다.
• 동화를 듣고 이전 이야기와 뒷이야기를 지어 말해본다.
• 그림책을 여러 번 반복해서 읽은 후, 유아와 함께 읽어본다.
• 동극을 위해 서로 토의한다.

읽기
• 「야, 우리 기차에서 내려!」의 표지를 보고 글자를 읽어본다.
• 단어의 운율이나 글자−소리 관계에 관심을 가지도록 한다.
• 책에 나오는 친숙한 글자를 찾아서 읽어본다.
• 첫 글자의 단서를 이용하여 단어를 읽어보게 한다.
• 유아의 발달단계를 고려하여 손가락 짚어가며 읽기를 한다.
• 동극에 참여할 유아가 말한 대사를 확인하기 위해 그림책을 다시 읽어본다.

쓰기
• 재미있었던 장면을 그려본다.
• 「야, 우리 기차에서 내려!」 그림책에 나오는 친숙한 글자를 찾아 써본다.
• 그림책을 읽은 후, 자신의 생각과 느낌을 그림으로 나타내거나 긁적거리기를 통해 써본다.
• 알파벳 글자의 원리, 왼쪽에서 오른쪽으로 쓰기, 마침표, 띄어쓰기 등에 관심을 가지도록 한다.
• 작가에게 편지를 써본다.
• 삽화가에게 편지를 써본다.
• 이전/뒷이야기를 지어보고 써본다.
• 동극을 위해 필요한 자료를 만들면서 쓰기를 한다.
• 다른 동물 이야기로 동화를 만들면서 써본다.

중앙: **동화** 야, 우리 기차에서 내려!

✿ **문학중심 접근법 : 문학적 접근에 따른 언어영역 간의 통합**

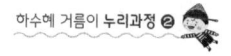

MEMO

UNIT 89) 구성주의 아동문학교육

① 구성주의 문학교육의 개념

아동관	• 아동을 스스로 이야기를 만들어내고, 쓰고 읽을 수 있는 능력을 가진 유능한 존재로 본다. • 아동들은 자신이 가진 상상력의 원리를 사용하여 세상을 알아 나간다. • 아동은 문화와 가치의 '소비자'가 아니라 '창조자'이고 '생산자'이다
특징	• 개별 아동은 서로 다른 형태로 자신의 상상력을 발산하므로, 개인이 아닌 공동의 맥락에서 힘을 발휘한다. 이야기를 만들고 해체하고 수정하는 과정을 통해 발전해 가는 변증법적인 과정을 거친다. • 아동이 생각하고 행하는 것에 대해 함께 이야기하고, 경청하고, 교육과정을 전개하는 과정에서 아동들과 상호조정의 과정을 거친다.

② 이야기 창안 지원 전략(Rodari, 1973)

구성주의 아동문학교육 관점에서는 아동을 이야기를 만들어내는 창안자로 본다. 따라서 이야기를 들려주고 교류를 통해 새로운 이야기를 지어내게도 하고, 여러 가지 다른 전략으로 이야기를 구성하게도 한다.

한 단어로 이야기 만들기	하나의 단어가 모티브가 되어 이야기를 만드는 것이다.
두 단어로 이야기 만들기	• 하나의 단어가 다른 단어를 만날 때 새로운 의미를 창출할 가능성을 가진다. • 이상한, 별난(환상적인) 이중 구조 : 평상시 사용하는 단어의 연결이 아닌 것을 제시하여 그들 간의 관계를 발견하고 새로운 것을 만들어 내도록 자극한다. 예 '전등'과 '신발' 두 단어로 이야기 만들기
'만약 그렇다면' 이야기 짓기 (환상적 가정)	어떤 주어, 술어도 선택하여 연결할 수 있다. 이러한 이야기는 터무니없는 것이라기보다는 현실과 능동적으로 관련짓도록 상상력을 자극한다. 예 만약 아침에 일어나 자신이 바퀴벌레로 바뀐 것을 발견한다면?
문답식 게임	이야기 형식을 포함하는데, 답으로부터 만들어진 상황을 분석함으로써 이야기로 발전할 수 있다. 이는 환상적인 플롯이 된다. 예 여섯 명의 유아에게 자신의 번호를 정하게 하고, 각각 해당하는 질문(① 누구니? ② 어디에 있었니? ③ 그가 무엇을 했니? ④ 그가 무엇을 말했니? ⑤ 사람들이 무엇을 말했니? ⑥ 마지막에 어떻게 되었니?)에 대한 답을 쓰고 종이를 접어 서로 답을 읽지 못하게 한다. 게임은 질문이 없어질 때까지 계속된다. 그 후 유아들은 순서대로 본인의 답을 이야기처럼 읽는다.
이야기에서 실수하기	이야기를 일부러 유아가 기존에 알고 있는 설정과(유아들이 이미 알고 있는 이야기 구조와) 다르게 제시하여, 유아들이 그 차이를 발견하고 수정하며 참여하도록 유도하는 것이다. 예 교사 : 옛날에 작은 노란 모자를 쓴 소녀가 있었어요. 　　유아 : 아니요, 작은 빨간 모자 쓴 소녀요. 　　교사 : 아, 작은 빨간 모자 쓴 소녀. 그런데 그녀의 아빠가 불렀어. 　　유아 : 아니요, 아빠가 아니라 엄마요.

이야기에 등장하지 않는 새 단어 제시하기	이야기를 만들기 위해 몇 가지 단어가 주어지는데, 읽어 준 이야기에 포함되지 않는 새로운 단어를 제시할 경우 이야기 창안의 즐거움을 경험할 수 있다. 예 단어 : 소녀, 숲, 꽃, 늑대, 할머니, 헬리콥터(새롭고 예상하지 못한 요소) 「숲속에서 말을 만난 빨간 모자 이야기」
후속 이야기 만들어 내기	이야기를 듣고 뒤에 이어질 내용을 상상하여 만들어 본다. 예 신데렐라 후속 이야기 : 신데렐라가 왕자와 결혼한 후에도 예전처럼 누더기옷을 입고 집안일만 하자 여기에 싫증이 난 왕자는 이혼을 제의한다.
사물의 제시	몇 개의 다른 사물, 예를 들어 커피 깡통, 빈 병, 호미 등을 가지고 장면을 만들어 내고 극화한다. 사물은 단어보다 더 상상력을 자극하기 때문에 보고, 만지고, 조작하는 가운데 환상적인 아이디어들이 다양하게 나온다. 이야기는 일상적인 제스처나 소리들로부터 나 온다.
주인공으로서의 장난감 제시	인형이나 블록, 차 등과 같은 장난감을 가지고 노는 동안 이야기를 짓는 것은 자연스 러운 일이다.
인형과 꼭두각시의 제시	인형극은 공연뿐만 아니라 어린이들이 직접 인형을 만들어 움직여 보고, 무대를 꾸미고 조명·음향·연출·공연 등에 대해 알게 하므로 흥미 있는 일이다.

UNIT 90 유아 발달에 적합한 그림책 읽기 방법

1 상호작용적 읽기

개념	• 책을 읽는 과정에서 책 내용을 중심으로 교사와 유아가 대화를 주고받으며 상호작용을 나누는
	읽기 방식이다.
	  — 교사와 유아가 함께 그림책 읽기를 주도해 나가며, 유아의 주도적 역할 수행을 위해 교사는
	  다양한 지원을 한다.
	• 유아의 역할 : 그림책 읽기 과정에서 유아들은 소극적으로 듣기보다는 책 내용을 중심으로 묻고
	답하고 다음 내용을 예측하는 등 풍부한 언어적 상호작용에 참여하게 된다.
	• 교사의 역할 : 문학작품에 대한 유아의 반응을 촉진할 수 있는 코멘트와 질문을 제공하고, 그림
	책 내용에 대한 유아의 코멘트와 자발적 질문을 적극 수용한다.
	
	🔔 교사 연기중심 방식의 그림책 읽기
	• 유아의 언어적 개입이 통제되고, 교사가 거의 멈춤 없이 책 본문 내용에 충실하게 연기하듯이 읽어나
	가는 읽기 방식이다.
	• 교사가 그림책 읽기를 주도하고, 유아는 수동적으로 조용히 듣는 청중으로서의 역할이 강조된다.

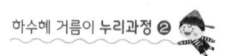

MEMO

교육적 가치	• 어휘 발달 　－ 그림책을 중심으로 다른 사람들과 나누는 풍부한 상호작용은 새로운 어휘습득을 돕는다. • 사고력 　－ 등장인물의 입장이 되어 생각해보거나 왜 그렇게 행동하게 되었는지 이유를 추론해보는 　　것, 앞으로 어떤 일이 일어날지를 상상해보고 생각을 나누는 것은 고차원적 사고활동을 이 　　끌어 사고력 발달을 돕는다. • 이야기 구조(이야기 문법) 이해 　－ 시간의 순서, 원인과 결과의 논리적 연결에 따라 이야기가 전개된다는 것을 알고, 이야기의 　　앞과 뒤를 연결지어 뒤에 나올 이야기를 잘 예측해 내게 된다. 　－ 등장인물이 왜 그렇게 행동했는지, 그 결과 이야기가 어떻게 진행되었는지 등에 대한 내용 　　이해도가 높아진다.
상호 작용적 읽기 실시 방법	• 그림책 읽기 전 과정에 걸쳐 유아가 수동적으로 듣도록 하기보다는 언어적 상호작용을 나누며 　적극적으로 참여할 수 있게 한다. • 문학작품에 대한 유아의 자발적 발화와 질문이 활발하게 이루어지도록 일대일 또는 소집단 　읽기를 실시한다. • 개방적 질문을 통해 유아들이 언어적 상호작용에 적극적으로 참여할 수 있도록 지원한다.

■ 상호작용적 읽기를 위해 교사가 사용할 수 있는 개방적 질문의 유형

질문 유형	특성	목적
사실적 질문	• 내용의 일부를 기억해서 응답하는 질문으로 이야기의 주요 내용이나 줄거리 파악에 초점을 둔다. • 정답이 정해져 있으며 이야기 본문 글에 명시되어 있다. 　예 "피콧씨네 가족은 누구니?"	주요내용 파악
추론적 질문	• 이야기 내용을 바탕으로 추론이나 결론을 지어보도록 요구하는 질문으로 글 로 기록되어 있지 않은 주인공의 심리나 행동의 원인파악에 초점을 둔다. • 답이 이야기 본문 글에 명시되어 있지 않기 때문에 이야기의 주요 사건, 유아 자신의 사전 지식, 경험과 관련짓기 등을 통해 사고를 정리하는 나름의 고등사고 과정을 요구한다. 　예 "엄마가 집을 나간 후 피콧씨와 두 아들은 왜 돼지로 변했을까?"	추론을 통해 이야기 내용에 대한 이해가 깊어짐
응용적 질문	• 문학작품을 통해서 얻은 정보, 깨달음을 실제 삶에 적용해보도록 하는 질문 으로 책 내용을 유아 자신의 삶에 연결지어보도록 하는 것에 초점을 둔다. • 이야기 속 등장인물의 모습 속에서 현실 속 같은 역할을 하는 대상을 투영 해보는 과정을 통해 저자가 전달하고자 하는 메시지를 파악하도록 돕는다. 　예 "우리 엄마는 언제 행복해하실까?", "우리 엄마가 행복할 수 있도록 우리 　　가 무엇을 할 수 있니?"	문학작품에 대한 유아의 개인적 의미 구성을 지원
비평적 질문	• 주인공의 행동이나 책 내용에 대해 유아 나름대로 평가해보도록 하는 질문 이다. • 유아 자신의 모습을 투영해보면서 자연스럽게 현실 속에서 어떻게 행동해야 할지를 고민해보게 함으로써 개인적 의미를 구성해볼 수 있도록 돕는다. 　예 "피콧 부인의 두 아들은 어떤 아이들 같니?"	비판적 사고력 증진

2 반복적 읽기

개념	• 동일한 책을 반복해서 읽는 것을 뜻한다. • 유아기에 적합한 이유 : 영유아들은 자신들이 좋아하는 그림책을 반복적으로 탐색하거나 읽고자 하는 욕구가 있다.

교육적
가치
	• 책 내용에 대한 유아의 이해 증진
	    – 동일한 그림책을 여러 번 반복해서 읽게 될 경우, 텍스트에 대한 유아의 이해와 관심이 깊어지게 된다.
	    – 단순히 텍스트를 이해하는 것에서 더 나아가 실제 자신의 삶과 연결지으며 책 내용의 의미를 구성해볼 수 있게 된다.
	• 책 읽기의 즐거움과 자신감 증진
	    – 반복적 읽기를 통해 이야기의 내용에 대한 이해가 점점 더 깊어지게 되고, 다음 번 이야기를 읽을 때 이야기 내용을 정확하게 예측할 수 있게 된다.
	      ▶ 이야기를 예측하고 자신의 예측이 맞음을 확인하는 과정은 유아로 하여금 책 읽기를 게임처럼 즐거운 활동으로 인식하도록 돕는다.
	    – 성인의 도움 없이도 혼자서 이야기 속 주인공의 행동이나 주요 사건 등에 대해서 이야기할 수 있게 됨으로써 자신감이 증진된다.
	• 어휘 발달
	    – 똑같은 책을 반복적으로 읽는 것은 유아들이 새로운 어휘를 습득하도록 돕는다.
	    – 이야기 내용에 익숙해짐에 따라 유아들은 책 내용에 대한 자신의 생각을 점점 더 많이 이야기하게 되는데, 이 과정에서 자연스럽게 이야기에 포함된 단어들을 사용하게 되면서 어휘가 발달한다.
	    – 성인이 읽어줄 때 듣고 이해할 수 있었던 어휘를 실제 자신의 의사를 전달하기 위해 사용하게 됨으로써 표현 어휘 습득으로 이어지게 된다.

반복적
읽기
실시
방법
	• 동일한 그림책을 최소한 3회 이상 반복적으로 읽어준다.
	    – 동일한 그림책 내용에 익숙해지고 충분히 이해하기 위해서는 최소 3회 이상의 반복적 읽기가 필요하다.
	• 적절한 시간 간격을 두고 반복적 읽기를 실시한다.
	    – 읽은 책 내용에 대한 유아의 기억이 신선하게 유지될 수 있도록 시간 간격을 적절히 두고 실시한다.
	      ⓪ 첫 번째 읽기 후 1~2일 후에, 그리고 두 번째 읽기 후 2~3일 후에 세 번째 반복 읽기를 실시한다.
	• 반복적 읽기 횟수가 증가함에 따라 유아의 역할과 비중을 높인다.
	    – 반복적 읽기를 통해 책 내용에 대한 이해와 친밀도가 높아짐에 따라 유아가 점차 주도할 수 있도록 한다.

🔖 반복적 읽기

횟수	특성

첫 번째 읽기	• 유아들이 흥미를 느끼며 적극적으로 들을 수 있도록 한다.
	   − 책 제목과 표지 그림 탐색을 통해 책 내용에 대해 예측해본다.
	   − 주인공의 생각과 행동의 이유에 대해서 유아들이 추론하는 데 도움이 되는 코멘트와
	     질문 등을 제공하며 언어적 상호작용을 격려한다.
	   − '왜?'라는 질문을 던진다.

두 번째 읽기	• 풍부한 언어적 상호작용을 통해 책 내용에 대한 유아의 이해를 높이는 데 중점을 둔다.
	   − 표지를 보며 읽었던 책이라는 것을 상기시킨다.
	   − 이야기 내용을 회상하도록 격려한다.
	   − 주인공 이외 다른 등장인물의 생각과 행동, 행동의 동기 등을 추론할 수 있도록 돕는
	     코멘트와 질문을 통해 유아들이 책 내용에 대한 자신의 생각과 느낌을 친구들과
	     적극적으로 나누도록 격려한다.
	   − '왜?'라는 질문 이외에도 '만약 …라면 어떻게 했을 것 같니?' 등의 질문을 던진다.

세 번째 읽기	• 책 내용 전반에 대해 유아가 말해보도록 격려한다.
	   − 그림을 보며 어떤 일이 일어나고 있는지, 다음에 어떤 일이 일어날지, 왜 그렇게 생각
	     하는지 등의 발문을 통해 유아들이 이야기 전체 내용을 말해보도록 한다.
	   − 여러 페이지로 구성된 긴 이야기는 교사가 일부 페이지를 읽고 나머지는 유아들이
	     그림을 보며 말해보도록 격려한다.
	   − '만일 …했다면 어떻게 되었을까?'라는 질문을 통해 유아들이 책의 결말을 바꾸어
	     상상해보도록 격려한다.

(표 왼쪽 세로: 반복적 읽기 실시 방법)

그림책 읽기에서의 교사의 역할(Cocharm−Smith, 1986)

정보안내자 중재자	교사는 유아가 의미를 구성할 수 있도록 책 내용이 유아의 실제 경험과 연결되어 있다고 알려주는 짧은 주석(⑩ "이것 봐, 이 소녀는 너처럼 오빠가 있네.", "우리가 공원에 갔었던 때를 기억하지요?")을 제공한다.

동료	• 교사는 유아들과 책 내용에 대한 개인적인 반응을 나누기도 하고, 아이들의 응답을 유도하기도 한다.
	  ⑩ "주인공 데이빗은 정말 귀엽고 개구쟁이네요."
	• 유아들이 책 내용에 대해 점점 더 친숙해지고 이해가 깊어지게 되면, 유아들과 책 내용에 대해 토론을
	  나누기도 한다.

관찰자	유아들이 책 내용에 대해 잘 이해하고 있는지 확인하고, 어려움을 겪고 있다고 판단되면 추가적으로 필요한 정보를 제공한다. ⑩ "빙산이란 아주 커다란 얼음덩어리를 말하는 거예요."
감독	그림책 읽기의 시작을 알리고, 제목을 소개하며, 이야기를 읽는 속도를 조절하고, 이야기가 끝났음을 알리는 등의 역할을 한다.

UNIT 91 동화구연

(🔔) 동화구연의 개념

• 동화구연이란 유아에게 동화를 들려주면 이를 귀로 듣고 장면을 상상하며 감동을 전달받는 문학의 전달방법이라고 할 수 있다.
  − 동화를 구연하기 위해 개작을 하게 되며, 개작해 놓은 동화로 매체를 사용하여 구연한다.

1 동화구연의 교육적 의의

즐거움	유아가 동화를 듣는 것에서 즐거움을 얻고 동화를 좋아하게 된다.
언어발달의 기초 형성	• 언어 발달의 기초가 형성된다. − 다른 사람의 말을 잘 듣는 것은 말하는 것을 배우고 문장의 맥락을 이해하며 전체 이야기를 파악하는 기본이 된다. − 이야기를 들어서 재미를 느끼면 다른 사람이 말을 할 때마다 그 의미를 파악하기 위해 경청하게 되는데, 이것은 언어 발달에 긍정적인 영향을 미치는 바람직한 태도이다.
표준어 습득	• 표준어 습득에 도움이 된다. − 표준어로 된 구연동화를 듣고 그것을 언어로 표상해 봄으로써 자연스럽게 표준어를 배우게 된다.
상상력 신장	• 이야기를 들으면서 그 상황을 다양하게 생각해 봄으로써 상상력이 길러진다. − 제품화된 시청각 매체들은 유아가 스스로 시각적 영상을 상상해 보거나 창조하는 것을 힘들게 한다. 그에 비해 구연동화는 유아들이 이야기를 들으면서 구연자가 기술하는 이야기의 이미지를 자유롭게 상상해 볼 수 있다.
교사와의 친밀감 형성	• 구연자와 유아 사이에 친밀감이 형성된다. − 교사와 유아가 둘러앉아 마주 보며 이야기를 주고받는 사이에 서로 친밀해지고 편안함을 느끼게 된다.
이야기의 이해를 도움	• 이야기를 잘 이해할 수 있도록 한다. − 이야기 구연하기는 유아의 음성언어를 확장하고 이야기를 더 잘 이해하도록 도와주는 촉진제가 될 수 있다.
적극적 상호작용	• 이야기를 듣는 사람과 들려주는 사람 간에 공감대를 형성하며, 적극적인 상호작용을 할 수 있도록 돕는다. − 이야기를 들려주는 동안 눈을 맞추고 유아의 반응에 즉각 반응할 수 있다. − 유아가 이해할 수 있도록 어휘나 내용을 명료화하거나 바꿀 수 있다.
수준별 구연	• 듣는 사람의 발달 수준에 맞추어 이야기를 들려줄 수 있다. − 이야기를 구연하는 동안 듣는 유아에 따라 이야기를 개작할 수 있다(예 등장하는 소품의 개수 등은 듣는 유아의 흥미에 따라 달라질 수 있다).

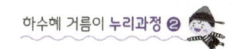
❷ 구연에 적합한 동화의 선택

> ((🔔)) **구연하기 적합한 동화의 요건(Morroe, 1979)**
> • 이야기의 구성이 잘 발달되어 있어야 한다.
> • 이야기의 시작, 중간, 결말이 분명하여야 한다.
> • 이야기의 등장인물이 잘 묘사되어야 하며, 숫자는 적어야 한다.
> • 이야기에 대화가 포함되어야 한다.
> • 이야기에 반복의 요소가 있어야 한다.
>
> ((🔔)) **구연하기 적합한 동화의 선택 기준(Coody, 1983)**
> • 구연자에게도 이야기의 내용이 재미있고 즐거운가?
> • 이야기가 구연자의 성격과 스타일에 맞는가?
> • 이야기가 청자의 수준(아동의 흥미, 요구, 연령 등)에 알맞은가?
> • 내용을 개작하여도 줄거리에 변화가 없는가?
> • 이야기 전개과정에 대화와 동작이 충분히 들어 있는가?
> • 문장이 너무 길지 않은가? 그리고 내용을 쉽게 요약·정리할 수 있는가?
> • 구연자가 준비하기에 용이한가?

구연에 적합한 동화의 내용	• 내용이 흥미로워야 한다. 　－ 흥미로운 내용은 이야기의 줄거리가 단순하고, 등장인물이 소수이며, 등장인물의 성격이 분명하고 강한 작품이어야 하고, 적당한 반복·스릴·유머·구체적인 행동 등이 있어야 한다(⑩『늑대와 사냥꾼』). • 유아의 공상·환상·상상력에 대한 욕구를 충족시킬 수 있는 내용으로서 미지의 세계, 경이적인 사건 또는 난쟁이나 거인들의 세계를 그린 내용이 적합하다(⑩『피터팬』). • 동화의 내용이 직접적이고 활동성이 있어야 하며, 이야기 전체가 동적인 성격을 지닌 것이 적합하다(⑩『커다란 순무』). • 동화의 내용이 유아의 생활 경험과 관련된 것이 좋다. 　－ 유아가 경험할 수 있는 감정을 소재로 한 내용으로서 유아가 쉽게 접근할 수 있는 이야기가 적합하다. • 문학작품의 배경은 단순한 것이 좋다. 　－ 이는 유아가 자신의 마음속에서 충분히 상상해 볼 수 있도록 하기 위해서이다. • 이야기 속에 흥미로운 구절이나 대화가 있어서 유아들이 함께 암송하는 식으로 참여하도록 하는 것이면 더욱 좋다. • 무엇보다도 들려주는 이야기는 본인이 잘할 수 있고 좋아하는 이야기를 선택하는 것이 좋다. 구연하는 사람이 이야기를 편안하게 느껴야 듣는 유아가 이야기를 즐길 수 있게 되기 때문이다.

| 구연에 적합한 동화의 구성 | • 구성이 단순해야 한다. 주인공을 중심으로 이야기가 진행되고, 등장인물은 가능한 한 소수로서 둘에서 다섯 이하가 적당하다(圓『혹부리 할아버지』).
• 기승전결의 형식을 갖춘 구성이 구연에 적합하다(圓『은혜 갚은 거북이』).
• 갈수록 흥미를 더해 가면서 명쾌하게 대단원으로 이끌어가는 점진적인 이야기 구성이 적합하다(圓『아기돼지 삼형제』, 『커다란 순무』).
• 풍부한 행동과 사건의 빠른 전개, 만족스럽고 빠른 결말의 구조를 가진 이야기가 적합하다.
　－ 그렇기 때문에 전래동화는 구연하기에 가장 적합한 유아문학의 장르라고 볼 수 있다. 전래동화는 본래 구연에 의해 계승되어 온 장르이기도 하다. |

❸ 구연하기의 제시

(1) 구연하기 전의 준비

자료 준비 및 사전 연습	• 구연을 하기 전에 교사는 동화 내용을 충분히 알아야 하고 구연에 활용되는 모든 자료를 준비해야 한다. 　－ 구연 시 사용하는 목소리·매체나 제스처에 대한 충분한 연구가 필요하고, 선정된 매체와 제스처가 동화의 내용 전달에 효과적일 수 있도록 많은 연습이 필요하다. 　▶ 이러한 사전 연습을 통해 구연자는 자신감을 가지게 된다.
외우려 하지 말 것	• 이야기를 외우려 하지 않는 것이 좋다. 　－ 외우려 할 경우 이야기할 때마다 색다른 맛을 느끼게 하지 못하며, 만약 구연 도중에 다음 이야기를 기억하지 못할 경우 당황할 수도 있기 때문이다.
이야기 카드	• 구연할 내용을 '이야기 카드'라고 이름을 붙여 카드로 만들어 둘 수도 있다. 　－ 이야기 카드의 내용에는 이야기에 대한 정보, 질문의 내용, 동일한 주제의 다른 이야기에 대한 정보 등이 추가될 수 있다.
개작하기	대부분의 문학작품은 읽기에 적합하도록 만들어져 있기 때문에 구연하기에 적합한 내용으로 개작할 수 있다.

(2) 동화의 개작

• 구연을 하기 위해서는 구연에 적합한 작품을 이야기의 내용과 구성을 고려하여 선정한 후 그 작품을 구연에 적합하게 개작하는 것이 필요하다.
　－ 동화구연은 문장으로 써있는 동화를 말로 들려주는 것인데, 말로 들려주기 위해서는 단순히 문장으로 써있는 동화를 그대로 들려줄 수 없기 때문에 반드시 동화구연을 위한 개작이라는 작업이 필수적으로 수반된다.

　유의점 동화를 구연에 적합하게 개작할 때는 작품이 지닌 내용의 본질이나 품위를 보존하면서 유아의 발달에 적합하도록 실시해야 한다.

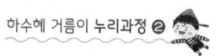

읽는 동화를 듣는 동화로 고친다.

- 설명 부분을 직접화법·대화체로 고친다.
  - <small>예</small> '엄마는 지수에게 밥을 먹으라고 하였습니다.'보다는 '엄마는 지수에게 다가와서 "지수야! 얼른 먹어야지!"라며 지수에게 밥을 주었습니다.'로 바꿀 수 있다.
- 접속어를 줄인다.
- 긴 문장을 짧고 리듬감이 있으면서 말하기 쉽게 고친다.
- 의성어·의태어를 적절히 넣어 생동감을 불어넣는다.
  - 이야기의 배경에 대해 충분히 시각적으로 상상해 볼 수 있도록 묘사한다.
    - <small>예</small> '고양이가 다가왔습니다.'보다는 '고양이가 살금살금 다가왔습니다.'로 바꿀 수 있다.
- 다양한 어미가 나오도록 처리한다.
- 과장법이나 점층법을 사용하여 흥미를 살린다.
- 어휘와 사건의 반복 등으로 리듬이 있도록 한다.

유아가 경험하기 쉬운 상황으로 개작한다.

유아들이 쉽게 이해하고 몰입하기 쉬우며, 동화의 주제와 정서에 공감할 수 있도록 한다.

이야기의 길이를 조정한다.

걸음마 단계의 유아와 5세 유아는 이야기 이해 능력이나 집중력에 차이가 있다. 따라서 유아의 수준에 적합하게 이야기의 길이를 조정한다.

비교육적인 부분을 교육적으로 개작한다.

- 교훈의 수단이나 도구로 창작된 동화는 개작해야 한다.
  - 기계적인 방법으로 교훈을 주는 것은 도덕 교과서일 뿐, 동화로서의 가치가 없다.
  - 훌륭한 동화는 동화 전체에 교훈이 스며들어 있다.
- 선인과 악인의 문제에서는 유아도 선과 악을 구별할 수 있도록 동화를 통해 교육할 필요가 있기 때문에 무리하게 악인을 제외할 필요는 없다.
  - 그러나 잔인한 악인이나 유아가 모방하기 쉬운 악한 행위는 제외해야 한다.
  - 가능한 한 단순한 악인으로 취급하고, 악한 행위는 상세하게 묘사하지 않아야 한다.
- 공포심을 유발하는 이야기는 개작한다.
  - 유아의 상상 세계는 주로 그들의 경험 범위 내에 있기 때문에 지나치게 기괴하고 이상한 세계로 인도해서는 안 된다.
  - 우리나라 전래동화에는 도깨비나 귀신이 많이 등장하는데 이것을 제외하면 이야기 자체가 성립되지 않는 경우가 있다. 따라서 도깨비나 귀신, 마귀할멈 등을 공포의 대상이 아니라 나쁜 인물로 인식하도록 유도한다.
- 특정 인물에 대한 고정관념을 피한다.
  - 장애인에 관한 이야기는 장애에 대한 이해심이나 애타심을 불러일으키는 동화 외에는 취급하지 않는 것이 좋고, 계모와 그의 자녀들을 악인으로 그리는 전형적인 인물 묘사는 개작해야 한다.

MEMO

(3) **동화구연 방법**

효과적 감상 돕기	• 구연 도중에 이야기를 수정하거나 주의를 환기시키는 말은 하지 않으며, 구연 도중이나 끝난 후에 도덕적인 훈계나 평가를 하지 않는다. – 유아들이 흥미를 갖고 동화의 전체적인 흐름을 느끼며 감상할 수 있어야 하며, 유아들의 자유로운 사고와 상상력을 방해하지 않도록 해야 한다.
성격에 따른 목소리 설정	• 등장 배역의 성격 설정을 적절히 한다. – 듣는 사람이 상식적으로 받아들이기 쉽게 등장배역의 성격에 따른 목소리를 설정하는 것이다.
시선 처리	• 유아들에게 시선을 골고루 주면서 구연한다. – 구연은 구연자와 청중 간에 서로 시선을 교환하는 가운데 공감대가 형성되고 청중을 이야기 속으로 몰입하게 만드는 것이므로, 구연 도중에는 유아들에게 시선을 골고루 주면서 진행하는 것이 적합하다.
도입부 구연 방법	• 먼저 동화 제목을 소개하고 약간의 여유를 둔 후 동화의 첫머리를 시작한다. • 도입부는 여유 있으면서도 탄력 있게 유도한다. – 동화의 도입부는 전체 이야기를 이끌어갈 분위기를 잡는 부분이므로 지나치게 빠르거나 늘어지지 않도록 유의한다.

UNIT 92 **그림동화의 종류 및 활동**

동화 듣기의 매체	낱장식 동화	• 동화의 장면을 몇 장의 낱장 그림으로 그려 한 장씩 넘기면서 이야기하는 그림동화이다. • 장면 전환이 분명한 이야기로 구성되어 있다.
	움직이는 동화	• 동화의 내용에서 움직이는 부분을 가시화하여 입체적으로 표현한 동화이다. – 낱장식 동화에 움직임을 주기 위해 칼집을 내어 등장인물 뒤에서 움직이는 경우나 자석을 통해서 움직임을 조정할 수 있게 만든 그림동화이다. • 동화내용의 어떤 부분에 움직임을 줄 것인지, 움직임을 주기 위해서 어떻게 동화 내용을 개작하고 몇 개의 낱장으로 그림을 만들 것인가에 대해 계획할 필요가 있다. • **장점** 유아의 흥미와 주의 집중을 높일 수 있다.

	융판 동화	• 동화의 내용에 따라 준비된 그림 자료를 융판 위에 붙이거나 떼면서 이 야기를 진행하는 그림동화이다. • 누적적 이야기로 배경이 중요하지 않은 이야기나, 비교적 등장인물이 적고 단순한 내용을 반복하는 것이 적합하다.
	OHP동화	• OHP를 활용하여 동화를 들려주는 그림동화이다. • 그림을 크게 확대해서 볼 수 있으므로 대집단 유아들에게 적합하다. • 낱장을 겹쳐 가면서 어떤 모양이 형성될 수 있도록 사용할 때 더욱 효과적이다.
	TV동화	• TV처럼 꾸민 상자를 준비하여 두루마리로 된 그림을 한쪽에서 옆쪽으로 감아가면서 이야기해 나가는 그림동화이다. **장점** 　– TV 상자 그 자체가 유아들의 흥미와 호기심을 충족시켜 준다. 영화나 그림책과는 달리 한쪽으로 그림이 감겨 들어가는 모습을 무척 재미있어 하며, 이러한 것은 유아의 상상력을 촉진시켜 준다. 　– TV동화는 조작이 간단하다. 　– 영화나 TV처럼 화면을 통한 현실감은 없지만 유아의 이해와 흥미에 맞추어 반응을 살필 수 있기 때문에 교사와 유아 모두 친밀감을 느낄 수 있다.

UNIT 93　가정과 연계한 유아문학교육

① 가정 연계 문학교육 활동의 필요성

부모교육	• 맞벌이 부부의 증가, TV · 컴퓨터 · 스마트폰 등 멀티미디어 기기의 사용 증가는 부모와 어린 자녀 간의 그림책 읽기를 점점 어렵게 하고 있으며, 좋은 그림책 선택과 적절한 읽기 방식에 대한 정보가 부족한 부모들도 적지 않다.
발달적 성취	• 가정에서의 책 읽기 활동의 양과 수준은 유아의 언어발달에 중요한 영향을 미칠 뿐만 아니라, 초등학교 입학 이후의 학업성취에도 결정적인 영향을 미친다. ▶ 따라서 가정에서 양질의 그림책 읽기가 이루어질 수 있도록 도서대여 프로그램과 같은 가정 연계 문학교육 활동을 적극적으로 실시할 필요가 있다.

2 도서대여 활동의 교육적 가치

언어발달 촉진	• 영유아들의 언어발달에는 언어습득능력이 발현될 수 있도록 풍부한 상호작용이 제공되는 양육·교육 환경이 필수적이다. 　－ 어머니와 함께 그림책을 읽는 경험은 영유아의 언어발달을 자연스럽게 촉진한다. 　－ 그림책에는 이야기 속 낯선 어휘의 뜻을 추측해 볼 수 있는 그림이 제공되며 책 내용이나 그림에 대한 어머니의 목소리를 통해 읽히는 이야기를 집중해서 들으면서 유아는 듣기 태도를 형성하게 된다. • 가정에서의 그림책 읽기는 자연스럽게 책 읽기에 대한 흥미를 높이는 데도 도움이 된다. 　－ 특히, 자신이 좋아하는 그림책을 여러 번 어머니와 함께 읽어보면서 친숙한 글자가 생기게 되고, 자발적 읽기를 시도하면서 자연스럽게 글자에 대한 관심과 읽기 능력이 발달하게 된다. 　▶ 따라서 도서대여를 통해 가정에서 부모들이 양질의 책을 읽어줄 수 있도록 지원함으로써 영유아기의 언어발달을 크게 도울 수 있다.
자녀양육 효능감 증진	• 자녀가 흥미를 느끼는 책을 함께 읽고 이야기 나누는 경험을 하면서 부모는 자연스럽게 자녀의 언어발달 정도, 책 읽기에 대한 흥미, 선호하는 책 등 다양한 정보를 얻을 수 있다. 　－ 자녀의 표현력, 어휘 수준, 그리고 선호하는 책의 형태에 대한 이해는 유아들이 보다 즐겁게 참여할 수 있는 책 읽기 활동을 실시하는 데 도움이 된다. • 책 읽기를 즐기는 자녀를 보는 것은 자연스럽게 자녀 양육에 대한 부모의 자신감으로 연결될 수 있다.
교사와 부모 간의 신뢰감 형성	• 도서대여 활동을 통해 학부모는 자녀가 다니는 교육기관의 교육철학, 특히 언어교육의 방향 및 특성에 대해 이해할 수 있게 되고, 이는 자녀가 다니는 유아교육기관에 대한 신뢰감 형성의 중요한 기초가 된다. • 우리나라 부모들의 경우, 하루라도 빨리 한글을 익히고 초등학교에 가기 전에 스스로 짧은 동화 정도는 읽기를 바라는 부모들이 많다. 　－ 한글 학습에 대한 부모들의 조급함은 종종 학습지를 사용한 암기와 기계적인 반복적 쓰기 학습이라는 결과를 초래하기도 한다. 　－ 학습지를 통한 한글 깨우치기는 단시간에 몇 개의 낱글자를 외우고 익혀 마치 읽는 것처럼 보일 수 있으나, 장기적으로는 유아들에게 읽기 또는 책에 대한 거부감을 심어줄 수 있다. • 부모의 문해신념은 가정 내 문해환경의 질을 좌우하는 가장 중요한 요인이다. 　－ 내 아이가 혹시라도 뒤처질까봐 걱정하는 부모들을 위한 대안: 유아발달에 적합한 언어교육 방법에 대한 친절한 안내와 함께, 자녀가 다니는 유아교육기관의 언어교육철학과 실제 교수활동에 관한 정보를 제공할 필요가 있다. 　－ 특히, 가정과의 연계를 통해 이루어지는 도서대여 활동의 취지, 연간계획, 연령별 운영방법, 그리고 문해발달 측면에서의 교육적 효과를 오리엔테이션 또는 입학식 등 연초의 중요 행사에서 제공하는 것은 교육기관, 특히 언어교육에 대한 부모의 신뢰감을 얻는 데 큰 도움이 될 수 있다. 　▶ 효과: 내 아이가 다니는 유아교육기관의 올바른 교육철학에 대해 깊이 이해하고 신뢰하게 됨으로써, 부모들 역시 가정에서 유아 발달에 적합한 문해환경을 구성하여 문해교육을 실시하고자 하는 강한 의지를 가지게 된다.

❸ 도서대여 활동의 성공적 운영 전략

연령 및 유아 발달 수준에 적합한 다양한 책을 준비한다.	• 유아들이 흥미를 느끼는 다양한 책을 준비하는 것은 매우 중요하다. － 매번 새로운 책을 구입하는 것이 어려울 경우: 유아들이 가정에서 재미있게 읽은 책들을 가져오도록 하여 일정기간 도서대여에 활용한 후 되돌려준다. • 2~4세 유아: 단순한 그림, 간결한 이야기 구조, 쉬운 어휘 등으로 유아들이 쉽게 즐길 수 있는 책들을 준비할 필요가 있다. • 3세 유아: 놀이적 요소를 가지고 있는 그림책이나 모양, 색깔, 수, 글자 등의 개념 습득을 도울 수 있는 개념책을 준비할 필요가 있다. • 4~7세 유아: 장르별로 유아가 누릴 수 있는 즐거움이나 감동이 다르기 때문에 다양한 장르의 그림책을 골고루 제공하고자 노력할 필요가 있다.
도서대여 활동에 대한 유아의 적극적인 참여를 독려한다.	• 유아들이 도서대여 과정 전체를 경험해보도록 하는 것은 도서대여 활동에 대한 유아의 흥미 유발에 효과적일 수 있다. － 책을 빌릴 때 제시해야 하는 도서 대출증, 유아의 도서대여 현황을 기록하는 카드(독서 통장) 등을 제작하여 사용할 수 있도록 한다. － 책을 빌려주는 사서의 역할 역시 가능하다면 유아들이 담당할 수 있도록 한다. － **효과** ① 성인의 도움 없이 책을 빌리고 빌려주는 역할을 수행해보는 것은 유아의 효능감과 도서대여 활동에 대한 흥미를 높일 수 있다. ② 도서 대출증의 이름을 확인하고 독서카드에 책 이름과 날짜 등을 적어보는 사서 활동을 통해 읽기와 쓰기의 기능을 이해하고 자신감도 가지게 되므로 일석이조의 효과를 누릴 수 있다.
충분한 홍보를 통해 학부모의 적극적인 참여를 유도한다.	• 도서대여 프로그램의 취지가 성공적으로 도달하기 위해서는 도서대여 활동을 시작하기에 앞서 충분한 시간을 가지고 가정통신문, 홈페이지 등을 통해 알릴 필요가 있다. － 도서대여 활동 실시의 목적, 가정에서 부모의 역할, 도서대여·반납 과정과 규칙, 유치원에 준비된 대출 가능 도서목록 등 세부적 정보를 제공한다. － 발달 수준, 개별 영유아의 관심에 따라 선호하는 책이 다를 수 있기 때문에 유아교육기관은 3, 4, 5세 유아들의 연령별 발달 특성, 남녀 유아의 책에 대한 선호도 차이 등 부모들에게 필요한 정보를 반드시 제공할 필요가 있다.
적절한 책 읽기 방식과 부모의 역할에 대해 가능한 구체적인 안내를 제공한다.	• 가정에서의 그림책 읽기는 부모가 어린 자녀에게 책을 읽어주는 것뿐만 아니라, 적절한 방식으로 읽어주는 것이 중요하다. － 부모가 자녀에게 책을 읽어주는 방식, 상호작용을 하는 방식에 따라 유아의 언어, 인지, 사회정서 발달에서 나아가 이후 학교에서의 학업 성취에까지 큰 영향을 미친다. － 따라서 부모들이 자녀와 책을 읽을 때 양질의 상호작용을 나눌 수 있도록 부모교육을 실시할 필요가 있다.

III 2019 개정 누리과정 – 의사소통

MEMO

1 목표 및 내용

> **거름이 Tip**
>
> 개정 누리과정의 목표에서 가장 달라진 점은 '바른 언어사용 습관' 대신 '상상력'이 들어온 것이다. 4가지였던 세부목표는 3가지로 간략하게 기술되었고, 내용 범주에서는 '듣기'와 '말하기'를 통합하여 듣고 말하는 경험이 분리되지 않는 실제를 반영하였으며, 초등학교 교육과정과의 연계성을 위해 '읽기'와 '쓰기'를 통합하여 '읽기와 쓰기에 관심가지기'로 제시하였다. 또한 초등학교 교육과정의 문학과의 연계를 위해 '책과 이야기 즐기기' 내용 범주를 추가했다.

(1) 목표

3~5세 연령별 누리과정(2015) ≫	2019 개정 누리과정
일상생활에 필요한 의사소통 능력과 바른 언어 사용 습관을 기른다.	일상생활에 필요한 의사소통 능력과 상상력을 기른다.
1. 다른 사람의 말을 주의 깊게 듣는 태도와 이해하는 능력을 기른다. 2. 자신의 생각과 느낌을 말하는 능력을 기른다. 3. 글자와 책에 친숙해지는 경험을 통하여 글자 모양을 인식하고 읽기에 흥미를 가진다. 4. 말과 글의 관계를 알고 자신의 생각, 느낌, 경험을 글로 표현하는 데 관심을 가진다.	1) 일상생활에서 듣고 말하기를 즐긴다. 2) 읽기와 쓰기에 관심을 가진다. 3) 책이나 이야기를 통해 상상하기를 즐긴다.

(2) 내용범주와 내용

3~5세 연령별 누리과정(2015) ≫	2019 개정 누리과정
듣기	듣기와 말하기
말하기	
읽기	읽기와 쓰기에 관심 가지기
쓰기	
–	책과 이야기 즐기기

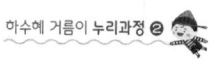
듣기와 말하기	• 말이나 이야기를 관심 있게 듣는다. • 자신의 경험, 느낌, 생각을 말한다. • 상황에 적절한 단어를 사용하여 말한다. • 상대방이 하는 이야기를 듣고 관련해서 말한다. • 바른 태도로 듣고 말한다. • 고운 말을 사용한다.
읽기와 쓰기에 관심 가지기	• 말과 글의 관계에 관심을 가진다. • 주변의 상징, 글자 등의 읽기에 관심을 가진다. • 자신의 생각을 글자와 비슷한 형태로 표현한다.
책과 이야기 즐기기	• 책에 관심을 가지고 상상하기를 즐긴다. • 동화, 동시에서 말의 재미를 느낀다. • 말놀이와 이야기 짓기를 즐긴다.

(3) 목표 및 내용범주 이해하기

의사소통 영역의 목표와 내용범주는 유아가 일상생활에서 다른 사람의 말이나 이야기를 듣고 말하기를 즐기며, 주변의 상징을 읽고 글자와 비슷한 형태로 써보기에 관심을 가지며, 다양한 책과 이야기를 통해 상상하기를 즐기는 내용으로 구성된다.

3~5세 연령별 누리과정(2015) ≫	2019 개정 누리과정
듣기 말하기	유아의 듣고 말하는 경험이 분리되지 않음을 고려 : '듣기와 말하기' 제시
읽기 쓰기	유아의 읽고 쓰는 경험이 분리되지 않음을 고려 : '읽기와 쓰기에 관심 가지기' 제시
—	유아가 동화와 동시, 말놀이와 이야기 짓기 등 일상에서 자연스럽게 문학을 즐기는 경험에 중점 : '책과 이야기 즐기기'를 새롭게 제시

듣기와 말하기	유아가 다른 사람의 말이나 이야기를 관심 있게 듣고, 자신의 경험, 느낌, 생각을 상황에 적절한 단어를 사용하여 말하고, 고운 말을 사용하는 내용이다.
읽기와 쓰기에 관심 가지기	유아가 말과 글의 관계에 관심을 가지고, 주변의 상징, 글자 등을 읽으며, 자신의 생각을 글자와 비슷한 형태로 표현해 보는 내용이다.
책과 이야기 즐기기	유아가 다양한 책에 관심을 가지고 상상하며, 동화, 동시에서 말의 재미를 느끼고, 말놀이와 이야기 짓기를 즐기는 내용이다.

② 내용범주의 이해 및 실제

(1) 듣기와 말하기

목표	일상생활에서 듣고 말하기를 즐긴다.	
내용	말이나 이야기를 관심 있게 듣는다.	유아가 다른 사람이 하는 말과 흥미로운 주제, 익숙한 경험이 담긴 이야기에 관심을 가지며 듣는 내용
	자신의 경험, 느낌, 생각을 말한다.	유아가 상대방에게 자신의 경험, 느낌, 생각을 자유롭게 말하는 내용
	상황에 적절한 단어를 사용하여 말한다.	유아가 때와 장소, 대상과 상황을 고려하여 적절한 단어와 문장을 선택하여 말하는 내용
	상대방이 하는 이야기를 듣고 관련해서 말한다.	유아가 다른 사람이 이야기하는 내용을 듣고 말하는 사람의 생각, 의도, 감정을 고려하여 말하는 내용
	바른 태도로 듣고 말한다.	• 유아가 말하는 사람에게 주의를 기울이며 듣는 내용 • 말을 끝까지 듣고, 자신의 의견을 말하는 내용
	고운 말을 사용한다.	유아가 일상생활에서 자주 쓰는 유행어, 속어, 신조어, 상대방을 비난하는 말을 사용하지 않고, 우리말을 바르게 사용하는 내용
유아 경험의 실제	① 유아가 친구들에게 동물원에 놀러갔던 이야기를 신나고 재미있게 들려준다. 유아는 "나는 호랑이다. 어흥!"하며 눈을 크게 뜨고, 목소리를 굵고 거칠게 한다. 이어 원숭이에 대한 이야기를 할 때는 가늘고 날카로운 음성으로 바꿔 말한다. 옆에서 이야기를 듣던 유아들이 원숭이 동작과 목소리를 흉내 내며 웃는다. ② 유아들이 병원 놀이를 한다. 의사 역할을 하는 유아가 "어디가 아파서 오셨어요?"라고 묻자 환자 역할을 하는 유아가 "의사 선생님, 배가 너무 아파요."라고 말하며 배를 움켜쥔다. 의사가 진찰을 한 후 옆에 있던 간호사 역할을 하는 유아가 "이쪽으로 오세요. 주사 맞아야 합니다."라고 말한다. ③ 유아들이 자신이 가장 좋아하는 음식에 대해 서로 이야기를 나누고 있다. 수정이가 "나는 아이스크림이 좋아. 왜냐하면 시원하고 달콤…"하고 말을 끝내기도 전에 옆에 있던 우진이가 "나는 짜장면!"하며 끼어든다. 그때 수정이가 "야! 내가 말하고 있잖아. 내 말 아직 안 끝났거든. 기다려봐."라고 말하며 "아이스크림은 달콤해. 딸기 아이스크림이 제일 좋아. 넌?" ④ 유아가 선생님에게 웃음참기 놀이를 하자고 제안한다. 선생님이 유아에게 웃음참기 놀이의 방법을 물어보자, 유아는 자신이 생각한 웃음참기 놀이의 방법을 또박또박 설명한다. 유아: 그건… 음… 서로 웃기게 해서 안 웃으면 되는 거예요. 교사: 어머. 정말 재미있겠는데! 여기 친구도 함께 해도 될까? 유아: 네. 같이 하면 더 재밌어요. 교사: 그럼 동생에게 웃음참기 놀이를 어떻게 하는지 설명해 줄래? 유아: 준서야, 서로 웃기게 해서 안 웃으면 되는 거야. 웃음을 참아야 돼. 알겠지? 선생님, 이제 우리 시작해요.

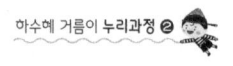

(2) 읽기와 쓰기에 관심 가지기

목표	읽기와 쓰기에 관심을 가진다.	
내용	말과 글의 관계에 관심을 가진다.	유아가 일상에서 말이 글로, 글이 말로 옮겨지는 것에 관심을 갖는 내용
	주변의 상징, 글자 등의 읽기에 관심을 가진다.	• 유아가 일상에서 자주 보는 상징(표지판, 그림문자 등)이나 글자 읽기에 관심을 가지는 내용 • 유아가 상징이나 글자에는 사람들의 생각과 감정, 정보가 담겨있다는 것을 이해하는 내용
	자신의 생각을 글자와 비슷한 형태로 표현한다.	유아가 자신의 생각이나 말을 끼적거리거나 글자와 비슷한 선이나 모양, 글자와 비슷한 형태로 표현하는 내용
유아 경험의 실제	① 유아들이 음식점 놀이를 하고 있다. 유아가 "선생님, 우리 지금 가게 만들 건데 '김밥가게' 어떻게 적어요?"하며 선생님에게 도움을 요청한다. 선생님은 유아가 잘 볼 수 있도록 보드판에 천천히 '김밥가게' 글자를 크게 적는다. 유아는 보드판의 글자를 보며 천천히 따라 적는다. ② 유아가 교실 입구의 비상구 표시등을 가리키며 "저것 봐! 사람이 초록 색깔이야. 이렇게 하고 있어."하며 비상구 사람의 모습을 흉내 낸다. 함께 이야기를 나누던 유아는 "나 저거 알아. 저거는 불날 때 저쪽으로 빨리 피하라는 말이야."라고 말한다.	

(3) 책과 이야기 즐기기

목표	책이나 이야기를 통해 상상하기를 즐긴다.	
내용	책에 관심을 가지고 상상하기를 즐긴다.	유아가 책에 흥미를 가지며 책 보는 것을 즐기고 상상하는 즐거움을 경험하는 내용
	동화, 동시에서 말의 재미를 느낀다.	유아가 동화와 동시를 자주 들으며 우리말의 재미와 아름다움을 느끼는 내용
	말놀이와 이야기 짓기를 즐긴다.	• 유아가 끝말잇기, 수수께끼, 스무고개 등 다양한 말놀이를 즐기는 내용 • 자신의 경험, 생각, 상상을 기초로 새로운 이야기를 만드는 과정을 즐기는 내용
유아 경험의 실제	① 유아가 여러 책을 한꺼번에 쌓아 두고 읽는다. 다른 유아가 와서 "내가 좋아하는 공룡 책 여기 있어?"하며 책을 찾는다. 유아가 책장을 넘기며 공룡 이름 맞추기를 하다가 브라키오사우루스가 나오자 "와! 정말 길다. 여기서 여기 끝까지 미끄럼 타면 진짜 재미있겠다.", "그런데 여기까지는 어떻게 올라가지?"하며 낄낄낄 웃는다. ② 서은이가 친구들에게 이야기를 한다. 　서은: 그 공주님이 사는 성에는 아~주 유명한 사다리가 있어. 그런데 그 사다리는 　　　　하늘까지 올라가고, 또 하늘을 넘어가지고~ 　하영: 우주도 넘어? 　서은: 어. 우주에 우주까지도 넘는대. 　유아들: 헤엑~	

③ 3세 반에서 교사가 동시를 읽어주자 유아들이 서로 "꼬불꼬불?"이라고 말하며 까르르 웃는다. 그리고 유아들은 리본 막대를 휘두르며 "꼬불꼬불"하며 서로 까르르 웃는다.

3 의사소통 영역의 통합적 이해

(1) 사례

> **((🔔)) 말놀이 – 끝없이 이어지는 아이들의 이야기**
>
> 유아들이 모여 솔비가 풍부한 상상력을 발휘하여 지어낸 이야기를 듣고 있다. 솔비는 운율과 리듬을 실어 자신이 상상으로 지어낸 이야기를 신나게 펼쳐 내고, 친구들은 서로 맞장구를 치며 재미있게 듣고 있다.
>
> 솔비 : 어떤 아이가~ 엄~~청 부잣집에 살고 있었는데↗, 그 집은... 엄~청 밥도↘ 많고↗ ~♫ 장난감도↘ 많고↗ 돈도↘ 많고↗ ♫쌀도 많고↗ ♫가구도 엄청 좋은 거고~♫
>
> 지호 : 변기통도↘ 많고↗ ~♫바가지도↘ 많고↗~♫
>
> 아이들 : 하하하하
>
> 솔비 : 근데 방이... 만~개가 되는 거야.
>
> 정훈 : 옛날 집인데도?
>
> 솔비 : (속삭이며) 옛날 집 아니야. 근데 그 옆에는 엄~~~청 가난한 집이 있었어. 쌀도 한 개도↘ 없고 집에 방도 하나도↘ 없고~♫ 아예 집에~ 코딱지 한 개도 없는 거야.
>
> 지호 : 벌레 하나도 없어 가지고~~~ 하하하
>
> 솔비 : 그런데 거기는 아~~주 유명한 공주 장난감이 있었는데, 그 공주 장난감에는 사다리가 하늘까지 하늘을 넘어 가지고 우주를 넘어 가지고 저어~~~~우주를 넘는 사다리가 아주 긴~~사다리가 나오는데, 그게... 만 원도↘ 넘고↗ ♫그 다음 백만 원도↘ 넘고↗ ♫너~무 비싼 거야~~
>
> 현민 : 일억도 넘어?
>
> 솔비 : (고개를 끄덕임) 너~~무 비싸 가지고... 억만 백 천 구백 원이었대.
>
> 아이들 : 헤엑~
>
> 지호 : 만 원 백 개로 살 수 있겠다.
>
> 현민 : 만 원 백 개 있으면 백만 원인데?
>
> 솔비 : 그래서~ 나무를 팔아 가지고 책상도↘ 만들고↗ ~♫ 의자도↘ 만들고↗ ~♫해서, 그 가난한 집은 금방 부자가 됐대~.

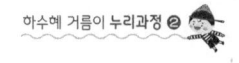
(2) 5개 영역의 통합적 이해

① 신체운동 · 건강

신체활동 즐기기	• 신체 움직임을 조절한다. – 유아들은 이야기에 나오는 상황을 몸짓으로 표현할 때 자신의 신체 움직임을 조절한다.

② 의사소통

	• 말이나 이야기를 관심 있게 듣는다. – 유아들은 솔비가 지어낸 재미있고 풍부한 상상 이야기를 적극적으로 듣는다.
듣기와 말하기	• 자신의 경험, 느낌, 생각을 말한다. – 유아는 자신의 느낌, 생각을 친구들 앞에서 말한다.
	• 상황에 적절한 단어를 사용하여 말한다. – 유아들은 상상의 세계에 맞는 단어를 선택하기도 하고, 현실 세계에 적절한 단어를 선택하여 이야기한다.
	• 상대방이 하는 이야기를 듣고 관련해서 말한다. – 유아들은 서로 이야기를 듣고 맞장구치며 관련하여 말한다.
읽기와 쓰기에 관심 가지기	• 말과 글의 관계에 관심을 가진다. – 유아는 자신이 지어낸 이야기를 종이에 적어 종종 보면서 이야기를 이어간다.
	• 자신의 생각을 글자와 비슷한 형태로 표현한다. – 유아는 상상의 이야기를 종이에 글자로 표현한다.

책과 이야기
즐기기
	• 책에 관심을 가지고 상상하기를 즐긴다.
	  – 유아들은 이야기 속에 몰입하여 상상하기를 즐긴다.
	• 말놀이와 이야기 짓기를 즐긴다.
	  – 유아들은 말도 안되지만 나름대로 의미가 있는 말을 만들며 상상의 이야기를 즐긴다.

③ 사회관계

더불어 생활하기	• 친구와 서로 도우며 사이좋게 지낸다. – 유아들은 솔비의 말에 맞장구치며 즐겁게 대화를 나누는 좋은 관계에 있다.
	• 서로 다른 감정, 생각, 행동을 존중한다. – 유아들은 신나게 이야기하는 솔비의 상상 이야기를 재미있게 듣는다.

④ 예술경험

창의적으로 표현하기	• 신체, 사물, 악기로 간단한 소리와 리듬을 만들어본다. – 솔비는 음의 고저와 장단을 살려 아주 많거나 크다는 표현을 할 때는 높고 긴 소리를 내고, 그 앞 어휘의 끝은 소리를 낮춰가며 이야기를 한다.

4 비교 - 2015 누리과정

(1) 내용범주의 이해 및 실제 - 듣기

연령별 특성	3세	주의집중 시간이 짧고 타인의 입장이나 관점에서 감정을 이해하는 것이 어렵지만, 어휘력과 표현력이 급증하는 시기로 일상생활에서 실제 사건을 경험하면서 접하게 되는 낱말과 문장의 뜻을 더 잘 이해할 수 있다.
	4세	전달하는 간단한 이야기의 주제나 내용을 조금씩 파악할 수 있으며, 흥미로운 주제의 이야기에 좀 더 오랫동안 주의를 기울일 수 있다.
	5세	비슷한 발음이 들리더라도 문장의 맥락 내에서 발음을 구별할 수 있게 되며, 주의 집중 시간이 길어지고 다양한 낱말이나 문장에 대한 이해도 향상되어, 좀 더 복잡하고 길게 연결된 이야기의 사건을 이해할 수 있다.
지도 원리		• 일상생활에서 사용하는 낱말과 문장, 좀 더 긴 구조로 이루어진 이야기, 동요·동시·동화 등 문학적 요소가 담긴 이야기를 집중하여 듣고 이를 즐기는 데 중점을 둔다. • 다른 사람이 말한 낱말, 문장, 이야기 내용을 주의 깊게 듣고 그 내용을 이해하는 데 주안점을 둔다. • 말하기에 어려움이 있는 친구나 말하는 속도가 다른 친구가 말할 때도 주의 깊게 듣는 태도를 기르도록 한다.
환경 구성	공통	• 언어영역에 집중하여 듣고 느낄 수 있도록 조금 더 아늑하고 조용한 곳에 편안한 의자나 쿠션, 카펫을 두어 구성하며, 카세트플레이어, CD, 헤드폰, 다양한 동요, 동시, 동화가 담긴 CD-ROM, 컴퓨터 등을 구비하여 유아 스스로 들을 수 있는 기회를 제공한다. • 언어영역에 동화듣기와 유아의 목소리를 녹음하여 들어볼 수 있도록 녹음 기능이 있는 오디오를 준비하여 주고, 다양한 책을 함께 비치하여 준다.

① 듣기 - 낱말과 문장 듣고 이해하기

구분		지도중점
3세 / 4세	• 낱말의 발음에 관심을 가지고 듣는다. • 일상생활과 관련된 낱말과 문장을 듣고 뜻을 이해한다.	**3·4세 공통** • 말소리에 관심을 가지고 들을 수 있는 다양한 기회와 집중하여 들을 수 있는 환경을 제공한다. • 유아가 직접 경험하는 상황에서 교사는 유아의 경험을 표현하는 낱말을 정확히 발음하는 언어모델이 된다. **3세** • 일상생활에서 일어날 수 있거나 일어났던 경험에 대해 알고 있는 낱말이나 문장을 사용하여 말하고 듣는 경험을 제공한다. • 유아가 주의 깊게 들을 수 있도록 눈짓, 표정 등으로 격려한다. **4세** • 일상생활에서 일어날 수 있거나 일어났던 경험에 대해 다양한 문장으로 말하고 듣는 기회를 가지도록 하며, 사건이나 행동에 대해 상상하여 말을 해볼 수 있도록 격려한다. • 유아가 교사나 친구들이 말하는 낱말이나 문장을 주의 깊게 들을 수 있도록 눈짓, 표정 등으로 격려한다.

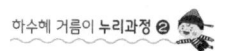
5세	• 낱말의 발음에 관심을 가지고 비슷한 발음을 듣고 구별한다. • 다양한 낱말과 문장을 듣고 뜻을 이해한다.	• 일상생활의 범주를 약간 넘어, 체험을 통해 새로 습득한 어휘(행동이나 지식과 관련된 어휘 등)를 사용해 볼 수 있는 기회를 다양하게 제공한다. • 쉽고 적당한 길이의 말로 다양한 상황을 자연스럽게 질문하여, 유아가 적절히 대답해보도록 한다. 예 일상생활의 사진을 보며 연속하여 일어난 사건, 여러 사건이 복합적으로 연결된 상황 등을 질문하고 답하기
		전이시간 등을 활용한 자발적이고 즐거운 언어놀이를 해본다. 예 운율이 있는 낱말을 활용한 언어놀이, 낱말의 첫소리나 끝소리가 같은 낱말 연결하기 등 **[초등학교 교육과정 연계]** 새롭게 알게 된 낱말과 문장을 일상 상황에서 자연스럽게 사용할 수 있는 기회를 제공한다.

② 듣기 - 이야기 듣고 이해하기

구분		지도중점
3세	다른 사람의 이야기를 관심 있게 듣는다.	• 흥미로운 주제, 친근한 경험에 대한 짧은 이야기를 들려주도록 한다. • 이야기의 흐름을 놓치지 않는 범위에서 주의 집중을 위한 행동을 하여 유아의 관심을 유지하도록 한다. 예 "똑똑똑 문을 두드렸대!"라는 말을 하면서 책상을 두드려 '똑똑똑' 소리를 함께 들려주기
4세	• 다른 사람의 이야기를 듣고 이해한다. • 이야기를 듣고 궁금한 것에 대해 질문한다.	**4·5세 공통** 자유로운 분위기를 조성하여 편안하게 질문할 수 있도록 격려하고, 수용적이고 개방적인 듣기 모델이 된다. **4세** • 개별이나 소집단으로 듣는 기회를 제공한다. • 함께 경험한 이야기를 들으며, 적절한 질문(무엇, 누구, 어디)을 통해 이야기 내용을 이해하도록 돕는다.
5세	• 다른 사람의 이야기를 듣고 이해한다. • 이야기를 듣고 궁금한 것에 대해 질문한다.	**4·5세 공통** 자유로운 분위기를 조성하여 편안하게 질문할 수 있도록 격려하고, 수용적이고 개방적인 듣기 모델이 된다. **5세** • 말을 잘 하지 못하는 친구나 말의 속도가 다른 친구를 포함하여 다른 사람의 이야기 내용에 관심을 가지고 끝까지 주의 깊게 듣도록 격려한다. • 함께 경험한 이야기를 들으며, 적절한 질문(무엇, 누구, 어디, 왜, 어떻게)을 통해 이야기 내용을 이해하도록 돕는다. • 특정한 주제에 대해 듣고, 그 내용에 대해 질문하는 활동의 기회를 제공한다. 예 관심을 가질 만한 신문이나 잡지기사를 함께 듣고, 들은 내용을 이해했는지 질문을 받거나 궁금한 점 질문하기

MEMO

[초등학교 교육과정 연계]
좀 더 복잡하고 길게 연결된 이야기의 사건을 이해할 수 있도록
순서가 있는 이야기를 자주 들을 수 있는 기회를 제공한다.

③ 듣기 - 동요, 동시, 동화 듣고 이해하기

구분		지도중점
3세	동요, 동시, 동화를 다양한 방법으로 듣고 즐긴다.	• 문학적·예술적으로 우수한 다양한 장르의 문학을 선정하여 다양한 매체(그림판동화, 그림자동화, 손가락동화 등)로 내용을 반복하여 들을 기회를 제공한다. • 끝까지 읽는 것에 초점을 맞추기보다, 그림과 내용에 대한 유아의 질문에 대화를 하듯이 들려준다. • 개별, 소집단으로 시간과 장소의 구애됨 없이 자유롭게 들을 수 있는 환경을 마련한다.
4세	• 동요, 동시, 동화를 다양한 방법으로 듣고 즐긴다. • 전래 동요, 동시, 동화를 듣고 우리말의 재미를 느낀다.	• 문학적·예술적으로 우수한 다양한 장르의 문학을 선정하되, 듣기를 반복하며 내용을 즐길 수 있도록 문학작품의 특성을 잘 나타낼 수 있는 매체를 선택하여 들려준다. • 반복적 운율이 있는 재미있고 쉬운 전래동화·동요·동시를 선택하여 들려주고, 동작이나 놀이를 함께 해보며 우리말의 재미를 느끼도록 한다. 예 여우야, 여우야 / 남생아 놀아라 • 재미있는 반복적 운율을 함께 따라하거나 서로 주고받기, 동작으로 해보기 등의 활동 기회를 함께 제공한다.
5세	• 동요, 동시, 동화를 다양한 방법으로 듣고 이해한다. • 전래 동요, 동시, 동화를 듣고 우리말의 재미를 느낀다.	다양한 장르의 질 높은 문학작품을 선택하여 제공한다. • 사고·이해와 공감능력의 확장을 위해 자신의 경험과 관련지어 보도록 한다. 예 "네가 주인공이었다면 어떤 느낌이 들었을까?" • 문학작품을 접한 후 동화의 재구성 활동 및 다양한 표상활동(동극, 노래극, 신체표현, 그림 등)을 경험할 수 있도록 한다. • 반복적 운율이 있는 재미있고 쉬운 전래동화·동요·동시를 선택하여 들려주고, 가사에 맞춰 몸을 움직여보고, 반복구절을 주고받듯 읊어보며 우리말의 재미를 느끼도록 한다. 예 강강술래, 탈춤 등 [초등학교 교육과정 연계] 듣기활동의 기초는 '이해'이므로 유아자신의 경험과 관련지어 보는 활동을 경험하게 함으로써 사고·이해·공감능력의 확장을 돕는다.

④ 듣기 – 바른 태도로 듣기

구분		지도중점
3세	말하는 사람을 바라보며 듣는다.	• 말하는 사람의 표정이나 시선, 몸짓, 입모양 등을 바라보면서 내용을 들을 수 있도록 일상생활에서 다양한 듣기 경험을 제공하고, 듣기의 주의집중 시간을 조금씩 늘려가도록 한다. • 대소집단보다는 개별적인 상호작용에 중점을 둔다.
4세	다른 사람의 이야기를 주의 깊게 듣는다.	• 말하는 사람을 바라보며 집중하고, 전달하려는 이야기 속 낱말, 문장, 담겨진 의미에 집중하여 듣도록 한다. • 주의 깊게 듣도록 하기 위해 적당한 속도와 간결한 문장을 사용한다. • 대집단보다는 소집단으로 듣기 경험을 제공한다. • 유아가 말을 할 때 반응을 보이며 주의 깊게 듣는 모델이 되고, 일방적인 지시나 설명으로 듣기에 대한 훈시를 하지 않도록 한다.
5세	다른 사람의 이야기를 끝까지 주의 깊게 듣는다.	• 말하는 사람이 전달하고자 하는 내용(사건의 인과관계, 이야기 속에 내포된 의도 등)을 끝까지 집중하여 들을 수 있도록 한다. 　예 친구가 낸 수수께끼 듣고 알아맞히기 • 친구의 말을 주의 깊게 들은 유아의 행동을 구체적으로 칭찬해준다. • 교사는 유아의 이야기를 끝까지 듣고 차례를 지켜 말하는 모델이 되고, 일방적인 지시나 설명으로 듣기에 대한 훈시를 하지 않도록 한다. **[초등학교 교육과정 연계]** 듣는 사람으로서 주의를 집중하는 태도와 예의를 실천하도록 구체적 칭찬과 격려를 통해 듣기습관을 형성하도록 한다.

5 내용범주의 이해 및 실제 – 말하기

연령별 특성	3세	어휘수가 빠르게 늘어나고 말하기를 즐기는 시기로 세 단어 이상의 단어를 한 문장에서 말하기 시작하고 주변의 친숙한 낱말 뿐만 아니라 일상생활 속에서 접하는 새로운 낱말에 관심을 가짐으로써 점차 기존의 낱말을 확장시키고 그것을 사용할 수 있는 능력이 향상된다.
	4세	새로 습득한 다양한 낱말을 토대로 간단한 문장으로부터 점차 복잡한 문장으로 말할 수 있으며, 실제로 일어난 일이나 그림책에서 읽은 내용, 어떤 사물, 상황, 현상 등을 상상하여 일정한 줄거리가 있는 이야기를 지어 말할 수 있다.
	5세	• 언어 능력이 계속 향상되어 언어체계의 주요 구성요소를 대부분 습득하게 되고 새로운 낱말의 습득으로 어휘력이 급증하게 된다. • 조음능력의 발달로 정확한 발음이 가능해지고 자신의 경험과 그림책 등을 토대로 이야기를 꾸며 말하는 것을 즐긴다.

MEMO

지도 원리		• 일상생활에서 일어나는 일들을 다양한 낱말과 문장으로 말하고, 자신의 느낌, 생각, 경험을 잘 전달할 수 있도록 하는 데 초점을 둔다. • 말하기에 어려움이 있는 유아는 그림이나 몸짓 등과 같이 다른 대체 수단을 사용하여 자신의 생각을 표현할 수 있는 기회를 제공한다. • 주제를 정하여 이야기 나누기와 이야기 지어 말하기를 통해 의사소통 능력과 언어적 표현력을 기르는 데 주안점을 둔다. • 상황에 맞게 바른 태도로 말할 수 있도록 의사소통의 기본예절을 기르는 데 주안점을 둔다.
환경 구성	공통	• 말하기를 위한 자료로 이야기 꾸미기 자료와 융판, 그림카드, 막대 인형이나 퍼펫, 인형극 틀, 녹음기, 마이크 등을 비치한다. • 융판에 활동 주제 관련 자료를 제시해주어 유아가 이야기를 재구성하고 확장할 수 있도록 하며, 여러 가지 인형 등 다양한 말하기 자료를 제공한다.

(1) 말하기 - 낱말과 문장으로 말하기

구분		지도중점
3세	친숙한 낱말을 발음해 본다.	• 말소리를 발음하는 데 필요한 능력을 기르기 위해 쉽고 친숙한 낱말을 발음해 보는 경험을 제공한다. ＠ 노래 부르며 신체부위를 말해보기
	새로운 낱말에 관심을 가진다.	• 어휘력 확장을 위해 새로운 낱말에 관심을 가질 수 있는 기회를 제공한다.
	일상생활에서 일어나는 일들을 간단한 문장으로 말한다.	• 새로 습득한 다양한 낱말들을 사용하여, 상황에 맞게 말해 보도록 격려한다. ＠ 봄에 피는 여러 가지 꽃 이름에 관심가지기, 놀이 중 발생한 친구와의 갈등 상황을 선생님에게 문장으로 말해보기
4세	친숙한 낱말을 정확하게 발음해 본다.	• 쉽고 친숙한 낱말을 정확하게 발음할 수 있도록 교사가 정확한 발음의 모델이 되어 준다. • 하나의 상황을 여러 다른 어휘를 사용하여 말해보는 경험을 제공한다.
	다양한 낱말을 사용하여 말한다.	• 새로 습득한 다양한 낱말들을 사용하여, 6~7개의 낱말을 포함하는 점차 복잡한 문장으로 말해보는 경험을 제공한다.
	일상생활에서 일어나는 일들을 간단한 문장으로 말한다.	• 유아의 다양한 표현을 적극적으로 수용하고 격려하는 허용적인 분위기를 조성한다.
5세	정확한 발음으로 말한다.	• 친숙하고 쉬운 낱말의 발음을 기초로 어려운 낱말도 정확하게 발음하고, 정확한 발음으로 문장을 말할 수 있도록 한다. ＠ 수수께끼 놀이를 하며 친구들에게 정확한 발음으로 설명해보기
	다양한 낱말을 사용하여 상황에 맞게 말한다.	• 다양한 놀이 상황과 일상생활에서 새로운 낱말과 상황에 맞는 어휘와 문법을 사용해 보는 경험을 제공하고, 이러한 상황과 관련된 새로운 단어를 의도적으로 들려주도록 한다. ＠ 비슷한 말, 반대말 카드놀이, 상황묘사카드 설명하기, 두세 문장 연결하기, '만약 ~라면'을 이용한 말하기 게임, 여행을 하고 난 후 그림카드를 단서로 육하원칙에 따른 문장을 만들어 말해보기

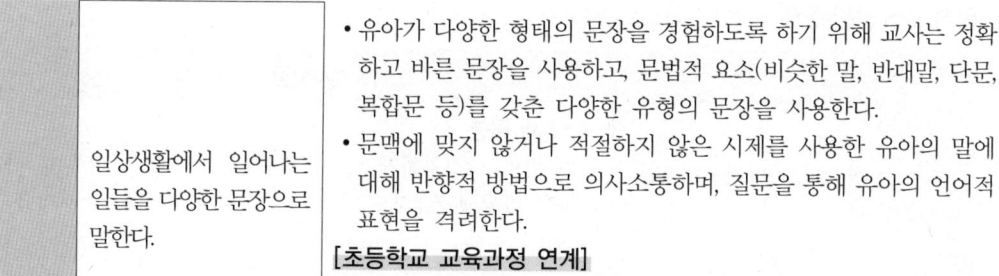

	일상생활에서 일어나는 일들을 다양한 문장으로 말한다.	• 유아가 다양한 형태의 문장을 경험하도록 하기 위해 교사는 정확하고 바른 문장을 사용하고, 문법적 요소(비슷한 말, 반대말, 단문, 복합문 등)를 갖춘 다양한 유형의 문장을 사용한다. • 문맥에 맞지 않거나 적절하지 않은 시제를 사용한 유아의 말에 대해 반향적 방법으로 의사소통하며, 질문을 통해 유아의 언어적 표현을 격려한다. **[초등학교 교육과정 연계]** 낱말과 문장을 정확하게 발음할 수 있도록 교사는 바른 언어모델이 되어주고, 놀이 상황과 일상생활을 통해 말할 수 있는 다양한 기회를 제공한다.

⑵ 말하기 - 느낌, 생각, 경험 말하기

구분		지도중점
3세	자신의 느낌, 생각, 경험을 말해본다.	• 정확한 이야기의 구성보다 경험에 바탕을 둔 자신의 느낌과 생각을 자유롭게 말해 보도록 격려한다. • 유아의 다양한 기분이나 요구가 받아들여질 수 있는 따뜻하고 허용적인 분위기를 마련한다.
4세	자신의 느낌, 생각, 경험을 말한다.	• 자신의 느낌, 생각, 경험을 좀 더 적극적이고 자발적으로 표현하도록 한다. • 소집단 활동을 통해 주제를 정하고 이야기 나눌 수 있는 기회를 제공한다. • 경험에 기초하여 이야기를 지어보다가 점차 상상력과 창의력을 발휘해 더 복잡한 상황과 사건들을 연결하여 이야기를 지어 말하도록 격려한다. ⑩ 글자 없는 그림책을 보며 상황을 유추하여 이야기 지어 말하기
	주제를 정하여 함께 이야기를 나눈다.	
	이야기를 지어 말한다.	
5세	자신의 느낌, 생각, 경험을 적절한 낱말과 문장으로 말한다.	• 자신의 느낌, 생각, 경험을 전달하기 위해 적절한 낱말과 문장을 사용할 수 있도록 한다. • 소집단 활동을 통해 주제를 정하고 이야기 나눌 수 있는 기회를 제공하되, 서로 다른 의견을 조정해 나갈 수 있도록 격려한다. • 이야기를 지어 말할 수 있는 기회를 제공하고, 친구들과 함께 만든 이야기를 서로 듣고 즐길 수 있도록 격려한다. 단, 글자 쓰기와 읽기에 치중하지 않도록 쓰고 읽는 과정을 교사가 지원한다. ⑩ 다양한 형태의 책 만들기 활동, 동화 짓기나 주제 관련 동시 짓기를 하여 발표하는 시간을 갖기 **[초등학교 교육과정 연계]** 자신의 생각, 감정, 느낌을 표현함과 더불어 '주제를 정하여 함께 이야기 나누기'를 통해 서로 다름을 이해하고 의견을 조정해가는 과정에 중점을 둔다.
	주제를 정하여 함께 이야기를 나눈다.	
	이야기를 지어 말하기를 즐긴다.	

(3) 말하기 - 상황에 맞게 바른 태도로 말하기

구분		지도중점
3세	상대방을 바라보며 말한다.	**3·4·5세 공통** 교사는 바르고 정확하게 말하는 언어적 모델을 보여주며, 가정과 연계하여 일상생활에서도 바르고 고운 말을 사용하는 경험을 가지도록 한다.
	바르고 고운 말을 사용한다.	**3세** • 자신의 말에 관심을 갖도록 듣는 사람에게 시선을 고정하여 말하는 태도를 기르도록 한다. • 유아와 눈높이를 맞추고 대화하는 등 기본적인 말하기의 본보기를 보여주도록 한다.
4세	듣는 사람의 생각과 느낌을 고려하여 말한다.	**3·4·5세 공통** 교사는 바르고 정확하게 말하는 언어적 모델을 보여주며, 가정과 연계하여 일상생활에서도 바르고 고운 말을 사용하는 경험을 가지도록 한다.
	차례를 지켜 말한다.	**4·5세 공통** 상대방의 기분과 감정을 배려하여 말할 수 있도록 자신의 느낌과 생각이 존중받고 있다는 것을 스스로 느끼도록 해준다.
	바르고 고운 말을 사용한다.	**4세** • 듣는 사람의 생각과 느낌에 관심을 가질 수 있는 기회를 제공한다. 예 사람의 감정에 대한 이야기 나누기를 통해 친구들이 어떤 말을 할 때 기분이 좋고 나쁜지를 생각해보기 • 이야기 나누기 규칙을 지킬 수 있도록 지원한다. 예 다른 사람이 말할 때 끼어들지 않기, 여러 사람이 함께 이야기를 나눌 때는 손을 들어 말하는 순서를 정하고, 자기 순서를 지켜 차례대로 말하기 등
5세	듣는 사람의 생각과 느낌을 고려하여 말한다.	**3·4·5세 공통** 교사는 바르고 정확하게 말하는 언어적 모델을 보여주며, 가정과 연계하여 일상생활에서도 바르고 고운 말을 사용하는 경험을 가지도록 한다.
	때와 장소, 대상에 알맞게 말한다.	**4·5세 공통** 상대방의 기분과 감정을 배려하여 말할 수 있도록 자신의 느낌과 생각이 존중받고 있다는 것을 스스로 느끼도록 해준다.
	바르고 고운 말을 사용한다.	**5세** 다양한 상황에 대한 역할놀이를 통해 때와 장소, 듣는 대상을 고려할 수 있는 간접경험의 기회를 제공한다. 예 "친구가 혼자서 장난감을 다 차지하려고 욕심을 부리면 어떻게 할까?", "동생이 넘어져서 울고 있네. 뭐라고 말하면 좋을까?" 등 **[초등학교 교육과정 연계]** 바르고 고운 말의 사용은 의사소통 능력 발달과 기본예절로서 지속적으로 지도하고, 교사는 바른 모델로서의 역할을 한다.

6 내용범주의 이해 및 실제 – 읽기

MEMO

연령별 특성	3세 / 4세	• 가족의 이름, 자주 접하는 사물과 사건, 주변 상황을 나타내는 글자에 많은 관심을 보인다. • 상황이나 같은 말이 반복되는 이야기를 즐기며, 책 속의 그림을 보고 이야기를 구성하거나 줄거리를 추측할 수 있다.
	5세	친숙한 글자를 추측하여 읽거나 찾아 읽을 수 있으며, 그림을 단서로 주인공, 사건과 사건의 연결 배경, 사건 해결과정 등을 이해할 수 있다.
지도 원리		• 읽기에 흥미를 가지도록 환경인쇄물이나 일상생활 속 인쇄물에서 친숙한 글자를 찾고 읽어 보거나, 읽어주는 글의 내용에 관심을 가지는 데 초점을 둔다. • 책의 그림을 단서로 내용을 이해하고 필요한 정보를 책에서 찾아보면서, 책에 흥미를 가지고 책 보는 것을 즐기는 태도를 기르는 데 주안점을 둔다.
환경 구성	공통	읽기를 위한 기본 자료로 종류별 책과 책꽂이, 그림책, 잡지류, 글씨가 적혀 있는 다양한 종류의 카드(예 친구 이름카드, 글자카드, 모래 글자카드) 등을 구비한다.
	3세	읽기에 관심을 나타내지 않는 유아를 위해 직접 조작할 수 있는 책, 책장을 넘기면 입체가 되는 책, 헝겊책 등 다양한 종류의 책을 구비하도록 한다.
	4세	그림이 있는 인쇄물, 편지, 간식 메뉴 등 다양한 읽기 자료와, 짧고 반복되는 단어와 문장이 있는 동시나 동화를 제시한다.
	5세	듣고 말하기 활동에서 나아가 읽고 쓰는 활동이 보다 활발하게 이루어지므로 4세의 자료 외에도 슬라이드, 주제에 따른 화보 모음 책, 잡지류, 사전 등을 제시한다.

(1) 읽기 – 읽기에 흥미 가지기

구분		지도중점
3세	주변에서 친숙한 글자를 찾아본다.	• 자주 접할 수 있는 환경인쇄물이나 친숙한 글자를 놀이처럼 찾아 보도록 한다.
	읽어주는 글의 내용에 관심을 가진다.	• 대소집단이나 개별로 친근한 인쇄물(이야기책, 신문기사, 편지, 안내문, 전단지 등 다양한 글)을 읽어준다.
4세	주변에서 친숙한 글자를 찾아본다.	• 자주 접할 수 있는 환경인쇄물이나 친숙한 글자를 놀이처럼 찾아 보고, 점차 동화책과 신문 등에서 익숙한 글자 찾기 활동으로 확대한다.
	읽어주는 글의 내용에 관심을 가진다.	• 대소집단이나 개별로 친근한 인쇄물(이야기책, 신문기사, 편지, 안내문, 전단지 등 다양한 글)을 읽어주고, 궁금한 것을 묻고 대답하여 이야기에 대한 이해를 높일 수 있도록 지원한다.
5세	주변에서 친숙한 글자를 찾아 읽어본다.	• 주변의 다양한 환경인쇄물을 접할 기회를 제공하면서 점차 글자의 기능을 알도록 하고, 친숙한 글자를 스스로 읽어 보고자 할 때 격려한다.
	읽어주는 글의 내용에 관심을 가지고 읽어본다.	• 흥미로운 주제와 관련된 글을 읽어주고, 유아가 알고 있는 글자, 짧은 낱말이나 구를 스스로 읽어 보도록 하여 자발적 읽기 행동을 지원한다.

[초등학교 교육과정 연계]
유아가 읽기를 시도할 때 아낌없이 격려함으로써 자신감을 북돋아 스스로 읽기에 흥미를 잃지 않도록 한다.

(2) 읽기 – 책 읽기에 관심 가지기

구분		지도중점
3세	책에 흥미를 가진다.	• 다양한 내용이나 형식의 책을 구비하여 유아 스스로 좋아하는 책을 선택할 수 있도록 돕는다.
	책의 그림을 단서로 내용을 추측해 본다.	• 그림과 글이 일치하면서 그림이 상황을 잘 설명하며 중요한 내용을 엮어가는 책을 제공하여 읽어주고, 그림이나 내용에 대해 교사에게 질문하도록 하여 충분히 이야기를 나눈다.
4세 / 5세	책 보는 것을 즐기고 소중하게 다룬다.	**4 · 5세 공통** • 주제와 계절에 맞게 정기적으로 책을 교체해주고 여러 장르의 책을 제공해 준다. • 다양한 읽기모델을 보여주어 책 보는 것을 즐기도록 돕는다. • 함께 사용하는 책에 대한 약속을 정하고 지키는 습관을 지도한다. **4세** • 이야기에 대한 이해능력의 발달을 위해 책의 내용에 적합하고 잘 어울리는 그림이 있는 책을 읽어주고, 주인공과 등장인물이 한 일이나 그다음에 일어날 일 등에 대해 이야기를 나누어 보도록 격려한다.
	책의 그림을 단서로 내용을 이해한다.	• 놀이 중 궁금한 내용을 주제와 관련된 다양한 종류의 책에서 찾아보기를 통해 문제를 해결하는 경험을 갖도록 한다. 예 궁금한 것 수시로 찾아보기 **5세** • 이야기에 대한 이해능력의 발달을 위해 책의 내용에 적합하고 잘 어울리는 그림이 있는 책을 읽어주고, 사건 속 주인공의 기분에 대한 이야기 나누기나 이야기 결말 추측해보기 등의 활동을 해본다. • 놀이 중 궁금한 내용을 백과사전, 잡지, 개념책 등에서 찾아보기를 통해 문제를 해결하는 경험을 갖도록 한다. 예 궁금한 것을 수시로 찾아보고 다른 친구들에게 소개하기 등
	궁금한 것을 책에서 찾아본다.	[초등학교 교육과정 연계] • 유아가 스스로 선택한 책으로 소통하여 자연스럽게 책에 흥미를 가지도록 돕는다. • 소리 내어 읽어주기, 함께 보며 읽기, 안내적 읽기, 혼자 읽기 등 다양한 전략을 활용하여 책 읽기를 즐기도록 한다. • 그림을 단서로 책의 내용을 추측해보도록 하는 다양한 경험을 제공한다.

MEMO

❼ 내용범주의 이해 및 실제 – 쓰기

연령별 특성	3세	상대방이 알아볼 수 없으나 자신에게만 의미 있는 지그재그선이나 동그라미 모양으로 자신의 생각이나 느낌을 자주 표현할 수 있다.
	4세	아직 소리인 발음과 글자인 자모음간의 관계를 제대로 알지 못하여 글자를 만들어 내거나, 자신의 생각이나 느낌을 그림이나 선, 원 등으로 나타낸다.
	5세	친숙한 글자에 흥미를 가지고 써보려고 시도하며, 자기만의 글자로 쓰기를 즐긴 유아에게 조금씩 글자들이 나타나기 시작한다.
지도 원리		• 글자의 기능을 인식하고 자신의 생각을 그림, 글자와 비슷한 형태나 글자로 나타내는 데 흥미를 갖도록 하는 것에 중점을 둔다. • 쓰기가 자신의 느낌과 생각을 주도적으로 표현하는 중요한 방법임을 알고 쓰기의 즐거움을 경험할 수 있도록 하는 데 주안점을 둔다. • 다양한 쓰기 도구를 사용하는 경험을 하는 데 초점을 둔다.
환경 구성	공통	쓰기를 위한 기본 자료로 각종 필기구, 단어카드, 컴퓨터와 프린터, 한글 고무 글자판과 스탬프, 잉크, 소형 화이트보드와 마커펜, 가위, 펀치, 스테이플러 등을 구비한다.
	3세	쓰기를 위한 활동자료로 자석 쓰기판, 화이트보드와 마커펜, 필기류와 다양한 재질의 종이 등의 활동자료를 제시한다.
	4세	자신과 친구 이름을 코팅한 자료, 자석판과 마커펜, 음각글자판과 종이, 모래상자 등을 제공한다.
	5세	읽고 쓰는 활동이 보다 활발하게 이루어지므로, 하고 싶은 이야기를 글로 적어보거나 활동주제와 관련하여 책 만들기 활동을 할 수 있도록 쓰기 도구와 다양한 종이 등을 제공한다.

(1) 쓰기 – 쓰기에 관심 가지기

구분		지도 중점
3세	말을 글로 나타내는 것에 관심을 가진다.	• 자신에게 의미 있는 선이나 동그라미 모양을 표현하는 과정에 의미를 두고, 그러한 과정을 격려하며 관심 있는 태도를 보여준다. • 유아가 말과 글의 관계를 어렴풋이 이해할 수 있도록 유아가 끼적거린 글 등을 읽어달라고 하고 그 내용을 받아 써주는 경험을 제공한다.
	자기 이름의 글자에 관심을 가진다.	• 유아의 이름표에 사진을 함께 붙여주어 자기 이름 글자에 관심을 갖도록 하고, 이름쓰기를 시도하는 경우 틀린 것을 교정하기보다는 쓰고자 하는 행위 자체를 격려하며 흥미를 잃지 않도록 한다.

4세	말이나 생각을 글로 나타낼 수 있음을 안다.	**4·5세 공통** 느낌과 생각을 글로 표현하는 과정을 즐길 수 있도록 자신의 생각이나 말 끼적거리기, 글자와 비슷한 모양으로 표현하기, 친숙한 글자에 대한 반복적인 쓰기 시도 등을 격려하고 유아가 표현한 것을 의미 있는 글로서 존중하는 태도를 보인다. 📖 유아가 그린 그림에 대해 하는 이야기를 교사가 받아 적어주기 등
	자기 이름을 써본다.	**4세** • 가장 좋아하고 친숙해하는 자기 이름 글자를 자발적으로 써 보는 반복적인 시도를 통해 글자쓰기에 대한 관심을 확장해 갈 수 있도록 격려한다.
	자신의 느낌, 생각, 경험을 글자와 비슷한 형태로 표현한다.	• 교사가 의도적으로 연필 잡는 법, 획 긋는 법 등을 가르치거나 자·모음 이름을 알고 순서대로 쓰기와 같은 글자 자체에 대한 학습을 강요하지 않는다. • 유아가 만들어낸 글자(사회에서 약속한 언어를 흉내 낸 글자)를 의사소통의 언어로 존중하고, 이러한 표현을 자주 하도록 유아가 쓴 것을 붙여주거나 읽어주어 격려한다.
5세	말이나 생각을 글로 나타낼 수 있음을 안다.	**4·5세 공통** 느낌과 생각을 글로 표현하는 과정을 즐길 수 있도록 자신의 생각이나 말 끼적거리기, 글자와 비슷한 모양으로 표현하기, 친숙한 글자에 대한 반복적인 쓰기 시도 등을 격려하고, 유아가 표현한 것을 의미 있는 글로서 존중하는 태도를 보인다. 📖 사진이나 그림 등을 연결하여 이야기를 만들고, 그 내용을 교사가 받아 적어주고 다시 읽어보기 등
	자신의 이름과 주변의 친숙한 글자를 써본다.	**5세** • 자신의 이름이나 친숙한 글자를 써보는 경험, 여러 흥미영역에서 놀이와 관련된 쓰기 경험 등을 갖도록 하여 쓰기에 대한 흥미를 높여주도록 한다. • 창의적인 내용 쓰기, 글을 자주 쓰려고 시도하기, 다양한 주제에 대해 자신의 생각 표현하기, 자신이 쓴 글의 내용 존중하기 등의 경험에 중점을 두도록 한다.
	자신의 느낌, 생각, 경험을 글자와 비슷한 형태로 표현한다.	• 유아가 쓴 것을 수정하거나 비판하지 않고, 쓰기 자체에 관심을 보이며 쓰기를 시도할 때 긍정적으로 반응해준다. **[초등학교 교육과정 연계]** 자신의 느낌과 생각을 글로 표현하는 과정을 즐길 수 있도록 자발적 동기에 의해 생각과 느낌을 표현할 수 있는 환경을 제공하고, 지속적으로 격려하고 지원한다.

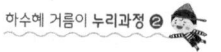

(2) 쓰기 - 쓰기 도구 사용하기

구분		내용
3세	-	관련 내용 없음
4세	쓰기 도구에 관심을 가지고 사용해본다.	**4·5세 공통** 쓰기는 유아의 발달수준과 개별차를 고려하여 유아 스스로 흥미가 있을 때 시도하도록 격려한다. **4세** 다양한 장소와 공간에 따라 다양한 쓰기 도구들을 자유롭게 사용할 기회를 제공한다. ⑩ 실외놀이터에서 흙이나 모래 위에 나무막대 등을 이용하여 써보기, 색분필이나 물을 묻힌 붓으로 콘크리트 바닥에 써보기 등
5세	쓰기 도구의 바른 사용법을 알고 사용한다.	**4·5세 공통** 쓰기는 유아의 발달수준과 개별차를 고려하여 유아 스스로 흥미가 있을 때 시도하도록 격려한다. **5세** • 성인 모델 혹은 또래를 통해 쓰기 도구 사용법을 경험할 수 있는 환경을 제공한다. • 쓰기는 일상생활 전반에서 기능적으로 활용되어야 하므로 다양한 영역, 다양한 활동 중에 자연스럽게 이루어질 수 있도록 하고, 상황에 따라 적절한 쓰기 도구를 선택하여 사용할 수 있도록 지원한다. **[초등학교 교육과정 연계]** 여러 가지 쓰기 도구를 사용해 보는 활동을 통해 쓰기 도구의 특성을 파악할 수 있도록 하고, 각각의 쓰기 도구를 바르고 적절하게 사용하는 경험을 제공한다.

SESSION

06

◁·2027·▷

하수혜 거름이
누리과정 ❷ 의사소통

초판인쇄 | 2026. 3. 20. **초판발행** | 2026. 3. 25. **편저자** | 하수혜
발행인 | 박 용 **발행처** | (주)박문각출판 **표지디자인** | 박문각 디자인팀
등록 | 2015년 4월 29일 제2019-000137호 **주소** | 06654 서울특별시 서초구 효령로 283 서경 B/D
팩스 | (02)584-2927 **전화** | 교재 문의 (02) 6466-7202, 동영상 문의 (02) 6466-7201

저자와의
협의하에
인지생략

이 책의 무단 전재 또는 복제 행위는 저작권법 제136조에 의거, 5년 이하의 징역 또는 5,000만 원 이하의 벌금에 처하거나 이를
병과할 수 있습니다.

ISBN 979-11-7519-834-0 | 979-11-7519-832-6(SET)
정가 25,000원